AQUITAINE ET LANGUEDOC
OU
HISTOIRE PITTORESQUE
DE LA
GAULE MÉRIDIONALE

PAR

M. J. CENAC-MONCAUT.

> Temple qui m'a reçu, Temple où j'ai tout appris,
> J'embrasserais encor ta dernière colonne,
> Dussé-je être écrasé sous tes sacrés débris.
> LAMARTINE.

ILLUSTRÉE DE GRAVURES, LETTRES ORNÉES, CULS DE LAMPES,
ET D'UN GRAND NOMBRE DE VIGNETTES, DESSINÉES PAR NOS MEILLEURS ARTISTES.

PARIS.

CHEZ TOUS LES LIBRAIRES,
ET A LA LIBRAIRIE UNIVERSELLE, RUE DE LA HARPE, 30.

1848.

Toulouse, Imprimerie de J.-B. Paya

AQUITAINE ET LANGUEDOC

ou

HISTOIRE PITTORESQUE

DE LA

GAULE MÉRIDIONALE.

TOME I.

IMPRIMERIE DE A. HIARD, A MEULAN.

AQUITAINE ET LANGUEDOC

OU

HISTOIRE PITTORESQUE

DE LA

GAULE MÉRIDIONALE

PAR

M. J. CENAC-MONCAUT.

> Temple qui m'a reçu, Temple où j'ai tout appris,
> J'embrasserais encor ta dernière colonne,
> Dussé-je être écrasé sous tes sacrés débris.
> LAMARTINE.

ILLUSTRÉE DE GRAVURES, LETTRES ORNÉES, CULS DE LAMPES,
ET D'UN GRAND NOMBRE DE VIGNETTES, DESSINÉES PAR NOS MEILLEURS ARTISTES.

PARIS.

CHEZ TOUS LES LIBRAIRES,
ET A LA LIBRAIRIE UNIVERSELLE, RUE DE LA HARPE, 30.

1848.

Pour moi, soit que ton nom ressuscite ou succombe,
O Dieu de mon berceau, sois le Dieu de ma tombe !
Plus la nuit est obscure, et plus mes faibles yeux
S'attachent au flambeau qui pâlit dans les cieux !
Quand ton autel sacré que la foule abandonne
S'écroulerait sur moi..... temple que je chéris,
Temple qui m'as reçu, temple où j'ai tout appris,
J'embrasserais encor ta dernière colonne,
Dussé-je être écrasé sous tes sacrés débris.

LAMARTINE.

Sur les bords de cette fille impétueuse des Pyrénées qui roule des paillettes d'or (1), au sein d'une contrée fertile et délicieuse, et sous le ciel brillant du riche Languedoc, il est une vaste cité, antique et glorieuse par dessus toutes celles de France. Elle a traversé vingt siècles de tempêtes, toujours environnée de puissance et de grandeur. Maintenant encore, après une époque de revers, elle élève vers le ciel les nombreuses et sublimes têtes de ses cathédrales, comme pour appeler le respect des hommes et les bénédictions de Dieu. A elle mon amour, à elle mes ovations ; car sous le nom de Toulouse, elle sut par sa vaillance autant que par son courage et son génie, conquérir les palmes d'Athènes et les lauriers d'Argos. Guidées par les sublimes inspirations du courage et de la vertu, les légions de ses héros allèrent proclamer son nom sur les bords du Rhin, au sein de l'Asie-

Mineure et jusques sur le tombeau du Christ, tandis que ses législateurs et ses poètes la décoraient de la palme impérissable de la civilisation, de la science et des beaux-arts.

Dernière halte de Rome conquérante, Toulouse qui avait envoyé ses fils cueillir des lauriers dans le cœur de l'Asie, sous les rochers de Delphes et au pied du Capitole, vit fleurir, dans ses murs, cette illustre monarchie des rois Goths, régénérateurs de la civilisation méridionale. Plus tard, il est vrai, les barbares du Nord vinrent se ruer contre sa nationalité puissante; mais, au milieu de leurs invasions furieuses, ce fut en vain qu'ils essayèrent de lui ravir cette couronne de gloire que tous les âges avaient placée sur son front. Toulouse conserva toujours une grande et noble attitude dans l'histoire; elle déroula cette glorieuse et vénérable famille de monarques, mille fois plus grands, plus redoutables sous leur modeste casque de comte, que tant d'autres sous le titre pompeux de rois.

Que la nationalité toulousaine est imposante, quand on la regarde à travers le prisme vivifiant de l'histoire, et qu'au milieu des irruptions de ces siècles de géans, on voit les peuples aventureux, Visigoths et Vandales, Francs et Sarrasins, se heurter avec bruit contre ses murailles, périr sous son glaive, et disparaître aux rayons de la nouvelle foi !... Qu'elle est belle et palpitante, lorsqu'on voit surgir au milieu de l'orage, ce royaume des Visigoths, fils bâtard et de Rome et du Christ, qui combat corps à corps avec les descendans de Mérovée, leur dispute pied à pied l'empire des Gaules, et ne cède à leur torrent barbare, qu'après cette bataille de Vouglé, une des plus sanglantes qui ait rougi le sol français! Avec quel intérêt on aime à suivre cette lutte incessante, prodigieuse, que le Catholicisme commença contre le Polythéisme druidique et romain, qu'il continua contre l'hérésie gothique et les croyances chancelantes de ses héritiers; lutte dont un simple et modeste martyr donna le signal, et qui vint se terminer dans la croisade albigeoise; duel sanglant et terrible, qui faillit noyer dans le sang les autels mêmes des vainqueurs. On dirait que cette reine méridionale fut le creuset puissant que Dieu avait choisi pour couler les plus grandes destinées de la France, tant les envahisseurs et les religions, les hérésies et les tumultes, les hommes du passé et ceux de l'avenir, vinrent brandir le glaive jusque dans ses murailles.

D'où vient donc que, malgré tant de titres glorieux, elle semble dormir ignorée sur les ruines de son ancienne puissance, sans qu'aucune vénération populaire vienne révéler ses grandeurs aux générations d'aujourd'hui ?..... Serait-il indigne de notre siècle d'exalter avec orgueil ces fougueux Tectossages, vainqueurs des Grecs, de Rome et de l'Asie ? Serait-ce que nos grands hommes auraient à mépriser la sagesse des rois Goths et des comtes de Languedoc, ces premiers législateurs de la France ? Devrions-nous regarder comme des insensés les saint Exupère, les Raymond de Saint-Gilles, et comme de barbares fanfarons les Gaston de Foix, les Raymond Béranger, Guiraude, l'héroïne de Lavaur, et tant d'autres héros de la guerre des Albigeois? Non, il est d'autres causes qui donnent une plus juste explication de cet oubli criminel des illustrations méridionales..... Depuis plusieurs siècles, toute renommée, tout mouvement nous venant du Nord, ce vainqueur orgueilleux du Midi a voulu profiter de son pouvoir centralisateur, pour effacer jusqu'aux souvenirs glorieux d'un rival illustre et redoutable qui lui disputa pendant si long-temps l'empire des Gaules... Et que cette lente vengeance, survivant à la guerre même, ne paraisse pas une exagération historique !..... On se tromperait étrangement, si l'on croyait que la lutte, commencée avec le fer et le feu, finit avec le combat. Elle se continua long-temps, au contraire, à travers le calme apparent de la soumission. La partie populaire, nationale, de Toulouse et du Languedoc refusa constamment de courber la tête sous le joug de la Gaule franke; et si les rois de Paris parvinrent quelques fois à passer sous les portes de la cité palladienne, et à planter les fleurs-de-lys sur les donjons du Château-Narbonnais, bien souvent aussi on brûla leur effigie, on célébra leur captivité en terre étrangère (2), et il y a un demi-siècle à peine que les Toulousains commencèrent à bégayer la langue de Paris.... Ainsi donc l'antagonisme a été long, intense; il s'est perpétué jusqu'au XVIIme siècle, et le sang de Montmorency en a écrit la dernière trace sur les degrés du Capitole. A peine si Toulouse respirait encore, lorsque la grande révolution de 89 vint absorber toutes les traditions provinciales dans l'unité forte et compacte de la nouvelle France.

Eh bien, dans cette espèce de guerre punique, lorsque les historiens prônent avec emphase les Clovis, les Charlemagne, les Pépin, les Martel, les Montfort, injustes et oublieux, nous passerions sur les cendres de leurs adversaires sans épeler leurs noms, sans énumérer leurs efforts ! Nous livrerions à l'oubli Théodoric-le-Grand, Euric-le-Législateur, les Eudes, les Bernard, les Frédélon ! nous laisserions la renommée proclamer les hauts faits de saint Louis, de Richard, de Tancrède, et nous négligerions le vaillant Raymond de Saint-Giles, héros de la première croisade, que le poète de la Jérusalem plaça tout auprès de Godefroy de Bouillon. Mais faut-il donc oublier qu'il ouvrit, le premier, les routes périlleuses du Saint-Sépulcre ? Faut-il oublier que ses vaillans compagnons pavèrent les routes de l'Orient de leurs ossemens blanchis, avant que le plus saint des rois de France osât s'aventurer vers les rives du Jourdain !....

O pages sublimes de ces temps héroïques, où tous les grands noms viennent se combiner dans les secrets de la Providence, avec les brusques et terribles apparitions des Huns, des Normands et des Sarrazins ! où le travail civilisateur du Catholicisme et du génie communal, se mêle aux efforts dissolvans du Protestantisme, à la révolution immense des Croisades, aux agrandissemens successifs de cette monarchie de France, la plus belle de l'univers..... Oui, en parcourant ces grandes phases de notre histoire, vous direz, avec moi, que le sol qui a tremblé sous les dénoûmens de ces terribles drames, et qui renferme encore les cendres des vaincus, doit être palpitant de souvenirs et de poésie !..

Je sais bien que chacun eut son lot dans ce combat de douze siècles, et qu'une égale justice présida à la distribution de la victoire et du malheur... Je sais que le peuple qui tomba était une agglomération hétérogène de Gaulois, de Romains et de Goths, de Polythéisme et d'Arianisme, tandis que les vainqueurs étaient ces hommes d'espérance qui allaient se façonner au creuset du Catholicisme, ce génie vivifiant qui brûlait le passé pour féconder l'avenir.

Mais quel homme, ayant respiré l'air de la patrie, n'aura pas quelques regards d'admiration à jeter sur un peuple, qui, déjà vieux dans la gloire, combattit avec un acharnement héroïque pour défendre ses foyers, son indépendance et ses lois? Quel est l'homme, au cœur pur, qui n'aura pas quelques larmes à donner à la malheureuse Toulouse, lorsque cette illustre cité, courbée sous le bras sanglant de Montfort, voyait les cachots et les bourreaux se partager tout ce qui lui restait de sang noble, généreux et vaillant?.... Quelles que soient les puissances qui tombent, celles qui furent grandes ne méritent-elles pas toujours des pleurs sur leurs tombeaux?....

Je vais donc soulever les dalles d'antiques sépulcres, y descendre le front courbé de respect, et raconter ensuite les rêves tumultueux et sublimes que les squelettes d'un grand peuple font encore sous leurs suaires poudreux. Mais qu'est-il besoin d'évoquer les morts? Les siècles que j'invoque n'ont-ils pas laissé au sein de la cité deux personnifications éloquentes de leurs passions, de leurs revers, de leurs triomphes? Les principes ennemis qui ensanglantèrent la capitale du Languedoc ne vivent-ils pas encore, retracés avec force dans deux monumens! O vous, qui voulez être initiés aux secrets de ces époques reculées, venez avec moi contempler les ruines d'un vieux palais, la splendeur d'une antique basilique, et un regard vous suffira pour pénétrer le mystère.

Ce n'est peut-être pas une idée neuve que celle d'identifier les monumens avec les peuples qui les ont enfantés. Mais on se trompe quelquefois en se figurant que l'architecture n'est que la traduction exacte et froide des idées, des croyances d'un peuple. L'architecture est un géant, qui a sa base dans le berceau même de la nation, qui combat, qui grandit, qui progresse avec elle; auxiliaire puissant, il adopte avec enthousiasme le principe qui l'a fait naître; il le retrace à l'extérieur par ses formes monumentales, le renferme dans son sein, combat pour lui jusqu'à la mort, et après avoir partagé les grandeurs et les vicissitudes du peuple, il tombe avec lui et partage son tombeau. Voyez le Capitole, ce temple forteresse dans lequel la force et les croyances du Latium venaient se résumer; malgré sa base de granit, qu'a-t-il vécu?.. Ce qu'a vécu l'esprit romain.... Qu'ont duré les temples grecs et les arènes nés avec le Paganisme et l'esclavage ?... Le Christ a paru, et tout s'est effacé..... Malgré leur structure cyclopéenne, c'est à peine s'il a survécu quelques rares fragmens comme enseignement des humaines vanités.... Quand je parle d'architecture, on comprend que nous n'avons rien à démêler avec cette maçonnerie bâtarde des siècles avancés, où l'art n'est plus qu'un éclectisme sans nationalité, une imitation servile et fastueuse, et où l'on se fait architecte et sculpteur par simple spéculation. L'architecture dont je parle est la fille chérie de ces temps poétiques, où l'homme, tout à la fois religieux, artiste et héros, n'est encore ni mathématicien ni géomètre ; de ces temps, par exemple, où chaque église n'était pas seulement une allégorie admirable du dogme et des cérémonies, un musée où l'art renaissant venait se révéler sous toutes les formes, mais une forteresse dans laquelle la croyance religieuse, philosophique, politique, s'était intronisée ; une forteresse, animée de toute la puissance fougueuse de ces époques brûlantes, dont le clocher servait de fanal aux peuples errans, dont l'enceinte devenait l'asile de la persécution et de la défaite, qui présentait noblement son front aux ennemis, ou bien envoyait son évêque pour arrêter les ravages des Barbares et conjurer l'audace des barons..... Une forteresse enfin, qui ne se contentait pas de lancer l'anathème; mais souvent aussi la flamme et le fer, et au sein de laquelle on combattait parfois jusques sur les autels et les tombeaux.

Or, la pensée religieuse étant celle qui constitue réellement la nationalité, le temple est aussi le sanctuaire où se résume toute la vie nationale; parcourez l'histoire du monde, partout vous retrouverez ce principe universel. — Le temple, tabernacle de la pensée religieuse, matérialisation du dogme, naît avec le peuple ; il grandit et tombe avec lui. — A côté de ce fait primitif, toutes les autres idées ne sont que des événemens transitoires, des idées secondaires qui s'enchaînent, se succèdent, et s'effacent sans que la religion et la nationalité aient à en souffrir. Jetez un regard sur l'Europe, que lui reste-t-il de cet admirable moyen-âge qui avait couvert son sol de monumens? pas un beffroi ; car le beffroi est mort avec la petite commune qu'il représentait. Pas un cloître, parce que l'esprit monacal, contemplatif, austère, est mort avec la proclamation de la liberté de la parole, et qu'aujourd'hui les révolutions de la pensée se font au grand jour par l'imprimerie et les tribunes, au lieu de se couver dans l'asile des monastères. Enfin, pas un castel, parce que l'esprit d'orgueil, de tyrannie, de privilége est mort avec la proclamation de l'égalité et l'ennoblissement du travail.. Que lui reste-t-il donc à cette pauvre Europe?.. Ah! ne la plaignez pas! il lui reste ses cathédrales, gardiens immortels du Christianisme, qui ont surnagé à tous les naufrages, parce que le principe qu'ils représentaient, vit encore fort et robuste au sein de l'Europe et de la belle France, quoi qu'aient pu dire et faire de mauvais philosophes et de petits géomètres. La cathédrale reste debout au milieu des vicissitudes des idées secondaires, et ce n'est que, du jour où vous la verriez tomber et disparaître, que vous seriez admis à dire: l'Europe va périr, car sa nationalité était le Christianisme, et le sanctuaire qui la représentait vient de s'écrouler.

Ainsi partout vous retrouvez la contexture uniforme, manifeste de ce drame social et éternel. — La naissance de la religion, de la nationalité et du temple. — Le combat, le triomphe de la religion et du mouvement. — Enfin, la décrépitude et la mort de l'un et de l'autre. — Partout dis-je vous retrouvez l'application de cette loi sociale; mais nulle part, peut-être, elle ne s'offrira à vous sous des formes plus vivantes, plus tumultueuses, plus saisissantes que dans la capitale du Languedoc.

N arrivant du côté de Paris, par cette route où Clovis lança ses hordes barbares sur le Midi civilisé, le premier objet qui éveille l'attention du voyageur, c'est un clocher assis hardiment sur la croupe d'un temple, que son antiquité rend encore aujourd'hui aussi digne d'admiration, qu'il fût vénérable autrefois par la renommée de ses reliques saintes....

Ce monument, qui remonte jusques aux premières prédications de l'Evangile dans les Gaules, sut grandir et prospérer à travers les siècles; étendard symbolique, il personnifia la transition merveilleuse qui venait lier les hommes et le ciel par les voies du Christianisme. Cet élan de prospérité, qu'il tenait du dernier souffle d'un martyr, l'a conduit jusqu'à nos âges, et nous voyons encore la

basilique de Saint-Sernin élever sa tête sublime au-dessus des plus hardis clochers du midi de la France.

En arrivant du côté de Narbonne, par cette voie du monde ancien que suivit l'aigle romaine pour s'abattre sur la Gaule, la dernière chose que le voyageur parvient à découvrir, après maintes informations prises auprès des Toulousains qui le comprennent à peine, c'est une grande et solitaire masure, mutilée, salie, transpercée par les palefreniers d'un moulin, habitée par des rats, des mules et quelques pauvres familles. Squelette lamentable d'un grand monument, il porte sur chacune de ses pierres le stigmate de la malédiction, et c'est à peine si l'on peut reconnaître dans ce tronc vermoulu, le dernier vestige du formidable Château-Narbonnais. Malheureux et dernier enfant de Rome conquérante, comme elle il eut à traverser une périlleuse série de siècles, combattant toujours pour les traditions de sa mère, sa constitution politique, sa civilisation et ses lois. Mais, efforts inutiles! l'avenir ne saurait appartenir aux choses du passé! Peu à peu il céda aux invasions des Franks et du Catholicisme; il vint mourir au treizième siècle, et enfin s'écrouler au seizième sous la bêche de Bachelier, grand élève de Michel-Ange, qui démolit les derniers vestiges de l'époque romaine pour bâtir des temples au Christ et des cloîtres à ses adorateurs (3).

Une basilique, un château-fort, voilà donc les personnifications éloquentes des deux principes ennemis, qui se disputèrent si long-temps la capitale de la Gaule méridionale; monumens sublimes des siècles de passion, de désespoir et de persévérance, non-seulement l'histoire nous les montre comme spectateurs historiographes de ce drame de douze cents ans, mais encore nous les voyons s'élancer maintes fois dans l'arène, combattre avec tout l'acharnement de la sève héroïque et religieuse qui fait leur vie, enfin se saisir corps à corps, et ne mettre fin à leur duel acharné, qu'après que l'un d'eux est tombé étouffé dans les bras de l'autre. Cette lutte des deux colosses, la voici en quelques mots :

A la mort du Christ, la Gaule, idolâtre et brisée par son morcellement politique, trouvait encore dans sa constitution sacerdotale, assez de cohésion et de force pour que le Christianisme ne voulut pas y heurter de front. Les Pères de l'Eglise se contentèrent donc de prêcher, dans la Grèce et l'Italie, sur les ruines d'un polythéïsme déjà battu en brèche par ses propres philosophes; mais nul n'avança vers la Gaule; ils attendirent des conjonctures plus favorables pour franchir les Alpes et la Méditerranée. Eh bien! quelque étrange que cela puisse paraître, ce fut Rome qui se chargea de préparer les voies à la nouvelle croyance; elle divisa la Gaule sacerdotale avec ses lois municipales; elle broya le Druidisme avec sa civilisation et son culte corrompu. Cette œuvre de la conquête ne manqua pas de monumens pour se graver sur le sol Gaulois, et les plaines d'Arles et de Nîmes sont encore couvertes des squelettes de cette architecture de fer. A Toulouse la période romaine fut moins complète; cependant elle vint se formuler dans une puissante forteresse qui, malgré toutes les révolutions qui sont passées sur sa tête, nous a transmis quelques ruines avec le nom de Château-Narbonnais.

Quelque précaire que fut l'ère romaine à Toulouse, elle vécut durant quelques années, seule arbitre des destinées de la ville Tectossage, corrompant simultanément tout ce qu'il restait à la Gaule, religion, nationalité; aussi survivait-il bien peu de chose, lorsque le Christianisme arriva, sur les brisées de Rome, par les routes mêmes que les légions avaient tracées à travers les forêts. Ce fut vers le milieu du troisième siècle.... Sernin et ses disciples s'aventurèrent vers les rives de la Garonne, et la parole du Christ commença de se révéler à ses habitans. Bientôt Sernin fut mis à mort, le sang de l'apôtre prit possession définitive de cette dernière conquête des Romains, et une église de chaume, élevée sur les reliques du martyr, servit d'étendard à la nouvelle loi.

Pour bien comprendre les péripéties de la guerre qui va s'ouvrir entre l'avenir et le passé, entre la chapelle et la forteresse, il faut bien se pénétrer de la position respective des deux adversaires. La ville romaine, beaucoup moins étendue que celle d'aujourd'hui, s'abritait au nord contre un mur d'enceinte qui partait du Capitole, suivait la ligne représentée aujourd'hui par la rue Pargaminière, et allait s'arrêter à la Garonne, à-peu-près à l'endroit où se trouve aujoud'hui le port Saint-Pierre. Au delà du rempart on ne voyait alors que friches et marécages successivement envahis ou laissés à sec par les eaux de la Garonne. Ce fut au milieu de ces marais, sur un îlot mal défendu contre les inondations, que l'on ensevelit saint Sernin, sous un hangard de roseaux ; chaumière miraculeuse, crèche de Bethléem pour le catholicisme gaulois, germe précieux pour la basilique moderne.... La chrysalide était soigneusement placée dans sa modeste, mais pieuse enveloppe ; qu'un siècle fervent exhalât son haleine chaude, la transformation devait s'opérer d'elle-même, la merveille des arts devait sortir du frêle asile de la piété. Jusqu'alors le château, bâti à l'extrémité opposée de la ville, avait grandi sans ennemi saisissable. Dès ce moment il eut à compter avec un adversaire de terre glaise et de chaume, et cet athlète d'apparence chétive devait finir un jour par le terrasser.

Sans doute le rôle de la relique fut d'abord humble et timide ; elle se contenta, pendant long-temps, de former de simples vœux pour l'abaissement de ce grand palais qui la regardait dédaigneusement, fier de sa puissance. Mais bientôt une de ces terribles explosions de peuples, comme le troisième et le quatrième siècle en virent tant, vint ébranler le château et rendre quelque confiance à la chapelle. Je veux parler de l'invasion des Visigoths qui, sous le règne de Wallia, vers l'an quatre cent douze, transporta à Toulouse le siège d'un empire méridional. Ces nouveaux compétiteurs, ennemis de Rome, mais admirateurs de sa forte organisation administrative et politique, dont ils avaient étudié les ressorts pendant leurs courses à travers la Grèce et l'Italie, s'installèrent dans le palais Narbonnais ; et loin de détruire ce vestige du passé, ils y prirent leurs aises en grands seigneurs, et cherchèrent à singer les manières gouvernementales de leurs prédécesseurs, comme un laquais insolent se carre et s'importancie dans le fauteuil de son maître. Mais au milieu de cette révolution, Toulouse perdit ses temples des idoles, ses erreurs païennes ; et tandis que les Visigoths échaffaudaient un empire Arien, vaste en apparence, bien précaire en réalité, le Catholicisme infiltrait ses principes dans les pores sociaux. Si Toulouse avait ses rois, la chapelle avait ses évêques, et la sainteté d'Hilaire et d'Exupère valait bien la gloire de Théodoric et de Thaurismond, dans un siècle où la valeur d'un homme ne se mesurait pas encore à la seule violence d'un coup d'épée. La modeste chapelle sut profiter de la tolérance de l'Arianisme ; elle se livra un peu plus hardiment à la croissance de sa sève ; elle changea ses mauvaises parois de terre glaise en colonnades de bois, et, dès ce moment, fière de ses formes tant soit peu monumentales, elle travailla, mais avec prudence, à l'abaissement de son rival.

Un nouveau peuple, récemment baptisé dans les plaines de Tolbiac, venait de planter sa lance conquérante sur les bords de la Seine, dans le palais de Julien-l'Apostat. Aussitôt que l'existence de ce peuple eût été révélée aux bords de la Garonne, l'église chrétienne, qui ne demandait qu'un bras pour frapper le Visigoth arien, leva les yeux vers lui et l'appela secrètement à son aide. A cette voix qui parlait au nom de la guerre et du Christ, le Barbare du Nord s'ébranla avec bruit, et guidé par l'Eglise elle-même qui lui montrait le cœur du Château-Narbonnais, il lança son cheval à travers les plaines sanglantes de Vouglé, et passa au galop sous les lambris dorés du palais d'Alarik, emportant au bout de sa lance une longue génération de grands rois.

Nous laissons à penser combien furent bruyantes les acclamations de l'église du Martyr au bruit de cette grande chute. Elle s'adjoignit des bâtimens spacieux pour loger plus dignement les serviteurs des autels, et abriter en plus grand nombre les chrétiens proscrits qui venaient lui demander asile. De plus, comme tout était guerre à cette époque, elle se couronna de bastions, s'entoura de fossés et de palissades ; ses habitans portèrent la lance et l'épée, et l'on vit se former ainsi le noyau d'une bourgade toute catholique, le donjon d'un petit peuple, ennemi juré, rival implacable de la ville encore gauloise et romaine.... Dès ce moment, le Château-Narbonnais apprit à connaître son adversaire, car il venait de proclamer son droit d'asile, centre d'attraction, levier redoutable qui, dans les temps anciens, avait vu former Rome, et qui devint dans le moyen-âge l'origine de bien des villes, d'un grand nombre de puissantes abbayes. Aussi, de jour en jour, la Chapelle recrutait de nouvelles milices, et se préparait à de nouveaux combats.

Le château, au contraire, dépouillé de ses rois, demeurait humilié et flétri ; mais, quoique vide et solitaire, il restait debout sans avoir perdu un créneau de ses donjons ; et pourtant la terrible frankisque était passée sur lui, arme meurtrière qui ne laissait presque rien vivre sur son passage.... Je ne sais pourquoi les enfans de la Germanie n'avaient pu prendre racine dans cette cité, dans ce palais encore tout chaud du souffle de Rome. En vain Charibert s'était donné le titre de roi de Toulouse ; en vain ses prédécesseurs y avaient nommé des gouverneurs ; l'air de la Garonne était si mal sain pour les enfans de Mérovée, qu'ils traversaient l'Aquitaine presque sans faire halte, laissant Toulouse ce qu'elle était avant Clovis, commune romaine et visigothe.

Mais cette invasion ne devait pas clôturer la série des désastres. Après avoir vu passer sur elle les sectateurs d'Arius, et les nouveaux baptisés de Lutèce, Toulouse devait encore essuyer l'irruption des enfans de Mahomet, vers l'an 721. Zama descendit des Pyrénées à la tête de ses cohortes; mais, malgré toute sa violence, l'avalanche vint se briser contre les murs de Toulouse, et le fer d'Eudes, duc d'Aquitaine, noya l'infidèle dans son propre sang, à la plaine *del Balat*. La bataille fut glorieuse, et cependant la négligence des historiens la fait éclipser, chez nous, devant sa sœur cadette, la bataille de Poitiers (4); mais elle est demeurée comme une blessure ineffaçable dans le cœur des Arabes, et ils ont pleuré long-temps la *Chaussée des Martyrs*.

Quoique étouffée dès son début, l'invasion sarrazine porta en expirant un coup bien douloureux au Christianisme. Saint-Sernin, séparé de la ville, abandonné à ses propres et faibles ressources, fut entouré par les Mahométans et tomba sous leurs efforts (5). Les reliques, prudemment confiées aux entrailles de la terre, sentirent les voûtes crouler sur leurs caveaux; les flammes sifflèrent sur leur tête ; mais ses ruines même leur servirent d'abri, et elles purent attendre en sécurité que la piété d'un grand roi vint les rendre à la lumière.

Des deux rivaux, il n'en restait plus qu'un : le château, fier, victorieux, voyait l'église détruite, abattue à ses pieds.

Tout le monde sait comment Martel et Charlemagne reparurent dans l'Aquitaine et la Septimanie ; le premier, chassant devant lui les hordes sarrasines ; le second, relevant les monastères détruits dans la dernière invasion. L'esprit municipal avait arraché le Midi aux Mérovingiens ; les Carlovingiens cherchèrent à le ressaisir par le Catholicisme, qui partout leur tendait la main pour recevoir richesses et autorité. Aussi les traces qu'ils laissèrent de leur passage furent bien plus importantes que celles des Mérovingiens ; Clovis et ses descendans n'avaient fait que des invasions ; ceux-ci firent presque une conquête ; ils nommèrent un comte de Toulouse, Torsin, et formèrent des établissemens politiques qui durèrent jusqu'à ce que les dissenssions des fils de Louis-le-Débonnaire permirent à l'Aquitaine de relever sa nationalité meurtrie.

Que Charlemagne vint ou ne vînt pas à Toulouse, c'est ce qu'il importe très peu de savoir ; il n'en est pas moins certain que l'église Saint-Sernin se releva par ses ordres, plus belle, plus ornée, plus imposante qu'autrefois ; et ce qui est plus important encore, enrichie des corps de six apôtres qu'il envoya d'Italie (6)..... Six apôtres ! cela ferait presque rire aujourd'hui ! mais non, l'enthousiasme récemment allumé dans les cœurs français par le retour des cendres d'un nouveau Charlemagne, a donné un grand enseignement aux esprits forts du scepticisme ; il leur a fait comprendre le prix que le présent et l'avenir peuvent attacher à quelques os du passé. Ce n'était pas sans doute les cendres de guerriers que Charlemagne donna à Saint-Sernin ; mais si Napoléon fut un dieu dans un temps où tout était guerre, des apôtres, des martyrs ne méritaient-ils pas quelques admirations dans des siècles où l'Europe brisait le joug du Polythéisme et rentrait dans les domaines du vrai Dieu.

Oh ! comme la basilique avait en elle de force et de vie, et combien elle sut grandir dès que ses bras purent agir en liberté !..... Nous avons vu qu'au milieu de toutes les vicissitudes de ces invasions, sa prospérité avait attiré sous son aile de nombreuses familles chrétiennes, quelquefois fortunées, toujours proscrites.

Bientôt son enceinte ne fut plus assez vaste pour les contenir ; le vase, rempli par le tribut incessant du malheur, versa par dessus les bords ; il fallut éloigner ses parois, agrandir sa capacité, et la basilique, qui était devenue aussi abbaye, allongea ses bâtimens et recula ses fortifications. A la vue de cette rivale qui grandissait si démesurément, et jettait un regard de menace et d'envie sur la ville romaine, le Château-Narbonnais conçut de sérieuses inquiétudes, et elles n'étaient pas sans fondement. Il ne faut pas s'y méprendre; la basilique était devenue tout à la fois palais et forteresse; elle recevait les Pépin et les Charles ; c'était là, derrière ses créneaux, que plusieurs rois de France donnaient leurs ordres, dataient leurs chartes ; c'était là, que Charles le Chauve assassinait son adversaire le duc Bernard, et qu'il préparait ses trois expéditions contre Toulouse (7). Le véritable siége de la puissance franke était donc la basilique. Toulouse, au contraire, demeurait toujours isolée. Sa population romaine, gauloise, visigothe, arienne ne pouvait pas accepter ce Christianisme qui venait s'imposer à la pointe du javelot barbare. Aussi fut-il bien puissant ce reveil de la nationalité toulousaine. Le château et l'abbaye jetèrent alors le masque, et ils se précipitèrent dans l'arène avec toute leur vieille animosité. Le comte Frédélon, dans le château ; le roi Charles, dans la basilique s'assiégèrent réciproquement avec une égale fureur, mais cette fois encore, le Frank, je pourrais même dire le Catholicisme, dut céder à cette commune puissante et vivace de Toulouse. Charles-le-Chauve se retira dans les forêts de l'Isle-de-France, et Frédélon, laissé arbitre souverain de ce beau Languedoc, fonda la famille si puissante, si illustre des comtes héréditaires de Toulouse (8).

Cette révolution porta un coup funeste à la puissance de l'abbaye; son tour vint alors de se resserer dans ses murailles, de reprendre le rôle de la défiance et de l'hésitation ; bientôt même un coup plus terrible vint la frapper... Au milieu d'une paix profonde, les sectateurs de Manès, arrivés du fond de la Bulgarie, pénètrent dans l'Aquitaine. Toulouse est une des premières villes à les recevoir. Peut-être même le souvenir récent du rôle que l'abbaye avait joué durant les siéges de Charles-le-Chauve ne fut-il pas étranger à cet empressement coupable. Quoi qu'il en soit, les Manichéens se forment en bandes dévastatrices, et ces nouveaux Iconoclastes, détruisent dans une orgie la basilique de Charlemagne (9).

Pendant ce temps que faisait le Château ?... Fier de son indépendance et de la gloire de ses comtes, il reprenait le cours de sa prospérité ; il grandissait d'une façon miraculeuse, élevait ses têtes superbes, étendait ses bras, cuirassait son corps de remparts formidables; il devenait enfin cette grande forteresse, ce palais vaste qui pouvait loger sept cents hommes d'armes, et recevoir magnifiquement, au dire des chroniqueurs, toute la noblesse de Languedoc. Le sanctuaire catholique, au contraire, demeurait renversé; mais, quel principe de vie ne fermentait pas jusques dans ses ruines. Le tronc coupé n'attendait que quelques beaux jours pour s'élancer vers le ciel en jets plus vigoureux. Pierre Roger et saint Raymond entreprirent de le reconstruire, et la grandeur de leur ouvrage nous oblige presque à bénir le sacrilége des Manichéens; car ce fut la basilique moderne, qui éleva dans les airs son colosse majestueux, sa noblesse imposante et inimitée (10). Epaisse forêt de piliers larges et vigoureux, solides sur leurs bases, comme la foi qui les bâtit; groupe herculéen de cinq nefs latérales qui vont s'appuyant les unes sur les autres, triples montagnes de voûtes qui s'enhardissent, s'élancent de plus en plus rapides, jusqu'à ce que la hauteur saisissante de la grande nef leur ait dit: Vous n'irez pas plus haut. On dirait des groupes de géans s'accrochant les uns aux autres pour escalader le ciel. Chaque pilier est un muscle que sa vigueur fait reconnaître tout d'abord, pour appartenir à ce corps membru que l'on croirait sorti du ciseau de Michel-Ange ; à voir la sublime harmonie qui préside à cet entassement d'arcades, on comprend bien vite qu'un même esprit, une seule pensée moula toutes les parties de ce vaste monument dans la simplicité majestueuse du plein-cintre. Produit unique du principe sacerdotal, il vint au monde armé de toutes pièces comme un seul bloc dégagé de tout élément disparate. Roman par le pied, par le corps, il l'est aussi par la tête. Ici point de fantaisie de l'art, point de caprice de l'ouvrier, qui aient osé se montrer à côté du plan géométrique de l'évêque architecte. Evangile intact qui n'a pas encore souffert d'hérésie ; art tout catholique, tout primitif sur lequel l'ogive arabe n'a pas encore enté ses rameaux florescens et capricieux. Point de statues, point de clochetons; pas de pyramides, de rosaces, de fenêtres dentelées. Partout, le plein-cintre s'enchaîne au plein-cintre. La voûte majestueuse méprise la souplesse légère, torturée de l'art gothique. Pourquoi le pilier craindrait-il la lourdeur, l'équarrissement, l'uniformité? La durée n'est-elle pas préférable à l'élégance, la solidité à une hardiesse aérienne? Oui c'est bien là le temple du Dieu des armées! Nulle part il ne se montre si jaloux de sa seule grandeur; il y réside, pour ainsi dire, si entier, si complet que pas un ange, pas un apôtre n'a osé sculpter son visage sur la pierre. Mais aussi, quelle terrible majesté dans cette solitude, quelle charpente musculaire dans cette nudité, quel jour douteux dans cette vaste croix latine; on dirait les ténèbres qui précédèrent le Seigneur au haut du Sinaï. De toutes parts des voûtes pour supporter, pour appuyer des voûtes, et Dieu seul pour remplir cette immensité!

Nous venons de parcourir les vicissitudes qui conduisirent Toulouse à la première croisade. A cette époque les comtes toulousains, Raymond de Saint-Gilles à leur tête, furent si dévotement transportés dans le domaine du Catholicisme, qu'il pensa y avoir fusion entière entre les deux monumens ennemis. La basilique alors, que ses beautés et ses richesses ne pouvaient satisfaire, essaya d'étendre au loin ses ramifications; enhardie par les prédications d'Urbain II qui vint la consacrer, plus tard par la voix tonnante de saint Bernard qui fit retentir ses vastes entrailles (11), elle secoua les ailes et franchit la petite enceinte de ses remparts. Elle aurait bien voulu pouvoir étendre les bras jusques dans la cité, sa voisine; mais Toulouse conservait toujours sa vieille jalousie, et repoussait tout empiètement ecclésiastique au détriment de ses libertés. Cependant la ville elle-même avait tant grandi, que le trop plein de sa population s'était poussé au dehors; chacune de ses portes lui avait ouvert une issue, et des faubourgs s'étaient peu à peu agglomérés autour de son enceinte; c'était, en quelque sorte, comme des verrues étrangères au corps de la cité, qu'on rasait en temps de guerre sans que la ville en reçut de blessures, mais cependant assez adhérentes avec leur mère, pour que leur possession devînt un point d'appui, et pour ainsi dire, un harpon par lequel on pouvait la saisir. Saint-Sernin comprit, de son coup-d'œil pénétrant, toute l'importance d'une pareille position. Ne pouvant établir ses colons dans la ville même, il plaça avec précaution des cloîtres, des abbayes, des chapelles à chacun de ses faubourgs. Ainsi les Carmes, à Férétra, aujourd'hui Saint-Michel ; les Bénédictins à Saint-Cyprien ; les Augustines et les Frères de la Pénitence à la porte Villeneuve ; les Augustins à la porte Matabiau, la chapelle Saint-Pierre des Cuisines, au bourg de ce nom. Peu à peu ces postes avancés enfermèrent Toulouse dans un cercle de petites forteresses ; ainsi les redoutes s'élèvent autour des places fortes dont on médite le siége ; puis vienne le moment du combat, il suffit d'un signal pour être battu en brèche de toutes parts. Le Château-Narbonnais, trop fier de sa prospérité, se laissa aveuglément entourer par ces casernes catholiques. Il ne songeait pas qu'il suffirait bientôt d'un cri de guerre pour se trouver assiégé, bloqué par ces bras puissans et nombreux que Saint-Sernin avait étendus autour de lui (12) ; et ce moment, hélas ! n'était pas éloigné.

A leur retour des Croisades, les nobles languedociens avaient retrouvé dans leurs domaines les croyances toujours un peu douteuses de leurs ancêtres. Le Languedoc était alors comme un immense creuset où le Polythéisme, les philosophies grecques et romaines, l'Arianisme, le Manichéisme avaient laissé chacun leur couche. Le froissement de ces élémens divers entretenait constamment le doute, l'indépendance, l'examen philosophique. Peu-à-peu tous ces principes hétérogènes prirent une forme, reçurent un nom, et le schisme des Vaudois, précurseur redoutable de la Réforme, pénétra dans les croyances..... Les guerriers du Nord, au contraire, exaltés par cette grande lutte de l'Orient, ne rencontraient chez eux presque aucune de ces semences hétérodoxes, et ils conservaient intacte l'exaltation religieuse rapportée de Jérusalem. Les téméraires innovations des Albigeois soulevèrent leur indignation ; les épées, récemment aiguisées sur le tombeau du Christ frémirent dans le fourreau, et la lutte recommença entre le Catholicisme et l'hérésie, entre l'unité monarchique du Nord et l'esprit communal du Midi. Le Pape donna le signal, le cri de guerre, poussé par les moines de Cîteaux, fut accueilli avec ardeur par les aventuriers de France et d'Allemagne ; et le Nord et le Midi, rallumant leur ancien antagonisme, se précipitèrent dans l'arène avec une fureur digne de l'enfer.

La croisade contre les Albigeois prit son vol de vautour, et après avoir ravagé le Bas-Languedoc, sous la conduite de Montfort et des légats, elle vint s'abattre enfin sur sa capitale. Cette commune gallo-romaine conservait encore des traditions si vivaces des religions, des philosophies, des lois, des coutumes anciennes, qu'on la trouvait toujours ouverte au plus léger soufle de schisme. Aussi le Catholicisme, mal à l'aise dans ses murs, se réfugiait-il souvent dans le bourg Saint-Sernin, espèce de ville déjà considérable, ayant comme sa voisine, douze Capitouls, deux accesseurs, six notaires. L'évêque lui-même quittait parfois sa cathédrale Saint-Etienne, pour venir habiter l'abbaye. L'histoire nous montre donc ces deux grands corps grandissant à l'envie l'un de l'autre, s'élevant comme deux ennemis constamment sur la défensive ; le premier, plein d'indépendance, animé de toutes les jalousies ombrageuses des libertés communales, redoutant les nobles, les prêtres, les moines qu'il repousse de son sein ; conservant à peine quelques églises, la Daurade, Saint-Etienne, la Dalbade, Saint-Quentin. L'autre, au contraire, pétri de foi, désireux de propagande, se hâte d'absorber tous les principes sociaux que la ville rejette ; ainsi chacun pousse ses racines et prend une existence à part. La ville a des tribuns, une milice, des forteresses, un beffroi, un Capitole, elle renferme successivement des Ariens, des Manichéens, des Vaudois. Le bourg Saint-Sernin, au contraire, se glorifie de sa basilique ; il conserve les reliques de saint Exupère, saint Hilaire, saint Raymond, saint Silve, saint Guilaume. Il a plusieurs monastères, un hôpital de pèlerins, des colléges et des maisons hérissées de tours. Ces principes d'opposition, bien loin de s'effacer sous la main du temps, se creusent au contraire et prennent un relief plus saillant. La haine éclate à la plus légère circonstance ; les habitans s'irritent entre eux par la dénomination de *Cives* et de *Burgenses*. Ils forment deux corporations presque toujours armées, celles des blancs pour les Cives, celles des noirs pour les Burgenses. Milices toujours prêtes au combat, elles se provoquent jusques dans les processions et se battent aux cris de : vive Bourg, vive Toulouse (13). Cette lutte enracinée dans les esprits par une longue habitude, qu'avait-elle besoin pour prendre un développement terrible, furieux? Un signal seulement! Et ce fut le cruel Montfort et l'évêque Foulques qui le donnèrent. Que dirais-je de cette fatale croisade des Albigeois? L'histoire en a trop longuement retracé toutes les vicissitudes pour que je croie nécessaire d'en rénouveler ici les détails. Ce que j'ajouterai à l'histoire vulgaire, c'est que le fléau s'étendit sur les deux monumens qui se disputaient les destinées de la capitale du Languedoc, pour embellir l'un et stigmatiser l'autre. Ce malheureux palais si agrandi par les derniers comtes, vit d'abord chasser ignominieusement ses monarques, sous les bordées d'anathèmes que Rome lui lançait. Cependant sa tête était encore si imposante que les massacreurs de Beziers eux-mêmes n'osèrent pas l'abbattre tout à coup. Ils prirent le parti plus prudent de le défigurer, de le mutiler avant de le battre en brèche. Transformé d'abord en cachot d'inquisition, les évêques finirent par tourner ses meurtrières et ses machines contre la cité, que naguère il protégeait, et l'on ouvrit de nouveaux fossés pour l'isoler de la ville romaine. Dès ce moment, le pauvre palais pris et repris par les Toulousains et les Catholiques, vit tomber ses plus hautes tours sous la flamme et le bélier; et il n'offrit plus qu'un aliment à la destruction et à une basse vengeance. Amaury de Montfort se chargea d'être le bourreau de ce noble rebelle de tant de siècles. Il fit impitoyablement raser ses fossés, abattre ses principales défenses; il démantela les remparts de la ville, et sa fureur alla si loin, qu'il ne respecta pas même les tours intérieures des maisons particulières, qui avaient mérité à Toulouse le surnom de *Turrita* (14). Depuis ce jour le Château-Narbonnais ne fut plus qu'une ruine sans vie, et la nationalité toulousaine qu'un cadavre qui n'attendait plus que des funérailles.. Oui, Toulouse la capitale était morte, et ce fut en vain que son dernier et malheureux Raymond, mendia à genoux et en chemise l'absolution et le titre de comte. Rome et la France lui donnèrent l'un et l'autre; mais cette dernière garda le

Ruines du Château-Narbonnais.

comté, et l'on n'attendit plus que la puberté de Jeanne, fille de Raymond VII, pour colorer, sous le nom de mariage, cet horrible assassinat de la nationalité méridionale. Le Français l'avait médité depuis bien long temps ; maintenant il pouvait battre des mains, le Languedoc était étouffé dans les domaines de la couronne (15).

Dès ce moment la basilique fut sans rival. Toulouse était ouverte ; plus de forteresses, plus de tours, plus de remparts, il ne restait qu'à prendre possession de cette grande conquête d'une manière éclatante, en face du ciel et de la terre. En un instant ces cloîtres, ces chapelles, enfans robustes de la basilique, que nous avons vu précédemment s'établir à l'affût dans les faubourgs, s'élancent par-dessus les remparts démantelés, et font place nette dans toutes les parties de la ville. En 1222, Pierre de Foix entreprend la magnifique église des Cordeliers de la Grande-Observance. Les frères de la Pénitence, relégués autrefois hors la porte Villanova, font leur entrée triomphale en 1254. Les Bénédictins abandonnent en 1325 le faubourg Saint-Subra, et viennent s'établir à l'église Saint-Rome. Les religieux de Sainte-Claire ou Saint-Danian, quittent à la même époque le faubourg Villanova, et viennent planter leur cloître au milieu de la ville conquise. Un an après les Augustins de la porte Matabiau élèvent ce magnifique cloître, que sa transformation en Musée nous permet d'admirer encore. En 1362 les Trinitaires achètent la maison de Rouaix au chapitre de Saint-Etienne ; ils avaient été précédés par les Augustines de la porte Villanova et par les frères de la Merci (1356). Les Pénitens-Blancs élèvent leur chapelle *in cercio Santi-Quintini* (1392). Une certaine chapelle de Nazaret, que l'on peut confondre avec celle des Carmes, s'était bâtie jadis dans le faubourg Narbonnais, comme pour narguer le Château ; quelque temps après la victoire, on démolit ce faubourg sous prétexte de le mettre à l'abri des Anglais, et les Carmes établissent ce monastère immense, que la révolution fit crouler pour établir la vaste place de ce nom... Cependant la basilique n'était pas encore satisfaite d'avoir saisi la ville dans ses mille bras, comme un nouveau Briarée. Elle voulut se joindre, elle-même, à tous ces monastères ; et ne pouvant se transporter dans le sein de la cité, c'est la cité qu'elle fit venir à elle en abattant ses remparts. Bientôt une nouvelle et unique enceinte enlace la ville et le bourg, et complète ainsi, par un mariage forcé, l'alliance du vainqueur et du vaincu (16). Alors, dans l'exaltation de sa joie, la basilique, jusques-là veuve de clocher pyramidal, pousse ses rameaux vers les cieux. Elle élève cette aiguille rapide, élégante, hardie dont les trois premières couches complètement romanes continuent le style du monument, tandis que les derniers étages et la flèche surtout s'élancent dans l'ogive.

Ainsi, orgueilleuse, parée de tous ses trophées, elle éparpille de plus en plus ses enfans dans la ville. Le Catholicisme, alors dans toute la force de l'âge, enfante chaque jour quelque nouvelle forme monastique. On voit pulluler une foule de communautés des deux sexes, pénitens de toutes couleurs, carmélites de toute espèce, moines de toutes les règles ; et pour dernière analyse enfin, vingt-six hôpitaux, dix-neuf ou vingt colléges (une seule rue en avait quatorze), des recluses à chaque porte de ville (17), et que sais-je encore tout ce qu'il faudrait nommer, si nous voulions parcourir toutes les manifestations, tous les caprices de cette végétation de l'arbre catholique ; mais nous en avons dit assez pour marquer la fin de cette grande lutte entre les deux principes de l'avenir et du passé. Le sol de l'ancienne Toulouse, affaissé sous les vaisseaux gothiques des Carmes, des Augustins, des Jacobins, des Trinitaires, des Cordeliers, se trouvait chevillé, immobilisé par ces forteresses catholiques. Peu à peu les vieilles inimitiés s'effacent ; les aspérités, les rancunes séculaires se polissent, disparaissent, et du temps de Catel il n'y avait plus que les enfans du bourg et de la ville qui se battaient pendant les Rogations aux cris injurieux de Bourgauds et de Cives (18). Mais de jour en jour, chaque monastère projetait ses rayons autour de lui; toutes les traditions finirent par se fondre comme des débris de bronze jetés dans le creuset d'une nouvelle statue. Bientôt surgit de cette fusion une nouvelle civilisation, un nouveau peuple, et ils eurent aussi leur gloire et leur éclat, car la Toulouse du quatorzième siècle fit briller et fait resplendir encore le flambeau de la poésie, des sciences et des beaux-arts, couronne d'une splendeur d'autant plus pure, que c'est le Catholicisme qui l'éclaire de ses feux.

Me voilà donc conduit à prendre deux monumens pour jalons de l'histoire, plus encore, à les faire concourir comme acteurs principaux au dénouement de ce drame de douze siècles.... Le sujet est grand, le cadre vaste, la tâche difficile ; et si la sainteté de l'œuvre m'enhardit, d'autre part je me sens effrayé par la grandeur du projet ; effrayé comme un artiste qui, seul dans les déserts de Palmyre et de Babylone, contemplant les immenses débris d'une époque gigantesque, aurait la pensée sublime, mais désespérante, de relever au soleil de l'avenir ces vastes capitales de marbre et d'or, ensevelies dans les buissons.... Aussi, quel que soit mon courage, lorsque je pense à cette longue période de siècles que je vais tâcher de caractériser dans une œuvre d'imanation, j'éprouve le besoin de réclamer l'indulgence du lecteur qui daignera me lire, et je termine cette Préface comme un vieux poète commençait la sienne :

<blockquote>
Bénin lecteur très-diligent, gent, gent,
Prenez en gré mes imparfaits, faits, faits.
</blockquote>

MÉDELLA.

.... Le nombre accablait leur courage ;
Un chevalier s'élance ; il se fraie un passage.
Il marche, il court ; tout cède à l'effort de son bras,
Et les rangs dispersés s'ouvrent devant ses pas.

CASIMIR DELAVIGNE.

I.

LE VOYAGE.

AR une belle journée d'automne de l'année 257, un centurion romain, accompagné de quelques soldats de sa compagnie, parcourait les plaines fertiles des Volces-Tectosages. Parti le matin de Carcassonne, qui n'était à cette époque qu'un simple château-fort, il s'acheminait vers la ville de *Tolosa*, au commandement de laquelle il venait d'être appelé par l'empereur Décius. Il aurait été assez naturel que ces voyageurs suivissent la voie romaine, qui reliait Carcassonne et Tolosa, en traversant Ebromagus, Fines, Badéra, lieux qui sont occupés aujourd'hui par Bram, Saint-Rome et Baziége ; mais désireux de recueillir par lui-même des renseignemens précis sur l'esprit des peuples de cette contrée, le centurion avait préféré appuyer au midi, et suivre les sentiers peu fréquentés, pour reconnaître si ces peuplades éloignées de la métropole des Gaules, n'étaient point disposées à se joindre aux mouvemens insurrectionnels, qui menaçaient d'éclater dans plusieurs localités de la Narbonnaise. Nos Romains s'étaient donc aventurés dans les collines boisées des bords de l'Ariége, et la seule précaution qu'ils avaient prise pour éviter le ressentiment des indigènes, toujours ennemis de leurs dominateurs, avait été d'endosser des vêtemens gaulois, et d'apprendre avant leur départ quelques termes de la langue Celte. Grâce à ce déguisement, notre caravane présentait une physionomie assez singulière; le centurion, homme grave et sévère, romain de l'ancienne race, et par le caractère, et par les dehors, marchait le premier, monté sur un cheval robuste, aux formes un peu lourdes, mais à l'allure vive et ardente; avançant d'un pas pressé, secouant la tête, hénissant au moindre bruit, sollicitant fréquemment la bride, et si le cavalier n'avait modéré son ardeur pour permettre à ses fantassins de le suivre plus commodément, l'impatient quadrupède aurait fourni une belle carrière à travers les collines et les vallées; mais revenons au centurion.

Après avoir répudié par prudence le casque et le costume national, il s'était revêtu d'une espèce de haut-de-chausses gaulois, appelé brayes, recouvert d'une élégante xitonas brodée d'or et d'argent, avec une prodigalité assez grossière. Cette tunique composait le costume militaire et civil des Gaulois; elle était serrée autour des hanches par une ceinture de cuir, recouverte de lames de cuivre polies et s'agraffait avec un fermoir d'acier. Une longue épée gauloise à deux tranchans et sans pointe, avait aussi remplacé l'épée courte qui, la veille encore, pendait à son côté; mais la partie la plus remarquable de son nouveau costume, était une espèce de casque d'étoffe rouge, orné de deux énormes cornes de cerf. Cette coiffure pyramidale donnait à la tête du romain la tournure la plus originale; aussi, ses propres soldats, peu habitués à cet aspect sauvage, échangaient-ils entr'eux mille plaisanteries qu'ils se gardaient bien de lui communiquer. Le centurion était homme sévère, il conservait sous son casque de cerf un sang-froid imperturbable, et n'aurait jamais consenti à devenir un objet de plaisanterie, surtout pour une tête d'emprunt qui devait servir à l'utilité de la République. Ce n'est pas que ces soldats rieurs eussent un costume exempt de toute étrangeté; car, outre le caleçon de toile grise, ils étaient affublés d'énormes sayes ou hoqueton à manches, qui leur descendait jusqu'aux cuisses; ce vêtement était le plus ordinaire chez les Gaulois pauvres et condamnés au travail, tandis que la tunique ornée d'or et d'argent que portait le centurion, était particulièrement réservée à la classe noble des guerriers. Sur leurs têtes, flottaient au gré des vents, des peaux de bêtes fauves, garnies d'oreilles et de longues queues; toutes coiffures fort singulières assurément, pour des soldats accoutumés aux casques des légions; mais un peu moins pyramidales cependant que les cornes de cerf du centurion. La chaussure était la seule partie du vêtement que nos voyageurs n'eussent pas jugé à propos de changer ; ils avaient gardé leurs sandales romaines, entourées de banderolles rouges, estimant qu'elles avaient assez de ressemblance avec celles des Gaulois, pour qu'elles dussent passer inaperçues.

Au demeurant, toutes ces précautions n'étaient que trop justifiées par les circonstances. La tendance des Gaulois à la révolte s'était maintes fois manifestée pendant les derniers troubles qui avaient agité l'Empire, et depuis que César avait marché contre Rome, à la tête de la fameuse légion gauloise de l'*Alauda*, il suffisait de pousser un cri de ralliement dans la Narbonnaise pour voir des nuées de Gaulois se lever de toutes parts. Galba et Vitellius, Othon et Vespasien étaient venus recruter leurs principales forces dans cette province, et c'est à la tête de ces peuples, presque toujours ennemis de l'empereur régnant, que les nouveaux compétiteurs poussaient leurs aigles vers le Capitole (1).

Notre caravane avait fait une vingtaine de milles sans rencontre imprévue, et elle allait atteindre les côteaux fertiles de l'Auriger, lorsque le pays, jusques-là fertile et agréable, changea subitement de caractère. Un incendie récent venait de ravager une de ces vastes forêts vierges, ornement majestueux et sacré du sol gaulois. Les Romains virent s'étendre devant eux, à des distances considérables, une immense solitude de cendres et de débris charbonneux. Au milieu de ce tableau de destruction s'élevaient çà et là de gros troncs de chênes calcinés par le feu, idoles de charbon que le Dieu des forêts semblait avoir protégées contre le désastre, et tout autour de ce cirque de désolation, les arbres, qui avaient servi de barrière à l'incendie, présentaient encore leurs feuillages noircis et racornis par les flammes. A ce spectacle étrange, les Romains furent saisis d'une sorte d'effroi. Quelle pouvait être la cause de ce sinistre ?... était-ce le feu du ciel, l'imprudence des bergers, une éclatante manifestation de la colère des légions romaines, ou bien la cupidité de quelque riche seigneur gaulois, qui, au mépris du respect de ses ancêtres pour les forêts, aurait tenté de livrer à la charrue les plaines boisées, où venaient se célébrer jadis les terribles sacrifices du Druidisme ?... Les Romains s'adressèrent réciproquement ces questions; mais la pénétration du centurion et celle des soldats furent également en défaut pour trouver une explication satifaisante.

Cependant le passage de ce vaste foyer où venait se perdre le sentier, ne laissait pas que de présenter des dangers de plusieurs sortes. Outre la difficulté de marcher sur une épaisse couche de cendre, on avait encore à redouter des ornières profondes et invisibles, encombrées de charbons mal éteints (2). Enfin le vent du Sud, qui avait constamment accompagné nos voyageurs depuis leur départ de Narbonne, s'engouffrait en tourbillons dans ce cirque désolé, et des nuages de cendres chaudes s'élevant dans les airs, retombaient comme des trombes étouffantes. Nos Romains retrouvaient, au milieu des forêts de la Gaule, les sables brûlans et le simoun de la Lybie. Le centurion se rappela soudain le sort de l'armée de Cambyse, et il tourna bride aussitôt pour aller découvrir avec ses soldats quelque passage moins périlleux.

Au même instant, un grand bruit de cris à demi-sauvages vint augmenter leur embarras. Tout-à-coup, cinq ou six paysans gaulois, vêtus misérablement et armés de bâtons, traversèrent les broussailles, obstruèrent les sentiers et se précipitèrent vers eux.

— Par Jupiter! s'écria le centurion, voici qui devient plus sérieux que les nuages de cendres chaudes. A moi, compagnons! cria-t-il à ses soldats; serrez vos rangs; du courage, bonne contenance, et il ne sera pas dit que des Romains aient jamais tremblé devant de misérables Gaulois!

A ces mots, les guerriers présentèrent à l'ennemi les pointes de leurs javelots, le chef tira de son fourreau sa longue épée gauloise, pressa les flancs de son cheval, et il fondit sur les assaillans avec un choc terrible. Cette charge était plutôt destinée à effrayer les Gaulois qu'à renverser leurs escadrons innocens; mais le centurion, peu habitué à la longueur des épées gauloises, mesura mal son coup, et au lieu d'intimider ses adversaires par une simple démonstration belliqueuse, il atteignit l'épaule d'un pauvre paysan qui se jetta en arrière en poussant un grand cri de terreur.

— Miséricorde! s'écria-t-il au milieu de la débandade de ses compagnons mis en fuite; que signifie cette manière brutale d'accueillir les gens qui courent à vous.

— Comment, drôle! reprit le centurion; penses-tu donc que je fusse d'humeur à me laisser assommer avant de montrer les griffes?

— Et par Teutatès, quel Gaulois eut jamais l'idée de maltraiter un voyageur, répondit le blessé. Vous interprétez bien mal nos bonnes intentions. Ne voyez-vous pas que nous courons à vous avec le désir de vous conduire dans notre logis, de vous recevoir avec profusion de viandes fraîches, de vins exquis, afin d'obtenir en échange le récit de vos aventures? Quoique vous portiez les vêtemens en usage dans cette contrée, nous savons aisément reconnaître à vos manières que vous avez reçu le jour dans des pays éloignés, et par Hésus! (3) nous voulons savoir d'où vous venez.

A ces paroles inattendues, la surprise de nos Romains fut extrême. Ils se regardèrent les uns les autres, et cet exemple de la curiosité excessive des Gaulois les frappa de mutisme et d'ébahissement.

— Serait-il bien possible, reprit le centurion, que nous désignerons dorénavant sous le nom de Robur! quoi, le simple désir de connaître les aventures de notre voyage vous a poussés sur nos pas avec l'impétuosité d'ennemis prêts à en venir aux mains!

— Sans doute! reprit le gracieux Arnol. Ne savez-vous pas que l'amour de la nouveauté et des belles choses ennoblit le caractère gaulois au dessus de toutes les nations de l'univers. Le désir d'apprendre est chez nous aussi vieux que le monde. Nos pères s'en allaient au loin arrêter les voyageurs sur les chemins, ils les engageaient, par mille prévenances, à venir s'asseoir à leurs foyers pour raconter leur biographie; si l'étranger se rendait avec empressement au désir du maître, il ne sortait de chez lui que comblé de présens et de bénédictions; mais s'il s'obstinait à garder le silence, ses mains étaient liées derrière le dos, et le bâton savait le contraindre à être complaisant (4).

—Etait-ce avec de pareilles intentions que vous couriez à nous, armés de bâtons et de fourches, reprit le centurion d'un air sévère, et prétendriez-vous nous arracher par la peur ce que nous voudrions enfermer dans notre sein ?

— Grâces à Dieu, il ne s'agit pas de renouveler les violences de nos pères, reprit le Gaulois en ramenant le sourire sur ses lèvres; nous sommes ici d'après les ordres d'Améonix, le plus noble et le plus puissant gaulois de ces contrées. Suivez-nous dans sa riche demeure, qui est ici derrière ces grands châtaigniers. Vous trouverez des tables couvertes de mets succulens, dressées pour vous et vos compagnons, sous les arbres d'un verger fertile; venez-y conter vos aventures à sa famille assemblée, et vous recevrez des mains de sa fille de riches et illustres présens.

Les soldats accueillirent ces paroles avec une satisfaction non équivoque; Robur, au contraire, dont l'excessive rigidité tendait au ridicule, commençait à s'effaroucher de cet appât de séductions offert à sa vertu incorruptible, et il fut sur le point de tout repousser avec mépris, comme Curius-Dentatus avait refusé jadis les présens des Samnites; mais un de ses soldats se permit un avis:

— Pourquoi n'accepteriez-vous pas, lui dit-il, des offres qui pourraient nous être si utiles ? Nous sommes égarés dans un pays inconnu, fatigués, privés de vivres; or, s'il est vrai que ces Gaulois soient si prodigues de leurs présens envers des étrangers qui les bercent de contes bleus, il me semble qu'il nous sera aisé d'obtenir par quelque complaisance deux ou trois mots de renseignement pour rejoindre la route que nous avons perdue.

La sagesse de cet avis fit ouvrir les yeux au centurion, et sans avoir l'air de céder aux prières d'Arnol, ni aux suggestions d'un subalterne, il laissa son cheval suivre les Gaulois vers la demeure d'Améonix.

Peu à peu, ceux qui s'étaient enfuis d'abord devant la colère redoutable de Robur, rassurés par la tournure qu'avait pris la chose, étaient revenus auprès du blessé pacificateur. Et dès que Robur, suivi de ses soldats, se mit en marche vers la demeure d'Améonix, les Gaulois se répandirent dans les bois, agitèrent en l'air des branches de chêne, et manifestèrent par leurs danses et leurs chansons, le plaisir qu'ils avaient d'avoir réussi dans leur capture.

— 32 —

— Quel est donc ce riche Améonix, si désireux de rançonner l'intempérance narrative des voyageurs fanfarons? demanda Robur à son espèce de cicérone, qui ne quittait pas d'un pas la bride de son cheval.

— Et de quel lieu sortez-vous! reprit celui-ci avec la façon étourdie qui le caractérisait, pour que vous ne connaissiez pas l'opulent, le superbe, le généreux Améonix; ce viellard, riche comme la rivière qui roule de l'or, prodigue comme la terre qui donne trois récoltes, majestueux et imposant sur son siège comme le soleil qui se couche par une soirée orageuse de printemps? N'avez-vous pas lu l'histoire de ce fastueux Ariamne, tétrarque gaulois, dans l'Asie-Mineure, qui étonna les princes asiatiques par sa gourmandise et sa prodigalité? Eh bien! notre maître Améonix descend d'une de ses filles. Sa famille ayant été disgraciée dans la Galatie, il fut obligé de fuir le pays de ses pères, et il vint, il y a trente ans, établir dans ces contrées le luxe et la générosité orientale de ses ancêtres (5).

Pendant cette séduisante conversation, qui faisait dilater d'impatience l'estomac affamé de nos soldats, le centurion avait descendu une pente assez rude, et il allait franchir un ruisseau couvert et obstrué d'arbres séculaires, lorsque les Gaulois qui le précédaient, s'écrièrent tout-à-coup, en agitant leurs rameaux avec l'orgueil de serviteurs dévoués, qui tirent vanité de la haute position de leur maître : Voici le Soccoreac! voici la demeure du descendant des tétrarques!!...

> .... Aussitôt Philémon
> Vient au-devant des dieux, et leur tient ce langage :
> Vous me semblez tous deux fatigués du voyage ;
> Reposez-vous............
>
> LAFONTAINE (*Philémon*).

II.

LES ESPIONS DÉCOUVERTS.

L'HABITATION d'Améonix était loin d'offrir un aspect monumental. C'était une agglomération de petits bâtimens de forme ronde, ayant assez de ressemblance avec des ruches à miel bâties sur une grande échelle. Ces cases diverses faites avec un mélange de pierre et de terre, étaient couvertes, ici de branches d'arbres et de gazon, là de chaume ou de planches de chêne selon l'importance de leur destination. Séparées les unes des autres par un espace de quinze à vingt pas, elles étaient reliées par de simples hangars, fermés du côté du nord par des appentis couverts de chaume, dont les chevrons reposaient sur le sol. C'était sous ces granges qu'on abritait les charrues, les tonneaux, les chariots de guerre, les ustensiles de l'exploitation agricole, ainsi que les nombreuses et bourdonnantes ruches à miel. Les pavillons arrondis que nous avons désignés, servaient à loger les serviteurs d'Améonix, ainsi que les animaux domestiques, principale richesse des seigneurs gaulois.

Tous ces corps de logis occupaient une ligne droite assez étendue sur le flanc d'un côteau dépouillé de forêts, lequel descendait vers le sud, par une pente assez douce, jusqu'aux bords verdoyans et fleuris de l'Auriger. Une vaste enceinte de pieux, liés entr'eux avec des chêneteaux, formait une cour spacieuse, destinée à protéger les troupeaux contre les attaques des voleurs et des bêtes fauves; précaution assez utile, car il arrivait, en ce temps-là, que les loups affamés faisaient éprouver de véritables siéges à mainte garnison de génisses et de brebis.

Nos Romains, beaucoup plus habitués que le lecteur à l'aspect désordonné de ces habitations grossières, n'y prêtèrent pas une grande attention; néanmoins, ils arrêtèrent un instant leurs regards sur un vaste pavillon, placé au centre des bâtimens, et qui se distinguait de ses voisins par une grande recherche dans sa construction et ses ornemens. Ses murailles étaient recouvertes d'un enduit blanchâtre, sur lequel on s'était amusé à peindre de grandes figures d'oiseaux et de quadrupèdes; les fenêtres étaient fermées par des volets de toile grise; de forts madriers de chêne formaient une toiture d'une imperméabilité à faire envie aux toiles les plus brevetées de ce siècle; tout indiquait enfin, à ne pas pouvoir se méprendre, que c'était là le pavillon d'honneur occupé par la famille du riche Améonix.

En arrivant auprès de la claire-voie, Robur et ses compagnons aperçurent au haut des piquets, d'innombrables dépouilles d'oiseaux de proie, rangées en front de bataille, pour témoigner de l'adresse des gens du logis. On remarquait notamment une tête de cerf, placée là d'assez fraîche date; et, pour pendant, une énorme tête de buffle antique, pelée, desséchée par le soleil, et dans un œil de laquelle une souris tirait le museau au moment où les Romains firent leur entrée triomphale... Tel était le trophée des habitans de Soccoréac. Les Gaulois montrèrent les pages diverses de ce charnier avec l'orgueil de chasseurs illustres; et pendant long-temps, ce fut à qui indiquerait le premier la bête fauve qui y avait été clouée par une de ses flèches.

Cependant, le viel Améonix, averti de la bonne fortune que le ciel lui envoyait, par les clameurs bruyantes des Gaulois, avait quitté le pavillon d'honneur, pour venir à la rencontre des nouveaux convives. Il appela ses serviteurs, multiplia ses ordres, distribua les tâches, afin de tout disposer pour le grand régal qu'il devait donner ce jour-là. Aussi l'entrée des étrangers fut-elle accueillie par des cris de joie, d'une part, par des lamentations, de l'autre. Des cuisiniers égorgeaient un cochon, une vieille servante décapitait des volailles, des jeunes filles entassaient des branches sèches dans un énorme fourneau en plein air, les broches et les marmites se mettaient en mouvement, tout retentissait du bruit précurseur d'un festin homérique.

Le maître du logis, assis avec dignité sur le tertre de gazon qui formait le perron de son modeste palais, attendait gravement ses aventureux visiteurs. Améonix était un de ces hommes à belle prestance, qui veulent obtenir par la richesse et la recherche de leurs vêtemens l'admi-

ration du vulgaire, qu'ils sont incapables de subjuguer par un esprit stérile et rétréci. Il était amplement drapé dans une xitonas de la même forme que celle de Robur ; mais infiniment plus surchargée de paillettes d'or, de franges et de broderies. Une agraffe de perles fines, recueillies dans les îles d'Hyères, la retenait sur sa poitrine, et de riches galons formaient des dessins bizarres sur les manches et le collet. Des brayes ou pantalons de soie faisaient flotter leurs plis onduleux sous cette espèce de manteau royal ; et un bonnet phrygien surmontait sa figure calme et vénérable, relevée par l'éclat d'une belle barbe blanche (6). En voyant ce mélange de vêtement gaulois et asiatique, on aurait dit un doge de théâtre ; mais si tout ce fatras puéril fit sourire les soldats romains, il n'en fut pas de même d'une belle tunique blanche, sous la simplicité de laquelle brillaient les traits réguliers, le regard curieux et pétillant d'une belle jeune fille ; à sa vue les soldats s'inclinèrent, et Robur se sentit ému.

— Jeunes étrangers, dit le gaulois, en présentant à Robur la main qu'il avait tenue appuyée sur l'épaule de la jeune fille, soyez les bien-venus dans ma demeure; les voyageurs sont toujours assurés de recevoir auprès d'Améonix les soins empressés, la politesse affectueuse qui caractérisent l'hospitalité sur la terre gauloise ; j'espère, en revanche, que nous trouverons en vous la faconde aimable et séduisante que tout loyal voyageur doit s'empresser de mettre à la disposition de ses hôtes, afin de charmer leurs oreilles. Après cette courte allocution, Améonix demanda à Robur qu'elle était sa patrie, le terme de son voyage, le but de sa mission.... Peu à peu sa curiosité devint incessante, et ne laissa pas que d'embarrasser nos romains déguisés; mais les lois les plus simples de la prudence ne purent engager Robur à employer un langage mensonger.

— Tu désires savoir quel est le pays qui m'a vu naître, répondit-il à son interlocuteur, et quel est le lieu vers lequel je dirige mes pas ? Je viens de ces montagnes des Allobroges, où, pour la première fois, César fit sentir à la Gaule la pesanteur de son bras invincible; maintenant je me dirige vers la vieille cité des Tectosages, qui ne présente plus que des ruines, depuis que Cépion a vengé les légions romaines, trahies et massacrées.

— Voilà un langage bien fier, pensa le gaulois en lui-même ; et cet allobroge me paraît passablement maussade avec son laconisme.

La surprise d'Améonix était assez naturelle ; car Robur, très peu familier avec la langue gauloise, mêlait maint barbarisme à ses constructions latines, et la pauvreté de son vocabulaire n'était pas moins cause de la brièveté de ses discours, que le déplaisir d'avoir à subir l'interrogatoire d'un vaincu. Améonix, dont la pénétration n'était pas très profonde, ne soupçonna pas d'abord la possibilité de quelque supercherie ; il se contenta de remarquer la maladresse avec laquelle les voyageurs portaient l'habit gaulois, et de rire en secret de leur tournure étrangère.

— Puisque vous arrivez par le chemin de Narbonne, reprit Améonix, en introduisant Robur dans la principale pièce du logis, ne pourriez-vous pas me dire ce qui se passe dans cette cité orgueilleuse ?.... Elle a eu jadis l'ambition étrange de vouloir imposer son nom à ce pays ; mais la punition des dieux a été plus grande que son audace ; car l'incendie a dévoré ses habitations, la flamme a renversé ses monumens, et les oiseaux de proie se promènent aujourd'hui sur les ruines de ses temples.

— Vous vous trompez, reprit Robur en élevant la susceptibilité nationale un peu plus haut que la prudence ne le lui aurait conseillé; ce que Rome fonde et protége ne saurait périr sous la main des hommes, ni sous les coups des élémens. Narbonne, il est vrai, a été consumée par le feu ; mais semblable à l'oiseau miraculeux qui renaît de ses cendres, une nouvelle Narbonne, plus belle, plus somptueuse, s'élève déjà sur les bords de la mer. Forte de l'affection de l'empereur Antonin, elle avait déjà rebâti ses remparts et ses temples ; aujourd'hui, elle voit des maisons spacieuses remplir son enceinte, et de nouveaux vétérans viennent renouveler sa population affaiblie (7).

Pour le coup, les soupçons d'Améonix augmentèrent de gravité ; Robur s'en aperçut, et il eut quelque regret d'avoir cédé un peu trop à sa franchise naturelle.... Il songeait à réparer le mal qu'un excès de susceptibilité lui avait fait commettre, lorsque des cris de rage et de mort, poussés dans la cour, vinrent lui ravir tout espoir de garder plus long-temps l'incognito.

— Ce sont des Romains ! s'écriaient plusieurs voix animées de fureur. Ce sont des espions et des traîtres ! Mort et vengeance sur eux !

Que s'était-il donc passé pour que la découverte du mystère vînt ainsi du dehors, tandis qu'il n'y avait encore que des soupçons dans la chambre d'Améonix.... Le voici : Pendant que le vieux gaulois introduisait Robur dans le pavillon d'honneur, les soldats de son escorte, entourés par de nombreux serviteurs, avaient été conduits dans les cuisines, et là, une cohue de paysans et de chasseurs du voisinage, attirés par la curiosité, se pressaient autour d'eux et les accablaient, sans ménagement, d'un feu roulant de questions indiscrètes. Les pauvres soldats, tout interdits, n'opposèrent qu'une gaucherie impassible... D'abord ce furent d'énormes maladresses dans le salut et la manière de marcher ; puis un embarras excessif pour s'exprimer, qui excita la risée de toute la gent auditrice ; une foule de mots estropiés, de locutions méconnaissables, ne tardèrent pas à trahir leur nationalité ; aussitôt un houra inexplicable se fit entendre ; les Gaulois, altérés de vengeance, se jetèrent sur eux, les garrottèrent, et ils s'élancèrent vers le pavillon d'honneur, en proférant d'horribles imprécations.

— Qu'ils meurent ! s'écriaient-ils de toutes parts, et ils envahissaient la pièce où Robur défendait encore son incognito contre les investigations d'Améonix. Que leur sang serve d'expiation ! qu'il soit répandu sur le dolmen de Teutatès !

— Venez chercher ce sang, misérables esclaves ! s'écria Robur, transporté de fureur, rugissez autour de moi comme des loups affamés, et vous apprendrez quelle est la force d'un Romain luttant contre de vils Gaulois. Approchez, et dix d'entre vous paieront l'insulte faite à ma tête. En prononçant ces mots, le centurion s'était élancé au fond de la salle, et s'adossant à la muraille, il formait devant lui un vaste demi-cercle de figures stupéfaites en faisant rouler sa longue épée à leurs yeux....

Hâtons-nous de dire que ces cris de mort avaient été proférés sans la moindre participation d'Améonix. La prudence et l'hésitation s'alliaient dans son caractère à l'orgueil et au fanfaronage le plus étendu. Chef d'un parti puissant de Volces, qui reconnaissait en lui le descendant des Tétrarques d'Asie, Améonix s'était jeté par vanité, beaucoup plus que par patriotisme, dans une vaste conspiration qui fermentait sourdement dans cette partie de la Gaule; mais, semblable à ces hommes si nombreux chez les peuples en décadence, il n'était disposé à monter au premier rang, qu'à condition que ses partisans assureraient le succès au péril de leurs jours, et qu'il n'y aurait pour lui qu'à triompher. Aussi, quel que fût son désir de commander, la crainte d'échouer dans son entreprise venait rembrunir quelque peu les songes dorés de l'avenir.... Certain de la victoire, il aurait volontiers offert en holocauste ces quelques romains que le hasard mettait à sa disposition ; mais la provocation de Robur lui faisait craindre qu'un détachement plus considérable ne les suivît de près, et son caractère, naturellement faible, lui conseilla d'user de ménagement et d'adresse, pour les retenir prisonniers, sans leur laisser soupçonner ses projets insurrectionnels.

— Pourquoi cet emportement et ces menaces! dit-il à Robur en cherchant à l'apaiser. Elles sont aussi inutiles que votre espionnage ; pourquoi vous introduire dans ce pays sous un honteux déguisement ? Ne sommes-nous pas de fidèles gaulois ? N'avons-nous pas toujours entretenu avec Rome des relations de bonne intelligence ? vous voyez bien que tout est en paix dans ce pays, que nul ne songe à exciter à la révolte....

— Vous vous trompez, Améonix, s'écria dans la foule une nouvelle voix. Une fausse crainte fait mentir votre franchise.... Puis s'adressant à Robur, l'interlocuteur poursuivit.... Tyrans de la Gaule! le règne de votre puissance est passé. De toutes parts les Gaulois secouent le joug de la servitude. Au premier jour, les échos du Rhône et des Pyrénées feront entendre le cris de : vive l'indépendance ! et un million de bras élèveront vers le ciel leurs épées altérées de sang romain. Ce n'est plus comme autrefois au nom de Galba ou de Vitellius, de Vespasien ou d'Othon, que notre sang coulera sur la terre des Gaules (8). Ce seront les mânes de Brennus, de Vercingétorix et de Bituit qui pousseront les guerriers au combat (9).

La voix qui faisait entendre ces courageuses paroles était celle d'un jeune homme de vingt-cinq ans, franc, impétueux et brave comme on l'est à cet âge, mais imprudent et présomptueux bien au delà de ce qu'exigeait la réussite d'une grande conspiration. Aux cris de *mort aux Romains!* qui s'étaient fait entendre dans la vallée, il avait quitté le plaisir dangereux de la chasse au buffle sauvage, et, courant vers la demeure d'Améonix, il avait fendu la foule qui entourait les Romains, pour braver ces ennemis de la parole et du regard.

— Permis à vous de soumettre à votre espionnage les Gaulois dégénérés des bords de la Méditerranée, poursuivit Amiduat, en s'adressant à Robur. Que ceux qui se sont lâchement soumis au régime corrupteur des décrets impériaux en subissent les conséquences. Mais la liberté, chassée des côtes de la Ligurie, s'est réfugiée dans ces colines solitaires, sous la protection des fleuves et des rochers des Pyrénées ; elle y vit pour régénérer la Gaule entière, au premier signal, et ce ne sera pas impunément que de misérables traîtres voudraient se glisser parmi nous pour espionner les pensées secrètes des hommes libres.... Est-ce bien vous qui parlez d'alliance et de paix, ajouta le jeune homme, en se tournant vers Améonix ; vous, le chef que nous avons choisi pour monter sur le nouveau trône des Gaules ; vous, le plus noble, le plus illustre, le plus vénérable de nos guerriers ?

Ces reproches du jeune Amiduat réveillèrent le courage du vieux gaulois. La prudence timorée céda le pas à l'orgueil, et l'amour du commandement régna souverain dans son ame.

Le jeune homme ajouta :

— Que signifie cette vaine pitié pour les ennemis mortels de la Gaule ? Nos frères égorgés par leurs légions, nos forêts sacrées livrées au fer et à la flamme, nos villes détruites, nos temples profanés, ne réclament-ils pas quelques victimes d'expiation ?.... Depuis long-temps le sang est bien rare sur les autels de Teutatès ; le druide indécis cherche avec effroi les présages de l'avenir dans les entrailles de quelques misérables malfaiteurs.... (10) Aujourd'hui Hésus affamé du sang humain nous envoie ces lâches espions, et nous hésiterions à les livrer aux sacrificateurs ?.... Non, il faut qu'ils périssent, il faut, qu'attachés à un poteau, leurs corps servent de but à nos flèches, et fussé-je seul pour exécuter la vengeance, je jure que leurs têtes serviront de drapeau à nos insurgés, et de trophée à votre tente royale !

Un houra barbare, impétueux accueillit ces paroles. Améonix, lui-même, transporté d'orgueil par le présage de cette royauté qu'Amiduat lui annonçait, fit taire la crainte et l'hésitation qui se disputaient sa pensée, et il s'abandonna au penchant de la vengeance.

— Qu'ils périssent ! s'écria-t-il, puisque ainsi le veut Teutatès ; qu'ils périssent ! puisque ainsi l'exige ma grandeur et celle de la Gaule.

Les nombreux cliens qui se pressaient dans la demeure d'Améonix semblaient attendre avec impatience le signal de leur patron. A peine fut-il donné, qu'on entendit les forêts voisines retentir du bruit des malédictions, et une foule avide de carnage se précipita avec fureur vers l'inébranlable Robur, qui, toujours armé de sa longue épée, se préparait à vendre chèrement sa vie.

> Le sceptre, dans la main d'un roi,
> Semble dire : Obéissez-moi
> Et reconnaissez ma puissance ;
> Mais quand, d'un regard, on peut dire : Aimez-moi,
> Il est inutile, je crois,
> De commander l'obéissance.
>
> DEMOUSTIER.

III.

HÉLÉNA.

Enfin la lutte allait s'engager, et tout faisait présager qu'elle serait terrible. Les *cathéis*, les *gaïs*, les *matras*, les massues et autres armes meurtrières s'ébranlaient pour menacer les têtes dévouées aux dieux infernaux. Tout à coup, la jeune fille sur laquelle s'appuyait Améonix au moment où les Romains étaient entrés dans la basse-cour, se fit jour à travers la foule, et se plaça entre les combattans. A sa vue, le silence devint général, la crainte sembla remplacer la fureur, le respect se répandit sur les visages. Héléna n'avait pas les formes mâles et vigoureuses de la plupart de ses compagnes, c'était une grande jeune fille, svelte, gracieuse, séduisante, qui portait en elle le cachet de cette influence de la civilisation orientale que son père avait rapportée de la Galatie. Elle était vêtue d'une robe blanche sans manches, à la manière des prêtresses gauloises : mais son front, au lieu de porter la couronne de chêne, se dessinait sous les festons gracieux d'un collier de perles et d'émeraudes ; ses bras étaient ornés de doubles bracelets en or, recueillis dans les sables de l'Auriger qui coulait au fond du parc, et de grosses boucles d'oreilles descendaient sur ses épaules découvertes.

— Que signifient ce bruit et ces menaces, demanda-t-elle aux agresseurs, avec un air de dignité mêlée d'indignation ? Osez-vous bien disposer de la vie de ces romains, et dévouer leur tête à Teutatès, avant d'avoir pris conseil des filles de la Gaule ? Qui donc a pu m'aliéner votre confiance ? qu'est devenu ce temps où nulle affaire publique ou privée n'était agitée dans le conseil de mon père, avant de m'avoir appelée à prendre part à la délibération ? Que les Celtes du Nord méprisent leurs femmes et les retiennent prisonnières dans leurs demeures, loin de toute discussion, la grossièreté de leurs mœurs peut autoriser cette injustice ; mais ici, dans le midi de la Gaule, chez les races ibériennes... (11). Lorsqu'Annibal, à la tête de son armée s'arrêta indécis sur les bords du Tet, et pesa dans la balance de son jugement, les destins de Rome et du monde, ne vit-on pas de simples gauloises prononcer en dernier ressort sur l'avenir de l'univers ? Quel crime a pu rendre les femmes de ce siècle indignes de votre confiance.... Vous avez condamné ces romains à une mort honteuse : je viens casser cette décision. S'ils ont trahi la Gaule, il est juste de les punir ; mais c'est aux druides seuls qu'il appartient de prononcer la sentence.... Je prends ces hommes sous ma protection ; qu'ils soient liés, mis en lieu sûr, et attendons à demain pour faire décider de leur sort par les prêtres assemblés.

Ces paroles, prononcées avec une dignité remarquable pour cet âge de barbarie, firent la plus profonde impression sur l'assemblée. Améonix se sentit presque honteux d'avoir osé prendre une détermination sans le conseil de sa fille chérie, Amiduat se mordit les lèvres, désolé d'avoir pu déplaire à celle dont il aimait tant le regard ami, et tous les cliens, soumis par vénération et habitude aux volontés d'Héléna, sentirent leur rage s'apaiser, et l'obéissance remplacer la soif du sang. En un moment, tous ces meurtriers avides de vengeance éclaircirent leurs rangs, et ils n'éprouvèrent plus qu'un regret, celui d'avoir déplu à la fille de leur patron....

Alors Héléna s'avança vers Robur, et lui tendant la main avec une grâce digne et affectueuse, elle lui dit : — Romain, je plains le malheur qui t'a conduit ici, et j'admire le courage que tu as conservé dans le péril, remets ce glaive dans le fourreau, et n'attends ton salut que de la justice des druides.

Le centurion était tombé depuis un instant dans une espèce de surprise extatique; l'apparition de cette jeune fille, la fierté noble de son langage, l'autorité de ses ordres, le respect des Gaulois les plus altérés de vengeance, l'avaient frappé d'admiration. Lui-même se sentit subjugué, désarmé par l'aménité de cette voix inconnue; il remit son épée dans le fourreau, et il confia sa liberté et sa vie à la garde de la jeune gauloise. Tout cela se fit sans proférer une seule parole : Héléna prit la main du centurion, le conduisit avec ses soldats dans un pavillon voisin, et elle referma avec précaution la porte sur eux.

Le lieu qui servait de cachot à nos captifs, n'était autre qu'une vaste cave à demi-souterraine, que de gros murs fermaient de toutes parts. Là, était disposée sur trois rangs, toute la vaisselle vinaire de Soccoréac; de grands foudres, formés d'un seul tronc d'arbre noueux et grossièrement creusé, retentissaient du bouillonnement de la vendange nouvellement cueillie. A droite, se dessinaient, dans un demi-jour douteux, de nombreuses outres, dont les peaux velues, conservaient encore, malgré leur nouvelle destination, la forme des bufles, des ours, des chevaux, qui les avaient fournies. C'était là que reposait en paix le vin des années précédentes; provision copieuse et délicate de la table du riche gaulois. Le cachot était assez étrange; et, certes, les prisonniers n'ont pas coutume de voir river leurs fers en compagnie de celliers pleins de vin ; mais nos malheureux voyageurs n'étaient guère à même de méconnaître les devoirs de l'hospitalité, à l'endroit du vin d'Améonix. Ils s'assirent sur les grosses poutres qui servaient d'appui aux foudres remplis de vendange, et se livrèrent à de tristes et bien naturelles réflexions.— Compagnons, leur dit Robur, les dieux envoient par fois de dangers aux hommes forts pour éprouver leur courage. Point de crainte, point de faiblesse! car le premier d'entre vous qui déshonorerait le nom romain par des cris de pitié, se verrait arracher la vie de mes propres mains. Après avoir long-temps vécu pour Rome, sachons, s'il le faut, mourir pour elle. Souvenez-vous de Régulus à Carthage; et quels que soient les tourmens de notre agonie, que pas un mot ne nous échappe qui puisse compromettre la dignité de notre origine romaine.

La conversation de nos captifs se borna à ce peu de mots; et les soldats soumis à leur chef, n'osèrent rien répliquer. Cependant, leur courage n'était pas aussi aisément porté au sacrifice de la vie que celui du stoïque Robur; mais la crainte d'avoir à rougir devant leur chef les empêchait de proposer certains moyens de salut, dont ils auraient bien désiré que le centurion prît l'initiative.

Quelques instans après, un bruit sourd et confus vint les réveiller de leur morne tristesse. Un grand bourdonnement de conversation venait de succéder à un long intervalle de profond silence. Des voix nombreuses agitaient doucement les échos de la demeure d'Améonix, et le tintement des vases de fer et de cuivre, se propageait par les lucarnes du caveau à travers les outres bouffies. Les captifs, inquiets tout d'abord sur la cause de ces bruits divers, prêtèrent une oreille attentive. Un d'entr'eux grimpa sur un foudre, et, mettant la tête à un soupirail, il reconnut que cette grande rumeur, dont ses compagnons ne pouvaient se rendre compte, était produite par les nombreux convives d'Améonix, qui se rangeaient autour de longues tables dressées pour le festin dans la cour de Soccoréac.

Le lecteur a vu, par le récit qui précède, qu'une grande conspiration fermentait dans le midi de la Gaule. Le pays compris entre l'Ariége, les Pyrénées et la Garonne, servait de foyer à cette conspiration, et la demeure d'Améonix était le centre où venaient aboutir les émissaires des divers cantons conjurés. Ce n'est pas que le descendant des Tétrarques fût bien digne par son caractère faible et irrésolu de devenir le pivot d'un mouvement insurrectionnel; mais dans la pénurie de chefs illustres, où se trouvaient réduits les Gaulois, il était naturel qu'un vieillard entouré de luxe, de richesses, et représentant une race ancienne, se fût élevé, par la force même des choses, à devenir le point de ralliement des ennemis du nom romain. Le vieux gaulois, tout fier du rôle important qu'on lui réservait, se laissait facilement entraîner dans cette entreprise périlleuse; non pas qu'il se sentit porté à tenter les hasards des combats; son caractère craintif ne lui inspirait, au contraire, que de l'éloignement pour toute espèce de collision; mais l'orgueil avait sur son ame plus d'empire que la crainte; et l'espoir de se placer un jour à la tête d'un nouvel empire des Gaules, lui faisait épouser, en aveugle, tous les projets de ses concitoyens.

Au moment où le romain, placé en reconnaissance, faisait plonger au loin ses regards par le soupirail du caveau, trois cents convives, à peu près, aussi différens de costume que de caractère, prenaient place autour d'une immense table ronde, disposée en plein air, avec grand apparat. Améonix assis sur un banc, recouvert d'un tapis écarlate, occupait la place d'honneur, au milieu de ses commensaux. A sa droite, on remarquait le jeune aquitain Amiduat, et à sa gauche, *Luern le Sanglier*, guerrier averne qui devait son surnom sauvage, autant à sa physionomie farouche et à sa barbe hérissée, qu'à la hure de sanglier qui surmontait son casque de cuivre. Puis s'étendaient des deux côtés du fer à cheval, les Hernkils, les Féruls, et plusieurs autres chefs de bande, plus ou moins fameux par leur valeur, leur noblesse et leur importance politique.

Le riche amphytrion, habitué aux aises de la vie, avait fait placer d'abord des bancs de bois pour la commodité de ses convives; mais Luern et les guerriers qu'il avait amenés des bords de l'Aveyron et de la Haute-Loire, ne daignèrent pas s'accommoder de ce raffinement de luxe méridional, auquel les mœurs encore sauvages du Centre, ne les avaient pas habitués. Ils rejetèrent avec le pied ces sièges trop commodes, et ils mirent à la place de simples fagots de paille, meuble inséparable qu'ils attachaient au poitrail de leurs chevaux, et qui leur servait d'oreiller dans les campemens, de siège pendant les repas, quelquefois même de nourriture pour leurs chevaux, dans les lieux qui se trouvaient privés de pâturages. Qu'on n'aille pas croire que ces Gaulois du Centre eussent tenté de corriger un peu la rudesse de leur physionomie barbare par la gracieuseté de leurs vêtemens; bien loin de là, leur saye et leur hoqueton étaient formés d'une étoffe de laine grise, déshéritée de tout ornement ; le poil de leur moustache restait dur et hérissé, et, pour ajouter à leur regard terrible, ils avaient chargé leurs casques de cuivre et leurs longs boucliers de bois de becs de vautour, de griffes de loup, de têtes de renard, selon le caractère de ruse ou de férocité auquel chacun d'eux prétendait attacher sa réputation.

C'était un aspect étrange que celui que présentaient ces hommes de l'Auvergne. Ni les armes, ni la civilisation romaine n'avaient pu dompter encore leur caractère dur et mal léché, et le contraste qu'ils formaient avec le luxe oriental d'Améonix et de ses cliens n'était pas le côté le moins pittoresque de ce festin singulier (12).

Amidual, jeune aquitain de race ibérienne, semblait placé là, entre ces deux extrêmes de la société gauloise, comme pour former un point de liaison entre la civilisation et la barbarie. Son costume court et simple, mais taillé avec une certaine élégance, se découpait agréablement entre la pourpre galonnée d'Améonix, et la hure de sanglier qui donnait à la tête de Luern un aspect vraiment gigantesque.

Les guerriers nobles et chefs de bande étaient seuls admis à la table d'Améonix ; les cliens, les dévoués ou soldunes, les hommes d'armes, que chacun menait à sa suite, étaient relégués à une seconde table, placée derrière la première. Les convives de celle-ci n'avaient pas coutume de s'asseoir. Placés sur deux rangs, en front de bataille, ils se tenaient debout, armés de la lance et du bouclier, prêts à courir au secours de leurs maîtres respectifs, au premier signal de danger ou de querelle.

C'était entre les deux haies de convives assis, et de convives debout, que les esclaves d'Améonix, vêtus de robes de soie chamarrées, firent circuler d'abord de grosses pièces de viandes, rôties, bouillies et grillées. Les tables étaient fort basses, c'est à peine si elles atteignaient les genoux des guerriers. Là, sur d'énormes plats de cuivre et d'étain, plaqués en argent, les jeunes veaux, les moutons, les chevraux se présentaient tout entiers sous la dent des mangeurs, sans avoir perdu un seul membre. On pouvait remarquer auprès d'Améonix quelques plats d'argent massif ; le nombre des convives avait obligé d'intercaler çà et là quelques ustensiles de bois et de terre cuite, réservés dans le temps ordinaire au service de la seconde table.

> Les soldats ont quitté l'airain éblouissant,
> Et délivrant du joug le coursier hennissant,
> Partagent le festin que ce héros préside.
> Le fer des couteaux brille, et le porc succulent,
> Aux dents blanches, au corps de graisse étincelant,
> Les chèvres, les brebis, les taureaux qui mugissent,
> Sur les feux de Vulcain, où leurs membres rougissent,
> S'entassent..............
>
> *Traduction d'Homère.*

IV.

UN REPAS DE LIONS.

AMÉONIX donna le signal de la curée. Il saisit un jeune veau par la cuisse, coupa le membre avec un petit couteau de chasse, et le porta tout entier à sa bouche. Un certain honneur était attaché à la possession de cette partie du veau, et comme Améonix y avait des droits à plus d'un titre, nul convive ne se permit à cet égard la moindre observation, et chacun ne songea qu'à s'octroyer une énorme portion des diverses viandes qui fumaient devant eux. Dès ce moment, ce repas de lions offrit un coup-d'œil sauvage, particulier aux festins des peuples des Gaules. Vous eussiez vu ces figures énergiques, jeunes et vieilles, farouches et rieuses, brunes et blondes, enfoncer leurs blanches dents au milieu des jarrets de porc et des épaules de mouton. Leurs longues moustaches se baignaient dans un jus graisseux, et leurs fronts réchauffés par la fumée des plats, la chaleur du soleil et des vins, ruisselaient de sueur comme au jour d'un combat. Le pain de froment ne jouait dans ce repas monstrueux qu'un rôle bien secondaire et n'y faisait acte d'apparition que comme assaisonnement à la gourmandise ; mais, en revanche, les vins capiteux coulaient partout à larges bords. Cependant, chose étrange! une seule coupe d'argent, portée par un beau jeune homme, devait satisfaire au vaste gosier de ces cent cinquante nobles convives. Huit esclaves liguriens, portant sur leurs épaules des urnes de terre et des outres remplies de vin de Narbonne et d'Italie, étaient chargés d'accompagner le vase fameux dans ses voyages réitérés autour de la table, pour contenter et prévenir même les incessantes importunités des buveurs ; mais tous les convives ne firent pas un accueil également gracieux à la coupe voyageuse :

— Que signifie ce vase de métal! s'écria Luern, en jetant un regard louche à l'esclave qui lui présentait à boire. Je ne me désaltère jamais que dans un débris du dernier ennemi que j'ai terrassé.... Aussitôt il prit un crâne attaché au cimier de sa longue épée, par une courroie de cuir, et le présentant sous l'urne de l'échanson, il y recueillit le vin d'Italie et le vida d'un seul trait...... Je bois à la mort des tyrans de la Gaule! s'écria-t-il, en élevant sa hache sur la tête d'Améonix ; que Hésus nous seconde, et j'espère renouveler bientôt cette libation dans le crâne du lâche préfet de Tolosa.

— Par Teutatès! s'écria Amiduat en vidant la coupe d'argent, je me joins de grand cœur à ce toast patriotique ; mais je n'ai pas besoin comme Luern de me désaltérer dans le crâne d'un ennemi pour boire à la délivrance de la Gaule et trouver le vin d'Améonix excellent. Holà! esclave, encore une rasade.... Que faites-vous donc là, Hernkil, avec cette effroyable grimace, on dirait que ces vins d'Italie caressent désagréablement votre gosier, accoutumé à l'hydromel et à la bière de vos montagnes.

— Nous sommes peu familiers, il est vrai, avec les vins doux et chauds de la Narbonnaise, répondit ce dernier ; mais nous n'avons que faire de ces liqueurs vaporeuses, pour allumer notre ardeur et nous faire saisir les armes avec courage. Vienne le jour du combat, vous verrez si mes *Gaballi* combattront pour la Gaule avec moins de vaillance que vos Gaulois pyrénéens, accoutumés aux fermentations du vin nouveau.

— Vous nous répondez donc du concours de vos compagnons ? demanda Améonix, en frottant sa barbe blanche imbibée de sauce.

— Comme Amiduat peut vous répondre de ses *dévoués* des Pyrénées, répartit Hernkil. Ils mourront tous pour la Gaule et pour votre royauté.

Triompher ou mourir ! telle est la devise de mes soldunes, s'écria Amiduat, en frappant du poing sur la table. Deux mille montagnards des bords du Gave ont juré de suivre mon enseigne bleue, partout où il me plaira de les guider. Or, la promesse de mes compagnons est un granit immuable; et les planètes cesseront de tourner autour du soleil, avant qu'un seul d'entr'eux s'éloigne de ma personne.

— Et que sera-ce donc de mes Avernes? s'écria le farouche Luern, en emplissant de nouveau son crâne. Fidèles à cette hure que j'ai prise pour signe de ralliement, on les verra impétueux comme des buffles sauvages, rompre les légions romaines ainsi que de flexibles roseaux. Je veux que chaque homme d'armes traverse pour sa part dix romains de son gaïs acéré, et que mes trois cents chiens, aussi bien dressés à la chasse des hommes qu'à celle des animaux, aillent dévorer les légionnaires jusque dans leurs retranchemens. Holà! mes guerriers à quatre pattes! cria Luern en se tournant vers une meute de gros chiens, qui se disputaient les os autour des tables, n'est-il pas vrai, que vous trouvez la chair romaine singulièrement succulente?

A ces mots l'Averne appela par leurs noms baroques les plus redoutables de ces quadrupèdes; ils accoururent autour de lui en poussant de prodigieux aboiemens, et ils montrèrent leurs incisives affamées de mordre (13).

— De par Hésus, s'écria Férul, je doute qu'ils s'accommodassent de la chair du centurion que la belle Héléna a dérobé à nos griffes, si elle était aussi dure que celle de ce vieux chevreau; par la mort! je crois qu'il est rembourré de cuir de buffle.... A ces mots, Férul, fatigué de tirer à deux mains la viande trop coriace qu'il s'occupait à disséquer depuis un instant, prit un petit couteau suspendu à la garde de son épée, et il coupa les tendons qui liaient les filamens nerveux de sa proie.

— Que la dureté de ces viandes retombe sur la tête de ces Romains maudits, répondit Luern, en jetant un regard ardent sur la cave où gémissaient les prisonniers. Par Hésus et Teutatès! nous aurions fait voler nos traits avec plaisir sur les épaules de ces misérables, pour nous égayer après le repas sans la malheureuse intervention d'Héléna.

— Je déplore comme vous que nous soyons privés de ce délassement, reprit Amiduat; mais Héléna l'a *voulu*, respectons ses arrêts, et que notre condescendance envers ses désirs puisse nous mériter quelques droits à sa bienveillance.

— Ce que c'est que la fragilité humaine! répartit Améonix en puisant une exclamation philosophique au fond d'une rasade; une série de déceptions forme tout l'échafaudage de la vie. Huit romains veulent espionner incognito ces contrées, ils sont arrêtés par mes gens comme d'aimables voyageurs, et conduits vers ma demeure pour venir y conter leurs aventures. Nous nous préparons à leur offrir un festin; tout-à-coup la ruse se découvre, on les jette dans un cachot, et ils sont condamnés à perdre la tête. Ce serait à rire de pitié, si la juste punition infligée à ces misérables ne nous privait d'une distraction précieuse que nous avions d'abord espérée.

— De par Tarran! s'écria Luern, il ne faut pas que la captivité de ces espions infernaux nous enlève tout plaisir poétique; et puisque des ennemis sont toujours indignes de raconter leurs hauts faits, nous avons ici le barde Armane qui saura remplacer les récits de ces étrangers, par quelques vers patriotiques, improvisés dans son fertile cerveau. Holà! chanteur, cria Luern vers un pauvre hère en guenilles, qui courait depuis long-temps autour des tables, pour lécher quelque plat échappé à la voracité des convives. Te rappelles-tu ces vers pompeux sur le passage d'Annibal dans les Gaules, que tu nous chantas aux funérailles de Copil?

Le barde parasite, qui était accouru à l'appel de Luern s'empressa de répondre, en faisant une inclination profonde : — Vos désirs seront toujours des ordres pour Armane, noble Luern. Trop heureux que les dieux m'aient conservé la voix, puisqu'elle peut vous être aujourd'hui agréable. Le barde avait à peine prononcé ces courtes paroles, que déjà une petite rotte, formée de l'écaille d'une tortue, jouait entre ses doigts; il en accorda rapidement les quatre cordes, et il commença à déclamer le fragment d'un poème gaulois, avec un enthousiasme d'emprunt, qu'il ne put réussir à faire passer dans l'âme de ses auditeurs. Cette poésie déjà ancienne, ne manquait assurément ni de pompe ni d'énergie, et la déclamation psalmodique d'Armane, lui conservait assez entièrement ses allures guerrières. Néanmoins, Luern et la plupart des convives ne laissèrent pas que d'en être bientôt fatigués.

Très-bien! très-bien! s'écria l'Averne, en répétant le dernier vers, avec l'intention bien marquée d'imposer silence au poète. *Gloire à Carthage et mort aux infâmes Romains!* mais cesse tes chants, et laisse-nous boire; c'est assez de poésie comme cela.

A ces mots, prononcés d'une voix impérieuse, Armane, soumis aux caprices des convives, remit la rotte dans son étui, et vint demander timidement à Améonix s'il était satisfait de sa musique.

— Voilà un mot de réponse qui vaudra mieux pour toi que trente phrases de félicitations, répondit l'amphytrion, en lui jetant une pièce d'argent, plus par ostentation que par reconnaissance. Alors le pauvre barde, encouragé par ce premier bénéfice, commença son pèlerinage suppliant autour de la table des guerriers; il chercha à éveiller leur générosité par ses adulations hyperboliques, et sa cupidité n'eut pas lieu d'être mécontente des commensaux d'Améonix. Au milieu de ces succès, le chantre n'oublia pas entièrement son estomac; sa tâche étant finie, il se perdit dans la foule des serviteurs, et alla manger à l'écart un reste de mouton.

Que le lecteur ne se scandalise pas si ce tableau d'un barde gaulois au troisième siècle, ne répond pas à la grande idée qu'il s'était faite peut-être de ces poètes inspirés ; nous ne sommes plus aux temps héroïques de la Gaule ; au lieu de ces rapsodes sacrés qui chantaient les exploits des guerriers et conservaient de grands souvenirs dans leurs mémoires ; au lieu de ces hommes à mission presque divine qui se partageaient autrefois avec les druides la noble tâche d'instruire le peuple, d'enseigner la gloire et les vertus, on ne voyait plus que des parasites sans patrie, sans considération ; de misérables chanteurs, presque des baladins, flairant les grandes assemblées, pour y débiter quelques vers sans enthousiasme, et prodiguer des éloges au dernier amphytrion qui leur jetait une obole en les méprisant.

Le festin durait déjà depuis plusieurs heures ; la coupe d'argent avait multiplié ses promenades autour des convives altérés ; déjà les têtes gauloises commençaient à franchir les barrières de la raison ; Luern, Hernkil et les guerriers venus avec eux, moins habitués aux vins capiteux de la Narbonnaise que les compagnons d'Améonix, chancelaient sur les fagots de paille, et des paroles folles et incohérentes s'échappaient avec fracas de leur gosier rauque.

Tout à coup, Férul porta la main sur la cuisse d'un agneau ; Luern-le-Sanglier, désireux de soulever un levain de dispute, sans lequel le repas n'eût pas été complet, appuya aussitôt sur le même membre le petit couteau qu'il portait suspendu à la garde de son épée, en s'écriant que la cuisse appartenait au plus brave, et que Férul ne pouvait nourrir des prétentions à la suprématie de la valeur.

— Pourquoi non ! répliqua le *consorann* indigné. Serait-ce toi par hasard qui voudrais me disputer la palme.

— Je chargerai mon épée de répondre à ta demande, dit Luern en quittant sa place.

— D'où te vient une telle prétention ! reprit le *consorann* en toisant Luern avec mépris.

— De mon âge, repartit Luern, et du nombre de têtes de mes ennemis vaincus, que je conserve soigneusement dans les coffres de mes ancêtres (14).

Je suis le plus jeune, il est vrai, répliqua Férul en dégaînant son épée ; mais, par Teutatès ! il me serait difficile de compter le nombre des adversaires qui ont trouvé la mort sous mes coups, et si tu réponds à mon défi, j'espère ajouter bientôt un nouveau triomphe à mes nombreux titres de vaillance.... A ces mots, Férul se leva avec la rapidité de l'éclair, et défia l'Averne en combat singulier.

Celui-ci était furieux. Le sang lui monta à la tête, et sa figure prit la couleur vive de l'écarlate.

— Par mes aïeux, s'écria-t-il, tu vas payer de la tête ta bravade insolente. Et aussitôt, brandissant son épée, il fondit sur son adversaire, en chancelant d'ivresse.

Ce duel à mort interrompit les exploits gloutons des guerriers. Les Gaulois du centre coururent se ranger autour de Luern ; les cliens d'Amiduat et d'Améonix allèrent offrir le secours de leurs bras au jeune *consorann*, et les deux camps furent sur le point de changer le festin en champ de carnage.

Le vieil Améonix, habitué à ces sortes de défis meurtriers, dont l'ivresse et la vanité étaient presque toujours les premières causes, n'en éprouva ni frayeur ni surprise; mais il n'en fut pas moins empressé de se jeter au milieu des combattans, afin de ramener la concorde entre Luern et Férul. Ce levain de jalousie, au milieu d'un camp déjà si peu nombreux, lui faisait craindre des conséquences désastreuses pour ses projets de puissance; et il lui semblait entendre les Romains emprisonnés dans la cave, rire et s'applaudir de cette discorde. En effet, Robur et ses soldats, qui avaient assisté à toutes les épisodes de ce festin, du haut de la lucarne, voyaient maintenant la confiance rentrer dans leur cœur....; mais hâtons-nous de dire, que leur joie n'avait pas pour unique cause, le duel de Férul et de Luern. Une femme venait de s'introduire furtivement dans leur triste retraite, et leur ame s'était soudainement ouverte à l'espérance.

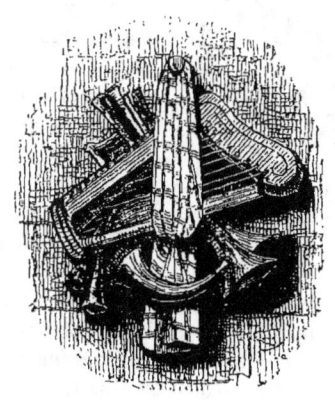

> Rassure-toi ; Dolon , ne verse plus de larmes.
> Il suffit.... tu vivras ; ne crains rien pour tes jours ;
> Mais parle sans terreur et réponds sans détours.
> Pourquoi, quand le sommeil enchaîne encore le monde,
> Errer seul ; loin du camp, dans cette nuit profonde ?
> Viens-tu porter sur nous tes regards curieux ?.....
>
> *Traduction d'Homère.*

V.

LA DÉLIVRANCE.

QUOIQUE les femmes gauloises fussent appelées quelquefois à prendre part aux grandes discussions civiles et politiques, il n'était pas d'usage néanmoins qu'elles assistassent aux repas fréquens que se donnaient les nobles et les guerriers.... Par suite de cette coutume, la fille d'Améonix s'était tenue éloignée du lieu du festin, et avait choisi pour retraite, un pavillon écarté où logeaient ses jeunes compagnes. Pendant le repas, une pensée d'orgueil se partageait son ame avec une douce espérance. Fière du triomphe qu'elle avait remporté sur les projets barbares des Gaulois, elle tenait sa tête légèrement inclinée vers une fenêtre éclairée par le soleil couchant, et, les yeux fixés sur l'Auriger qui roulait ses eaux dorées au pied du coteau, elle combinait les chances diverses d'un projet périlleux, d'où dépendait la moitié de son bonheur. Placée de manière à suivre tous les mouvemens des convives, à écouter leurs discours, elle fut long-temps indécise sur le parti qu'elle avait à prendre, pour mener à bien son entreprise; mais bientôt, l'ivresse toujours croissante des Gaulois, agrandit sa hardiesse, et la confusion générale, causée par le défi de Férul et de Luern, la décida à tenter un effort.

Profitant du moment où le choc des épées attirait les regards curieux de ses compagnes, elle prit une lampe de cuivre plaqué, et s'achemina vers la cave où gémissaient les captifs; elle traversa un dédale de corridors tortueux, ouvrit avec précaution la porte de la prison, et avança vers Robur précédée de sa petite lampe vacillante.

A la vue de cette femme vêtue de blanc, dont l'obscurité du lieu empêchait de reconnaître les traits, les Romains interdits, se regardèrent avec un commencement d'effroi, ne sachant s'ils devaient espérer ou craindre.

— Que nous veux-tu ? lui demanda Robur, en marchant vers elle. Est-ce la flamme de l'espérance, ou la torche d'Hécate que je vois luire devant toi ?

— Un mot suffira pour te l'apprendre, répondit Héléna avec une bienveillante douceur. Le son de ma voix ne vous fait-il pas reconnaître la jeune fille à laquelle vous devez la vie? Romains, ajouta-t-elle avec plus de solennité, une première fois j'ai arrêté le fer près de tomber sur vos têtes; maintenant, je viens compléter ce bienfait en vous donnant la liberté. J'espère que ce service précieux vous semblera être d'un prix assez grand pour mériter toute votre reconnaissance. Me voici bien puissante aujourd'hui, car votre sort est entièrement entre mes mains. Je puis donc être magnanime et suivre les penchans miséricordieux de mon cœur ; mais prenez garde, un petit brin d'égoïsme perce toujours au fond des actions humaines les plus nobles; et avant de vous rendre la liberté au péril de ma propre vie, j'exige de vous une grande promesse et votre serment le plus solennel, comme garantie de son exécution.

— Oh parlez, parlez, jeune fille! s'écria un soldat, beaucoup moins laconique que le centurion, toutes les fois qu'il s'agissait de tirer sa tête du traquenard. Quelles que soient vos conditions, nous jurons de les remplir avec exactitude... Le soldat allait continuer sur ce ton assez peu chevaleresque, mais il rencontra le regard de Robur, et la crainte de son inflexible chef lui imposa silence.

— Avant de nous engager plus avant, ajouta Héléna, songez bien à la mort atroce à laquelle mon intervention providentielle vous a arrachés, et j'espère que ce retour à un passé peu éloigné, vous disposera mieux à bien accueillir mes propositions. Si je vous avais abandonné à l'aveugle ressentiment de mes concitoyens, au lieu d'entendre ces guerriers se défier en duel autour des tables fumantes, je les verrais occupés à tendre leurs arcs; et vos corps, attachés aux poteaux de la claire-voie, serviraient de but aux flèches de Luern, d'Amiduat et de Hernkil.

— Nous savons tout cela, jeune fille, et nous te remercions de ce généreux bienfait; mais quelle est la condition que tu veux mettre à notre délivrance? Parle, que je sache au plus tôt si le devoir nous permet d'y souscrire.

— Romains, répondit Héléna, avec l'indignation d'un vaincu toujours fier, il est dans la nouvelle Tolosa, bâtie sur les bords de la Garonne pour servir de repaire à nos tyrans, une jeune gauloise noble de naissance, belle et vertueuse parmi ses compagnes les plus distinguées... Mais, hélas! reprit-elle en poussant un soupir, à quoi peuvent servir les nobles qualités du cœur auprès de l'infâme Agaton, le despote de Tolosa... Illira, mon amie d'enfance, ma sœur de lait, n'a jamais conspiré contre Rome; sa vie innocente s'est écoulée dans l'amour de ses compagnes, le respect de ses pères, l'attachement à sa patrie et à ses dieux. Et cependant, les satellites d'Agaton l'ont arrachée violemment du sein de sa famille. Elle nous a été enlevée au mépris de tous les droits des gens, et maintenant elle orne peut-être le palais honteux de quelque romain impudique..... Voilà la noble vie que je viens te demander de rendre à la liberté, au bonheur. Si tu es noble et vertueux, comme je crois le lire sur tes traits, si tu jures sur cette coupe d'argent que je te présente, de délivrer Illira, de son affreux esclavage, je vais à l'instant ouvrir les portes de ce cachot, et bravant la punition que cet acte téméraire peut attirer sur moi, je te ferai conduire par deux guides fidèles sous les murs de Tolosa, la ville romaine.

— S'il est vrai qu'Illira n'ait point conspiré contre Rome, répondit Robur, sa liberté n'est pas une faveur que tu demandes ; c'est une justice que je tiendrai à honneur de lui faire rendre.

— Ce n'est pas tout, poursuivit Héléna ; cette promesse en entraîne une seconde que tu m'accorderas, je pense, sans hésiter. Depuis que tu es ici, le hasard t'a fourni l'occasion de pénétrer les projets de mon père, et des hommes réunis ici pour préparer la délivrance des Gaules. Il faut que tu jures par tes dieux que ces secrets resteront enfouis dans ton cœur ; que pas un mot de ce que tu as entendu ne transpirera auprès du préfet de Tolosa, ni auprès du vicaire de la province.

— Jeune fille ! répondit Robur, tu supposes un peu trop de pouvoir à notre amour de la vie.... Quoi ! j'aurais vu les ennemis lever l'épée contre ma patrie, je les aurais entendus pousser des cris de mort contre elle, et je n'irais pas sonner l'alarme, armer les légions et les conduire contre les insurgés !

— Et moi donc ! reprit Héléna avec une expression déchirante... n'est-ce rien ce que je sacrifie à la liberté de mon amie d'enfance !.... j'aurais entre mes mains un espion ennemi, et j'irais lui rendre la liberté pour trahir mes concitoyens.... Centurion, tu comptes un peu trop sur mon amour pour Illira ; mais nous sommes encore libres tous les deux. Garde ton serment, et demain tu seras livré au druide pour être égorgé sur l'autel de Teutatès !

Quel que pût être le stoïcisme de Robur, cette menace était bien faite pour l'ébranler ; aussi écouta-t-il avec plus de bienveillance les exigences d'Héléna.

— Jeune fille, lui dit-il, tu m'arraches des concessions dont je rougis devant les mânes de mon pays ; mais enfin, puisqu'il est vrai que ma mort dans ces forêts isolées ensevelirait dans un profond oubli les projets criminels qui se tramant dans ces provinces, j'accepte tes conditions ; je promets de me taire sur tout ce dont j'ai été témoin pendant le repas des guerriers ; mes yeux n'auront rien vu, mes oreilles rien entendu, et ton amie d'enfance recouvrera la liberté.... ; mais ne va pas donner à ces promesses une extension démesurée; si je consens à ne pas dénoncer vos projets audacieux, je n'en serai pas moins ardent à combattre vos cohortes au premier signal de rébellion; je n'en serai pas moins désireux de plonger mon épée dans la gorge de ces guerriers orgueilleux, qui insultent impunément à la puissance romaine.

— Quand la guerre aura éclaté, permis à toi de défendre vos murailles, répondit Héléna, avec cette noble fierté d'une femme qui met toute confiance dans la justice de la cause nationale, la protection des dieux et le courage de ses concitoyens. J'éprouve trop moi-même le désir de délivrer ma patrie, pour oser exiger de toi la trahison de la tienne; mais jusqu'au moment du combat, j'enchaîne ton bras et ta langue. Pas un mot, pas un geste qui puisse nuire à nos alliés. Si non, songe bien que je suis magicienne. D'un seul geste, j'appellerai sur ta tête la vengeance du Dieu qui lance la foudre. Ou bien, transformée moi-même en esprit vengeur, je me glisserai sous ta tente, et je te poursuivrai sans relâche, jusqu'à ce que le fer ou le poison m'aient fait raison de ta lâcheté.... Voilà mes conditions : y adhères-tu, demanda la jeune Gauloise, le front haut et avec une fierté imposante (15).

— J'y adhère, répondit Robur, en relevant la tête avec non moins d'assurance.

— J'ai foi en ta promesse, répondit Héléna : néanmoins, je te demanderai encore un gage de ta bonne foi. Les soldats, complices de ton espionnage ne peuvent s'éloigner. J'exige qu'ils demeurent en ôtage, jusqu'au moment où Illira nous sera rendue. Quant à toi, je t'accorde huit jours pour obtenir la liberté de ma jeune compagne. Je veux qu'elle vienne elle-même ouvrir la prison de tes soldats; mais si, par un motif quelconque, elle ne pouvait recouvrer sa liberté, c'est sur ta tête que je prétends conserver le droit d'ôtage; il faut que tu viennes toi-même remettre ta vie entre mes mains, et te soumettre aveuglément à la décision que je porterai sur ton sort.

— Robur écouta ces paroles avec un calme digne de son courage, mais il n'en fut pas de même de ses soldats. Ces malheureux épouvantés de la longue agonie qui les attendait, sentirent le sang se glacer dans leurs cœurs. Vainement ils jetèrent sur Héléna un regard suppliant. La jeune fille les regarda sans pitié, et elle somma le centurion d'avoir à répondre à la condition rigoureuse qu'elle lui imposait. L'alternative était cruelle : mais, hélas! que faire pour résister à l'empire tyrannique de cette jeune fille, qui tenait leur vie entre ses mains. Se résigner était le seul parti à prendre, car tout le courage d'un homme ne pouvait que se briser impunément contre son immuable volonté.

— Vos exigences sont grandes, votre cruauté excessive, répondit Robur, qui sentit pour la première fois de sa vie une larme humecter ses paupières; mais, enfin, puisque telle est la misère que nous a fait le destin, nous consentons à tout.

— Eh bien, lui répondit Héléna, vide avec moi cette coupe de vin, dans lequel j'ai fait infuser la fleur de la jusquiame consacrée par le druide; surtout ne va pas oublier qu'un serment comme celui-ci, prononcé devant les dieux éternels, et cimenté en buvant au même vase, attire sur le parjure la foudre du ciel dans cette vie et une éternité d'infamie dans l'autre. En prononçant ces mots, la fille d'Améonix présenta à Robur une coupe d'argent; elle y versa un vin délicat renfermé dans une urne de cuivre; Robur en but une longue gorgée, et Héléna la prenant à son tour, finit de la tarir jusqu'à la lie.

Pendant cette conversation, la nuit avait couvert la terre, et l'habitation d'Améonix était plongée maintenant dans les ténèbres. Héléna sortit avec précaution, parcourut la cour du festin, à travers des convives couchés sur des faix de paille, et plongés dans le sommeil léthargique de l'ivresse. Quelques esclaves enlevaient les restes du dîner, et les chiens de Luern, gorgés de viandes, aboyaient dans les forêts sur la trace des loups. La jeune gauloise approcha du fidèle Arnol, celui des serviteurs qui lui était le plus dévoué; et elle lui proposa la mission délicate et périlleuse de guider le prisonnier romain dans son évasion. Arnold poussa d'abord un cri de surprise, et presque d'indignation; il aurait beaucoup mieux aimé recevoir l'ordre d'empaler ces ennemis infâmes; mais il fut bientôt subjugué par l'accent résolu de sa maîtresse, et il oublia sa haine héréditaire pour ne songer qu'à lui obéir.

Ce premier succès obtenu auprès d'Arnol, Héléna se fit indiquer le barde Armane : elle le trouva étendu dans un coin de la cour, sur un faix de branches sèches.

Le barde, toujours prêt à se soumettre à tous les caprices humains pourvu que sa bourse y trouvât quelque avantage, ne fut pas difficile à subjuguer. Il fit un marché assez lucratif avec Héléna, reçut un à-compte, puis il suivit la gauloise en jetant une à une, dans une poche de cuir, les petites pièces d'argent qu'elle venait de lui donner.

Héléna amena ses deux serviteurs dévoués auprès des prisonniers romains.

— Arnol, dit-elle au client de son père, tu vas conduire cet étranger jusqu'aux ruines de Tolosa, par le sentier le plus obscur de la forêt. Arrivé en ce lieu, ta mission sera accomplie, et Armane commencera la sienne. Habitué à parler la langue des Romains, il lui sera facile de pénétrer dans Tolosa à la suite du centurion. — Armane, dit-elle en se tournant vers ce dernier, cet homme que tu vas accompagner à la ville romaine doit faire rendre la liberté à Illira, mon amie. C'est de sa main que tu recevras cette jeune fille, pour la ramener dans ses foyers; conduis-là ici, sois-lui dévoué dans tous les périls; je te promets une récompense dont tout mortel serait orgueilleux. Romain, ajouta la jeune fille en s'adressant au centurion, voilà tes deux guides; mets en eux toute ta confiance, et surtout, n'oublie pas ton serment.... Va, pars, que la protection des dieux soit avec toi!

Malgré cet ordre de départ, Robur demeurait immobile, plus affecté d'avoir à laisser ses compagnons dans le péril, qu'impatient de fuir une demeure, où la mort avait long-temps promené sur sa tête; il semblait avoir oublié dans cette circonstance la raideur dont il se faisait gloire, et le regard compatissant qu'il jetait sur ses soldats, faisait présager des adieux déchirans. Tout-à-coup ils se jetèrent dans les bras les uns des autres; la scène resta muette; mais la profondeur des regrets n'en perça pas moins au milieu du silence. Armane et Arnold, pressés de mener à sa fin la mission périlleuse dont ils s'étaient chargés, furent obligés d'arracher le centurion aux étreintes de ses soldats et de l'entraîner presque malgré lui.

Une haute vigne, dont les sarmens vigoureux s'étendaient en espaliers sur les branches de beaux arbres fruitiers, touchait aux murs de l'habitation; nos trois fugitifs s'enfoncèrent parmi les sillons couverts de feuillages épais, et ils entrèrent en silence dans un bois de hêtres, qui descendait par une pente assez rapide, vers le lit de de l'Auriger... Tout-à-coup, Robur s'arrêta et il demanda avec inquiétude:

— Ne pourrait-t-on pas rendre à mon fidèle cheval, la précieuse liberté que vient de recevoir le maître... Ce bon et fidèle Ungula! c'est à regret que je le laisserais parmi des gaulois, qui pourraient fort bien se venger sur l'animal de la fuite du cavalier.

— Ce désir n'a rien d'incompatible avec les ordres que j'ai reçus de ma maîtresse, reprit Arnold, et je vais tâcher de vous satisfaire. Mais que cela ne vous empêche pas de continuer votre route, car il ne faut pas perdre un temps précieux. Armane, dit-il au barde, suis pas à pas le sentier de la fontaine, jusqu'au ravin du Renard. Je vous rejoindrai au point où le ruisseau fait le saut de carpe dans les eaux de l'Auriger.

Aussitôt, Arnold rétrograda vers Socorréac, et Robur et Armane s'enfoncèrent dans les broussailles de la forêt.

— Barde, demanda Robur à son guide, puisque ta profession est de raconter l'histoire, je serais curieux d'apprendre de ta bouche, les noms des guerriers que j'ai aperçus à la table d'Améonix. Je suppose que ta vie vagabonde t'a mis à même de connaître tout ce monde-là.

— Si je les connais! s'écria Armane, piqué jusqu'à la moëlle de son amour-propre. Mon grand-oncle était échanson chez le père de Luern-le-Sanglier, ce roi opulent des Avernes, qui faisait couler des fontaines de vin dans sa basse-cour, pour désaltérer les voyageurs; et mon bisaïeul apprit à un ancêtre d'Amiduat à manier l'épée et à lancer le gaïs.

— Que prétend donc faire le chef des Avernes, reprit Robur, pour venir de si loin dans des contrées qui devraient lui être inconnues?

— Ce qu'il vient faire! répartit Armane, et, par Teutatès! il vient soulever les populations, préparer la révolte, et cimenter avec Améonix les liens de la confraternité, afin de tomber après cela sur vos légions. Pensiez-vous que les Gaulois pussent vivre long-temps encore loin du tumulte et des batailles. La guerre est leur élément, le carnage leur nourriture. Vous connaissez bien, par l'histoire, l'invasion fameuse que Belgius fit en Asie, sous le règne d'Alexandre. Et bien, ce Belgius descendait du chef de ma race par les femmes. Et voici une phase de son histoire, telle que je l'ai composée... Après avoir long-temps frappé aux portes de la Macédoine, pendant la vie d'Alexandre, Belgius parut tout-à-coup vouloir prendre quelque repos; mais la mort renversa bientôt le colosse macédonien, et alors,

<pre>
        Belgius, reprenant son vol avec fierté,
        Vers l'Asie accourut. Le vieux monde heurté,
        Semblait pencher alors vers ce lieu pour se fendre.
        Un manteau riche et lourd, légué par Alexandre,
        Recouvrait de ses plis les peuples opprimés.
        Mais ses vieux lieutenans, d'opulence affamés,
        Pour saisir un lambeau, rivaux entre eux se battent,
        Comme sur un loup mort des corneilles s'abattent.
        Belgius en rougit; son rapide cheval
        Prit la plus large part de ce manteau royal,
        Pour se faire un harnais; et sans daigner attendre
        La fin de leur conflit, il s'en alla reprendre
        Ses travaux glorieux..... Poursuivant ses exploits,
        Il parcourut l'Asie en dépouillant ses rois,
        Renversa les palais, deshérita leurs princes;
        Puis, alla s'établir, pour vendre des provinces,
        Sur les ruines de Troye.................. (16)
</pre>

— Je sais que Belgius était un grand capitaine, reprit Robur en franchissant une fondrière, et quand au barde qui fatigue mes oreilles, j'aimerais beaucoup mieux qu'il me donnât de la bonne prose sur les temps présens, que de pérorer en vers sur les siècles oubliés. Puisque tu te vantes d'exceller dans l'improvisation, ne pourrais-tu pas chanter quelque chose sur le réveil de la Gaule, et le nombre des peuplades engagées dans la conspiration.

— Oh! pour cela, reprit Armane, sans soupçonner le motif intéressé qui engageait Robur à le mettre sur ce terrain, la chose n'est pas aussi aisée que de compter les pièces d'argent qui garnissent ma pauvre bourse, car jamais, je crois, elle ne fut aussi légère.... A ces mots, Armane ouvrit sa poche de cuir, et en montra la gueule béante avec un regard de supplication, sur lequel il n'était pas possible de se méprendre.

— Tiens voilà pour faire rire ta bourse attristée, lui dit Robur, en y jetant deux oboles.

— Parlez-moi des centurions romains! répondit le barde en faisant deux pirouettes; leur pénétration saisit toujours le véritable sens des choses, et l'attention qu'ils prêtent à vos discours encourage singulièrement les élans de l'improvisation:

> Tu veux savoir combien de peuplades galliques,
> Aux Romains conquérans feront un mur de piques ?...
> Caturci, Rhuteni, Ausci, Tolosani,
> Convenæ, Bebrices, Helvi, Lutevani,
> Sardones, Gaballi, Consoranni............

—Ah! de par le Styx ! l'improvisation est trop mauvaise, s'écria Armane, fatigué lui-même des mauvais vers qu'il débitait ; j'aime encore mieux m'en tenir à la prose pour achever ma nomenclature. Sachez donc, que tous ces peuples ont juré de mettre sous les armes vingt-trois mille combattans..... Le nombre vous paraîtra petit sans doute, mais n'allez pas le mépriser. Le fameux Brennus, dont le sang coule dans mes veines; car, une de ses petites filles donna le jour à mon trisaïeul. Le fameux Brennus, dis-je, n'eut pas besoin d'une armée plus formidable pour envahir la Macédoine, trancher la tête au roi Sosthène, forcer le passage des Thermopyles, franchir le Sperchio, et aller jusqu'à Delphes assiéger le temple fameux d'Apollon. Il est vrai qu'il n'eut pas à s'en féliciter beaucoup :

> Les hommes et les dieux, surpris de tant d'audace,
> Frémissent à l'aspect du Gal qui les menace.
> Apollon s'en émeut. Tous les dieux conjurés
> Frémissent en voyant les bataillons armés,
> Rugir de toute part contre les murs du temple.
> D'un courage inouï Brennus donne l'exemple ;
> La ville, en ce péril, bientôt verse des pleurs
> Sur les corps mutilés de ses vieux défenseurs ;
> Ses bastions détruits, son enceinte croulante,
> Ouvrent de tous côtés ses flancs à l'épouvante.
> La cité d'Apollon attend son dernier jour......
> Jupiter indigné se réveille à son tour.
> Il gourmande des dieux la coupable indolence,
> Et sur le Gal impie appelle leur vengeance.
> Aussitôt, soulevés par le maître des dieux,
> La tempête sifflante et l'autant furieux

Tombent avec fracas sur les rangs tectossages.
L'ouragan indompté pousse d'épais nuages,
Sous un voile sanglant le soleil s'obscurcit,
Et les Gaulois surpris se heurtent dans la nuit.
Tumulte affreux, sanglant, mêlée inextricable.
Jupin, dans sa fureur toujours inexorable,
Fait pleuvoir sur leur camp et la foudre et le feu.
La terre réveillée à ce désordre affreux,
Apportant son tribut, entr'ouvre ses entrailles;
Le Parnasse mugit, et ses hautes murailles
Ecrasent les soldats du courageux Brennus.
Des bataillons entiers sous les rochers fendus
Viennent trouver la mort. Mais le fier Tectossage,
Au milieu des éclairs, loin de perdre courage,
D'un regard menaçant, brave les coups du sort,
Et jusque dans les bras de la cruelle mort,
Il défie Apollon par d'effrayans blasphèmes,
Et Jupiter enfin.................. (17)

— Il m'est assez indifférent de connaître l'opinion de Jupiter dans cette affaire, interrompit Robur fatigué du bavardage d'Armane, mais bien aise, en secret, que le sujet de la conversation l'aidât à connaître les desseins des Gaulois.... Le point capital, c'est que tes concitoyens sachent craindre les soldats de Rome : après cela, peu m'importe qu'ils blasphèment les dieux et terrassent les Grecs.... Par le Styx ! qu'ils viennent contre nos murailles, j'espère leur faire apprécier la pesanteur de mon bras.

— Ne vous impatientez pas, noble romain ; ils pourraient bien ne pas vous laisser languir long-temps dans une oisive indolence. Donnez à tous les membres de la conspiration le temps de se concerter; puis quand sera venu le jour du sixième de lune, les guerriers se réuniront dans les ruines de l'antique Tolosa, que nous allons bientôt atteindre, les vates et les prêtresses sacrifieront quelques victimes humaines, et le druide Marric ouvrira, sous la présidence d'Améonix, ce conseil des armes, que la Gaule convoque dans les jours de grand péril. Dès-lors, malheur à vous, Romains; les guerriers s'élanceront contre vos remparts, et la forteresse de notre servitude sera rasée du sol !..

— Barde insolent! s'écria Robur, transporté d'indignation. Et ta langue ne s'est pas glacée avant de prononcer un tel blasphème ; ne sais-tu pas que Jupiter est le protecteur de Tolosa, et qu'il siège dans son Capitole comme il règne dans le ciel.

La conversation prenait une fâcheuse tournure; le barde, amoureux de la paix, se disposait à détruire le mauvais effet de ses dernières paroles, avec quelques complimens bien pompeux, quand le bruit d'un cheval, qui venait à eux au grand galop, donna l'espoir aux fugitifs, qu'Arnol ne tarderait pas à les rejoindre.

Le brouillard fuit ; alors apparaissent aux yeux
Ces monts où Pharaon dort avec ces aïeux ;
.... Archipel funéraire,
Ils gardent dans leurs flancs un poudreux reliquaire ;
Et cercueil immortel de ce peuple géant,
Elèvent jusqu'aux cieux la pompe du néant !

BARTHÉLEMY ET MÉRY.

VI.

UNE GRANDE RUINE.

LOIRE à Jupiter qui me rend mon fidèle Ungula ! s'écria Robur en tendant la main par avance, pour recevoir le précieux animal.

— Et béni soit Teutatès qui nous donne à tous de bonnes jambes, bien disposées à mesurer le terrain, reprit Arnol avec une certaine émotion. Certes, je crains fort que nous n'ayons besoin de les faire jouer pour éviter quelque mésaventure..... Comme j'allais prendre votre cheval à l'écurie, j'ai trouvé tout le monde en grand émoi. J'ai entendu des discours étranges, même des cris de malédiction; et je crois que notre fuite aura été découverte. Ainsi, point de retard si vous voulez m'en croire, et doublons de vitesse, pour nous mettre à l'abri de tout accident.

Au même instant, un murmure de voix qui se fit entendre dans la direction de Soccoréac, vint donner plus de consistance aux craintes manifestées par Arnol. Des aboiemens de chiens nombreux, excités par une voix humaine et sauvage, leur rappelèrent Luern-le-Sanglier, et ses redoutables quadrupèdes, si bien dressés à la chasse des hommes. Ce bruit, protégé par le calme de la nuit, suivait le cours de l'Auriger, sur les bords duquel marchait notre petite caravane. La position devenait périlleuse; car il était probable que les chiens trouveraient aisément la trace des fugitifs, et une fois déchaînés à leur poursuite, qui pourrait opposer de la résistance à des ennemis si cruels !

Les voyageurs étaient dans la plus cruelle anxiété; et déjà ils obéissaient à cette espèce de fascination, qui rapprochant le mal, représente le danger comme harcelant de toutes parts. Arnol croyait voir l'ombre de trois cents chiens encombrer le passage; le centurion entendait leurs dents claquer à ses oreilles; et le pauvre Armane, renchérissant sur tout cela, sentait ses mollets disparaître dans leur gueule affamée.

Ce paroxisme de l'épouvante ne pouvait durer long-temps. Bientôt les aboiemens parurent diminuer d'intensité; ils prirent même une nouvelle direction, et tout fit penser que les chiens avaient perdu la trace, et couraient au hasard dans les bois. Grâce à la rapidité de leur fuite, nos voyageurs perdirent bientôt les rives de l'Auriger, et atteignirent les bords de la Garonne, à l'endroit où les deux rivières confondent leurs eaux. D'énormes coteaux, labourés de profonds ravins, dominaient la rive droite du fleuve; un d'entr'eux notamment se distinguait des autres par sa hauteur imposante; sa pente vers la Garonne tombait à pic comme une falaise déserte, et de grandes ruines noires se dessinaient à son sommet dans la blancheur du ciel, éclairé par la lune. Robur et ses compagnons se dirigèrent vers ce lieu, par un sentier étroit et tortueux. De fréquens éboulemens de terre, causés par les pluies, avaient entraîné la terre végétale, et la croupe du coteau, dépouillée de grands arbres, n'offrait que rarement des touffes de bruyère et de genêts.

Ce fut au bruit des aboiemens plus rapprochés des chiens de Luern, que le Romain atteignit les ruines de l'ancienne capitale des Tectosages. La nuit était près de céder la place aux clartés du jour. Déjà l'aube blanchissante s'épanouissait à l'Orient, et les dernières étoiles s'éteignaient une à une aux approches du soleil. Rien n'était limpide et suave comme cette matinée d'automne. Les arbustes, humectés de gouttes brillantes de rosée, secouaient leurs feuilles au souffle d'un léger zéphir; les oiseaux, hôtes timides de ces lieux déserts, sortaient de leurs nids, et venaient chanter l'*Angelus* du réveil; mais, à l'approche des voyageurs, ils s'enfuyaient pour ne plus reparaître. Les oiseaux disparus, on n'entendait plus dans ces régions solitaires que le cri des grillons, et le chant des coqs de quelques rares chaumières, éparses sur les flancs des coteaux.

Tout-à-coup, Arnol mit le pied sur un tas de pierres croulantes, et il s'écria d'une voix émue, en montrant à Robur les restes méconnaissables de l'ancienne Tolosa des Tectosages :

— Romains, voilà notre antique patrie, telle que vos légions l'ont laissée après le pillage. Nous, qui savons ce qu'elle était dans ses beaux jours de gloire, nous ne pouvons la revoir sans verser des larmes et frémir de fureur.

C'était un beau sujet de méditations, en effet, que ce cadavre sans vie de la puissante capitale. Après avoir autrefois commandé sur les bords du Rhin et du Danube, dicté des lois aux rois de la Grèce et de l'Asie, régné en souveraine sur les ruines de Troie et le sommet de l'Olympe (18), elle venait de s'écrouler, ne laissant de son passé glorieux que des souvenirs et des cendres. A cet aspect lamentable, Robur dut sans doute éprouver quelque regret. Peut-être laissa-t-il échapper ce cri douloureux d'un grand homme, témoin d'un semblable désastre : « Et Rome aussi verra son dernier jour ! »

Sur ce plateau élevé, borné au nord, au couchant et au midi par des vallées profondes, couvertes de forêts, de vignes abandonnées et de champs en friche, on voyait s'élever un vaste amas de bâtimens détruits, incendiés, renversés dans un pêle-mêle inextricable. Autour de ce cahos s'élevaient encore d'énormes pans de murailles ébranlées, dans lesquelles on pouvait reconnaître la construction ingénieuse des remparts des villes gauloises. Sur une première rangée de grosses poutres, était placée une assise de pierre de l'épaisseur d'une coudée ; à cette pierre sèche venait se superposer une nouvelle couche de poutres, et ainsi de suite, le bois succédant à la pierre, et la pierre au bois, on formait un ensemble, où le choc du bélier et l'incendie éprouvaient une formidable résistance. L'intérieur de la ville n'offrait plus rien qui fut reconnaissable. A travers d'innombrables maisons de bois, tombées les unes sur les autres, c'est à peine si l'on distinguait la direction de quelques rues tortueuses, obstruées à chaque pas par des cloisons renversées. Du reste, aucune trace de monumens n'apparaissait aux regards de Robur. Les maisons des guerriers et des principaux Tectosages, le palais des rois lui-même, disparaissaient au milieu de ces décombres, sans avoir laissé quelque fragment de grandeur et de beauté.

Cependant, Armane qui cherchait toujours l'occasion de débiter quelques vers, montra du doigt une haute muraille, qui paraissait avoir eu la forme arrondie d'un hémicycle.

— Voyez-vous ces ruines sacrées ? dit-il à Robur ; elles formaient jadis le temple de Belein. C'est là que les vainqueurs de la Grèce et de l'Asie venaient, au retour de leurs expéditions, jeter dans la fontaine du dieu, l'or, les perles et les dépouilles opimes.

> De nombreux pèlerins, pleins de zèle et d'ardeur,
> Venaient suspendre aux bras de l'idole sacrée,
> Le bracelet d'argent, la patère dorée,
> L'or, le cuivre et le fer, partages du vainqueur.
> ....

Le barde allait continuer sa déclamation avec son emphase accoutumée ; mais il s'aperçut que Robur ne l'écoutait pas. Le romain avait remarqué au milieu de ce dédale de débris labourés par les traces de l'incendie, un vaste emplacement qui semblait avoir servi de forum et de place publique. Un chêne énorme, hideux dans sa majesté, étendait ses branches à demi-vermoulues, sur un dolmen ou table de pierre informe.

Arnol qui avait jusques-là gardé le silence essaya de vaincre la douleur qui l'oppressait.

— C'est l'arbre et l'autel de Hésus, dit-il à Robur avec un certain effroi, mêlé de recueillement, car ces deux émotions étaient toujours inséparables dans la religion des prêtres de la nuit. Sur cette pierre, bien du sang humain a coulé. Aujourd'hui encore les druides y font quelques cérémonies au sixième jour de la lune, et pendant la nuit, les esprits viennent, sous la forme de flammes noirâtres, gémir sur le sort de la cité détruite... Voilà le cadavre méconnaissable de la capitale des Tectosages, tel qu'il a survécu aux pillages de Cépion. Cet homme cruel, et plus avide encore que sanguinaire, parut un jour à la tête de ses cohortes, il rôda pendant quelque temps autour de ces murailles, sans oser approcher le bélier, et dresser les catapultes ; un respect involontaire le frappait de terreur à la vue de cette ville puissante et sacrée ; mais bientôt l'horrible trahison lui donna la force de tout entreprendre. Les traîtres introduits dans la cité, lui en ouvrirent les portes, et le soir de cette horrible journée Tolosa n'offrit plus que des ruines.

— Le châtiment fut proportionné au forfait, reprit Robur avec humeur ; Tolosa avait trahi la cause de Rome pour suivre celle des Teutons et des Cimbres.

— De quel droit Rome pouvait-elle exiger le dévouement des Tolosates ? Ils n'étaient liés à elle que par le simple titre de confédérés, tandis que les Cimbres, issus d'un même sang, parlant la même langue, étaient leurs amis naturels. D'ailleurs, ne venaient-ils pas combattre nos ennemis et délivrer la Gaule.

— Vous oubliez un grief puissant, répartit Robur. Tolosa avait reçu dans son enceinte une légion romaine, avec des signes extérieurs d'amitié. A peine fut-elle dans ses murs qu'on la paya de sa confiance, en emprisonnant les soldats et en les chargeant de fers.

— Ils s'étaient introduits chez nous, sous prétexte de défendre un point militaire important, s'écria Arnol en donnant à son regard toute l'énergie de l'indignation. A peine entrés dans nos murs, ils voulurent nous soumettre ; leur insolence méritait une punition exemplaire; ils reçurent le cachot et la mort.

— Cette punition était une cruauté infâme, répartit Robur en élevant la voix de plus en plus ; elle appelait une éclatante vengeance; Cépion vint l'exercer; il détruisit votre ville, et dépouilla de ses richesses la fontaine et le temple de Bélein.

— Ce fut une horrible profanation, reprit Arnol avec majesté ; mais les dieux ne la laissèrent pas impunie; Cépion, le sacrilége, chargé de l'or de Tolosa, traîna une existence misérable, et ses filles impudiques ajoutèrent à son malheur une opprobre dont son nom ne sera jamais lavé.... (19) Mais c'est assez discuter sur un sujet irritable, ajouta le Gaulois avec aigreur.... Adieu, Romain, je n'aime pas à entendre blasphémer sur les cendres de notre patrie, et si je n'avais pas reçu des ordres de la fille d'Améonix.... Mais il suffit; ma mission est remplie, je t'abandonne maintenant à la garde d'Armane. Que Teutatès confonde les ennemis de mon pays !

— Adieu, Gaulois, répondit Robur avec non moins de fierté ; va remercier ta maîtresse de son obligeante protection.... et que Jupiter confonde les hommes orgueilleux qui jalousent la puissance de Rome.

A ces mots, Robur tourna le dos à son guide, et ce dernier jeta sur le centurion un regard terrible, en s'écriant : — Ma mission pacifique est achevée, et celle de la guerre commence. Je vais rejoindre nos insurgés ; bientôt, je l'espère, nous nous retrouverons ennemis. Alors, malheur à toi ! En achevant ces mots, le Gaulois disparut.

Le pauvre Armane était tout effrayé de cette discussion orageuse. — Vous avez eu tort de vous quereller ainsi avec cet homme, dit-il à Robur. Arnol est un redoutable gaillard, qui ne désire rien tant que la chute de Rome. S'il vous a bien servi dans votre évasion, vous en êtes redevable à son obéissance pour sa maîtresse ; mais dans le fond du cœur, il vous hait comme la mort, et Dieu sait s'il serait heureux de vous plonger une épée dans la gorge. Ainsi donc, ne nous retardons pas, et tâchons d'arriver à la Tolosa romaine le plus tôt possible. Cependant, poursuivit Armane, avant de nous éloigner, jetons un coup-d'œil rapide sur ce vaste bassin de la Garonne ? Vous me direz après cela si vous avez rien contemplé de votre vie qui fut aussi magnifiquement beau.

Robur promena aussitôt ses regards autour de lui, et il fut frappé d'un spectacle sublime.... Aux pieds du coteau grondait un fleuve rapide et vagabond, mal renfermé dans un lit indécis. En ce moment, il était assez calme ; le lendemain, une nouvelle crue pouvait lui ouvrir un passage opposé à travers les forêts de chênes et d'ormeaux. Au milieu, de grands îlots de cailloux blanchâtres, roulés du haut des Pyrénées, de nombreux troupeaux de sangliers venaient boire et se vautrer dans les mares ; souvent même, les familles de buffles sauvages, surprises à l'improviste entre deux eaux par une inondation subite, étaient emportées dans le courant pêle-mêle avec les grands arbres déracinés et les quartiers de roches roulans. Au-delà de la Garonne, s'étendait l'immense plaine de la Novempopulanie, désert de forêts, dont l'œil cherchait en vain les limites. Au premier souffle du vent de l'ouest, ou du nord, on voyait cette mer de feuillages s'agiter avec bruit, et les ondulations de ses chênes séculaires, semblables aux vagues de l'Océan, apportaient un bruit mystérieux jusqu'à l'antique Tolosa. Le druide l'écoutait avec recueillement, et il croyait entendre le dieu Kirc, parlant un langage prophétique et sacré... Maintenant, donnez pour bornes à cette chose immense : au nord, le cours sinueux de la Garonne, et cette brume du lointain que l'œil ne peut pénétrer ; au couchant, la silhouette des petits coteaux qui se dessinaient dans le ciel ; et au midi, une ceinture éblouissante de blancheur et d'azur, frappant les sens d'admiration et de majesté.

Situées à quinze lieues de marche, les Pyrénées se trouvaient placées à la distance la plus convenable pour permettre à Robur de les embrasser dans leur vaste développement, et de reconnaître le léger affaissement qui aplatit la croupe de cette imposante série de pics, en descendant vers l'Océan et vers la Méditerranée. Mais c'était surtout dans la partie la plus haute de la chaîne, entre les sources du Gave et celles de l'Auriger, que le centurion admirait la richesse de couleur et de formes de cette admirable ceinture de la Péninsule. Au dessus des modestes contreforts, il voyait s'élever la zône verdâtre des sapins ; et comme couronne à cet amphithéâtre, les crêtes majestueuses et étincelantes des glaciers. Ces blocs d'argent et d'azur, aux formes bizarres et bariolées d'ombres gigantesques, empruntaient un nouvel éclat aux premières clartés du soleil naissant, et ils dessinaient dans le ciel bleu leurs têtes royales : magnifiques ciselures que l'homme ne peut cesser d'admirer, et où la main du grand artiste a moulé la puissance de ses volontés, la grandeur de ses moindres caprices.

Quand, après avoir épuisé toutes les émotions de ce point de vue, on tournait les yeux vers l'Orient, le paysage changeait de caractère, et le contraste offrait un attrait de plus. Là, point de plaine sans limite, point de forêts immenses et solitaires. Le regard errait de colline en colline, à travers les vignes et les vergers : des maisonnettes éparses sur le flanc des coteaux, présentaient leurs formes rondes aux rayons du soleil levant ; des champs variés et fertiles remplaçaient l'immense verdure de la Novempopulanie ; enfin, si l'on projettait ses regards jusqu'aux derniers plans de ce tableau de vie et de culture, ils allaient s'arrêter sur la chaîne lointaine de la montagne Noire, dont la ligne éthérée, vaporeuse, dépourvue de cimes neigeuses, se dessinait légèrement à l'horizon.

Jadis, c'était vers ce point que se dirigeait la principale route de Tolosa. Cette antique voie ralliait les Tolosates aux côtes de la Ligurie, qui étaient regardées par eux comme les portes de l'Orient et du monde ; c'était par là que les soldats de Brennus et de Belgius revenaient chargés des dépouilles de Rome et de Delphes ; que s'opérait entre Tolosa, Tyr, Marseille et Carthage, cet échange de marchandises, qui se perd dans la nuit des temps, et dont les Romains transportèrent l'entrepôt à Narbonne.

Cette contrée onduleuse, connue aujourd'hui sous le nom de Lauraguais, renfermait encore un objet, moins important peut-être pour le voyageur étranger à la Gaule, mais bien vénérable pour le gaulois encore attaché au druidisme ; je veux parler des pierres de Naurouse, capricieusement placées au sommet d'une colline détachée : pierres énormes, réunies là par un hasard étrange, et qui se rattachaient, dans les traditions druidiques, au passage d'Hercule. Ces souvenirs religieux, fortement gravés dans cette partie de la Gaule, n'ont pu être effacés par vingt siècles de bouleversemens et de révolutions. Le paysan du Lauraguais regarde encore avec un certain effroi les pierres de *Naurouse*, accourues là, dit-il, des points lointains du pays, et il regarde leur raprochement comme un présage funeste de la fin prochaine du monde (20).

Robur avait exploré le cercle immense qui se déroulait devant lui.

— Armane, demanda-t-il à son guide, au milieu de tant d'objets divers, ne pourrions-nous pas apercevoir cette nouvelle Tolosa, bâtie par les Romains, et au commandement de laquelle je suis envoyé par l'empereur Décius?

— Ne la voyez-vous pas là-bas, vers le nord, lui répondit Armane, assise paisiblement sur les bords de la Garonne, près de l'endroit où cette chaîne de coteaux disparaît dans la plaine?

Le centurion tourna ses regards vers le bas du fleuve, et son cœur battit d'orgueil et de joie en voyant blanchir la nouvelle cité gallo-romaine; mais son œil exercé ne put distinguer ses monumens, ni mesurer l'étendue de son enceinte. Plus de trois milles séparaient la ville romaine des ruines gauloises, et une brume épaisse, exhalée par le fleuve, plongeait cette partie de la vallée dans une demi-obscurité. Cependant, il suffit au centurion de voir la position basse que l'on avait choisie, pour gémir de la faute stratégique qu'avaient commise les empereurs en abandonnant l'ancienne Tolosa, position formidable, qui commandait l'isthme Pyrénéen. Armane lui fit bien remarquer que les Romains avaient cherché avant tout à s'éloigner de la vieille capitale, dans le double motif de détruire la nationalité tectosage par l'oubli de ses souvenirs, de sa gloire, de ses monumens, et pour avoir une ville toute romaine, un centre formé d'élémens purs de soumission; mais Robur persista à voir dans la fondation de cette colonie, au milieu d'une plaine, un signe de décadence pour sa patrie, et peut-être avait-il raison (21).

A l'origine de toute nationalité, les peuples cherchent avant tout à développer les élémens de leur force; ils élèvent leurs cités sur de hautes collines, comme pour mieux distinguer au loin les peuples qu'ils se proposent de subjuguer. Quand vient l'époque de la décadence, l'amour du bien-être remplace le patriotisme; les collines paraissent trop rudes à monter, les maisons ne peuvent y être assez spacieuses, les eaux vives sont trop rares, les jardins élégans ne peuvent s'asseoir sur les pentes abruptes. Alors, un seul désir domine les populations; elles descendent dans les bas fonds, au bord des fleuves, et, libres dans leurs recherches du confortable, elles s'étendent mollement sur un sol uni et fertile, sous les ombrages, près des eaux limpides... Ainsi, l'attrait du plaisir a chassé la force; viennent les temps d'invasion, les hauteurs environnantes sont autant de redoutes naturelles, prêtes à recevoir les ennemis, et alors il faut se rendre et végéter dans les fers.

.... Il court, il s'écrie :
Le signal est donné de vaincre ou de mourir ;
Ma vie est mon seul bien, je l'offre à la patrie.
Liberté, je cours te l'offrir.

DELAVIGNE.

VII.

LE DRUIDE.

Au moment où le centurion allait piquer des deux et s'élancer dans la plaine, Armane le retint par la tunique, et lui fit considérer un groupe de gaulois, qui venait de se former sur la place publique, non loin du dolmen de Teutatès.

— Centurion, dit le barde avec inquiétude, voilà des gens suspects qui vont peut-être embarrasser notre évasion. Ne voyez-vous pas au milieu de la foule le vêtement blanc d'un druide. Dieu ! si c'était Marric, nous serions perdus tous deux.

— Quest-ce donc que ce Marric ? lui demanda Robur.

— Quoi ! ne connaissez-vous pas ce druide fougueux et terrible, qui parcourt, depuis plusieurs années, les diverses parties de la Gaule. De toutes parts, il soulève les populations contre Rome ; en lisant le présage de la victoire dans le langage des élémens et les entrailles des victimes (22).

— Encore une révolte ! s'écria Robur furieux. Ne pourrai-je donc faire un pas dans cette contrée maudite sans trouver dans chaque habitant un conspirateur prêt à fondre sur nous.... Ah! Tectosages ! votre caractère sera-t-il toujours indompté, malgré les victoires de Sylla et la vengeance éclatante de Cépion.

A ces mots, Robur piqua son cheval et le poussa vers le rassemblement.

— Que faites-vous ? s'écria Armane, en saisissant la bride avec effroi.

— Mon devoir, répondit le Romain.

— Vous voulez donc courir à une mort certaine, et vous faire égorger sur cette pierre de Teutatès.

— Lorsque de misérables gaulois osent conspirer contre Rome, un centurion romain doit-il craindre de conspirer contre quelques paysans. Que les gens craintifs s'éloignent du danger, je ne sors pas d'ici avant d'avoir pénétré les desseins de ces ennemis téméraires.

A ces mots, Robur releva violemment la tête de son cheval, et, approchant des Gaulois à la faveur des ruines qui le dérobaient à leurs yeux, il chercha à étudier leur pensée, dans le jeu de leur physionomie, et jusques dans leur moindre mouvement, mais, au milieu de ses observations, Marric fut l'objet principal de ses regards scrutateurs.

En ce moment, le druide incliné vers le dolmen, considérait attentivement les entrailles d'un jeune taureau que sa faucille venait d'immoler. Ce dernier rejeton de la caste sacerdotale, était vêtu de la longue robe blanche des cérémonies ; une ceinture verte la serrait au-dessus des hanches ; sa tête était entourée d'un voile blanc, rejeté sur ses épaules, et retenu autour du front par une couronne de chêne. Robur fut frappé de l'attitude douloureuse du druide. Sa poitrine, recouverte d'une épaisse barbe blanche, semblait oppressée par de pénibles réflexions. Tout indiquait que l'augure était défavorable.... Le regret du passé, âge d'or de la Gaule druidique, la crainte d'un avenir plus sombre encore se partagèrent l'âme fanatisée de Marric. Ses efforts immenses pour rattacher les Gaulois aux vieilles idoles, qu'ils avaient abandonnées pour le polythéisme romain, avaient creusé cette âme des temps antiques. Une grande conspiration fomentée par lui était au moment d'éclater, le présage sinistre du taureau sacrifié le frappait de stupeur et d'effroi.

Robur sut lire au fond de la pensée de Marric, et un mouvement de joie, d'orgueil et de vengeance bondit dans son cœur. C'était une belle chose à contempler que le regard de ces deux hommes ennemis attachés sur les entrailles du même taureau, et y lisant, le premier, la dernière heure de sa religion et de sa patrie; le second, la gloire et l'éternité de la sienne.

Autour de Marric étaient rangés en cercle une centaine de pâtres et de laboureurs, dont les regards curieux contemplaient avec intérêt le sacrificateur, et semblaient attendre sa réponse avec impatience. Ils étaient vêtus de peaux de bêtes fauves jetées sur leurs épaules à moitié nues ; quelques-uns portaient des arcs et des flèches destinées à la chasse des animaux ; certains autres avaient de longues houlettes et des bâtons ferrés. Tout à coup le druide releva son front.

— Malheureuse Gaule ! malheureux Marric ! s'écria-t-il en levant les yeux au ciel..... et vous, adorateurs fidèles des autels, vous qui n'avez jamais abandonné les cérémonies des Druides, cachez votre visage, détournez les yeux avec douleur. La victime frappée à la gorge est tombée du côté droit ; le sang n'a coulé qu'à jets interrompus ; la lune n'a paru cette nuit qu'entourée d'un cercle blanchâtre.... O présage funeste ! les dieux jettent sur nous des regards irrités ; ils nous abandonnent à nos destins malheureux.

Un silence de recueillement succéda à ces paroles. Les Gaulois laissèrent fléchir leurs têtes ombragées de longs cheveux, et leurs visages exprimèrent la douleur et l'accablement ; mais bientôt la scène changea, la terre retentit tout à coup sous les pieds d'un cheval qui accourait de toute sa rapidité vers le lieu du sacrifice. Marric tourna ses yeux sur la route tectosage, du côté du soleil levant, et il aperçut un cavalier couvert de poussière qui arrivait au galop, le corps penché sur le cou de son coursier : c'était Luern-le-Sanglier, escorté d'une douzaine de chiens énormes.

— Aux armes ! aux armes ! s'écria-t-il, nous sommes trahis ; un infâme romain, revêtu d'habits gaulois, s'est glissé dans la demeure d'Améonix. Il a découvert tous les secrets de la conjuration, nous sommes perdus, si nous ne prévenons les effets de son espionnage en nous jetant sur lui pour l'écraser.

— O Teutatès ! s'écria Marric consterné, toujours de nouvelles calamités tomberont-elles sur tes adorateurs !

— Vous le voyez, continua Luern, le danger est pressant ; faites retentir le cri de détresse. Améonix va convoquer, dans huit jours, le grand conseil des armes, au milieu de ces ruines. Pendant ce temps, je vole vers l'Averne pour armer mes partisans, hâter leurs préparatifs, et je reviens au plus tôt à la tête de six mille guerriers.

Marric n'était pas encore revenu de sa stupeur, et les spectateurs interdits se regardaient avec effroi, lorsque un nouveau bruit de pas se fit entendre sur l'étroit sentier que Robur avait suivi naguère, pour arriver aux ruines de Tolosa. La foule tourna ses regards de ce côté avec inquiétude, et elle aperçut un jeune seigneur gaulois, monté sur un coursier rapide, qui galopait dans les rues désertes de la ville détruite. Ce guerrier était Amiduat.

— Aux armes! criait-il avec exaltation, comme si cette voix avait dû réveiller les Tectosages enfouis sous les décombres de leur capitale. Aux armes! l'aigle romaine est déchaînée contre le coq des Gaulois. Le chef des espions s'est échappé de nos mains, notre conspiration est découverte, déjà peut-être les ennemis se disposent à tomber sur nous pour faire avorter nos projets. A vous, Marric! jetez le cri d'alarme; armez vos partisans, exaltez leur courage; moi je cours chez mes fidèles compagnons des bords de l'Adour et du Gave, et dans huit jours vous me reverrez à la tête de cinq mille montagnards... Il dit, et sans donner à son cheval le temps de reprendre haleine, il descendit comme un trait les pentes escarpées du coteau. Robur, toujours caché derrière une masure, le vit se jeter, sans hésitation, dans les eaux rapides de la Garonne, et il disparut au milieu des forêts.

L'arrivée de ces cavaliers inattendus, les cris de guerre qu'ils avaient fait entendre, exaltèrent à un degré extrême l'ame enthousiaste de Marric. Passant, avec la plus grande rapidité, de la douleur à l'espérance, il oublia les présages sinistres de l'augure, et ne voulut plus lire l'avenir que dans ses désirs belliqueux.

Bientôt, le vieux Améonix apparut à son tour; il était monté sur un char luxueux, traîné par quatre chevaux blancs, que des valets de pied conduisaient avec des cordons de soie. Les roues en étaient incrustées d'argent et de cuivre, et l'intérieur brillait de l'éclat de l'or et des pierreries. A sa suite, marchait une foule de cliens, armés de piques, de cuirasses et de boucliers. Des esclaves conduisaient de lourds charriots, attelés de chevaux et de bœufs, et chargés de tentes, de tapis et d'une foule de meubles et d'ustensiles de ménage; il était aisé de comprendre que tout en faisant la guerre, Améonix ne voulait nullement négliger le confortable de la vie. Sa fille Héléna, montée sur un cheval, svelte et rapide, suivait de près le char de son père, entourée de ses jeunes compagnes; elle semblait se jouer des caprices de son coursier.... Robur ne put voir sans émotion la noble fille à laquelle il devait la vie. Il la considéra avec un certain respect, et renouvela en lui-même la promesse qu'il avait faite de délivrer Illira.

Ce mouvement extraordinaire de chefs et de guerriers, les aboiemens lointains des chiens de Luern, les cris des Gaulois qui sonnaient des airs d'appel sur leur cornemuse, une certaine rumeur d'agitation vague et lointaine, allèrent réveiller au loin les pâtres et les laboureurs. Peu à peu de petits détachemens se formèrent, les chefs du pays, les hommes les plus considérables se mirent à leur tête, et ils s'acheminèrent instinctivement vers les débris de l'ancienne capitale. Ces corps de troupes, sans ordre ni discipline, mais animés d'une ardeur, d'une exaltation incandescente, vinrent successivement se joindre aux partisans de Marric et d'Améonix. A la vue de ces deux chefs de la conjuration, tous ces nouveaux guerriers poussaient des clameurs bruyantes, et leurs armes frappées avec force contre les boucliers, produisaient un fracas formidable. Améonix s'avança au milieu de cette multitude enthousiaste et lui fit une courte, mais chaleureuse allocution, qui fut couverte d'une salve d'applaudissemens et du cliquetis des épées. Il distribua ensuite ses ordres aux chefs de bande qui l'entouraient.

— Allons Maer, dit-il à l'un, fais preuve de dévouement et de zèle. Cours au plus grand galop de ton cheval vers la rivière salée pour donner l'éveil aux Garumnæ, et les convoquer sous trois jours pour le grand conseil des armes.... Toi, dit-il à un autre, vas dans les montagnes des Convenæ, réunis leurs chefs, appelle sous les armes le ban et l'arrière-ban des guerriers; que tout laboureur quitte la charrue, que tout chasseur abandonne les bois pour courir où le salut de son pays l'appelle. Vous enfin, ajouta-t-il en s'adressant aux autres petits chefs, allez convoquer les Ausci, les Ruteni, les Lactorates, qu'ils volent au combat avec l'ardeur d'une louve privée de ses petits; qu'ils accourent autour de moi avec la rapidité du vautour et la prudence du renard; allez, fendez la bruyère, ensanglantez les flancs de vos chevaux, rappelez à tous les Gaulois que la patrie est en péril, et que celui qui manquera de se rendre à l'appel de la vengeance, verra sa barbe arrachée par le bourreau, son nez et ses oreilles coupées avec une scie, ou l'index de sa main droite broyé sous une pierre (23).

A peine ces paroles furent-elles prononcées, qu'une vingtaine de cavaliers, montés sur des chevaux sales et sans harnais, se lancèrent avec une rapidité incroyable dans toutes les directions. La poussière s'élevait en tourbillons sur leur passage, et en un instant Robur les vit disparaître au milieu des forêts, dans les ravins et les vallées.

> Taciturne, rêveur de l'immortalité,
> Le Gaulois devinait, dans sa vertu grossière,
> De son ame et de Dieu l'origine première.
> A l'ombre de ce Dieu, dans un sombre repos,
> Riche de l'avenir il oubliait ses maux.
>
> De Norvins.

VIII.

MÉDELLA.

Les paroles d'Améonix et le départ des émissaires furent salués par des houras belliqueux, et un cliquetis immense qui ressemblait au bruit d'une mer agitée. En ce moment, Marric, ne pouvant comprimer plus long-temps son triomphe et son orgueil, leva vers le ciel son front inspiré, dans une attitude sublime.

— A moi ! Gaulois valeureux ! s'écria-t-il avec transports, venez frotter vos épées sur le dolmen de Teutatès. Qu'importe que l'oracle d'un vil taureau soit défavorable, c'est dans le cœur des guerriers avides de combattre que j'aime à lire les secrets de l'avenir. O guerriers courageux ! vous serez assis les premiers à la droite de l'Esprit éternel, entourés de vos chevaux, de vos armes, de vos cliens immortels comme vous ;

et ne croyez pas que mes paroles soient de vaines fanfaronnades, lâchées au hasard par un cœur oppressé. Elles sont l'écho de cent mille guerriers qui se sont dressés à ma voix, et couvrent la Gaule d'une fraternité compacte. Venez vider avec moi la coupe sacrée du serment, sur les ruines de Tolosa, autour de nos autels profanés ; venez jurer avec moi de combattre pour délivrer la patrie, de vaincre ou de mourir pour sa liberté.

En disant ces mots, Maric alla prendre sur le dolmen un énorme vase de fer rempli d'un vin sacré, infusé de gui et de jusquiame. Il le présenta à Améonix, et somma les guerriers de promettre solennellement de vaincre ou de mourir.

— O divin interprète de la volonté céleste ! dit Améonix en tenant la coupe élevée, serait-il vrai que notre fer et notre sang pussent rendre à l'empire gaulois son ancienne gloire et sa puissance ?

— J'en ai la promesse des dieux ; j'en ai l'assurance des hommes, reprit le druide. Le gui sacré qui n'avait pas reparu depuis le sacrilége de Cépion vient de se présenter trois fois sous ma faucille d'or ; l'arbre de Hésus lui-même, muet depuis si long-temps, a répondu à mon appel de vengeance, en criant au milieu d'un tourbillon de flammes : « Frappe, et la victoire est à toi. » O guerriers ! poursuivit le druide, qu'il est beau de triompher pour sa patrie ! qu'il est glorieux de mourir pour elle ! celui qui tombera au milieu du tumulte des armes, sera exempté des longueurs de la métempsycose, et ira s'asseoir dans le palais de feu, au milieu des esprits célestes.

Ces mots furent prononcés avec une conviction si inébranlable, que Robur se sentit, malgré lui, accessible à une pensée de crainte et de terreur.

Pendant cette scène, un gros nuage qui s'était formé au lever du soleil, sur les sommets neigeux des Pyrénées, avait acquis des dimensions formidables. Ralliant à lui toutes les vapeurs éparses dans les forêts et les vallées profondes, il avait envahi la vaste étendue des cieux. Peu-à-peu, les éclairs avaient sillonné les nues de leurs sentiers éblouissans, le roulement du tonnerre avait grandi en se rapprochant, et maintenant enfin, l'orage grondait avec bruit sur les ruines de Tolosa.

Malgré cet appareil menaçant, les Gaulois, absorbés par les promesses flatteuses de Marric, étaient demeurés sourds au bruit de la foudre ; c'est à peine si quelques-uns levaient les yeux par curiosité ; mais, tout-à-coup, le ciel s'entr'ouvrit avec un fracas épouvantable, et la foudre pulvérisa un fragment de rempart.

A cette vue, des cris d'effroi se firent entendre, et la foule épouvantée s'ébranla avec terreur. — Fuyons ! s'écria Améonix, dont le naturel craintif l'emportait sur un courage factice. Abritons nos têtes sous les masures, car Tarran n'aime pas les téméraires, et il pourrait nous punir en faisant tomber sur nous le feu du ciel.

— Que parlez-vous de Tarran et de sa foudre, s'écria Marric en levant son front vers les cieux, oh! viens sur moi, rayon céleste, ajouta-t-il avec exaltation, en suivant des yeux un éclair qui fendait la nue. Viens tremper et bénir le fer des combattans, car tu es Tarran le vengeur et l'invincible..... Guerriers, jetez au loin vos fourreaux, et dressez vos épées vers les nuages pour que la foudre les sillonne. Et toi, Tarran, donne à leur courage l'impétuosité de l'ouragan, la persévérance du fleuve que rien ne détourne de son cours, l'immobilité du roc que rien ne peut ébranler.

Le druide prononça ces paroles d'un ton de voix solennel, inspiré, digne d'un descendant de ces fiers Tectosages qui prenaient plaisir à défier les élémens, à se jeter au devant des vagues de l'Océan, pour les arrêter à coups d'épée (24).... Mais les Gaulois ne l'entendaient déjà plus. Dominés par la frayeur, ils avaient obéi aux conseils d'Améonix, et, oubliant les bravades de leurs ancêtres, ils s'étaient enfuis de toutes parts pour s'abriter sous les masures encore debout.

Une jeune fille, de belle taille, et dont le costume indiquait sa consécration au service des autels, osa, seule, demeurer près du dolmen de Teutatès. Une robe blanche, longue et sans manches, se drapait avec aisance autour de son corps svelte. Une ceinture de fer en retenait les plis ondoyans au-dessus de ses hanches flexibles, et ses beaux cheveux noirs, entourés sur le front d'une couronne de lierre sauvage, retombaient sur ses épaules peu découvertes; sa robe fendue des deux côtés, laissait passer en liberté ses bras nus, ornés de bracelets d'or.

— Mon père aimé, prêtre des dieux, dit-elle en approchant de Marric, avec une tendre sollicitude, n'affrontez pas l'orage et cherchez un asile.

— Que je m'éloigne, s'écria Marric immobile au milieu des éclairs, que je m'éloigne quand c'est Tarran qui nous envoie la foudre pour embraser nos cœurs et tremper notre fer!.... O ma fille, prêtresse inspirée, viens contempler avec moi l'éternelle puissance, regarde à travers les nuages ouverts par la foudre, le séjour des dieux immortels. Contemple l'immensité des cieux, et tu pénètreras le mystère de leur puissance infinie; car c'est au dessus des éclairs que réside l'Esprit immuable.

Au même instant, Marric, jetant les regards autour de lui, reconnut avec effroi la solitude qui régnait sur le forum tectosage. Tous les Gaulois s'étaient enfuis, et un morne silence avait remplacé les acclamations bruyantes des guerriers.

— Terre et ciel ! s'écria le druide indigné, tout le monde fuit et m'abandonne !....... Gaulois dégénérés, vous reculez devant la foudre. O témoignage effrayant de décadence. Qu'êtes-vous devenus, valeureux

Tectosages, qui défiiez sous les murs de Delphes les pluies de feu, les tremblemens de terre, la chute des rochers? Qu'êtes-vous devenus, enfans de Brennus, qui éleviez vos têtes vers les nuées en feu pour appeler dans vos chevelures les flammes rapides du ciel?.... Puis, tournant ses regards vers sa fille, il ajouta : O Médella! ma seule espérance! viens réchauffer ton cœur à l'exaltation du mien. Nos pensées se mêleront à l'esprit immense.... O Tarran! c'est toi que j'appelle; ô Hésus! c'est toi que je prie. Apparaissez-moi pour allumer le brasier de mon cerveau.

— J'approche à la voix de mon père, répondit Médella, avec sérénité; mais le nom de Tarran n'inspire rien à mon ame ; car il aime le sang sur ses autels, et mes yeux ne peuvent en supporter la vue; car il appelle les magiciennes échevelées et furibondes autour de lui, et la nature me dit que les dieux véritables ne peuvent aimer les femmes impures, et les danses licencieuses de l'Armorique.

— Dieu puissant! quel étrange discours! s'écria Marric consterné. La fille des Druides voudrait-elle aussi déserter les temples des forêts, et diminuer le nombre de mes compagnons fidèles.

Je ne parle pas d'abandonner mon père, répondit Médella; mais les extases frénétiques, que les idoles inspirent aux prêtresses, ne sauraient contenter mon cœur. La lueur des sacrifices tourmente, il est vrai, ma raison; mais mon ame demeure obscure au milieu des torches agitées avec violence, et je cherche une autre lumière pour l'éclairer.... Marric répartit, épouvanté:

— O dernier de mes jours, que me faut-il entendre! Quoi! tu demeures froide, insensible, quand l'idole te presse dans ses bras, et le mélange de ton ame avec l'esprit infini, ne t'inonde pas de volupté.

— Non, reprit Médella, car vos divinités hideuses ne sauraient sympathiser avec une ame qui ne rêve qu'harmonie. En jetant l'imagination dans l'extravagance, vos cérémonies lugubres parviennent bien à faire naître cette frénésie que vous prenez pour de l'inspiration; mais je suis bien vite fatiguée de cette extase artificielle, et j'ai besoin, pour reposer mes pensées, de contempler les couleurs ravissantes de la nature, les rayons purs de la lumière; car ce n'est que dans ces choses que je retrouve l'image de mon cœur.

Consacrée dès le berceau au collége des prêtresses, Médella avait suivi pendant quelques années les préceptes druidiques. Bientôt une sorte de libre-arbitre, toujours puissant dans les ames fortes, avait germé avec l'âge, et s'était développé dans le silence. Médella, éclairée par une secrète inspiration, n'avait pas tardé à douter de la sainteté de ces orgies qui rappelaient le culte de la bonne déesse de Samotrace, et les bayadères de l'Inde. Maintenant, chancelante dans la foi de ses pères, elle pouvait servir de type à ces individualités puissantes, qui apparaissent aux époques de décadence, lorsqu'une nationalité se meurt et que de nouvelles croyances commencent à se révéler. La fille de Marric, douée d'une inspiration ardente, d'une beauté fière et superbe, était destinée à marquer la transition de la Gaule druidique à la Gaule chrétienne. Fatiguée du passé, avide de l'avenir, mais ignorant quel il devait être, elle traînait son existence désenchantée dans une incertitude mortelle ; aussi quoi qu'il pût advenir, elle était déterminée à rompre tout lien avec le passé, et à adopter avec transport toutes les choses nouvelles qui paraîtraient devoir lui ouvrir une autre existence. Dans ce long travail, bien des révolutions périlleuses devaient embarrasser sa route. Mais elle avait, pour vaincre tous ses ennemis, une imagination exaltée et une force de volonté que l'on ne peut retrouver que dans les femmes des temps sacerdotaux et héroïques.

La découverte de ces secrets intimes acheva d'accabler le druide de désespoir. Il laissa tomber sur sa poitrine sa tête blanche, affaisée sous le poids des malheurs, et il s'écria :

— Ma fille, tu arraches de mon sein la seule corde qui fît vibrer encore le chant de l'espérance. O dernier opprobre, et le plus grand que je pusse concevoir ! Les tyrans de la Gaule ont donc corrompu la fille de Marric !

— N'accusez point la parole de l'homme, répondit Médella ; c'est la lumière du ciel qui, seule, a pénétré dans mon ame, y a semé le doute, et fait surgir une croyance nouvelle.... Maudirez-vous votre fille parce qu'elle a été éclairée la première entre toutes les prêtresses ?

— Voilà donc la cause criminelle qui étouffait le feu de ton regard, et arrachait de tes mains la faucille que tu devais enfoncer dans la gorge de la victime. Voilà pourquoi tes cymbales d'airain demeuraient muettes, lorsque tes compagnes, le corps enduit d'un tatouage noir, couraient en agitant leurs torches autour de la pierre des sacrifices.

— J'ai jeté toutes ces choses aux buissons, répondit Médella ; car aussitôt que la lumière du doute a éclairci les ténèbres du fanatisme, je me suis arrêtée au milieu des sacrifices licencieux, et j'ai su dire en face de ces horreurs frénétiques : *Il ne faut pas aller plus avant.*

— Sacrilége ! sacrilége ! répartit Marric en détournant le visage avec horreur. Tu veux donc forcer ton père à appeler sur toi la malédiction des dieux ?

— Que le grand prêtre accomplisse son devoir, répondit Médella, le mien est de délivrer de l'ornière du mensonge l'ame puissante qui m'a été donnée.... Est-ce donc Médella qui irait mentir à sa conscience, pour adorer, sous le nom de divinités, des fantômes hideux que le temps fait tomber en poussière, des volontés absurdes qui révoltent ma raison ? Non, les monstruosités de l'esprit ne sauraient vivre dans le corps d'une femme. Ce chef-d'œuvre de la création ne peut être fils de divinités sanglantes ; voilà pourquoi Médella repousse vos extravagances théogoniques, voilà pourquoi elle abhorre vos autels et vos dieux.

— Quoi ! tu oses proférer ces blasphèmes sur les cendres mêmes de ta patrie ! s'écria le druide. Eh bien ! je lancerai sur toi l'anathème druidique ; je te fermerai les portes de l'éternité ; chacun te jetera du fumier et des pierres ; les prêtresses te saisiront aux cheveux, brûleront ta langue avec leurs torches, et livreront aux loups les lambeaux de tes chairs.

Ces paroles n'imprimèrent point de crainte à Médella ; elle demeura calme sous la malédiction de son père, et répondit en portant la main à son front et sur son cœur :

— J'aime et respecte mon père ; mais, avant tout, c'est là et là que mûrissent mes destinées. Puis elle ajouta en levant les yeux vers l'astre du jour, obscurci par de légers nuages : je n'invoque que toi, douce lumière du ciel ; sous quelque nom qu'on t'implore, tu viens toujours éclairer l'ame indécise et souffrante. Achève de déchirer le voile de l'hésitation ; découvre-moi le Dieu véritable, pour que je puisse me prosterner devant lui.

— Et moi je n'implore que vous, dieux terribles et sanguinaires ! s'écria Marric transporté de fureur. Que le serviteur fidèle soit abandonné seul au milieu des autels, il n'en sera que plus ardent à combattre pour les ruines et les croyances !.... En disant ces paroles solennelles, le prêtre lançait vers l'arbre gigantesque de Hésus des regards dévorans, qui contrastaient avec la limpidité angélique de ceux de Médella. Allons, dieux éternels ! poursuivit le druide avec feu ; dieux de la force et de la puissance, descendez dans le cœur de Marric ; ajoutez à sa haine l'ardeur de votre vengeance, et un instant lui suffira pour anéantir les sacriléges. Allons, que votre indolence se réveille ; car les profanations se perpétuent depuis assez long-temps. Manifestez enfin votre sainte colère : écrasez l'impie, ranimez le courage de ces Gaulois pusillanimes, et foudroyez les Romains ennemis de votre culte. O Hésus ! ô Tarran ! ô Teutatès ! apparaissez dans des torrens de feu, et sillonnez mon front du cachet de vos désirs (25).

A ces mots, prononcés avec une exaltation dont un prêtre fanatique est seul capable, le druide prit la serpette d'or attachée à sa ceinture, et frappa deux coups sur l'arbre de Hésus.

— Esprit du druidisme ! ajouta-t-il, père du monde ! Fais entendre ta voix solennelle. Ame de l'univers, parais à Marric qui t'attend !.... et il frappa un troisième coup.

> Le nuage crève;
> Son brûlant carreau
> Jaillit comme un glaive
> Qui sort du fourreau?
> Le cèdre s'embrase,
> Crie, éclate, écrase
> Sa brûlante masse
> Sous ses bras fumans!
>
> LAMARTINE.

IX.

L'APPARITION.

En cet instant on vit un éclair rougeâtre et sombre, fendre la nue avec fracas. Un sillon de feu tomba sur l'arbre de Hésus au bruit de la foudre, et le chêne colossal s'entr'ouvrit au milieu d'un torrent de flammes..... Cette commotion imprima à Marric et à sa fille un tremblement douloureux, indéfinissable; et Robur lui-même, spectateur muet de cette scène, éprouva un malaise qui semblait participer d'une puissance sur-humaine et funeste. Ces trois personnages sentirent leurs yeux s'obscurcir, leurs membres se roidir et leur imagination elle-même parut frappée d'engourdissement.

Ce fut au milieu de ces présages extraordinaires qu'un être étrange se présenta à eux entouré d'une fumée épaisse et fétide. Il semblait sortir de l'arbre de Hésus entr'ouvert, rien en lui ne ressemblait à ce que les hommes avaient vu jusqu'alors ; il était couvert d'un vêtement à plis de corps, rayé de larges bandes rouges et noires, semblables à celles du Zèbre : un sabre très court, très large et sans pointe pendait à sa ceinture ; une calotte de fer, surmontée d'un plumet rouge et bleu, encadrait sa physionomie ardente, dont le tigre et le chat-huant se partageaient la ressemblance.... Marric, revenu de son engourdissement, jeta sur ce personnage un regard stupéfait.

— Hésus apparaît dans un réseau de lumière, lui dit-il, Tarran se fait précéder de la foudre, Teutatès ne se dessaisit jamais du crâne des libations sanglantes ; mais sur leur front se réfléchit la puissance et l'immensité. Oh ! tu n'es pas Hésus, tu n'es pas Tarran, tu n'es pas Teutatès ; car ton visage n'est ni imposant ni céleste. Et à ces mots le druide recula.... L'inconnu marcha fièrement vers lui, et fit entendre une voix rauque et glapissante.

— Je suis celui qui accourt à l'appel de tout homme qui hurle par la haine de son cœur, qui sacrifie la pudeur de ses filles, la vie de ses semblables, et qui élève vers le ciel ses mains teintes de sang.

— Ta voix est dure et cassée, lui répondit Marric ; elle ne s'est jamais fait entendre dans mes sacrifices.

L'inconnu répartit :

— Ne sais-tu pas reconnaître celui qui aiguisait ton couteau, quand tu égorgeas deux cents captifs romains sur les tables de la Sidobre (26). Et après tout, qu'importe qui je sois. Tu pleures sur les autels renversés du Druidisme, je viens t'aider à les relever. Tu exhales ton ressentiment contre les Gaulois qui fuient les collèges des druides; je viens te prêter mon bras pour chasser leurs enfans des écoles romaines, et les ramener dans tes forêts.... Ah! fie-toi à moi; nos intérêts à tous deux sont les mêmes. Si ma bouche te paraît sèche et brûlante, mes yeux caves et calcinés, c'est que tout cela sort des flammes éternelles; mais j'en suis délivré pour quelques jours, touche la main, quoique je sois un peu hideux.

Ces paroles subjuguèrent le druide.

— Tu es bien Tarran, tu es bien Teutatès, lui répondit-il avec une crainte involontaire. Esprit infini, ame du Druidisme, embrâse-moi de ton regard....

— Ecoute bien, ajouta l'inconnu, je viens faire avec toi alliance offensive et défensive; car j'ai besoin de ton aide pour raffermir sur leurs autels mes idoles chancelantes. Seconde-moi, comme je te seconderai; notre alliance formera une chose redoutable, seule capable de frapper et de vaincre un ennemi terrible, qui prépare contre nous ses flèches empoisonnées; un ennemi qui veut détruire ta puissance sur la terre, la mienne dans l'éternité, et introuiser la sienne sur nos ruines.

Ici l'inconnu s'arrêta un instant, puis il poursuivit d'une voix entrecoupée... Marric, les temps mauvais sont arrivés... Il y a deux siècles et demi... à Nazareth naquit un enfant... le Jaloux l'avait envoyé... il était bien jeune, et pourtant je ne pus le corrompre... Depuis ce jour, sa voix à prêché contre moi, et voilà qu'aujourd'hui il s'avance dans cette contrée avec la haine de ma puissance, l'horreur du Druidisme; et ses armes grandissent si vite, qu'elles me touchent de toutes parts.

En achevant ces mots, il fit un mouvement d'effroi, ses membres frissonnèrent et il promena autour de lui des regards louches et épouvantés.

— Dieu! s'écria Marric, tes paroles font entrer, malgré moi, la terreur dans mon ame. Quel est cet ennemi que tu dis si redoutable, que faut-il faire pour le vaincre et le terrasser?

L'inconnu répondit:

— Suivre mes conseils, obéir à mes ordres, si tu ne veux pas que ta tête et la mienne soient bientôt écrasées.

— Tes conseils, reprit le druide, quels sont-ils, parles? ne crains pas que Marric méconnaisse les volontés de celui qui répond au nom de Tarran et de Hésus.

— Eh bien, s'écria l'inconnu avec transport : pour terrasser cet ange d'innocence et de charité, il n'est besoin de lui opposer que barbarie et corruption. Redouble de fanatisme pour offrir à mes idoles des festins de chair humaine. Renverse les flambeaux mystérieux autour des prêtresses échevelées, rallumons enfin dans le cœur de l'homme la férocité religieuse et les débauches ennoblies, qui, des temples, descendent dans les palais et les chaumières. Alors, ivres de sang et de larmes, nous n'aurons qu'à saisir la main du Jaloux de Nazareth, pour jeter l'effroi dans son cœur timide, et lui faire prendre la fuite vers son petit royaume dépeuplé.

— Je n'ai jamais pesé le sang humain à la balance de la miséricorde, reprit le druide ; combien t'en faut-il, parle ?

— C'est moins la grandeur de l'holocauste que la noblesse de la victime qui peut rassasier ma faim, et remplir nos projets. Vos crimes, ô Gaulois! ont été grands et prolongés, les taches qu'ils ont laissées sur vous exigent un grand sacrifice. Il est dans ces forêts, près de nous, sous mon regard, une femme jeune, belle, puissante, qui porte dans son sein l'ame régénérée de la Celtique. En disant ces mots, l'inconnu tenait ses yeux dévorans attachés sur Médella.

Ces paroles inspirèrent à Marric un orgueil presque surhumain. — O messager de l'esprit! s'écria-t-il avec une joie délirante. Tu es bien Tarran! tu es bien Teutatès! je me livre, esclave soumis, au moindre de tes caprices... Ma fille, ma fille, reprit-t-il en regardant Médella avec des transports d'amour. C'est donc toi, femme sainte et privilégiée, qui vas rendre les beaux jours à la Gaule druidique.

— Oui, s'écria l'inconnu triomphant. Que sa gorge soit tendue sur la pierre de Teutatès, que son sang coule sur le dolmen, que les épées des guerriers y soient trempées jusqu'à la garde, que les prêtresses y plongent leurs mains palpitantes, et la Gaule redevient forte, invincible, comme aux temps des Brennus et des Copils.. Cela dit, l'inconnu ajouta en lui-même en regardant la terre avec ses yeux ardens... Allons, barbarie ténébreuse, rentre dans le sein de l'homme! corruption et cruauté, forgez un mur d'airain à l'entour de son cœur. La croix pourra venir après rôder autour de ce rempart; elle se brisera avant d'y pénétrer, et moi, seul maître sur la terre, je resterai puissant avec mes trente griffes enfoncées dans l'humanité.

Au même instant, un bruit sourd ébranla la terre. L'orage était dissipé; mais des flammes rouges et sombres couvrirent la surface du sol, et l'inconnu disparut comme une vision pénible, ne laissant après lui qu'un nuage de fumée.

Marric, revenu de son éblouissement, approcha de Médella, les bras ouverts.

— Prêtresse, lui dit-il, la fille des druides a compris la volonté de l'Esprit, et je la vois plongée dans l'extase indicible.

— Ce n'était pas l'Esprit éternel, reprit Médella avec calme, en indiquant le nuage sombre qui couvrait encore la terre ; car l'Esprit éternel c'est la lumière, et les ténèbres sont le cortége de celui-ci.

— Allons! s'écria Marric transporté d'orgueil et de joie, que tes yeux lancent la flamme, que ta voix tonnante chante les vers sacrés du triomphe de la métempsycose ; que ton cœur vibre d'une grande joie ; car l'Esprit t'a choisie pour épouse, et c'est de votre union que doivent naître de nouveaux siècles de splendeur pour la Gaule et pour le Druidisme...

— Je laisse les flammes du regard et les convulsions du corps aux magiciennes égarées, reprit Médella avec fermeté, et quant à celui que vous venez de voir, il ne saurait m'inspirer qu'aversion et pitié. Vous l'avez appelé pendant le fracas de l'orage, et il vous est apparu au milieu des ténèbres. Or ces deux choses sont également incapables de donner de l'enthousiasme à mon ame.

— O ma fille! ô mon sang! poursuivit le druide sans l'écouter. Bénis la puissance suprême qui, par une transmutation miraculeuse, veut faire passer ton esprit ardent dans le corps malade de la Gaule. Par toi, ô ma fille! le soleil va briller plus radieux, la terre va épanouir les richesses qu'elle retenait dans son sein; nos guerriers élèveront leur front au milieu de l'orage, et leur courage invincible effacera jusqu'à la gloire des siècles passés. Viens, ô ma fille, viens tendre la gorge sur le dolmen; plonge-toi dans les bras de ton divin époux, et votre hymen produira des torrens d'harmonie.

— Sur le dolmen, Dieu puissant! s'écria Médella en reculant d'horreur. Est-ce bien avec une telle pensée de mort dans le cœur qu'un père ose porter la main sur la tête de sa fille... sur sa fille qui le chérit, sur sa fille qu'il a dotée des noms les plus doux d'amour et de tendresse..... Est-ce donc avec de pareils principes que vous prétendez retenir encore les adorateurs autour de vos idoles?

Marric stupéfait recula comme accablé par ces paroles : — l'Esprit a parlé, balbutiait-il, ses ordres sont immuables.

— Celui-là, était l'Esprit des ténèbres, reprit Médella. *Il accourt à la voix de tout homme qui hurle par la haine de son cœur, qui sacrifie aux idoles les plus doux sentimens de la nature.* Celui-là, je le hais plus que la mort, et j'élève mon ame vers le Dieu inconnu de la lumière.

Aussitôt Médella adressa au ciel un sourire ineffable et céleste, avide de révélation et de foi ; et Marric, plongé dans la stupeur, ébranlé dans son fanatisme, demeura muet, et recula d'épouvante à l'idée d'être le bourreau de sa fille.

Mais au même instant, Améonix et les guerriers, voyant que l'orage n'offrait plus de dangers, rentrèrent avec grand bruit sur la place du dolmen; leurs cris de guerre, le cliquetis des armes vinrent ébranler Marric indécis. Le danger de la Gaule, les projets de la révolte se représentèrent à son esprit, et les houras belliqueux lui rappelèrent la nécessité d'immoler une noble victime, pour se rendre les dieux favorables. Le titre de père avait pu d'abord étouffer les devoirs du druide; maintenant le péril des temps ranimait le fanatisme dans son cœur. Troublé, hors de lui, il approcha de sa fille armé de la serpette des sacrifices, il allait porter la main sur cette nouvelle Iphigénie, lorsque le regard de Médella vint réveiller de nouveau ce qui restait d'humain dans son ame. A la vue des traits chéris de sa fille, il sentit la barbarie fléchir et reculer. Vainement il appela à son aide l'endurcissement sacerdotal. Il ne pût étouffer entièrement l'amour paternel, et il se retourna vers les *vates* pour leur remettre les soins du sacrifice.

— Mon cœur s'y refuse, leur dit-il, d'une voix alterée; et pourtant l'Esprit a parlé, et la Gaule attend son salut de cet holocauste. Prêtres, aiguisez vos couteaux, puisque l'Esprit l'a ordonné. Allez, je vous l'abandonne.

Marric ne put en dire davantage. La voix expira dans sa bouche. Le père avait tout sacrifié au prêtre fanatique; il cacha sa tête sous son voile blanc et se retira à l'écart... Allors plusieurs vates, espèce de diacres soumis aveuglément aux ordres sanglans des druides, se précipitèrent sur Médella; ils lui lièrent les mains, arrachèrent sa couronne de lierre; et malgré ses efforts et ses cris, ils l'entraînèrent et la renversèrent sur le dolmen. Cette horrible lutte excita des transports de joie dans les rangs grossissans d'une foule stupide; les guerriers applaudirent avec bruit à cette régénération sanglante de la Gaule, et les vates se disposèrent froidement à égorger la victime; mais, tout-à-coup, au moment où le fer brillait sur la poitrine de Médella, Robur, transporté d'indignation et de fureur, sortit précipitamment du milieu des décombres. Oubliant son propre danger, pour sauver une noble fille dont il avait admiré le courageux langage, il lança son cheval vigoureux au milieu des spectateurs, et tomba sur les sacrificateurs interdits.

— Misérables! s'écria-t-il, malgré votre aveugle fureur, il ne sera pas dit qu'un si noble sang aura été répandu sous les yeux d'un vaillant romain. A ces mots, il renversa un vates d'un coup d'épée, en foula deux autres sous les pieds de son cheval, et coupa les liens de la victime.

Les spectateurs, épouvantés de cette apparition miraculeuse, restèrent frappés de stupeur; quelques-uns prirent la fuite, la plupart tombèrent prosternés, tandis que Médella, obéissant à l'instinct de la conservation, saisit la main de son libérateur et s'élança, légère comme une biche, sur la croupe du cheval. Le coursier, attentif à la voix de son maître, prit le galop, se lança dans la route étroite et tortueuse qui descendait, au nord, vers la nouvelle Tolosa, et les Gaulois le virent bientôt disparaître entre les bords de la Garonne et les coteaux escarpés de Pech-David.

L'illusion féconde habite dans mon sein,
D'une prison sur moi les murs pèsent en vain :
J'ai les ailes de l'espérance.
Echappée aux réseaux de l'oiseleur cruel,
Plus vive, plus heureuse, aux campagnes du ciel,
Philomèle chante et s'élance.

CHÉNIER. (*Jeune captive.*)

X.

L'ENTREVUE.

Nos deux fugitifs arrivèrent sans encombre jusqu'aux portes de la ville romaine, circonstance qui n'est pas inutile de rapporter; car, dans cette fuite rapide, plus d'un cavalier, altéré de vengeance, s'élança à leur poursuite, et plus d'une flèche fut dirigée contre eux avec des cris de malédiction. Ils abordèrent les remparts de la nouvelle cité à l'angle sud-ouest, et se présentèrent à la porte de Narbonne, large et imposante ouverture de deux arcades, attenant au Château-Narbonnais; deux tours rondes, hérissées de meurtrières, commandaient les flancs de cette porte. A l'approche de Robur, la plate-forme se couvrit de soldats, surpris et inquiets de voir arriver ainsi à toute bride, un cavalier inconnu, couvert et armé à la manière des Gaulois. Peu s'en fallut que quelque javelot ne vînt abattre les cornes de cerf qui hérissaient le front du romain déguisé. Mais Robur se fit promptement reconnaître à la pureté de son accent, aux renseignemens précis qu'il donna sur l'arrivée du nouveau centurion. Alors, la porte de Narbonne, fermée d'une simple herse, s'ouvrit promptement, et Robur, suivi de Médella, entra dans la cour du Château.

Le centurion, tout agité des événemens extraordinaires dont il venait d'être le témoin, brûlait d'impatience de se présenter au chef politique de la ville, pour conférer avec lui de l'état militaire de la cité. En conséquence, il confia son fidèle Ungula à la garde d'un légionnaire, et demanda avec instance à parler au préfet qui logeait dans le Château-Narbonnais.

L'esclave que Robur chargea de cette mission, fut très lent à rapporter la réponse. Le maître de céans, étendu encore dans son lit, était un de ces romains efféminés, qui hérissaient leurs réceptions d'un cérémonial puéril, de difficultés ombrageuses. Il fallut attendre l'achèvement de nombreuses ablutions, d'interminables préparatifs de toilette, avant de pouvoir obtenir l'entrée de ses appartemens. Pendant ce temps, Médella, encore toute abasourdie de l'événement miraculeux qui l'avait arrachée au couteau des sacrificateurs, promenait des regards ébahis sur les élégantes voûtes du palais-forteresse : elle contemplait avec admiration les fresques, les colonnades et les lambris de marbre, objets nouveaux et bien remarquables pour une jeune fille qui n'avait jamais quitté les forêts.

Enfin une porte s'ouvrit, et un serviteur, richement vêtu d'une robe de soie, introduisit Robur et Médella dans un appartement décoré avec le plus grand luxe. Le préfet était assis dans un riche fauteuil d'ivoire, entouré de coussins de pourpre. C'était un jeune patricien de trente ans, à la figure pâle, étiolée, témoignage irrécusable de ses débauches.... Son caractère aigri par l'orgueil et l'ambition, dont les faveurs de l'empereur ne pouvaient combler le gouffre insatiable, se révélait dans le pincement de ses lèvres, le sourire sardonique de ses traits.... Au milieu de cette caducité morale et physique, Agaton conservait, dans toute sa vigueur, le despotisme d'un fol orgueil, la vanité d'un scepticisme ignorant, l'immortalité de l'athéisme, en un mot la corruption romaine tout entière; il était vêtu de pourpre et d'or, et profitait de son éloignement de la métropole, pour singer l'empereur et imiter la pompe orientale. Son manteau lamé d'argent, sa ceinture d'or, son poignard orné de pierreries, tout en lui exhalait le luxe effrayant des despotes du monde. A ses côtés était le grammairien Amitus, espèce de complaisant ambitieux et corrompu, dont la fatuité trouvait encore le moyen de se faire remarquer, à côté de la richesse de son maître, par une recherche puérile et efféminée.

A la vue de ces deux hommes, Robur éprouva une émotion fâcheuse,

Désireux de conférer avec le préfet des intérêts romains, il croyait rencontrer des esprits graves, austères, capables de tenir tête aux circonstances ; au lieu de cela, il ne trouvait que des enfans, ennuyés du langage des affaires, se jetant avec ardeur dans les conversations oiseuses, les chroniques locales et scandaleuses, et noyant leur langage dans un déluge de calembourgs et de jeux de mots. Vainement Robur essaya-t-il de ramener la conversation sur des sujets utiles et sérieux ; Agaton, affamé d'avoir des nouvelles de cette Rome dont il regrettait amèrement le séjour enchanteur, l'accablait de questions sur les jeux et les fêtes publiques, les progrès du luxe, les innovations culinaires, les modes nouvelles, les amours des riches seigneurs, ses anciens amis, et la fortune miraculeuse des belles affranchies dont la réputation était parvenue jusqu'à lui. (26)

Robur espérant obtenir plus tard quelque attention, tâcha de répondre le mieux qu'il put à ces questions fatigantes. Mais quand il voulut revenir à son sujet favori, et s'informer de l'état des légions, de la discipline, des manœuvres, des fortifications.... Agaton lui sourit d'un air moqueur, en se renversant sur son siége :

— Nos légions ? lui répondit-il. Par Jupiter ! la paix est si grande dans ce pays que je ne les rassemble que pour accompagner mes promenades, élever des arcs de triomphe, tresser des guirlandes de fleurs, ou faire la chasse aux alouettes que j'aime à la folie. Quant à leur état moral, les marchands de vin et les loueurs d'esclaves italiennes pourront te donner les renseignemens les plus étendus.

A cette étrange réponse, le Centurion ne put cacher son déplaisir. — Préfet, s'écria-t-il, en décochant un regard de dédain peu ménagé, oses-tu bien plaisanter de la sorte, lorsque de tristes pressentimens se manifestent contre Rome ; lorsque la guerre est sur le point d'éclater dans ces contrées.

— La guerre ! s'écria le préfet, en se levant convulsivement sur son siége, et son visage pâlit subitement... Qui t'a donné le droit de venir troubler les douceurs de notre paix délicieuse, par ce cri de sinistre présage ?

— L'amour de la patrie, répondit Robur ; et tu dois rendre grâces au serment fatal qui enchaîne ma langue ; car si j'entrais dans les détails des préparatifs hostiles qui se font contre nous, tu frémirais en présence de ce danger imminent et formidable ; mais si un serment ne me permet pas de dénoncer les auteurs téméraires de la révolte, il me laisse du moins entière liberté pour tâcher d'en prévenir les effets ; les Gaulois murmurent contre la mauvaise foi et la luxure romaine, qui livre leur liberté individuelle à toutes les entreprises des audacieux. Une jeune fille, de noble famille, a été, dit-on, arrachée de sa maison, sans provocation de sa part ; elle n'avait point conspiré contre Rome, nul crime, nul soupçon ne pouvait lui mériter notre ressentiment, et cependant des soldats romains l'enlevèrent, au mépris du droit des gens. Je veux bien croire, Agaton, que tu es étranger à cette insulte, mais s'il est vrai qu'Illira ne soit coupable d'aucun méfait envers nous, je me plais à croire que tu te hâteras de réparer l'insulte dont elle a été victime.

— En vérité, reprit Agaton, j'admire ta charité, moraliste sévère. Illira, il est vrai, n'a jamais conspiré contre Rome, et ses ancêtres ont toujours été nos alliés ; mais il est d'autres crimes que la trahison, qui condamnent la beauté à une réclusion éternelle. Les regards d'Illira ont percé mon cœur, ses traits nobles et purs ont fasciné mes yeux, et c'est pour la punir d'avoir ainsi jeté l'ivresse dans mes sens, qu'elle a été condamnée à demeurer dans ce palais, à parer l'éclat de nos fêtes, à verser le nectar dans nos coupes, afin de rendre notre vie belle comme celle des dieux.

— Qu'ai-je entendu ! s'écria Robur indigné. Quoi, tu as osé sacrifier la liberté d'une femme aux caprices de coupables désirs. C'est à toi que je venais demander justice, et c'est dans ton palais que la prisonnière est retenue ?... Agaton, tu sauras comprendre, je l'espère, l'importance de ma demande. J'allais périr sous le fer d'assassins ennemis, lorsqu'une jeune gauloise, amie d'enfance d'Illira, est venue me rendre la vie, et conserver à la chose publique un centurion qui ne vit que pour elle. Pour prix de ce service éminent, la jeune gauloise m'a demandé la liberté d'Illira ; je me suis engagé solennellement à lui rendre son amie... Si, malgré ma promesse, ton obstination me refusait la délivrance d'Illira, un horrible serment m'oblige à aller livrer ma tête à des Gaulois furieux, et j'irai expirer dans les tortures l'outrage que tu fais subir à cette jeune fille.

Agaton sourit amèrement à ces paroles, qui semblaient vouloir lui dicter des ordres.

— Et quoi ! dit-il, me crois-tu assez fou pour aller échanger la figure brune et piquante d'Illira contre la tête noire et barbue d'un centurion. Viens considérer toi-même notre belle captive, et tu verras si tu es capable de la remplacer. A ces mots, Agaton prit la main de Robur, et il le conduisit vers les appartemens des femmes, disposés autour d'une petite cour entourée de galeries, soutenues par des colonnes assez basses, et appelée Latrium ; ils laissèrent à gauche les chambres des bains, où se faisaient entendre le murmure des eaux courantes et la voix de quelques baigneuses ; ils ouvrirent une porte sur laquelle veillaient deux esclaves vêtus de robes phrygiennes, et ils se trouvèrent dans le salon. Des cimaises et des corniches dorées ornaient les lambris de cette pièce assez vaste ; de belles fresques, représentant des sujets voluptueux et mythologiques, ornaient le plafond et les parois, de concert avec des cartouches et des festons d'arabesques, d'un goût aussi pur que délicat. A la vue d'Agaton, une foule de jeunes femmes, vêtues des costumes les plus gracieux, quittèrent leurs siéges d'ébène et coururent, d'un air folâtre, vers le préfet, pour lui offrir des bouquets de fleurs et des broderies qu'elles préparaient pour la fête prochaine.

— Merci, merci, leur répondit Agaton ; que Jupiter conserve longtemps ma jeunesse et votre fraîcheur, mes bonnes jeunes filles ; c'est là seule prière que j'adresse au père des dieux. Puis se tournant vers Robur, il lui montra une belle tête de femme, ornée de fierté et de douleur, voilà Illira, lui dit-il ; je te laisse juge de la question ; penses-tu que de barbares gaulois, qui ne savent apprécier que la viande de porc, soient dignes de posséder une beauté si attrayante ; n'est-ce pas pour les maîtres du monde que les perles doivent être réservées.

Robur, peu distrait par les mouvemens et les causeries séduisantes des femmes qui se pressaient autour de son guide, attacha des regards soucieux et pénétrans sur la noble Illira, dont la fierté ressortait encore davantage au milieu de la bassesse luxurieuse de ses compagnes. L'infortunée, assise sur un siége de pourpre et d'or, était à peine couverte par quelques riches voiles de gaze ; ses mains étaient attachées avec des cordons de soie, et ses pieds liés avec des chaînes d'argent. Tout en elle portait le témoignage de l'indigne violence que le despote de la nouvelle Tolosa exerçait sur elle.

— Eh bien ! ma captive, lui dit Agaton d'un air moqueur ; ne lèveras-tu pas tes regards sur un romain qui va te donner des nouvelles de tes épaisses forêts, de ta famille sauvage ?

A ces mots, Illira jeta sur Robur, des yeux que des larmes récentes avaient rougis.

— Regarde-moi sans colère et sans crainte, lui dit le centurion. Je viens de parcourir le pays qui t'a vu naître, je t'apporte des consolations au nom d'Héléna, ton amie, et bientôt, peut-être, je pourrai te rendre à la liberté.

Héléna ! la liberté ! s'écria la jeune gauloise avec un accent de douleur et d'espérance, qui fit bondir son cœur. Ah ! Romain ! sont-ce bien des paroles sincères qui sortent de votre bouche ?... ou bien reprit-elle avec tristesse, est-ce encore une nouvelle déception, pour envenimer mon malheur.

— Ma bouche ignore le mensonge, reprit Robur ; j'ai fait serment à Héléna d'obtenir votre liberté; et je viens accomplir ma promesse.

A ces mots, les yeux d'Illira brillèrent d'un éclat radieux et céleste ; elle se leva avec toute la majesté de sa nature barbare, et sa bouche allait faire éclater des transports de joie et de reconnaissance, lorsque la sévérité du regard d'Agaton vint arrêter ses élans.

— Centurion, dit-il à Robur avec aigreur, tu outrepasses tes pouvoirs. Je t'ai conduit ici pour te faire admirer notre prisonnière, et non pour lui apprendre à mépriser ma volonté. Ses chaînes sont d'argent et de soie, mais je saurais les changer en liens de fer, si elle osait aspirer à se soustraire à ma puissance..... Là dessus, Agaton prit Robur par le bras, et l'entraîna hors de l'appartement des femmes.

— Tu es bien imprudent, dit Robur au préfet; je t'ai parlé de bruits d'insurrections sourdement préparées chez les Volces; ne comprends-tu pas que l'insulte faite à cette noble fille accroît l'irritation du peuple vaincu. Tu devrais ajouter plus de poids à mes paroles et tâcher de calmer le resentiment des populations, en renvoyant cette captive dans ses foyers. Le Gaulois est prompt à la révolte, il est terrible dans sa fougue, et nos établissemens dans ce pays pourraient payer cher les fantaisies de ton despotisme.

— Penses-tu me faire trembler par un bruit vague de révolte et de guerre, répondit le préfet avec irritation; qu'ils se lèvent avec bruit, les sauvages! et ils viendront briser leurs vaines fureurs contre nos murailles... Centurion, poursuivit-il en lui montrant les tours formidables qui dominaient les quatres angles du Château, ne vois-tu pas cette forteresse inexpugnable que j'ai donnée pour cuirasse à l'autorité de ce pays. Vois grandir sous ma main ces tours gigantesques qui semblent menacer le ciel. Vois se dérouler à leur base ces colonnades de marbre?... A mes ordres, le granit, le marbre, le fer, se cramponnent et s'entassent pour former un palais-forteresse, digne fils du Capitole romain. Rome verse en lui sa sève la plus chaude et il grandira à travers les siècles, sous le nom de Château-Narbonnais. Il croîtra d'une vie si puissante, que, si la fille de Romulus venait à tomber, celui-ci resterait encore debout pour perpétuer les traditions de la reine du monde. Il servirait de bouclier à ses lois, à sa civilisation, à ses mœurs; et si, un jour, il pouvait être vaincu, il imposerait encore aux vainqueurs eux-mêmes, l'autorité indestructible de ses traditions (27).

En prononçant ces paroles emphatiques, mais que les événemens devaient, jusqu'à un certain point, justifier, Agaton conduisit Robur sur une des tours du palais qui dominait la ville et la campagne; l'ascension de l'escalier en spirale rendit le débile préfet tout haletant, et, malgré l'aide du bras de Robur, il dut faire plus d'une halte avant d'atteindre la plate-forme. Enfin il s'assit sur un coin du parapet, et, parcourant du doigt et du regard l'ensemble de la ville nouvelle, il montra avec orgueil son enceinte bastionnée, ses tourelles, ses monumens publics, et enfin les habitations encore rares et éparses qui commençaient à montrer sur le sol le germe d'une cité appelée à devenir populeuse et florissante.

Le centurion considéra attentivement les détails et l'ensemble de ce dernier établissement de Rome. L'aspect général lui en parut satisfaisant sous un certain rapport, mais triste et désert sous quelques autres. La nouvelle ville, en effet, était formée de deux parties bien distinctes : les remparts et les fortifications d'abord, les demeures particulières ensuite. La première, formidable, imposante, achevée, sans solution aucune ; l'autre chétive, dispersée, solitaire ; en effet, point d'agglomération d'habitations pressées et compactes ; mais, au contraire, de vastes champs, de nombreux jardins, d'immenses friches ; puis deçà delà quelques rares maisons échelonnées sur des sentiers tortueux, entourées de leurs petits enclos, cloturés avec des haies ou des murailles.

D'où venait donc cette physionomie singulière ? C'est que Tolosa, comme nous l'avons déjà indiqué, était une ville nouvelle, établie là tout d'une pièce, et ouverte, depuis quelques années, aux Gaulois ralliés ou transfuges, aux nombreuses jurandes d'ouvriers et de marchands romains, qui venaient y tenter fortune.... Il était donc naturel que la ceinture de ses remparts, bouclier indispensable à tout établissement nouveau, dans un pays mal conquis, fût complètement achevée avant que l'intérieur de la ville offrît cet ensemble de bâtimens que présente une cité populeuse. La ruche avait été préparée, avec soin, pour protéger l'essaim ; il ne restait plus qu'à réunir les abeilles industrieuses, pour voir chacune d'elles battir sa cellule, et tous les intervalles disparaître sous le poids d'habitations entassées.....

Identifions-nous un instant avec le centurion, et parcourons, avec lui, le panorama qui se déroule sous le parapet de la tour :

A ses pieds, à l'ouest, l'œil glissait sur la surface argentée, scintillante, du fleuve qui baignait les murs même du château. Au nord, au levant, et toujours à ses pieds, s'ouvraient, béantes et profondes, les cours intérieures avec leurs péristyles, les colonnades, les bains ; là retentissaient les chants voluptueux, la musique suave, les cris de l'orgie ; là régnaient les fantaisies despotiques des tyrans, l'orgueil, les richesses, les intrigues, la corruption ; en un mot, toute cette vie luxuriante des maîtres du monde. Aux quatre angles du palais-forteresse, d'énormes tours carrées élevaient leurs corps noircis par le temps ; géans toujours attentifs, elles veillaient pour la sûreté du préfet et de la ville. Le Château, bouclier de granit bardé de fer, enfermait sous son écaille tout un peuple de courtisans efféminés ; il servait de déguisement pompeux à la faiblesse réelle, et donnait une apparence de force à une société qui dépérissait de toute part.....

C'était de l'angle sud-est du Château que partait l'enceinte des remparts, pour entourer la nouvelle ville. Le parapet, taillé de meurtrières, se jouait dans l'horizon, franchissant les portes de ville, s'interrompant à chaque tourelle ; il poursuivait sa course, en se dirigeant de plus en plus vers le nord, en forme de demi cercle, et après être né, au midi, sur les bords de la Garonne, il allait mourir, au nord, sur les rives du même

7

fleuve, auprès d'un château-fort nommé le Badaclei.... Quant à la direction suivie par cette enceinte, on peut s'en rendre compte assez exactement par celle que conserva, plus tard, celle du moyen-âge, écrasée aujourd'hui sous les façades du Jardin-Royal ; nous la voyons dresser les têtes de ses tours au-dessus des toitures de l'ancienne gendarmerie, et montrer le flanc près la porte Saint-Étienne. Mais en ce point, il est probable qu'elle déviait à gauche pour aller atteindre le Capitole, monument considérable comprenant, selon toute apparence, un temple de Jupiter, le Municipe, la Basilique ou Palais de Justice, et les casernes principales des légions. Le rempart, arrêté par ce monument, recommençait immédiatement après à suivre assez exactement la longue rue Pargaminière, et allait se terminer au château Badaclei, non loin de l'endroit occupé aujourd'hui par l'église Saint-Pierre. C'est du moins ce qu'on peut conjecturer d'après les ruines que la Garonne laisse à découvert dans les temps de sècheresse. Ainsi soudée au Château-Narbonnais et au Badaclei, cette longue demi-circonférence de remparts pouvait paraître aux yeux de Robur, comme un arc auquel la Garonne servait de corde, ou mieux encore, comme une ceinture dentelée dont les deux châteaux, placés aux extrémités, auraient servi d'agraffe ou de fermoir.....

Le tracé de cette ligne primitive doit être d'autant plus remarqué, qu'il servit toujours de base aux diverses fortifications du moyen-âge, jusqu'à celle du 13e siècle, qui doubla l'enceinte pour enfermer le bourg dans le centre de la cité. Ces remparts, munis dans toute leur étendue de fossés larges et profonds, étaient encore hérissés de tours rondes, avancées en demi saillies sur la campagne ; les plus remarquables se trouvaient adossées aux portes de ville, à l'entrée des routes qui ralliaient la nouvelle Capitale aux divers peuples de la contrée. C'était, en partant du Château, d'abord la porte Narbonnaise, la plus belle, la plus considérable de toutes, recevant sous ses deux arcades la route de l'ancienne capitale des Tectosages, et les deux voies qui se dirigeaient vers Carcasso, l'une passant au nord, par Éluzionne et Sostomago ; l'autre, plus au midi, traversant Badéra, Finés, Ebromago et Adcedros : un peu plus loin se trouvait la porte qui reçut, dans le moyen-âge, le nom de l'abbaye de Montoulieu, puis celle qui ouvrait les remparts à la voie Castrensis (aujourd'hui Saint-Etienne), enfin une certaine porte Ariètis, près du Capitole, peut-être même un autre au château Badaclei ; mais la plupart de ces issues méritent peu d'être remarquées ; car, à l'exception de la porte Narbonnaise et de celle de la voie Castrensis, elles ne servaient guère qu'à faciliter les opérations militaires et les sorties de la garnison.

Maintenant qu'avons-nous à dire des autres monumens publics ? Peu de chose, car ils se bornaient à quelques temples d'un style élégant et pur, dont les débris ont fait les délices des antiquaires ; mais qui, en réalité, n'avaient rien de remarquable, ni par leur richesse ni par leur majesté architecturale. Indépendamment du temple de Jupiter, incorporé dans les bâtimens du Capitole, les annalistes nous parlent encore des colonnes de marbre noir de celui qu'on démolit, plus tard, pour faire place au cloître Saint-Étienne, des frises et des sculptures qu'on découvrit auprès du château Badaclei, et que l'on attribua au temple de Pallas ; on nous cite surtout celui d'Apollon, assis sur les bords de la Garonne, vers le milieu de la cité, et dont l'hémicycle servit, plus tard, à l'église de *Santa Maria Fabricata*, aujourd'hui la Daurade.

Après avoir ainsi parcouru les détails de la cité, il fut aisé à Robur de distinguer deux points principaux servant de base aux évolutions stratégiques, de but aux mouvemens de la population. A l'angle sud-ouest, le Château-Narbonnais, à l'angle opposé, nord-est, le Capitole, siège de l'autorité municipale... Deux monumens considérables, qui écrasaient sous leurs masses grandioses, maisons, temples et petits palais. Principes de vie, formant comme la tête et le cœur de la nouvelle ville, et entre lesquels la sève civile et politique avait établi, par son cours naturel, ces grands canaux d'irrigation vulgairement appellés rues, et destinés à porter dans toutes les parties de la citée, l'activité et la fertilisation ; aussi voyez comme ces fleuves des relations sociales prenent tout d'abord une direction caractéristique entre le Capitole et le Château ; soit qu'ils suivent la ligne directe, soit qu'ils s'écartent à droite ou à gauche pour porter la chaleur dans tous les membres de ces grands corps ; leurs points de départ et celui de leur réunion est toujours un des deux organes que nous venons d'indiquer. Le sentier primitif, la communication élémentaire se retrouve de nos jours dans les rues Pharaon, des Orfèvres, des Changes et Saint-Rome, encore, aujourd'hui l'artère la plus active du mouvement commercial. Après cela, appuyez au levant, appuyez à l'ouest, voyez si les rues des Couteliers, Peyrollières et des Balances d'une part, celles de Nazaret, Boulbonne, de la Pomme de l'autre ne convergent pas vers les points indiqués... Si, de ces courans principaux, nous passons aux rues secondaires et transversales nous ne trouvons que des filamens destinés à réunir ensemble les parties diverses de ce réseau principal ; un tas de ruelles inextricables, tortueuses, étroites, interrompues, coupées à chaque pas. Une seule exception se fait remarquer, et celle-là eut pour principe, cette route Castrensis qui venait de l'est, tendait naturellement à traverser la ville pour aller atteindre les plaines de la Novempopulanie, en franchissant le fleuve sur le pont que les Romains y avaient jeté ; aujourd'hui ce courant d'activité se reconnaît encore ; et le commerce et la population remplissent de bruit cette longue voie désignée par les noms divers de Saint-Etienne, Croix-Baragnon, Trinité, Maison-Professe.

Tel était, à peu de chose près, le plan topographique de Tolosa; maintenant jetons au milieu de cette vaste enceinte de nombreux jardins, de grands paturages, tapis verdâtres séparés par des lambeaux jaunissans de champs ensemencés, bordez les principales rues de bosquets, d'ormeaux, de maisons chétives, car les patriciens habitaient de préférence leurs villas. Jetez au milieu de tout cela, des troupeaux de porcs se baignant dans la boue, des vaches pacageant le long des ruelles écartées, faites-y s'agiter une population romaine, gauloise, esclave, libre, affranchie, et vous aurez une idée assez juste de l'aspect général que devait offrir la modeste Tolosa aux regards de Robur.

Maintenant, si nous agrandissons le cercle du panorama, nous apercevrons dans la campagne quelques objets qui la rendent animée et pittoresque. Qu'était-ce que ces flasques immobiles qui brillaient au nord de la ville sous les rayons du soleil, comme de grands boucliers d'argent?.... De vastes et nombreux marais, étendus aux pieds des remparts, et quelquefois confondus avec les fossés de défense, depuis le Capitole jusqu'à l'endroit où ils se déversaient dans la Garonne vers le Château-Badaclei. Ces marais, entremêlés de joncs et de roseaux, avaient deux sources d'alimentations fécondes; la première, était une petite rivière venant du sud, et qui occupperait aujourd'hui le canal des Deux-Mers; la seconde, la Garonne elle-même, qui dans ses inondations poussait ses eaux bourbeuses à travers les îlots dont les marais étaient obstrués. Ilots incultes et abandonnés alors; mais appellés plus tard à jouer un certain rôle dans l'histoire religieuse de Toulouse, car, c'est là que Saint-Sernin fut bâtie (28).

De l'autre côté du fleuve, dans la plaine de la Novempopulanie, le paysage offrait un aspect plus riant, plus fertile; on pourrait presque dire fastueux et monumental. Les annales nous ont conservé le souvenir d'habitations magnifiques, de bains, de jardins, de palais de plaisance; nous trouvons notamment à la jonction de la Garonne et du Touch, un site enchanteur, Balnéa, qui ombrageait sous ses beaux peupliers, les bains de quelque riche seigneur (aujourd'hui Blagnac). En se rapprochant de la ville, les regards s'arrêtaient sur la masse noire, imposante, d'un amphithéâtre qu'un particulier avait bâti à grands frais; les arcades s'élevaient sur les arcades, et encore aujourd'hui lorsque le soleil couchant passe à travers leurs ouvertures, ce monument sombre prend l'aspect rougi d'un péristyle de l'enfer; puis en remontant la petite lisière de coteaux qui porte de nos jours le nom antique *de l'Ardenne*, une suite de petits palais étendaient les uns vers les autres leurs avenues taillées, leurs allées de statues, et se donnaient pour ainsi dire la main par ces chefs-d'œuvre de sculpture. Cette ligne de villas se terminait au midi par un bel aqueduc, non point monumental et gigantesque comme celui du Gard, mais élégant et coquet, ainsi que nous le montrent les fragmens encore disséminés sur le chemin des Arcs (en patois *cami dous Arcs*) il allait puiser dans les bains et les jardins d'un palais, des eaux pures, abondantes, et les apportait au château de la Peyrolade, alors forteresse et tête de pont. Plus tard ce lieu devint un théâtre de fêtes et de tournois, et nous voyons encore aujourd'hui quelques-uns de ses fragmens dans le faubourg Saint-Cyprien, vis-à-vis la porte des Feuillantines. De cet endroit l'aqueduc se dirigeait vers la ville, il confiait probablement ses eaux à quelque tuyau de plomb, et ainsi réduit à son élément le plus simple, il traversait la Garonne sur un pont moitié briques moitié bois, qui se terminait entre le temple d'Apollon (aujourd'hui la Daurade), et le Château-Narbonnais.

Maintenant me pardonnera-t-on cette topographie froide et inanimée d'une ville que l'histoire nous représente sous un aspect populeux et grandiose ; j'ai lieu de l'espérer ; car la vérité est bien chose assez belle pour valoir la peine d'être laissée toute nue, dépouillée de déguisemens poétiques. Quelque tentés que nous puissions être de jeter dans cette Tolosa, à vol d'oiseau, de pompeuses descriptions, nous avons préféré respecter la solitude réelle de ce vaste corps, encore à peine ébauché, nous réservant des détails plus séduisans pour les temps où la puissance des comtes de Toulouse et les richesses artistiques du Catholicisme auront peuplé l'enceinte romaine de chefs-d'œuvre, de monumens et de vie.

> C'est l'homme le plus vain qu'ait produit la nature.
> Pour ses inférieurs plein d'un mépris choquant,
> Avec ses égaux même il prend l'air important ;
> Si fier de ses aïeux, si fier de sa noblesse,
> Qu'il croit être ici-bas le seul de son espèce.
>
> DESTOUCHES *(le Glorieux)*.

XI.

SÉDUCTION.

Le spectacle attrayant qui venait de se dérouler aux yeux du centurion, lui fit un peu oublier la captivité d'Illira. Robur avait compris d'ailleurs que l'irascibilité du préfet ne s'accommoderait pas d'exigences trop pressantes. Héléna avait accordé huit jours pour la délivrance de son amie; Robur voulut profiter de ce délai, afin de donner, aux sages réflexions, le temps de pénétrer dans l'âme d'Agaton, et il se hâta de quitter le préfet pour aller étudier de plus près, l'ensemble des fortifications de la ville.

Après le départ de Robur, Agaton vint se délasser dans son appartement sur un lit de repos. Il trouva la druidesse transfuge, assise sans façon sur un fauteuil, et en grande conversation avec son courtisan Amitus.

— Adieu, belle fille des Gaules, lui dit-il en passant familièrement la main sur son épaule : en vérité je ne pensais pas que vos humides forêts fussent aussi fertiles en jolies personnes. Tu me parais être en tout la digne compatriote d'Ilira, et si tu voulais répondre à notre attente, nous te ferions partager nos fêtes et nos grandeurs. Médella l'écouta sans lui répondre. Arrachée par un événement presque miraculeux à cette vieille société druidique pour laquelle nous l'avons vue manifester son éloignement, elle se trouvait tout-à-coup transplantée au milieu d'hommes inconnus au sein d'une civilisation dont les dehors éblouissans ne pouvaient manquer de séduire son imagination enthousiaste. L'étonnement, l'admiration, ces deux sentimens si vifs chez les esprits jeunes et ardens comme le sien, devaient naturellement lui présenter la société romaine comme ce monde nouveau, cet avenir merveilleux après lequel son ame soupirait depuis long-temps. Ce fut donc à la faveur des circonstances les plus heureuses que le rusé préfet commença de diriger contre elle les armes de la séduction, armes que l'habileté du langage rendait si redoutables dans sa bouche. Etendu sur son lit de repos, il fit apporter par une esclave quelques gâteaux, des vins délicats, du miel de Narbonne, et offrit à la druidesse de les partager avec elle.

— Jeune fille, quel est ton nom ? lui demanda-t-il en l'engageant à vider une coupe de Falerne.

— Médella, reprit la druidesse.

— Ton état ?

— Autrefois prêtresse d'Hésus, aujourd'hui, adoratrice d'un dieu que j'ignore.

— Et ton but, en te réfugiant ici, quel était-il ?

— Echapper à la mort, et trouver une nouvelle existence de vérité, de grandeur, qui me fît oublier les aberrations sanguinaires et ténébreuses d'une religion qui me fatiguait.

— Si telle est ta pensée, reprit Agaton en se rengorgeant, tu dois remercier le hasard qui t'a conduite dans le palais d'un des personnages les plus distingués, les plus nobles de la terre. Rome, comme tu le sais, est la personnification de la force, de la richesse et du savoir. Maîtresse du monde, l'univers n'existe que pour agrandir son domaine. Les mortels ne reçoivent le jour que pour peupler ses possessions et travailler à sa grandeur. Le soleil lui-même ne se promène dans les cieux que pour éclairer sa puissance et sa gloire. Mais Rome, assemblage de pierre et de marbre, ne reçoit de vie que par les hommes qui font jouer les ressorts de son organisation. Je suis un de ces êtres privilégiés, Médella ; l'univers est mon domaine, la nature humaine est mon esclave, le soleil ne fait briller ses feux que pour éclairer ma gloire et mes succès. Médella, sois ma compagne, tu règneras avec moi dans ce palais. Tes statues survivront aux empires.

La jeune gauloise, peu habituée à découvrir tout ce qu'il y avait de corruption et de décrépitude réelle sous l'apparence pompeuse de ces orgueilleux discours, ouvrit son imagination à cette description, à ces offres magnifiques. L'avenir qui s'ouvrait devant elle séduisit son cœur ; elle considéra le préfet avec pénétration.

— Regarde la magnificence de ce palais, ajouta celui-ci en lui faisant parcourir les appartemens. Regarde ces portes de bronze et d'or, ces pavés de mosaïque, ces lambris de marbre, ces fresques, ces meubles d'ivoire, d'ébène, de pourpre et de soie. Tu n'as qu'à dire un mot, tout cela t'appartiendra.

— Quoi ! j'habiterais ce palais somptueux ! s'écria Médella éblouie.

— Sans doute, lui répondit Agaton. Et que sera-ce encore lorsque je serai président de la Narbonnaise, préfet des Gaules ! que sais-je encore ? qui pourrait lire dans les pages capricieuses du hasard ? Galba n'était d'abord qu'un petit gouverneur en Espagne, et un jour vint où le palais des Césars lui ouvrit ses portes.

— Oh ! s'écria Médella, transportée de bonheur et d'orgueil, les dieux ont exaucé ma prière. Voici bien l'existence que mon cœur avait rêvée. Donne-moi ta main, Agaton ; pour toujours je suis ta compagne.

Heureux et fier de cette nouvelle conquête, le patricien laissa la jeune transfuge s'enivrer à loisir de tous les rêves de son imagination enthousiaste. Au milieu de la grandeur fabuleuse, à laquelle elle se voyait tout-à-coup élevée, Médella ne soupçonnait pas quel était le rôle honteux, l'existence méprisable que le préfet et ses mignons réservaient à tout ce qui se laissait prendre à l'appât de leurs discours corrompus. Mais tandis qu'elle s'abandonnait à une sorte d'extase poétique, remerciant les dieux du monde nouveau qu'ils avaient ouvert devant elle, Agaton et Amitus souriaient entr'eux, en se frottant les mains, et le premier, plus particulièrement, applaudissait à son triomphe en contemplant sa belle conquête.

Pendant que Médella se rattachait aux oppresseurs de sa patrie, le vigilant Robur visitait les fortifications, parcourait les casernes et les campemens. Mais hélas ! que de fois cette inspection scrupuleuse fut interrompue par l'expansion de sa mauvaise humeur ! que de fois, le ressentiment se peignit dans son regard courroucé, en voyant l'indiscipline des troupes et les occupations honteuses auxquelles les soldats étaient assujettis. Ici, un détachement travaillait à préparer les décors d'un théâtre d'histrions ; ailleurs, des officiers, déguisés en satyres ou en bêtes fauves, répétaient les scènes d'une saturnale prochaine. Partout Robur ne rencontrait que démoralisation.

Indigné de cet état de choses, il convoqua les troupes pour le lendemain. Soldats et officiers, tous répondirent à l'appel; le centurion les passa en revue, et dans une allocution chaleureuse, sévère, mais empreinte de l'espoir d'un avenir meilleur, il se plaignit amèrement du désordre, de la corruption qui paralysaient le courage, la discipline; et il traça un plan d'éducation militaire, qui devait réhabiliter les anciennes traditions et préparer les soldats à une guerre prochaine. Telle fut la tâche difficile dont Robur poursuivit l'accomplissement avec une ardeur qui fut couronnée d'assez beaux succès. Bientôt, au lieu de voir des légionnaires ivres, sales et désordonnés parcourir les rues et les lieux de débauche, on ne voyait plus que hastaires, princes ou triaires, s'exerçant à la marche, aux évolutions, à l'attaque, à la résistance..... Autour des remparts de la ville couronnés de sentinelles vigilantes, les manipules, attentifs à la voix des centarques (29), s'appliquaient à tirer des flèches, à lancer le javelot, à manier la lance. Les soldats, deux à deux, armés du bouclier et de l'épée, se défiaient en duels simulés; et le centurion, constamment occupé à assister à ces exercices, décernait de légères récompenses à ceux qui remportaient le prix de la force, de l'adresse et de la sagacité. Il ajoutait même à ces manœuvres préliminaires des essais de petite guerre pour enhardir les hommes et les préparer à la lutte qu'ils étaient appelés à soutenir. Tantôt il leur faisait traverser la Garonne à la nage, en se mettant lui-même à leur tête; tantôt il les exerçait à pénétrer dans les forêts avec un silence absolu, pour tomber ensuite sur un troupeau de sangliers ou de cerfs, préludes innocens d'une guerre qui pouvait bientôt être terrible. Il les occupait aussi à élever des palissades autour des campemens, à bâtir des murailles avec rapidité, à creuser des fossés pour détourner les ruisseaux. En un mot, depuis son arrivée, Tolosa et sa garnison avaient pris une nouvelle vie; tout respirait le mouvement, la vigilance, la guerre.

Au milieu de cette activité, que se passait-il dans le palais d'Agaton ? Le préfet, toujours plongé dans les plaisirs et l'indolence, plaignait en souriant le centurion de tout le mal qu'il se donnait pour empêcher, disait-il, les soldats de dormir, et les marchands de vin de faire leurs affaires. Et Médella, de jour en jour plus séduite par l'attrait des plaisirs et des fêtes somptueuses, s'abandonnait à tout son bonheur avec emportement. Cette nouvelle existence ne lui fournit d'abord que plaisirs sans remords, admiration sans désenchantement..... Le matin ce n'était que festins et danses voluptueuses, puis, dès que le soir venait, cet essaim de jeunes femmes et de courtisans parcourait les rues de la ville, et Agaton les précédait comme un triomphateur, dans une riche litière. Ces hommes de plaisir, toujours déguisés et couronnés de roses, injuriaient les dames romaines, jetaient de la boue aux riches gaulois, et chantaient les couplets les plus éhontés. Quelquefois même, ils entraient dans les temples de Jupiter et d'Apollon, et là, au milieu des cris, des blasphêmes, ils injuriaient les dieux, insultaient les prêtres, et salissaient de boue les statues les plus vénérées. Plus d'une fois, il advint que ces saturnales impudiques se croisèrent dans les rues avec les détachemens que Robur menait à l'exercice et sur les remparts. Alors une grêle d'épigrammes et de quolibets partaient des rangs des courtisans. Le sévère Robur demeurait insensible aux causticités les plus mordantes; mais il fallait tout son stoïcisme pour retenir dans le fourreau une épée désireuse de faire payer chèrement à tous ces débauchés, leurs discours injurieux, et leur mépris des anciennes coutumes.

> Ma voix ferait sur eux les effets du tonnerre,
> Et je verrais leurs fronts attachés à la terre.
> ....
> Je suis ambitieux ; tout homme l'est, sans doute.
> ....
> Je viens, après mille ans, changer ces lois grossières ;
> J'apporte un joug plus noble aux nations entières.
>
> <div align="right">VOLTAIRE. (<i>Mahomet.</i>)</div>

XII.

LE DÉSENCHANTEMENT.

Es fêtes, ces plaisirs durèrent quelques jours, sans que Médella, désorientée au milieu des mœurs romaines, pût sonder tout ce qu'il y avait de honteux et de méprisable au fond de ces désordres ; mais une certaine lueur de débauche ne devait pas tarder de dissiper le voile éblouissant qui couvrait ses yeux.

Un jour, en rentrant d'une de ses orgies matinales, Agaton, ivre de vin et d'orgueil, passa familièrement la main sur l'épaule découverte de Médella. — Eh bien ! mon esclave, lui dit-il, d'un air dédaigneux ; comment trouves-tu la munificence de ton seigneur ?

Médella, vivement blessée, s'arracha à cette caresse téméraire :

— Moi, ton esclave ! reprit-elle ; je n'ai pas même voulu être celle des dieux.... Ne suis-je pas ici pour régner où tu règnes !

— Qu'est-ce à dire ! répartit Agaton en souriant, nous aurons donc toujours de ces grandes attitudes héroïques. Ne sais-tu pas comprendre, ma chère Médella, que la saison de la fierté est morte pour toi, depuis que j'ai transplanté dans ce palais la belle fille des Gaules, au regard incendiaire, à l'imagination brûlante?... Allons, ma petite druidesse, fais preuve de savoir-vivre, en adoptant, sans arrière-pensée, toutes les conséquences de notre civilisation. Quant à moi, je ne songe plus à la liberté, et si j'étais mal dans mes affaires, je vendrais mon indépendance pour un écu. Nos pères ont assez long-temps fatigué le monde de leur héroïsme et de leurs victoires ; il est temps que nous songions à nous plonger dans les délices du repos.

— Quel langage est le vôtre ! répondit Médella. Est-il donc un terme à la gloire, pour des hommes qui comprennent véritablement la portée de ce mot ? La lourde épée des Scipions ne pourrait-elle pas encore briller dans les mains de leurs arrières-neveux ?

— Une épée ! reprit Agaton avec un sourire moqueur. Et qu'en ferions-nous, je te prie ? L'univers n'est-il pas dans le mobilier de Rome, et saurais-tu me nommer un pays sous le ciel, où nos aigles ne planent pas les ailes déployées ? Qui serait assez fou, aujourd'hui, pour vouloir ramener ces siècles brumeux d'ignorance et de misère, où les sénateurs marchaient dans la boue sans soupçonner seulement l'invention des litières ; où pas une maison de Rome n'avait de tapis, et où les consuls eux-mêmes se gorgeaient de lentilles et de pois verts.

— Beau temps à regretter vraiment, ajouta Amitus en mesurant sa gaîté sur les éclats de rire de son maître, que celui où les femmes se laissaient enlaidir faute de connaître l'usage du vermillon, et où les maris fidèles se croyaient obligés de s'ennuyer, leur vie durant, auprès de leurs chastes épouses.

— Si vous abdiquez votre passé de puissance et de gloire, répondit Médella, que vous restera-t-il dans un présent déshérité de toute noble et grande action ?... Ah ! Romains, votre faiblesse augmente ma fierté, et mon ame se sent grande et forte quand elle se voit entourée de gens tels que vous.

— Pauvre fille, lui dit Amitus en ricanant. Tu veux donc toujours singer l'héroïne ? Prends garde de jouer gros jeu avec la valeur. Le dieu Mars ne te convient pas, il ne touche les fleurs que pour les flétrir, et ta grandeur, tu le sais, n'est assise que sur un lit de roses.

— Le dieu que j'adore est un dieu qui soutient la fierté, répondit Médella ; et vous devriez craindre de souiller la pourpre romaine en la traînant ainsi dans des orgies continuelles. Oubliez-vous que la gloutonnerie dégrade la nature humaine, et la fait déchoir au rang des animaux.

— Qu'importe que je marche un jour à quatre pattes, et que mon corps soit couvert d'une peau velue, répartit Agaton ; ce qui m'intéresse, c'est de trouver quelques heures de plaisir. Grâce aux progrès de la civilisation et de la philosophie, nous avons, depuis long-temps, arraché de nos ames les ronces de la pudeur et du fanatisme. Maintenant, nous possédons le monde pour nous seuls ; et depuis que nous avons renversé la Providence, nous ne regardons le Ciel que pour le braver et lui jeter des pierres. Que l'homme ignorant et pusillanime recule devant la pensée d'une mort sans réveil. Permis à lui de se bercer d'une folle immortalité de l'ame, et de façonner à loisir des dieux et des mondes supérieurs, pour bien trouver là-haut le confortable d'une éternité chimérique ; il en sera pour ses frais d'imagination. L'homme savant et courageux a la force d'envisager le néant sans pâlir ; il sait se contenter de la vie terrestre, seule visible et palpable, et ne perd pas son temps à pêcher des espérances dans l'eau bourbeuse de la religion ; il rend à la matière son empire absolu, et, guidé par Lucrèce, il établit la loi des atomes avec le positivisme de la géométrie.

A ces paroles incompréhensibles, Médella, nourrie des principes si élevés du Druidisme, sentit augmenter son désenchantement et son aversion pour la société, dont les dehors grandioses l'avaient éblouie.

— Eh quoi ! dit-elle, non contens d'avoir détruit sur la terre la gloire et la valeur, vous voudriez encore fermer les portes à l'espérance ! Que restera-t-il donc à l'homme après avoir rejeté toute croyance ; qui le soutiendra dans l'infortune ; qui le guidera à travers le mal et l'erreur ?

— Ce qui lui restera, répartit Agaton d'un air doctoral ? Tout ce qui doit suffire pour le conduire dans le vrai et lui faire repousser le faux : *la raison et la sagesse*..... Pauvre fille, poursuivit le préfet avec ce ton de mépris qui caractérisait les raisonneurs pompeux de cette époque d'anarchie morale, est-ce que la philosophie n'est pas toujours là pour maintenir la grandeur humaine sur le trône de l'univers. Tout-à-l'heure encore, pendant notre dernier festin, nous nous occupions avec Amitus de refaire le monde à neuf, et de rédiger les lois d'un nouvel empire de sages.

— Par Jupiter, s'écria ce dernier, jamais rien de si logique n'est sorti d'un cerveau créateur. Les cités s'élevaient par enchantement, sous le compas de la géométrie, appliquée aux opérations de l'esprit ; un peuple de philosophes venait gravement s'établir dans leur enceinte ; et la vie se passait à discuter sur les certitudes et les probabilités de l'existence et de la durée.

— A force de tourmenter la raison humaine, répondit Médella, vous pourrez peut-être fonder ici-bas quelque agglomération éphémère de raisonneurs arrogans et bavards ; mais si le crime et la vertu ne passent pas le seuil de cette vie, si vous reniez les dieux et leur puissance, par qui ferez-vous habiter l'immensité des cieux qui se développent sur nos têtes ?

— Et parbleu, par le néant et par le vide, reprit Agaton, de l'air le plus dégagé du monde.... Si quelqu'une de nos élégantes de Rome t'entendait demander ce qui existe au-dessus de nos têtes, ta réputation serait bien compromise, ma pauvre gauloise, et tout le monde rirait de ta superstition. En vérité, ma chère Médella, ton esprit est encroûté, comme si le flambeau des philosophes n'avait pas encore brillé sur la terre ; comme si Lucien et Cicéron n'avaient pas effacé les portraits des dieux dans leur propres turpitudes, comme si César n'avait pas déclaré, de sa voix souveraine, en plaidant pour Catilina, que la mort dévorait le passé, et que le néant seul lui succédait.

— Le néant ! s'écria Médella, tout effrayée de cette pensée désespérante. Est-ce bien un mortel qui a prononcé ce mot avec une espèce de joie ! Quoi, misérable vermisseau ! vous vous obstinez à ramper dans la boue, et vous repoussez cette éternité rémunératrice, cette félicité éternelle que les dieux vous offrent, pour vous élever presque jusqu'à eux. Ne savez-vous donc pas que l'homme n'est grand, ici-bas, que parce qu'il est permis à son esprit de s'élever jusqu'à Dieu par la contemplation !... Vois-tu bien, Agaton, quand on a été prêtresse de l'Esprit ; que l'on a conversé, toute jeune encore, avec l'éternité, au milieu de l'extase indicible ; quand on est magicienne, habituée à lire dans l'avenir, il y a de ces folies, plus absurdes encore que téméraires, contre lesquelles on ne peut pas se mettre en colère, et que le rire et le mépris suffisent pour écraser.

— Ah ! tu es magicienne, lui répondit Agaton. Eh bien ! je te ferai donner la question pour te faire avouer par quel filtre magique tu es parvenue à me captiver ainsi. Je sais que la Gaule produit en abondance de ces misérables sorcières, qui veulent nous effrayer par leurs présages imposteurs. Mais je te donne parole romaine, que ce jour ne se passera pas sans que je t'aie fait mettre à la torture.... d'ailleurs, il y a déjà huit jours que je vois ton sourire et ton œil noir, et je suis désireux d'étudier tes grimaces et tes sanglots.

— Prépare les tortures, lui répondit Médella, avec une espèce d'arrogance qui frappa Amitus et Agaton d'étonnement, tu verras une simple jeune fille braver ta puissance, et rire de tes bourreaux. La femme qui sait élever sa voix vers le ciel est si forte, auprès de l'impie, celui-ci fût-il monté sur un trône ! As-tu oublié que le mépris de la douleur est la première vertu des Gaulois ? tu ne sais donc pas encore ce que c'est qu'une prêtresse de Hésus.... Vois-tu cet œuf de serpent, ajouta-t-elle, en lui montrant une pétrification cachée sous sa tunique et suspendue à son cou ; c'est le talisman symbolique que j'ai reçu au berceau, et qui ne me quittera pas même à la mort. Eh bien ! je n'aurais qu'à prononcer sur lui quelques paroles magiques, et je glisserais dans tes mains sous la forme d'une couleuvre, ou bien je fuirais sur la surface des eaux et des prairies. Si j'ai déserté nos autels druidiques, c'était pour m'élever dans une sphère plus grande et plus lumineuse, et non pour m'abaisser jusqu'à vos impiétés matérialistes. Aujourd'hui que j'en ai découvert les turpitudes, je ris de vos fureurs.... car, il faut bien peu de force pour braver un homme abandonné à lui-même et séparé de Dieu par l'impiété !

Pendant que Médella prononçait ces paroles, Amitus contemplait attentivement son attitude inspirée. Ce n'est pas que le courtisan ne fût aussi philosophe que son maître, et par conséquent également matérialiste ; mais la Gauloise jetait à l'athéisme des doctrines si neuves, qu'il demeurait absorbé dans l'attrait de cette discussion.... Tout-à-coup il fut réveillé par les éclats de rire qu'Agaton faisait entendre.

— Ah ! tu prétends que les dieux descendent à ton appel, disait-il à la druidesse, et, forte de leur protection, tu braves ma volonté ; eh bien ! veux-tu balancer leur puissance et la mienne, je vais, d'un mot, ordonner au licteur de te couper la tête ; je vais accorder le même honneur à mon courtisan Amitus, l'homme que j'aime le plus ici-bas, et nous verrons si les dieux s'opposeront à l'exécution de mes ordres. A cette menace incroyable, que le lecteur prendra peut-être pour une plaisanterie, Amitus qui connaissait toute l'atrocité de ce tyran, blasé et fantasque, sentit le sang se glacer dans ses veines. Ne sera-t-il pas plaisant, poursuivit Agaton d'un air goguenard et terrible, de vous voir accouplés tous les deux dans une bière élégante et roulés dans un même cercueil. Je vais avoir de quoi rire pendant huit jours avec vos funérailles.... Amitus, fais-moi le plaisir d'appeler le licteur.

— Le licteur, s'écria ce dernier, pâle et décomposé par la frayeur. Ah ! cher Agaton, peux-tu bien méconnaître ainsi les services immenses de ton ami le plus tendre ! était-ce pour me faire mourir que tu m'avais chargé de l'ordonnance du festin de ce soir.

— Qu'importe que tu me distraises par ta vie ou par ta mort ? repartit Agaton. Médella n'est-elle pas un assez bon parti pour qu'on s'estime heureux de l'épouser dans cette nouvelle vie dont elle connaît si bien le chemin ? Quelle noce, mes gaillards ! je vous vois déjà procréer une douzaine de divinités aussi belles que Vulcain et Silène.... Inutile de faire remarquer le peu d'empressement que mettait le pauvre Amitus à faire venir cet abominable licteur, chargé d'accomplir les ordres sanglans de son maître ; mais Agaton, prenant un plaisir barbare à augmenter l'agonie morale de son mignon, leva son poignard, et obligea le malheureux Amitus à appeler lui-même le bourreau à trois reprises.

Le licteur ne tarda pas à paraître ; cet aveugle instrument de mort, accoutumé à de pareilles exécutions, entra, la hache sur l'épaule. Agaton lui montra du doigt le pâle courtisan qui grelottait d'épouvante, prosterné à genoux. — Commence par celui-ci, pour l'honneur de la métempsycose, lui dit froidement le despote; mais Amitus, baisant ses mains infâmes et lui prodiguant les noms pompeux de clément, de juste, de puissant, d'immortel, le supplia au nom de Jupiter de ne pas le séparer du seul homme dont il admirait les grandes vertus.

Agaton parut satisfait d'avoir ainsi épouvanté son favori; et il revint enfin à des pensées plus humaines. — Si tu demandes grâce au nom de *Jupiter*, c'est prendre le moyen de tout obtenir. Le père des dieux s'est montré si bon homme lorsque j'arrachai la barbe de ses statues et que je les couvrais de haillons et de boue, qu'il y aurait ingratitude à lui refuser la vie d'un de ses adorateurs.... A ces mots le despote renvoya le licteur et, se levant avec un orgueil emphatique, dont le sérieux était passablement grotesque, il s'écria en toisant de l'œil Amitus et Médella:— J'ai vu celle qui prétendait régner sur moi et celui qui gouverne en mon nom prosternés à mes pieds et mendiant la vie comme un morceau de pain.... Il y a des circonstances où il est beau d'être préfet de Tolosa.

— Moi, trembler à tes genoux! reprit Médella, dont la fierté ne s'était pas démentie un seul instant pendant cette scène terrible et burlesque; vous pouvez appeler et renvoyer le licteur; la hache et le billot ne feront jamais entrer la frayeur dans mon ame.

Cette conversation singulière fut interrompue tout-à-coup par l'arrivée de Robur et du grand-prêtre Marcus Jova, dont la figure insignifiante, encadrée dans une barbe grise, exprimait la plus grande frayeur....

— Préfet de la cité, s'écria le centurion en entrant dans la salle, tu peux remercier les dieux d'avoir chassé la désœuvrance de ton palais. Ce n'est plus d'Illira et de la Gaule que je viens te parler, c'est de la population romaine elle-même. Il se passe autour de nous, dans l'enceinte de cette ville, des événemens extraordinaires, bien propres à réveiller ta sollicitude et ton activité.

— Tu prends mal ton temps, répondit Agaton en s'alongeant sur les coussins de son lit de repos. Je ne suis pas le moins du monde dans mon jour de travail, et je réserve toute ma vaillance pour le festin prodigieux qu'Amitus est chargé de préparer ce soir même.

— Des festins, quand les dieux ont marqué ce jour du doigt de la réprobation, s'écria Marcus Jova, tout haletant de crainte. Des festins, quand le sacrificateur a été chassé du temple, par des prodiges effrayans; quand le foie des victimes paraît sans tête; quand les oracles enfin ne savent que bégayer!..

— Et qui de nous pourrait se promettre de parler avec éloquence, lorsque nous serons arrivés comme eux à notre vingtième lustre? il leur est bien permis d'être un peu enroués, après les sermons qu'on leur a fait débiter de tous les temps, en toutes sortes de langues.

— Ah! de grâce, répartit le grand-prêtre, d'un air doucereux et craintif, pas de plaisanterie sur les dieux qui protégent la puissance de Rome. Comment vivront les pauvres pontifes, si les hommes méprisent les temples et refusent le tribut des autels? Songez plutôt à apaiser les clameurs du peuple qui vient chaque jour murmurer autour de Jupiter.

— Si la plèbe gémit, répondit Agaton, la question change de face; nos dieux de bois et de plâtre, sont chargés en effet d'apaiser les rustres et les ignorans. Au demeurant, je connais la cause de leur mutisme; nous savons quel est votre amour pour l'argent et le vin de Chypre, mon bon Marcus Jova; tiens, voilà une bourse, ajouta-t-il en jetant quelques pièces d'or au pontife, va dire à tes statues qu'il est urgent qu'elles parlent et pérorent jusqu'à ce que le peuple soit satisfait..... Sinon, je ferai jeter tous ces ustensiles de superstition dans la Garonne, pour rafraîchir leur gorge desséchée.

Marcus Jova, prêtre sans conviction, qui ne voyait dans le sacerdoce qu'une affaire de commerce et de lucre, ne crut pas honnête de relever l'irrévérence d'un homme qui lui avait donné si bénévolement des pièces d'or; mais Robur, indigné du cynisme d'Agaton, s'empressa de redresser son impiété coupable.

— Tu blasphèmes comme un Titan, lui dit-il, sans songer que tu n'es qu'un homme, et que l'Etna n'est pas encore éteint. Rappelle-toi le fanfaronnage de Xercès; il voulait enchaîner la mer, et il faillit s'engloutir avec son peuple dans ses flots irrités.

— Centurion, reprit le tyran en portant la main à son poignard, ta hardiesse touche à l'insolence !

— N'est-il pas plus téméraire au préfet de Tolosa d'insulter aux êtres éternels, qu'il n'est hardi à un centurion de parler franchement au préfet de Tolosa. Quand on parle au nom des dieux immortels et de la sainte patrie, le langage de tout homme est sacré. Le grand-prêtre vous a instruit des murmures qui retentissent autour du Capitole; venez entendre les esclaves pousser leurs cris de liberté ; venez entendre les prolétaires réclamer leur part dans les richesses et les honneurs des patriciens, au nom de l'égalité proclamée par cet homme de Judée qu'ils appellent le Christ.

— Le Christ ! s'écria Agaton interdit, que signifie ce mot funeste, prononcé dans une province où il était demeuré inconnu ? O démoralisation ! de vils esclaves, de misérables prolétaires oseraient-ils s'insurger contre les maîtres qui descendent des dieux ? (30)

— Pensez-vous qu'il puisse en être autrement, s'écria Robur, quand les Romains torpeusement assis sur la grandeur de leurs pères, laissent prêcher dans l'empire toutes les visions du roi de Nazareth ! lorsqu'au milieu de cette guerre à mort, déclarée à nos lois et à nos dieux, on les voit eux-mêmes, mépriser les unes et outrager les autres. Quand on voit Rome, cette fière républicaine d'autrefois, transformée en bazar de luxe, en salle de festin, en maison de débauche? qu'on y rencontre vingt manteaux de soie pour une cuirasse, mille libertins impotens pour un homme courageux et robuste, quand les dieux, enfin, n'y sont plus que des meubles d'élégance, et qu'on croit les honorer en leur faisant monter la parade dans les jardins?.... Non, Rome ne saurait plus vivre dans vos mains, il faut qu'elle tombe la proie du premier intrigant, ou qu'elle revienne à la république ; c'est en vain que vous la gorgerez de luxe et de richesses ; après tant de festins, elle mourra étouffée comme la plupart de ses riches citoyens. En un mot, il n'y a qu'un soleil capable de rendre à Rome sa puissance et sa force : ce soleil, c'est la liberté.

Médella écouta ces mots avec enthousiasme et elle approcha de Robur avec admiration.— Ah! dit-elle, je peux contempler un homme enfin.... Sais-tu bien que l'Esprit a voulu être mon époux, et que j'ai refusé parce que j'attendais quelque chose de plus grand, de plus noble.... Si tu veux me donner ta main, je serai fière d'être à toi, et je t'apporterai sur la plage de l'Armorique, où n'habitent que les vents, mais où règne la liberté.

— Ton regard est celui de l'aigle, lui répondit Robur, en la considérant avec pénétration ; mais pourquoi es-tu née dans la Gaule ? Tu aurais dû recevoir le jour sur les rives du Tibre, dans le siècle de Clélie.

Les paroles de Robur avaient rendu Agaton inquiet et pensif. Tout-à-coup il quitta son siége, et se promena avec agitation dans l'appartement, renversant de ses mains convulsives les tables et les siéges.

— Misérables esclaves! s'écria-t-il ; misérables manans!.... Ah! ils veulent de la liberté! Ah! ils parlent d'égalité au nom du Christ ? Eh bien! ils en auront de l'égalité, les sauvages; car je veux niveler leurs têtes sous un joug de fer, pour y graver le stigmate de l'orgueilleux Crucifié... Mais quel est donc le téméraire qui s'est avisé de leur apprendre le nom de ce pauvre fou de la Judée ?

— Et quel coin de la terre n'a pas retenti de son cri de guerre, depuis qu'une coupable indolence épargne le sang des chrétiens, repartit Marcus Jova.... N'ai-je pas signalé aux édiles, un homme mystérieux, qui passe depuis quelques jours devant nos temples ; misérable chrétien qui, par ses relations avec les dieux infernaux, rend nos dieux muets, nos augures indéchiffrables; qui corrompt les esclaves et les affranchis, en leur montrant la richesse et l'autorité, avec le doigt de la jalousie.... Hélas! que deviendraient les malheureux pontifes, si les autels qui les font vivre, venaient à être détruits!....

— Qu'ai-je entendu! s'écria le préfet furieux ! un apôtre dans ma province?

— Oui, noble magistrat, reprit Marcus Jova, en tremblant devant l'irascible Agaton. Il s'appuie sur l'athéïsme et l'irrévérence des Romains eux-mêmes, pour prêcher aux Gaulois séduits par l'appât de l'or, que nos dieux ne sont que des turpitudes humaines, divisées par la tyrannie, et que la puissance de Rome, qui n'est fondée que sur ces fantômes puérils, ne saurait résister à celui qu'il nomme le Tout-Puissant.

— Eh bien! reprit Médella, avec un sourire sardonique, pourquoi cet apôtre ne vient-il pas dans ce palais, s'il veut se moquer des dieux de Rome?... Agaton aime, par-dessus tout, les hommes de tête qui savent plaisanter sur la Providence, et il le paiera, j'en suis sûre, avec son meilleur vin de Chypre.

— Médella, vous n'êtes qu'une gauloise encroûtée de toute l'ignorance de vos humides forêts, s'écria le préfet avec dépit. Non, je ne crois qu'en la puissance de Rome; au delà, il n'y a que hasard et néant. Que le monde se brise, que la vie et la mort se disputent mon existence, l'immobilité de ma croyance ne fera que confirmer la puissance humaine, et le néant des superstitions..... Mais si la civilisation et la sagesse m'ont donné le droit de secouer le joug de la religion, l'ignorance est une chaîne de fer qui doit retenir le peuple attaché au billot de cette religion même. Va, Robur, va dire à cette plèbe ignorante qu'elle doit trembler et obéir; car Rome la regarde du haut du Capitole.

— Et que leur répondrai-je, reprit Robur, s'ils me disent que le Capitole est pour eux sans valeur, depuis que l'athéïsme en a chassé le Jupiter qui siégeait sur le trône du monde?

— Que leur répondre, s'écria le tyran? qu'ils doivent trembler devant Jupiter, non point parce qu'il est dieu, mais parce que je le leur ordonne... Si nous nous sommes débarrassés de toutes les entraves de la bigoterie, nous avons su reléguer les vieux meubles du fanatisme, au milieu des provinces barbares, comme ces épouvantails que l'on perche au milieu des champs ensemencés pour effrayer les corbeaux. Nous avons besoin que Jupiter soit encore le dieu des dieux, le maître de la foudre, car le peuple doit rester superstitieux pour trembler devant l'aigle romaine. Afin de mieux offrir à la plèbe une idée de ma puissance et de mes richesses, je veux donner une fête resplendissante dans le temple d'Apollon; je veux que les idoles apparaissent dans toute leur grandeur, les troupes dans toute leur magnificence redoutable, et que les fronts se courbent devant moi... Allons, Amitus, redouble d'ardeur et de zèle, consacre-moi cette vie que j'ai daigné t'accorder, et que ce festin que tu devais préparer pour ce soir, soit dressé dans le temple d'Apollon et d'Isis.

— Quoi! s'écria Robur indigné, c'est par des festins et des parades que vous espérez combattre la démoralisation de ce siècle de fer! ne voyez-vous pas que vos orgies n'inspirent au peuple que haine et jalousie?.... O Romains! ajouta-t-il, ne pouvant retenir son ressentiment, que vous êtes dégénérés!.... ne comprenez-vous pas qu'il n'y a que la guerre d'extermination à opposer à ce grand cri populaire; *l'Egalité par le Christ!*....

— Le Christ! le Christ! s'écria Agaton furieux.... ne va-t-on pas m'étourdir de ce mot, comme s'il était Pyrrhus ou Annibal!... qu'a-t-il à faire ici, ce sorcier misérable qui faisait des miracles dans les carrefours, pour recevoir l'aumône des passans ? Pilate ne l'a-t-il pas fait mettre à mort, et me crois-tu assez fou pour avoir peur des revenans, moi qui ne reconnais que l'existence de la matière ?.. Il n'y a pas plus de révolte dans ma province qu'il n'y a des étoiles autour du soleil, et tout ce que tu dis n'est qu'un tissu de mensonges fabriqués par l'affreuse jalousie qui m'assiège... Tout le monde se donne le mot pour allumer ma fureur et secouer Rome dans ses fondemens.. Mais elle mourra dans l'impuissance, cette infernale jalousie; la Syrie et l'Egypte ont beau regarder dans le ciel d'immenses étoiles prêtes à tomber pour incendier la terre (31). Les Barbares ont beau se heurter contre les portes de la Macédoine; c'est en vain que les esclaves s'insurgent au nom du Christ... Rome est la puissance, Rome est l'éternité; et ce n'est pas une mauvaise échauffourée de manans et d'imbéciles, d'esclaves et de pêcheurs, qui éteindra le flambeau de la civilisation, fille illustre de vingt siècles de gloire.

— Ton regard d'aigle a pénétré le mystère, répartit Amitus en souriant, et le mépris seul doit répondre à ces clameurs chimériques.....

—Parbleu! poursuivit Agaton, dont l'irritation croissante détruisait peu à peu les forces. C'est pour me faire rire comme un fou que l'on vient me conter de telles sornettes. Voyez-vous cela, ajouta-t-il en toisant le centurion; il voulait me faire peur avec cette révolte. Je sais bien que je suis entouré de pièges. De toutes parts des ennemis et des traîtres attendent le moment de mon agonie pour se saisir de mon héritage.... N'est-ce pas que je suis bien pâle ? n'est-ce pas que la mort semble avoir passé son doigt sur mon front! ne voyez-vous pas combien je suis faible sur mes jambes! combien je suis chancelant!...

Le fougueux orateur était épuisé. Ses lèvres pâlissaient, son visage perdait la couleur de la vie, ses yeux seuls lançaient encore les éclairs de la colère. Amitus, s'apercevant de cette prostration, s'approcha avec l'apparence de l'amitié la plus tendre, le prit dans ses bras et l'engagea à se calmer.... Robur et Marcus Jova, émus de pitié, ne voulurent pas entretenir par leur présence cet état d'irritation, et ils s'éloignèrent en silence ; mais Agaton n'en poursuivit pas moins sa violente sortie.

— J'ai le secret de la nature, disait-il en s'arrêtant à chaque phrase....

J'ai passé ma vie à combiner le Stoïcisme et l'Épicuréisme... j'ai enfanté la perle de la sagesse.... et c'est un misérable centurion qui prétendrait m'ébranler !... Qu'il aille demander à ses chrétiens s'ils croient avoir la force d'intimider Caton ou Brutus... Leur pauvre Dieu n'aurait pas même le pouvoir de se détruire s'il était fatigué de l'existence, et ils l'eurent eux, et je l'aurais, moi... (32) Qu'ils viennent donc se heurter contre Rome; ils y trouveront Agaton inflexible.... *et si fractus illabatur orbis impavidum ferient ruinœ.*

Le stoïque romain n'avait pas proportionné ses bravades à l'étendue de ses forces. A peine eut-il achevé de prononcer ces mots, que la vie sembla l'abandonner; ses yeux s'éteignirent, et il tomba sur un siége, presque mourant.

Médella ne s'aperçut pas d'abord de cet accident ; absorbée dans son admiration pour le caractère de Robur, elle semblait se consulter, pour savoir si elle n'abandonnerait pas à tout jamais ce palais de la débauche pour suivre le centurion.... Tout-à-coup, elle se sentit réveillée par un de ces horribles cris de joie, qui ne se font entendre que dans le repaire du tigre ou des courtisans ambitieux.... Amitus, penché vers le visage décoloré d'Agaton, comme un chacal sur sa proie, avait cru lire sur son front glacé l'arrêt funeste de la mort.

— Bonheur extrême ! s'écria-t-il, ce n'est plus une faiblesse, c'est la pâleur de l'agonie !... Médella, ajouta-t-il, en saisissant le bras de la druidesse, pour lui montrer, d'un air triomphant, la couleur cadavérique d'Agaton. Vois-tu cet œil éteint, ces lèvres décolorées, cette bouche entr'ouverte; il est mort, Médella, il est mort ; vive Amitus, je suis le préfet de la cité !.. Où sont les trésors ? demanda-t-il d'un air farouche. N'est-ce pas qu'il en a trouvé d'immenses dans les marais des Tolosates que Cépion n'avait pillés qu'à demi ?... (33) A mon tour d'avoir des richesses.... à mon tour d'élever ma puissance sur la tombe des morts !

Médella fut tellement saisie par cette explosion de joie épouvantable, qu'elle demeura un instant stupéfaite ; puis elle s'écria indignée :

— Le trésor de ton maître, misérable ! est-ce donc au vol que devaient aboutir tes menteuses protestations d'amitié ?

— Il n'y a plus de maître pour moi, répondit Amitus; je ne vois ici qu'un cadavre, et c'est au plus rusé des survivans que ses dépouilles doivent appartenir.

— Un cadavre ! reprit Médella épouvantée ; mais tu l'as donc empoisonné, scélérat ?

— Empoisonné ! répartit Amitus, et qui mieux que toi doit savoir à quel point il était épuisé par ses débauches ? ses faiblesses fréquentes ne te faisaient-elles pas prévoir que l'une d'elles l'emporterait bientôt. Je l'attendais avec une vive impatience, cette heureuse catastrophe, et je cherchais depuis bien long-temps à la provoquer en l'excitant au vice..... Enfin, je puis contempler ma victime, regarde ces yeux caves, cette couleur cadavérique. Oh! Médella, le trésor! vite le trésor! et je suis plus que Jupiter même....

— Dieu de la sainte lumière, s'écria la druidesse en joignant ses mains; quelque coupable que puisse être Agaton, ne le ramèneras-tu pas à la vie, pour confondre ce courtisan infâme.

Amitus ne répondit à ces cris de Médella, qu'en lui mettant le poignard sur la gorge.

— Des lamentations et des prières, s'écria-t-il, quand je te demande ses trésors pour acheter les légions, me faire nommer décemvir, proconsul, césar, empereur, que sais-je!!! Ah! par les serpens des Euménides, tu parleras, druidesse, ou ce poignard saura t'arracher ton secret.

On comprend aisément avec quelle noble indignation une femme du caractère de Médella devait accueillir les menaces inquisitoriales du traître. Elle demeura silencieuse, les bras croisés, et lui imposa silence par son attitude dédaigneuse.... Mais cette scène infernale devait encore se compliquer par de nouvelles turpitudes.

Pendant l'étrange conflit d'Amitus et de Médella, un esclave, placé à la porte de l'appartement, ayant compris l'accident qui venait de frapper le préfet, avait couru annoncer sa mort aux habitans du palais, avec la joie d'un captif qui va briser ses fers, et ses compagnons de servitude avaient accueilli cette nouvelle avec d'horribles cris d'allégresse...... Tel était le cahos de cette époque de décadence, que la mort d'un maître était toujours saluée avec acclamations par des esclaves qui espéraient obtenir l'affranchissement, au milieu du tumulte qui suivait les funérailles. Aussi, à la première nouvelle de cette mort inattendue, un grand nombre de courtisans et de serviteurs se portèrent en foule vers l'appartement d'Agaton, pour se repaître, avec avidité, de la mort de l'homme qu'ils avaient craint, haï et jalousé jusqu'à son dernier jour.

— Vous voilà, mes amis, leur cria Amitus, dès qu'il les aperçut; approchez, mes braves compagnons, venez vous convaincre de la fin de celui qui vous opprimait. Le règne du tyran est passé, désormais c'est moi seul qui suis votre maître.

— Nous ne voulons plus avoir de maître, s'écrièrent unanimement tous ces indignes serviteurs. Nous voulons être affranchis, et n'obéir qu'à notre caprice.

— Vous serez libres, répondit Amitus, sans se déconcerter, je vous le jure par Mercure; en revanche, ce que j'attends de vous, c'est du dévouement et du courage; soyez-moi fidèles; demain je marche vers Narbonne, j'oblige cette ville à me reconnaître empereur; et, dans quelques jours, je suis à Rome sur le trône des Césars.... Amis, soutenez mes prétentions et vous aurez d'immenses richesses ; en attendant, je vous abandonne ce palais, livrez-le au pillage ; tout ce qu'il renferme est à vous.

Ces offres séduisantes changèrent les premières dispositions de ces esclaves affamés de vengeance et de butin. Cette foule immonde se pressa autour d'Amitus, et un cri unanime de : *vive le pillage, vive le généreux Amitus*, fit retentir les voûtes du palais. Le tumulte, l'audace étaient au comble ; Amitus, monté sur une petite table à pieds de bronze, haranguait la multitude en face même du corps décoloré d'Agaton ; les esclaves accueillaient toutes ses promesses par des vivats et des houras ; Médella seule, épouvantée de cette scène digne de l'enfer, faisait entendre des paroles d'indignation, et semblait vouloir protéger le cadavre du préfet, contre les outrages de ces infâmes conspirateurs ; mais ces nobles protestations se perdaient au milieu du bruit. Déjà une valetaille effrénée se répandait dans les appartemens, brisant les meubles, et dérobant les objets précieux.

— Demain, j'achèterai le dévouement des légionnaires, disait Amitus aux pillards. Quant à vous, je vous charge dès ce soir, de me nommer empereur au milieu du festin que j'avais préparé pour le despote.

Ces paroles excitèrent les acclamations des conjurés ; mais tout-à-coup, la tête d'Agaton sembla faire un mouvement ; ses paupières s'entr'ouvrirent, une légère couleur de vie vint ranimer sa figure décomposée.

— Sainte lumière ! s'écria Médella ; Agaton revient à la vie.

Ce mot produisit au milieu des conspirateurs l'effet terrifiant d'un coup de foudre.

— Il se réveille, s'écria le courtisan ! en regardant Agaton avec un effroi mortel.... Malédiction, sur toi, magicienne infernale, et sur tes secrets qui réveillent les morts !.... Il allait frapper Médella de son poignard ; mais son maître, ouvrant ses yeux à la lumière, lui inspira une terreur si grande, que l'arme échappa de ses mains. Ce retour inattendu que, dans sa superstition, Amitus attribuait aux sortiléges de Médella, avait suffi pour mettre en fuite valets, esclaves et courtisans. A ce cri de : *Agaton se réveille*, chacun s'était précipité vers la porte ; les uns bronchant aux meubles, les autres se cognant aux lambris, et laissant tomber, dans leur épouvante, le butin dont ils s'étaient saisis pendant leur triomphe éphémère.

—Jupiter ! Jupiter ! balbutiait Amitus, pâle de frayeur et prosterné aux pieds d'Agaton. Fais qu'il n'ait rien entendu, et je te donnerai une hécatombe.

— A ton tour de pâlir, misérable ambitieux, répondit Médella avec le mépris le plus profond. N'est-ce pas assez que je sois témoin de ton horrible joie, pour que tu doives mourir de remords et de honte !

— Ah ! ce n'est pas de toi du moins que je dois attendre la trahison, répondit Amitus en se traînant à ses pieds; de toi, que je voulais élever jusqu'au trône, si j'étais devenu empereur ; de toi, qui m'avais rendu envieux de ses trésors, parce que tu en étais le diamant de beauté.

— Tu me méprises donc bien pour vouloir m'associer à toi, répliqua la druidesse. Mais, va, ton mépris n'égalera jamais celui que ton odieuse perversité m'a inspiré pour tout ce qui vit dans ce palais.

— Ta magnanimité est trop grande pour vouloir perdre la tête qui s'incline à tes genoux, reprit Amitus suppliant ; et si les esclaves allaient me dénoncer, tu diras que ce sont eux, n'est-ce pas, qui voulaient me proposer l'empire. Nous les ferons arrêter, emprisonner, et puis, nous irons les voir dévorer par les panthères du cirque.

Médella resta silencieuse ; les trahisons et les turpitudes s'enchaînaient avec une si grande rapidité dans cette société romaine, qu'elle ne pouvait plus supporter la vue de ces tyrans cruels, blasés, et de ces courtisans plus odieux encore. Agaton avait repris ses sens; Amitus, agenouillé devant lui, allait effacer le passé dans un torrent de protestations, et Médella s'éloigna précipitamment pour ne pas assister à cette nouvelle profusion d'amitiés et de caresses empoisonnées, pour ne pas entendre l'assassin prodiguer le titre de *rex* à la victime dont il méditait constamment le meurtre.

> Je sens de veine en veine une subtile flamme,
> Courir partout mon corps, sitôt que je te vois,
> Et, dans les doux transports où s'égare mon ame,
> Je ne saurais trouver de langue ni de voix.
> Un nuage confus se répand sur ma vue,
> Je n'entend plus, je tombe en de douces langueurs...

XIII.

AMOUR ET MÉPRIS.

MÉDELLA franchit le seuil du Château-Narbonnais, et jetant un regard courroucé et désenchanté, sur ce palais du despotisme et de la corruption, elle dit un dernier adieu à cette société séduisante et mensongère qui l'avait éblouie pendant quelques jours. En ce moment, le soleil, penché vers l'horizon couchant, frappait obliquement les tours formidables du palais et projetait leurs ombres gigantesques du côté de la cité. Médella franchit cette enceinte fantastique, tracée sur le sol blanchissant avec un certain effroi. Le palais, animé d'une vie mystérieuse, comme tous les grands monumens qui représentent de grandes idées, semblait gronder contre elle ; et le vent, sifflant dans les créneaux aériens, poussait des regrets amers et vagues sur la fuite de cette fière gauloise qui échappait à la domination romaine... Médella suivit rapidement la rue un peu tortueuse qui conduisait au Capitole. Elle longea une double haie de maisons, entourées la plupart de petits enclos, de vergers ou de jardins, elle rencontrait sur ses pas, des cabaretiers étendus nonchalamment sur leurs portes; les riches litières des patriciens, précédées de licteurs; des rhéteurs et des grammairiens occupés à discuter en latin et en grec au milieu de la voie publique; et tout cela entremêlé d'esclaves chargés de fardeaux, de cochons labourant la terre, de vaches pacageant dans les enclos. Enfin, elle arriva sur le Forum, vaste emplacement quadrangulaire, entouré d'assez belles habitations romaines, appartenant aux principaux personnages de la nouvelle ville. Plusieurs de ces maisons à un seul étage, étaient assiégées par une foule de cliens éguenillés, qui se disputaient l'entrée des portiques, afin de recevoir, les premiers, cette espèce d'impôt du paupérisme qui, sous le nom de sportules, servait à comprimer le feu souterrain de la révolte, en apaisant la faim des prolétaires.

Dans un coin du Forum, on remarquait aussi un four public, autour duquel se pressaient une centaine de pauvres, pour échanger le billet que l'édile leur avait donné, contre un petit pain qui devait les nourrir pendant deux jours; puis, dans l'intérieur de la place, on voyait se mouvoir, pérorer et chanter une foule de colporteurs, vendant des citrons, des fruits, des légumes de toute espèce. C'était par-dessus les têtes de ces marchands ambulans qu'apparaissait le Capitole, assemblage de monumens assez considérables; mais dépourvu de cette harmonie uniforme, qui faisait la principale beauté de l'architecture des anciens. A droite, un petit temple de Jupiter, présentait son péristyle, soutenu par de jolies colonnes corinthiennes; tout à côté, la Basilique, palais de justice et habitation des curiales, développait ses longues galeries en forme de croix latine. A gauche, enfin, deux hautes tours assises sur les remparts, dominaient le temple et le Forum de leur stature imposante et guerrière.

Robur, chef militaire de la ville, faisait son séjour habituel dans une caserne attenante à ces deux tours; et c'était pour obéir à l'attraction qui l'attirait vers lui, que Médella avait suivi la rue du Capitole. A la vue de ce monument, elle jeta un regard de douleur et d'amour vers cette demeure du centurion, et elle s'assit sur un fût de colonne, autour duquel voltigeaient et chantaient les moineaux bruyans et les bergerettes timides.

Médella appuya sa tête dans ses mains, elle était agitée, inquiète, et je ne saurais dire quelles étaient les révolutions qui remuaient son existence; mais, sur le soir, lorsque Robur passait en cet endroit pour se rendre au Château-Narbonnais, il aperçut une femme éplorée, dont les larmes et les sanglots propagèrent jusqu'à ses oreilles les orages de son cœur. Et il l'entendit s'écrier avec désespoir:

— O turpitude!.... et c'est pour m'associer à de tels hommes, c'est pour me faire romaine que j'ai abandonné mon père et mes forêts. Les pleurs sont, dit-on, une faiblesse, et pourtant je n'ai pas honte de mes larmes, tant est grand mon malheur!....

Robur, frappé de l'accent de ces paroles, regarda la gauloise avec pénétration.

— Femme, lui dit-il, je vous croyais plus de courage. Qui peut vous faire pleurer ainsi ?....

— Ce qui me fait pleurer! lui répondit-elle. Ah! Robur, peux-tu bien me faire cette demande? Et quoi, vingt années de déceptions et d'égarement; vingt années perdues dans le labyrinthe des ténèbres, à la poursuite d'une lumière qui fuit incessamment, ne me donneraient-elles pas le droit de verser des larmes? Robur, figure-toi une ame affamée de poésie, de vérité, d'amour, qui a couru vingt ans sans trouver une miette de nourriture; une ame qui, si elle veut ressaisir un souvenir sans douleur, a besoin de rétrograder jusqu'à la première enfance, cet oiseau rapide qui chante sans cesse, parce qu'il ne sait d'où il vient, où il va, et tu ne me demanderas plus, après cela, pourquoi je pleure ainsi? O Robur, tu comprendras cela, toi, parce que ton ame est grande, et qu'elle souffre aussi. Eh bien! quand la mienne eut grandi, quand je me sentis femme, mon imagination se trouva à l'étroit dans ce monde de la réalité, elle voulut se créer une sphère idéale où l'existence pût prendre un essor libre et grand, comme le soleil dans les espaces; l'exaltation druidique s'offrit à moi, et je m'enfonçai dans l'océan du fanatisme.... Mais, hélas! tout ce qui se trouvait là pour dévorer ma vie ne fut bientôt que monstruosité, extravagance. Je voulus me dérober à ces ténèbres mystérieuses; je découvris à mon père mon désenchantement, et je ramai vers une autre vie, sur la voile de l'espérance. J'errai longtemps, perdue sur une mer sans étoiles; rêvant toujours, mais inutilement à un monde de puissance et d'harmonie. Un jour, enfin, tu m'enlevas sur ton cheval, pour m'arracher à la mort, et tu me fis connaître Rome et ses merveilles. Dès que les beautés miraculeuses de ce monde nouveau se furent révélées à mon imagination, je crus avoir trouvé le secret de mon tourment, la nourriture de mon ame; je livrai ma main à Agaton, je me plongeai sans détours dans le délire, et je fus heureuse, car je croyais avoir trouvé le fleuve de la vie!.... Oh! Robur, juge de mon affreux réveil, je viens de me trouver au sein de la débauche et de la corruption? Depuis un mois, Robur, dans un palais romain, associée à des hommes qui s'amusent à faire manger leurs semblables par les bêtes; depuis un mois, la compagne de mortels qui nient la Providence, de libertins qui ne voient dans la femme qu'un vil instrument de volupté! depuis deux mois, confondue avec des tigres qui couvrent du manteau de l'urbanité leurs regards empoisonnés, dressent dans la nuit les échelles de l'intrigue, pour arriver des premiers à un lambeau de pourpre, et qui, dans leur horrible impatience, cherchent à lire sur la pâleur des vivans les pulsations du cœur qui doivent retarder encore leur affreux triomphe. Oh! Robur, juge maintenant si c'est à moi que l'on doit demander pourquoi ces larmes de désespoir.... Mais que ces vérités n'aillent pas te paraître une insulte, à toi qui n'as pas plus de ressemblance avec ces hommes qu'un marais fétide n'en a avec l'Océan. Oh! Robur, une moitié d'existence est déjà commencée, et je n'ai trouvé que sales idoles, et je n'ai touché que corruption. Sais-tu que je finirais par ne croire en rien et que cela serait horrible.... Médella s'arrêta un instant, et considéra Robur avec tendresse et incertitude; puis elle ajouta.... Aujourd'hui, il n'est plus qu'une seule chose au monde, à laquelle je pourrais croire encore, si tu le voulais, Robur.... Je t'ai vu admirer nos forêts, parce qu'il n'y a qu'elles qui recèlent le courage et la vertu.... Ce fut là que Sabinus nourrit sa valeur, ce fut là qu'il trouva la force de vivre et de mourir dans la liberté..... Et sais-tu pourquoi, ajouta la druidesse avec délire, parce qu'il aimait Eponine (34).... Oui, je ne sais comment te dire, mais ton regard a jeté dans mon cœur une flamme brûlante qui doit rallumer ma vie, ou la consumer.

— Jeune fille, reprit Robur en cherchant à comprimer son émotion, tes paroles ne peuvent émaner que d'une grande ame, et mon cœur en est tout ébranlé; mais pourquoi faut-il que tu ne sois pas romaine, je croirais retrouver en toi quelque chose de cette Clélie que j'ai tant admirée.

— Romaine, romaine! s'écria Médella, en ouvrant son cœur à l'espérance; ce titre peut être acquis par la naturalisation, et, depuis un mois, j'habite le palais de Tolosa.

— Un palais, répondit Robur avec le plus profond mépris; un lieu de débauche, tu veux dire... A ces mots, le centurion se détourna avec regret et pitié; et il se dirigea brusquement vers le Château-Narbonnais, qui élevait sa masse imposante au-dessus des chétives habitations de la cité.

Ces paroles dédaigneuses mirent le comble au désespoir de Médella. Après avoir abandonné le fanatisme druidique pour échouer dans la corruption romaine, dont l'éclat mensonger l'avait séduite un moment, une seule flamme noble et pure pouvait encore relever son cœur à la vie; c'était l'admiration pour Robur, admiration enthousiaste, entière, comme toutes celles qui surgissaient dans cette nature ardente; mais, un mot de mépris venait de détruire toute espérance de réciprocité..... La malheureuse gauloise fut accablée du coup. Et elle cacha son visage dans ses mains, comme si la malédiction de Robur l'eût rendue indigne de voir le jour.

— Oh désespoir! désespoir! s'écria-t-elle. Se pourrait-il que tu fusses la seule puissance qui doive survivre à mes croyances détruites, à mes espérances flétries!...

Médella s'éloigna du Forum, sans but, sans projet, dominée par le seul besoin de changer de place, de rompre le cours de ses pensées de désespoir. Le hasard la conduisit sur les bords de la Garonne, par une petite rue que nous ferions peut-être mieux d'appeler sentier, tant les maisons y étaient éloignées et rares. En cet endroit, le fleuve coulait sous un berceau de peupliers et de saules, et ses eaux rapides rappelèrent à Médella l'image de cette vie vagabonde que rien ne peut arrêter dans sa marche vers des mers inconnues. Au midi, le Château-Narbonnais lui apparut avec ses grandes tours, se mirant dans les eaux ; le souvenir qu'il réveilla dans l'ame de la druidesse aigrit sa douleur ; elle voulut jeter ses regards à l'horizon, vers la ceinture argentée des Pyrénées, et ses yeux se reposèrent sur les ruines de la capitale Tectosage, gissante au sommet des coteaux..... Là étaient son père et ses forêts sacrées, là vivaient sa mère et ses compagnes. Un soupir de regret s'éleva dans son sein oppressé ; mais, tout-à-coup, elle crut distinguer le faîte de l'arbre de Hésus qui s'élevait au-dessus des ruines. Les prêtresses échevelées, les sacrifices humains et les danses impudiques se retracèrent à son esprit, et elle détourna les regards... Au même instant, la colonnade gracieuse d'un temple romain s'offrit à elle ; ses yeux furent flattés par les lignes nobles et simples de son architecture, et elle marcha de ce côté avec cette ardeur vague, indécise d'une ame déshéritée de croyances et avide de trouver des dieux qui pussent répondre à l'idée qu'elle s'était faite de la divinité.

Situé sur les bords de la Garonne, ce temple romain, que les éboulemens rapprochaient du fleuve à chaque nouvelle inondation, n'avait pas cette beauté idéale, cette solidité cyclopéenne que l'on retrouve dans les ouvrages du peuple-roi. La nouvelle Tolosa, ville secondaire de la province, s'était ressentie du refroidissement religieux de l'époque de sa fondation, et le municipe, auquel elle était redevable de ses monumens religieux, n'y avait dépensé que tout juste ce qu'il fallait pour imprimer la crainte des dieux aux esclaves, aux Gaulois et aux prolétaires.

Le voisinage du fleuve, et quelques arbres touffus qui ombrageaient le monument, faisaient le principal agrément de ce site gracieux, dont nous retrouvons la place à l'endroit occupé plus tard par l'église de Sancta-Maria-Fabricata, et aujourd'hui par la Daurade.

Médella monta les marches du péristyle. Elle fit rouler sur ses gonds une lourde porte de bronze ; et la druidesse entra dans le temple d'Apollon : — O dieux de Robur, s'écria-t-elle, est-ce auprès de vos autels que je trouverai cette nourriture de contemplation et de bonheur, après laquelle je soupire depuis tant d'années ! Est-ce ici que me seront révélées les lois de ces nouveaux siècles de l'avenir, qu'une inspiration secrète découvre à mon intelligence ?

L'intérieur du temple ne répondait guère, par ses ornemens coquets et recherchés, à sa simplicité extérieure. La voûte ornée de fresques et de cartouches dorées, était soutenue par deux rangées de colonnes corinthiennes. Au fond du temple, et au centre de l'hémicycle, la statue d'Apollon s'élevait majestueusement sur un piédestal orné de bas-reliefs, et le socle du piédestal reposait lui-même sur un beau pavé de mosaïque, représentant la chute de Phaéton. Partout ailleurs, sur les lambris, les chapiteaux et les corniches, brillaient l'or, le marbre et les arabesques.

— 129 —

Une foule considérable de prêtres, de Camilli, d'Æditumi, chargés de l'entretien des temples s'agitaient dans tous les sens, et faisaient, en toute hâte, de grands préparatifs pour la fête nocturne (35). Le préfet voulait à tout prix frapper de respect et de crainte les Gaulois et les esclaves, trop

naturellement portés à s'insurger contre une autorité qu'ils méprisaient. Médella s'avança au milieu de cette foule laborieuse, et se dirigea vers la statue du dieu. Parvenue au milieu du temple, elle aperçut dans une nef latérale, une idole, dont les pieds, posés sur un socle très bas, et la tête voisine de la voûte, détruisaient toute proportion entre sa hauteur colossale et la grandeur médiocre du monument. Son visage était sans dignité, ses formes sans élégance. Une robe bariolée de mille couleurs la couvrait depuis la ceinture jusqu'aux pieds; le reste du corps, entièrement nu, semblait exprimer la fécondité par la puissance de ses formes. Deux cornes de vache, décorées de fleurs et de pierreries, surmontaient son front. Son bras droit était entouré d'un serpent qui venait jouer sur ses épaules et sucer sa mamelle; une corne d'abondance était à sa main gauche, le monde roulait à ses pieds.

À cette description de la déesse Isis, le lecteur se transportera peut-être en souvenir, dans les temples sacerdotaux de Memphis ou de Samotrace. C'est que Rome, en effet, semblait répudier depuis long-temps les traditions mythologiques de la Grèce et du Latium. Les Romains, familiarisés avec les cérémonies honteuses et impudiques de l'Egypte et de l'Asie-Mineure, ne trouvaient plus Vénus digne de répondre à la dépravation inouïe de leurs mœurs. Les gracieuses fictions groupées par les poètes autour de la déesse des Amours avaient fait place aux idoles hideuses de l'Orient, et la déesse Isis était venue se poser dans la plupart des temples romains, pour encourager des orgies, devant lesquelles l'impudeur humaine, livrée à ses propres forces, aurait reculé de honte. Médella fut désagréablement frappée de la vue de cette statue, qui lui rappelait les grossières images des dieux gaulois, et elle eut besoin de penser à Robur pour demeurer dans le temple de son culte.

Cependant, les Camilli redoublaient de zèle pour hâter les préparatifs de la fête. On les voyait s'agiter dans le temple; les uns grimpaient sur Isis, à l'aide d'échelles, pour l'orner de bracelets, de colliers d'or et de perles; les autres allumaient les lampes de bronze, apportaient des trépieds ardens, étendaient des tapis sur les degrés d'un trône disposé pour Agaton; enfin, de nombreux esclaves dressaient des tables somptueuses dans l'hémicycle, autour du socle d'Apollon.

Bientôt, une musique légère, accompagnée du bruit des cymbales, se fit entendre sous le péristyle du temple. La porte de bronze s'ouvrit, le bruit de la marche joyeuse grandit sous les voûtes, et Médella aperçut la bande folâtre d'Agaton et de ses compagnons de plaisir, qui se précipitait dans le temple avec des cris de joie et des éclats de rire. Le préfet couvert d'un manteau de pourpre et couronné de fleurs, marchait à la tête du cortége; encore affaibli par la syncope de la veille, peut-être aussi par un reste d'ivresse, dans laquelle il avait espéré oublier ses rêves pénibles, il s'appuyait sur l'épaule d'une favorite, et au bras d'un complice de ses débauches. Amitus le suivait de près. Le rusé courtisan, privé pour quelque temps encore de l'héritage de son ami, venait noyer son désappointement dans le vin et l'orgie. Travesti en Bacchus, avec une simple peau de léopard autour des hanches, une couronne d'ache sur la tête, et une coupe d'or à la main, il conduisait la danse, de concert avec une bacchante échevelée. Celle-ci portait une robe lacédémonienne; elle était couronnée de grappes et de feuilles d'achante, et exprimait en dansant le jus du raisin dans la coupe d'Amitus. Après eux venaient les nombreux mignons du despote. Toute cette foule d'hommes et de femmes déguisés en Faunes, en Silène, en Flore, en Satyres, en Priape, formait autour du Bacchus qui la conduisait, une cour digne du Dieu de la licence. Des corbeilles de fleurs volaient sur leurs têtes, et le choc des urnes d'or et des vases d'argent, accompagnait la mesure de la bacchanale. Médella reconnut un à un, tous ses camarades de plaisirs et de fêtes; mais elle n'éprouva pour eux que pitié.... Et qu'auraient pu lui inspirer ces débauchés des deux sexes, plongés dans un état de délire et d'ivresse, que nos plus zélés adorateurs de Mardi-Gras, n'ont pu encore parvenir à atteindre ? Les histrions et les musiciens, au lieu de marcher à la tête du cortége, venaient à la suite, en battant le tambour ; on remarquait, dans cet orchestre peu compliqué, la flûte de Pan, le fifre, la flûte à deux becs, quelques lyres, des trompettes, mais surtout la bruyante cymbale, reine des saturnales romaines.

Tout-à-coup, au moment où Médella jetait sur ces folies un regard de dégoût, un bruit sourd et lugubre ébranla le pavé du temple. Une odeur nauséabonde se répandit dans l'air, une lourdeur fatigante appesantit les paupières de Médella, et la druidesse étourdie, suffoquée, se crut transportée sur les ruines de Tolosa, à ce jour néfaste où son père avait évoqué l'apparition de l'Esprit des ténèbres. Un épais nuage couvrait la statue colossale d'Isis ; un point blanc, naquit au milieu de ce brouillard de fumée ; peu à peu il grandit, se développa, une tête hideuse armée de cornes se dessina dans ces ténèbres, un corps fluet et osseux s'y adjoignit ; enfin des bras amaigris, des mains crochues vinrent completter un ensemble hideux, et Malasit apparut à Médella... La jeune gauloise, éblouie plutôt qu'effrayée, céda au poids indéfinissable qui l'accablait ; elle s'affaissa sur le socle d'une colonne, et, au milieu d'un sommeil léthargique, elle vit le Mauvais jeter un regard triomphant sur la bacchanale et l'orgie de ses adorateurs.

— Tout ira bien, morbleu ! disait l'esprit immonde. Vive le préfet et ses mignons dévoués ! c'est ici, au milieu des puissans de la terre que j'aime à recruter mes dévots. Allons, braves Romains, qui n'avez plus de bras que pour manier les instrumens culinaires ! chantez à tue-tête les prouesses de vos dieux, et les débauches de vos grands seigneurs. Il faudra bien que la foule stupide suive le char éblouissant, et me porte en vainqueur sur le trône du monde.... Tout ira bien, morbleu ! tout ira bien, quoi qu'en dise le Jaloux et sa pâle cohorte ; déjà le Druidisme, envenimé par mes paroles, relève sa tête et rallume sa fureur sanguinaire ; les idoles vont se vautrer dans le sang, les femmes dans la corruption, et si Médella peut expirer sous le couteau, je suis solide sur ce point, et défie le Christ d'y venir mordre avec sa patte emmiellée. Quant à Rome, l'avarice, la luxure et la vanité l'ont inféodée depuis bien des siècles à ma puissance ; jusqu'à ce jour, j'ai su cacher sa décadence réelle sous le vernis trompeur de la civilisation ; mais le stratagème commence à vieillir, et cette immense population d'esclaves et de prolétaires, menace de fouler aux pieds sa puissance décrépite ; mais j'y mettrai bon ordre, et voici que, pour commencer, je vais éblouir ce pauvre vulgaire, et le courber sous mon joug, en lui montrant tout ce que la corruption et la tyrannie ont de plus imposant.

Cela dit, Malasit considéra les courtisans enivrés avec une admiration triomphante ; puis il ajouta en se frottant les mains :

— Courage, morbleu, tout ira bien ! Est-il permis de craindre, quand on a de si nombreux acolytes chez les druides et les petits maîtres de Rome. Non, j'ai trop bien imprégné leur ame dans ma salive jaune pour qu'ils ne me secondent pas comme de vrais démons. Allons, ma bonne petite déesse, continua-t-il, en s'adressant à l'idole d'Isis; l'ennemi se dresse contre nous ; sais-tu que nous avons besoin de nous tenir fermes... Je t'aime depuis bien long-temps; aujourd'hui je veux cimenter cet amour par un mariage indissoluble. Après cela, que le Jaloux vienne rôder autour du Pandémonium, il tombera accablé, et il sera forcé de demander merci, car il ne trouvera pas sur la terre un seul réduit pour reposer en paix. Alors je jetterai sur lui mon regard de fer et ses cinq plaies se rouvriront pour ne plus se fermer jamais.

A ces mots, prononcés d'une voix rauque, Malasit passa un anneau de fer au doigt d'Isis, et la statue accueillit cette marque de tendresse avec un mouvement frénétique. Aussitôt le nouvel époux courut se mêler aux prêtres et aux courtisans pour souffler aux uns et aux autres ses inspirations mauvaises. Bientôt Médella, délivrée du nuage qui couvrait sa vue, sortit de son pénible sommeil, frotta ses paupières appesanties, et elle reconnut avec étonnement que le temple était maintenant encombré par une foule pressée et compacte.

> Loin du fracas
> Des combats,
> Dans nos vins délicats,
> Mars a noyé ses foudres.
> ....
> Oiseaux chéris
> De Cypris,
> Venez, malgré nos cris,
> Boire au fond de nos verres.
>
> BÉRANGER.

XIV.

LA GRANDE ORGIE.

Les acteurs de ces fêtes impudiques n'avaient pas voulu jouir seuls du spectacle de leur dissolution. Par un raffinement de corruption, Agaton avait exigé que tous les habitans de la nouvelle Tolosa, fussent réunis dans le temple, autour des tables du festin. En conséquence, dès le matin de cette journée, des hérauts d'armes, suivis de crieurs publics, avaient parcouru les divers quartiers de la ville, ils chantaient avec pompe le programme de la fête nocturne que le préfet se proposait de donner, et placardaient des affiches ayant, pour frontispice, l'intérieur du temple et une scène de festin. Tous les habitans étaient engagés à y assister. Invitation gracieuse que les hérauts accompagnaient d'une menace d'emprisonnement et de bastonnade, pour tous les audacieux qui oseraient ne pas répondre à la politesse d'Agaton.

Grâce à ces précautions décisives, une foule considérable répondit à l'appel, et les rangs pressés de la populace envahirent les nefs à la suite des courtisans. Robur lui-même, obligé par devoir de suivre les ordres d'Agaton, avait conduit une cohorte dans le temple, entre l'hémicycle et le peuple, pour contenir ses flots, faire respecter le bon ordre, et conserver un espace libre pour le festin et les danses, dans lesquelles le préfet avait choisi le premier rôle de baladin. Le reste de la garnison tolosaine s'était placé en haie à l'extérieur, afin de rappeler au peuple la force qui veillait à la sécurité de la tyrannie.

Au milieu de cette multitude d'hommes et de femmes, d'enfans et de vieillards, qui se pressaient dans le temple, il était aisé de distinguer deux races que la cohabitation dans une même enceinte tendait à confondre tous les jours davantage. La première se composait de Gaulois ralliés au parti romain; pour la plupart, hommes lâches et avides, privés de tout sentiment de dignité nationale, qui s'étaient abattus dans la ville, soit par l'espoir du lucre, soit pour échapper au châtiment qui les attendait auprès de leurs concitoyens. La seconde race était cette population d'esclaves, d'affranchis et d'indigènes pauvres, parmi lesquels venaient se recruter les nombreuses jurandes d'ouvriers et d'entrepreneurs; population nombreuse, qui se retrouvait dans toutes les cités romaines; mais nulle part aussi vicieuse, aussi jalouse des grands, aussi affamée de révolte et de pillage, comme dans les établissemens nouveaux et éloignés, où aucune noble tradition, aucun mélange d'antiques et austères familles ne venaient tempérer l'abrutissement général. On ne voyait là que cabaretiers, loueurs d'esclaves, agens de débauche, histrions, fournisseurs, et surtout d'avides percepteurs d'impôts, dont les exactions et l'avarice jouèrent un rôle si noir dans les souffrances et les révoltes des provinces. Robur crut même reconnaître le barde Armane qu'il avait abandonné dans les ruines de Tolosa. Le rusé gaulois, désireux d'accomplir la mission de la fille d'Améonix, et de recevoir des mains de Robur la captive Illira, s'était introduit dans la nouvelle ville; et voulant mettre à profit toutes les occasions de gain, il avait préparé quelques vers à la louange d'Isis et d'Apollon, d'Agaton et de Rome, pour rançonner la curiosité de la plèbe et l'orgueil du préfet; malheureusement le tumulte l'empêchait de les débiter.

La foule compacte, avide d'émotions et de spectacle, s'efforçait de grimper sur le socle des colonnes, afin d'apercevoir tous les accidens de la fête que l'on offrait à ses yeux corrompus. Cependant, bien loin d'éblouir la multitude par cet appareil de volupté, Agaton ne faisait que soulever la haine et la jalousie dans ces ames blasées. Gaulois et Romains, esclaves et ingénus, on les entendait tous chuchoter à voix basse de ces menaces concentrées, de ces souhaits criminels qui décelaient les avant-coureurs d'une lutte fatale entre ceux qui abusaient de leurs richesses, et les malheureux qui prétendaient jouir à leur tour des biens qu'on leur avait jusques-là refusés.

— Les voilà donc, ces hommes de luxure! disait un esclave maigre et nu-pieds, ils s'efforcent d'élargir leur estomac débile pour y loger le plus de mets possibles ; tandis que nous, succombant sous le poids du travail, nous sommes obligés de rétrécir le nôtre, pour le mesurer aux faibles miettes qu'ils nous permettent de ramasser ; car à peine avons-nous ce qui est indispensable à l'alimentation d'une vie misérable, qu'ils exploitent pour les plaisirs de leur infâme paresse.

— Qu'est-ce que l'opulence? disait un petit grammairien. Un vaste fleuve où tout va s'engloutir, gloire, puissance, honneur.

— Dites plutôt un marais où tout va descendre, reprit un gaulois, l'eau de source comme les immondices, les torrens comme les égouts.

— Y pensez-vous? continua le grammairien ; osez-vous bien faire de telles comparaisons dans le temple des dieux ?

— Que m'importent vos dieux, reprit l'autre. La richesse me rendrait plus puissant que Jupiter même. Supposez-moi pour un instant héritier d'un oncle, gouverneur de Cappadoce, et me voilà en position de pouvoir jeter à l'eau toutes vos statues.... Chaque jour se parer de pourpre et d'or, se gorger de vin, et vivre mollement sur des lits couverts de roses! Il faut que nous soyons bien fous, pour laisser quelques grands seigneurs accaparer ainsi toutes les richesses, toutes les voluptés d'ici-bas, quand elles pourraient n'appartenir qu'à nous.

Ces paroles, comme on le voit, partaient d'un homme fort avancé en politique, aussi lui fut-il facile de réunir un cercle d'auditeurs.

— Ah! si nous étions les plus forts, répartit un petit bossu qui gagnait sa vie en avalant des épées, et en disant la bonne-aventure, comme nous prendrions notre revanche ; comme nous leur ferions passer autant de mauvais jours qu'ils en ont passé de beaux !

— Que dites-vous, les plus forts? reprit le premier orateur ; est-ce que nous ne sommes pas mille, là où ils ne sont que deux. Est-ce qu'il ne suffirait pas de mon petit doigt pour terrasser ces mignons efflanqués par la débauche ?

— Serait-il possible, s'écria un écrivain public, tout surpris de cette statistique nouvelle ?

— Romains, reprit le grammairien, en mettant plus de violence à ses paroles, nous sommes des fous, d'obéir encore à des tyrans qui engloutissent dans leur luxurieuse voracité tout ce que nos bras savent produire ; à des hommes de boue, qui ne doivent leur autorité sur nous qu'à leur méchanceté et à notre bonhomie. Chassons cette sotte bonté de nos âmes ; soyons aussi méchans qu'eux, et nous serons les plus forts.

— Ah! Jupiter! s'écria un esclave, les yeux brûlans de haine, je serais un tigre, si c'était Agaton que je dusse éventrer; et au même instant plusieurs voix répondirent :

— Tombons sur eux, massacrons-les!.... La fureur gagnait de proche en proche; une vaste conjuration ameutait cette foule corrompue et affamée. Le feu à la ville, criaient le uns! — Massacrons les décemvirs, ajoutaient les autres. — Nous aurons des femmes et du vin. — J'aurais à mon tour des palais et des esclaves....

C'était sur le cratère de ce volcan prêt à faire éruption, qu'Agaton et ses courtisans poursuivaient le cours de leur bacchanale fougueuse. Ils dansaient autour de la statue d'Isis, et poussaient de ces cris inexprimables, qui ne se font entendre qu'au sein des lugubres orgies.

— Allons, bonne déesse, criait le préfet d'un ton aviné, en jetant un vase d'or à la tête d'Isis, verses-nous des plaisirs et tu auras des fleurs; protége nos amours, nous te donnerons à boire.

— *Vous aurez l'un et l'autre*, répondit aussitôt une voix sépulcrale du sein de l'idole frémissante.

A ce cri inattendu, les courtisans poussèrent des éclats de rire dignes de la grossièreté de ce miracle théâtral; le peuple cependant fut frappé d'une frayeur involontaire. Médella crut reconnaître la voie rauque que Malasit lui avait fait entendre naguère; et Marcus Jova, enchanté de la réussite du stratagème, se frotta les mains de plaisir, et complimenta son chorégraphe sur l'à-propos de la réponse d'Isis.

— Allons, mes joyeux amis, poursuivit Agaton en vidant une coupe, buvons au bonheur de la Gaule. Ses femmes sont belles comme des grecques, ses vins sont délirans comme le Falerne et le Cécube, et nous sommes trop intéressés à tous ces trésors, pour ne pas lui souhaiter une longue continuation de fécondité.... Et toi, grand-prêtre, ajouta-t-il d'un air dédaigneux, en tirant la barbe de Marcus Jova, ne t'avises plus de jeter de l'encens à ton Jupiter.... C'est moi qui suis le meilleur et le plus redoutable des Jupiters. Ce fut assurément un fort gai luron que ce bon Père des dieux, qui imposa un tribut de plus d'une espèce à toutes les déesses de sa cour; mais, morbleu! je saurais apprendre à toutes les gauloises que ma puissance est aussi grande sur la terre que la sienne fut étendue dans le ciel.... Quand j'ai soif, je suis un Hercule, j'avalerai, d'une bouchée, cette grande Isis, toute déesse qu'elle est; je tarirais la mer si elle était de vin.... Puis, se tournant vers le peuple, il ajouta d'un air menaçant et grotesque.... Eh bien! vils prolétaires, ne vous ai-je pas ordonné de m'adorer comme un dieu. Allons, grand-prêtre, cria-t-il plus fort en levant la main sur Marcus Jova, adore l'Alti-tonans, ou bien je lance sur toi mon foudre charnu. Ne sais-tu pas comprendre tout l'espoir que tu dois fonder sur l'établissement d'un dieu nouveau.

— *Vive Jupiter-Agaton !* s'écrièrent les courtisans, en agitant leurs tirses et leurs cymbales ; il va éclipser toutes les vieilleries olympiennes !.... ainsi les ombres disparaissent à la naissance du soleil.

Marcus Jova écoutait avec déplaisir ces paroles irrévérencieuses, qui ébranlaient l'autorité du sacerdoce ; mais il n'osait témoigner son mécontentement au préfet romain qui le payait ; aussi jugea-t-il plus simple de tourner sa réprimande vers les flots populaires, qui avaient accueilli le cynisme d'Agaton avec un sourire approbateur.

— Romains, leur dit-il, un peu plus de décence dans le temple d'Apollon.... Hélas ! si les dieux deviennent un objet de dérision, qui fera vivre les pauvres prêtres consacrés à leur culte ?

— Chacun son affaire, mon bon petit Marcus, répondit Agaton. Si c'est la tienne de les révérer, c'est la mienne aussi de les traiter avec une familiarité supérieure.... D'ailleurs, de quoi te plains-tu ; n'as-tu pas tout à gagner à un renouvellement d'idoles ; et crains-tu que mes adorateurs soient moins généreux envers mes pontifes que les dévots du vieux Jupiter ?....

Cette petite discussion entre le préfet et le grand-prêtre fut bientôt apaisée par le bruit de la foule, qui ouvrit un étroit passage à l'acteur principal de la fête d'Isis.... Un gros bouc noir, symbole non équivoque de la seule adoration des patriciens, arriva solennellement dans le temple, escorté de deux vieilles femmes qui le conduisaient par deux cordons de soie. Sa tête était ornée de rubans et de fleurs ; ses cornes armées de pointes d'or, toutes choses qui donnaient à ce nouveau triomphateur une majesté fastueuse et grotesque. Une douzaine d'amours et de zéphirs voltigeaient autour de lui. On se doute aisément que l'arrivée d'un tel personnage fut saluée par de bruyans éclats de rire. Les prêtres d'Isis, complaisans corrupteurs des dérèglemens aristocratiques, versèrent des parfums sur le bouc, et le firent grimper autour de l'idole, dont il fut mordre la tête et la poitrine. Aussitôt la déesse, attentive à l'ordre de Marcus, s'agita d'un mouvement frénétique ; elle avait même préparé un discours, et se disposait à le débiter, lorsqu'un petit dérangement survenu dans la machine, vint déjouer l'attente du pontife. Mais nos illustres débauchés n'avaient nul besoin d'encouragemens pour activer leur orgie. A un signal donné, les petits amours aiguisèrent leurs flèches sur les soies odorantes du bouc, et ils les décochèrent vers les courtisans et leurs compagnes enivrées....

— Allons, mes braves camarades, s'écriait Agaton, en suivant des yeux les évolutions de ses camarades ; venez vous ravitailler un peu.... Je sens la fumée des mets s'élever dans mes narrines.... Et puis, se tournant vers les gens du peuple, il leur disait d'un ton ivre et impérieux.... Holà ! ho ! priez pour nous, vous autres ; c'est votre affaire, je crois, comme la nôtre est de boire à votre santé. Du vin, du vin, *friget Venus*, je suis un fameux Apollon, mes seigneurs; je ne verse jamais le soleil que dans une mer de nectar.

A ce cri de ralliement, hommes et femmes, se précipitèrent vers les tables couvertes de mets, et s'étendirent sur les lits somptueux dressés autour d'elles. Ce festin formait, avec le repas prodigieux d'Améonix, un de ces contrastes qui caractérisent les différences les plus profondes de deux peuples. Là-bas, tout était simplicité, gloutonnerie, repas de lions dévorans. Ici, tout était recherche, raffinement de science culinaire, luxe éblouissant d'argenterie, de bronze, d'or, de tentures de pourpre. Nos gastronomes, couchés mollement sur leurs lits, voyaient passer devant eux de nombreux domestiques des deux sexes, revêtus des déguisemens les plus gracieux du vieil Olympe. Çà et là apparaissaient aussi de monstrueuses réalités, et les nains, les hydrocéphales, les rachitiques, les bossus, les goîtreux, se mêlaient aux Hébés, aux Ganimèdes, aux Flores et aux Zéphirs (36)....

Ce fut alors que la gloutonnerie et la plus salle débauche acquirent ces proportions gigantesques, que les Romains étaient destinés à donner à toutes les passions humaines; à la luxure et au despotisme, comme ils l'avaient déjà fait pour la gloire, le patriotisme et la vertu. Ce fut alors que l'orgie revêtit ces formes colossales que notre langue est inhabile à rendre, que nos oreilles ne pourraient écouter. On dit même que, dans cette cohue désordonnée, parut l'infernal Malasit : il courait et se multipliait partout avec la prodigieuse activité des mauvaises inspirations : agitant de toute part sa torche incendiaire, il renversait les femmes enivrées, encourageait les courtisans dans leur audace, envenimait dans l'ame du peuple la convoitise et la jalousie, et au milieu de ce désordre immense, Médella croyait toujours entendre cet horrible cri de triomphe..... *Tout ira bien, morbleu! tout ira bien! A moi seul désormais l'empire du monde!*

> J'ai révélé mon cœur au Dieu de l'innocence;
> Il a vu mes pleurs pénitens;
> Il guérit mes remords, il m'arme de constance;
> Les malheureux sont ses enfans.
> Soyez béni, mon Dieu! vous, qui daignez me rendre
> L'innocence et son noble orgueil.
> GILBERT.

XV.

LA CONFESSION.

MÉDELLA ne put soutenir la vue de ces débordemens; elle traversa la foule avec précipitation, et se dirigea vers la porte du péristyle en soulevant sur son passage la surprise des spectateurs. Tout le monde était ébahi de voir ainsi la dernière favorite d'Agaton s'éloigner du festin avec dégoût. Le hasard lui fit rencontrer Robur qui fuyait, lui aussi, le spectacle de ces fêtes honteuses.

— Te voilà, druidesse, lui dit le centurion. Pourquoi quitter ainsi ces convives enivrés, dont les cris tumultueux te poursuivront au dehors de ce temple.

Médella, heureuse de retrouver l'objet de ses affections, le regarda avec toute la tendresse dont son regard enflammé était susceptible.

— Pourquoi je m'éloigne ? répondit-elle, parce qu'il m'est impossible de soutenir plus long-temps la vue de ces hommes qui avilissent le nom romain, ce grand nom dont tu es si digne, toi; parce que je ne peux confondre dans ma pensée l'origine de Robur, avec celle de ces adorateurs de la turpitude.

— Il est vrai, répartit le centurion, qu'il devient honteux de porter le nom romain dans ces siècles d'infamie. Un préfet de cité qui foule aux pieds tout principe de dignité, pour se mêler aux histrions et aux femmes perdues!... Oh! nos pères sont bien heureux de ne rien voir du fond de leurs tombeaux.

— N'est-ce pas, qu'il vaudrait mieux ne connaître que le ciel de la Gaule! reprit Médella vivement.

— Pourquoi donc l'as-tu échangé contre cette ville corrompue? reprit Robur. Si la grandeur a chez toi des racines profondes, je te plains d'être enchaînée par l'esclavage à ces squelettes putréfiés.

— Moi, leur esclave! répliqua Médella ; ne sais-tu pas que la liberté est une plante qui ne peut vivre que dans les ames fortes, et qui n'y meurt jamais.

— Alors, pourquoi te vois-je encore au milieu de ces Romains que tu méprises?

— Tu me demandes pourquoi je suis encore ici, répliqua Médella avec emportement? quand il y a un homme que j'adore, que j'aime par dessus toutes choses ; quand tu y es, toi, mon Robur !

— Parle doucement, Médella; ces hommes pourraient nous entendre.

— Et qu'importe, qu'ils m'entendent? quand il n'y a que toi sur la terre qui puisse comprendre la portée de mon discours. Oui, il faut que je cède au besoin de mon cœur; il faut que je donne essor à une pensée qui m'obsède et qui finirait par me tuer, si je voulais la comprimer plus long-temps... Te dire que je t'aime; tu l'as déjà compris dans chacun de mes pas, dans chacun de mes regards. Ce qu'il te reste à savoir, c'est que je veux être aimée par toi, être aimée comme tu sais que je t'aime, entends-tu. Je sais bien que tu vas m'appeler folle, de poursuivre encore une pensée que tu parais repousser avec mépris ; mais ma vie en dépend, et nous autres Gauloises, nous ne savons pas étouffer les inspirations que la nature et le cœur nous envoient. Surtout ne songe pas à te rire impunément de mon malheur; parce que, tôt ou tard, je serais vengée... tôt ou tard, entends-tu bien. Lorsque l'amour surgira dans ton ame, lorsque tu sentiras le besoin d'aimer, tu comprendras tout ce que le désespoir en amour a d'horible; car tu ne trouveras rien autour de toi qui puisse te comprendre; rien dans Rome, rien dans la Gaule, parce que je serais morte..., et alors je me verrai cruellement vengée; car tu mourrais dans le désespoir; tu verserais ton cœur goutte à goutte par de longues larmes de sang... Toi... toi, mon Robur ! oh ! juge si je vais m'attacher incessamment à toi, jusqu'à ce que le même amour ait embrasé ton cœur et m'ait enveloppée dans l'incendie.

Le centurion était dans une grande perplexité. L'espèce de culte qu'il avait pour la gauloise lui commandait certains ménagemens; d'un autre côté, sa position dans le palais romain et son origine barbare lui donnaient de la répugnance. Médella devina bien vite ce combat intérieur.

— Ne vas pas me parler de tes romaines, lui dit-elle vivement; car ce n'est pas leur sang qui coule dans mes veines, et pourtant je veux être à toi.

— Moi, chercher une romaine de courage et de vertu, reprit le centurion. Hélas ! une expérience douloureuse m'a fait reconnaître tout le chimérique d'une pareille espérance.

— N'est-ce pas ! n'est-ce pas ! s'écria Médella, frémissante d'espoir.

— C'est un nuage qui nous paraît brillant tant qu'il reste dans le lointain, continua Robur, et qui s'évapore dès qu'on l'approche.

— Et je pense que tu n'as jamais douté de mon courage, reprit Médella avec passion ! vois-tu bien, celui qui sait comprendre le génie est génie lui-même ; César fut un héros du moment qu'il comprit Alexandre, et moi j'ai toujours admiré Eponine et Clélie... Veux-tu que j'ébranle Rome par la révolte, veux-tu que je la régénère par les vertus !... Parle, je sens que l'amour multiplie mes forces et me place presque au rang des dieux. Tout semble possible du moment que celui qu'on aime a répondu à votre amour.

— Est-ce donc dans le palais d'Agaton que tu as été retremper ton courage... O femme ! pourquoi faut-il que tu te sois oubliée ainsi.. Robur se tut un moment et considéra la druidesse d'un air triste et pensif..... Que tu étais bien là femme forte telle que je la cherchais, telle que mes rêves l'avaient imaginée.

— O Robur ! reprit Médella, tu m'aimerais donc si j'avais l'innocence du berceau ?

— Si je t'aimerais ! s'écria Robur transporté; tu serais la plus grande sur la terre, je serais le plus heureux des mortels, je possèderais une Cornélie...... A ces mots, le centurion s'éloigna et disparut dans la foule, fâché peut-être d'avoir cédé ainsi à son enthousiasme.

— Robur ! Robur ! s'écria la druidesse transportée de joie et d'orgueil; oh ! qui pourra me rendre cette innocence qui me sépare encore de toi... Puis elle ajouta en levant les mains au ciel : O puissance invisible qui résides au-dessus des orages, lumière pure qui embrases le ciel bleu de ta douce clarté, mère des fleurs et de tout ce qui respire, ne pourras-tu laver mon cœur souillé, ne pourras-tu me rendre pure comme j'étais au berceau, pour être enfin digne de celui que j'adore.

Pendant le cours de cette conversation, Médella avait traversé la foule, et descendu les marches du péristyle. Plongée dans des méditations profondes, elle approcha de la rive du fleuve, et s'arrêta sous un bosquet de saules et d'ormeaux. Là, seule avec la pensée d'espérance que les derniers mots de Robur lui avaient inspirée, elle repassa rapidement dans sa mémoire tous les principes, tous les rites religieux que le Druidisme avait appliqués à la purification des cœurs; mais hélas! sa pensée s'égarait dans le labyrinthe des superstitions grossières; elle eut beau courir avec une ardeur surhumaine, à la recherche d'une réhabilitation religieuse, qui pût rendre à son ame souillée son innocence primitive; elle ne trouva que cette métempsycose, transformation brutale, qui n'aboutissait qu'à confondre l'homme et la bête dans le même cercle, et à les engloutir dans la même éternité.

Toutes les religions de l'antiquité portaient en elles ce cachet de leur origine humaine. Grecs et Romains, Egyptiens et Gaulois, avaient bien éprouvé le besoin de certaines expiations; mais ils n'avaient pas pu trouver cette rénovation actuelle, instantanée, que le Christ seul pouvait révéler au monde.

Ils s'étaient donc contentés de proclamer la nécessité d'une purification, avant d'accorder à l'homme l'entrée du séjour immortel; mais cette absolution de toute souillure, ce retour à la candeur, à l'innocence, un Dieu seul pouvait nous le léguer en se plongeant lui-même dans les eaux du Jourdain.

Médella, fatiguée de ses recherches infructueuses, était sur le point de rentrer dans les ténèbres du désespoir...; tout-à-coup, elle aperçut, dans le coin le plus reculé de ce lieu solitaire, quelques hommes timides, dont le vêtement simple et le visage grave, formaient un contraste frappant avec les courtisans dissolus, le peuple remuant et jaloux, qu'elle venait de laisser dans le temple; le bruit de la foule, les cris impudiques des courtisans enivrés se répandaient jusques dans ces lieux paisibles, à traver les colonnes du péristyle; mais ceux que Médella venait d'apercevoir ne paraissaient pas y prêter la plus légère attention. Des Gaulois, vêtus d'étoffes de laine, cinq ou six esclaves romains, échappés furtivement à la vigilance de leurs gardiens, écoutaient, avec le recueillement le plus attentif, la parole calme et onctueuse d'un homme vénérable... Ce modeste orateur, debout au milieu de ses auditeurs, portait une robe de lin gris; sa tête était découverte, ses pieds nus, et durcis par la fatigue, n'avaient que de grossières sandales de chanvre; il s'appuyait sur un long bâton recourbé en forme de houlette. Quelques jeunes femmes, au visage modeste et serein, comme le cœur qui battait sous leur robe blanche, augmentaient le nombre de ses auditeurs.

— Plaignez les riches et les puissans, disait le prédicateur à son auditoire. Le manteau de l'opulence est bien difficile à quitter, et cependant, la porte du ciel est si étroite, que la livrée du faste et de l'orgueil aura une peine extrême à y entrer. Vous, au contraire, mes frères en Dieu, nés dans l'esclavage et la pauvreté, réjouissez-vous; car vous avez ici-bas le lot de la souffrance qui procure le ciel, à ceux qui savent l'accepter avec résignation.

— O mon père, lui répondit un mendiant profondément touché de ces paroles d'espérance. J'ai extrêmement souffert dans la misère, conduisez-nous vers celui qui vient soulager le malheur, enseignez-nous ses volontés, afin que nous vivions avec lui dans une éternité de consolation.

— Celui qui a fait ces choses n'a plus son enveloppe mortelle, depuis que les Romains l'ont mis à mort sur une croix; mais son esprit est partout, sur la terre comme dans les cieux, sous les cabanes comme dans les palais; je vous le dis en vérité, priez au nom du Père, du Fils, et ce que vous demanderez, d'un cœur sincère, vous sera toujours accordé.

— Donnez-nous la liberté, lui répondirent plusieurs voix, délivrez-nous de la misère et du mal.

— Que ceux qui veulent suivre la loi du Christ, viennent vers moi, reprit l'apôtre; je les admettrai dans la famille chrétienne. Que chacun confesse ses fautes, répudie ses superstitions passées, l'eau du baptême lavera complètement ses souillures, et le rendra mille fois plus pur qu'il ne le fut jamais.

Médella, réveillée de ses tristes pressentimens par ces discours inattendus, ouvrit instantanément son cœur à la plus douce confiance.

— Quels mots viens-je d'entendre? s'ecria-t-elle, en arrêtant ses regards avec pénétration sur celui qui les avait prononcés. Et aussitôt, marchant vers lui avec ardeur, elle lui dit, avide d'une réponse favorable:

— Homme, qui que tu sois, quel est l'esprit surhumain qui t'a inspiré les paroles pleines d'avenir et d'espoir que tu viens de prononcer?...

— L'Eternel et le Christ, son fils unique, répondit l'apôtre avec une noble sérénité.

— Quel est ce Christ? reprit Médella, haletante d'impatience; sa puissance est-elle grande, étendue?

Le prêtre répondit avec majesté:

— D'un mot, il a fait le monde; d'un regard, il peut le briser...

A chaque réponse de l'apôtre, Médella sentait augmenter l'attraction secrète, intime, qui l'attirait vers lui; et son cœur se dilatait pour recevoir des révélations nouvelles.

— Et celui qui a fait le monde et le briserait d'un regard, pourrait-il effacer ce qui est, rétablir ce qui n'est plus ? Pourrait-il ramener une femme égarée, perdue à cette innocence du berceau, la plus belle couronne de son front.

— La bonté de mon maître est si grande, qu'elle dépasse encore la dépravation d'ici-bas. Que l'orgueilleux s'humilie, que le voluptueux mortifie les sens, et l'eau du baptême rendra l'ame souillée, plus limpide que la lumière du jour, plus blanche que la rosée du matin.

Une révolution subite venait de s'opérer dans l'esprit de Médella. La druidesse et la favorite n'existaient plus. Ardente dans toutes ses passions, elle venait d'accepter un dieu nouveau, avec ce même enthousiasme qu'elle avait appliqué jusque-là aux superstitions, aux égaremens terrestres. A l'instant-même où l'apôtre ouvrit au repentir les portes d'une purification sans limites, la gauloise fit entendre une acclamation de bonheur ineffable.

— Pure comme la lumière du jour ! s'écria-t-elle avec ravissement. O Dieu de consolation et d'amour, reçois mes transports et mes vœux ; car tu es celui que j'adore !..

En prononçant ces paroles, Médella tomba à genoux sur la pelouse, et ses yeux regardèrent le ciel. Heureuse, ravie, dans l'extase, elle élevait son ame avec ardeur vers ce Dieu nouveau dont le nom seul lui était connu, mais une moitié de son cœur demeurait encore sur la terre, et on l'entendait dire en secret : — Pure comme la lumière du ciel ! O Robur ! je pourrais donc être digne de toi !

Pendant cette scène touchante, prélude des conquêtes spirituelles que les apôtres devaient faire dans les Gaules, le temple romain retentissait du bruit et des éclats de rire de l'orgie. Sa vaste enceinte resplendissait de mille lampes étincelantes, et dominait de son autorité séculaire l'humble bosquet de peupliers où se consommait, dans le silence, la rédemption de Médella. Le sanctuaire des idoles semblait considérer avec fureur cette aurore de la religion puissante, et la grande porte du péristyle, éclairée des feux des sacrifices et du festin, projetait vers la rive ses émanations infâmes, comme une gueule des gouffres infernaux.

A peine Médella eut-elle prononcé le cri de ralliement de la nouvelle foi, que Malasit se sentit comme frappé au cœur ; les chrétiens virent le ciel se voiler de nuages, un vent impétueux fit ployer le feuillage touffu des arbres, le fleuve, naguère si limpide, souleva des vagues bourbeuses, et la terre elle-même obéit à d'étonnantes oscillations ; au milieu de ce fracas des élémens, Malasit apparut désespéré, furieux ; cette nouvelle conquête du Christ avait rallumé sa rage implacable.

— Infâme recruteur ! dit-il à l'apôtre, te retrouverai-je donc en tous lieux ? Non, le Christ ne m'arrachera pas la druidesse, ses mains fussent-elles crochues comme le fer... Puis, poussant des cris, il poursuivait : — A moi, Romains licencieux.... divinités barbares et fanatiques, accourez à mes cris, venez combattre l'imposteur de Nazareth.

Cet appel impuissant glissait inaperçu sur le cœur de Médella ; elle demeurait calme, plongée dans une douce inspiration, mais Malasit ajoutait avec la vanité des anges déchus :

— A qui de nous le monde, pauvre insensé, qui te fais appeler apôtre? Mes idoles le tiennent enchaîné à ses quatre coins; arrache-moi mes serviteurs, si tu peux et si tu l'oses.... Vous pensiez donc avoir extirpé l'arbre du bien et du mal, parce qu'un glaive de feu m'avait chassé du Paradis; mais l'arbre avait des racines profondes et il s'est repris à croître vigoureusement. Or, voilà déjà qu'il porte des fruits admirables, et tu n'ignores pas que les femmes d'aujourd'hui sont aussi gourmandes que la compagne d'Adam, et que les hommes ont encore à leur gosier le pepin qui s'arrêta à celui de leur premier père (37).... Ecoute d'ici ces fastueux Romains, mes esclaves et mes adorateurs. N'entends-tu pas ces cris de débauche, ce cliquetis de vases qui viennent se mêler aux éclats de rire des femmes perdues, aux chants immondes des pontifes d'Isis? Ainsi l'univers répond à mon appel, et des millions de voix proclament en tous lieux le despotisme de mes idoles.

Le prêtre du Christ accueillit ces clameurs impuissantes avec un froncement de sourcils qui fit reculer Malasit.

— Ne sois pas si prompt à croire à ton triomphe, lui répondit-il; tes griffes de fer pénètrent tout d'un trait dans le corps de l'homme, je le sais; nos préceptes, au contraire, sont plus lents à se faire jour dans son ame; mais ils sont dirigés par la volonté suprême, tandis que ta main calcinée est aveugle et indécise.... Semblable à la rosée du ciel qui tombe sur un sol desséché, la parole de Dieu glisse d'abord sur la croute durcie; mais, peu-à-peu, l'écorce se ramollit, les pores s'ouvrent, et la terre finit par s'humecter avec délices de la liqueur nourrissante qu'elle semblait refuser d'abord. Douceur et persévérance, voilà nos armes favorites, elles sont les plus redoutables pour vaincre les méchans.

— Enfer ! s'écria Malasit, en dégaînant son sabre. Eh bien ! je rendrai le cœur humain plus dur que le fer, afin que tu ne puisses pas y pénétrer ! je rallumerai tous mes arsenaux, et chaque mortel, à l'appel de ma voix, viendra grossir les rangs de mes cohortes.... Oui, j'attiserai les désirs licencieux; l'inceste et l'adultère deviendront les seules liaisons d'ici-bas, si bien, que les enfans de ces accouplemens ne sachant démêler les liens de leurs filiations, se dévoreront entr'eux.... La soif de l'or te paraissait déjà redoutable; et bien, je vais l'irriter encore.... Je veux, dès aujourd'hui, que le père et le fils se jettent l'un sur l'autre pour se disputer le même denier; je veux qu'ils se déchirent, qu'ils s'éventrent, jusqu'à ce que le plus fort, seul maître de l'obole, vienne me l'offrir, toute salie encore des entrailles du vaincu.... Oui, le monde est à moi, et je saurai le retenir dans mes serres par la luxure et l'ambition. Je répandrai tant de sang sur la terre que vous ne pourrez plus vous aventurer dans ces bourbiers; j'y sèmerai tant de malheurs qu'il ne sera plus permis de croire à un Dieu de justice et de bonté; je ferai verser tant de larmes, que les yeux en seront aveuglés, et que la lumière du ciel leur sera à jamais impénétrable!

L'apôtre lui répondit, sans reculer d'un pas : — Va, méchant, va te préparer des déceptions encore plus éclatantes que celles qui ont précédé. Tu veux inonder la terre de sang; eh bien! il nous suffira de dire le nom de celui qui l'a versé, pour qu'on le réprouve et l'abhorre. Tu veux faire pleurer des torrens de larmes; un seul rayon de la foi suffira pour rouvrir les paupières, sécher la source des pleurs, et faire bénir par le malheureux le Père commun qui rend la consolation et la paix.... Insensés! ne comprenez-vous pas que, plus vos abîmes de souffrance sont profonds, plus il nous est facile d'appeler à nous toutes les douleurs, pour les mener vers le saint Tabernacle.... La corruption est éphémère comme tout ce qui vient du mal, et le malheur est une main providentielle qui force l'homme à chercher du soulagement dans la foi.... Saches bien que le Christ est venu briser les portes de ton royaume, et c'est en vain que tu essaierais d'en rajuster les débris avec des larmes et du sang. La Croix planera sur la terre comme le fanal de la Rédemption; et les concerts harmonieux des vierges et des anges étoufferont ta voix rauque, désormais impuissante....

— Enfer! répondit Malasit, en présentant au prêtre une bouche pleine d'écume et de feu. Tu veux la guerre; eh bien, qu'elle soit guerre à mort!... Vois-tu d'ici cette foule innombrable qui hurle autour de mes idoles? entends-tu les cris de corruption, et les blasphèmes rugir sous les voûtes du temple? mes armes, comme tu le vois, sont aussi bien aiguisées que les tiennes; à qui de nous le monde? Je suis préparé au combat. Ayant dit ces mots, le Mauvais disparut, ne laissant après lui qu'un épais nuage de cendre, et on le vit se précipiter dans le temple, en agitant son sabre ébréché.

L'apôtre, calme et tranquille au milieu de ces menaces infernales, regarda les chétiens avec bonté. Quelques-uns d'entr'eux semblaient craindre; mais la druidesse était restée inébranlable sous la protection du prêtre, qui appuyait sur son épaule sa main paternelle. — Frères, leur dit-il, les méchans nous menacent; portons jusque dans le repaire de leurs superstitions le témoignage de notre foi et la puissance du vrai Dieu... Alors il marcha lentement vers la foule d'où s'élevait un tumulte effrayant. Les chrétiens, peu nombreux, formaient autour de lui une suite modeste de mendians, d'esclaves et de femmes. Médella était à ses côtés. Ce fut avec cette escorte que le prédicateur monta les marches du péristyle pour aller affronter la vieille société tout entière, sans crainte, sans effroi, sans orgueil ni ostentation, guidé seulement par l'ardeur de sa foi, la conscience de son devoir... Cet homme était Sernin. Ardent dans son entreprise, il venait d'apparaître dans cette partie de la Gaule. Le pape Fabien avait ouvert les routes de l'Occident à son ardeur apostolique, et l'adorateur du Christ s'était choisi la Narbonnaise pour sa part de conquête. Ce héros d'une nouvelle sorte, modeste comme saint Paul, inébranlable comme un martyr, se montrait dans sa divine mission mille fois plus grand, plus courageux que les plus fougueux capitaines. Seul avec quelques jeunes filles, n'ayant pour armes que la parole divine, il avait entrepris de planter sur les ruines du Druidisme et de l'idolâtrie romaine, l'étendard de la loi nouvelle, posant ainsi la limite fatale des temps anciens et la base des siècles nouveaux (38). Arrivé sous les colonnes du péristyle, ses yeux rencontrèrent une affiche, peinte en rouge, dans laquelle le préfet Agaton, sur l'ordre de l'empereur, portait la peine de mort contre les ennemis de l'empire, appelés les chrétiens.

— Grand Dieu! s'écria une jeune fille, la plus timide et la plus nouvelle parmi les convertis, où courons-nous, mon père? Au nom du ciel, éloignons-nous, n'affrontons pas une mort inévitable.

— Que je recule devant le méchant et l'athée! répondit Sernin d'une voix forte, sans s'inquiéter des traîtres qui pouvaient l'entendre. Nous sommes venus pour inviter les hommes au repentir et non pour les craindre. Nous sommes venus pour secourir les pauvres et non pour les abandonner. Rappelez-vous Cyrus et Babylonne, rappelez-vous Daniel et Balthasar, et alors, bien loin de trembler sur nous, vous frémirez pour l'avenir des impies, en voyant entrer dans leur temple les enfans du vrai Dieu.

A ces mots, Sernin franchit le seuil. Peu à peu, il se mêla à cette foule avide des carnages du cirque, il considéra sans trembler les espions et les soldats, et il jeta un regard menaçant sur les faux dieux et leurs infâmes adorateurs.

Ce cahos social était toujours profond comme nous l'avons déjà montré. Les courtisans poursuivaient leurs exploits lubriques, et la populace enviait leur bonheur, grondait contre eux, et préparait la lutte de la misère dépravée, contre la richesse corrompue.

Sernin, ému de pitié, examina avec mépris cette plèbe lâche et haineuse. Il leva les yeux au ciel; puis adressant un regard de compassion à ces courtisans qui s'enivraient de volupté sur ce volcan prêt à les engloutir, il disait:

— Allons, puissans de la terre, matérialisateurs de l'humanité, vous espérez éblouir le peuple par une vie luxueuse, et déguiser votre caducité sous le vernis trompeur d'une puissance corrompue. Au lieu de cela, vous n'avez fait qu'allumer une jalousie qui menace de devenir insatiable. Un jour viendra peut-être, où l'épouvante vous saisira à l'aspect de ce peuple si méprisé par vous, lorsque, la hache à la main, il viendra vous demander votre or ou votre sang. Alors, sans doute, reconnaissant l'impuissance de vos richesses, vous lui demanderez grâce en tombant à ses pieds; mais il vous répondra : Je suis sourd à la pitié, depuis que vos dépravations et votre positivisme ont étouffé dans le cœur de l'homme tout ce qu'il y avait de généreux. Que vous restera-t-il alors ? la Providence, cette justice éternelle et tutélaire, que vous avez reniée dans votre fol orgueil. Vous crierez grâce vers elle, et heureux, cent fois heureux, si elle vient s'interposer dans cette confusion sanglante, en proclamant l'égalité fraternelle.

A mesure que Sernin pénétrait dans la foule, il entendait les murmures jaloux et envieux du peuple, se manifester avec plus d'énergie. Il approcha d'un des orateurs populaires les plus éloquens, et il lui dit :

— Sont-ce là les pensées que l'aspect hideux de cette débauche vous inspire : de la jalousie au lieu d'horreur !

— Nous voulons savoir à notre tour, ce que c'est que cette opulence pour laquelle ces hommes nous ont fait souffrir, lui répondit le prédicateur impétueux.

— Eh quoi ! reprit Sernin, est-ce bien le nom d'hommes que vous donnez à ces êtres immondes qui courent après les exploits de la gloutonnerie et de la prostitution, pour se vautrer dans les ordures, comme des animaux que je n'oserais pas nommer.

— Mais, s'écria le rhéteur étonné, sais-tu bien que c'est d'Agaton, le riche, le puissant, que tu parles ainsi... Et d'ailleurs, tout cela est bon à chanter; mais au fait, c'est au libertinage qu'appartiennent honneurs et plaisirs, tandis que la vertu ne procure aux pauvres diables, que mépris et coups de bâton... Qui s'occupe du malheureux, s'il vous plaît, pour autre chose que pour le faire battre et travailler ? qui pense à l'esclave qui souffre, et qui meurt sans se plaindre ?...

— Celui qui est là-haut, répondit l'apôtre, en élevant les mains vers le ciel. Celui qui n'a pour le méchant que des regards de colère, et pour celui qui souffre en patience, que des regards de compassion et d'amour.

— Belle chanson, répartit l'orateur. Je n'ai jamais su voir là-haut que des araignées ou des mouches.

— Sernin lui répondit : Penses-tu donc que ce soit avec des yeux calcinés de rage et de luxure, que l'on peut pénétrer jusqu'au trône de l'Eternel ?

— Que veut-il dire avec son Eternel, reprit le rhéteur, nous n'avons que faire de ces vieilleries superstitieuses !

— Le pauvre qui blasphème son Dieu sera pesé à la même balance que le méchant qui opprime ses frères, répartit Sernin avec sévérité.

En ce moment, un bruit confus, une agitation extraordinaire se fit entendre parmi les courtisans. Malasit, furieux du triomphe que l'apôtre avait remporté sur Médella, s'était jeté au milieu des femmes, des débauchés et des prêtres d'Isis. Appelant à lui tous ses compagnons dévoués, il les avait exhortés du geste et de la voix, avait soufflé dans leur ame la partie la plus active de son poison, et les convives chancelant d'ivresse, appelaient d'une voix obscure : Médella ! Médella ! Malasit vint à elle, pour essayer de l'arracher des mains de Sernin ; mais l'apôtre lui montra le ciel, et lui dit : Priez vers le Christ, ma fille, et vous aurez la force de ne plus succomber.

— Moi succomber ! répartit Médella, d'une voix sublime de courage et de vertu ; plutôt mourir sur une croix ! Puis, regardant fièrement Malasit qui lui adressait les mots les plus grossiers du vocabulaire des séductions, elle lui dit : Ta puissance est grande, je le sais ; mais elle est horrible, tandis que la mienne est sainte et inébranlable, depuis que j'ai entendu ce saint apôtre envoyé par le Christ pour t'écraser, toi.

A ces mots, Malasit devint furieux : ses contorsions, ses efforts se multiplièrent. — Jupiter ! Teutatès ! s'écriait-il d'une voix suffoquée. Dieux de la corruption et des crimes ! au secours ! au secours ! à moi vos torrens de feu et vos foudres ! Tuez, massacrez ! ce sont les chrétiens, race implacable et féroce.

En ce moment la confusion fut à son comble. Le préfet et ses mignons accoururent tout effarés ; le peuple effrayé, interdit, demeura immobile, frappé de stupeur et d'épouvante. Au milieu de ce cahos sans limites, Sernin avança solennellement vers l'image d'Isis. Il prit sous sa robe une petite croix de bois, et la montrant au peuple, il lui dit : — Peuple, réjouissez-vous ! Les temps anciens sont passés, la Rédemption et l'égalité viennent remplacer la superstition et l'esclavage. Peuple, prie vers le Christ. Le ciel est ouvert au repentir et l'enfer à l'endurcissement. Peuple, rentre en paix avec le Seigneur... Puis il passa devant la statue et les courtisans... Au nom du Dieu tout-puissant, dit-il d'une voix plus forte, rentrez dans la poussière, idoles de l'enfer ; et vous, hommes orgueilleux, courbez vos fronts.

Aussitôt, Isis tomba brisée sur les dalles du temple. Malasit, renversé sous ses débris, lança un regard furieux, qui manifesta toute l'impuissance de sa rage. La plupart des courtisans et de leurs complices, éhontés, tombèrent à la renverse ; et le peuple, plongé dans une profonde terreur, suivit des yeux l'apôtre courageux et ses chrétiens modestes, qui s'éloignèrent d'un pas lent et solennel.

Quelle es-tu, dis-le moi, si pauvrement vêtue?
— Je suis Religion, fille de Dieu connue.
— Pourquoi ce vêtement d'une si pauvre laine?
— Parce que je méprise une richesse vaine.
— Pourquoi sur cette croix t'appuyer, charitable?
— La croix m'est un repos qui m'est fort agréable.

DE LA FRESNAYE.

XVI.

LA CHAPELLE DES ROSEAUX.

Les chrétiens sortirent du temple... Par où les conduira Sernin pour échapper aux sbires et aux soldats? Les cachera-t-il dans les ruelles désertes? non, il les guide par la rue principale de la cité vers le Capitole. Ils traversent le Forum, où le silence de la nuit n'est interrompu que par le vol rapide des chauves-souris, le cri nocturne de la chouette, et ils s'éloignent vers les marais déserts qui bordent au nord les murs de la ville... Un sentier peu battu s'offre à eux; Sernin y marche le premier; il avance à travers de grands roseaux sur une langue de terre humide, imprégnée de boue et bordée de marécages. Lorsqu'ils ont fait deux cents pas sur cet étroit passage, Médella aperçoit une petite cabane formée d'étais de bois, et recouverte d'un toit de chaume. A son aspect les chrétiens font le signe de la croix ; Sernin en ouvre la porte et ils entrent dans le temple du Christ.

En pénétrant dans cette chaumière du vrai Dieu, où le Christianisme gaulois venait de recevoir le jour, comme Jésus avait reçu la lumière dans l'étable de Bethléem, Médella éprouva une émotion indéfinissable. Cette gauloise enthousiaste, que Rome avait subjuguée par la splendeur de ses monumens et de sa civilisation, jetée tout-à-coup dans une simple cabane, n'éprouva qu'une admiration qui lui était inconnue. Elle parut oublier la modestie de l'autel de son Dieu nouveau, pour ne s'inspirer que de son atmosphère de sainteté, de purification et de paix. Les chrétiens s'agenouillèrent, Médella les imita, et un cantique d'actions de grâces s'éleva dans le silence de la nuit vers les voûtes du ciel.... La cérémonie se borna à cette courte prière ; la nuit était trop avancée pour songer à demeurer long-temps dans la chapelle. Les premiers apôtres, obligés par prudence à dérober leurs réunions aux recherches des espions romains, consacraient ordinairement la nuit silencieuse aux instructions, aux prières, aux cérémonies publiques ; mais sitôt que l'aube paraissait, ils congédiaient les fidèles, fermaient la porte de la divine chaumière, et s'en allaient courir de maison en maison, de village en village, visitant les pauvres, soignant les malades, recueillant l'aumône des laboureurs, et surtout, prodiguant partout et toujours la parole de vérité et de consolation.

Deux jeunes filles, récemment ramenées à la religion nouvelle, secondaient Sernin dans ses travaux apostoliques. Filles d'un roi ibérien d'Huesca, elles avaient abandonné le palais de leur père pour partager les périls de la vie dure et pénible de Sernin. Angélique et Céleste étaient les noms chrétiens qu'elles avaient reçu au baptême ; leur ame, naturellement candide et innocente, était encore embellie de toutes les vertus particulières aux premiers chrétiens. Ingénues par ignorance, autant que chastes par vertu, tout en elles portait le cachet de ces êtres privilégiés, qui, vierges sur la terre, n'ont plus besoin que de quitter ce monde pour être des anges au ciel (39).

Dès que l'aurore eut montré ses clartés diaphanes à travers les forêts qui couronnaient les collines de l'Orient, Sernin prit avec lui, selon son habitude, les deux compagnons de ses travaux, et se disposa à partir, pour aller convoquer de nouveaux adeptes à la réunion du soir. Quant à Médella, que son ignorance de la religion nouvelle éloignait encore, pour quelque temps, de la participation aux prédications évangéliques, elle fut laissée près de la petite chapelle.

— Priez en paix, ma fille, lui dit l'apôtre. Abandonnez votre esprit aux inspirations que le temple du vrai Dieu inoculera dans votre ame ; réfléchissez à la grandeur de l'Eternel, aux bontés infinies de son Fils unique. Ce soir, nous reviendrons auprès de vous. Là-dessus, Sernin s'éloigna pour aller vaquer aux devoirs de sa mission. Il était beau de voir ce ministre de Dieu, naguère si courageux, si puissant dans le temple des idoles, maintenant modeste et timide, aller recueillir l'aumône du laboureur, pour l'apporter à l'esclave malade, qu'un maître avare abandonnait sur les chemins dès que les infirmités rendaient son travail stérile.

Quand le soir fut venu, Sernin et les jeunes chrétiennes revinrent au

milieu des roseaux, à l'endroit où Médella était demeurée seule avec ses méditations et ses remords. Ils la trouvèrent inclinée sur un évangile, dont le prêtre lui avait recommandé la lecture; son existence passée formait un contraste si considérable avec la vie du Christ, qu'elle se sentait fléchir sous le poids de la honte, et la clémence de Dieu ne lui semblait pas pouvoir être assez grande pour lui faire grâce et la purifier.

— Qu'avez-vous donc, lui demanda Angélique, avec cet accent suave et doux, que Médella n'avait jamais entendu sur la terre. Qui retient ainsi vos mains sur votre visage? qui peut vous éloigner de nous qui sommes vos sœurs?

— Ce qui m'éloigne de vous, répondit Médella, c'est la honte de mon passé, la pesanteur de mes fautes. Comment oserai-je prendre rang dans votre famille!.... O vous qui avez fui la maison du roi, votre père, pour habiter une cabane, comment pourriez-vous soutenir le regard d'une femme criminelle, qui a déserté les bois pour se souiller dans un palais? Ne me demandez pas qui j'ai été; car, au seul récit de mes erreurs passées, je vous verrais fuir et vous voiler le visage avec horreur.

Angélique lui répondit: — Vous ne connaissez pas toute la grandeur, toute la sainteté du repentir. La bonté divine est si grande, qu'elle dépasse en étendue la perversité des mortels. Quelles que soient vos fautes, le remords et l'eau du baptême vous rendront pure comme les anges du Christ.

— Le prestige imposteur de l'opulence m'a fait tomber dans la turpitude, reprit Médella, et je me suis plongée dans la boue en croyant m'élever à la grandeur. Hier, au milieu de la fête romaine, j'ai osé me mêler à vous, ne connaissant pas encore la divine limpidité de vos ames, la beauté touchante de vos préceptes; mais aujourd'hui que j'ai étudié les leçons de l'Evangile, aujourd'hui que j'ai sondé les profondeurs effrayantes de ma corruption, je recule devant vous.... Le vêtement de la femme orgueilleuse et criminelle salirait trop vos robes blanches.

— Pauvre femme! reprit Céleste, chassez vos craintes chimériques. Nous sommes venues au nom du Christ pour chercher ce qui était perdu et le sauver.... Un jour, pour échapper au vautour qui la poursuivait, une colombe s'abattit dans les roseaux d'un marais fangeux. Au sortir du bourbier, elle était si honteuse, qu'elle n'osait plus montrer au grand jour sa robe si blanche naguère, et maintenant si souillée. Les anges du ciel comprirent son embarras, et venant à elle, ils lui dirent: Pourquoi te cacher, jolie colombe? pourquoi ne pas nous appeler à ton secours? Trop de honte fait perdre quelquefois tout le fruit du repentir. Viens ici; nous laverons ta robe salie, et demain elle sera si pure, que le cygne lui-même enviera sa beauté. Médella, faites comme la colombe, nous ferons comme les anges du ciel. Portez-nous votre ame, l'eau du baptême la rendra plus limpide qu'elle ne fut jamais.

— O mon Dieu! répondit Médella, en face de tant de pureté, comment supporterai-je le souvenir d'une vie honteuse, si le repentir de mes égaremens n'ouvrait devant moi la porte de votre purification chrétienne!

— On prétend que la route du salut est ardue, dit Céleste; mais ne croyez pas ceux qui tiennent ce langage. Si nous éloignons la jeune fille des plaisirs d'un monde corrupteur, n'est-ce pas pour lui en procurer en revanche de mille fois plus beaux.... Quelle existence ici-bas pourrait-on comparer à celle du chrétien. Méprisant le monde et ses vaines richesses, seul, il a su conquérir la véritable liberté ; foulant aux pieds les dieux des Gentils, il puise dans l'amour divin la force de briser le joug des passions, et il s'élève, par la contemplation, à une puissance presque surhumaine ; ses prières, enfin, ont tant de vertu qu'elles éloignent les esprits malins, guérissent les maladies, et la créature se trouve par leur entremise en communication avec l'Eternel.... La royauté éblouit le vulgaire par son prestige ; quel est donc le monarque dont je pourrais envier le bonheur ou la gloire, lorsque je puis me dire dans la pureté de mon âme : je n'ai fait de mal à aucun de mes frères et j'ai fait du bien à quelques-uns ; j'aime Dieu pour sa bonté, comme il m'aime pour ma ferveur ; j'ai pris place dans sa famille.... Quand je suis appelée à avoir le ciel pour demeure éternelle, ne puis-je pas regarder les palais en pitié !...

— Que de noblesse et de courage mêlé au calme de l'innocence, reprit Médella subjuguée ; Dieu puissant ! de quel charme indicible le cœur de ces chrétiens ne doit-il pas être inondé ! les agitations d'une vie orageuse peuvent-elles jamais offrir une félicité comparable à cette existence de contemplation, de recueillement et de grandeur ! D'un geste, ils renversaient naguère les idoles et foudroyaient les hommes orgueilleux ; maintenant, ils sèchent les larmes d'une pauvre femme désolée et s'agenouillent, humbles et timides, pour prier devant une cabane.

C'était l'heure où les étoiles, brillant comme des fanaux dans un ciel pur, appelaient autour de Sernin l'esclave et le laboureur délivrés de leurs travaux pénibles. Les premiers missionnaires avaient choisi la chute du jour comme le moment le plus favorable à leur prédication, soit à cause des ombres de la nuit qui les dérobaient aux espions, soit pour attendre que le travailleur eût achevé la tâche imposée par son maître. Les rares chrétiens qui commençaient à goûter la parole nouvelle dans Tolosa, ne tardèrent pas à se rendre sous le porche de la chapelle solitaire. A mesure que ses frères en Dieu arrivaient par le sentier, Sernin allait à eux avec bonté, et leur faisait le salut chrétien.

— La paix soit avec vous, mes frères, et ceux-ci répondaient ; — Ainsi-soit-il.

Angélique qui s'était avancée à travers les roseaux pour aller à leur rencontre, reparut bientôt, suivie de six jeunes paysannes, fraîches, robustes et vêtues de la longue robe blanche des catéchumènes. Un petit évangile suspendu à un cordon de lin, avait remplacé, sur leur poitrine, le talisman et les amulettes que les prêtres des faux dieux leur avaient vendus autrefois. Presque toutes apportaient des corbeilles de fruits, de légumes et de laitages, seules provisions frugales qui fussent admises sur la table des premiers chrétiens; mais Angélique négligeait de regarder ces offrandes, pour attacher ses yeux sur une jeune fille qui tenait un enfant nouveau-né dans ses bras; à l'amour qui brillait dans son sourire, on l'aurait cru le fruit de ses entrailles, et cependant la charité était le seul lien qui les unît. Ce pauvre orphelin, exposé dans les bois, avait trouvé dans une chrétienne étrangère, l'amour maternel que la nature avait refusé à la femme qui lui avait donné le jour. Angélique prit cet enfant dans ses bras, et lui donnant un baiser, elle dit à sa protectrice : — Que vous êtes heureuse d'avoir dérobé un frère à la mort et à l'idolâtrie ; vous voilà presque comme la mère du Christ, vous partagez les joies et les devoirs de la maternité, sans avoir perdu l'innocence.

Au même instant, les jeunes filles arrivèrent auprès de l'apôtre, et elles se mêlèrent aux auditeurs qui l'entouraient. Bientôt Sernin leur dit :

— L'heure de la prière approche, mes frères, nous n'attendons plus pour vaquer à ce devoir pieux que la venue de quelques missionnaires de l'Espagne et des Gaules qui doivent se réunir en concile sous le porche de cette chapelle; ils viendront nous apporter des renseignemens sur les progrès du Christianisme, et nous chercherons les moyens les plus efficaces pour les étendre plus au loin, en demandant au Saint-Esprit de nous aider de ses lumières dans cette conquête du monde.

Sernin ne fut pas trompé dans son attente; trois hommes à barbe longue, vêtus de simples tuniques grises et de bonnets de laine, vinrent bientôt se réunir au modeste concile et provoquer une douce explosion de joie. Dès qu'on entendit les clochettes de leurs mules, l'émotion se peignit sur les traits d'Angélique et de Céleste, et la famille chrétienne accourut pour les recevoir. Sernin les atteignit le premier, il les embrassa avec effusion et les conduisit vers le temple de chaume, au milieu d'échanges réciproques de paroles de tendresse.

L'un d'eux, Omatus, arrivait des bords de l'Ebre et venait représenter, auprès de Sernin, l'évêque de Barcelonne que des affaires importantes retenaient au-delà des Pyrénées.

Le second venait du pays des Ausci et des l'Actorates, où il avait eu le bonheur de révéler le premier les préceptes de la foi; son nom était Papoul, et on le reconnaissait pour évêque suffragant, à sa dalmatique et à son bâton recourbé, houlette de bois que les siècles futurs devaient changer en sceptre d'or.

Le troisième, Honestus, autrefois esclave dans la Narbonnaise, venait apporter des renseignemens favorables sur l'heureux succès de ses prédications dans le pays de Sustantion et de Nîmes.

Quand ces étrangers eurent satisfait aux premières sollicitudes de leur amitié, Sernin s'informa avec empressement de l'état que présentait le Christianisme dans les provinces qu'ils venaient de parcourir... Omatus lui dépeignit les Ibères comme fatigués du joug romain, et bâtissant, dans les lieux isolés, des chapelles sous l'invocation du Christ et des apôtres ; Honestus, lui retraça avec énergie l'aversion des Liguriens pour les temples du Paganisme. — Ils fuient avec horreur, dit-il, les jeux des arènes et des amphithéâtres, et c'est dans les bois, autour des prédicateurs proscrits, qu'ils vont chercher leur nourriture spirituelle.

— L'accueil que j'ai reçu dans la Novempopulanie n'est pas moins favorable, dit Papoul à son tour ; de nombreux idolâtres ont accueilli avec transport mes révélations d'un nouveau Dieu, d'une nouvelle loi ; aussi, pour perpétuer le souvenir de ce triomphe, j'ai bâti sur les bords du Gers, dans la ville des Ausci, une chapelle dédiée au premier des douze apôtres.

Si tous les trois furent unanimes pour se plaindre des persécutions ombrageuses des Romains, ils le furent aussi pour se louer des populations nouvelles qui adoptaient, avec avidité, la prédication chrétienne, et apportaient entre leurs mains d'abondantes aumônes, destinées à l'entretien des missions apostoliques. En parlant ainsi, Papoul et Omatus montraient du doigt les bagages volumineux dont leurs mules étaient chargées.

— Je vous remercie au nom de Jésus, leur répondit Sernin, de tous les efforts que vous tentez pour le triomphe de l'Evangile ; faites approcher vos bêtes de somme du porche de notre église, et venez-y déposer le faible produit de vos longues et pénibles quêtes.

Il dit, et ses coadjuteurs s'empressèrent de lui obéir... O suavité touchante de ces temps primitifs, où toutes les richesses de l'Eglise étaient renfermées dans les besaces de quelques mendians ! trésor imperceptible aux yeux, et qui cependant devait seul, aider à refondre l'univers dans le creuset de la vérité.

— Quelque peu considérables que soient ces provisions d'huile, de linge et de blé, poursuivit Sernin, elles n'en viennent pas moins très à propos grossir la petite caisse de l'église naissante ; pendant quelques mois, nous l'avons alimentée par la vente des bijoux et des parures qu'Angélique et Céleste avaient apportées de chez le roi d'Huesca. Mais les malades et les infirmes ont bien vite tari cette première source de soulagement, et nous sommes maintenant sans fonds de réserve.

— Père, dit Angélique à l'apôtre, permettez-nous de vaquer aux premiers devoirs de l'hospitalité. Leur voyage a été long et pénible ; leurs pieds fatigués réclament le repos. Nous ne pouvons pas leur offrir de les baigner dans l'eau tiède, car nous n'avons ici ni vase, ni foyer ; mais nous essaierons du moins de les délasser en les délivrant de leurs sandales poudreuses.

Les étrangers acceptèrent avec reconnaissance ; Omatus, Honestus et Papoul s'assirent sur les pierres qui servaient de siège sous le hangard de l'église ; et les deux jeunes filles, aidées de Médella, essuyèrent leurs pieds meurtris...... Quand elles eurent accompli ce devoir pieux, Sernin leur dit :

— Maintenant que tous les frères sont réunis en ce lieu, entrons dans la chapelle ; il est temps d'unir nos cœurs pour remercier le Tout-Puissant des faveurs constantes qu'il verse sur nous ; en disant ces mots, l'apôtre se plaça près du sanctuaire, il resta debout au milieu des fidèles, et il éleva vers le ciel son front serein, resplendissant des rayons de la foi la plus ardente. Tous étaient agenouillés autour de lui, les femmes à sa gauche, les hommes à sa droite, les mains jointes, le visage tourné vers l'Orient.

— Médella, dit l'Apôtre à cette dernière, qui s'était mêlée parmi les chrétiens, éloignez-vous un peu, les catéchumènes ne peuvent prendre part à nos prières avant d'avoir reçu le baptême...... et Médella soumise, sortit du temple de chaume pour aller prier sous le porche.

Cependant Sernin avait ouvert l'Evangile ; il lut à haute voix la prière la plus sainte parmi les prières, les assistans y répondirent d'une voix fervente, et des concerts de dévotion et d'amour s'élevèrent à travers la brise du soir et allèrent frapper les voûtes azurées de leur limpide mélodie.... La nature, plus calme qu'à l'ordinaire, semblait observer un silence absolu pour laisser à cette harmonie toute sa suave beauté. Le rossignol seul, caché dans un buisson d'aubépine, osait y mêler ses chants mélancoliques. Quoique le soleil attiédi de l'automne eut éteint la voix de presque tous les hôtes ailés des forêts, le chantre des nuits semblait avoir conservé le privilège des sérénades nocturnes ; il avait fixé sa demeure dans la solitude des marais, et chaque fois que les enfans du Christ entonnaient leurs cantiques, l'oiseau fidèle mêlait ses roulades aux graves accords des ames pures.

Quand la prière fut terminée, les chrétiens allèrent s'asseoir autour de quelques planches dressées au fond de l'église ; Sernin prit de petits pains ronds qu'Angélique et Céleste avaient déposés sur ces tables grossières, il les rompit un à un en deux parts, et chaque fidèle en reçut une moitié ; cependant ils n'en mangèrent que quelques miettes, afin d'en conserver la majeure partie pour l'achever durant les travaux du jour, et pouvoir, par ce moyen, soutenir l'abstinence jusques à la cène du soir, seul repas que ces hommes sobres se permissent. Sernin prit aussi dans son étui de lin un calice d'argent, et après avoir bu le premier un vin consacré par ses mains, il le fit passer à tous ses frères, les catéchumènes exceptés.

— Maintenant mes jeunes sœurs, dit-il en remettant le vase dans sa gaîne, placez devant nous, les mets afin que nous alimentions les sources de la vie temporelle, comme nous venons de nourrir notre ame avec le pain et le vin de purification.

À ces mots les jeunes paysannes étendirent sur des feuilles de figuier et de choux, le laitage, les œufs durs, les raisins et les fruits qu'elles avaient apportés; Médella prit part aussi à ces occupations, et son ame façonnée déjà à la simplicité des mœurs chrétiennes, si nouvelles pour elle, trouva un charme infini à ces travaux innocens :

Les convives, quoique prédisposés par les fatigues du jour à ce repas du soir, ne prirent néanmoins que bien peu de nourriture; dominés par la ferveur et l'activité spirituelle, c'était sans effort qu'ils mettaient un frein aux appetits les plus naturels. Pour mieux soutenir cette prédomination de l'intelligence et de la contemplation sur la partie animale de l'homme, Omatus fit pendant le souper un récit, à la fois touchant, instructif et aimable. Son style était loin de courir après cette variété piquante que nous sommes convenus d'appeler pittoresque; mais il avait mieux que cela, il avait cette simplicité évangélique dont les premiers apôtres ont eu seuls les secrets, et qui est demeurée inimitable (40). Je voudrais rapporter dans ses plus suaves détails cet épisode chrétien qui savait admirablement parler au cœur pour l'améliorer, et à l'esprit pour lui plaire, mais l'arrivée soudaine d'un personnage inattendu vient attirer ailleurs notre attention.

Au moment où tous les esprits étaient attentifs au dénouement de la parabole d'Omatus, une ombre, projetée par la lumière pâle de la lune, passa tout à coup devant la table; Omatus craignant la surprise de quelques traîtres, interrompit son récit, et il allait éteindre les deux petites lampes, quand un homme se précipita vers Sernin en manifestant le plus grand trouble. Celui-ci fut ému d'abord par l'aspect de cet inconnu, que tout portait à prendre pour quelque agent provocateur; mais il se rassura bientôt, en reconnaissant le barde Armane, que les liens de la reconnaissance attachaient depuis quelques années à l'évêque de Tolosa.

— Fuyez, malheureux, s'écria-t-il, fuyez ou vous êtes perdus! Agaton vient d'ordonner contre vous les recherches les plus minutieuses. Marcus a déchaîné ses sbires fanatiques, les légions, les curiales, les espions, tout est en mouvement dans la ville et les faubourgs pour découvrir les chrétiens et les faire mourir... Puis cédant à sa monomanie poétique, le barde ajouta :

> Les sbires, les bourreaux, les tigres, les lions,
> Animés contre vous des mêmes passions,
> Destinent vos lambeaux à leur horrible fête,
> Et rugissent de joie au festin qui s'apprête.

Le barde s'attendait à jeter par ces paroles la terreur parmi les chrétiens; mais tous gardèrent un silence plein de courage, et Sernin courut se jeter aux pieds d'une croix pour implorer le ciel.

> Celui qui met un frein à la fureur des flots,
> Sait aussi des méchans arrêter les complots;
> Soumis, avec respect, à sa volonté sainte,
> Je crains Dieu, cher Abner, et n'ai point d'autre crainte !
>
> RACINE (*Athalie*).

XVII.

LES CHRÉTIENS DÉCOUVERTS.

L'APPARITION de ce chanteur intrus et nomade dans la chapelle, va peut-être exciter l'étonnement du lecteur; mais on ne doit pas perdre de vue que sa vie aventureuse mettait le barde en rapport avec toutes les fractions sociales; Romains et Gaulois, chrétiens et idolâtres, guerriers et libertins, tous avaient un droit égal aux vibrations des cordes de sa lyre. D'ailleurs, nous l'avons dit, Armane s'était pris dans ce réseau de reconnaissance que l'inépuisable charité de Sernin savait étendre sur tous les malheureux, quelle que fût leur croyance.... Retenu dans son lit par d'atroces douleurs, Armane se soumettait depuis un an à tous les talismans, à tous les julebs que lui ordonnaient les druides, seuls médecins connus chez les Gaulois. Cependant, malgré leurs efforts, la maladie ne faisait que s'accroître. Un jour, le patient reçut la visite du saint apôtre, ce dernier frotta son corps avec une décoction de plantes, et le malade recouvra la santé à la barbe de la médecine des druides qui l'avaient déclaré incurable. Ce service éminent était bien de nature à inspirer au rapsode un attachement très vif pour celui qui le lui avait rendu, aussi s'estimait-il heureux, maintenant, de pouvoir acquitter sa dette en le prévenant du danger qui le menaçait.

Toutefois, oserais-je dire que le désir de sauver les chrétiens était le seul mobile qui conduisait Armane vers l'église de chaume; ce serait peut-être se montrer à son égard plus bienveillant qu'il ne le voudrait lui-même; habitué comme il l'était à trafiquer de son talent, il est très possible qu'il voulut spéculer aussi sur les bons conseils, et je crois fort que l'espoir d'une récompense proportionnée à l'importance de l'avis qu'il venait donner, n'était pas étranger à son empressement; il était donc très conséquent avec son calcul, lorsqu'il peignit la persécution qui se préparait sous les couleurs les plus noires. Il fit un tableau effrayant de la fureur d'Agaton, et, s'élevant jusqu'à la prophétie, il annonça le troisième siècle comme devant dépasser tout ce que l'humaine cruauté avait inventé jusqu'alors. Ces paroles n'étaient pas exagérées, mais quelque sombre que fût l'avenir terrestre de Sernin, ni lui ni ses disciples n'en furent troublés un seul instant.

— Que nous importe cette vaine colère des méchans, dit Angélique, notre Dieu ne règne-t-il pas loin des atteintes des méchans; et son souffle ne suffit-il pas pour les terrasser? s'il permet que les bourreaux portent la main sur nous, c'est que notre sang répandu sur la terre des Gaules doit fertiliser les semences de la foi. Que sa volonté soit faite en toute chose, nous ne vivons que pour lui obéir.

Ces paroles courageuses, placées dans la bouche d'une femme, si timide en apparence, frappèrent le barde d'étonnement et d'admiration.

— Ah! s'écria-t-il, vous frémiriez, avec moi, de l'avenir qui se prépare, si vous saviez à quels excès peut se porter la cruauté du tyran. Chargé par la fille du riche Améonix de lui conduire une captive qui devait recevoir la liberté, j'ai engagé ce matin le centurion Robur à tenter un nouvel effort auprès d'Agaton pour obtenir enfin sa délivrance : la réussite était importante; la vie et l'honneur de Robur y étaient engagés aussi bien que ma propre fortune, aussi ai-je suivi le centurion dans le Château-Narbonnais, pour connaître, au plutôt, le résultat de sa tentative; il est entré dans les appartemens, je l'ai attendu sous le péristyle, et bientôt je l'ai vu se promener avec le préfet dans une galerie du triclinium. Ceci se passait au milieu du jour, et cependant Agaton portait encore sur son visage cette pâleur mortelle, témoignage irrécusable de la terreur qui l'a saisi dans le temple d'Isis, lors de la chute des idoles. — Préfet, lui disait le centurion, il est indigne de vous, de retenir, dans une honteuse captivité, cette malheureuse Illira dont je réclame la liberté; une première fois vous avez refusé d'écouter ma demande, mais aujourd'hui, je reviens parler pour elle avec toute l'énergie de ma conviction. Si le respect de l'humanité n'a pour vous aucune valeur, si vous ne pouvez comprendre la puissance de ce serment qui me lie à la jeune gauloise, ma libératrice, que la pitié du moins sache vous émouvoir en faveur des soldats que j'ai laissés en ôtage entre les mains d'Héléna, et qui doivent mourir si votre captive ne revoit pas sa famille. Pourriez-vous consentir aussi à ce qu'un brave centurion, esclave de sa promesse, allât se livrer vivant à des ennemis, et payât, par sa mort, l'outrage que vous avez fait à une fille des Gaules. — Après ce court exorde, Robur a plaidé la cause d'Illira avec tant de dévouement que le despote a paru se laisser attendrir. — Tout compte fait, a-t-il dit, je crois que la raison est de ton côté et l'erreur du mien; réparons nos folies, cette femme te plaît, sa captivité te contrarie, eh bien! j'aime à faire plaisir à mes amis; viens avec moi je vais briser ses chaînes. Aussitôt, ouvrant la porte de l'appartement des femmes il a ordonné à deux esclaves de lui amener Illira. La pauvre fille était pâle de frayeur et d'incertitude. — Par Jupiter! lui a dit le tyran, jamais le soleil n'aura brillé sur toi aussi pur qu'en ce jour de bonheur; Illira, tu es libre, et tu dois la liberté à cet excellent centurion que Rome semble avoir envoyé pour nous enseigner la galanterie. — Illira, interdite et respirant à peine, ne pouvait croire à un changement si soudain; Robur lui-même n'osait pas se fier à cette promesse inattendue; mais pour détruire leur hésitation, Agaton a renouvellé sa promesse d'affranchissement, et la jeune gauloise s'est jetée à ses pieds et s'est abandonnée à des transports de joie inexprimables. Cependant, au milieu de cette félicité, Agaton lançait sur elle ces sourires affreux dont lui seul a le secret; et appelant les licteurs, il leur a dit avec un accent terrible. — Accompagnez cette reine des forêts jusqu'à la porte du palais pour lui faire honneur; puis, avant qu'elle ne franchisse le seuil, levez vos verges, et gravez sur ses épaules le souvenir ineffaçable de son émancipation et de notre auguste clémence... A ces paroles étranges, la jeune fille à pâli, Robur a reculé d'indignation; les licteurs eux-mêmes demeuraient immobiles n'osant ajouter foi à la réalité de cet ordre cruel; mais un de ces froncemens de sourcils que le despotisme rend si impératifs est venu s'abaisser sur eux, et il a fallu obéir. Ah! chrétiens! ajouta le barde, quel horrible spectacle s'est offert à mes yeux. J'ai vu la malheureuse Illira se débattre entre les mains de ses bourreaux, ils ont arraché ses vêtemens; les verges sanglantes sont tombées avec bruit sur sa blanche poitrine; les chairs ont noirci, la peau s'est déchirée, et les coups mortels, excités sans relâche par

Agaton, n'ont cessé de frapper la victime, que lorsqu'elle est tombée sur la terre presque sans vie. Quelques mots inarticulés ont murmuré le nom de son pays, de sa famille; son visage s'est décoloré sous le doigt de la mort, et un moment plus tard, les esclaves venaient enlever le cadavre..... Après cette horrible exécution, le préfet est rentré dans son appartement, et Robur indigné de ce supplice atroce, que ses prières n'avaient pu empêcher, est sorti en maudissant ce despote fantasque et barbare. Pour moi, désespéré de la mort de cette malheureuse, dont la liberté devait m'être payée un grand prix, j'ai fui avec horreur le palais d'Agaton; arrivé hors la ville, dans ces champs de *Ferretra* qui servent de dernier asile, j'ai trouvé un vieillard occupé à creuser une fosse pour Illira; sa vue a ranimé ma fureur, et j'ai juré par les dieux que je ne reparaîtrai plus dans la ville romaine, dussé-je vivre au milieu des forêts, errant, fugitif, sans pain et sans abri.

Pendant ce récit épouvantable, les chrétiens poussaient des cris d'horreur. Médella seule demeurait muette; mais ce silence lui-même était de nature à faire comprendre que le ressentiment et l'indignation fermentaient dans son ame. La chrétienne résignée disparaissait un instant pour laisser reparaître la gauloise emportée et haineuse.

— Ah! chrétiens! ajouta le barde, que j'ai tremblé pour vous, en voyant cet horrible spectacle! Suivez mes conseils, éloignez-vous; je vous l'ai déjà dit; les sbires, les prêtres, les légions, les curiales, tout est déchaîné contre vous; ne songez plus à prêcher une religion qui ne peut vous attirer que la mort.

— Vous voudriez nous apprendre à reculer devant les Gentils! s'écria l'apôtre, à trembler devant les menaces des tyrans! Ah! jeune homme, vous ne connaissez pas les chrétiens! si la perversité humaine fait impression sur eux, c'est pour aiguillonner leur courage, et non pour les intimider. Frères, dit-il, à ceux qui l'entouraient, notre mission est immense, nous sommes venus ici pour balayer la terre infidèle, et préparer les voies aux phalanges du Christ; si les bras d'un vieillard vous paraissaient faibles dans une si grande entreprise, rappelez-vous que nous marchons sous la bannière du Rédempteur, et notre tâche, alors, vous paraîtra facile. Maintenant, une maison de bois sert de temple à l'église gauloise; douze personnes, à peine, composent tous ses adorateurs; mais le temple de chaume est appelé par Dieu, à réunir l'univers et les millions d'hommes qui l'habitent sous le toit de son sanctuaire. Allons, mes frères, venez avec moi creuser les fondemens du colosse chrétien, et rattachons à sa première pierre les diverses parties du monde ancien, prêtes à s'écrouler avec fracas!

A peine avait-il achevé ces paroles, que des cris plaintifs se firent entendre du côté de la cité : — Au secours! pitié, s'écriait une voix tremblante; respectez une femme vertueuse et ne changez pas cette ville en coupe-gorge. — Tu es jeune et jolie, répondait un romain, avec un accent plus pur qu'on n'aurait espéré l'entendre dans un tel guet-à-pens, cela nous dispense de toute compassion ; car, avec ces deux qualités, le beau sexe est toujours assuré de se tirer d'affaire. — Pitié de moi, mes seigneurs, reprenait la première voix en se débattant entre les bras de ses infâmes ravisseurs, ne déshonorez pas la fille d'une Augustale des Hastaires ; je suis une pauvre mère qui me retire en toute hâte pour aller allaiter mon enfant. — Et moi je te retiens pour te croquer, petite mère.... Cette réponse fut accompagnée de cris aigus, puis étouffés, et tout disparut dans le silence.

— Avez-vous entendu, dit Médella en prêtant l'oreille ; ce sont ces Romains grands seigneurs qui commencent leur débauche par la violence et l'assassinat.... O nuit ! quelle horrible poussière de meurtre et de turpitude tomberaient de ton manteau, si tu le secouais après l'avoir traîné sur la terre !

Aussitôt les chrétiens, agités d'indignation et d'incertitude, allaient s'élancer au secours de la victime, mais deux hommes se montrèrent tout à coup sur le petit chemin qui conduisait de la ville à l'église, et leur vue les obligea, par prudence, à se tenir cachés et silencieux. Ces deux hommes n'étaient autres qu'Amitus et Agaton, mais on ne les aurait guère reconnus sous leur déguisement nocturne. L'orgueilleux préfet et le vaniteux courtisan, s'étaient déguisés en charbonnier et en marchand de fruits, pour se livrer avec plus de sécurité à tous les débordemens de la licence, et, par un caprice burlesque, le patricien avait conservé par dessus son accoutrement ignoble, un superbe manteau de soie.

— La belle nuit pour inventer des folies ! dit Amitus, en s'asseyant sur un tertre, au bord du sentier ; le bel âge pour les mettre en exécution !.... Nous avons fait de superbes prouesses, monseigneur et roi ; mais pourquoi livrer à tes amis cette jeune beauté que tu viens d'enlever toi-même, et dont les cris ont excité mes éclats de rire ; était-ce donc trop de cinq victimes pour le préfet de la cité ?

— Que t'importe cela, répondit Agaton avec aigreur ? veut-on me contester le droit d'avoir des caprices ? ou plutôt, voudrait-on donner à croire que j'ai peur de cinq femmes, que j'ai peur de tout, depuis que ces chrétiens sont passés devant moi comme des revenans ? Est-ce toi qui voudrais m'interdire des volontés de toute sorte ? Il me semble que, si je n'ai pas eu encore celle de te faire couper la tête, cela devrait t'accoutumer à me respecter quand je renonce à un droit, tout aussi bien que lorsque je le fais valoir.... Amitus, les femmes m'ennuient, je suis las de tout cela ; et je ne conçois plus comment j'ai pu aimer ce bipède insipide ; une statue de chair qui fait du bruit et se remue ; une statue périssable qui ne vaut celle de marbre, ni par la durée, ni par la perfection. Voilà donc où doivent aboutir tous les sophismes de l'amour. Pourquoi faut-il que la philosophie soit si lente à dépouiller de leurs voiles ces grossières erreurs...... Diogène était déjà bien vieux, lorsque, voyant une femme pendue aux branches d'un arbre, il s'écria : Plût au Ciel que tous les arbres portassent de pareils fruits!.... Je finirai comme Diogène, je mourrai dans un tonneau sans autre vêtement qu'une couche de crasse..... Amitus, une chose est certaine, c'est que je n'aime plus que le rapt et la violence; il y a dans ces cris douloureux de la femme quelque chose d'attrayant et de neuf qui chasse le dégoût de la monotonie. Les empereurs ont parfaitement compris ces avantages; aussi, depuis Néron, les a-t-on vus presque tous courir les rues sous le déguisement pour se procurer ce genre de distraction nocturne.

— Bien certainement, seigneur rex, répartit Amitus, toutes les volontés d'un grand homme ne sauraient être que fort respectables; et depuis que Caligula a nommé son cheval consul, je me sens saisi de recueillement à la vue d'un quadrupède; mais qu'as-tu à envier aux douze Césars? Tolosa ne peut-elle pas dire de toi ce que Rome disait de Tibère et d'Héliogabale? N'est-ce pas à Agaton qu'elle doit l'honneur d'avoir été retirée du marais de la barbarie, et de se parer aujourd'hui avec orgueil de tous les fleurons d'une colonie romaine, maisons de plaisirs, combats de gladiateurs, palais, nomachies, courtisanes, bêtes féroces, tu n'as eu qu'à paraître, et toutes ces fleurs de la civilisation romaine sont écloses à ta voix. Aussi, avec quel cri de reconnaissance Tolosa exaltera ta grandeur, et fera retentir les siècles futurs du bruit de ton nom et de ta gloire!

— Qu'est-ce à dire ! s'écria Agaton, en jetant sur le courtisan un regard courroucé; qui vient me parler des siècles futurs; il n'y a que les réputations éphémères qui attendent si long-temps pour se manifester. Je veux que ma gloire soit déjà collossale avant que les rides de la vieillesse aient sillonné mon front.... Laisse-moi, ajouta-t-il avec aigreur, je veux prendre l'air, respirer à l'aise, et aussitôt il marcha du côté de l'église chrétienne dont il ignorait l'existence. Les disciples s'étaient retirés par prudence dans le sanctuaire, Médella seule était demeurée en dehors, et elle vit le préfet promener autour de lui des regards épouvantés.... Amitus, dit-il en revenant près de son compagnon, ne te semble-t-il pas que cette nuit est bien noire? je ne sais pourquoi la lune est si pâle, ce soir; on dirait qu'elle rôde autour de nous pour évoquer des fantômes. Amitus, poursuivit-il en frissonnant, je n'aime plus les ténèbres depuis ce festin d'avant-hier, où nous fûmes assaillis par cette espèce de rêve; des chrétiens la tête haute, une idole renversée, le mot Christ proclamé.... Amitus, j'ai horriblement peur!

Ce mot, et le frisson qui l'accompagna, se propagèrent rapidement dans l'ame du courtisan, et il répondit comme Agaton en se serrant contre lui :

— J'ai peur aussi, maître ; ceci est une affreuse solitude, et je ne sais pourquoi nous sommes venus de ce côté.

— Est-ce que tu vois quelque chose ? reprit Agaton, pâle et immobile, quelque chose de blanc, couleur de fantôme ? c'est une position bien effrayante.... la peur dans les ténèbres. On dit que les revenans ont les doigts crochus et qu'ils saisissent aux cheveux. Enfer ! poursuivit le préfet en rappelant son énergie ; je serais tout-puissant et je ne pourrais seulement pas y voir clair dans la nuit.... Du feu ! du feu ! que Tolosa brûle comme une torche de l'Etna ! nous danserons à la lueur des torches, s'il le faut ; mais du feu ! du feu !

— Du feu ! du feu ! répondit Amitus, machinalement. Est-ce donc trop de l'incendie d'une ville pour dissiper la peur d'un riche patricien ?

— Amitus, ces licteurs sont de grands bourreaux, d'infâmes maladroits!.... Avoir l'insolence de faire périr cette Illira sous leurs verges ; aussi les voilà cause que je n'aime plus la nuit !

— Je comprends, reprit Amitus, dont l'effroi grandissait comme celui de son maître ; quand on a fait mourir quelqu'un, il est naturel de craindre les fantômes ; mais qu'est-ce qu'un vil esclave, et que servirait d'être Romain si l'on ne pouvait pas tailler à plaisir sur ces choses-là.

— Pour toute autre esclave, oui, répliqua le préfet, mais pour celle-ci, non. Illira était belle, vois-tu, et s'il est vrai qu'il y ait un Jupiter qui, dans son temps, ait aimé les jolies femmes, aujourd'hui il les vengerait, et alors..... malédiction, ce sont de bien maladroites gens que ces licteurs.... A ces mots, Agaton, plus pâle encore, se leva en frissonnant.... Amitus, Amitus ! ne vois-tu pas quelque chose ? O Jupiter ! on dit que le fantôme est aussi laid que le mort a été beau.... Dieu ! quelle horreur nous est réservée !

— Bêtise, bêtise, reprit Amitus, glacé d'épouvante ; la philosophie n'admet pas de revenant ; parlons philosophie, Agaton, nous finirions par oublier les principes.... Le cadavre n'est qu'une machine brisée, la machine brisée est inhabile à tous mouvemens, donc le cadavre ne saurait se mouvoir et venir à nous.

Agaton répondit : — Il y a quelque chose de plus positif que tous ces raisonnemens ; il y a que j'ai eu peur devant les chrétiens ; ils n'étaient que huit au milieu de nous qui étions mille, et cependant j'ai eu réellement peur. Ainsi donc il existe quelque chose de plus grand que moi, puisque d'y penser seulement, je tremble et je frissonne ; mais tu vois bien que tu as peur aussi ; tu vois bien que tu es pâle et tremblant comme moi.... Oh ! fuyons, Amitus, fuyons, et surtout ne regarde pas à côté, ne regarde pas en arrière, mais devant toi, vers le ciel, car les fantômes ne sortent que de la terre.

A ces mots, ils se pressèrent l'un contre l'autre, et c'était chose horrible à voir que ces deux lâches impies, essayant en vain d'échapper à la peur qui les obsédait.

— Du feu! du feu! s'écriait Agaton, que la ville brûle donc et disparaisse dans les flammes; il est fatigant de voir tous les jours les mêmes dispositions de temples et de rues; il est temps de changer tout cela, et je suis impatient de faire gambader à travers les cendres ces pauvres Gaulois à demi-rôtis.

— Comme çà sera drôle! reprit Amitus en s'efforçant de rire sans pouvoir y parvenir, allons, rions un peu nous-mêmes de nos propres frayeurs. Etions-nous insensés, de redouter les ténèbres, comme s'il n'est pas simple qu'il fasse nuit quand le soleil cesse de nous éclairer.

— N'est-ce pas, repartit Agaton; nous étions des fous, de véritables enfans; il est vrai que c'est rajeunir un peu que de l'être à notre âge. Dieu, quel feu de joie si la ville était en flammes!

— Amitus répartit : Nous y ferions jeter pour premier tison cette petite Médella qui a osé fuir notre compagnie...... insolente! repousser ainsi les faveurs d'un préfet! je te ferais frapper de verges de la bonne façon!

En disant ces paroles, les deux romains s'étaient rapprochés de l'église, et atteignaient déjà les pilliers du hangard; tout-à-coup, Médella vint à eux, et se posant sur le sentier, elle continua ainsi leur conversation avec un air de mépris et de fierté qui les glaça.

— Eh bien! leur dit-elle, la hardiesse de Médella vous étonne, maîtres puissans, qui vous faites prodiguer le titre de Rex (41), vous pensiez donc que celle qui avait eu la faiblesse de se jeter dans vos palais, n'aurait pas la force de s'en arracher pour redevenir libre? que vous êtes petits, pauvres gens, lorsque je contemple votre orgueil dompté, du haut de ma liberté triomphante.

A ces mots inattendus, les deux romains poussèrent des cris étouffés, leurs genoux fléchirent, et si leurs mains convulsives ne s'étaient pas appuyées aux pilliers de l'église, ils seraient infailliblement tombés à la renverse.

— D'où vient cette grande frayeur? ajouta la nouvelle chrétienne, ne reconnaissez-vous pas Médella?

— Médella! reprit Agaton d'une voix éteinte, oh! le ciel soit béni! c'est mon bon génie qui t'amène pour me sauver; conduis-nous au palais Narbonnais, je t'en supplie; pourrais-tu refuser ce service à celui qui t'a retirée de la misère pour t'associer à sa grandeur!

— Médella lui répondit : Retourne la pensée et tu auras le vrai. Dis que tu m'as arrachée à la liberté, à l'innocence, pour m'abaisser jusqu'aux turpitudes de tes fausses grandeurs; mais oublions le passé et songeons tous les deux à expier nos fautes ; viens ici près, orgueilleux romain, viens écouter avec moi la parole de Dieu, reconnaître ta petitesse, et te prosterner devant un saint apôtre.... Au même instant, ayant saisi le bras d'Agaton, elle le conduisit vers le sanctuaire où les chrétiens étaient réunis..... Regarde, lui dit-elle, et incline-toi devant ces hommes ; car ils viennent au nom du Christ pour punir ceux qui affament leurs frères et corrompent tout ce qui restait, sur la terre, d'innocence et de vertu. Incline-toi, te dis-je, voilà les chrétiens !

Ce mot fut comme un tison ardent jeté au visage d'un homme affaibli, et toute la vitalité, toute la fureur sanguinaire d'Agaton se réveilla.

— Haine et vengeance, s'écria-t-il, la vue de ces traîtres suffirait pour ranimer les Romains au fond de leurs tombeaux. Aux armes! amis et soldats! aux armes! enfans de la Gaule et de Rome ! A moi mes cohortes ! que les ennemis éternels de l'empire périssent, pour jamais, sous mes coups !

Aussitôt, le débile préfet sembla retrouver toute sa vigueur : il se dirigea, avec Amitus, vers la porte Ariétis, et leurs cris perçans firent accourir les soldats de la garde.

Ces menaces redoutables avaient fait impression sur quelques jeunes filles chrétiennes, encore nouvelles dans la foi; mais Sernin et ses disciples demeurèrent inébranlables, et un sourire de mépris erra sur leurs lèvres.

— O mon Dieu! s'écria une catéchumène, nous sommes perdus; Médella, qu'elle a pu être votre pensée de braver ainsi le tyran ?

— Quelle que soit sa pensée, dit Sernin, celle de Dieu roule sur les siècles et méprise les efforts des méchans; puisqu'ils veulent nous attaquer, réunissons-nous autour de la Croix, et sachons puiser dans notre ferveur la force de braver leur rage.... Puis, se tournant vers une jeune femme qui pleurait, il ajouta : Pourquoi trembler ainsi, enfant; notre Dieu n'est-il pas celui qui ouvrit les flots de la mer Rouge devant son peuple et les referma sur ses ennemis. Allons, mes frères, élevons-nous à la hauteur de notre sainte mission. La persécution recommence; agrandissons nos forces, multiplions les ressources de notre defense pour arracher le monde à la domination des impies. Nous n'étions que deux évêques, je vais en nommer trois; nous n'avions que deux diacres, je vais en nommer quatre. A genoux, Honestus, je veux agrandir votre caractère et fortifier votre courage en appelant sur vous les bénédictions du Très-Haut; venez, avec le consentement de ce peuple, recevoir le caractère de l'épiscopat.... A cet appel, Honestus mit un genou à terre, et l'apôtre fit une croix sur son front avec l'index de la main droite en prononçant ces mots :.... Au nom du Père, qui est aux cieux, du Fils qui nous a rachetés, du Saint-Esprit qui nous éclaire, je te fais évêque avec la volonté du peuple réuni en ce lieu ; puis il ajouta, en lui remettant un bâton recourbé : Que cette houlette pastorale soit le gage de ta nouvelle dignité ; qu'elle te soulage dans tes longues fatigues, qu'elle te serve à ramener le peuple dans le bercail de Jésus ; va, je te fais évêque de toutes les nations que tu pourras conquérir sur l'idolâtrie (43).

Aussitôt Honestus se releva avec l'ardeur impatiente d'un guerrier et l'humilité inconnue aux conquérans ! — Plût à Dieu, s'écria-t-il, que chaque goutte de mon sang pût ramener un enfant dans le sein de l'Eglise !

— Approchez, Omatus, poursuivit Sernin, en s'adressant à ce dernier, venez recevoir le diaconat.... A ces mots, l'apôtre renouvela pour Omatus la courte cérémonie qu'il venait de faire pour Honestus, et il le nomma diacre avec le consentement du peuple. Pour toi, ma fille, continua Sernin, en s'adressant à Médella, je suis content de ton courage et de ton repentir ; incline-toi en la présence de Dieu, je te reçois dans la famille du Christ, parmi les catéchumènes vêtus de blanc, afin que tu sois bientôt admise à recevoir le baptême ; va, ma fille, sois en paix avec le Seigneur.

Médella s'était prosternée aux pieds de l'évêque, elle s'écria avec le plus grand enthousiasme : — Que vous êtes grand, ô Dieu éternel ! qui êtes venu rendre à la créature le bonheur et l'innocence qu'elle avait perdue ! aussi je vous adorerai tous les jours de ma vie, et j'élèverai vers vous un cantique de louanges qui parviendra au plus haut de l'espace ; votre regard de bonté est descendu sur moi, et je me suis sentie si grande, que Robur en serait ébloui.

C'était par ces simples et ferventes prières que les chrétiens se préparaient à repousser les soldats d'Agaton ; c'était au milieu des cris de mort, poussés à peu de distance par le préfet et ses satellites, que Sernin sacrait paisiblement ses nouveaux coadjuteurs. Puis, quand les bourreaux approchèrent la pique et le javelot à la main, les chrétiens réunis en famille offrirent pour front de bataille leurs têtes nues, élevées vers le ciel. Mon Dieu ! à toi, mon cœur ! s'écriaient-ils, et ils entonnaient ce chant des martyrs qui s'était bien des fois fait entendre dans les cirques sous les dents des bêtes féroces :

> Dans les sillons de feu de la foudre éthérée,
> Dans le cratère ouvert à la cîme du mont,
> Sur le dôme brillant de l'aurore pourprée,
> Sur la terre, de fleurs au printemps diaprée,
> L'Eternel a gravé son nom !
>
> Du soleil gradué la lumière si belle,
> De l'Océan soumis l'inutile fureur,
> Du fleuve immense et pur la marche solennelle,
> Le chant du rossignol, les cris de l'hirondelle,
> Tout manifeste sa grandeur !
>
> Impie, ose essayer le bras de ta colère ;
> Le soleil est brillant, viens éteindre ses feux,
> Soulever l'Océan, enlever sa barrière,
> Et noyer dans ses flots et les cieux et la terre,
> Pour effacer le nom de Dieu !

La majesté de ce chant, l'attitude calme et imposante des chrétiens, semblaient intimider les soldats, mais Agaton et Amitus n'en étaient que plus altérés de vengeance.

— Point de quartier ! criaient-ils à leurs satellites ; que le cadavre du chef tombe au milieu de ses sectateurs ! que le sang d'une race impie efface à jamais le nom du Christ !

Un horrible sacrifice allait être consommé, car les fureurs d'Agaton étaient sur le point de triompher de l'hésitation des soldats ; mais la scène changea tout à coup : Médella, marchant fièrement vers le préfet, le saisit fortement par la main, et lui décocha un regard de supériorité qui le fit pâlir.

— Agaton, lui dit-elle, épargnez un sang inutile, et n'essayez pas de combattre pour un passé qui s'écroule contre un avenir qui surgit sous la main de l'Eternel.... Tyran de la Gaule ! nous avons quelques différends à régler ensemble; une jeune gauloise gémissait dans ton palais, Robur t'a demandé sa liberté, tu viens de la faire mourir sous les coups des verges.... C'est le souvenir de sa mort dans le cœur, et le signe de la Rédemption à la main que je t'ordonne de me suivre.

Agaton, bouleversé par le souvenir de sa victime, balbutia quelques mots, et voulut se raidir contre la main de Médella; mais la catéchumène, inébranlable dans sa volonté, lui montra une petite croix; et malgré toute sa résistance, elle l'entraîna vers la porte de la ville, sous les yeux mêmes des soldats immobiles et consternés.

Oui, c'est un Dieu caché que le Dieu qu'il faut croire,
Mais, tout caché qu'il est, pour révéler sa gloire,
Quels témoins éclatans devant moi rassemblés ?
Répondez, cieux et mers, et vous terre, parlez !
Quel bras peut vous surprendre, innombrables étoiles,
Nuit brillante, dis-nous qui t'a donné tes voiles....

       Louis R<small>ACINE</small>.

XVIII.

LE TOMBEAU.

Nos deux personnages rentrèrent immédiatement dans la ville et traversèrent le Forum, toujours désert. Agaton était haletant, essoufflé ; la peur, la superstition, se joignant au poids de la maladie de langueur qui le rongeait, avait épuisé ses forces débiles ; mais la gauloise le traînait toujours avec une persévérance inébranlable. Enfin, ils arrivèrent à la porte du Château-Narbonnais, ils laissèrent à leur droite les hautes tours du palais, dont la lune projetait les grandes ombres sur la place ; ils franchirent le pont-levis et avancèrent dans la campagne.

On sait que les Romains avaient coutume d'élever leurs tombeaux le long des routes les plus fréquentées, afin de placer ainsi continuellement en présence les vivans et les morts, et de les faire réciproquement se passer en revue. Fidèles à cette loi invariable de la coutume, les habitans de Tolosa avaient choisi la route de Narbonne pour lieu de sépulture, et c'était vers ses bords que les citoyens s'acheminaient après leur mort, pour aller prendre possession de leurs superbes mausolées. Les sépulcres étaient disposés sur deux rangs; le premier était destiné aux riches familles; puis derrière, venaient se ranger pêle-mêle les esclaves, les ouvriers et les pauvres gens.

Médella, dont les desseins étaient encore inconnus d'Agaton, avança rapidement au milieu des tombeaux, et ayant trouvé une fosse fraîchement creusée, elle s'arrêta sur le rejet de la terre, et montra au préfet la profondeur du gouffre. A cette vue, Agaton ne pouvant maîtriser son épouvante, fit un nouvel effort pour échapper à Médella.

— Femme! s'écria-t-il avec horreur, ceci est la froide demeure des morts! quelles peuvent être vos intentions pour m'entraîner vers ce repaire?....

Médella lui répondit :

— Je veux te mettre face à face avec l'éternité, pour voir si tu persistes à la méconnaître encore. Les fumées du vin et de la débauche peuvent jeter sur la raison humaine un voile qui lui dérobe l'avenir; c'est ici seulement, en présence de la mort qui vous harcelle, que l'homme peut mesurer ses forces. C'est ici seulement, après être descendu dans la tombe glacée, qu'il est admis à exalter son courage, en blasphémant encore son Dieu, en adoptant la fosse pour sa demeure d'éternité.

— L'aspect de ce lieu lamentable, imprime une sombre horreur que l'on ne peut maîtriser, répondit Agaton en balbutiant, nous sommes faits ainsi, Médella; l'homme n'aime pas l'image de la mort.

— Qu'as-tu donc fait de ce positivisme philosophique qui te la faisait contempler tranquillement, et comme un repos nécessaire, pourvu qu'il vînt après une vie toute de volupté? Serait-ce que, malgré toi, le tombeau ne te paraît pas une chose durable? serait-ce que, malgré toi, dès que le calme de l'orgie permet à l'ame de revenir sur elle-même, il y a quelque chose qui t'apparaît là-haut, rocher terrible, menaçant, qu'un simple fil retient au haut de la montagne; mais que la faux de la mort fera crouler sur toi.... Ce rocher qui te menace, Agaton, c'est Dieu lui-même et sa justice, voilà pourquoi tu pâlis devant ce sépulcre.

Agaton tournait ses regards de part et d'autre, comme pour les dérober à ce lugubre tableau; mais les tombeaux l'entouraient de toutes parts, comme les sept barrières du Styx. — Médella, reprit-il avec un sourire sardonique, vous ne connaissez pas encore Agaton. Ces extravagances n'ont jamais eu de prises sur mon ame.

— Sais-tu pourquoi? lui répondit-elle; parce que tu n'a jamais regardé au fond de cette fosse, où les crânes des rois viennent se mêler à ceux des esclaves.

— C'est peut-être celle d'Illira, reprit le tyran épouvanté?

— Justement, réprit la chrétienne, c'est celle de la vertu malheureuse, qui attend tout de cette éternité que son assassin ne peut concevoir; et bientôt cependant cette éternité viendra t'arracher toi-même à la vie pour te parler le langage des tortures éternelles.

Ce mot parut épouvanter Agaton, comme si l'inflexibilité de la loi commune ne s'était jamais offerte à lui.

— Mourir! grand Dieu! s'écria-t-il en frissonnant.

— Oui, sans doute, mourir! répliqua Médella. Et ne dirait-on pas que ce mot vient te saisir comme une apparition inconcevable? N'as-tu donc jamais su le lire incessamment gravé sur le lit de tes courtisans, sur les tables de tes orgies?

— Ne parlez pas de la mort! s'écria l'impie en regardant autour de lui avec effroi; elle est trop près de nous; il ne faut pas choisir son domaine pour plaisanter sur elle.

— Et voilà justement pour quel motif l'occasion est si belle de montrer ta force; car la mort s'approche, menaçante, de ton corps délabré, comme elle s'approcha jadis de Sylla, et saisit le vieux libertin, malgré tous les efforts qu'il opposa à la voracité des insectes qui dévoraient sa chair corrompue ! Voici le moment d'être fort ! car elle va te tendre la main, t'engloutir dans ses bras, et il faut que tu aies le courage de la baiser tendrement, comme l'épouse éternelle que ton matérialisme s'est choisie.

— Oh ! vous parlez d'une manière atroce, capable de réveiller les morts.

— Eh bien ! qu'ils se réveillent avec leurs suaires blancs ! N'est-il pas bon que tu fasses connaissance avec tes camarades d'éternité ?

Dans les cœurs de la trempe de celui d'Agaton, la vanité est de toutes les passions la plus forte et la plus vivace. A ces paroles de Médella, l'impie rappela toute son énergie, pour protester de son athéisme, et il chercha une nouvelle vigueur dans l'aveuglement et l'irritation.

— Femme ! s'écria-t-il, tu voudrais m'effrayer n'est-ce pas, et t'énorgueillir de ce triomphe ? Eh bien, quoi que tu fasses, tes efforts viendront se briser contre la certitude de ma pensée ! Oui, je reconnais ceci pour ma dernière demeure; demeure noire, demeure de fer, qui se refermera sur moi pour ne se rouvrir jamais. Voilà justement pourquoi je tiens à faire provision de volupté ; voilà pourquoi je veux saisir au passage cette vie rapide comme un éclair ; voilà pourquoi je veux la parer de toutes sortes de fleurs, et faire passer les femmes sur mes lèvres, comme ces roses que l'on se hâte de cueillir dans leur éclat, pour les jeter ensuite avant qu'elles ne se flétrissent. Allons, belle magicienne ! évoque les squelettes, je leur dirai bonjour, je toucherai leurs mains, je sourirai au regard sec de leur crânes troués ! ne sais-tu donc pas que je suis un homme fort par moi-même, depuis que j'ai su fouler aux pieds toutes les visions de la bigoterie, comme un épouvantail qui gênait le développement de ma puissance ! Veux-tu balancer la force des dieux et la mienne ? je vais blasphémer leurs noms, incendier leurs temples, et la foudre n'osera pas même gronder ; je vais rire de l'avenir et de l'enfer, arracher un à un tous les serpens de la chevelure des Euménides, et les pauvres filles n'oseront seulement pas me regarder en face. Ah ! pauvre druidesse ! il est une loi plus forte que tes rêves chimériques : au-dessus de l'univers, Rome ; au-dessus de Rome, la sagesse humaine ; hors de là, néant et barbarie. Voilà pourquoi j'aime la vie avec fureur, voilà pourquoi je la retiendrais au prix du sang de tout ce qui vit sur la terre.

— Pourquoi cet œil hagard, cette voix haletante, interrompit Médella ? Sois donc calme, Agaton, puisque c'est la raison qui t'inspire sur ce tombeau.

— Et ne trouves-tu pas que ce soit une chose grande que de pouvoir se dire : j'ai su, par la force de mon génie, jeter sous mes pas une partie de la race humaine ; je l'ai fait gémir, je l'ai tondue, mutilée, pour rire de ses sanglots et de sa détresse. Je me suis fait roi et boucher tout ensemble. Seul j'ai vécu grand, seul j'ai vécu heureux, et nulle puissance ne s'est trouvée qui vînt me demander compte de ma puissance. J'ai blasphémé les dieux, j'ai brisé leurs idoles, et nul n'a pu se venger, et nul ne pourra même briser le marbre de mon tombeau pour exercer une vengeance tardive.... ah! si le monde est une comédie étrange, je sais y jouer mon rôle tout aussi bien qu'un autre, je crois. Tu pensais que la vue d'une fosse m'imposerait le joug de l'effroi! pauvre femme ignorante et barbare ; pour braver tes fausses clameurs, je veux faire sur ces tombeaux même une orgie titannique!... Je me livrerai à l'inceste et à l'adultère pour me moquer de la chasteté de ton Christ; je nourrirai mes chiens avec les cervelles fraîches de mes esclaves, et cela parce que je sais que la mort est un sommeil profond, où il n'y a pas même de rêve ; sommeil calme dans l'éternité, et qui vient vous reposer d'une vie folle, qui finirait par vous lasser aussi, si elle survivait à la source des plaisirs. Oui j'aime la tombe, et le terme venu je l'épouserai avec joie. Qu'ai-je à faire d'un monde de justice et de bonheur, moi qui ai épuisé, sur la terre, tout ce que l'on peut posséder de volupté!

—Tu ne veux pas d'une seconde vie, Agaton! répliqua la chrétienne avec force. Je conçois ton refus; mais les malheureux par milliers, dont tu as distillé le sang et les larmes, pour soûler ta vie infâme de luxure et d'orgueil; ces malheureux auxquels ton avarice a refusé le mouvement et dérobé jusqu'au soleil, qui ne semblait plus destiné qu'à éclairer tes prodigalités insultantes; voudrais-tu aussi les enfouir avec toi dans le tombeau? voudrais-tu étouffer leurs voix quand elles réclament cette seconde vie qui doit soulager leur souffrance et les venger de leurs oppresseurs! seras-tu donc assez aveugle, pauvre philosophe, pour ne pas comprendre que les cris d'un million d'hommes qui réclament l'éternité, seront aussi puissans que le scepticisme d'un tyran qui la repousse, pour ne pas comprendre que la voix d'Illira sera aussi éloquente devant Dieu que celle de son bourreau? Que t'avait-elle fait cette jeune fille, pour la saisir ainsi, infâme libertin, au milieu de ses rêves de fiancée, et la faire passer de ton gynécée à la torture et à la mort? et voilà donc qu'après avoir brisé cela, tu as pensé qu'il n'en restait rien? Tu n'as pas entendu cette voix du tombeau qui criait vers le ciel : vengeance! vengeance! Tu n'as pas compris qu'à cet appel de la vierge martyre, Dieu se soulèverait sur son trône, et lui répondrait: Repose en paix, jeune fille! car il y a une justice éternelle pour consoler la victime et punir le bourreau!.... Agaton, furieux de se voir ainsi poursuivi jusque dans ses derniers retranchemens, s'écriait de temps à autre, avec une frayeur croissante : — Ne réveille pas les morts, druidesse! Oh! par pitié, ne les réveillez pas! mais la nouvelle chrétienne poursuivait toujours : — Eh, quoi! quelques hommes mortels, comme les autres, se seraient octroyé le privilège affreux

12

des violences de la torture, du massacre, de la concussion, sur des malheureux que leurs combinaisons infernales ont appelé esclaves ou vaincus. Ces quelques tyrans se seraient partagés l'exploitation de toutes les richesses, de toutes les grandeurs d'ici-bas ; tout le reste serait condamné à ramper sous le joug de l'abjection et de la misère, et cela sur la même terre, sous le même soleil, entre hommes tous faits à l'image de Dieu. Oh ! Agaton ! considère la scandaleuse inégalité de la justice humaine, et tu n'oseras plus soutenir qu'il n'y a pas outre-tombe une éternité de justice pour punir et pour consoler. Souvent, après des efforts d'intelligence, l'homme réussit à donner à sa pensée des formes durables qui traversent les siècles. Les statues de marbre, les œuvres des poètes rendent le génie impérissable, ils le font toucher presque à l'éternité. Et toi, refusant cette puissance au souverain créateur, tu voudrais le condamner à voir le chef-d'œuvre intelligent, le roi de l'univers, disparaître sans retour sous la dent des vers, comme un vil fumier.... Ah ! si tel est le sort du cadavre, tu devrais en conclure que l'homme n'est pas tout entier dans la frêle enveloppe qui tombe sous nos sens. Tu devrais en conclure que son corps n'est qu'un vase destiné à contenir une essence plus précieuse ; essence impérissable, dernier effort de la création, et pour laquelle le grand artiste a bien dû réserver dans la durée une part plus grande que celle du marbre du statuaire, et des compositions du poète.... Mais c'est en vain que ta folie s'insurge contre l'immortalité, qui, de toute part, te presse de ses argumens. Chaque pas, chaque action de ta vie trahit à ton insu un nouvel effort pour atteindre à cette éternité que tu renies. Réponds-moi, orgueilleux patricien ; qu'est-ce que cette ambition qui te rend affamé de gloire, de renommée, de puissance ? Qu'est-ce que cette soif de répandre ton nom, de le faire graver sur le marbre et le fer ? N'est-ce pas une tendance invincible à combattre la fragilité humaine, un effort continu pour survivre à la mort, pour conquérir enfin une place dans la durée.... Eh bien ! cette place que tu cherches à te conserver par delà le tombeau, cette immortalité que tu confies aux statues, aux épitaphes de bronze, nous la cherchons, nous, dans une seconde vie éternelle, impérissable, et à laquelle l'existence d'ici-bas n'est qu'un prélude passager.

— Non, non, tu ne m'ébranleras pas, répétait l'orgueilleux impie avec un sourire atroce.

— Je connais toutes les ressources de ta perversité, poursuivait la gauloise. Tout ce que le commun des scélérats fait par haine, vous le faites, vous autres, par mépris de l'humanité. Mais quand l'esclave qui a été dévoré dans le cirque, quand le tigre qui l'a mangé, et le tyran qui a applaudi à l'un et à l'autre, viennent tomber pêle-mêle dans un même trou, oses-tu bien croire, Agaton, qu'il n'y a pas une main providentielle qui viendra un jour séparer tout cela, pour consoler l'esclave et punir le bourreau !

— N'appelle pas la mort! n'appelle pas la mort ! répétait le tyran épuisé.

— Voilà que tu trembles, peut-être? voilà que tu ne peux plus dormir si tranquille sur les restes de tes victimes.

— Oh! tais-toi! tais-toi ! disait Agaton. Si tu es magicienne, n'appelle pas la mort; on a vu des gens qu'elle venait saisir, par la main, pour les emporter dans son horrible charnier.

— Qu'est-ce à dire! reprit la chrétienne. Tu as peur, je crois ! serait-ce donc que la pensée de crime et de vertu vivrait encore au fond de ton cœur, malgré tous les efforts que tu as faits pour les étouffer dans le cahos du hasard et du scepticisme? serait-ce que, malgré cette belle profession de foi matérialiste, la tombe ne te paraîtrait si horrible, que parce que tu as peur de la lumière du ciel, qui doit la rouvrir un jour. Oh ! ne crains ni l'une ni l'autre de ces choses; chacun aura l'éternité qu'il se sera préparée, et puisque tu es de ceux qui poursuivent de leurs blasphèmes cette immortalité de l'ame qui gênait leur dépravation ; puisque tu es de ceux qui consacrent le mariage indissoluble de l'homme et du néant, descends dans la demeure froide, où cette union doit s'accomplir. A ces mots, saisissant Agaton par le bras, elle le poussa rudement et le fit tomber jusqu'au fond de l'abîme, où se dénoue le grand problème de l'humanité. Tourne et retourne, lui dit-elle, sur cette couche où doivent reposer tes jours voluptueux. Prépares-y de nouveaux sophismes contre cette immortalité que tu as poursuivie de tes sarcasmes!

Agaton, descendu dans la fosse, ne pouvait supporter l'épouvante qui le tourmentait. — Pitié! pitié! criait-il vers Médella. Tomber ainsi vivant dans la tombe! Oh ! je ne peux ni ne veux mourir. Mais la chrétienne poursuivait :

— Cherche une position où tu sois bien à l'aise; car l'éternité y sera longue dans ce trou. Tu essaieras bien de l'embellir d'or et de marbre comme si ton squelette blanchi devait en retirer quelque agrément; mais tu ne trouveras dans ce cachot fastueux, que le frisson et le désespoir.

— Pitié! balbutiait Agaton. Je gèle de froid, je gèle d'horreur !

— Et qu'importe! pourquoi renier l'éternité que tu convoites ? pendant que tu gèleras dans ta prison, ceux qui ont souffert dans la vertu, et qui ont alimenté dans leur douleur le foyer de l'espérance, s'élèveront vers la cité lumineuse où le regard de Dieu les inondera de félicité. Ce tableau enchanteur ira se réfléchir dans ton horrible asile, et tu ne peux rien concevoir d'aussi affreux que cette souffrance que tu t'es préparée sous le mausolée de l'athéisme. Mais ne t'effraie pas d'avance, et, en attendant, cherche la volupté dans les bras du squelette.

— L'enfer aurait pitié de moi, tant mon horreur est profonde! criait Agaton d'une voix suppliante. Arrache-moi d'ici! quel que soit ton Dieu, il ne peut exiger autant de souffrance d'un mortel!

A ces mots, Médella donna à sa voix un ton solennel et triomphant:

— Quoi donc, vous grelottez, misérable, vous fléchissez, impie, quand la mort vient porter son dernier argument! Ah! c'est qu'ici, il n'est plus de tergiversation possible ; il faut te prosterner devant Dieu et implorer sa clémence, ou conserver encore assez de courage pour blasphémer et rire au fond de ce gîte glacé. Philosophe de l'athéisme! quel est ton dernier mot, et que réponds-tu à la mort qui t'interroge ?...

— Mon Dieu! s'écria le préfet en sortant du cercueil, le néant est trop horrible; fasse le ciel qu'il y ait une autre éternité que celle du tombeau!

Après que cet aveu eût été arraché à l'impie, Médella triomphante, reconduisit Agaton jusqu'à la porte du Château-Narbonnais ; là tous les deux se séparèrent ; le préfet, pour se jeter sur un lit de repos, et implorer le secours des devins et des empiriques; la chrétienne, pour aller rejoindre l'apôtre et ses disciples.... A son arrivée dans l'église de chaume, elle les trouva tous prosternés vers l'aurore naissante, et remerciant le Seigneur de la protection qu'il leur avait accordée contre les fureurs des tyrans. En effet, aussitôt après le départ d'Agaton, Amitus et les soldats étaient demeurés frappés de terreur et d'impuissance; les épées étaient rentrées dans les fourreaux; les piques avaient repris, sur les épaules des légionnaires, la position inoffensive, et les agresseurs, naguère menaçans, s'étaient retirés avec une précipitation qui ressemblait à la fuite.

Le retour de Médella fut salué par de chaleureuses acclamations; Angélique et Céleste lui donnèrent le baiser de paix, Sernin loua son courage, et pour mieux récompenser sa force d'ame, il se disposa à lui donner la plus belle récompense que la catéchumène pouvait espérer, c'est-à-dire, le baptême..... A cette proposition, Médella fit éclater des torrens de louanges; une céleste béatitude emplit son existence et ses yeux levés au ciel parlaient le langage des actions de grâces......

Et comment ne pas s'abandonner à toutes sortes de transports ? Le baptême! la porte d'une autre vie! le signe d'une purification inconnue jusqu'alors sur la terre! Le baptême! n'était-ce pas le lavage de ses fautes passées ? faut-il le dire enfin, n'était-ce pas la consécration de l'amour de Robur ? car la gauloise mêlait toujours l'extase religieuse aux passions terrestres, et ces deux essences, également vives dans les ames jeunes et ardentes, se partageaient son existence nouvelle.

Cette journée se passa tout entière dans le recueillement et la prière, puis, quand le soir fut venu, l'apôtre, accompagné des membres de la famille chrétienne, remonta les bords du fleuve, au-dessus de la ville, afin d'atteindre des eaux pures que les immondices n'eussent point souillées. Médella marchait la première ; elle était vêtue de la robe blanche des néophytes, pieds nus, tête découverte; une couronne d'églantine parait son front, et, pour la première fois, ses yeux noirs et ardens, son front brun et altier se baissaient vers la terre et subissaient le joug aimable de l'humilité. Le chemin que suivait le cortége aurait dû rappeler à Médella sa famille, sa patrie, sa religion première; car chaque pas la rapprochait de l'antique Tolosa ; mais l'ancienne prêtresse ne vivait déjà plus que de la vie de l'avenir. Bientôt la procession s'arrêta ; Sernin conduisit la catéchumène sur le frais rivage de la Garonne, et, après lui avoir fait subir cet interrogatoire bienveillant et sévère, où l'homme est

sommé de renoncer aux erreurs du passé, à l'empire des puissances malfaisantes, il la plongea par trois fois dans l'eau limpide, en appelant sur elle la bénédiction du ciel.

Ainsi fut consommé le baptême chrétien, et Médella, lavée du passé, ne compta plus que parmi les filles du Christ. Avant de se séparer des fidèles qui allaient reprendre leurs travaux, chacun dans des directions différentes, Sernin voulut donner publiquement ses instructions à ses disciples.

— Omatus, dit-il à ce dernier, je suis content de votre mission au-delà des Pyrénées ; retournez auprès de l'évêque de Barcelonne, dites-lui qu'il persévère dans ses efforts pour étendre, dans toute l'Ibérie, la domination du Seigneur ; vous, Honestus, revenez dans la Narbonnaise ; allez prêcher la nouvelle loi aux peuples abrutis et corrompus par les Romains ; leur ame sera trop endurcie peut-être pour s'ouvrir instantanément aux rayons de la foi ; mais gardez-vous de compromettre le Christianisme par une précipitation imprudente ; contentez-vous de graver le nom du Christ dans les cœurs, et sachez attendre du temps la fin de leur conversion. L'Evangile veut se manifester par sa propre lumière, et il ne faut jamais le jeter, bon gré mal gré, au milieu de ceux qui le repoussent. Lorsque les Gentils combattront vos paroles par le sarcasme, sachez garder pour votre lot leurs railleries et leurs persécutions, afin de détourner les coups qui pourraient être dirigés contre le Tout-Puissant, sa religion et sa gloire....... Pour vous, Papoul, retournez chez les Ausci et les Lactoratés, où vous avez déjà tant fait pour le salut ; répandez vos semences de vérité dans ces contrées de la Novempopulanie ; les Romains n'y ont que faiblement introduit leur idolâtrie, mais le Druidisme y conserve encore toute sa force. Commencez à apprendre à ces Gaulois, égarés par des prêtres intrigans, à s'aimer les uns les autres ; celui qui aime son prochain remplit déjà la moitié du précepte, et il ne tardera pas de l'observer tout entier, car il est bien près d'aimer aussi son Dieu.

Telles furent les instructions d'adieu que Sernin donna à ses coadjuteurs, avec cet accent majestueux et naïf, qui n'était connu sur la terre que depuis la venue du Messie. Aussi Médella, de plus en plus émue par ce mélange de grandeur et de simplicité, éprouvait-elle une admiration inconnue..... Et quel spectacle plus beau, en effet, que celui de voir ces hommes sans renommée, sans fortune, sans connaissance scientifique, n'emportant qu'une besace et un bâton, qui allaient entreprendre la conquête de l'Espagne et des Gaules, avec les seuls appuis du dévouement et de la foi ! Quelle phase plus belle, dans l'histoire, que celle de ce siècle, où le vieux monde romain, gorgé d'opulence, fatigué de puissance et de gloire, se dissolvait de toutes parts ; ici, par les menaces des Barbares, ailleurs, par l'ambition insatiable des grands, le réveil du Druidisme et des vieilles nationalités. Quel moment plus beau, disais-je, que celui où un modeste concile de bergers, d'esclaves convertis, guidés par l'abnégation la plus humble, entreprenaient la conquête de ce monde, n'ayant pour armée que leur parole, pour bannière qu'une croix de roseau !

Après cette allocution, l'apôtre ne tarda pas de s'éloigner ; chaque chrétien prit également son essor, et Médella fut laissée seule dans un bosquet de chêneteaux, au milieu de vertes saussaies. Devant elle, sur un tertre de gazon, était déposée une tête de mort ; la croix dominait le sombre trophée, et un évangile ouvert appuyait ses deux ailes sur le crâne blanchi. Après une profonde et longue méditation, elle promena ses regards heureux sur le tableau suave de la nature; et au milieu du calme, elle s'écriait en contemplant l'ouvrage du Créateur, son nouveau Dieu :

— Que vous êtes grand dans vos manifestations! ô vous, qui êtes venu rendre à la créature le bonheur ineffable qu'elle ne pouvait trouver que dans l'innocence et l'amour ! un regard de bonté est descendu sur moi du haut de votre trône, et je me suis sentie si grande, que Robur en serait ébloui. Depuis que j'ai appris les préceptes du Messie, j'éprouve le besoin de communiquer seule avec lui, afin de m'élever jusqu'au trône de sa gloire, et de descendre par la méditation dans les profondeurs de mon ame! Voyez comme tout se réunit autour de moi pour proclamer un Dieu d'amour et de justice! Jolies petites fleurs, timides et séduisantes, comme les chastes vierges du Christ, votre sourire est radieux comme celui de l'ange qui ne soupçonne pas le mal! Et vous, jeunes chêneteaux, image de la foi nouvellement semée sur la terre, comme elle vous êtes forts de vigueur, d'espérance, et vous élevez vos rameaux vers le ciel ! Et toi, joli rossignol, compagnon mélodieux de ma nuit chrétienne, je te salue avec transport, car ta voix, plus douce que l'haleine embaumée des zéphyrs, a mis en fuite l'horrible chouette qui me suivait sous le chêne des druides! Oh! mon Dieu! comment peut-on douter de votre bonté, de votre justice, quand on rencontre à chaque pas des ministres si éloquens pour proclamer vos grandeurs! Loin de moi pour jamais la sombre forêt de Hésus, dont les troncs noueux et écorchés retracent la sécheresse du fanatisme! loin de moi, idoles hideuses, qui n'inspirez qu'atrocité ! loin de moi l'élégance corrompue de ces lâches enfans de Rome! viens, ô riante aurore, viens couronner la terre de lumière et de fleurs! A ton réveil, tout se lève dans la nature pour embellir le temple azuré de mon Dieu. Le papillon, cette fleur des airs, secoue la rosée de ses ailes, et les oiseaux commencent leur concert. Seigneur! quelle harmonie sublime a présidé à toutes vos créations, depuis la sauterelle argentée, jusqu'au torrent de feu qui parcourt les espaces!

En prononçant ces mots, Médella s'était levée, et ses regards promenaient avec admiration sur la nature, si belle, au moment où les premiers rayons du jour viennent la réveiller.

— Seigneur, comme tout devient sublime sous votre main puissante! tout, jusqu'à l'image de la mort elle-même, qui me paraît adorable depuis que vous l'avez embelli du signe de la Rédemption. Parais, aurore brillante, tu es pour moi l'aurore de la vie; jusqu'ici je n'avais vécu qu'à la lueur des torches de Satan, et il ne peut y avoir de vie que là où le Christ a répandu sa lumière. Parais, et qu'avec toi s'efface tout souvenir qui voudrait retenir encore le vaisseau du salut sur la plage désastreuse du fanatisme. Le vent est favorable, il vient enfler les voiles, je vogue vers l'océan de l'éternité !

En ce moment, la chrétienne joignit ses mains sur la poitrine, et un objet sacré parmi les druides se rencontra sous ses doigts; c'était l'œuf du serpent, talisman symbolique, en grand honneur dans la religion gauloise, et qui, attaché dès le berceau au cou de l'adorateur de Hésus, devait y demeurer jusqu'à l'heure suprême de la métempsycose. A ce souvenir, Médella frissonna, tout son passé se retraça à sa mémoire; mais la chrétienne fut, sans hésitation; rompant d'un seul coup tout reste de relation avec sa famille, sa patrie, ses croyances déchues; elle saisit l'œuf du serpent, et s'écria avec mépris : — Dernier vestige d'un culte atroce dans ses mystères, viens, que je te brise sous mes pieds. Ma mère te mit près de moi dès le berceau, les druidesses, les prêtres te chargèrent de dons, tu étais la chaîne terrible qui devait me retenir cramponnée aux idoles, jusques par delà le tombeau. Eh bien ! je te brise cependant sans hésitation et sans crainte; car, depuis que je suis chrétienne, je me sens la force d'écraser les faux dieux (43). A ces mots, elle jeta l'œuf et le broya sous ses pieds. — Maintenant, Robur, ajouta-t-elle en grandissant dans son enthousiasme, de tout ce que l'amour ajoutait de passion à la passion de la foi, je ne suis plus gauloise, je ne suis plus criminelle, je suis pure et digne de toi !....

A ces mots un affreux serpent, caché sous l'herbe dans ses replis tortueux, dressa vers Médella sa tête aplatie et menaçante, il fit entendre un sifflement aigu, et il disparut aux regards effrayés de la nouvelle chrétienne.

A qui réserve-t-on ces apprêts meurtriers ?
Pour qui ces torches qu'on excite ?
L'airain sacré tremble et s'agite.
D'où vient ce bruit lugubre, où courent ces guerriers
Dont la foule à longs flots roule et se précipite ?

CASIMIR DE LAVIGNE.

XIX.

LE CONSEIL DES ARMES.

ENDANT cette scène de paix, l'ancienne capitale des Tectosages retentissait du tumulte de la guerre ; cette ruine autrefois sans vie, où le silence n'avait pour adversaire que le hurlement des loups et le cri des chouettes, était maintenant troublée par le fracas des armes et des complots. C'était le grand jour du conseil armé, c'était le réveil de la Gaule indépendante et fière, proclamé par Améonix ; les nombreux émissaires envoyés vers les peuples divers de la Gaule méridionale, avaient été écoutés ; le vieux chef avait vu arriver, des hauts pays de l'Ariége, d'innombrables fantassins et cavaliers, qui venaient se ranger sous sa bannière. En ce moment, cette foule sans discipline se mouvait avec bruit à travers les décombres de

Tolosa, elle faisait plonger ses regards dans la plaine, afin de découvrir les partisans d'Hernkil, d'Amiduat, de Férul et de Luern qu'on attendait avec impatience. En attendant, des travailleurs, armés de bêches, relevaient les décombres qui gênaient la circulation sur la place du dolmen. Des esclaves dressaient un échaffaudage élevé, surmonté d'une riche tenture que supportait un faisceau de piques, enfin un superbe siège de pourpre et d'or prenait place sous cette tente pour servir de trône au descendant des Tétrarques.

Au milieu de ces préparatifs, une immense rumeur se fit tout-à-coup entendre. — Voici les Avernes! s'écrièrent des enfans et des femmes placés aux aguets sur des peupliers : et bientôt le fougueux Luern fit son entrée à la tête de ses nombreux soldats qui mêlèrent leurs acclamations à celles de leurs frères d'armes. L'aspect de ces habitans du Centre avait quelque chose d'effrayant. Malasit qui s'était réfugié derrière un lambeau de rempart, pour assister à ce grand effort de ses adorateurs, sourit d'une affreuse joie en voyant les hommes qui allaient combattre pour le Druidisme. Ces paysans, ces guerriers, ramassis informe de misérables, voulant ajouter un extérieur formidable à leurs traits naturellement féroces, avaient attaché des cornes de bœuf, des têtes d'animaux, des oiseaux tout entiers à leurs casques de métal et de bois. Quelques-uns même avaient cloué sur leurs boucliers de planche, recouverts de cuir peint de couleurs brillantes, les têtes hideuses de leurs ennemis vaincus. Les principaux d'entr'eux portaient des cottes-de-maille et un énorme sabre suspendu à des chaînes de fer, de cuivre ou d'or. Quelques chefs, même, se faisaient distinguer par leurs bracelets et leurs colliers de corail et de métaux précieux. Tout le reste, mal vêtu de peaux de bêtes, de sayes de toile, portait des faux, des piques, des flèches et des bâtons ferrés.

Les consoranni de Férul ne tardèrent pas à les joindre. Leurs bataillons n'avaient pas un aspect moins désordonné que ceux de Luern; mais ce qui faisait remarquer ces montagnards Pyrénéens et les distinguait des Avernes, c'était leur légèreté, la vivacité de leur physionomie et leur costume moins surchargé d'animaux (44)... Malasit contemplait, avec sa joie infernale, ce grand effort des adorateurs de Hésus, et il souriait atrocement à leurs imprécations. Mais la Gaule guerrière n'était pas la seule qui se fût donné rendez-vous sur les ruines de Tolosa; le Druidisme y avait envoyé aussi presque tous ses représentans; Marric avait réuni, autour de lui, toutes les catégories de prêtresses. Ainsi les Mannettes qui enfantaient, dans le silence, les instrumens de la magie pour découvrir l'avenir; les vierges de Séna, dont les torches enflammées soulevaient, à leur gré, les tempêtes et faisaient engloutir le pilote qui avait osé s'aventurer sur les plages de l'Armorique, étaient venues apporter leur tribut d'énergie pour exalter le courage des guerriers.

Quand la plupart des guerriers furent arrivés avec leurs partisans, Améonix monta sur l'estrade, et après avoir expliqué aux divers peuples réunis l'urgence de la révolte, il appela le conseil armé à la nomination du chef suprême de l'expédition. — Vous êtes notre chef, s'écria-t-on de toutes parts; nouveau Civilis, vous serez le roi de l'empire des Gaules (45). Après avoir obtenu cette approbation qu'il n'avait provoquée qu'à cause de la certitude où il était d'un succès incontesté, Améonix développa le plan de campagne, tel qu'il avait été discuté dans la réunion secrète; mais le ci-devant Tétrarque, surchargea sa harangue stratégique de tant d'hyperboles et de métaphores, qu'il fut impossible, à plus d'un érudit, de bien comprendre ce qu'il disait. Néanmoins, on adopta son plan de confiance, et Férul et Luern purent enfin monter sur l'estrade pour haranguer la nation à leur tour. Ils ne furent pas sobres de cris, d'exclamations, de bravades contre Rome; leur son de voix rude et guttural ajoutait un accent terrible à leurs menaces, et les nombreux auditeurs ne manquèrent pas d'applaudir les passages les plus violens, par de grands cliquetis d'armes et de boucliers.

Au milieu de ces acclamations universelles, un seul visage demeurait inquiet et soucieux. Héléna, assise près de son père, dirigeait de fréquens regards vers la plaine de la Novempopulanie, et de cruels mouvemens d'inquiétude se peignaient sur son front. Héléna aimait le jeune Amiduat, et ce guerrier ne s'était pas encore rendu au conseil des armes; longtemps elle avait espéré le voir arriver des premiers, à la tête de ses Soldunes des bords de l'Adour et du Gave; mais depuis un instant, son impatience de le voir arriver s'était changée en crainte de le voir paraître. Tous les combattans étaient réunis autour de leurs vieux chefs, Amiduat seul restait en retard, et une loi cruelle condamnait le gaulois qui se présentait le dernier, à une mort ignominieuse.

Ces craintes n'étaient pas chimériques, le jeune montagnard parut bientôt dans une clairière, au milieu des forêts de la Novempopulanie, et Héléna sentit son cœur glacé d'épouvante; cependant Amiduat, impatient de joindre ses frères d'armes, lança son cheval au galop; il franchit la Garonne à la nage, et en un instant il fut rendu sur les ruines de Tolosa. Les Gaulois exaltés par l'amour du combat, et cette soif du sang humain entretenue par la religion druidique, ne l'accueillirent qu'avec des cris de mort. Le malheureux jeune homme voulut expliquer son retard, mais le fanatique Marric, attaché aux vieilles coutumes, par cela seul que la foule paraissait les oublier, s'élança vers lui et dévoua sa tête aux dieux infernaux.

— Oui, qu'il soit égorgé! s'écrièrent plusieurs voix auxquelles la jalousie n'était peut-être pas étrangère.

Amiduat, frappé de terreur, demeurait muet et immobile. Héléna se jeta aux pieds de Marric et de son père, en s'écriant — Grâce, grâce pour lui !... Mais elle reconnut bientôt que ses cris étaient superflus et que l'aveugle fanatisme allait sacrifier un vaillant héros comme on égorge un misérable, car personne ne venait prêter à sa prière l'appui de son approbation. Férul seul osa parler pour elle.

— Pourquoi verser ainsi un sang précieux ? leur dit-il, sommes-nous donc si nombreux pour que nous devions nous priver d'un guerrier vaillant et courageux ?

Ce langage de la froide raison eut plus d'empire que n'auraient pu en avoir de simples considérations de clémence et d'humanité. Cependant bien des cœurs demeurèrent encore insensibles.

— Non, non, point de pitié! répondit le druide, les dieux irrités veulent du sang.

— S'il ne faut que du sang pour racheter le retard d'Amiduat, je suis prête à vous en donner, répondit Héléna en présentant sa poitrine à Marric. Prêtre cruel, qui vous dites protecteur de la Gaule, si vous aimez votre patrie, prenez donc le sang d'une jeune fille dont le bras est faible, et conservez celui d'un brave qui doit être terrible pour les Romains.

— Qu'entends-je! s'écria Améonix en pâlissant; quoi! ma fille, toi, innocente, mourir pour le coupable!

— Ni elle, ni lui, reprit Férul ; si Marric veut du sang, qu'on immole, à la place de ce courageux guerrier, un esclave inutile; le druide pourra bien consulter également les entrailles d'une victime dont la mort ne fera verser aucune larme.

Marric essaya de repousser la proposition de Férul ; mais, malgré son opposition, le peuple se décida pour la clémence, et le druide dût placer un simple esclave sur le dolmen de Teutatès. A son ordre, deux vieilles magiciennes, aux cheveux blancs, aux pieds nus, disposèrent un énorme plateau de fer près de la table de pierre, elles aiguisèrent les serpettes contre leur ceinture d'airain, et la victime expira aux yeux de la foule avide de sang (46).

— Les Romains sont perdus et nous sommes vainqueurs! s'écria Marric avec exaltation. Le langage des entrailles me dit que la protection des dieux est acquise à notre entreprise.

A ces mots, la joie, la valeur, l'espérance se répandirent par torrens, et les clameurs des populations nouvelles semblèrent réveiller les ruines stériles, et les morts qui les habitaient. Tout était prêt pour la grande lutte ; les guerriers brandissaient leurs armes, ils se rangeaient, par bataillons, autour de leurs chefs respectifs, et ils n'attendaient plus que le signal pour s'élancer contre la ville romaine, avec la certitude de la victoire. Tout-à-coup, au milieu de cette joie universelle, un sifflement aigu et prolongé vint imposer à tous les assistans un lugubre silence. Malasit parut au sommet d'un monceau de ruines, trône de deuil bien digne de lui, et le front soucieux, les yeux ardens, la bouche brûlante, il fit entendre ces paroles désespérées:

— Gaulois qui m'écoutez, cessez de vous réjouir, j'apporte le désespoir et la rage pour étouffer vos cris de joie!

Vingt mille visages étaient dirigés vers Malasit; ses cris produisirent un effet si irrésistible, que pas un ne demeura sans terreur.

Aussitôt le sombre messager dirigea son doigt crochu vers Marric.

— Que ta joie paternelle se change en hurlemens de malédictions, lui dit-il; pendant que tu t'efforces de réveiller le Druidisme assoupi, ta fille met le pied sur lui pour l'écraser à jamais!

— Paroles terribles, répondit Marric épouvanté. Serait-il possible? explique-toi.

— Agennel, poursuivit Malasit sans daigner répondre au druide, étouffe ton bonheur de mère; Médella te réserve ces douleurs cuisantes qui étreignent le cœur dans les convulsions.

Ces mots étaient adressés à une druidesse qui, par sa beauté et son attitude, semblait marcher à la tête des prêtresses de Séna; aussitôt elle s'anima d'indignation, mais une larme de tendresse qui s'échappa de ses yeux, fit aisément reconnaître la mère de Médella.

— Et vous, filles du célibat et de la luxure, ajouta Malasit en s'adressant aux prêtresses de Séna; que la tristesse remplace vos chants de triomphe; la fille des druides s'est jetée dans les bras d'une vierge qui ne permet que la chasteté....... Guerriers valeureux, étouffez votre ardeur, la patrie va rentrer dans la nuit de l'esclavage; celle qui devait bénir vos épées et les rendre invincibles, ne parle plus que miséricorde et soumission; Médella a repoussé l'hymen de l'Esprit, elle a renié sa religion, sa patrie, pour épouser le Christ de Nazareth, l'ennemi éternel des druides et des idoles.

Alors, Malasit baissa la tête avec accablement, et un immense cri de douleur, poussé par tout un peuple, fit retentir et la terre et les cieux.

— O honte ineffaçable! dit Agennel; j'ai donc enfanté le monstre qui devait déchirer sa patrie!

— Et nous, reprirent les prêtresses, nous avons appelé notre sœur, celle qui devait nous trahir.....

Et Marric ajouta, pour clôturer tous ces cris de douleur par ses gémissemens de père et de grand-prêtre:

— Oh, Médella! quelle horrible malédiction a pu corrompre ainsi le sang des druides dans tes veines!

Ces mots étant prononcés, tout rentra dans la stupeur, et le silence demeura effrayant jusqu'à ce que Malasit l'interrompit par ces paroles:

—Versez des larmes de sang ! La Gaule est éternellement morte, si nul de vous ne se sent le courage de triompher du Christ et de l'avenir. Dans ce grand péril, c'est à vous seules, prêtresses de Teutatès et de Hésus, qu'il appartient de sauver la Celtique et de venger le Druidisme. Trempez vos poignards dans le venin de l'indignation, aiguisez-les sur la pierre de la férocité, rapportez-nous ici Medella par lambeaux, et la Gaule et ses idoles peuvent fleurir encore.

A ces proclamations du roi des enfers, les cheveux des prêtresses se hérissèrent, leurs bras agitèrent convulsivement des serpettes de fer, et la soif de la vengeance leur inspira cet horrible chant de mort :

« Oui, nous saurons venger le sacré ministère
» Qu'outrage Médella. Les filles du mystère
» Livreront ses cheveux au souffle de l'autan ;
» Leurs ongles ouvriront son ventre palpitant ;
» Nos torches dans la nuit brûleront ses entrailles ;
» Nous abandonnerons ses chairs dans les broussailles,
» Et l'on verra les loups, les chiens et les corbeaux
» Dans leurs flancs engloutir ces horribles lambeaux.
» Mais nous conserverons son sang noir et fétide,
» Et formant un baquet de son crâne livide,
» A flots nous l'épandrons aux creux des boucliers,
» Pour y tremper la main et le fer des guerriers. »

Les magiciennes transportées d'un affreux délire, agitaient déjà leurs torches, et elles allaient, sous la conduite de Malasit, tomber sur la nouvelle chrétienne, lorsque Agennel arrêta leur précipitation. Le cœur de la mère battait encore dans la poitrine de la prêtresse ; elle avait pâli de crainte à ce chant sanguinaire ; elle offrit de ramener sa fille auprès des idoles, par la persuasion, espérant ainsi pouvoir adoucir le décret de Malasit.

— Apaisez votre sainte fureur, dit-elle aux vierges des autels ; c'est à celle qui a enfanté le monstre qu'il appartient d'en délivrer la terre, si toutefois elle ne peut réussir à la rendre au Druidisme et à l'amour de l'Esprit.

Aussitôt Malasit, prenant la main d'Agennel, lui dit, plein de fureur :
— Viens la voir dans toute l'horreur de son sacrilège, prosternée aux pieds du Dieu son séducteur. En disant ces mots, il entraîna Agennel, laissant tous les spectateurs plongés dans la stupeur et l'attente.

> Premier don de l'hymen, fille jadis si chère,
> Quoi ! la nature en vain parle au cœur de ton père :
> A l'homicide autel le signal est donné ;
> Un prêtre à ses regards cache un couteau sacré.
>
> PONGERVILLE.

XX.

LES COMBATS DU CŒUR.

ALASIT, à demi-triomphant, reprit son vol, emportant sur ses ailes épaisses la mère abasourdie de Médella. Tous les deux roulèrent ainsi de collines en vallées, d'abîme en abîme jusqu'au lieu solitaire, vert et flétri, où nous avons laissé la nouvelle chrétienne absorbée dans ses méditations. Arrivés à quelques pas de l'oratoire agreste, le ravisseur farouche déposa la gauloise sur le tronc noueux d'un vieux chêne ; il lui montra Médella du doigt et s'éloigna, laissant la mère aux prises avec la fille, l'idolâtre avec la chrétienne. Agennel, toujours armée de la serpe de fer, marcha précipitamment vers Médella, et l'appela d'une voix mêlée de rudesse et d'amour ; la jeune fille interrompit aussitôt sa méditation et courut vers celle qui l'avait tant aimée.

— Oh ! ma mère ! s'écria-t-elle avec une voix sans mélange d'amertume, quel heureux événement conduit la mère idolâtre vers sa fille nouvellement baptisée ?

— Ce qui m'amène ! répliqua la gauloise d'un air sévère, c'est l'indignation de votre conduite, le désir de vous ramener au Druidisme, ou de venger nos autels méprisés. Par-delà ces coteaux, n'entendez-vous pas les houras des guerriers impatiens de se lancer contre la ville romaine ? n'entendez-vous pas les cymbales des prêtresses qui vous convoquent pour le sacrifice, dans lequel l'Esprit doit cimenter son hymen avec vous ?

— Oh ! quel souvenir affreux venez-vous réveiller en moi ! s'écria la chrétienne; est-ce bien ainsi que je devais revoir ma mère, après un mois d'absence ; la fureur dans le regard et un poignard à la main !

— Médella, reprit Agennel, vous vous êtes consacrée au culte des autels, maintenant, serez-vous parjure ?

— Il est vrai, j'avais pris place dans le collége des prêtresses ; mais il est des occasions où le malheureux, au moment de s'enfoncer dans les ténèbres, rencontre une main amie qui le remet sur la voie de la vérité. Cette main s'est reposée sur moi, et cette main est celle du vrai Dieu.

— Il en est une autre qui tombera sur toi pour arrêter le cours de tes sacriléges, reprit Agennel furieuse.

— Et celle-là du moins ne sera pas celle de ma mère qui m'aime et qui me chérit, répondit Médella avec tendresse.

— Il n'y a ici ni mère, ni fille, répondit Agennel, avec emportement, il n'y a que deux prêtresses, l'une qui a promis de verser son sang pour le Druidisme, l'autre qui vient lui rappeler ses sermens.

— C'est-à-dire, répondit Médella avec horreur et pitié, deux prêtresses dont l'une s'est chargée de venir plonger le fer dans la poitrine de l'autre. Oh ! ce n'est pas que je ne tendisse la gorge au bourreau avec calme et résignation, puisque rien ne saurait inspirer de crainte à une ame réconciliée avec Dieu ; mais, quand c'est ma mère qui doit être le bourreau, quand c'est ma mère qui s'approche, armée de ce fer et de cette haine qui font rire les démons dans leurs prisons brûlantes ; oh ! alors, je tombe prosternée, et je supplie mon Dieu de ne point regarder cette femme qui vient pour immoler son enfant !

Agennel lui répondit : — Me prends-tu donc pour la mère de ce transfuge qui met le sceau à tous ses sacriléges en s'abandonnant à l'ennemi mortel de notre culte et de nos dieux.

Quoi ! je ne serais pas votre fille ? s'écria Médella.... Avez-vous donc oublié qu'il y a vingt ans, vous passâtes une longue période de lunes dans la douleur et l'anxiété ; que le déchirement de vos entrailles mit le sceau à ces longues douleurs, et, qu'au milieu de l'enfantement, vous trouvâtes encore des baisers pour calmer les pleurs du nouveau-né ?...

Avez-vous oublié qu'à peine entré à la lumière, l'enfant éprouva la faim, que vous négligeâtes votre faiblesse pour veiller nuit et jour à son chevet, et verser dans ses veines le suc vivifiant de vos mamelles?.... O Agennel! j'ai été formée dans vos entrailles, j'ai été bercée sur votre sein, nourrie de votre chair, de votre sang, et maintenant je ne serais pas votre fille!.... Sont-ils donc si loin, ces jours de bonheur et d'inquiétude où, muette d'anxiété, le corps penché sur mon berceau, et respirant à peine, vous chassiez le trouble de mon sommeil avec le geste et le regard?.... Sont-ils donc si loin de nous, ces jours d'alarme, où l'insomnie maternelle veillait sur moi, nuit et jour, pour recueillir, à chaque instant, dans mes yeux, sur mes lèvres, une nouvelle pensée d'espérance ou de douleur? où me prenant dans vos bras, vous me portiez sur les bords du fleuve, pour appeler sur moi, avec la voix pure de la prière, cette protection de la main invisible, qui file des jours d'or et de soie?.... Alors vous appreniez à mon jeune cœur à s'élever vers les astres du ciel, à ma langue inhabile à bégayer le nom des puissances suprêmes; et quelque temps après, celle pour qui vous avez fait tant de vœux, supporté tant de souffrances, vous voudriez qu'elle ne fût plus votre fille! vous voudriez voir ces traits, que vous avez couverts de tant de baisers, étendus sur la terre froide, et puis, retirant la serpe de ma poitrine, dire en face de votre Dieu : Voilà! je me suis faite le boucher de mon enfant pour te l'immoler!

Ces paroles, prononcées avec une activité irrésistible, soulevèrent dans le cœur d'Agennel des émotions qui lui étaient inconnues. — Médella, s'écria-t-elle en domptant son émotion, ce n'est pas moi, ce sont les dieux qui te réclament. Ma fille, ils n'ont fait la créature que pour en être obéis dans tous leurs désirs.

— Les dieux! reprit Médella indignée. Et quoi! pouvez-vous bien donner le nom de dieux à des monstres divinisés qui convoitent le sang de la créature et qui disent à une mère : Tu m'apporteras le cœur de ta fille à la pointe d'un couteau. Le Dieu que j'adore a horreur du sang, et quelque nom que porte le meurtrier, il n'en est pas moins horrible à ses yeux. Sa bonté est infinie : serez-vous étonnée, si c'est à lui seul que j'appartiens, à lui qui a animé d'une étincelle de son immortalité le fruit sorti de vos entrailles.

— Oh! pas de blasphême! s'écria Agennel en détournant ses regards. Ma fille, pas de blasphême!

— Est-ce donc blasphêmer, lui répondit Médella, que de vouloir ramener une mère égarée aux lois de la tendresse. Mais non, ce n'est point ma mère qui essaie ainsi d'étouffer la voix de l'amour. C'est la prêtresse en délire, celle que les sacrifices sanglans et les houra des magiciennes viennent de jeter dans une telle extravagance, qu'elle voudrait me faire revenir aux idoles en me les montrant comme mes bourreaux. Or, celle-là, je la plains de bon cœur, et je ne m'adresse qu'à la femme qui m'a nourrie de son lait, entourée de ses prières, comblée de soins et de caresses; femme tendre, qui a vécu de ma vie après m'avoir nourrie de la sienne; femme céleste qu'anime ce cœur de mère, si bon, qu'il pleurerait s'il voyait mes larmes, qu'il tomberait dans mes bras, si je lui disais que j'ai faim de ses baisers!

A cette voix si touchante d'une fille, Agennel se sentit ébranlée.

— Eh bien! puisque je t'aime comme une mère, s'écria-t-elle en retenant avec peine une larme de tendresse, penses-tu que je puisse consentir à te perdre pour l'éternité; et, cependant, Médella, celui qui ne révère pas Hésus et Teutatès trouvera le seuil du monde futur fermé avec une pierre de diamant. Oh! Médella, les joies de la terre n'ont de prix que parce qu'elles peuvent arriver là-haut. Eh bien! j'aurai essayé de la contemplation, des sacrifices, de la macération, j'aurai tout supporté avec courage, et mes soins n'auront abouti qu'à produire un sacrilège, digne de la malédiction des dieux! après tous les rêves de bonheur que j'ai posés sur ta tête, faudra-t-il que je voie l'ame de ma fille marquée du sceau de la réprobation, et rejetée sur la terre, pour se purifier dans le corps des animaux immondes.

— Oh! ma mère, reprit Médella en souriant, pouvez-vous bien penser que l'homme, qui est fait à l'image de Dieu, puisse devenir l'histrion de cette bouffonnerie bizarre? Non, Agennel, l'homme seul a été jugé digne de recevoir un rayon de l'esprit de Dieu, et quand la mort vient briser cette enveloppe fragile, le rayon remonte vers son auteur, à moins qu'il ne soit imprégné des miasmes de la damnation (47). Mais le fanatisme, qui voudrait étouffer l'amour d'une mère, ne triomphera pas; car le vrai Dieu lui a rendu la fille qui la presse sur son cœur. O vous, qui aimez votre Médella, qui dites que les baisers cueillis sur sa bouche sont miel, pourrez-vous servir encore les dieux atroces qui la haïssent, et vous ordonnent de la faire mourir?... Non, les rites sanglans n'ont pu détruire en vous l'amour maternel; il vit encore de toute sa puissance; suivez la pente de la nature, elle vous conduira à son auteur qui est le Dieu qui m'aime et que j'adore.

— Il t'aime, lui, s'écria Agennel, émue jusqu'au fond de l'ame. Il t'aime, et les miens veulent te faire périr.... Oh! si jeune! si belle!

Ces mots révélèrent à Médella tout l'empire que la tendresse maternelle exerçait encore sur Agennel, et pour ne pas négliger cette passion heureuse, elle poursuivit avec une vivacité croissante :

— Quand la mère dit à son enfant : ma fille, sois vertueuse, c'est mon Dieu qui a mis cette douce inspiration dans son cœur; c'est mon Dieu qui cimente l'union de la mère et de sa fille du sceau de sa bénédiction; c'est mon Dieu qui n'a pour votre enfant que des regards d'amour et de miséricorde, qui lui a tendu sa main divine pour la retirer de la souillure, la sauver dans cette vie et dans l'autre ; c'est mon Dieu qui m'a rendue pure comme une vierge, afin que je fusse digne de celui que j'aimais. Et voilà le Dieu que vous repousseriez, celui qui a sauvé votre fille et vous la rend purifiée. A genoux, ma mère, à genoux ; il s'appelle Christ ; il est venu sur la terre pour sécher toutes les larmes, consoler tous les malheurs. Adressez vers lui un regard d'adoration, et il vous recevra avec transports dans son royaume.

Médella était près de triompher, et celle que le Druidisme avait dépêchée vers elle pour tenter un dernier assaut, allait peut-être abdiquer son passé et vivre, avec sa fille, dans la foi nouvelle... Tout-à-coup, Malasit se souleva, dans le tronc noueux où il était caché, et un grand bruit de cymbales se fit entendre vers les ruines de Tolosa. A cet appel, Agennel se sentit ébranlée, et sa figure, soudainement illuminée de ressentiment, dirigea vers Médella des yeux ardens de reproche.

— Ciel ! s'écria Médella, quelle étrange fureur a tout à coup bouleversé vos traits !

Agennel, immobile, écoutait avec stupeur le bruit croissant des cymbales. Entends-tu les prêtresses, s'écria-t-elle, elles réclament la noble victime dont le sang doit régénérer le Druidisme, elles me rappellent les devoirs terribles de ma mission.

— Oh ! reprit Médella désespérée, la nature ne vous crie-t-elle pas que c'est un crime affreux pour une mère de venir immoler son enfant ! Mais Agennel était toujours absorbée dans la perception de ce bruit étrange, qui semblait lui dicter à travers l'espace les décrets sanglans du peuple et de Marric.

— C'est Hésus, s'écria-t-elle ! c'est l'esprit de Dieu ; il a parlé dans le chêne des druides.

Au même instant, Malasit, furieux, vint ajouter au langage lointain des cymbales le joug tyrannique de son regard.

— Folle enragée, dit-il en se jetant entre Agennel et Médella. Peux-tu pardonner à la femme sacrilège qui vient de briser l'œuf du serpent, ce talisman que tes propres mains avaient attaché à son cou, dès le berceau. Malheureuse druidesse, puisque tu n'as pas la force d'égorger cette fille chrétienne, pour venger tant d'outrages, maudis du moins la transfuge misérable, qui entraîne dans sa chute sa patrie et ses dieux !

— Médella ! Médella ! s'écria Agennel en regardant avec effroi les débris de l'œuf de serpent, écrasé près du petit oratoire. Oh ! tout briser ainsi en un jour ! Oui, tu seras maudite par les dieux, maudite par ta mère !...

La chrétienne désolée voulut courir après Agennel. — Ma mère !

disait-elle, vous êtes entraînée par l'homme de la damnation : mais Malasit arracha sa proie avec violence, et elle était déjà entraînée hors de ces lieux. Médella revint se prosterner devant la croix, elle la saisit avec force, et regardant le ciel d'un œil inspiré, elle s'écria : — ô mon Dieu! pourquoi souffrez-vous ainsi que les méchans dominent en despotes sur les plus doux sentimens de la nature.

Agennel était déjà loin ; mais la nouvelle chrétienne n'avait pas fini de compter avec les épreuves du cœur, et le roi des passions terrestres préparait de nouveaux assauts pour arracher au Christ sa conquête récente.

Depuis que nous n'avons vu Robur, trois jours à peine se sont écoulés, et néanmoins de grandes choses ont été accomplies. Le lecteur a appris, par le récit d'Armane, la mort déplorable de la malheureuse Illira. Ce coup imprévu avait accablé Robur, car la mort de la jeune captive fermait pour ainsi dire des portes d'airain sur l'avenir du centurion. On n'a pas oublié que son existence roulait sur les destinées de l'esclave gauloise...... Prisonnier d'Améonix, il avait obtenu la liberté des mains de sa fille, à condition qu'il ferait rendre Illira à sa famille. Plusieurs soldats romains étaient demeurés en ôtage, comme garans de l'accomplissement de cette promesse ; bien plus, Robur lui-même, avait juré de venir mettre sa tête à la disposition de la fille d'Améonix, si la prisonnière n'était pas rendue à la liberté.

Le fil de cette trâme venait d'être brisé tout à coup, par la barbarie d'Agaton, et un serment fatal obligeait Robur à aller s'abandonner à la disposition des druides. Il était donc sur le point de revenir chez Améonix, lorsque la réunion de Gaulois, sur les ruines de Tolosa, vint armer son bras pour la défense de la patrie. Le palais Narbonnais, sentinelle vigilante de la domination romaine, avait assisté du haut de ces tours à ce bruyant conseil armé que Malasit avait interrompu de son sifflement lugubre. Robur, ame agissante de cette forteresse, s'était aussitôt levé pour combattre; négligeant de prendre les ordres du préfet efféminé, il arma ses cohortes, barricada les portes de la ville, et assigna à chacun son poste et son devoir, disposé à recevoir vigoureusement cette attaque si impétueuse des Gaulois, dont les Français des temps modernes ont encore seuls le secret. Ces premières dispositions terminées, Robur ne voulut pas attendre froidement les insultes de l'ennemi derrière les murailles, et ne s'inspirant que de sa bravoure, il résolut d'aller attaquer les Tectosages sur le plateau de Vieille-Toulouse.

A cet effet, il choisit trois cohortes : la première reçut ordre de tourner la colline par la pente douce qui regarde l'Orient ; la seconde, commandée par Robur, devait attaquer franchement la position par la route directe, longeant la Garonne et les coteaux escarpés de Pech-David ; la troisième devait suivre la direction intermédiaire afin de se porter à droite ou à gauche, pour prêter secours au premier corps attaqué. La petite armée se mit en mouvement, à la faveur des ombres de la nuit. La lune, témoin de tant de drames humains, jetait sa lueur protectrice sur ces trois masses d'hommes. Bientôt, le second corps atteignit la Garonne, et, resserré entre le fleuve et les collines, il dût prendre la forme allongée et flexible d'un serpent sinueux, qui suit les moindres contours du sentier qui s'offre sous ses pas. Robur marchait silencieux sur la berge fleurie du fleuve. Tout à coup, à la pâle lueur de la lune, le centurion crut reconnaître l'ombre d'une femme pieusement inclinée vers la terre. Il approche avec précaution, agité de mille pensées confuses; bientôt il s'arrête, il s'étonne, son cœur bat, sa langue balbutie, il a reconnu Médella.

— Que vois-je ! s'écrie-t-il, à cette heure de nuit, quand tout dort dans la nature, que faites-vous ici, Médella ?

La chrétienne, réveillée de ses méditations par cette voix chérie, se retourne, se relève précipitamment, et transportée de bonheur, oubliant sa prière, elle s'écrie avec l'accent du délire : — O Robur ! c'est vous, vous, mon Robur ! mais c'est donc la main de Dieu qui vous conduit ! Oh ! quand je viens de perdre ma mère, vous retrouver ainsi, c'est la lumière, c'est la vie, c'est la félicité !

Cette rencontre imprévue excita vivement la curiosité des soldats ; ils s'arrêtèrent un instant, désireux de pénétrer un mystère qui semblait prêter une ample pâture à la plaisanterie; mais un ordre du centurion vint les obliger bientôt de poursuivre leur marche, pour ne songer qu'au devoir.

— Eh quoi ! continua Robur, lorsqu'il fut seul avec Médella ! vous, dans cette solitude profonde ! en vérité, je ne puis comprendre un si grand changement ! que venez-vous faire ici, expliquez-vous ?

— Ce que je viens faire ! répondit Médella, en s'abandonnant tout entière à sa passion, m'éloigner de la corruption, travailler à me purifier, à me rendre digne de vous. Voyez ce fleuve limpide, je suis entrée dans ses eaux encore toute souillée, et je viens d'en sortir pure comme l'enfant du sein de sa mère. J'y ai lavé ma robe salie, j'y ai noyé le manteau et les diamans de la courtisane, et maintenant je puis vous regarder sans rougir, et vous pouvez m'aimer sans honte. Venez, entrons tous les deux dans une nouvelle vie.

— En vérité, reprit Robur, je ne puis m'expliquer ce que je vois. Tant de simplicité dans le vêtement ! tant de candeur sur le front ! Oh ! Médella ! comment avez-vous pu vous débarrasser de la livrée de la courtisane, et revêtir la simple bure des chaumières !....

— Comment j'ai pu faire cela ! s'écria la gauloise en délire. Il me demande comment j'ai pu faire cela, quand il sait combien je l'aime, quand il sait combien je veux être aimée de lui ! comme si rien était impossible à une femme qui aime et qui veut.

— Oui, tu es belle comme cela ! reprit Robur avec bonheur.

— A ces mots, Médella lui lança un de ces regards familiers aux filles de la Barbarie, si emportées dans leurs passions ardentes. Oui, s'écria-t-elle, je suis belle de toute la joie que donne l'amour triomphant; car tu es à moi maintenant; car je sais que tu vas m'aimer avec ardeur. O toi, qui n'attendais, pour me presser dans tes bras, que la purification de mes souillures passées, n'est-ce pas que mon regard a dépouillé l'ardeur impure de la femme égarée ? N'est-ce pas que mon front portera dignement la couronne nuptiale ? Mais viens donc t'asseoir auprès de moi ; viens tresser la guirlande de roses qui doit nous unir à jamais ! Tu vas me trouver extravagante peut-être ; mais qu'importe le moyen qu'emploie le bonheur pour se manifester ! juge si je suis affamée de ton sourire et de ta parole. Un pauvre prisonnier qui sort de son cachot n'est pas plus désireux de revoir la lumière, que je ne le suis de contempler les éclairs de tes yeux.

Robur était dompté; résister plus long-temps à Médella devenait impossible. — Veux-tu savoir toute ma pensée, s'écria le centurion. Je t'aime, et ce mot seul suffit pour exprimer ma passion.

— Tu m'aimes ! reprit Médella au comble de l'ivresse. Oh ! je puis donc m'abandonner à la félicité.

— Puis-je hésiter à t'adresser ce mot, que je n'avais prononcé devant aucune femme, quand je retrouve en toi le courage et la simplicité des Romaines de Brutus.

— O mon Dieu ! reprit Médella, ce que j'ai rêvé si long-temps, ce que j'ai appelé dans mes prières les plus ardentes, tombe maintenant sur moi avec toute la puissance d'un coup imprévu, je fléchis, je succombe, il est vrai que c'est au bonheur !

— Comment ne t'aimerais-je pas, reprit Robur ; tu as eu la force d'accomplir ce que si peu de femmes peuvent faire. Quitter un palais pour fuir le vice, fouler aux pieds les vêtemens de pourpre pour vivre chaste sous ce feuillage solitaire. Oui, je t'emporterai dans mes bras au delà du seuil de ma porte ; je partagerai tes cheveux avec la pointe d'un javelot, nous ferons le repas frugal de la confarréation, et nous serons unis comme l'étaient mes aïeux. Voilà le bonheur qui nous attend, puisque tu es pure (48).

— Si je suis pure ! s'écria Médella avec transport, juge si je le suis ! Le vrai Dieu qui consacre notre amour a lavé toutes mes fautes. J'étais profondément souillée ; eh bien ! il a daigné m'envoyer son apôtre pour me révéler la voie qui, seule, pouvait me blanchir. Je l'ai reçu avec transport, je me suis prosternée en pénitente devant le Dieu saint et éternel, priant comme jamais on n'a prié sur la terre, car il me rendait digne de toi, en m'arrosant de l'eau du baptême; car il bénissait mon amour et le tien en me donnant le titre de chrétienne ! A ces mots, Médella courut à son oratoire de gazon, saisit avidement la petite croix de bois, et la montra à Robur en l'élevant vers le ciel.

A la vue de ce signe de la religion nouvelle, qu'aucun vieux romain ne pouvait voir sans fureur, Robur sentit l'indignation, l'épouvante remplacer l'amour et la joie.

— Chrétienne ! s'écria-t-il en pâlissant. Vous, chrétienne ! Médella !

Le regard du centurion devenu sévère et terrible avait suffi pour révolutionner le cœur de Médella. Elle était stupéfaite, pétrifiée : — Oui, Robur, balbutiait-elle, je suis chrétienne, sœur des filles chastes du Christ.

— Le Christ ! reprit Robur en poussant d'horribles imprécations. Dieux éternels que me faut-il entendre ?.... l'ennemi de Rome, l'imposteur de Nazareth !

Ce blasphème jeté sur le Rédempteur, fit oublier à Médella toute pensée d'amour, pour lui rendre sa susceptibilité de chrétienne. — Robur, répondit-elle avec une noble fermeté ; c'est le Dieu des dieux, le créateur et maître du monde, descendu sur la terre pour nous sauver....

Mais Robur, poursuivait sans l'écouter : — C'est donc pour mettre le comble à ton infamie, que maintenant tu te fais chrétienne ! Jupiter, me pardonneras-tu d'avoir aimé un instant cette femme sacrilège ?

— Robur ! Robur ! s'écria la malheureuse gauloise en courant à lui, désespérée.

— Non, non, éloigne-toi, reprenait le romain. Béni soit Jupiter qui m'envoie ici pour te maudire ; tombe sur toi l'exécration des hommes et des dieux !

— Seigneur, Seigneur, s'écria Médella en regardant le ciel pour lui demander des forces, maudite par celui que j'aime, que j'adore ! votre main, ô mon Dieu, pour ne pas succomber ! Puis, s'apercevant que Robur s'éloignait, et ne pouvant dire un dernier adieu à cette passion terrestre encore si puissante, elle se précipita vers lui en s'écriant : As-tu bien pu croire que je te laisserais partir, que je te perdrais sans mot dire ? as-tu bien pu croire que ta malédiction briserait mon cœur, sans retour ; tu ne comprends donc rien à une femme qui t'aime, ô toi qui as pensé qu'elle n'aurait pas la puissance de te retenir. Robur, Robur, tu resteras !

— Rester avec une chrétienne, répondit le centurion en la repoussant avec mépris. Non, par Jupiter ! dût ce glaive s'enfoncer dans ta gorge ou dans la mienne !

Ce dernier trait de mépris et de haine brisa tout espoir dans le cœur de la gauloise : — O mon Dieu ! s'écria-t-elle, ayez pitié de moi, ayez pitié de lui. Aussitôt, elle tomba à la renverse, et dégagea Robur qui disparut. Le centurion s'éloigna rapidement, emporté par cette hâte excessive que donne le désespoir, la déception et la haine. Peu à peu, Médella reprit ses forces, elle se releva, courut se jeter devant son oratoire, et saisissant la croix avec transport, elle dit : — Mon Dieu ! vous avez jeté l'ancre du salut dans mon ame; vienne Robur, vienne ma mère, rien ne pourra l'en arracher !

O Patrocle, dit-il, dans ta demeure sombre
Réjouis-toi ! bientôt j'apaiserai ton ombre.
....
Et douze fils vaillans des guerriers de Pergame,
Frappés sur ton bûcher périront par la flamme.
Dans mon cœur désolé la fureur vit encor.

Traduction d'Homère.

XXI.

LE COMBAT.

ROBUR rejoignit sa légion, et le stoïque romain savait si bien comprimer toutes ses émotions que nul, parmi ses soldats, ne sut lire sur ses traits quelle avait été l'issue de son entrevue avec Médella.

Grâce aux précautions de leur marche, ces petits corps d'armée avaient admirablement réussi à déjouer la vigilance gauloise ; et déjà chacune des trois ailes était parvenue au pied de la colline où s'élançait pêle-mêle le champ des ruines...... C'était l'instant décisif où le chef ordonnait à tous les siens un surcroît de prudence, de promptitude et de courage. C'était le moment suprême où tous les cœurs battaient d'impatience, où le cri d'un oiseau pouvait changer le silence et le calme en un horrible choc de combattans...... Toutes les oreilles étaient attentives à interpréter le moindre bruit. Les ténèbres étaient encore profondes, et la lune, se cachant derrière les forêts de la Novempopulanie, en augmentait l'épaisseur. Le moment eût été favorable pour un coup de main ; Robur, néanmoins, jugea trop dangereux de se jeter ainsi au milieu de la nuit sur un ennemi nombreux, retranché derrière des décombres ; d'ailleurs quelques feux allumés sur la colline donnaient à croire que la grande majorité des Gaulois était debout, armée et plus disposée à combattre qu'à fuir. Tout cela bien considéré, Robur fit faire halte à ses soldats, et résolut d'attendre le jour pour commencer l'attaque. En attendant, ils s'assirent derrière les bruyères et mangèrent quelques vivres pour se disposer à soutenir les fatigues d'une journée périlleuse.

Les premières lueurs du jour parurent enfin sur les cîmes neigeuses des Pyrénées, et les Romains, tournant leurs regards vers ce fanal lointain, sentirent leur cœur battre d'incertitude et d'impatience. Tout-à-coup un cri d'enfant, parti du haut d'une colline escarpée, vint réveiller l'espèce de léthargie dans laquelle les masures de la ville tectosage étaient demeurées plongées. Aussitôt un bruit de voix confuses ébranla les collines et les vallées ; des nuées grossissantes d'ombres noires, mal dessinées dans la brume du matin, couvrirent les hauteurs, et présentèrent aux Romains un rempart vivant devenu inabordable.

L'occasion favorable était perdue ; il ne s'agissait plus de tomber à l'improviste sur l'ennemi. Robur dut changer soudainement sa tactique, et il ordonna de continuer la marche avec l'attitude d'assaillans continuellement sur la défensive.

Au premier mouvement que l'armée romaine fit pour gravir le coteau, un houra sauvage et infernal descendit en torrens étourdissans du haut des ruines vivantes. Amiduat, Améonix, Ferul, Hernkil, guerriers et soldunes, prêtresses et druides, tous avaient pris place à la tête de leurs bataillons informes, qui demandaient à grands cris le signal du combat. Le roi, monté sur son char de bataille, brillant d'or, de cuivre et d'émeraudes, allait le donner, lorsque le druide Marric, se plaçant à la tête de l'armée, vint demander un instant de recueillement pour sacrifier aux dieux de la guerre ; à sa voix, un silence profond remplaça le tumulte ; deux vieilles femmes aux cheveux blancs et hérissés, au regard furieux et frénétique, placèrent aux pieds de Marric un énorme bassin de fer. Les prêtresses couronnées de lierre et de chêne se rangèrent autour du sanglant autel, et deux vates conduisirent un malheureux captif les pieds et les mains liés.

Les Romains, quoique éloignés encore du lieu de la scène, se sentirent émus d'horreur et de pitié ; mais nul n'éprouva et ne put même comprendre l'affreux déchirement qui se fit dans le cœur de Robur. Le centurion, inspiré par un cruel pressentiment, avait reconnu

— 203 —

dans la victime un de ses malheureux compagnons laissés en ôtage dans la demeure d'Améonix. Ce souvenir aiguillonna son courage, et il ordonna à tous les siens de doubler de vitesse; mais, hélas! empressement inutile! en un instant il vit les deux magiciennes étendre le soldat dans le plat de fer, aiguiser les serpettes sur leur ceinture d'airain, et les lui plonger dans la gorge. Le sang coula avec abondance, et tous les présages durent être heureux, car Marric, s'adressant aux Gaulois avec exaltation, leur promit la victoire au nom des dieux, et leur fit jurer, au milieu d'un cliquetis infernal d'armes et de boucliers, d'exterminer les Romains et de détruire leur ville. Ce serment fut accueilli par vingt mille combattans, et par un nombre presque aussi grand d'enfans, de vieillards et de femmes qui s'étaient placés derrière l'armée, sur des charriots traînés par des chevaux et des bœufs. Aussitôt les prêtresses excitées par le druide, allumèrent leurs torches, et tournant avec rapidité autour du plateau de fer, elles agitèrent ces fanaux avec violence; puis s'arrêtant tout-à-coup, elles les dirigèrent vers les ennemis, et les dévouèrent à la mort en faisant entendre leurs chants de guerre (49).

Gaule! Gaule! l'Esprit a soufflé sur ton sein;
Et comme la forêt au retour de Belein,
Reprend, avec éclat, sa parure riante,
Le sol a savouré ton haleine brûlante!
Il se couvre de fer, se pare de soldats;
L'enfant même au berceau réclame les combats.
Oui, tout a répété ce long cri de vengeance,
Poussé par la patrie en son lit de souffrance;
Réveillés par nos voix au fond de leurs tombeaux,
Les mânes des Brennus contemplent nos travaux.
Voyez-vous ces héros de Delphes et d'Ancire,
Accourir près de nous, de Carthage et d'Epire,
Armés de leur gaïs rouillés, mais invaincus!
Ils viennent réclamer la cité qui n'est plus,
Demander à leurs fils compte de cette gloire,
Que leur avait transmise un siècle de victoire.....
Guerriers! la Gaule en deuil gémit dans les douleurs;
Il faut, pour la calmer, frapper ses oppresseurs.
Gaulois! seriez-vous donc indignes de vos pères?
Accourez, accourez, générations guerrières,
La fureur dans le sang et le glaive à la main,
Fouler aux pieds le joug de l'orgueilleux romain.
Mais, jetez donc au loin le casque et la cuirasse
N'ayez pour protecteur que le fer qui terrasse.
Pourquoi ces boucliers à vos bras suspendus?
Seriez-vous moins ardens si vos corps étaient nus :

> Vos pères méprisaient les armes de défense,
> Honteuse invention des temps de décadence;
> Courant aux ennemis pour défier le sort,
> Ils prévenaient leurs coups en leur donnant la mort!

A ces accens, les guerriers transportés d'une ardeur que l'extase belliqueuse peut seule expliquer, se dépouillèrent de leurs vêtemens, foulèrent aux pieds leurs boucliers et leurs casques, et ils se précipitèrent entièrement nus vers les Romains, n'ayant pour se protéger que les armes offensives (50). Le choc fut terrible, les imprécations des combattans se mêlaient aux houra indéfinissables des femmes et des enfans restés en arrière, pour les encourager et les arrêter même dans leur fuite, si un échec venait les obliger à reculer....

Malgré le désavantage du terrain, la cohorte, formée en carré, opposa une forteresse imprenable à cette avalanche impétueuse; mais bientôt, entourée de toutes parts, elle se vit attaquée par vingt manières diverses. Ici les soldats de Hernkil, armés de longues piques terminées en croissant, comme nos vieilles hallebardes, allaient chercher les têtes des légionnaires jusques dans le centre du carré; là-bas, les soldunes d'Amiduat, avec leurs chevaux petits et légers, se lançaient par bonds contre un angle que la mort commençait d'entr'ouvrir; ailleurs, les dogues de Luern, excités par la voix tonnante de leur maître, s'insinuaient dans la plus légère ouverture, à travers les jambes des blessés, et menaçaient de pénétrer eux seuls dans le centre de la cohorte. Les soldats romains ne pouvaient suffire à tant de dangers, et la voix de Robur devenait incapable de leur donner le courage et la résolution nécessaires. Les Gaulois, au contraire, riaient de l'immobilité compacte de la légion, et ils semblaient se jouer des flèches et des javelots, qui leur faisaient de profondes blessures : on les voyait arracher eux-mêmes le fer sanglant de leurs membres déchirés, et, le brandissant avec de grandes clameurs, ils le renvoyaient à l'ennemi.

Tant de courage et de persévérance finit par ébranler la légion; la forme compacte dans laquelle résidait sa plus grande force, menaçait de plus en plus de rompre son homogénéité; aussi les Gaulois, comprenant la détresse de l'ennemi, augmentaient-ils d'audace. Tout-à-coup, cependant, la seconde cohorte qui suivait la crête des collines, pour se porter au secours du premier corps menacé, parut sur la hauteur, et se précipita avec ordre et rapidité contre les terribles assaillans. L'arrivée de ce renfort inattendu changea complètement la disposition du combat; les Gaulois, aussi prompts à la retraite qu'intrépides à l'attaque, battirent de toutes parts en retraite, et on vit leurs nuées remonter la colline pour aller rejoindre les masures où leurs femmes et leurs enfans les attendaient.

Amiduat seul, emporté par sa bravoure, voulut continuer l'attaque de la cohorte déjà chancelante; mais abandonné par le reste des Gaulois, il se vit bientôt débordé de tous côtés : vainement les six cents soldunes prodiguèrent leur courage et leur sang; les chevaux, écrasés par une grêle de javelots, finirent par succomber sous les blessures..... Une mort imminente planait sur la tête de tous ces braves; mais ils avaient juré de mourir autour de leur chef, et aucun d'eux ne songeait à prendre l'initiative de la fuite; enfin, voyant que tant de valeur devenait inutile, Amiduat donna le signal de la retraite; il lança son cheval vers les rangs les plus éclaircis des Romains, et il vint rejoindre les ruines avec une centaine de compagnons, les seuls qui n'eussent pas payé de leur mort leur dévouement pour lui.

Le jeune capitaine fut reçu avec des acclamations de douleur et de joie; l'armée gauloise semblait oublier dans ses transports le massacre des cinq cents soldunes, pour ne considérer que leur vaillance, le mal qu'ils avaient fait à l'ennemi, et le bonheur de revoir leur chef sain et sauf. Ce fut surtout dans les yeux d'Héléna que ce bonheur brilla dans toute son étendue; spectatrice inquiète du combat des montagnards, plus d'une fois la fière amazone aurait lancé son cheval pour aller combattre à côté de celui qu'elle aimait, si son père ne l'avait obstinément retenue.

Mais si le massacre des montagnards avait amoindri l'assurance des Tectosages, il avait augmenté d'autant l'ardeur et la confiance des Romains; à la voix agrandie de Robur, les deux cohortes, réunies en un seul corps, reprirent leur mouvement ascensionnel pour emporter la colline d'assaut. Les Gaulois intimidés regardèrent cette manœuvre sans songer à la prévenir. Améonix, rentrant dans son caractère habituel de temporisation, ordonna de se retrancher derrière les masures, et d'attendre les Romains de pied ferme. Les femmes seules rougirent de cette honteuse indécision; attendries par la mort courageuse des dévoués d'Amiduat, elles reprochèrent vivement aux guerriers leur premier échec.... A cette voix des femmes, les Gaulois, désireux de reconquérir leur admiration, allaient tenter une nouvelle charge, lorsqu'un incident vint tout à coup suspendre le combat.

Robur, impatient de conduire ses cohortes à la victoire, s'était placé à leur tête, et l'œil pénétrant d'Héléna reconnut bien vite le centurion, son ancien captif. Aussitôt, assiégée par le souvenir de la mort d'Illira, elle demanda aux Gaulois de suspendre un moment leur attaque, et lançant son cheval blanc au galop, elle courut seule vers l'armée romaine; lorsqu'elle fut arrivée à la portée du trait, elle arrêta son coursier et s'écria d'une voix haute et altière :

— Au nom du serment solennel prononcé devant les dieux, en vidant la coupe de fer, je somme le centurion Robur de venir se livrer en mes mains! Illira, qui devait être rendue à la liberté, est morte assassinée : que son sang retombe sur les bourreaux! Si l'ame de Robur conserve un reste de pudeur, il viendra se livrer à ma discrétion. S'il refuse d'accomplir son vœu, que la foudre des dieux et la vengeance des hommes tombe sur sa tête! Je le dévoue aux dieux infernaux, à l'exécration et à l'ignominie!....

A ces paroles solennelles, une épouvantable commotion ébranla le cœur du romain : l'ardeur du combat s'éteignit; l'amour de la gloire s'effaça, et le guerrier, tombé dans une nuit profonde, ne vit plus devant lui que le pâle reflet de la fatalité.... Le danger de sa patrie avait pu un moment faire oublier la promesse qui le liait, pour ne songer qu'à combattre les ennemis de Rome; mais cet appel fait à sa bonne foi, en présence de deux armées, avait réveillé en lui la sainteté du serment dans toute sa puissance. En un clin-d'œil, sa détermination fut arrêtée. Oubliant le péril des circonstances, l'importance de son commandement, toutes les grandes figures des héros romains s'effacèrent devant celle de Régulus; et comme lui, en face du plus grand des dangers, il ne songea qu'à tenir sa parole. Ses lieutenans, ses soldats stupéfaits voulurent le retenir par leurs prières et leurs cris de détresse :

— Laissez! dit-il, en repoussant ces mains amies; qu'aurai-je à faire d'une victoire qui serait souillée par le parjure. J'ai juré, rien ne saurait me dispenser de tenir mon serment. Me pardonnent les dieux d'en avoir retardé l'accomplissement de quelques journées! La victoire sourit à votre ardeur; vous n'avez qu'à persévérer, et ma présence parmi vous serait inutile. Arrivé au milieu des ennemis, si les yeux ne me sont pas percés, si la langue ne m'est pas arrachée, je continuerai encore à vous donner des conseils et des exhortations. Adieu, mes amis, ne refroidissez pas votre courage par les larmes. Votre amitié pour moi ne doit servir désormais qu'à venger ma captivité et peut-être ma mort!

A ces mots, ayant remis le commandement des cohortes à un de ses lieutenans, il marcha rapidement vers Héléna, qui l'attendait de pied ferme à quelque distance. Elle le reçut avec l'orgueil de son rôle de maître, passa rapidement une corde à sa ceinture, et l'entraîna vers l'armée gauloise.

Dès ce moment rien ne put retarder le choc terrible des deux armées. Les Gaulois se lancèrent comme un torrent impétueux contre les deux cohortes. Le choc eut toute la violence du premier; mais les Romains, privés de leur chef, furent loin d'opposer leur puissante et inébranlable tactique. Leur carré, hérissé de piques, espèce de corps privé de la tête, n'avait plus que la valeur de l'inertie, la science et la précision furent inhabiles à remplacer l'ardeur et la confiance que Robur avait emportées avec lui. Vainement, le chef romain lié, garrotté par les ovates, criait à ses troupes, de toute la puissance de ses poumons : — Courage, braves Romains ! souvenez-vous que vous combattez pour la gloire et la puissance de Rome. Si mon bras n'est pas au milieu de vous, songez que mon cœur bat encore pour la patrie... A moi camarades ! ne pensez à votre centurion que pour le venger...... Cette voix ne parvenait aux oreilles des soldats que comme le bruit vague d'un écho qui s'éteint.

Déjà l'armée ébranlée, entamée sur ses flancs, voyait ses rangs s'éclaircir, et les plus braves combattans joncher la terre de leurs cadavres. Bientôt les morts immobiles embarrassèrent les évolutions des vivans : sur ces entrefaites, la troisième cohorte, avertie par le bruit du combat, se dirigea vers les deux premières pour leur porter secours ; mais quand elle arriva, il n'était déjà plus temps d'arrêter la défaite. La petite armée traversée, trouée de toutes parts, n'opposait plus de résistance ; chaque soldat ne pensait qu'à son propre salut, et s'abandonnait à la fuite ; bientôt elle devint générale, et la troisième cohorte elle-même, saisie par la panique, ne songea qu'à battre en retraite avec ordre.

A la vue de ce désastre, le cœur de Robur avait saigné de douleur. Peut-être dans cette défaite, éprouva-t-il du regret d'avoir sacrifié l'intérêt de sa patrie à un point d'honneur chevaleresque. Quoi qu'il en soit, dès l'instant qu'il vit ses cohortes se mettre en fuite, il jeta le coin de son manteau sur la tête pour se voiler le visage. Et s'adressant aux ovates qui le garrotaient, il leur dit : —La cruelle fille d'Améonix doit prodigieusement triompher de sa victoire. Mais ce n'est pas encore assez de tout le sang romain versé dans cette boucherie, pour venger le meurtre d'Illira. Il en est d'autre encore, qui doit être répandu pour expier l'assassinat du cruel Agaton ; mais, celui-là du moins, ne le sera pas par le sabre impur des ennemis de Rome. A ces mots, prenant un poignard, caché sous sa cuirasse, il le plongea dans son cœur, et tomba aux pieds de ses gardiens.

Sur ces entrefaites, Héléna, emportée par son ardeur guerrière, et le besoin de suivre la gloire d'Amiduat, avait abandonné son cheval blanc à la course, et elle suivait de près le char vainqueur de son père. Les cohortes taillées en pièces n'offraient plus que quelques fugitifs épars, et ce fut à grand peine que la troisième, demeurée intacte dans sa retraite, atteignit la porte Narbonnaise avant l'arrivée des Gaulois. Un moment plus tard, vainqueurs et vaincus, seraient entrés pêle-mêle dans l'enceinte de Tolosa.

A la première nouvelle du désastre, qui mettait l'établissement romain en si grand péril, tout ce que Toulouse renfermait d'hommes valides était monté sur les remparts. Les Gaulois peu intimidés par la vue de ces combattans, voulaient donner l'assaut à l'instant même. Améonix, enflé d'un succès qu'il s'attribuait tout entier, malgré le peu de part qu'il avait pris à l'action, se voyait déjà possesseur de la ville romaine. Nouveau roi d'un nouvel empire des Gaules, successeur de Civilis, il considérait d'un œil jaloux et triomphant, ce Château-Narbonnais, trône majestueux de la puissance romaine. Il se voyait déjà empereur, revêtait la pourpre de Sabinus, et contemplait les Romains courbés à ses pieds.

Au milieu de ces rêves géans, le château immobile, solitaire, semblait pleurer la défaite des cohortes; mais le calme et la certitude étaient en lui et son esprit semblait participer de l'immobilité de ses murailles. Tout à coup, un trait rapide partit de la plus élevée de ses tours; le projectile emplumé vint traverser la cuirasse d'argent d'Améonix et se loger dans son cœur. Le vieux gaulois, frappé du coup mortel chancela, pâlit, et tomba mourant dans les bras d'un esclave. Héléna, peu éloignée, accourut vers son père; ses cris perçans appelèrent Amiduat, mais à leur arrivée, ils ne trouvèrent qu'un cadavre.

On se figurera aisément combien la nouvelle de ce grand malheur se propagea dans les rangs gaulois, avec rapidité. Des cris de détresse ébranlèrent les airs, l'armée entière se précipita autour du char d'Améonix, naguère char de victoire, que la mort couvrait maintenant d'un voile funèbre: cette douleur générale absorba toute l'ardeur de combattre; et on oublia la ville romaine, pour ne songer qu'au mort illustre qui réclamait les derniers devoirs. Ce n'est pas qu'Améonix fût un de ces héros rares par leur valeur et leurs talens. Le lecteur sait déjà combien son ame était commune, son courage problématique; mais sa famille était de la plus haute antiquité, il touchait aux Brennus par ses ancêtres, le sang des Tétrarques d'Asie coulait dans ses veines; de plus sa fortune était considérable, son luxe éblouissant ; et on sait que, chez les peuples en décadence, cette auréole d'opulence et d'ancienneté, est ordinairement la première des gloires.

Vingt mille gaulois n'avaient plus qu'un désir, qu'une pensée, celle de rendre à Améonix des honneurs funèbres dignes de l'admiration qu'ils lui avaient vouée pendant sa vie. Le char traîné par ces mêmes chevaux qui venaient de le conduire à la victoire, se remit en marche vers les ruines de Tolosa, suivi de près par la malheureuse Heléna, qui adressait peut-être quelques-unes de ses larmes à l'empire gaulois éteint avec son père. Après elle, venaient les principaux chefs, suivis de leurs peuplades, mêlées, confondues dans un désordre silencieux, signe du deuil universel. Quand le cortége funèbre fut arrivé à moitié chemin, le druide Marric se présenta à la tête des prêtresses et d'une foule immense de femmes et d'enfans qui poussaient des cris plaintifs, déchiraient leurs vêtemens et se frappaient la poitrine et le visage. Tel fut l'entourage avec lequel le convoi gravit la colline de Vieille-Toulouse, et fit sa rentrée dans les ruines désertes. Le char funèbre s'arrêta sous le feuillage de l'arbre de Hésus, Heléna seule demeura près de lui pour pleurer sur le cadavre ; et tandis que Marric, les prêtresses et les bardes préparaient des sacrifices expiatoires, tout le reste, peuple, guerriers et soldats, forma un immense cercle en laissant libre un vaste emplacement pour la célébration des cérémonies. Marric prit bientôt la parole :

— Peuple infortuné! Gaule malheureuse! s'écria-t-il, voilà donc Améonix, le dernier de nos rois, étendu sans vie dans sa demeure glacée !.... Quand il avait juré devant Tarran que Tolosa sortirait de ses cendres pour se relever puissante et glorieuse; quand sa voix avait crié *aux armes!* le génie de la Celtique s'était saisi de ses paroles, les avait apportées sur ses ailes rapides aux échos les plus lointains; et la patrie, réveillée par ces mâles accens, semblait s'être relevée aussi jeune, aussi forte que dans les siècles des Brennus.... Vous étiez accourus les premiers pour vous associer à ces derniers efforts d'un grand prince; mais au lieu de trouver en lui ce tourbillon qui devait vous pousser contre les enfans de Rome, vous n'avez plus maintenant qu'un héros allongé dans son lit de mort....... Allons, braves guerriers, courage et résignation, descendez le cadavre dans la tombe; et puisqu'il n'est plus temps de lui dresser des arcs de triomphe, travaillez à élever sur le dernier de vos rois un tumulus assez grand pour qu'il traverse les siècles et parle, aux derniers

14

habitans de cette terre, de vos princes glorieux, de votre capitale puissante.

A ces mots, les vates, les bardes et les prêtresses s'armèrent de pelles et de bêches, et ils commencèrent à creuser une immense fosse sur un des côtés du Forum tectosage, à l'endroit où la colline commence à décliner vers le nord; pendant ce travail, que quatre heures suffirent à peine pour terminer, Marric ne cessait de répandre des liqueurs et des plantes sacrées autour d'un brasier allumé sur le dolmen; bientôt, les vates prirent le corps d'Améonix couvert de son armure, ils le placèrent sur un linceul blanc, et le descendirent ainsi dans sa dernière demeure.

Ce fut alors que commença une de ces grandes boucheries, suite sanglante des funérailles gauloises. Les quatre chevaux blancs d'Améonix furent les premiers à l'inaugurer; on les conduisit sur les bords de la tombe; et pendant que ces fidèles compagnons du vieux chef considéraient sa dépouille en hennissant d'effroi, les vates leur plongèrent une longue épée dans le cœur, et ils tombèrent dans la fosse, où on les vit se débattre un instant dans les convulsions de l'agonie.

Améonix avait retrouvé ses coursiers; mais il lui fallait encore son char d'argent et d'or, sa vaisselle, ses tentes de pourpre, car il voulait arriver dans l'élysée gaulois avec un cortége digne de sa royale personne; tous ces objets furent jetés pêle-mêle dans l'énorme tombeau, et pour dernier holocauste enfin, douze esclaves, choisis parmis ceux qu'il avait le plus aimés, furent égorgés sur le dolmen, et placés ensuite autour de son corps, afin qu'il fut à portée d'avoir, dans une autre vie, les soins auxquels il était habitué sur la terre..... Pendant ce temps, le druide, toujours en prière, ne cessait d'implorer les dieux; les vates sacrifiaient des victimes humaines, les guerriers écrivaient des lettres à leurs pères morts, à leurs amis, aux jeunes filles qu'ils avaient aimées; et ces lettres, placées dans les mains d'Améonix, devaient être remises par lui à leur adresse après son réveil dans la seconde vie. Héléna elle-même trouva au milieu de sa douleur la force d'écrire à sa mère, pour lui envoyer ce dernier souvenir d'amour filial par l'époux qui allait la joindre (51)..... religion sublime et barbare à la fois, dans laquelle venait se mêler les deux extrémités de l'intelligence humaine : le plus grossier fanatisme, et le spiritualisme le plus épuré; erreur barbare qui sacrifiait des hommes sur la tombe d'un chef pour honorer un cadavre! intuition sublime, qui consacrait depuis les temps les plus reculés cette alliance de la mort et de l'éternité, que les Grecs eux-mêmes n'avaient devinée que par l'intelligence de Socrate.

Quand tous ces préparatifs furent terminés, les guerriers se répandirent dans les champs voisins, et là, soulevant la terre avec leurs piques et leurs épées, ils en chargèrent leurs boucliers, et la charièrent sur le cercueil d'Améonix pour y former un vaste tumulus. Peu à peu, le tertre grandit, et il acquit avant la fin du jour ces proportions majestueuses qu'il a conservées jusqu'à nous. Aujourd'hui encore, le voyageur arrêté devant le tumulus de Vieille-Toulouse admire cet esprit profond de durée, cet amour de l'éternité, qui inspira à la grossièreté des âges druidiques l'idée de ces tombeaux de simple gazon, moins fastueux, mais plus durables que les mausolées de marbre et d'or. Rien ne les détruit, rien ne les altère, et ils vivront encore de toute leur solidité, lorsque les pyramides et les pagodes ne seront plus que poussière emportée par le vent.

Trois journées avaient été consacrées à la douleur, aux gémissemens par ce peuple religieux et barbare; mais, dès le quatrième, la soif du sang et de la vengeance fit explosion dans les ames long-temps comprimées, et le cri de guerre retentit avec une nouvelle force. Le roi était mort, la discorde commençait à se rallumer parmi les différens chefs, et mettait de grands obstacles au choix d'un nouveau dictateur; dans cet embarras, les guerriers choisirent la fille d'Améonix pour leur prince, ce qui n'empêcha pas chaque patron de conserver sur sa peuplade un commandement absolu. L'insurrection perdait peut-être quelqu'élément de force dans cette dissémination d'autorité; mais pour un peuple dont l'impétuosité formait toute la tactique, quinze chefs lançant contre les murs de Tolosa leurs bandes avides de carnage, rendaient la partie encore belle, et la victoire pouvait bien sourire une seconde fois.

Héléna donna le signal du combat en élevant à la tête de l'armée le bouclier de son père; aussitôt, les guerriers se mirent en mouvement, et quinze corps d'armée se précipitèrent vers la ville romaine en poussant des clameurs où se dépeignait toute la forfanterie des Gaulois.

> Où suis-je ! un songe affreux.... non, non, je ne dors pas!
> De mon cœur soulevé c'est un secret murmure,
> Je m'entends appeler meurtrier et parjure;
> Je le sais.... Mais quels cris, quels lugubres accens !
> Une sueur mortelle a glacé tous mes sens....
> Ne me trompe-je pas; je crois voir mes victimes.
>
> <div align="right">LEGOUVÉ <i>(Néron).</i></div>

XXII.

LE DÉLIRE.

Il n'était pas encore jour, et la ville romaine, toute joyeuse de la mort du chef gaulois, mais encore abattue par la perte de Robur et le massacre des deux cohortes, restait dans une alternative de confiance et d'accablement. Les uns s'attendaient à une attaque, les autres espéraient une paix au moins momentanée; néanmoins, la prudence avait conseillé de se tenir sur la défensive, et nuit et jour les portes de la ville demeuraient fermées, et les remparts garnis de leurs machines de guerre.

Le Château-Narbonnais dormait dans le silence; plus de fêtes, plus de plaisirs; les femmes, les courtisans, Agaton lui-même, avaient tout oublié depuis l'événement du temple d'Isis; en ce moment le préfet étendu sur son lit, entouré de gardes qu'il croyait fidèles, cherchait en vain dans le sommeil un calme qu'il ne pouvait trouver. Tout à coup, le tyran, troublé par ses souvenirs, vit un spectre, à l'air menaçant, se présenter à lui; sa figure était pâle, ses traits réguliers, une couronne de roses fanées parait son front blanc, et il semblait sortir du tombeau où il était récemment descendu.

— Illira, Illira, balbutia le préfet au milieu de son rêve pénible, nul ne doit pénétrer ici sans mon ordre : que viennent faire les morts à qui je n'ai pas permis d'entrer?

Malgré ces cris, le spectre avançait toujours : la mort, armée de sa faux, le suivait de près; tous les deux marchaient lentement, à longs pas, et semblaient se donner la main.

— Illira, Illira! que me veux-tu? dit Agaton en se levant en sursaut; ton regard est éteint, ton regard est terrible, je n'avais pas ordonné qu'on te fît mourir.

L'épouvante du préfet aurait ému de pitié tout ce qui n'aurait pas été des spectres, mais ceux-ci avançaient toujours.

— Oh! poursuivit le visionnaire, on dit que le doigt de la victime est de fer comme un poignard; Illira, ne me l'enfonce pas dans le cœur! N'es-tu pas satisfaite? le patricien, le philosophe ont éprouvé toutes les

terreurs auxquelles un cœur d'homme puisse être accessible, n'achève pas
ta vengeance!

Les deux spectres, insensibles à ses prières, marchaient toujours du
même pas; enfin, le doigt immobile et tendu de la jeune fille toucha le
front d'Agaton, et celui-ci retomba sur son lit baigné d'une sueur froide.
Au même instant, la mort déchira avec la pointe de sa faux le manteau
de pourpre étendu sur un siége. Deux aigles romaines placées de chaque
côté de la porte tombèrent sur le carreau, et les deux visions disparurent.

Aussitôt Agaton s'élança hors de son lit, et jeta sur les fantômes qui
s'éloignaient un regard que ses traits décomposés, ses cheveux hérissés
rendaient encore plus égaré, plus louche.

— Au secours! s'écria-t-il, au secours! la mort me poursuit, je suis
perdu!

Ces cris, quoique sourds et embarrassés, retentirent au loin sous les
voûtes du palais, et ils allèrent réveiller le courtisan Amitus, toujours à
l'affût de la fin de son maître.

— Que vois-je! dit-il, en entrant avec l'inquiétude d'un intérêt factice;
qui peut ainsi, cher ami, te jeter hors de ton lit, et t'inonder de la sueur
froide du délire, lorsque tu devrais goûter la douce bienfaisance du repos?

— Qui peut me tourmenter? répartit Agaton haletant; c'est la mort,
la mort, qui vient de me marquer au front pour sa première victime.

— Se peut-il bien, reprit l'autre, qu'un songe vaporeux pénètre ainsi
la cuirasse de ta sagesse! Que signifie cette frayeur d'enfant qui vient
t'assiéger jusques dans ton palais, au milieu d'une foule d'amis qui attendent ton réveil avec impatience.

— Mes amis! répondit Agaton; quoi, ils étaient à ma porte, et ils ont
laissé entrer ces horribles fantômes! ils veulent donc ma mort, puisqu'ils
ne les ont pas arrêtés au passage? ne savaient-ils pas qu'il en serait fait de
moi, si la mort me touchait de sa faux! si l'ombre d'Illira me marquait
du sceau de sa colère!..... O Illira! pardonne à ton bourreau; que faut-
il pour acheter ta pitié? un temple! une hécatombe! Oh! parle! tu auras
l'un et l'autre... Et vous, licteurs, instrumens aveugles de ma tyrannie,
vous serez punis du dernier supplice pour avoir trop fidèlement exécuté
mes ordres..... Je savais bien que Jupiter protégeait la beauté et qu'il la
vengerait; et quelle vengeance, dieux terribles! il a mis la faux de la
mort à sa disposition!

A ces mots, Agaton épuisé se laissa tomber sur un siége; Amitus sourit atrocement en considérant l'état déplorable où la terreur l'avait fait
choir, et lisant sa fin prochaine sur son front cadavéreux, il s'écriait au
milieu de sa joie féroce:

— Le tyran a peur, le poitrinaire a le délire, il n'y a pas homme pour huit jours! Puis, s'adressant au préfet : Eh quoi! lui disait-il, peut-on trembler devant les morts, quand on a bravé les vivans et les dieux! tu veux donc que la sagesse irritée vienne arracher de ton front cette couronne de la philosophie dont tu te montrais si fier!

— Qu'a-t-on à faire de la philosophie, reprit le préfet, quand la frayeur et l'épouvante bouleversent toutes les bases du raisonnement? Amitus, il est des pensées si terribles, qu'on ne pourrait vivre long-temps sous leur poids. O Jupiter! pourquoi donc as-tu créé les ténèbres, qui rendent les palais accessibles aux fantômes comme les cimetières? Pourquoi leur permets-tu de faire trembler de peur les rois comme les manans?.... Des flambeaux! vite des flambeaux! je sais très bien que ce n'était qu'un rêve, et pourtant voilà que je frémis malgré cette certitude; voilà qu'une terreur mortelle détruit mes forces et ma vie..... Quelle est donc cette puissance occulte, qui peut agir assez fortement sur l'imagination pour que la matière elle-même en soit ébranlée...... Agaton demeura un instant pensif, comme s'il eut cherché la solution du problème; puis, se levant tout-à-coup, il continua de se promener avec agitation..... — Médella était parmi les chrétiens; elle me saisit, m'entraîna dans une route ténébreuse; je sentis un frisson mortel.... Malédiction! reprit-il aussitôt, furieux d'être ramené malgré lui à la source de son délire : j'aurais donc beau me faire des journées joyeuses, la nuit ne m'offrira que des squeletes et des tombeaux.... c'était un songe, pas autre chose qu'un songe. Le rêve d'hier aura enfanté le cauchemar de ce matin; le cimetière aura vomi des spectres : la chose n'était-elle pas simple et naturelle?..... Tu vois bien que ce n'était qu'un rêve, Amitus, reprit-il en s'efforçant de rire; je croyais descendre dans un cercueil, et j'étais mollement couché sur mon lit. Je croyais entendre Médella me parler du Christ, et c'était le bruit du festin qui bourdonnait à mes oreilles...... un festin, vraie bacchanale, n'est-ce pas? oh! la joyeuse et belle vie!

— Vraie bacchanale, tout-à-fait, répondit Amitus en riant à l'unisson de son maître...... Courir la nuit dans les carrefours, déguenillés comme des portefaix, pour mieux dépister les fillettes; et puis, la complaisante Médella, qui vint avec son regard suborneur te tendre une main blanchette, et te mener à joyeux rendez-vous. Ah! monseigneur! poursuivit le courtisan d'un air malin, il était grand jour quand on vous a revu, et vous étiez bien fatigué, bien pâle.

Ces paroles, traîtreusement combinées, rallumèrent dans le cœur d'Agaton la terreur qu'il s'efforçait de combattre.

— Scélérat! s'ecria-t-il, en saisissant Amitus à la gorge; je t'ai dit que c'était un rêve, que je voulais que ce ne fut qu'un rêve, et tu viens me le jeter à la face comme une effrayante réalité........ Tu voudrais que la gauloise m'eût conduit au domicile des morts, qu'elle m'eût fait descendre dans la fosse en me disant : voilà la dernière demeure que tes débauches te creusent chaque jour plus profonde.... Tu voudrais que j'eusse frémi devant Dieu et confessé à genoux une autre éternité que celle du tombeau ; mais tu vois bien que tu n'es qu'un vieux fou !.... Non je ne veux pas que le Christ soit plus grand que moi, parce qu'alors il faudrait me plier à sa justice.... Est-ce qu'on peut reconnaître une éternité quand on a fait mourir, par la faim et les mauvais traitemens, plus de trois cents esclaves ? jeté aux bêtes du cirque plus de cent captifs ? quand on a enlevé des femmes à leurs maris, des filles à leur père, pour les faire assassiner par d'infâmes licteurs ? mais tu vois bien, que, s'il y avait une autre vie, tous ces gens-là se relèveraient pour venir m'accuser devant Dieu. Non, non, je ne peux pas admettre de juge suprême, parce que je l'ai blasphêmé et qu'on n'aime pas à se retrouver en face de celui qu'on a accablé d'outrages, surtout quand il est fort et que vous êtes faible....

Pendant ce combat désespéré, entre la terreur et l'orgueil, l'orage avait éclairé les meurtrières du Château de ses lueurs blafardes, et la foudre faisait retentir les voûtes et trembler les hautes tours.

— Amitus, Amitus, dit Agaton, qui prenait ce langage des élémens pour une menace adressée à ses dernières paroles, n'entends-tu pas comme le ciel s'irrite.... Un moment de calme succéda au bruit du tonnerre, mais bientôt le roulement recommença, et la foudre tomba avec un craquement affreux sur un monument de la ville ; un torrent de feu sillonna l'appartement d'Agaton, et lui-même, renversé par la commotion, roula sur le carreau.

— Pitié ! pitié ! s'écria-t-il, en pressant sa tête dans ses mains, comme s'il eut attendu le coup fatal.

Le silence le plus absolu succéda au tonnerre et à ses paroles.

— Amitus, dit enfin le préfet en revenant un peu de sa terreur, la mort vient de glisser sur nos têtes. Comme nous sommes faibles !...... S'il y avait un Dieu pourtant !... Le courtisan ne répondit pas, mais on comprenait à sa pâleur et à son immobilité, qu'il partageait l'incertitude de son patron, et qu'il disait comme lui en son ame : — S'il y avait un Dieu pourtant !

En cet instant d'ébranlement et de doute, un cri d'effroi, parti du haut d'une tour, vint appeler la ville entière aux armes ; le maître et le courtisan s'avancèrent à la fenêtre qui avait vue, au midi, sur la campagne. O terreur inexprimable ! ils virent, aux pieds des coteaux de Pech-David, s'élever des tourbillons de poussière ; ils entendirent des houra formidables, des cliquetis d'armes ébranler les échos du palais. C'étaient les hordes gauloises qui se lançaient contre la ville romaine avec leur impétuosité accoutumée. Amitus et Agaton, tout ébranlés encore par le massacre des cohortes, pâlirent, balbutièrent et se regardèrent avec un silence de stupeur mille fois plus lugubre que ne l'auraient été leurs cris et leurs gémissemens.

Cependant les légionnaires prenaient leurs postes sur les remparts, dans les tours, et tout se préparait pour le combat. Tout à coup, pendant que des nuées de gaulois se développaient au levant et au couchant comme une mer débordée pour enceindre la ville, la porte de l'appartement s'ouvrit, et Marcus-Jova apparut plein d'agitation et d'effroi.

— Agaton, s'écria-t-il, vous pouvez voir maintenant les suites funestes du juste courroux des dieux; Jupiter, irrité de l'indifférence des Romains, a déchaîné contre cette ville toute la haine des Barbares; regardez leurs bataillons; ils s'élancent vers ces murailles comme sur une proie dévouée à leur fureur; bien plus, le maître des dieux, fatigué des sacriléges qui l'outragent, vient de lancer la foudre sur la statue de Jupiter, et maintenant ses débris jonchent le temple où les Romains ne daignent plus sacrifier.

Agaton, interdit, regardait alternativement le prêtre et le nuage lointain de poussière.

— Amitus, dit-il en balbutiant, vois-tu s'il est fort celui qui réside par delà les espaces... O Jupiter, pitié ! pitié ! que Rome périsse si sa dernière heure est venue, mais moi si jeune, si amoureux de l'existence, oh ! encore quelques jours de vie !.... Marcus, il faut apaiser Jupiter, que demande-t-il pour cela ? que disent les augures ?

— Et que peut demander le maître des dieux si ce n'est l'extermination des chrétiens? répondit le grand-prêtre; tous nos maux ne viennent-ils pas de ces sectaires qui se cachent dans les entrailles des catacombes pour dresser leurs complots contre les pontifes et les croyances. Pourrait-on inventer une mort assez prompte, assez barbare, pour punir ce prédicateur impie qui soulève les vaincus contre Rome au nom de l'égalité?

— Tu penses donc que sa mort pourrait conjurer l'orage qui s'avance contre nos murailles? Tu penses que l'apôtre pourrait être martyrisé, et que le Christ ne lancerait pas sa foudre ? Tu crois que les spectres ne viendraient plus m'assaillir après cela ?

— Quelle crainte chimérique! Jupiter n'est-il pas le Dieu qui précipita les Gaulois du haut du Capitole ?... Rendez à l'Alti-Tonant sa puissance, rendez à ses prêtres leurs richesses passées, et l'avenir est encore beau pour Rome et pour ses fils. Qu'est-ce que cette idole des chrétiens ? Un pauvre mendiant de la Judée qui fut condamné comme fou et qui mourut ignominieusement sur une croix (52) !

Ces paroles flattaient trop la haine d'Agaton pour ne pas réveiller tout ce qui lui restait de détermination. Le regard furieux du grand-prêtre lui donna une sorte d'inspiration frénétique, et il s'écria en bravant les Gaulois et le Christ:

— Et bien! oui Marcus, je serai fort selon le désir de Jupiter, j'attaquerai le Messie, je massacrerai ses croyans, et dès-lors Jupiter et Agaton pourront dormir tranquilles.... Allez tous, suscitez les bourreaux, les espions, les sicaires, il est temps que je sois vengé de l'orgueilleux apôtre, de l'impudente Médella, et des fantômes audacieux qui osent m'effrayer.... Je veux que les chrétiens soient déchirés, brûlés, et qu'il n'en reste pas même des cendres...... Courez, qu'on me les amène; mais bien liés, bien garrottés, car on les dit terribles, et je ne veux avoir rien à craindre quand je les frapperai. En attendant, vous me ferez venir quelqu'un qui sache me distraire; surtout, que l'on garde bien toutes les portes, que les sentinelles soient multipliées autour de moi, afin que les revenans ne puissent plus venir par la fente des panneaux.... Vous comprenez qu'on a besoin de sûreté entière quand on va faire mourir les chrétiens.... Qu'on m'amène l'apôtre, nous verrons s'il ne fléchit pas devant la mort! c'est là que je l'attends, car c'est le terme suprême où les orgueilleux viennent enfin se montrer ce qu'ils sont.... Marcus, tu prieras pour moi pendant ce temps, tu m'immoleras quatre génisses....

— N'as-tu pas aussi quelqu'exorcisme efficace à ma disposition? Fais quelques prières sur ces portes pour les rendre impénétrables.... tu sens bien qu'on ne doit rien négliger quand on va faire mourir les chrétiens.

— Je cours à l'autel, répondit Marcus, je vais sacrifier et prier, afin d'attirer sur vous et sur la patrie la protection du père des dieux.

— Quoi! tu sors, reprit vivement Agaton en le retenant par sa tunique, n'allez pas me laisser seul, cependant.... Amitus, appelle mes courtisans, mes femmes, mes esclaves.... Valets et histrions, devins et charlatans, je veux que tous se pressent autour de moi en cet instant solennel et terrible. Grand Dieu! quel bruit affreux ébranle le palais depuis les fondemens jusqu'aux meurtrières, poursuivit-il en regardant par la fenêtre une nuée de combattans qui lançaient déjà contre les murs leurs flèches et leurs javelots; quel nombre immense d'ennemis! quelle fureur dans leurs regards! quelle soif de carnage et de destruction!.... Va, Marcus, cours dans le temple, offre des sacrifices, beaucoup de sacrifices, et que les chrétiens me soient amenés pour être conduits à la mort.

Pendant ce temps, la terreur était dans le palais, le tumulte dans la ville; et si ces deux indignes faiblesses pouvaient être justifiées, elles l'auraient été par l'impétuosité et le fracas des assaillans.... Chaque chef de bande, voulant faire déployer à part la valeur de sa peuplade, allait attaquer la ville par un point différent.... Fiers de leur première victoire, ils se flattèrent d'abord d'amener une capitulation, en lançant de loin des pierres et des traits sur les remparts; mais les Romains, désireux de venger le massacre de leurs frères d'armes, méprisaient ces vaines démonstrations, et ils accueillaient les assiégeans avec vigueur.... Une grêle de traits, de quartiers de pierre lancés par les catapultes, faisaient de larges brèches dans les rangs gaulois; et pendant quelques instans, la mort moissonna à plaisir, car le moindre projectile devenait dangereux par suite de ce fanfaronnage qui portait les Volces à quitter leurs armures, et jusqu'à leurs vêtemens avant le combat. Les Romains, au contraire, protégés par les murailles, les cuirasses et les boucliers, n'avaient presque rien à souffrir.

Bientôt les assiégeans, furieux de ce désavantage, sentirent redoubler leur rage indomptée. En un instant, et par un mouvement universel, ces vingt mille combattans se jetèrent dans les fossés; et tandis que les uns, réunis par trois et quatre, tenaient leurs boucliers levés au dessus de leur tête, d'autres s'élançaient sur cette corniche mouvante, et cherchaient à escalader le rempart. Un grand nombre atteignirent aux meurtrières et quelques-uns parvinrent même à planter des enseignes sur le parapet; mais les Romains les repoussèrent aisément à coups de lances et d'épées; et ceux qui ne périrent pas sur les murailles, laissèrent dans les fossés leurs cadavres percés d'une grêle de traits (53).

Dès le commencement de l'action, Agaton, saisi de la plus profonde terreur, s'était entouré de médecins, de magiciens et de charlatans. Ses yeux hagards cherchaient à lire sur les traits de ces empiriques quel était le sort que lui réservait le livre des destins. A cette crainte des Gaulois, venait encore se joindre une agitation d'un autre genre. La mort des chrétiens, ordonnée par lui, semblait tantôt devoir assurer sa position dans l'avenir, tantôt être le signal de sa perte. Au milieu de ces émotions, apparut Lesbie, jeune femme à la figure fraîche et rieuse, en possession depuis quelques jours du secret d'égayer le préfet; un courtisan venait de l'arracher du gynécée, et, malgré la frayeur que le sac des Gaulois imposait à la pauvre fille, elle s'était vue forcée de venir distraire le tyran.

A son approche, Agaton parut vouloir tout oublier pour sourire.

—Ah! c'est vous, Lesbie, lui dit-il en soustraisant sa main à l'oscultation d'un médecin, pour la donner à la jeune femme; vous arrivez à propos pour voir de belles choses.... des Gaulois qui se font tuer aux pieds de nos remparts. Ils ne les franchiront pas, allez; et demain nous pourrons continuer paisiblement nos fêtes. En attendant, ne sauriez-vous pas quelque chose de bien propre à me faire rire? quelque chanson, quelque paillardise. Je ne sais pourquoi j'ai tant envie de rire aujourd'hui..... envie de rire comme un fou.... Vous savez que je vais faire mourir les chrétiens...
A ces mots, Lesbie troublée pâlit de crainte, tant ces hommes avaient déjà acquis d'autorité, même chez ceux qui semblaient mépriser leurs doctrines. Agaton s'en aperçut... Est-ce que cela ne vous plaît pas? lui dit-il; eh quoi! d'infâmes criminels dont la terre boira le sang avec délices; tout le monde dit cela, je dois bien le dire aussi. D'ailleurs, je veux dormir

tranquille, j'ai besoin de dormir tranquille, et Jupiter aussi..... Ne voyez-vous pas ces Barbares écervelés qui veulent mettre le feu à la porte de la ville? On dit qu'ils ont mis ce malheureux Robur en pièces... s'ils entraient dans ce palais pourtant... Amitus, Amitus, n'as-tu pas ouï dire que cet apôtre chrétien faisait des miracles? Il renversa l'idole d'Isis au milieu de nous tous ; s'il voulait renverser dans les fossés tous ces brigands qui nous assiègent, je serais encore capable de lui pardonner..... Mais d'un autre côté, si Jupiter me foudroie.... Eh bien! eh bien! reprit-il en cherchant à repousser toutes ces pensées, vous êtes trente autour de moi, et vous ne savez rien dire pour ma distraction. Pensez-vous que je veuille voir des gens tristes aujourd'hui? Allons, Lesbie, songe à me faire rire, ou je te fais jeter à ces gaulois, qui te mangeront.

Ah, seigneur Agaton ! s'écria la pauvre fille, à qui cette menace avait donné une gaîté imposée qui faisait peine à voir; que les Parques filent pour vous des jours d'or et de soie, et que les dieux m'envoient le sourire de Sardaigne, s'il peut vous être agréable un instant !

— Mon Dieu, ce ne sont pas de ces momeries que je demande, répartit Agaton, toujours capricieux et fantasque; pourvu que tu m'amuses, je serai content de toi; et alors, les colliers de perles pleuvront sur ta tête. A toi les vêtemens de perles et de soie, les guirlandes de diamans pour tes beaux cheveux. Laisse-moi faire, je saurais bien faire revenir le bonheur : qui oserait dire que je ne l'ai pas à mes ordres, hein ?... Il y a des gens qui prétendent cela, parce qu'ils voient quelques gaulois gorgés de viande de porc, lancer des pieux aigus contre nos murailles, et qu'ils savent que j'attends les chrétiens pour les faire mourir. Mais ils ont beau dire, le bonheur est jeune, le bonheur est vêtu de pourpre et d'or; il possède un millier d'esclaves; un fleuron de la couronne impériale pare son front.... n'est-ce pas Lesbie ?

Aussitôt, le préfet se sentait assiégé de nouveau par des craintes incessantes, et il ajoutait, au milieu de ce mélange de terreur et d'audace :

— Quand je le vis, il n'avait qu'une robe de lin et une croix de bois. Il était seul, nous étions mille ; et ce fut moi qui tremblai, et lui qui triompha.... Damnation ! reprenait-il aussitôt en s'adressant aux courtisans ; me laisserez-vous donc seul aux prises avec l'extravagance; vous n'aurez rien à me dire pour me divertir, et j'en serai pour mes frais. Sais-tu bien, Lesbie, que si les diamans dont je veux te couvrir te rendent bête comme cela, je te ferai charger de chardons?

Au même instant, ayant avancé la tête vers la fenêtre qui donnait sur les remparts, il vit que les ennemis étaient renversés dans les fossés et écrasés par les flèches et les javelots.

— Le vois-tu! le vois-tu! s'écria-t-il en revenant à ses pensées d'orgueil. Jupiter nous protége, il combat pour nous, parce que je vais faire mourir les chrétiens.... Amitus, reprit-il aussitôt, en devenant plus pâle, n'entends-tu pas dans l'escalier un bruit de pas qui fait trembler le palais? Fermez les portes, toutes les portes. Je ne veux recevoir personne, ni gaulois, ni chrétiens.... S'il arrive, menez-le à la mort; je n'ai rien à faire avec lui.... Encore le bruit qui redouble!.... Amitus, va voir si Marcus a sacrifié aux dieux.... Que disent les augures? Puis, se tournant vers les devins : — Et vous autres, leur dit-il, que pensez-vous de moi?.. Mettez la main sur mon cœur, voyez comme il bat; et vous, médecins, que sert d'avoir votre science si vous n'avez pas des remèdes pour les maux que je ressens. Cela va mal, très mal! il me semble que si j'étais femme cela irait beaucoup mieux. Voyez cette drôle de Lesbie comme elle est fraîche. C'est à peine si elle connaît ce que c'est que la peur.... Amitus, veux-tu que je te fasse voir une grande dame?

— Seigneur, reprit l'autre, tout ce qui pourra vous plaire.

— Regarde, lui dit Agaton en drapant autour de son cou l'écharpe de Lesbie, comment trouves-tu cette romaine aux traits masculins.

— Ah! seigneur, répartit Amitus, le courage de rire dans le péril est plus grand que celui de combattre.

— Que veut dire ce laconisme, vil affranchi, oserais-tu bien ne pas me trouver de ton goût?

— Très sérieusement, reprit Amitus, un homme de votre puissance ne saurait être qu'un astre de beauté sous toute espèce de vêtement, et qu'un grand génie dans toutes sortes d'occasions. Me voici disposé à vous trouver la plus belle des femmes.

— Voilà ce qui s'appelle parler, répondit Agaton. Eh bien! puisque je suis de ton goût, fais-moi un petit bout de cour, mon cher Amitus, car, dès demain, je deviens ton épouse, à condition que tu ne me battras pas le soir de mes noces.... Tous les dieux mortels de ce palais sont invités aux fiançailles, cria-t-il avec éclat, comme pour couvrir, par le bruit de sa voix, la révolution intérieure qui se faisait en lui. A bas Jupiter, nous ne voulons plus de ces paillasses immobiles.... Je serai la déesse forte, moi. Peuple, saluez l'impératrice des cieux. Vénus naquit au sein de l'onde; celle-ci vous arrive du fond d'un pot de vin. Allons, que mes histrions et mon plus gros chien de chasse soient mes flamines, et les femmes complaisantes mes adorateurs.... Vivent les dieux qui peuvent quelque chose par eux-mêmes. Voilà comment il les faut pour écraser les chrétiens..(54). Allons, morbleu, que l'on dresse contre le ciel des échelles et des catapultes. En garde Jupiter, Christ ou Teutatès! exterminez-moi avec vos foudres ou je vous exterminerai avec les miennes... En disant ces paroles ridicules, le débile préfet semblait menacer le ciel de son regard; et jetant vers le plafond des vases de bronze, et tout ce qui lui tombait sous la main, il épuisait ce qui lui restait de forces en bravades inouïes.

> Vos résolutions usent trop de remise;
> Prenez la vôtre enfin, puisque la mienne est prise.
> Je n'adore qu'un dieu, maître de l'univers,
> Sous qui tremblent le ciel, la terre et les enfers;
> Un dieu qui, nous aimant d'une amour infinie,
> Voulut mourir pour nous avec ignominie.
>
> CORNEILLE *(Polyeucte)*.

XXIII.

LE MARTYRE.

En cet instant, la porte de l'appartement s'ouvrit, et Marcus-Jova entra brusquement d'un air de triomphe. Il était suivi de quelques prêtres et de licteurs qui traînaient l'apôtre Sernin par les cordes dont il était attaché.

— Le voici ! s'écria Marcus-Jova; le voici, cet orgueilleux chrétien, sur la tête duquel tu vas faire tomber une vengeance digne des dieux qu'il ose outrager !

— A ce mot de chrétien, l'arrogance factice d'Agaton s'évanouit, et il n'y eut plus en lui que ce mortel, lâche et pusillanime, que la plus légère émotion était près de faire tomber en syncope.

— Il a un regard qui brûle, balbutiait-il, sans oser jeter les yeux sur l'apôtre; il a une parole qui ébranle, et je vais voir ce regard et je vais entendre cette parole.... Eh bien, qu'importe! reprit-il, ensuite, comme si l'enfer lui eût soufflé le courage du crime. Oui, je saurai être fort selon la volonté de Jupiter. Est-ce que je n'ai pas besoin de dormir tranquille, et Jupiter aussi ?... Allons, dieu de l'Olympe, immole à ma sécurité ces vils gaulois qui nous menacent, comme je vais sacrifier à la tienne ces misérables chrétiens qui viennent t'insulter.

— Avant de mourir, il faut qu'il sacrifie aux dieux, s'écria le grand-prêtre. Il faut qu'il foule aux pieds l'image de son Christ.

— Il faut qu'il sacrifie aux dieux !.... répondit Agaton, en répétant les paroles de Marcus. Bien plus, il faut qu'il se prosterne devant moi.... Est-ce que tu n'as pas su connaître, en voyant mon front, qu'il y avait là-dessous quelque chose de surhumain. Je suis dieu, vil chrétien, et tu n'insulteras pas impunément à ma divinité. Prosterne-toi, vermisseau, ou je te fais sur le champ trancher la tête.... Que dis-tu de cela, hein? La contenance calme et assurée de Sernin formait un contraste sublime avec la rage et l'épouvante de ceux qui l'entouraient. Il regarda le préfet avec mépris, et marchant vers lui, il répondit :

— Je dis que la puissance de mon Dieu est gravée en traits ineffaçables sur l'orgueil de l'insensé, sur l'aveuglement de l'idolâtre.... Béni soit ton nom trois fois saint, ô mon Sauveur! tu envoies la discorde parmi les enfans de Babel pour les écraser sous leurs propres superstitions; et quand leurs descendans chercheront un Dieu pour l'adorer, ils ne trouveront plus que toi, ô Dieu d'Israël ! car les vieilles idoles seront rentrées dans la poussière.

— Je vais te conduire devant Jupiter, lui dit Marcus Jova ; il faudra voir si tu oseras refuser de te prosterner aussi devant le dieu de la foudre.

— Si je ne me prosterne pas devant cet homme qu'un regard de la mort peut remettre en poussière, répondit l'apôtre, comment m'inclinerai-je devant une statue qui n'a jamais été qu'un peu de boue..... Au-dessus de moi, il n'y a qu'un Dieu, et ce Dieu, est celui que j'adore....

— Insolent mortel! répliqua le grand prêtre ; c'est donc pour mieux cacher ton audace que tu te couvres des haillons de la misère ; c'est pour mieux préparer tes projets abominables contre Rome que tu séduis, par des paroles mensongères, les sujets de l'empire.

— Si j'appelle les hommes autour de moi, répondit l'apôtre, c'est pour leur prêcher la parole éternelle, et leur révéler le Dieu juste et puissant.

— Imposteur ! s'écria le pontife furieux ; est-ce au nom de la justice éternelle que l'on t'a vu arracher les filles du sein de leur mère, que l'on te voit enlever les femmes du palais d'Agaton. Imposteur! que veux-tu faire de ces femmes, dont toujours on te voit entouré ?

— Je veux les ramener à la pudeur que la corruption des grands leur avait fait oublier.

— Le fourbe! poursuivit Marcus-Jova; et ces jeunes gens que tu vas recruter jusques dans les rangs des légions, est-ce pour les faire participer à l'éducation de ces jeunes filles, que tu les réunis dans de sombres cavernes?

— L'apôtre lui répondit.... C'est pour leur enseigner à s'aimer les uns les autres, à se secourir mutuellement.

— Ah! c'est trop long-temps tenir la vengeance suspendue sur ta tête... Agaton, livre cet impie à ma juste fureur; je lui ouvre les portes de son éternité, et la secte du Christ sera anéantie.

— Ma vie terrestre est à la disposition des méchans, répondit Sernin; ma vie éternelle n'appartient qu'à Dieu. Le prédicateur est périssable, mais la parole qu'il a prêchée dans la Gaule est immortelle comme celui qui l'a lui a inspirée. Les fleuves qui ont baigné les catéchumènes, l'atmosphère qui les a séchés, la lumière qui a éclairé leur joie, les forêts qui ont retenti de leurs cantiques, tout est imprégné de la religion du Christ, et l'univers est déjà son sanctuaire. Près des murs de Tolosa coule un fleuve majestueux; né sur les sommets neigeux des Pyrénées, il est entraîné vers l'Océan par une pente immuable; si, un jour, menaçant vos temples et vos palais, il venait en grondant ébranler leurs murailles, auriez-vous, dans votre frayeur, l'étrange pensée d'arrêter sa course terrible, et de faire remonter ses eaux sur les hauteurs?.... Votre folie n'irait point jusques là. Eh bien! ce que votre bras impuissant n'oserait tenter sur un simple courant d'eau, il voudrait l'exécuter sur le fleuve de la volonté éternelle!... Mortels, la sagesse divine a sa source au haut du Sinaï, elle a coulé de là sur les rives du Jourdain par la parole de Jésus-Christ et de Moïse; maintenant sa pente l'entraîne sur la surface du monde entier; vouloir arrêter son cours c'est se ruer contre la Providence, c'est vouloir enchaîner le fleuve à sa source, c'est vouloir étouffer la fille de l'éternité.

Marcus Jova gonflé de rage ne put répondre à Sernin. — Agaton, dit-il en s'adressant au préfet, les destins de Rome sont dans tes mains, permettras-tu que l'orgueil d'un insensé brave impunément les dieux et détruise l'autorité des pontifes? Regarde les Gaulois qui nous assiégent, ils redoublent d'audace. La porte Narbonnaise est menacée, quels secours peux-tu attendre de Jupiter si tu épargnes qui l'outrage?

— Oui, s'écria tout à coup le préfet en tremblant de tous ses membres, je serai fort selon la volonté de Jupiter. Marcus, choisis le supplice, et ordonne-le... En disant ces mots, il cherchait un appui qui suppléât à ses jambes chancelantes.

— Pour la dernière fois, cria Marcus à l'apôtre, veux-tu sacrifier aux idoles, ou bien, préfères-tu être enduit de poix et brûlé comme une torche

— Dieu fasse tomber mes oreilles, si elles devaient écouter les menaces, répondit Sernin en regardant le ciel!

— Tu seras couvert d'une peau d'ours, poursuivit le barbare Marcus, et les chiens, excités par ce déguisement, te dépèceront comme une bête fauve.

Et Agaton, subjugué par la puissance du mal, répétait machinalement :

— Tu seras couvert d'une peau d'ours, et les chiens te dépèceront comme une bête fauve.

— Tu seras attaché à la queue d'un taureau sauvage et traîné sur les cailloux aigus par l'animal épouvanté... Et le préfet répétait :

— Tu seras attaché à la queue d'un taureau sauvage et traîné sur les cailloux aigus par l'animal épouvanté.

— Portez-moi la mort! s'écriait Sernin avec enthousiasme. Le sang du martyr est une parole éloquente qui proclame la grandeur de Dieu dans toutes les parties de l'univers.

Aussitôt le grand-prêtre, les licteurs et les courtisans, impatiens de commettre le crime, se jetèrent sur Sernin et le garrotèrent.

— Adieu, Gaule! s'écria l'apôtre, en levant les mains au ciel; adieu, terre chérie que je n'ai pu conquérir à Dieu qu'à moitié. Mais la foi est semée dans les ames, et celles de mes chrétiens sont fertiles et immortelles....... Pour toi, ajouta-t-il, en s'adressant au préfet, que le Tout-Puissant daigne te prendre en sa miséricorde, qu'il éclaire ton esprit ténébreux; arrivé là-haut, je prierai le grand Juge qu'il te fasse grâce comme je te pardonne.

— Et moi, s'écria Marcus, j'appelle sur ton cadavre toute la vengeance des hommes et des dieux......

Déjà les bourreaux entraînaient l'homme de la foi. Enchaîné, frappé de coups, outragé par les valets, il fut conduit dans une cour du château, et pendant qu'il marchait au supplice, avec ce front serein, ce demi-sourire heureux et triomphant de l'homme juste, pour qui sont arrivés enfin les jours de récompense, Agaton portait les fruits de son horrible victoire, et le pardon que Sernin lui avait donné en allant à la mort, bouleversait son ame, mille fois plus que n'auraient pu le faire les menaces et les imprécations.

— En voilà un qui a une étrange folie dans la tête, disait-il en promenant à grands pas : je le fais mourir, il prie pour moi, et il me pardonne; comme s'il y avait une justice éternelle par delà les espaces..... Ce que c'est que de nous, quand nous avons une étrange folie dans la tête, et que certaines molécules du corps ne sont plus en équilibre avec celles de l'esprit....; alors, comme dit Lucrèce, les ténèbres engourdissent la raison, on parle de la mort comme on parlerait de la vie, on s'obstine à voir la lumière par delà les espaces, et on a une étrange folie dans la tête......

Or, celui qui fait cela doit être puni, et je l'ai fait. Ainsi donc, je puis dormir tranquille, et Jupiter aussi....

S'il était vrai cependant que cet homme n'eût pas une étrange folie dans la tête, et qu'il y eût une justice par delà les espaces.... Aussitôt s'adressant à Lesbie et aux courtisans qui l'écoutaient avec inquiétude, il leur criait : Eh bien ! eh bien ! vous ne riez pas vous autres ; pensez-vous donc que je vous paie pour autre chose que pour m'égayer.... Puis il revenait aux idées qui l'obsédaient.... comme Médella qui me parlait d'une éternité, et dans cette éternité d'un juge. Bêtise ! bêtise ! comme s'il pouvait y avoir des juges, comme s'il pouvait y avoir une éternité, une éternité où les malheureux de la terre se réjouissent, où les tyrans de la terre vont pleurer. Bêtise ! bêtise ! il n'y a pas de dieu vengeur !.... Et pourtant il m'a donné rendez-vous devant le grand Juge. Si cet homme allait ne pas être insensé cependant. Que deviendrais-je, moi, qui ai été sur cette terre du nombre des tyrans de l'humanité....

Pendant ce monologue, Marcus Jova, à la tête de ses satellites, poursuivait les apprêts de l'horrible supplice. Un taureau avait été amené dans la cour du Château-Narbonnais, et Sernin, renversé sur la terre, avait eu ses pieds liés par une corde aux cornes de l'animal fougueux. La foule, avide de sanglans spectacles, avait vu ces préparatifs avec joie. Le sacrifice de l'homme juste lui semblait devoir être le signal de la défaite des Gaulois assiégeans, et d'horribles applaudissemens accueillaient la barbarie de Marcus Jova. Bientôt un coup de fouet se fit entendre. Le taureau, dégagé de ses liens, prit la course, et il traîna sur le pavé le corps bondissant du martyr (55).

Une fenêtre de l'appartement du préfet donnait sur la rue du supplice. Tout-à-coup, les volets s'ouvrirent, une main crochue en écarta le tenture de soie, et une physionomie horrible, animée du rire infernal, apparut aux regards d'Agaton et des courtisans.

— Enfer, réjouis-toi ! s'écriait Malasit dans son champ de triomphe, je suis le roi du monde ! plus de Christ ! plus de chrétiens !.... ils sont faibles comme l'agneau, et moi j'ai la rage du tigre ! Ils ont la crainte du péché, et tous les crimes sont mes fils. Comment pourrai-je ne pas être vainqueur ? Celui-ci se laisse écorcher sur le pavé aussi sottement que l'autre se laissa crucifier sur le Calvaire. Enfer, réjouis-toi ! si la cabane du pauvre leur est ouverte, ne suis-je pas roi dans les palais !.... Courtisé par les grands qui pourrissent de débauche, entouré d'une populace que leur luxure a corrompue, je marcherai le front haut au milieu des peuples de la Gaule et ce glaive pesant percera les chrétiens, et brisera les croix. Enfer, réjouis-toi ! le Christ n'a plus à m'opposer ici que trois jeunes filles vaporeuses, et les feux de l'amour, les diamans et les riches parures, tout cela est à moi !.... Enfer, réjouis-toi ! le Druidisme se rallume, la luxure de Rome se raffermit, les chrétiens ne chantent plus qu'à la queue des taureaux.... Réjouis-toi ! Réjouis-toi ! que les houra de nos cohortes ébranlent l'Éternel dans son couvent de bigots ; car à nous l'empire des Gaules, à nous l'empire d'ici-bas.

> Quel bruit s'est élevé? la trompette sonnante
> A retenti de tous côtés;
> Et, sur son char de feu, la foudre dévorante
> Parcourt les airs épouvantés.
> Tremblez, humains! voici de ce juge suprême
> Le redoutable tribunal.
> Ici perdent leur prix l'or et le diadème;
> Ici l'homme à l'homme est égal.
>
> GILBERT.

XXIV.

L'AGONIE.

Le tyran ne jouit pas long-temps de son triomphe. Le taureau avait à peine accompli sa course meurtrière, que les Gaulois, ramenés à une seconde attaque, s'élancèrent encore à l'assaut; mais cette fois, instruits par l'exemple des Romains, ils voulurent employer des machines; la plupart même reprirent les casques, les boucliers et les cuirasses qu'ils avaient quittées par ostentation au moment du combat.

Les balistes des Romains avaient lancé sur leurs bataillons de longues et fortes poutres, comme projectiles. Les Gaulois s'en saisirent, et, les ayant liées ensemble, ils en formèrent une espèce de pont volant; une centaine d'hommes le chargèrent sur leurs épaules et l'appuyèrent contre les murailles, tandis que de nombreux soldats, placés sur ce parapet, attaquaient les assiégés avec plus d'avantage. Ceux-ci, inquiets de ce nouveau genre d'attaque, dirigèrent vers ce point leurs catapultes, les quartiers de roches, lancés par les balistes, firent incliner d'abord cette machine grossière, les javelines enflammées volèrent de toutes parts, et les assaillans se trouvèrent renversés et broyés sous les débris de cet échafaudage.

Cet échec ne put les abattre, et, profitant de l'isolement où l'on avait laissé une porte, pour concentrer plus de forces sur le premier point attaqué, ils approchèrent une énorme tour à deux étages, portée sur les charriots de guerre; à cette vue, les Romains accoururent de tous côtés; mais leurs lourdes machines, difficiles à mouvoir, étaient à peine arrivées sur le lieu du combat, que la tour de bois lança ses grappins sur le rempart. Vainement, les assiégés firent jouer d'énormes pièces de chêne pour détruire cet ouvrage; une fois appuyés à la muraille, les Gaulois se lancèrent sur le parapet, renversant et massacrant tout ce qui essayait de s'opposer à leur marche; dès-lors, la tour servit d'escalier à une nuée d'ennemis, et ce fut une horrible mêlée, dans laquelle les féroces partisans de Luern et d'Hernkil, massacraient sans pitié légionnaires et citoyens. Un bruit affreux emplissait l'enceinte de la cité. Houra de triomphe d'un côté, cris de désespoir et de mort de l'autre.

Tout ce qui put échapper de valide à la fureur des vainqueurs, chercha un salut dans la fuite. Un grand nombre de soldats et de patriciens se réfugia dans le Château-Narbonnais, tandis que les membres de la curie, et une faible partie de la population gallo-romaine, cherchait à se défendre dans le Capitole. Bientôt l'ennemi, furieux, ne trouva plus rien à égorger dans la ville, et sa fureur destructive se tourna tout entière vers le Château-Narbonnais.

Le moment était venu où la prophétie d'Agaton devait s'accomplir : le palais-forteresse allait personnifier la puissance romaine et perpétuer le signe de la domination.

En cet instant suprême, ces tours, ces créneaux s'animèrent d'une extraordinaire énergie; chaque machicouli eut son combattant, chaque porte ses défenseurs, chaque tour ses milliers de guerriers. Les bûches enflammées, le plomb fondu, les pierres, les barres de fer tombaient sans relâche sur les Gaulois, et leurs cohortes hurlantes ne pouvaient livrer que d'inutiles assauts, à cette résistance héroïque d'une nationalité qui semblait réveiller tout son ancien courage, avant d'arriver à ses derniers momens. Dans cette transformation presque inespérée, femmes et courtisans, esclaves et histrions, tous semblaient devenir des héros. On aurait dit qu'ils voulaient racheter une vie de bassesse par une mort glorieuse. Le Château, venu au monde au déclin de la puissance romaine, dans un siècle de profonde décadence, pouvait être fier maintenant des cœurs et des bras qui prêtaient à ses solides murailles l'énergie de la résistance.

Agaton seul fit défaut dans ce grand effort de la valeur romaine, ou, pour mieux dire, seul entre tous, il demeura ce qu'il avait toujours été, faible, tremblant et corrompu. Le martyre du saint apôtre, si rapidement vengé par les Gaulois, fit succéder dans son cœur la crainte du Christ, au mépris que ce mot soulevait en lui. Accablé par le malheur, et surtout par la faiblesse, l'effroi détruisit peu à peu ce qui lui restait de forces; il voulut s'évader. Retiré dans une cave obscure avec Amitus et Lesbie, il fit conduire une barque près d'un soupirail, au-dessous duquel la Garonne venait baigner les murs du Château. Il se glissa, après de vains efforts, jusqu'à la lucarne, descendit dans la barque, aidé par ses deux compagnons. Amitus prit les rames, et il poussa le canot vers le milieu du fleuve, pour demander au courant rapide une force d'impulsion que ses avirons seuls n'auraient pu lui donner.

Bientôt, les donjons du Château, hérissés de traits et de fascines enflammées, s'éloignèrent à vue d'œil, tandis que le pont jeté sur le fleuve, semblait marcher vers eux de toute la rapidité du courant. Ses parapets étaient encore solitaires, mais tout-à-coup ils furent encombrés d'une foule de gaulois qui poursuivaient des fuyards. A la vue de la barque d'Agaton, quelques-uns d'entr'eux s'arrêtèrent, et ils bandèrent leurs arcs pour assaillir au passage le préfet et ses compagnons.

— Dieu des chrétiens! s'écria celui-ci en ce pressant danger, s'il est vrai que tu sois le Dieu fort, ne montreras-tu pas ta puissance en me défendant contre les ennemis? Est-ce ma faute à moi, si je n'ai pas connu plutôt ton existence? Est-ce ma faute, si Marcus Jova m'a inspiré la haine de ton nom?

Malgré cet appel à la protection céleste, Agaton et son courtisan auraient bien voulu pouvoir éviter les flèches ennemies en revenant sur leurs pas; mais la barque était emportée par le fleuve, il n'était plus temps de songer à l'arrêter, et ils furent obligés de courir, pour ainsi dire, vers la mort qui les attendait. Arrivés à la portée du trait, les Gaulois décochèrent leurs flèches; mais trompés par la vitesse du bateau, ils n'atteignirent pas les fugitifs, et c'est à peine si quelques javelots frappèrent la barque.

Nous sommes sauvés, s'écria Amitus, et déjà l'infâme mignon étudiait en lui-même le moyen de faire chavirer le bateau, et de se ménager la fuite pour se défaire d'Agaton et saisir enfin une ombre de pouvoir; mais au même instant un dernier trait lancé par les Gaulois vint traverser son bras, sa jambe droite, et rendit pour toujours sa rame inutile. La barque, privée de son pilote, s'en alla en dérive au gré du courant vers le château Badaclei, à l'angle nord-ouest de la ville, et elle échoua sur un banc de gravier. La position devenait de plus en plus périlleuse : Lesbie sauta sur les bords du fleuve, traînant à elle le préfet chancelant, et tous les

deux s'enfoncèrent dans ces marais du nord, encombrés de roseaux, au milieu desquels s'élevait la chapelle des chrétiens.

Amitus laissé seul dans la nacelle, incapable de fuir, et baigné dans son sang, appelait en vain à son secours Agaton et Lesbie : ils ne songeaient qu'à leur propre salut; tous les deux furent également sourds à ses cris de détresse, et bientôt ils entendirent, sans y être sensibles, les derniers cris d'Amitus que les ennemis égorgeaient.

Après avoir erré dans la boue à travers les roseaux, cherchant un lieu de salut inespéré, comme jadis Marius à Minturnes, Agaton et sa compagne arrivèrent sur un sentier assez battu, que ni l'un ni l'autre ne reconnut; ils ne tardèrent pas à y rencontrer trois femmes pâles, effarées, prosternées à terre dans la plus profonde douleur. Leur attitude fit penser à Agaton qu'elles étaient du nombre des fugitifs qui s'éloignaient de la ville, pour tenter d'échapper au carnage; mais il reconnut aisément son erreur.

Ces trois femmes étaient agenouillées devant un cadavre sanglant qu'un taureau venait de traîner jusqu'en ce lieu. Leurs sanglots, leurs cris faisaient retentir ces marais déserts et sauvages. Qui aurait pu ne pas reconnaître Médella, Angélique, Céleste, retenues par la douleur autour du corps mutilé de Sernin.

Cependant la douleur de ces chrétiennes n'employait pas le même langage pour se traduire. Angélique pleurait et se tordait les bras; Céleste priait et regardait alternativement le cadavre et le ciel, comme si elle eut suivi dans la voûte céleste la route que venait de parcourir l'ame légère du martyr; Médella ne pleurait pas, Médella ne prononçait pas de prière; le front ridé, les paupières baissées, elle demeurait plongée tout entière dans le morne silence du désespoir; si elle n'était chrétienne, je dirais presque de la vengeance........ Agaton approcha accablé par la vue de sa victime; il regarda avec plus d'effroi que de remords le corps du bienheureux. Sa tête déchirée contre les pavés était mutilée, entr'ouverte; mais la mort, quelque horrible qu'eût été son instrument, n'avait pu imprimer au front meurtri de l'apôtre le plus léger sillon d'amertume, et son regard éteint semblait encore sourire vers les cieux.... Tout à coup le tyran affaibli s'écria en le considérant avec terreur :

— Quoi! mort, tout à fait mort.... Horrible précipitation!.... et personne autour de moi n'a su me dire : Agaton, ne fais pas mourir cet homme; il tient un véritable pouvoir du ciel, et il sera vengé.... Puissance infernale qui as placé la tyrannie dans mes mains pour me faire commettre autant de crimes irréparables que j'aurais de pensées mauvaises; me rendras-tu le pouvoir de ramener la vie là où j'ai porté la mort?.... Que l'on est malheureux de pouvoir tout impunément et d'être obéi aussitôt qu'on a proféré une parole malheureuse!.... Ils étaient, je ne sais combien, autour de moi, un mot pouvait tout sauver; ils ne l'ont pas dit, les misérables, et tout a été perdu.

— Ne vous l'avais-je pas dit ce mot, répondit Médella en toisant Agaton, lorsque, vous conduisant près de la tombe d'Illira, je vous dis qu'il fallait craindre la justice divine.

— Vous, près de la tombe d'Illira! balbutia ce dernier, stupéfait, tremblant. Serait-il possible? quoi! vous m'auriez annoncé que ma vie était près de finir? Oh! je croyais que ce n'était qu'un songe.

Ce souvenir détruisit tout l'espoir fallacieux dont Agaton cherchait à se bercer; la maladie de langueur qui le rongeait trouva dans la terreur un nouvel aliment de violence, et le romain toucha à cette dernière période d'affaiblissement physique et moral qui précède la mort.

— Voilà la main qui vous fit descendre dans la tombe, répondit Médella; voilà celle qui vous montrait le ciel, lorsque vous vous écriâtes : O mon Dieu! fais qu'il y ait une autre éternité que celle du tombeau.

— Je n'avais jamais ajouté foi à la science des augures, répondit Agaton abattu, cependant, j'ai ouï dire que vous étiez magicienne : est-il bien possible que vous m'ayiez appris que j'allais mourir?.... Ce n'est pas que je ne sentisse en moi quelque chose se détruire; une espèce de tremblement sinistre saper les fondemens de l'existence; mais comment m'arrêter à la pensée de la mort? Comment me figurer que les ténèbres voileraient bientôt ma vie, que le froid glacerait mon cœur, que l'agonie couvrirait de ses nuages noirs la nature et ses merveilles!.... Non, il y a des choses si horribles que l'esprit humain se refuse à les concevoir, et pourtant je tremble, je m'affaisse, je me sens succomber.... Mourir, quand jamais je n'ai trouvé la vie si belle! le soleil si brillant! l'air si suave et si pur! Mourir! moi qu'ils appellent tous le puissant! le maître!.... O Médella! cette affreuse pensée ne peut s'arrêter dans ma tête; je serai votre frère, je me ferai chrétien, je me prosternerai devant ceux que j'ai humiliés et proscrits; mais je veux vivre encore quelques jours : la vie est si douce, surtout quand on la considère du seuil d'un tombeau.... Médella, je briserai les idoles; j'élèverai un labarum d'or sur les ruines du temple d'Isis; oh! donnez-moi le baptême, donnez-moi la croix, je sens le besoin de m'accrocher à quelque chose de fort; car tout semble crouler autour de moi, et vouloir m'entraîner dans sa chute; tout, jusqu'au spectre d'Illira qui m'a marqué du sceau de sa vengeance.

— Dieu permette que vous reveniez à la vertu, reprit Médella, je vous recevrai avec enthousiasme; toutefois le vaisseau a été battu bien longtemps par l'orage, et je crains qu'il ne se soit décidé trop tard à chercher le port. La main de la vertu est blanche et caressante, peut-être sera-t-elle inhabile à radouber les avaries que la longue tempête du vice et de la corruption a fait sur vous.... Il me semble voir sur le front du vieil athée qu'il n'y a qu'un effort immense qui puisse l'arracher aux chaînes honteuses qui le retiennent.

— Un effort, reprit Agaton, et quel est celui qu'on ne ferait pas pour repousser l'horrible squelette!.... être jeune et mourir, cela est peu de chose; mais être jeune, puissant, honoré, posséder tout ce qui embellit l'existence, avoir à ses pieds un peuple d'esclaves, autour de soi une légion d'amis joyeux, de femmes séduisantes, vivre dans un palais, au milieu du luxe et des festins, et perdre tout cela en un jour, pour le voir passer à un autre.... à un autre qui rira de mon malheur.... O Médella! pitié pour Agaton! je veux être chrétien; je veux tomber aux pieds de votre Dieu, me saisir de sa main puissante, et mendier encore quelques beaux jours.

Médella le considéra en secouant la tête, et lui répondit:

— Quand je vous disais que l'âme, pétrifiée par le contact de la matière, ne pouvait s'élever que bien péniblement vers un nouveau monde de contemplation.... Il est facile à un homme pauvre, simplement idolâtre, d'oublier le passé pour adorer le Christ; mais vous, homme riche, homme philosophe et puissant, comment vous arracher de ce monde où la volupté, l'orgueil et la naissance vous tiennent cramponnés avec des clous de fer comme une pierre scellée dans un mur de ciment! il faudrait un prodige, Agaton, un prodige si grand, que Dieu lui-même oserait à peine l'espérer.

— Mais en détruisant les autels de nos dieux, en élevant au Christ un temple de marbre et d'or !

— Dieu aime les temples de marbre et d'or, mais il faut qu'ils soient élevés par des cœurs croyans et des mains pures. Quand je vous ai dit qu'il était si difficile à l'opulence de s'élever jusqu'à lui, vous auriez dû penser que le Ciel n'était pas encore à acheter avec des richesses.

— Mais un temple de diamans, desservi par deux mille prêtres.

— L'Eternel veut beaucoup moins et beaucoup plus ; il veut un esprit repentant, qui travaille à devenir pur ; et voilà, Agaton, ce qu'il vous est si difficile d'offrir au maître suprême.

— Quoi donc, reprit le préfet avec dépit, celui qui ne refuse pas l'obole du pauvre, repoussera les trésors d'un patricien ; ô Christ ! qu'ils appellent clément et juste, ainsi tu seras plus inexorable que le spectre d'Illira, et tu laisseras périr le peuple-roi que je commandais, sous le fer de quelques barbares !

— Le Christ n'est inexorable pour personne, reprit la gauloise, mais il n'entre pas en composition avec l'orgueil et la débauche, avec l'avarice et la volupté.... Agaton, une longue et profonde habitude vous a identifié avec la corruption et l'athéïsme, avec la superstition et la cruauté ; votre existence fait corps avec ces choses, vous devez subir leur destinée, et mourir comme elles au moment du triomphe de la Croix. Or, sachez-le bien : il a déjà embouché la trompette, l'ange qui doit annoncer les temps nouveaux ; n'entendez-vous pas de toutes parts ces principes du Christianisme qui s'infiltrent et trouvent de l'écho dans les souterrains et dans les palais, dans les forêts et dans les cabanes ? Patriciens et potentats, déblayez le monde de votre faste insolent, car le roi des cieux est descendu sur la terre, et il a dit : Esclaves, vous êtes frères des rois ; mendians, vous êtes frères du riche, et le jour de la justice divine est arrivé.... Maintenant, Agaton, tu devines les conditions auxquelles le Christ t'admettra dans sa famille. Donne la liberté aux esclaves, l'égalité aux gaulois vaincus, l'exil à tes femmes, à tes satellites, et impose à tes passions le frein du repentir et de la vertu.

— Mes esclaves, mes courtisans ! seul dans mon palais, sans amis, sans volupté ?

— Que parles-tu de ton palais ? reprit Médella d'un ton de pitié ; les temples ne sont faits que pour l'Eternel, les palais que pour ses ministres, l'or et les diamans que pour ses autels. Pour toi, une chambre couverte de gazon et de chaume sera bien suffisante pour te mettre à couvert du mauvais temps et te laisser faire pénitence.

A ces mots, le romain indigné sembla retrouver une lueur d'énergie.

— Le préfet de Tolosa dans une cabane! s'écria-t-il; et quelle autorité aurait des ordres qui partiraient de si bas!.... Ah! je devine, ta jalousie et ta vengeance! poursuivit-il en souriant avec amertume, et dès ce moment le désespoir et l'accablement se disputèrent ce qui lui restait de vie. Oui, tu voudrais ravaler l'autorité, dépouiller Agaton de tout ce qu'il a de grand pour le précipiter à la dernière marche de l'échelle sociale ; le voir errer de ville en ville, couvert de haillons, mendiant son pain..... Et puis, mettant le pied sur sa tête, tu dirais avec orgueil : J'ai triomphé! voilà ma victime..... Eh bien! puisque tu ne songes qu'à la vengeance et que ton Dieu est colère et jaloux, je resterai tyran et athée, et j'aurai du moins de belles funérailles et une inscription glorieuse sur mon tombeau.

Médella répondit :

— N'insulte pas celui que ta colère ne saurait atteindre; et puisque tu sens ta fin approcher, va mourir dans une orgie comme ce Pétronne dont si souvent tu vantais la mort; mais si ton agonie est longue, puisses-tu ne pas rencontrer sur le seuil du tombeau, ces prisonniers déchirés dans le cirque; ces esclaves, morts pour satisfaire ton avarice luxurieuse, qui tous accourraient vers toi, squelettes décharnés, pour te conduire devant le juge des hommes, en lui disant : Voici l'homme pour lequel nous avons expiré de faim, de travail et de tortures; seigneur jugez entre nous.

— O femme implacable! s'écria Agaton exténué; évoqueras-tu constamment ces morts que je voudrais oublier? N'est-ce pas assez pour ton horrible victoire, que les Gaulois aient détruit ma puissance et qu'Illira revienne incessamment rouvrir à mes yeux le cratère béant de l'éternité!... Pitié! pitié! je veux être chrétien, car je me sens mourir....... Effroyable destruction! tout semble s'écrouler avec moi; autorité, forteresse et civilisation...... O Rome! Rome! verras-tu aussi ton dernier jour?

— Oui, elle tombera la Rome des tyrans! continua Médella d'un air de triomphe; mais ce sera pour faire place à la Rome des Apôtres; capitale pacifique d'un nouveau monde, reine bienveillante et juste d'un empire de fraternité...... En disant ces mots, Médella jeta sur l'impie expirant un regard sec, sans mélange de pitié; exaltée par la solennité des évènemens, et se souvenant encore de son origine, Médella sentait l'inspiration inonder son âme; la nature prêtresse se réveillait en elle, et ce mélange de Christianisme et de Druidisme faisait d'elle une pythonisse de la chrétienneté. Agaton, dit-elle bientôt, en montrant les hautes tours du Château-Narbonnais qui soutenaient vaillamment le siège contre les Gaulois; tu as fait bâtir, à grands frais, d'énormes donjons qui semblent menacer le ciel; à tes ordres, le granit, le marbre et le fer, se sont cramponnés et entassés pour former un palais-forteresse, digne fils du

Capitole romain; Rome, as-tu dit, lui a versé son sang le plus chaud, et il grandira par-dessus les siècles pour perpétuer les traditions de sa mère, même après que celle-ci sera tombée;...... Eh bien! ce monument est à peine achevé, et je vais en commencer le siége; vois-tu cette église de chaume où deux vierges vont ensevelir saint Sernin; eh bien! j'élèverai sous l'invocation des cendres du martyr, une basilique majestueuse dont la tête superbe servira de fanal aux peuples errans; elle leur révèlera le nom de Dieu, et conservera dans son sein le germe nouveau que le martyr a porté dans ce pays. Autour d'elle viendra s'appuyer une cité toute chrétienne, rivale terrible de la ville murée; elle tiendra, nuit et jour, son regard vigilant sur ce boulevart des traditions romaines, et ne cessera de l'observer et de le combattre que lorsque ton palais Narbonnais sera renversé dans la poussière.

— Horrible prophétie! s'écria le préfet près de rendre le dernier soupir; se peut-il que l'avenir soit couvert d'un voile si sombre! Oh, je me meurs, Médella! je me meurs!.... Si ton Dieu est le Dieu fort, ne peut-il donc pas me pardonner et me soutenir?....

A ces mots, Agaton épuisé, sentit le frisson de la mort parcourir ses veines; sa tête retomba sur la terre, et ses yeux vitriolés ne reçurent plus la lumière du ciel. A peine était-il expiré, qu'un grand bruit se fit entendre du côté de la ville; Angélique et Céleste, effrayées de ce tumulte, regardèrent avec terreur, et elles répandirent quelques larmes sur les malheurs des Romains, leurs ennemis.

Au même instant, elles virent un grand nombre de gaulois se précipiter à leur poursuite, en poussant des cris de rage. Malasit, l'implacable Malasit était à leur tête; il traînait après lui le druide Marric et Amiduat, et il excitait les prêtresses de Séna à venir égorger Médella la chrétienne. Céleste et Angélique, inaccessibles à toute crainte personnelle, éprouvèrent un certain effroi en songeant aux profanations dont le corps du martyr pouvait être l'objet, et voulant le soustraire à tout nouvel outrage, elles le prirent dans leurs bras, et le transportèrent dans la petite église. Médella les suivit, et tenant attaché sur les Gaulois qui suivaient ses regards inspirés, elle semblait former une espèce d'arrière-garde au cortége.

— Prêtresses des idoles, disait Malasit, en dévouant Médella à leur fureur; jusques à quand permettrez-vous à la fille criminelle de Marric d'outrager la Gaule et le Druidisme; hésiterez-vous encore à plonger vos couteaux dans son sein?

A cette voix irrésistible, les prêtresses firent entendre, avec emportement, leur horrible chant de mort :

> Oui, nous saurons venger le sacré ministère
> Qu'outrage Médella. Les filles du mystère

> Livreront ses cheveux au souffle de l'autan,
> Leurs ongles ouvriront son ventre palpitant.
> ....

Aussitôt elles allaient en faire leur victime, lorsque celle-ci, debout sur le seuil de l'église, s'offrit à elles dans l'attitude inspirée de la prophétie, et elle disait d'une voix solennelle qui frappa les Gaulois de respect et d'étonnement :

— N'entendez-vous pas sur la montagne comme le bruit de grandes nations assemblées ; mortels, chantez vers les cieux, car la journée de l'Éternel se prépare ; il fait la revue de ses armées pour la guerre, et elle viendra comme un dégat fait par le Tout-Puissant.

Le ton de ces paroles avait frappé les prêtresses d'immobilité.

— Eh bien ! leur dit Malasit furieux, que signifie cette hésitation, et qu'attendez-vous pour frapper le coupable ?

— Silence et respect, s'écria Marric, en retenant Malasit par le bras, ne vois-tu pas qu'elle communique avec les êtres suprêmes par la chaîne de l'inspiration......... et le druide, saisi de recueillement, écouta dans l'extase sa fille qui continua ses prophéties.

— L'Éternel a été irrité contre le monde, et il a dit : Je le punirai à cause de sa malice, j'accablerai les méchans à cause de leur impiété, et je ferai cesser l'arrogance de ceux qui se feront appeler redoutables. Regardez-bien si leur frayeur n'est pas déjà aussi grande que leur détresse. Ne voyez-vous pas ces fiers romains courir éperdus dans la ville ? Les douleurs les saisissent comme la femme qui enfante ; chacun s'étonne regardant son voisin, et leurs visages pâles sont comme des visages enflammés. Or, comme les filles se sont élevées, et ont marché la gorge étendue en faisant des signes des yeux, pour cela l'Éternel leur arrache leur chevelure, il découvre leur nudité, il ôte les ornemens des agrafes, des rubans, des manteaux ; au lieu de cheveux frisés, elles ont la tête chauve ; au lieu de ceintures de soie, elles ont des cordes de sac..... Oh ! comme la journée de l'Éternel est cruelle, elle n'est que dégat et colère pour réduire cette ville en désolation. Les gens du commun sont abattus, les personnes de qualité sont humiliées, leurs petits enfans même sont écrasés sous leurs yeux, leurs maisons pillées, et leurs femmes égorgées ; c'est pourquoi le sépulcre s'est élargi, il a ouvert sa gueule sans mesure, et voilà que tout va y disparaître, multitude, tyrannie, pompe et réjouissance.

Malasit, effrayé de l'effet de ces paroles bibliques, s'épuisait en vains efforts pour faire partager sa fureur au druide.

— Indigne prêtre de mes idoles, lui disait-il, laisseras-tu au Christ le temps de tout nous enlever ?

— Silence, silence, reprenait Marric, retenu dans la contemplation, ma fille est inspirée; ne vois-tu pas la lumière divine couronner son front; c'est l'esprit qui communique avec elle, il vient chercher son épouse prédestinée.

— C'est le Christ qui nous l'arrache, reprit Malasit, avec un cri perçant qui fit ébranler la terre et frémir les cieux, et l'auréole que tu vois sur sa tête est celle de l'apothéose.

— Le Christ! le Christ! balbutia Marric, trop abasourdi pour pouvoir d'abord s'abandonner à toute sa fureur...... et Médella poursuivit :

— Oui, le Dieu fort est ma délivrance, j'aurai confiance au milieu des méchans, je ne serai pas effrayée. Peuples des Gaules, psalmodiez à l'Eternel, il a fait des choses magnifiques : les tyrans orgueilleux sont abattus, et la fraternité réunit le Gaulois et le Romain, le vainqueur et l'esclave sous l'étendard de l'égalité. Peuple des Gaules, réjouis-toi! car le Saint d'Israël vient d'écraser le tyran et l'impie, et va mettre en poudre les idoles du Druidisme.... Femmes, vos enfans ne vous seront plus enlevés pour être égorgés sur le dolmen; esclaves, le cirque ne s'ouvrira plus pour vous faire déchirer par les bêtes; peuples, vous ne serez plus abandonnés à la barbarie d'un maître avare, au despotisme d'un pontife orgueilleux; réjouissez-vous avec chants de triomphe, voici le temple du Christ qui s'élève pour vous abriter sous la main de l'Eternel.

Ces paroles toutes nouvelles ne purent être d'abord comprises par les Gaulois qui les écoutaient; toutefois, ces mots magiques de liberté, d'égalité, jetèrent dans les cœurs une lueur de vérité qui leur fit présager des temps nouveaux; Marric seul saisit toute la portée de la prophétie, et il se sentit frappé du même coup mortel que sa fille portait à la religion dont il était le dernier représentant.

— Désespoir! s'écria-t-il avec accablement, tout est perdu, ma fille a lu dans le livre invisible; filles des autels, dit-il aux prêtresses, voilez votre visage, et tendons la tête à l'avenir menaçant.

En disant ces mots, le druide s'éloigna avec horreur, entraînant avec lui bardes, vates et prêtresses. Médella les suivit quelque temps des yeux, et bientôt elle les vit disparaître dans les forêts lointaines, où ils allèrent cacher les mystères et les cérémonies d'un culte décrépit qui n'osa plus se montrer en face du soleil. Amiduat et Héléna, qui s'étaient transportés sur les lieux à la suite de Marric, partagèrent son effroi, et prononcèrent sur la vieille nationalité gauloise les regrets que Marric adressait à la chute de sa religion. Quoique vainqueurs des Romains, ils comprirent qu'un ennemi moral venait à son tour vaincre la vieille Gaule; ils s'éloignèrent de toute la vitesse de leurs chevaux, pour ne pas assister au triomphe de la religion du Christ, et ils allèrent abriter dans les gorges des Pyrénées le souvenir, les mœurs, les traditions de leurs ancêtres.....

Il ne restait plus que Malasit seul, abandonné, vaincu, mais il planait encore sur les débris des temps anciens, et dans son impuissance il essayait du moins de blasphèmer les temps nouveaux qui marchaient à grands pas.

— Damnation! hurlait-il, en regardant avec désespoir et le cadavre d'Agaton et Marric qui disparaissait dans le lointain. L'impie mort, le druide en fuite. Abandonné par eux, me voilà seul contre vous tous, satellites du Jaloux!.... Ah! Médella, tu peux t'enorgueillir de ta victoire; toutes fois je ne m'avoue pas terrassé; quoique vaincu, il me reste encore des armes pour désunir les enfans du Christ, et les faire déchirer entr'eux; il me reste l'hérésie, la discorde, et Dieu lui-même ne peut m'arracher ces flèches empoisonnées. Vois-tu par delà ces murailles ce Château-Narbonnais, noble fils des traditions idolâtres de Rome; tant qu'il élèvera ses tours vers le ciel, ta victoire sera éphémère; Agaton l'a fait bâtir à grands frais, l'athée a versé dans ce monument son sang le plus vivace; eh bien! il grandira dans les siècles pour perpétuer les traditions du peuple ennemi du Christ!

— Je connais la force de ce palais orgueilleux, répondit Médella; aussi à peine est-il achevé que je vais en commencer le siège; et sais-tu quelle est la forteresse que je lui oppose? une église, le tombeau d'un martyr. Ainsi la foi sera en présence de l'athéïsme, la force morale sera en présence de la force brutale; à qui des deux la victoire maintenant?

— Et moi, je te poursuivrai incessamment jusques dans la retraite de ton sanctuaire, reprit le génie des ténèbres, tu ne connais pas encore toutes les ressources du mal, elles sont inépuisables et n'espère pas y échapper; car, même au milieu de ton triomphe, je n'aurai qu'à te rappeler Robur, mort idolâtre et blasphémant le Christ, pour retourner dans ton cœur le poignard des douleurs.

— Robur! Robur! répondit Médella, en quittant le ton solennel de l'inspiration, pour prendre celui des tortures terrestres. O toi, que j'ai tant admiré, tant aimé! O toi, si digne de l'être! faut-il que nous soyons séparés pour jamais dans ce monde par la mort, dans l'autre par l'idolâtrie.... N'importe, ma croyance nouvelle a beau te maudire; une admiration immense vivra toujours en moi pour ta force, ton courage, ta grandeur d'ame. Le souvenir de cet amour se perpétuera dans mes heures d'extase céleste; fidèle à un hymen indissoluble, toutes mes pensées chrétiennes seront empreintes du grand caractère de mon époux, et toutes les formes, toutes les poésies qui me serviront à célébrer l'amour divin, iront s'inspirer aux nobles traditions du romain courageux et magnanime.

FIN DE MÉDELLA.

JUSTIFICATIONS.

ous avons fini avec Médella : maintenant quelles seront les impressions que cet ouvrage aura laissées dans l'esprit du lecteur? Peut-être serait-il prudent à moi de ne pas trop les approfondir. Toutefois essayons de nous en rendre compte, afin de pouvoir présenter quelques observations justificatives :

— Qu'est-ce donc que ceci, se demandera peut-être plus d'une lectrice? Un roman d'intrigue? Mais nous n'y trouvons pas ces mille ressorts d'une action toujours suspendue, toujours renaissante! Nous n'y trouvons pas ces incroyables tours de force de certains romans modernes, dont les péripéties, savamment calquées sur les imbroglio du théâtre espagnol se dérobent constamment sous la main du lecteur, et renouvellent à ses yeux les effets fallacieux du prisme et du mirage. — Serait-ce donc un roman de mœurs ? — Peut-être, dira l'un; — En ce cas, pourrait répondre un autre, ce n'est pas la philosophie de Georges Sand et la psychologie de M. de Balzac qui lui auront servi de base. — Ce n'est pourtant pas un roman historique, répondront certains autres; car on n'y trouve, ni la variété charmante et quelquefois un peu prolixe de Walter-Scott, ni les ravissantes descriptions de Fénimore-Cooper; moins encore les scènes caverneuses, sanglantes et féroces d'une école, moitié allemande moitié française, qui, grâces à Dieu, commence à vieillir un peu....

Quel est donc ce produit bâtard, dont l'auteur lui-même ne sait pas donner la filiation..... Eh! messieurs, remarquez la place qu'occupe Médella en tête d'une série de romans historiques ; à l'origine surtout de la grande révolution sociale qui a formé la nouvelle Europe, et vous serez conduits à lui donner sa véritable dénomination. N'y cherchez qu'une introduction à l'ère chrétienne, une préface à l'histoire moderne; surtout une grande allégorie, cachant sous de simples caractères d'hommes des types de nationalités, et tout vous sera expliqué aisément.... C'est en partant de cette donnée, c'est en faisant remonter l'individu à la société qu'il représente, que vous comprendrez cette gauloise indécise, abandonnant le Druidisme pour adopter les mœurs romaines; répudiant plus tard ces mêmes mœurs pour épouser la nouvelle loi. Alors, peut-être, pardonnerez-vous aussi à cette dualité romaine, dans laquelle le vieux républicanisme et l'épicurisme égoïste, se montrent également incapables de continuer l'œuvre des maîtres du monde; vous comprendrez ce stoïcien trahissant sa propre cause par excès de vertu; un athée, se sentant tomber en dissolution, et finissant par vouloir s'accrocher à la croix qu'il insulta, comme la seule colonne qui puisse soutenir son existence éphémère; mais, semblable à l'empire d'Orient, il ne veut rien réformer de ses vices, de ses cruautés, de son cynisme, et il meurt suffoqué par l'atmosphère nouvelle que la lumière chrétienne répand autour de lui.

Certains peut-être, habitués à courir ces longues intrigues en trois ou cinq volumes, se demanderont pourquoi si peu de faits, d'accidens imprévus, de surprises dramatiques ; cela viendrait-il d'un parti pris, ou bien d'incapacité? Oh, mon Dieu ! sans vouloir récuser le mérite des pièces à tiroir, pense-t-on qu'il soit très difficile de prendre une corde sans fin, d'y faire des nœuds plus ou moins bien placés, pour se ménager l'occasion de la dénouer avec plus ou moins de prestesse, au besoin même de la couper brutalement quand le dénouement offre trop de difficultés? Pense-t-on qu'il nous eut été impossible d'unir, de confondre les trois peuples qui apparaissent dans Médella par les rapports de la parenté, de la reconnaissance, de certaines haines et jalousies individuelles, de l'amour enfin, cette chaîne littéraire, aussi vieille que le monde, et cependant toujours nouvelle d'intérêt. Non sans doute, et si nous avons fait agir distinctement, séparément les Gaulois, les Romains, les Chrétiens, si nous ne les avons que faiblement réunis autour de l'héroïne, c'est que nous avons préféré une simplicité quelque peu surannée, à toute l'habileté des complications scéniques modernes.

Mais brisons là-dessus ; car malgré toutes les bonnes raisons que nous pourrions donner pour contester la toute-puissance des succès qui ne se fondent que sur la surprise toujours croissante du lecteur, on serait tenté de nous appliquer la fable du Renard et des Raisins. Abordons le sujet avec franchise, et développons la cause majeure qui nous a fait observer la simplicité des ressorts et la sobriété des principaux personnages.

Médella n'étant qu'une sorte de préface à un plus long ouvrage, un péristyle devant un monument, la concision devait être sa première règle; le pittoresque, le comique, le burlesque même, car ici on se sert de tout, lui étaient interdits........ En effet, sans vouloir discuter, ici sur le genre de Shakespeare et de Victor-Hugo, je demanderai si la société romaine, au milieu de laquelle notre action est transportée se prêterait à ce mélange de tous les tons, comme on y a façonné notre moyen-âge..... Certains romantiques ont essayé de rire des allures simples, pompeuses, et pour tout dire enfin, du genre noble des écrivains classiques; mais était-il donc possible de traduire l'antiquité d'une autre façon que celle-là, et lorsqu'on a vu Hésiode et Homère, Pindare, Virgile et tous les auteurs grecs et romains marcher à pleines voiles dans la simplicité classique, sans jamais faire essai de la variété moderne, ne devait-on pas soupçonner qu'il y avait là-dessous une raison d'être ainsi, qui se montrait inexorable, et qu'on ne pouvait méconnaître si l'on voulait rester dans le vrai.

Quels étaient les acteurs que les anciens poètes et prosateurs rencontraient autour d'eux ? Des rois, des patriciens, des guerriers, des conquérans, des législateurs, d'intrépides navigateurs, des prêtres, des magiciennes, et maint autres personnages s'abreuvant tous, d'une façon plus ou moins directe, à cette source élevée, ardente, ambitieuse du patriciat, dans lequel se forment les grandes passions; espèces de régions célestes où se préparaient ces orages sociaux, qui, semblables à la foudre des dieux, tombaient sur la terre, mais ne se traînaient jamais dans la boue.

Et voilà justement ce dont on a fait un reproche aux auteurs classiques ; c'est cette éternelle apparition de la couronne royale, de l'épée du guerrier; c'est l'absence absolue des classes infimes, des haillons des mendians, de la main calleuse de l'ouvrier, du visage ignoble du charlatan, de l'aventurier, du balladin. Eh ! Messieurs, oubliez-vous donc la constitution des sociétés antiques ? Vous voudriez trouver dans leur littérature des travailleurs, des petits trafiquans ; mais il aurait fallu descendre pour cela jusqu'aux rangs de l'esclavage. L'esclavage en possession exclusive de tout travail manuel ; que dis-je, descendre ! il aurait fallu franchir les derniers échelons de l'échelle humaine, et arriver dans la sphère des animaux, des choses ; car je n'ai pas besoin d'apprendre que l'esclave n'était pas un homme, et que, sous une forme humaine, il ne possédait que la vie de la brute..... Je le dis donc comme premier argument justificatif, c'est dans la grande classification des sociétés anciennes, l'esclavage et la liberté, que la simplicité, la dignité classique trouvaient leurs lois inexorables.... A l'homme libre seul, l'apanage de toutes les passions qui peuvent inspirer l'artiste et le poète : ambition, fierté, courage, avidité, jalousie, amour, gloire, haine, vengeance ; à l'esclave, au contraire, travail sans résultat, production sans profit, mort intellectuelle au milieu d'une existence animale...... Eh ! bien, je le demande, est-ce dans cette végétation infime que l'Olympe social serait descendu pour choisir des personnages et les mêler aux querelles des grands ? L'orgueil aristocratique n'aurait-il pas repoussé cette folle innovation avec horreur ? Je dis plus ; supposons un instant qu'un auteur grec eut recruté des types parmi les esclaves de Sparte ; quelles sont les idées, les ambitions, les regrets qu'il aurait pu y puiser pour les mêler et les opposer à celles de la classe maître..... Chez nous, Walter-Scot, Molière ont pu peindre dans leurs admirables études de caractères des petits marchands grotesquement ambitieux, des bourgeois sottement vaniteux, des valets jouant les grands seigneurs, des officiers parvenus, des pauvres enrichis, des charlatans, des spadassins, des escrocs, des voleurs ; pourquoi cela ? C'est que nos principes d'égalité chrétienne ont peu à peu relevé la plèbe à la dignité de l'homme, ils l'ont mise constamment en contact avec les hautes classes, et il n'est pas aujourd'hui de marchands, d'ouvriers de bas-étage qui, dans ses rêves, ne puisse méditer un peu d'élévation, d'enrichissement, de célébrité. De là, cette immense variété de petites passions qui, toujours enhardies par la vanité, mais contrariées par les événemens, l'incapacité, la naissance, produisent cette source inépuisable de caractères comiques où nos auteurs moissonnent à pleines mains.

Chez les anciens, au contraire, quelle ambition donner à un marchand qui vendait pour le compte de son maître ? Quel amour prêter à un homme auquel toute liaison durable était interdite ? Quelle tendresse paternelle attribuer à celui qui ne pouvait ni nourrir ni caresser ses enfans ? En un mot, quelle existence intellectuelle aurait-on pu exploiter dans une ame comprimée, étouffée, abrutie, chez un individu que les lois rangeaient dans la classe des animaux, des choses, comme un objet de vente et d'exploitation.

Hâtons-nous de bien saisir cette profonde différence, ce précipice infranchissable qui s'élevait entre les esclaves et les hommes libres, entre les travailleurs abrutis et les hommes agissant et pensant. D'un côté, la force aveugle ; de l'autre, tous les élémens sociaux dans leurs plus grands perfectionnemens. Deux principes irréconciliables, entre lesquels les lois ni les mœurs ne ménageaient pas un seul lien de transition ; deux principes, dont l'un s'élevait, s'ennoblissait d'autant plus que le premier était condamné à ramper dans la condition la plus misérable. Pour les uns, le travail était un joug qui les empêchait de lever la tête vers les régions de la pensée ; pour les autres, au contraire, l'absence de tout labeur procurait une liberté d'action qui les poussait dans les domaines de la haute intelligence. Véritable dualité qui séparait en deux parts la race humaine ; l'une pullulant sans généalogie, sans patrie, sans histoire, parmi les animaux qui partageaient avec elle les travaux des champs ; l'autre, remontant aux dieux par ses ancêtres, témoin toutes ces grandes familles grecques et romaines qui avaient quelques divinités à l'origine de leur filiation, familles vivant en communication, en société si intime avec l'Olympe, que les hommes et les dieux se confondent dans les poèmes comme dans l'histoire, et qu'on ne peut découvrir le point d'intersection où l'humanité se sépare de la race des immortels.

Voilà les hommes dont les auteurs anciens avaient à s'occuper, les seuls dont ils eussent le pouvoir et le droit de se mettre en peine ; aussi tous leurs ouvrages furent-ils constamment un miroir fidèle de cette société pompeuse, grande, noble dans ses vices comme dans ses vertus. Ce ne fut que plus tard, lorsque le cri d'émancipation du Christ eut révélé la loi d'égalité, que les esclaves purent aspirer, par la pensée, à se rapprocher des patriciens, à se mêler à leur existence, à leur famille ; aussi, dès le moyen-âge, voit-on la bourgeoisie faire peu à peu trouée dans la littérature ; cependant, il faut le dire, la noblesse de cet âge avait tellement hérité de l'orgueil du patriciat romain, qu'elle repoussait encore un mélange trop intime avec tout élément hétérogène ; et quand aux hommes de servage, jamais ils ne montèrent à la surface. C'est là une lacune dont nos historiens et chroniqueurs modernes ont longuement gémi ; nulle part il n'ont trouvé la moindre trace de cette population agricole et travailleuse, qui forme cependant la base nourricière des nations ; mais cette absence absolue de traditions populaires peut encore servir d'enseignement historique ; car l'oubli littéraire des classes plébéiennes retrace admirablement l'oubli, la nullité politique dans laquelle elles végétèrent pendant tant de siècles.

Enfin, leur temps de paraître est arrivé ; à force de pénétrer toujours plus profondément dans les couches sociales, les révolutions, parties d'en haut, ont successivement mis à découvert les bourgeois, les travailleurs, les esclaves ; peu à peu les priviléges de la classe pensante et agissante, vulgairement nommée classe noble, et confondue d'abord dans Homère avec les dieux, ces priviléges, dis-je, sont lentement descendus jusqu'aux rangs inférieurs. Le servage a disparu, comme avait fait l'esclavage, et la société est aujourd'hui une mer, dont toutes les vagues, en ébulition constante, arrivent du fond, montent à la surface, de manière à ce que les plus basses nivellent, coudoient, surmontent les plus altières et les plus élevées.

Je conçois donc parfaitement que, dans cet état de choses, il se trouve des littérateurs qui entassent dans leurs œuvres tous les rangs, tous les types, toutes les individualités, nobles et manans, héros et baladins ; je dis mieux, l'extension du domaine littéraire doit toujours suivre l'extension politique, sans quoi l'art ne remplirait que la moitié de sa mission. Mais qu'on veuille rire des anciens, qu'on les accuse de raideur et de pauvreté, parce qu'ils sont demeurés dans la borne du simple et du digne, c'est un reproche que je ne saurai trop énergiquement repousser. Permis à nos critiques de dire que Corneille et Racine auraient bien fait de prendre leurs héros, leurs actions, leurs mœurs dans notre patrie. La supériorité inimitable avec laquelle ils ont traité l'antiquité, nous fera long-temps regretter que leurs regards ne se soient pas posés sur la France, pour en agrandir et en immortaliser les souvenirs ; mais leurs sujets, grecs et romains, une fois adoptés, je prétends qu'ils les ont peints avec les seules couleurs qui fussent applicables aux sociétés antiques.... Encore une fois, ce n'est que dans nos nations européennes mêlées, confondues, sans races tranchées et exclusives, qu'il était possible à Byron, à Scott, à Goëthe, de montrer le mendiant à côté du noble, le laboureur à côté du roi.

Mais c'est assez en dire sur un sujet qui demanderait des volumes pour être traité à fond. Nous voulions expliquer pour quel motif nous avons écarté avec soin de Médella toutes ces figures comiques et burlesques qu'on a si grand soin de jeter avec profusion dans les romans historiques. Le troisième siècle touchait encore à l'antiquité par plusieurs faces. Pour rester dans le vrai, c'est à peine si nous devions esquisser sur le dernier plan du tableau quelques-uns de ces visages du prolétariat, appelés plus tard à monter au niveau des plus superbes têtes. Toutefois, nous touchons de près à la grande invasion des Barbares; l'Europe moderne marche sur nous à grandes journées; quand elle nous aura atteint, peut-être nous laisserons-nous aller aussi au torrent du pittoresque; cependant nous userons toujours avec ménagement des peintures populacières; ce n'est jamais dans les égouts sociaux que nous irons tremper notre plume; ce n'est jamais dans les bagnes que nous irons prendre des leçons de style, ce style dût-il même nous servir à stigmatiser une tendance littéraire qui tombe chaque jour plus bas dans le burlesque et la caricature; en un mot, nous pourrons quelquefois saluer en passant quelques toiles de l'école flamande, mais c'est surtout à l'école italienne que nous demanderons des inspirations.

Pour tout homme jaloux de faire jaillir la clarté du chaos de nos vieilles annales, le premier devoir est sans doute de diriger un regard sévère et pénétrant sur la géographie si mal étudiée par nos pères, et de rectifier, par une saine critique, les erreurs au milieu desquelles ils se sont traînés. Depuis les grands travaux qu'ont entrepris les historiens modernes, il n'est plus permis d'aborder la narration des faits sans avoir approfondi tout ce qui peut jeter du jour sur nos premiers temps historiques. Il existe entre les peuples et les climats qu'ils habitent, de si intimes relations, qu'il est impossible de croire que le ciel, l'atmosphère, le paysage, n'exercent pas une influence marquée sur leur caractère. L'étude de la géographie est donc indispensable, non-seulement pour bien suivre la marche des événemens, mais encore pour deviner le génie des nations. Nous le répétons encore, la terre est la mère des hommes; il serait absurde de penser que les enfans de Cybèle ne conservent pas quelque chose du caractère, de la physionomie du pays qui leur donna le jour. Frappés de cette grande vérité, les historiens de l'école moderne ne manquent jamais de placer en tête de leurs œuvres un tableau saisissant, véritable, énergique, de la contrée dont ils vont évoquer les grands souvenirs. La description des lieux n'est plus sous leur plume un hors-d'œuvre élégant et recherché, comme celles dans lesquelles leurs devanciers ne cherchaient qu'une occasion de montrer la richesse de leur style; c'est chez les hommes de notre époque, une étude consciencieuse de la nature, de ses rapports avec l'homme, et de son influence sur les destinées des nations. Lorsque M. Michelet entreprit l'étude de l'histoire romaine, étude dans laquelle éclate souvent un esprit trop hardi, mais toujours une élévation de pensée remarquable, oublia-t-il de placer la description de la campagne de Rome en tête de son ouvrage? Non : les forêts, les ravins, les collines sauvages, servirent de frontispice au tableau de ce peuple si grand, si rude, si persévérant dans sa grandeur : il établit entre le sol et l'habitant une intimité qui faisait présager la destinée extraordinaire de cette ville, qui eut pour fondateurs deux aventuriers nourris par une louve. Les Thierry, dans leurs ouvrages sur les Normands et les Gaulois, ne tracent-ils pas toujours la description des lieux en tête des événemens?.... Encouragés par ces grands exemples, nous commencerons, nous aussi, l'étude de nos annales par celle des lieux, et nous ferons toujours se suivre la narration et la description comme deux sœurs jumelles qui se prêtent un mutuel appui, et que l'on ne peut séparer sans danger de mort et pour l'une et pour l'autre.

Mais si nous professons une admiration si grande pour la manière de la nouvelle école historique, que pourrons-nous dire de nos vieux annalistes crédules et indifférens, qui, jaloux seulement d'entasser des faits merveilleux et extraordinaires, ont jeté pêle-mêle dans leurs œuvres des anachronismes, des fautes de topographie, des erreurs grossières.

dans l'appréciation des caractères et des faits? L'histoire méridionale surtout n'est-elle pas tombée dans un chaos inextricable par leur insouciance? A Dieu ne plaise que je veuille faire peser sur leurs mémoires le moindre mépris; ils ont rendu sans doute d'immenses services, en dérobant à l'oubli, des traditions qui, sans eux, seraient entièrement perdues; mais tout en leur conservant l'estime publique, il est de notre devoir aussi de relever les erreurs qu'ils ont commises, et de rétablir la vérité dans tout son jour.

Tous les historiographes de la ville de Toulouse, Noguier, Nicolas Bertrand, Chabanel, frère Gano, Dupuy Dugrez, Catel et plusieurs autres, plus jaloux de rehausser la gloire et le merveilleux des annales du Languedoc, que de laisser à l'histoire sa plus grande beauté, la vérité; tous ces vieux historiens, dis-je, évoquèrent dans une antiquité fabuleuse, les uns un roi Tolus, descendant de Japhet; les autres un Aquarius Bélétus, tantôt ami, tantôt ennemi d'Annibal; ils firent fonder une école d'astrologie à Pech-David, par Virgile, firent élever par Aquarius Bélétus deux tours formidables au Basacle et à l'Inquisition; quelques-uns même allèrent jusqu'à trouver les voûtes et les tuyaux d'un aqueduc bâti par le descendant de Japhet depuis les hauteurs de Montaudran jusqu'à la place Saint-Etienne, et tout cela sans avoir recherché seulement quelle était la position qu'occupait la capitale des Tectosages dans ces siècles reculés. Eh quoi! Messieurs les historiens, esclaves des croyances vulgaires, vous placez une cité illustre, des temps héroïques, au pied des collines, sur les bords d'un fleuve, dans un pays bas, couronné par des hauteurs? Mais ne savez-vous donc pas que les Brennus, les Bellovèses, de même que les Thésée, les Achille, les Romulus et tous les grands hommes des temps héroïques ne pouvaient vivre que sur les plateaux, au sommet des montagnes, loin de l'humidité des plaines enfoncées? Ce n'est qu'aux peuples paisibles et déjà vieux dans la civilisation, que peuvent convenir les plaines fertiles et les rivages des fleuves, ces grandes artères des pays civilisés; mais aux peuples guerriers, aux bourgades aventurières, il faut des collines escarpées, placées comme un nid d'aigle hors des attaques ennemies : il faut qu'autour des foyers paternels s'étendent des précipices, afin que les dépouilles des vaincus, le butin des expéditions lointaines, soient placés en sécurité dans les temples, dans les maisons des guerriers, dans l'enceinte des remparts.

Ce n'est pas une chose peu étonnante que de voir cette erreur qui plaçait la ville Tectosage aux lieux qu'elle occupe aujourd'hui, se perpétuer jusqu'à nos jours; et cela lorsqu'à peu de distance de son enceinte, s'élève un coteau majestueux et formidable, fortifié par la nature elle-même, entouré de ravins et défendu par la Garonne; position où rien ne manquait pour attirer l'attention des archéologues, ni tumulus, ni débris de lances, d'urnes, de pierres; position enfin, qui pour mieux garder les traditions historiques, était parvenue jusqu'à nous, en conservant le nom de Vieille-Toulouse. Cependant nos historiens, même les plus récens, se sont obstinés à rechercher les traces de la ville Tectosage dans l'enceinte même de la cité moderne : ce ne fut qu'au commencement de ce siècle qu'un modeste curé de village, choqué de l'anachronisme de nos histoires, découvrit le berceau des Tectosages sur la colline dont nous venons de parler. Plus tard, M. Du Mège, frappé de la vérité des témoignages de l'abbé Audiber, appuya cette opinion de son autorité toute-puissante. Notre savant antiquaire établit sur des preuves qui ne paraissaient pas devoir laisser subsister le doute le plus léger, que la ville Tectosage, prise par le proconsul Cépion, était située sur le plateau de Vieille-Toulouse; que, dans la suite, lorsque cette ville eut passé au pouvoir des Romains, cette position peu agréable pour des hommes civilisés et corrompus, fut abandonnée entièrement, et la ville actuelle s'éleva aux lieux où on la voit aujourd'hui. Nous n'entrerons pas dans tous les détails que donnent l'abbé Audiber et M. Du Mège pour établir leur opinion. Nous renvoyons le lecteur à leurs ouvrages, pour étudier les preuves irrécusables de ces deux savans. Nous dirons seulement pour résumer leurs écrits, que ces Messieurs établissent l'ancienne position de Tolosa par les preuves suivantes : .... La présence sur les coteaux de Vieille-Toulouse d'une grande quantité de médailles Ibériennes, de nombreux débris d'armes et d'ustensiles d'origine éminemment gauloise, d'urnes en terre cuite, et enfin l'existence d'un beau tumulus parfaitement conservé, quant à l'abandon de cette ville et à la translation de l'établissement romain sur les bords du fleuve où s'élève aujourd'hui notre cité, ces Messieurs placent cet événement sous le règne de Néron : ils en trouvent les preuves dans la présence des médailles romaines antérieures à cette époque, que l'on rencontre assez communément sur le plateau de Vieille-Toulouse, tandis que toutes celles que l'on a trouvées dans l'enceinte et aux environs de la ville moderne, sont postérieures au règne de cet empereur.

Mais ce n'est pas assez d'établir avec MM. Du Mège et Audiber, que la Tolosa Tectosage était placée sur la hauteur de Vieille-Toulouse : nous voulons prouver que l'opinion vulgaire qui la confondit long-temps avec la capitale du Languedoc, n'était rien moins qu'une hérésie historique, et qu'il était moralement impossible qu'une ville de cette époque, fût placée dans une plaine au milieu d'un pays découvert. L'auteur que nous allons appeler en témoignage de ce que nous avançons, est heureusement de ceux qui ne sont suspects à personne. Parcourons un instant les Gaules avec le grand capitaine qui préludait à la conquête de Rome par la conquête du sol gaulois, et nous verrons si toutes les villes qu'il rencontre dans ses courses rapides ne justifient pas l'opinion que nous venons d'avancer.

Quand César eut franchi les Alpes, quelles étaient les cités qui représentaient de fortes nationalités gauloises? Clermont, Autun, Mortagne, Briançon, Chartres, Bourges, Besançon, et enfin cette fameuse Alésia, où vint expirer le dernier effort de la Gaule, dans la personne de Vercingétorix, son dernier héros. Eh bien! quel est le caractère que nous présentent ces grandes cités? Autun, à cette époque, Bibracte, capitale des Eduens, n'est-elle pas placée sur une haute colline? Mortagne, l'antique Ségora, un des boulevards du Bocage vendéen, si difficile à conquérir par César, n'est-elle pas placée sur un âpre promontoire? Chartres, elle-même, l'Autricum des Carnutes ne s'élève-t-elle pas sur une hauteur? Et quant aux autres villes dont nous avons parlé, tout le monde ne connaît-il pas leur position formidable? Clermont, l'ancienne Némosus ou Némétum, sur une haute montagne, au milieu des plaines de la Limagne fertile; Briançon, capitale des Brigiani, sur un rocher entouré de précipices; Besançon, Vesuntio, capitale de la Sequanaise, assise sur une montagne et défendue de tous côtés par de profonds ravins, des rochers à pic et les replis tortueux du Doubs; Bourges, Avaricum, capitale des Bituriges, rendue célèbre par un siége de César; une simple colline, il est vrai, l'élève au-dessus des plaines environnantes; mais trois rivières fortifient son enceinte : l'Auron, l'Yèvre et l'Yevrette coulent autour de ses remparts.

Que nous restera-t-il à dire d'Alésia, forteresse presque inexpugnable où Vercingétorix transporta les derniers Pénates gaulois? Rochers, précipices, rien ne manquait à sa défense, et si nous appelons le témoignage de César, il nous dira : « *Ipsum erat oppidum in colle summo ad modum edito loco, ut nisi obsidione expugnari non posse videretur: cujus collis radices duo duobus ex partibus flumina subluebant.* » Mais il ne suffit pas de constater avec César la position des principales villes gauloises. Si nous étudions attentivement les commentaires, nous voyons que le même caractère de force, de défense naturelle est inséparable de toute ville celte un peu importante. Sur les côtes de Vannes, dans ce pays de Morbihan, sanctuaire du Druidisme, César n'oublie pas de remarquer que la plupart des villes sont situées sur des pointes de terre qui avancent dans la mer : or, nous connaissons tous quelle est la forte position de ces promontoires de l'Océan qu'une mer furieuse vient à chaque marée haute, changer en îles inabordables. *Erant ejus modi ferè situs oppidorum, ut posita in extremis linguis promontoriisque.....* César a le soin de nous dire ailleurs que, pour ajouter à leur défense naturelle, les villes gauloises aimaient à laisser autour d'elles de vastes solitudes désertes, soit pour mieux découvrir au loin les approches de l'ennemi, soit pour donner à leur pays un aspect terrible, et vivre même en temps de paix au milieu des apparences de la guerre : « *Civitatibus maxima laus est quàm latissimas circum se, vastatis finibus, solitudines habere, hoc proprium virtutis existimans* » Après de tels témoignages n'y aurait-il pas de la naïveté à chercher la position d'une ville gauloise un peu importante dans une plaine découverte, dépourvue de tout élément de défense naturelle. Cependant nous allons encore ajouter au témoignage de César, et achevant de parcourir la Gaule, nous trouverons de nouvelles preuves à l'appui de notre opinion. Nous citerons parmi les villes celtes, Avignon, Aouenion, nom qui en langue Celte, signifie dominateur du fleuve, capitale des Cavarres. Qui ne connaît sa formidable position au sommet d'un rocher escarpé où s'élèvent aujourd'hui les ruines du palais des Papes ; Carpentras, Carpentoracte, capitale des Néminiens sur une colline entourée de précipices : Rhodez, Segodum, capitale des Rutences sur une hauteur ; Limoges, capitale importante des Lémovicès également sur une grande éminence protégée par la Vienne. Après de telles citations, si nos lecteurs conservaient encore quelque doute sur la vérité de notre opinion, nous ne craignons pas de les renvoyer aux recherches les plus minutieuses sur la position des villes anciennes.

Mais les Gaulois ne concentrèrent pas dans la Gaule cette prédilection pour les endroits élevés. A l'époque de la conquête de l'Asie-Mineure par les Romains, nous voyons les peuples de la Galatie, ancienne et puissante colonie gauloise, combattre avec acharnement contre le proconsul Manlius. Traqués dans leurs forteresses du mont Taurus, les Trogmes, les Tolistoboïs, les Tectosages élèvent les derniers retranchemens de leur liberté sur le mont Magaba et sur le mont Olympe, et il ne fallut rien moins que la tactique et le courage irrésistible des légions romaines pour les atteindre dans ces boulevards que tout autre ennemi aurait jugé inabordables.

Cependant on pourrait nous citer certaines villes des Gaules, bâties dans des bas-fonds ; nous ne voulons pas nier leur existence. Mais nous répondrons que ces localités peu importantes et peu nombreuses étaient toujours placées dans des conditions particulières de défense. Ainsi la petite ville de Melun se présente à nous dans une île de la Seine. Lutetia, Paris, est dans une position analogue. Beauvais, ancienne capitale des Bellovaces, s'élève au milieu des canaux formés par le Thérain et l'Avelon : Sens, capitale des Senônais, se place à l'extrémité de l'isthme entre la Vanne et l'Yonne. Dans certains endroits de ses commentaires, César nous parle aussi d'une bourgade située dans une plaine ; mais il a le soin de lui donner le simple nom de village. Bordeaux est une des villes qui semblent porter un démenti à notre manière de voir. Cependant, il est bien aisé de rendre compte de sa position exceptionnelle. Non seulement Burdigala ne compta jamais parmi les cités considérables, mais encore l'histoire a fait une version sur son origine, qui expliquerait parfaitement sa position dans un pays entièrement découvert. Il est dit que les Bituriges et les Vivisques fuyant le Berry devant César, transportèrent leurs foyers au milieu des marais sur les bords de la Garonne. Cette hypothèse étant admise, il est clair que ces peuples exilés et poursuivis par le conquérant des Gaules, dûrent, avant tout, vouloir placer le large fleuve entre les Romains et eux ; mais une fois passés sur les plaines de la Gascogne, il leur était difficile, pour ne pas dire impossible, de trouver des rochers et des hauteurs dans ces landes immenses formées par les sables de la mer et les graviers du fleuve. Ils durent donc se résigner à faire halte en un endroit quelconque du rivage. Ils bâtirent leurs masures dans les marais; puis, vinrent les Romains qui, séduits par la position de cette nouvelle bourgade, élevèrent des monumens et lancèrent Burdigala dans cette voie de prospérité qu'elle n'a plus abandonné depuis.

Il est encore une ville importante que Ptolémée nomme Rotamagus, capitale des Vélocaces, placée aujourd'hui sur les bords de la Seine, au fond d'un entonnoir dominé de tous côtés par de grandes hauteurs. On serait tenté de croire que telle fut toujours sa position; mais Rouen est si misérablement placé sous le rapport stratégique, qu'il est impossible de croire que la ville celte ait été bâtie aux lieux où fonctionnent aujourd'hui les filatures et les métiers : d'ailleurs Rouen n'a dans son enceinte que des monumens et des médailles romaines, et les hauteurs sont si voisines que la ville gauloise aurait bien pu glisser du sommet de la côte de Bon-Secours jusqu'à l'endroit où elle est aujourd'hui. Cette opinion, au reste, ne serait que trop justifiée par l'histoire. Si, à l'époque de l'invasion romaine, les Gaulois étaient encore dans cet état demi-barbare qui faisait de la guerre leur élément favori, les Romains se trouvaient dans un état social bien différent. L'amour du bien-être s'était répandu à Rome, et les aises de la vie, la richesse, les plaisirs formaient les premiers souhaits des maîtres du monde.

Dans cet état de choses, la position difficile, escarpée, resserrée des villes gauloises, devait peu convenir aux vainqueurs. Aussi les voyons-nous bientôt occupés à délaisser les habitations anciennes; ils quittent le sommet des hauteurs pour descendre peu à peu dans la plaine et sur les bords du fleuve. Auguste bâtit des édifices à Autun, en se rapprochant de la rivière; Julien l'Apostat quitte l'île de Lutèce, trop rétrécie, pour bâtir ses thermes de l'autre côté de la Seine.

Dans nos Pyrénées, la capitale des Convenœ est trop haut perchée sur sa montagne. Les Romains descendent sur les bords de la Garonne, ils construisent leurs édifices et une ville nouvelle à Valcabrère. Dans la plupart des autres villes, ils sont obligés de s'éloigner davantage des vieilles enceintes pour trouver les eaux vives et les lieux propices aux édifices et aux jardins. Clermont, Avignon, Carpentras, Mortagne, Briançon, Besançon, Bourges, Alésia, sont abandonnés par les vainqueurs qui n'y laissent aucun monument en témoignage de leur séjour momentané. C'est alors que, dans leur plan de colonisation, ils choisissent des emplacemens nouveaux pour les villes provinciales; et cette fois, libres dans le choix des positions, ils ne manquent jamais de les élever le long des fleuves, dans les plaines fertiles qui peuvent leur offrir abondamment toutes les jouissances matérielles de la vie. C'est de cette époque que date la fondation de presque toutes les grandes villes qui présentèrent, à l'époque de la conquête des Francs, des municipalités importantes. Nous nous contenterons de citer parmi ces villes, Strasbourg que Drusus, gendre d'Auguste, bâtit sur les bords du Rhin pour opposer un boulevard militaire aux tribus germaines; Lyon, que plusieurs empereurs dotèrent de monumens et d'établissemens nombreux; Châlons, sur les bords de la Saône, fondée par Auguste qui y transporta une colonie de Catuaci, peuplade germaine : Aix, *Aquæ Sextiæ* qui devint sous les empereurs un des principaux centres de la civilisation romaine. Il y eut cependant plusieurs villes antérieures à la conquête des Gaules qui obtinrent la prédilection des vainqueurs; nous les rencontrons surtout dans la province sur ces bords de la Méditerranée, connus sous le nom de Ligurie. Ce fut Arœlate Arles, Narbo Narbonne, Nemosus Nismes, et quelques autres moins importantes.

On va être surpris peut-être que je cite de pareils noms, lorsque j'ai voulu prouver que toutes les villes un peu importantes des Gaules étaient construites sur des hauteurs; mais on se tromperait étrangement si l'on voulait donner pour fondateurs à celles que nous venons d'énumérer les Celtes, les Galls, les Ibères ou tout autre peuple de la famille gauloise. Il ne faut pas oublier que les relations des Phocéens, des Phéniciens et des Carthaginois dotèrent les bords de la Méditerranée de colonies très florissantes, long-temps avant la guerre des Gaules. L'antique Phocée, Marseille, avait échelonné ses comptoirs sur tout le littoral, depuis Gibraltar jusqu'aux Alpes. Nous pourrions nommer Monœcus Monaco, Nicœa Nice, Antipolis Antibes, Heraclœa Carabaria Saint-Gilles, Agatha, (Agathé Tyché), Agde, Bonne-fortune; quant à Nismes, à Narbonne, à Arles, les historiens ne leur donnent pas Marseille pour mère-patrie; mais ils n'en sont pas moins d'accord pour les faire remonter à une origine tyrienne ou carthaginoise. Toutes ces villes par conséquent ont été fondées dans un état de civilisation entièrement opposé à celui des villes gauloises dont nous avons déjà parlé. Les peuples marchands, comme les Phéniciens, les Phocéens, travaillent dans des vues toutes différentes de celles des peuples guerriers et héroïques. Si les Gaulois cherchaient surtout dans l'édification de leur ville, des boulevards de défense, des citadelles pour leur sécurité, il était naturel que les peuples commerçans au contraire recherchassent les bords des grands fleuves, les golfes sûrs et commodes pour établir avec plus de facilité leurs relations commerciales avec les peuples environnans. Ces conditions étaient la base de tout établissement phocéen ou carthaginois. Ces élémens de prospérité commerciale une fois établis, ils ne dédaignaient pas sans doute les lieux rendus forts par la nature. Marseille joignait aux rochers qui la protégeaient, des remparts, des fossés, toutes les machines de guerre de l'époque. Monaco avait une position assez forte. Mais nous le répétons, le centre commercial était la chose qu'ils recherchaient avec le plus de soin : et la position stratégique n'était envisagée que d'une manière très secondaire. Il suit de là que les anciens habitans de la Ligurie s'étaient établis en Gaule, dans des conditions semblables à celles qui dirigèrent plus tard les Romains, et ces deux civilisations, déjà très avancées, devaient produire les mêmes conséquences historiques. — Une chose très digne de remarque, c'est que tous les monumens romains de l'époque impériale, conservés jusqu'à nos jours, sont situés dans des bas-fonds. La ville de Saintes en Saintonge possède un arc de triomphe et des ruines d'amphithéâtre : le premier s'élève sur le pont de la Charente, le second au fond d'une petite vallée pourvue d'eaux courantes. Tous les monumens antiques de Nismes, les Arènes, la Maison-Carrée, le temple de Diane, la porte d'Auguste se trouvent au bas de la colline, non loin de la fontaine. Nous ne parlons pas de la Tour-Magne qui domine la hauteur : son architecture singulière ne permet guère de la ranger parmi les monumens romains; ne pourrait-elle pas remonter à l'époque où les Phéniciens possédaient cette ville? Les antiquités d'Arles, d'Orange, d'Aix, enfin, presque toutes celles que possède la France, ne sont-elles pas également placées dans des plaines ? Nous pourrions y ajouter une partie de celles que possède l'Italie, et Paula elle-même, petite ville non loin de Trieste, nous offrirait de magnifiques arènes placées près du port, au pied des collines qui la dominent de toutes parts.

Profondément convaincus de l'exactitude de tous les faits que nous venons d'avancer, nous espérons avoir prouvé au lecteur d'une manière irrévocable, les deux grands faits historiques suivans : 1° la prédilection des Gaulois des temps héroïques pour asseoir leurs villes dans les lieux élevés et fortement défendus par la nature; 2° la tendance irrésistible des Romains de l'époque impériale pour faire leurs établissemens dans les plaines, aux bords des fleuves..... Mais que l'on n'aille pas croire que nous voulions restreindre aux deux peuples déjà nommés, ces tendances éternelles et invincibles. Les lois que nous venons d'indiquer comme présidant à la fondation des villes gauloises, romaines et phéniciennes, sont communes à toutes les nations. Etudiez les origines de tous les peuples héroïques, et voyez s'ils ne sont pas fidèles aux coutumes dont nous venons de parler. Lorsque Cécrops veut donner une capitale aux habitans de l'Attique, il choisit avant tout un lieu escarpé, Athènes s'élève sur une montagne : le Parthénon et l'Acropolis se perchent au haut d'un rocher inabordable. Lorsque Cadmus, d'autres disent les Céléges, veulent fonder leur capitale, ils cherchent un terrain couvert de collines, entouré par les replis de l'Eurotas, et Sparte se cache derrière les rochers, dans une presqu'île formée par le fleuve. Plus tard, enfin, lorsque Romulus et Rémus veulent fonder la capitale du monde, n'est-ce pas dans la position la plus formidable du Latium qu'ils placent ses fondemens; n'est-ce pas sur la roche Tarpéïenne que s'élèvent le Capitole et le temple de Jupiter? La nomenclature de toutes les villes bâties sur des hauteurs, dans les temps héroïques, nous entraînerait trop loin : si le lecteur conservait encore des doutes sur l'universalité de notre opinion, nous ne craignons pas de le renvoyer à toutes les recherches historiques qu'il voudra faire; et, sans nous jeter plus avant dans une dissertation déjà peut-être trop longue, nous nous résumerons en quelques mots.

Règle générale, universelle. Chez tous les peuples héroïques ou demi-barbares, le premier élément social, c'est la force; la première occupation, c'est la guerre. Les hommes étant tous guerriers, il est conséquent que toutes les villes soient des forteresses : ainsi donc, que nous parcourions la Grèce, l'Italie ou la Gaule, nous pourrions ajouter tous les pays du globe, nous trouverons toujours les villes primitives placées sur des hauteurs, dans les meilleures conditions de défense.

Règle non moins générale. Chez tous les peuples d'une civilisation avancée, tels que les Phéniciens, les Romains des temps impériaux, les Européens des temps modernes, les premiers besoins sont les aises de la vie, la richesse, le bien-être matériel. Dans ces circonstances, les villes ne sont plus des forteresses, mais bien plutôt des comptoirs, des lieux de plaisirs, des centres de civilisation et de commerce. Il est donc indispensable que ces villes soient bâties avant tout dans des endroits fertiles, d'un facile accès, en communication aisée entr'elles, soit par mer, soit par les fleuves, soit par les grandes routes.

En conséquence, toutes les fois que nous trouverons une ville sur des hauteurs d'un accès difficile, nous pouvons en toute sûreté faire remonter son origine aux temps héroïques anciens, ou aux temps héroïques modernes, connus vulgairement sous le nom de moyen-âge. Pour preuve, que l'on me cite un seul château, bâti depuis l'arrivée en Gaule des conquérans Germains, qui ne soit élevé dans la position la plus forte de la contrée qu'il domine. Si, au contraire, nous rencontrons une ville dans un lieu bas, dépourvu de toute défense naturelle, nous devons, sans crainte d'erreur, faire remonter son origine aux civilisations avancées des Phéniciens, des Carthaginois, des Grecs de Périclès, des Romains de l'Empire, des Européens modernes.

Nous dirons donc : Tolosa, capitale des Tectosages, étant de fondation ibérienne ou gallique, devait être nécessairement sur une hauteur fortement défendue par la nature; la position moderne de Toulouse est diamétralement opposée à ces conditions. Donc, nous ne saurions y voir une ville construite par des Gaulois. Non loin de son enceinte, au contraire, s'élève une hauteur qui dut attirer l'attention des guerriers tectosages : l'abbé Audibert y a trouvé des débris de fer, d'urnes, des médailles, un tumulus, enfin tout ce que pouvait léguer une ville gauloise aux siècles futurs. Donc, notre conviction intime, est que la ville saccagée par Cépion se trouvait aux lieux mêmes où nous voyons aujourd'hui le village de Vieille-Toulouse.

Nous ajouterons encore : les Romains, dans leur prédilection pour les plaines fertiles et les eaux courantes, abandonnèrent presque partout les anciennes villes gauloises pour se bâtir des cités dans les lieux les plus agréables. Les hauteurs abruptes de Tolosa ne pouvaient leur convenir : nous trouvons à peu de distance de ces ruines une grande cité, baignée par un fleuve, embellie de nombreux monumens romains; pourrions-nous hésiter à reconnaître en elle la ville qui fut destinée par les maîtres du monde à remplacer la forteresse gauloise et à devenir le centre du pays Sous-Pyrénéen.

Ainsi, l'histoire du monde vient à l'appui de l'opinion d'un simple curé de village, et tout concourt à prouver que Tolosa, saccagée par Cépion, fut abandonnée par les Romains vers le règne de Néron, pour être transportée aux lieux où s'élève aujourd'hui Toulouse.

NOTES DE LA PRÉFACE.

(1) *Sur les bords de cette fille des Pyrénées qui roule des paillettes d'or....* Cette périphrase paraît se rapporter d'abord d'une manière exclusive à l'Ariége, qui, comme on le sait, charrie du minerai d'or à travers ses sables. Son nom antique lui-même (Auriger.... *Aurum gerere*) nous fait connaître que, du temps des Romains, cette source de richesses était déjà connue. Cependant, ce n'est pas de l'Ariége, c'est de la Garonne qu'il s'agit ici; mais cette première rivière se jetant dans la seconde, à très peu de distance au-dessus de Toulouse, nous avons cru pouvoir étendre jusqu'à la Garonne l'épithète qui n'est ordinairement donnée qu'à sa tributaire.

(2) *On célébra leur captivité en terre étrangère.* Nous engageons nos lecteurs à lire attentivement la seconde lettre de M. Thierry, sur l'*Histoire de France*, dans laquelle il développe, avec une habileté si grande, cette longue lutte de la Gaule du midi et du royaume frank du Nord. Ce fut, à l'époque où il écrivit ces admirables lettres, une véritable découverte, que bien des historiens ont exploitée et dévelopée depuis, notamment M. Fauriel, dans son *Histoire de la Gaule méridionale, sous la domination des conquérans germains.* « .... Il faut que les Provençaux du treizième siècle soient
» joyeux de la captivité de saint Louis, et de son frère le duc d'Anjou; car c'est un
» fait, qu'à cette nouvelle, si accablante pour les vieux sujets du royaume, les Mar-
» seillais chantaient des *Te Deum* pour remercier Dieu de les avoir délivrés du gouver-
» nement des *Sires.* » Lettres sur l'*Histoire de France*, Augustin Thierry, p. 31. Voyez encore Mathieu Paris, *Historia Angliæ*, p. 442.

(3) Bachelier, élève de Michel-Ange, et comme lui sculpteur, peintre et architecte, naquit à Toulouse en 1485, et mourut en 1566. Noguier dit, dans son *Histoire Tolosaine*, qu'il conduisit la démolition du Château-Narbonnais. Or, ce même Bachelier a laissé dans Toulouse de nombreux monumens d'architecture et de sculpture, parmi lesquels des églises et un nombre infini d'ornemens et de statues d'autels. On en trouve la nomenclature dans Dupuy-Dugrez.... Voyez encore dans le même Noguier, des détails assez curieux sur l'ancien Château-Narbonnais.

(4) *La négligence des historiens la fait éclipser, chez nous, devant sa sœur cadette, la bataille de Poitiers.* « L'importance de cette bataille (celle de Toulouse) a presque
» disparu dans les histoires modernes.... Elle s'est comme perdue dans la renommée de
» la bataille de Poitiers, avec laquelle elle a été fréquemment confondue. Cependant, à
» rapprocher le peu que l'on sait de chacune de ces deux journées, on s'assure aisément

» que la première ne fut pour les chrétiens, ni moins glorieuse ni moins décisive que
» la seconde.

» Les deux armées se rencontrèrent près de Toulouse, dans un lieu que les traditions
» arabes désignent par *El-Balat*....

» L'historien Ibn Hayan, est celui qui en donne l'idée la plus sombre. Il semble dire
» que, de son temps, quatre ou cinq siècles après l'événement, elle était encore le sujet
» d'une commémoration universelle.... » Fauriel, *Histoire de la Gaule méridionale*,
t. 3, p. 77-78-80.

(5) « Ce fut pendant le siége de Toulouse (invasion de Zama) que la basilique de Saint-
» Saturnin fut presqu'entiérement détruite par les Barbares. Elle était alors située hors
» des murs de la ville.... *Histoire de Saint-Saturnin*, par l'abbé A... S..., p. 55.

» Ipsam autem à Sarracenis, urbem obsidentibus anno 721, funditus eversam con-
» jicimus. » *Gallia Christiana.*

(6) Une charte de Louis XI, donnée à Toulouse, le 6 juin 1463, attribue la fondation de l'abbaye Saint-Sernin à Charlemagne.

La même charte dit que Charlemagne fit transporter à Saint-Sernin les corps de six
apôtres.

« On pense, avec raison, que ces vénérables reliques, avaient été recueillies par
» cet empereur, dans ses différentes expéditions en Espagne et en Italie. » *Histoire
de Saint-Saturnin*, par l'abbé A... S..., p. 56 à 61.

(7) Voyez pour la conduite de Charles-le-Chauve, pendant son séjour à l'abbaye
Saint-Sernin, et notamment pour son assassinat du duc Bernard, Dom Vaissette, *Histoire de Languedoc*, t. II, p. 245, 247, 248, 259. — Catel, *Histoire des comtes de
Tolose*, liv. I, p. 54 à 61. — D'Aldéguier, *Histoire de la ville de Toulouse*, t. I, p. 227
à 229.

(8) On prend généralement Raymond Ier, comte de Toulouse, pour la tige de la maison héréditaire des comtes de Toulouse; mais ce Raymond était frère de Fredelon, lequel
avait été nommé ou confirmé comte de Toulouse par Charles-le-Chauve. Frédelon trans-
mit à sa mort son héritage à son frère Raymond; il me paraît naturel, en conséquence,
de faire remonter la souche des comtes héréditaires de Toulouse à ce même Frédelon.
Voyez Dom Vaissette, t. II, p. 260, 261.

(9) Voyez quelques détails sur l'arrrivée des Manichéens à Toulouse, et sur leur destruction de la basilique de Saint-Sernin, dans l'*Histoire de Saint-Saturnin*, par A...
S..., p. 66, 67. — La charte par laquelle Guillaume de Poitiers donna de grands biens à
l'église Saint-Sernin en 1098, contient ces mots :

« Maligni homines totius provinciæ demendati, ad destruendam ecclesiam sancti
Saturnini insurrexerunt.

(10) Ce fut en 1056 que Pierre Roger monta sur le siége épiscopal de Toulouse. Voyez
quelques détails sur la construction de la nouvelle église Saint-Sernin, dans A... S...,
p. 69 et suiv., *Histoire de saint Saturnin*.

(11) C'était le 31 mars 1146, que saint Bernard, abbé de Clairvaux, prêchait la croisade
à Vézelai en Bourgogne. Après avoir décidé Louis-le-Jeune à se croiser, il vint prêcher à
Toulouse, s'établit à l'abbaye Saint-Sernin, où il fit des miracles, dont le plus fameux
sans doute fut celui de pousser vers Jérusalem un nombre considérable de seigneurs languedociens, et notamment le comte de Toulouse. Voyez tous les historiens de Languedoc, notamment d'Aldéguier, t. II, p. 34 et 35.

(12) C'est dans les *Mémoires de Languedoc*, par Catel, que l'on trouve réunis tous
les renseignemens désirables sur la position de ces couvens; mais comme ces documens

sont disséminés, il serait trop long d'en donner même une analyse, on les trouvera renfermés dans la *Description de Toulouse*, de la page 145 à 273.

(13) Voyez encore *Mémoires de Languedoc*, par Catel, p. 138. Pour être plus conforme à son texte, il faudrait dire : Vive Bourg ! vive Cité !

(14) *Ibidem* p. 135, 136.

(15) Ce fut après avoir battu, en plusieurs rencontres, Humbert de Baujeu, lieutenant-général pour la couronne, dans le comté de Toulouse, que Raymond fit, avec la reine Blanche, le traité de paix désastreux qui détruisit à tout jamais la nationalité méridionale. Raymond, constitué prisonnier au Louvre, s'obligea à dépouiller son allié, le comte de Foix, à démolir les murs de Toulouse, ainsi qu'une douzaine de châteauxforts, à remettre ses meilleures places d'armes aux officiers de la reine, et pour conclusion enfin, sa fille Jeanne, à peine âgée de neuf ans, fut mariée à Alphonse, frère du roi de France, à peu près du même âge qu'elle, lequel, par cette alliance, devait posséder les états de la maison de Toulouse, à la mort de Raymond ; on comprend aisément que la cour de Rome donna sans peine des dispenses d'âge à la malheureuse Jeanne, pour un mariage qui devait porter un coup si mortel à l'hérésie. Voyez d'Aldeguier, t. II, p. 358 à 398.

(16) Ce fut en 1346 que l'on bâtit la nouvelle enceinte qui joignit à jamais le bourg Saint-Sernin à la ville. Les capitouls et habitans de Toulouse requirent et obtinrent à l'occasion des menaces des Anglais, de Jean fils aîné, et lieutenant du roi Philippe, de leur laisser faire cette nouvelle clôture. Catel, *Mémoires de Languedoc*, p. 140.

(17)...... *Vingt-six hôpitaux, vingt colléges, des recluses à chaque porte de ville.* Catel compte même jusqu'à 29 hôpitaux. *Mémoires de Languedoc*, p. 151. Pour les colléges, voyez le même ouvrage, p. 225 ; pour les recluses *ibidem*, p. 191.

NOTES DE MÉDELLA.

(1) *Galba, Othon, Vitellius, Vespasien.* Tous ces hommes virent naître leur fortune politique dans les Gaules. Voyez de plus amples détails dans Amédée Thierry, *Histoire des Gaulois*, t. III, p. 357 et suiv.

(2) Le vent du sud, vulgairement appelé vent d'autan, règne avec une violence extrême, et pendant une grande partie de l'année, dans le pays qui s'étend entre les Pyrénées et la montagne Noire jusqu'à la Garonne. C'est son resserrement entre ces deux chaînes de montagnes qui le rend d'une si incommodante fureur, depuis Narbonne jusqu'à Toulouse.

(3) Hésus, fameux conquérant kimrique, fut placé parmi les dieux après sa mort, et regardé tantôt comme l'Etre-Suprême, tantôt comme le dieu de la guerre et des conquêtes. Il était adoré comme prêtre-législateur. Amédée Thierry, *Histoire des Gaulois*, t. II, p. 74, 77, 78.

(4) *Nos pères s'en allaient au loin arrêter les voyageurs.* Voyez Amédée Thierry, *Histoire des Gaulois*, t. I. p. 393 ; t. II, p. 64, 65.

(5) L'histoire de cet Ariamne et de ses festins extravagans, est rapportée dans Amédée Thierry, t. I, p. 392, 393 ; dans Scipion Dupleix, *Mémoire des Gaules*, p. 69.

(6) Nous avons donné à Améonix un mélange du luxe asiatique et gaulois, tel qu'on peut s'en former une idée d'après Amédée Thierry, *Histoire des Gaulois*, t. II p. 391, 392, 393, et t. II, p. 43, 44, Scipion Dupleix, p. 63 à 66.

(7) C'était sous Antonin que Narbonne avait été incendiée ; mais, grâce à la protection de ce prince et de ses successeurs, elle releva bientôt ses monumens. Voyez Dom Vaissette, *Histoire de Languedoc*, t. I, p. 180.

(8) Voyez pour les troubles des Gaules, occasionnés par l'ambition de Galba, Othon, Vitellius et autres, Amédée Thierry, t. III, p. 357 et suiv.— Dom Vaissette, t. I., p. 171 et suiv.

(9) Les noms de Brennus et de Vercingétorix sont trop fameux dans l'histoire pour qu'il soit utile de rappeler ici le rôle prodigieux qu'ils jouèrent chez les Gaulois ; celui de Bituit est moins connu, d'après Lafaille, *Annales de Toulouse*. C'était le roi tectosage que Fabius vainquit avant la prise de Tolosa par Cépion.

(10) Les sacrifices humains, d'abord très fréquens chez les Gaulois, se résumèrent plus tard dans la mort de quelques criminels dont les druides se rendaient les exécuteurs. Amédée Thierry, t. II, p. 100, 101.

(11) Voyez pour cette différence de l'état des femmes presque esclaves chez les Gaulois du Nord, jouissant d'une grande autorité chez les races ibériennes du Midi, *Histoire des Gaulois*, par Thierry, t. II, p. 17, 18, 19, 20, 68, 69.

(12) On sait que la Narbonnaise fut la première province gauloise subjuguée par les Romains ; elle accepta de bonne heure les lois, les mœurs, le luxe des vainqueurs. Ce fut là que fleurirent les premières écoles, les rhéteurs ; le centre de la Gaule, l'Auvergne surtout, fut très lente à recevoir le joug, témoin les guerres terribles de César, la défense de Vercingétorix.

(13) « Des dogues dressés à chasser l'homme, dépistaient, assaillaient, poursuivaient l'ennemi.... Ces chiens étaient également bons à la chasse des bêtes fauves. »... Thierry, *Histoire des Gaulois*, t. II, p. 56, 57.

(14) Embaumés et soigneusement enduites d'huile de cèdre, les têtes des chefs ennemis et des guerriers fameux, étaient déposées dans de grands coffres, au fond desquels le possesseur les rangeait par ordre de date. Thierry, *Histoire des Gaulois*, t. II, p. 58.

(15) Voyez pour plus amples détails sur les magiciennes gauloises, Thierry, *Histoire des Gaulois*, t. II, p. 93 à 96.

(16) Cette tirade d'Armane sur Belgius est puisée à des sources historiques très exactes. Voyez pour l'histoire de ce chef gaulois, que Thierry appelle Bolg, mais que Justin nomme Belgius, *Histoire des Gaulois*, de Thierry, t. I, p. 132 à 149. *Mémoires des Gaules*, par Scipion Dupleix, p. 138 à 141.

(17) Cette épisode de l'invasion de Brennus dans la Grèce, est une des plus connues de l'histoire des Gaulois. Tous les historiens la rapportent. On peut consulter Dupleix, *Mémoires des Gaules*, p. 141 à 150. Mais surtout Amédée Thierry, t. I, p. 166 à 181.

(18) Les Tectosages jouèrent toujours un grand rôle dans les expéditions gauloises, une de leurs colonies établit dans l'Asie-Mineure un royaume dans les environs du mont Olympe, et lorsque Manlius joignit la Galatie à l'empire romain, les Tectosages se réfugièrent sur le mont Magaba, et les Tolistoboies sur le mont Olympe. Amédée Thierry, t. I, p. 374 et suiv. Scipion Dupleix, *Mémoires des Gaules*, p. 167 à 171.

(19) Cette dissention entre Robur et Arpol, est un résumé historique de la prise de Tolosa par Cépion, telle qu'elle est rapporté dans Amédée Thierry, t. II, p. 203 à 215.

(20) Dans un voyage que je fis sur le canal du Languedoc, ayant demandé à un garde quelques renseignemens sur les pierres de Naurouse, que leur position exceptionnelle, dans un pays entièrement dépourvu de pierre rend fort remarquables, je reçus pour réponse que ces quartiers de rocs, séparés par de simples fissures de 8 à 10 centimètres de largeur, étaient autrefois disséminés sur des hauteurs éloignées à cinq ou six lieués à la ronde; mais attirées par un pouvoir magique, elles se sont peu à peu réunies, marquant ainsi par leur rapprochement la marche des siècles; mais, hélas ! horloge fatale, elles sont près de se toucher entr'elles, et leur adhérence sonnera la fin des temps.... « Encore quelques jours, et le monde finira, me disait le bon garde ; car elles ne sont plus séparées que par l'épaisseur d'une lame de couteau. »

(21) On avait long-temps cru que la ville tectosage occupait la même place que celle d'aujourd'hui ; mais M. l'abbé Audibert, dans une très judicieuse dissertation, *Origines de Toulouse*, a prouvé qu'elle était située sur le plateau qui domine le petit village de Portet, à une lieue au-dessus de Toulouse, plateau qui porte encore le nom de Vieille-Toulouse. Le savant M. Du Mège a adopté l'opinion de M. Audibert ; le lecteur pourra consulter ces deux auteurs, ainsi que les observations générales que j'ai données à l'appui, dans les *Justifications de Médella*. D'après les auteurs ci-dessus, ce serait à l'époque de Néron que la Toulouse moderne aurait été fondée.

(22) Un certain paysan boyen, nommé Maric, prenant le titre de libérateur des Gaules, joua un assez grand rôle dans le mouvement d'indépendance qui agita ces contrées sous Vitellius. J'ai donc commis un certain anachronisme en faisant vivre ce Maric, sous l'empereur Décius ; mais comme ce personnage n'est pas très connu dans l'histoire, j'ai cru pouvoir emprunter son nom pour le faire vivre plus tard. C'est avec intention que j'en ai changé l'orthographe ; et à tout prendre enfin, celui que j'introduis dans *Médella* peut être un descendant du premier chef de révolte.... Voyez Amédée Thierry, t. III, p. 410, 411.

(23) Ces punitions, adressées aux réfractaires, sont rapportées dans les *Commentaires de César*, liv. VII, chap. IV.

(24) C'est Aristote qui rapporte ces accès de fureur, ces extravagances des Gaulois, dans son *Traité sur les mœurs*. Voyez Amédée Thierry, t. II, p. 66.

(25) Nous avons déjà indiqué le caractère religieux de Hésus. Tarran, dont Lucain parle dans le livre I de sa *Pharsale*, était le dieu de la foudre. Teutatès, génie du commerce, était le protecteur des routes et l'inventeur de tous les arts. Amédée Thierry, t. II, p. 76 à 78. Selon Scipion Dupleix, Taranis serait Jupiter même. *Mémoires des Gaules*, p. 73.

(26) On trouve des exemples remarquables de la fortune presque colossale de certaines femmes galantes, dans les savantes recherches de Granier de Cassagnac, *Histoire des classes pauvres*, dernières pages.

(27) Nous avons déjà fait connaître, dans la préface, le rôle de ce château qui, bâti par les Romains, fut successivement agrandi par les souverains qui y régnèrent, jusqu'aux derniers comtes de Toulouse. L'histoire de ce château serait donc l'histoire générale de la ville même de Toulouse. Voyez quelques détails dans Noguier, *Histoire Tolosaine*.

(28) Les antiquaires ont cru pendant long-temps que Saint-Sernin était bâti sur un lac ; M. Du Mège rapporte même des fouilles qui furent faites il y a peu d'années, pour sonder les fondemens de l'église. (La recherche me semble passablement puérile). C'est la croyance populaire de ce lac qui nous a suggéré l'idée plus rationnelle de simples marais. Les preuves qui viennent à l'appui de cette opinion sont, 1° la sur-

face très plane du terrain en cet endroit ; 2° la probabilité d'un ruisseau coulant autrefois de ce côté, pour recevoir les eaux pluviales que recueille aujourd'hui le canal des Deux-Mers ; 3° enfin le rapprochement de la Garonne de l'abbaye Saint-Sernin, et la tendance des inondations à se jeter de ce côté, tendance dont nous trouvons la preuve dans une charte de Louis XI, qui accorde des indemnités à l'abbaye Saint-Sernin, pour l'aider à réparer les dommages des inondations. Tout cela, joint à la tradition populaire, nous prouve que Saint-Sernin était situé dans un lieu aquatique ; mais la simple raison ne peut s'arrêter à l'idée d'une église bâtie dans un lac, tandis qu'en ne voyant là que des marais, son édification sur un îlot entouré d'eau demeure très rationnelle. D'ailleurs, les anciens auteurs parlent d'un *lacus* ; mais on connaît la prédilection de nos pères pour le ton pompeux. Le mot *lacus* leur aura paru plus digne que celui de *palus*, et une petite figure de rhétorique aura jeté leurs descendans dans une erreur qui me paraît insoutenable. Au reste, je renvoie encore le lecteur à la dissertation de M. Du Mège sur les lacs des Tolosates, dans son ouvrage sur les monumens religieux des Volces Tectosages, p. 25 à 67.

(29) *Les manipules, les centarques....* La légion romaine était divisée en dix cohortes ; chaque cohorte en trois manipules, et un manipule en deux centuries, commandées chacune par un centarque. Les hastaires (hastati) étaient ainsi nommés, à cause de la longue lance dont ils étaient armés ; les triaires (triarci) étaient de vieux soldats d'une valeur éprouvée ; les princes (principes) étaient des hommes dans la vigueur de l'âge...... Voyez Alexandre Adam, *Antiquités romaines*, t. II, p. 149, 150.

(30) On sait que la plupart des familles patriciennes de Rome, comptaient quelque divinité parmi leurs ancêtres ; ainsi, pour n'en donner que quelques exemples, Jules César prétendait descendre, d'un côté, de Vénus, de l'autre, d'Ancus Marcius ; ce qui lui faisait dire : « On trouve dans ma famille la sainteté des rois, qui sont maîtres du monde, et la majesté » des dieux qui sont maîtres des rois. » *Histoire romaine* de Michelet, t. II, p. 218. Antoine le triumvir descendait d'Hercule, et se disait aussi fort que lui. *Ibidem*, t. II, p. 289. Granier de Cassagnac, dans son histoire des classes pauvres et des classes anoblies, va plus loin ; il fait descendre toutes les familles patriciennes des dieux, et donne à l'appui des raisons qui ont une grande force. Voyez son *Histoire des classes nobles et des classes anoblies*.

(31) *La Syrie et l'Egypte ont beau regarder dans le ciel d'immenses étoiles prêtes à tomber pour incendier la terre.* Tous ces présages qui exercent à cette époque une impression profonde sur les sujets de l'empire romain, sont rapportés par les historiens les plus dignes de foi.

(32) *Leur pauvre dieu n'aurait pas même le pouvoir de se détruire s'il était fatigué de l'existence....* Parmi les argumens que les rhéteurs exposaient le plus volontiers contre la doctrine des chrétiens, cette mauvaise plaisanterie était un de ceux qui plaisait le plus aux épicuriens et aux stoïciens, toujours si aisément portés à se donner la mort à la plus légère occasion.

(33) *Les marais des Tolosates que Cépion n'avait pillés qu'à demi...* « Posidonius nous apprend, en effet, que, lorsque la province fut entièrement soumise aux Romains, ce marais fut mis à l'encan : que les acheteurs en firent écouler les eaux, et qu'ils y trouvèrent de grandes richesses...... » Du Mège ; *monumens religieux des Volces*, p. 57..... Agaton, qui d'après Catel était à Toulouse à l'époque de saint Sernin, pourrait bien avoir acheté et desséché le marais.

(34) Voyez l'admirable dévouement d'Epomine pour Sabinus, ce dernier et aventureux roi des Gaules, dans Amédée Thierry, *histoire des Gaulois*, t. III, p. 500 à 504.

(35) Les prêtres romains prenaient, pour les seconder dans les cérémonies, des jeunes gens de l'un et de l'autre sexe, qu'on appelait camilli et camillæ. Les gardiens des temples s'appelaient æditumi; ceux qui immolaient les victimes se nommaient victimarii, cultrarii; les flaminii et les flaminiæ, aidaient les prêtres de Jupiter; il y avait aussi différens musiciens, tels que les tibicines, tubicines, fidicines..... *Antiquités romaines*, par Alexandre Adam, t. II, p. 74.

(36) *Les nains, les hydrocéphales, les rachitiques, les goîtreux, se mêlaient aux Hébés, aux Gaminèdes, aux Flores et aux Zéphires.* Cette singularité était une de celles qui plaisaient le plus à ces derniers patriciens de Rome, blasés dans toutes les débauches, dans toutes les extravagances. Caligula fut peut-être le premier à en faire l'expérience, lorsqu'il fit exposer, aux risées de la multitude, les hommes les plus contrefaits, pris dans les classes élevées de la société.

(37) C'est une croyance populaire assez générale, au moins dans le midi de la France, que l'os protubérant placé à la partie antérieure du cou de l'homme, fut ainsi produit chez Adam par un des pépins de la pomme fatale qui s'arrêta à son gosier.

(38) Plusieurs anciens auteurs, entr'autres Josepho Maceda, Presbytero Pompelonensi, le père Ode de Gisey, dans ses *Merveilles* du glorieux martyr saint Sernin, Raymond Daydé, *Histoire de saint Sernin*, et enfin Grégoire de Tours, disent que saint Sernin vint à Toulouse dans le premier siècle; mais don Ruinard dans sa collection *acta sincera et selecta martyrum*, le fait venir en Gaule cinq ans avant la mort du pape Fabien, sous l'empereur Dèce, et c'est l'opinion qu'ont adopté les Bénédictins, auteurs de l'*histoire du Languedoc*. Voyez t. I, p. 197.

(39) Nous ne manquons pas de documens fabuleux sur ces jeunes compagnes de saint Sernin, appelées saintes Puelles. D'anciens bas-reliefs de Saint-Sernin les représentent ayant deux corps, deux têtes, quatre bras et deux jambes. On s'accorde à croire qu'elles étaient filles du roi d'Huesca, et que, converties par saint Sernin, elles avaient fui l'Espagne pour le suivre dans les Gaules. Voyez *Mémoires de Languedoc*, par Catel, p. 817 et suivantes. Les coadjuteurs que je donne à Sernin, se trouvent également dans Catel. Honestus avait été converti par lui à son passage à Nismes. Papoul l'aida dans ses prédications aux environs de Toulouse; on trouve aussi leur nom et leur origine dans l'*Histoire de saint Saturnin*, par A.... S.... p. 11-12; ainsi que dans l'*histoire de Languedoc*, par dom Vaissete, notes du livre III, n° 12.

(40) Nous aurions pu entasser, à chaque phrase de ce chapitre, des notes justificatives sur les mœurs des premiers chrétiens; nous avons mieux aimé renvoyer le lecteur au *Génie du Christianisme* de Châteaubriand; aux *Mœurs des chrétiens*, par Fleury, où il trouvera la preuve de l'exactitude des détails, surtout dans ce dernier ouvrage, de la page 137 à 211.

(41) *Maîtres puissans qui vous faites prodiguer le titre de rex.....* « Je douterais, dit » Michelet, que le maître de Rome (César) eut souhaité ce titre de rex, si prodigué, si » méprisé; ce nom, que tout client donnait au patron, tout convive à l'amphytrion..... » *Histoire romaine* de Michelet, t. II, p. 281.

(42) Voyez encore les *Mœurs des chrétiens*, par Fleury, de la page 137 à 211..... Une erreur typographique a substitué le chiffre 43 au premier, qui devait seul avoir place à cet endroit.

(43) L'œuf de serpent que nous faisons briser ici à Médella, jouait un grand rôle parmi les talismans des Gaulois; Pline, le naturaliste, rapporte que « durant l'été, des serpens sans nombre se rassemblent dans certaines cavernes des Gaules, où ils forment un œuf en mêlant leur salive et l'écume qui suinte de leur peau; lorsqu'il est parfait, ils l'élèvent et

le soutiennent en l'air avec leurs sifflemens. C'est en ce moment qu'un homme aposté s'élance, reçoit l'œuf dans un linge, après quoi, il saute sur un cheval qui l'attend, et s'éloigne à toute bride, car les serpens le poursuivent jusqu'à ce qu'il ait mis une rivière entre eux et lui »...... *Pline*, liv. 29, chap. 3. Les druides portaient cet œuf à leur cou, enchâssé dans un cercle d'or.

(44) Ces détails sur les costumes militaires des Gaulois, ont été puisés dans Amédée Thierry, t. II, p. 44 à 47.... Scipion Dupleix, p. 63 à 66.

(45) Civilis, batave de naissance, et aveugle comme Annibal, fit soulever les Gaules, d'abord sous prétexte d'appuyer Vespasien, mais en définitive pour proclamer le *nouvel empire des Gaules*. Voyez des détails très circonstanciés de son insurrection, dans Amédée Thierry, *Histoire des Gaulois*, t. III, p. 415 à 500.

(46) Les vieilles prêtresses ou magiciennes que nous faisons paraître ici, suivaient ordinairement les armées kimriques des bords du Rhin ; mais nous avons déjà fait accourir autour de Marric des représentans de toutes les peuplades gauloises ; ainsi donc rien qui doive étonner en voyant ces prêtresses du Nord sur les bords de la Garonne. Voyez pour le caractère de ces magiciennes, Amédée Thierry, t. II, p. 97, 98.

(47) L'immortalité de l'ame était professée par les Druides ; mais ils mêlaient à leur croyance les erreurs de Pythagore, et ils croyaient que l'ame des morts revenait sur la terre, errer dans le corps des animaux.... Amédée Thierry, *Histoire des Gaulois*, t. II, p. 81 à 85.

(48) *Le repas frugal de la confarréation*. Parmi les trois manières de célébrer le mariage romain, *usus, coemptio, confarreatio*, cette dernière était la plus solennelle. Voyez quelques détails dans les *Antiquités Romaines*, d'Alexandre Adam, t. II, pag. 307 à 311. On séparait les cheveux de la mariée en six boucles, avec la pointe d'une lance. *Ibidem*, p. 315 ; on lui faisait franchir le seuil en la soulevant, *ibidem*, p. 318.

(49) Voyez pour les préparatifs de guerre des Gaulois Amédée Thierry, t. II, p. 55 à 64 ; 93 à 97.

(50) « Pendant long-temps, les Transalpins avaient repoussé l'emploi des armes offensives, comme indignes de leur courage. Long-temps un point d'honneur absurde les avait portés à se dépouiller même de leurs vêtemens avant le combat ; mais ce préjugé, fruit de l'ostentation naturelle à cette race, était presqu'entièrement effacé au second siècle. » Amédée Thierry, *Histoire des Gaules*, t. II, p. 45, 46.

(51) *Héléna elle-même trouva, au milieu de sa douleur, la force d'écrire à sa mère*.

Ces détails sur les cérémonies funèbres sont puisés dans l'*Histoire des Gaulois* d'Amédée Thierry, t. II, p. 81 à 83 ; ainsi que dans Scipion Dupleix, lequel cependant dit à ce sujet très peu de chose. Voyez p. 74.... Cæsar, *Bello-Gallico*, liv. 6, c. 13., c. 19.

(52) *Condamné comme fou, et qui mourut ignominieusement sur une croix*. Tous les Romains, à quelque classe qu'ils appartinssent, partageaient, contre les chrétiens et leur Rédempteur, une haine aveugle qui les poussait à leur attribuer les atrocités les plus révoltantes et les plus absurdes. Voyez à ce sujet les *Mœurs des Chrétiens*, par Fleury, au chapitre XVIII et XIX ; mais surtout Tertullien et saint Augustin, qui composèrent, le premier, son *Apologétique* ; le second, sa *Cité de Dieu*, pour justifier leurs frères des horreurs dont on les accusait.

(53) *Leurs cadavres percés d'une grêle de traits*. Cette manière d'attaquer et de se défendre dans les guerres des Gaules, se trouve éloquemment racontée par Amédée Thierry, *Histoire des Gaules*, t. III, p. 434 à 436.

(54) *Voilà comment il les faut pour écraser les chrétiens.* Si quelqu'un nous accusait d'avoir outré le caractère d'Agaton, nous pourrions le renvoyer à la lecture de Suétone, et de tous les historiens qui ont écrit sur les premiers empereurs romains, notamment sur Caligula. C'est lui qui se fit adorer comme un dieu la seconde année de son règne. *Histoire Romaine*, de Bernard Rothe, t. 21, p. 102, 103, 107, 108. Il voulut même se faire passer pour déesse, *ibidem*, p. 108. Quand il était ennuyé de jouer le dieu, il s'habillait en dame romaine, *ibidem*, p. 109. Quand il était vêtu en Jupiter, il s'écriait pendant l'orage : Tue-moi, ou je te tue.... *ibidem*, p. 110. Il nomma son cheval Incitus, son grand-prêtre. Enfin Tibère, dit le même historien, p. 201, avait le faible d'être crédule sur les absurdités de l'astrologie judiciaire.

(55) Toutes les histoires qui rapportent le martyre de saint Sernin ou Saturnin, s'accordent à dire qu'il fut attaché à un taureau, sur les marches même du temple de Jupiter, où il avait refusé de sacrifier aux dieux. Nous nous sommes écartés de l'histoire généralement admise en ce point, et nous l'avons fait mettre à mort dans le palais du préfet. N'est-ce pas là une de ces légères licences qu'un romancier peut se permettre, surtout quand les événemens qu'il rapporte se sont passés dans des siècles si éloignés. A cela près, tous les détails de son supplice sont de la plus grande exactitude. Voyez notamment l'*Histoire de saint Sernin*, par Raymond d'Aydé.

FIN DES NOTES DE MÉDELLA.

LE BERGER D'ALARIC.

507.

............Vous voyez cette tour isolée,
Qui..................................
Fut bâtie en trois nuits, au dire de nos pères,
Par un hermite saint qui remuait les pierres,
Avec le signe de la croix.

VICTOR HUGO.

I.

LE PRODIGE.

Es temps étaient changés; les premières lueurs du Christianisme n'avaient plus besoin d'attaquer timidement les ténèbres de l'idolâtrie. Les apôtres avaient planté l'étendard de l'avenir dans toutes les provinces de l'empire; bien plus, pour mieux accomplir l'œuvre de régénération, le Nord débordé avait versé sur la civilisation romaine, cette nuée de Vandales, de Suèves, de Huns et de Goths, instrument de destruction, lancé par Dieu pour balayer plus radicalement la terre, de tous les principes de corruption impie, philosophique, anarchique du passé. La barbarie, partout victorieuse, avait secoué le vieux arbre romain, et le colosse était tombé avec ce bruit sourd d'un tronc vermoulu qui mêle à jamais sa poussière à celle de la terre. Déjà les peuples nouveaux élevaient grossièrement leurs nationnalités. Les Ostrogoths en Italie, les Vandales en Espagne, les Franks et les Bourguignons dans les Gaules, ébauchaient la nouvelle famille européenne sur les ruines de l'unité impériale. Enfin, dans la Gaule méridionale, le peuple visigoth, guidé par des princes éclairés, législateurs et conquérans, charpentait laborieusement un vaste et puissant royaume, sur les belles provinces de la Narbonnaise, en prenant, pour base du jeune empire, les grandes traditions administratives et politiques du peuple-roi.

Cet enfantement de la nouvelle Europe, avait été une de ces époques de tempêtes, telles que le monde en a peu éprouvées. Toulouse la traversa sans périr; elle fit mieux : pour tenir plus fortement tête à l'orage, elle s'éleva du rang de ville secondaire de province, à celui de capitale d'un empire puissant. Le Château-Narbonnais ne fut plus la demeure d'un préfet délégué du gouverneur de Narbonne, il devint le palais des rois, l'habitation d'une cour élégante, fastueuse, à laquelle se pressaient les ambassadeurs des nations les plus lointaines; c'était enfin le centre d'une civilisation nouvelle, produit hétérogène mais vigoureux, dans lequel la jeune barbarie venait mêler sa sève ardente aux élémens calmes et équilibrés de l'antiquité.

 u moment où nous reprenons le récit, la nuit était profonde; on était à la veille de Noël, et le firmament, parsemé d'étoiles, semblait avoir réuni ses plus grandes beautés nocturnes pour célébrer la solennité chrétienne. Le ciel n'avait rien de cette rigidité qu'il montre dans les pays du nord; aucun nuage ne voilait les étoiles, la terre était encore vierge de glaçons, et l'atmosphère même, échauffée par un léger vent du sud, avait quelque chose de cette tiédeur que l'on ne retrouve que dans les climats heureux du Midi.

A l'heure où les hommes goûtent les douceurs du sommeil, la ville de Toulouse, forte et tranquille sous le sceptre des rois visigoths, paraissait plongée dans un repos que rien ne venait interrompre. Deux hommes seuls se promenaient paisiblement sur une plate-forme du Château-Narbonnais; le premier était un officier qui occupait dans l'armée visigothe l'emploi de gardinge (1); il était arrivé à cette halte de la vie où l'homme possède, dans leur vigueur, toutes les forces morales et physiques, et dans l'exercice desquelles il se complait, sans regret encore pour la jeunesse qui s'écoule, sans souci pour la vieillesse qui l'attend. Le second était un petit vieillard, maigre, sec et voûté; quelques rares touffes de cheveux blanchis couvraient un front large, élevé, qui semblait avoir développé sa capacité outre-mesure, au détriment des autres parties du visage, dont la ténuité et la maigreur contrastaient avec la rotondité de la boîte célébrale. Depuis quelques temps une conversation importante s'était établie entr'eux.

— Et moi je vous dis et affirme qu'Euric fit assassiner son frère Théodoric par deux soldats qui le percèrent de leurs poignards, disait le petit vieillard en continuant avec véhémence une discussion déjà fort animée.

— Et moi, seigneur Erimus, reprenait l'officier en se drapant avec nonchalence dans un petit manteau à la romaine, je prétends et soutiens que Théodoric mourut dans son lit, empoisonné, et que son cadavre alla rouler sur les sables de la Garonne.

— Vous prétendez, reprit l'autre, avec un sourire sardonique ; et que veut dire ce mot dans la bouche d'un homme de votre âge, adressé à un vieillard de quatre-vingts ans, qui a vu de bien près l'établissement des Visigoths dans ce pays. Ah ! qu'Horace a bien raison d'appeler les jeunes gens étourdis et présomptueux.... *Omnibus hoc vitium est, cantoribus, inter amicos, ut numquam inducant animum cantare rogati....* La citation pouvait être mieux choisie assurément, mais Erimus n'y regardait pas de très près ; d'ailleurs ses connaissances en littérature étaient assez bornées ; et, dans son besoin de donner du latin, qu'il admirait sans le comprendre, il lançait souvent en vers et en prose les sentences les plus maladroitement appliquées ; mais revenons à son discours.... — Prétendrez-vous aussi que Thorismond, prédécesseur de Théodoric, ait été empoisonné par son frère, tandis qu'il est de notoriété historique que ce roi fut étranglé pendant qu'il était malade ?

— Pour ce qui regarde Thorismond, reprit l'officier, qui se nommait Clodoïr, je vous abandonne la strangulation et tous les genres de mort qu'il vous plaira ; sa fin, plus éloignée de nous, m'est assez indifférente ; mais quant à Théodoric, je soutiendrai, sur la tête et avec l'épée, qu'il mourut par le poison, et que mon maître Euric ne trempa nullement ses mains dans le sang de son frère ; il permit son empoisonnement, cela est vrai, mais Théodoric avait des torts envers lui ; d'ailleurs il suffit, j'aimais le grand roi Euric, il nous a conduits cent fois à la victoire, et je resterai dévoué à sa mémoire comme je le fus à sa personne.

— Si vous êtes dévoué à la mémoire de ce prince, repartit Erimus, moi je le suis à mon opinion ; on me dit un peu têtu de mon naturel, et ce que j'ai aperçu de mes yeux rarement s'échappe de ma mémoire ; or, j'ai vu le poignard qui a percé Théodoric, comme j'ai mesuré la corde qui étrangla Thorismond, et mes yeux sont trop bons serviteurs pour que je puisse mettre en doute leur pénétrante exactitude. Je suis vieux, seigneur Clodoïr ; mes yeux ont vu bien des choses, mes oreilles ont entendu bien des discours ; le temps, qui quelque fois respecte les choses, est toujours fort dur envers les personnes, et mon corps amaigri porte les traces de sa méchanceté. Cependant il a beau faire le jaloux, je conserve assez de cervelle, et ma mémoire est excellente pour repasser mes vieux souvenirs.... Cette magnifique cité qui se développe sous nos yeux, par exemple, je l'ai vue romaine, telle que l'avaient faite les municipes et les duumvirs; aujourd'hui vous la voyez arienne et visigothe; toute fois le changement qui s'est opéré à la surface vaut à peine le soin d'être noté ; ce sont les mêmes rues, les mêmes fortifications, les mêmes temples; quelques milliers d'habitans de plus, voilà tout ce qui paraît changé.... Ah ! seigneur Clodoïr, ajouta-t-il, en comptant sur l'ignorance de ce dernier, comme Sganarelle sur celle de Géronte, pour lui faire accepter les citations les plus incohérentes. *Suave, mare magno, turbantibus æquora ventis, è terra, magnum alterius spectare laborem....* Que sont devenues, hélas ! ces belles maisons de campagne qui, autrefois, ornaient ces environs ! que sont devenus leurs bains, leurs jardins, leurs arènes ! elles n'existaient déjà plus à l'arrivée des Visigoths. Les Vandales et les Suèves avaient tout détruit. Furieux de ne pouvoir s'emparer de la ville même, ils s'étaient vengés de cet échec en renversant les petits palais échelonnés sur cette ligne de coteaux qui séparent le Touch de la Garonne.... Toutes ces ruines, mon cher Clodoïr, doivent nous faire bénir le ciel de ce qu'il a préservé notre capitale des dévastations de ces coquins de Vandales. Les catholiques font honneur de cet événement à saint Exupère, qui éloigna, dit-on, les Barbares en leur envoyant, du haut des remparts, des prières et de l'eau bénite (2). Mais je n'aime pas à voir les évêques chasser ainsi l'ennemi à coups d'aspersoirs. J'ai les miracles en horreur, et si nos prêtres ariens s'avisaient d'en produire, je serais capable de me faire juif pour échapper à la contagion du merveilleux.

— Je suis un peu de votre avis, répondit Clodoïr, les gens qui s'habituent ainsi à chasser les Vandales avec des signes de croix, pourraient fort bien vouloir essayer d'expulser les Visigoths à coups de crosses, et je suis enchanté que le grand Euric ait employé une partie de sa vie à museler ces messieurs les catholiques (3).

— Comment, s'écria Erimus, empressé de saisir la parole, on dut s'y faire des pieds et des poings pour leur faire céder quelque église au culte arien ; ces messieurs, saint Hilaire, saint Exupère et les autres, s'étaient impatronisés dans tous les temples du Paganisme. Apollon avait été remplacé par *Sancta-Maria-Fabricata*, et il ne fallut rien moins que les menaces d'Euric pour les faire déguerpir de la cité. Aujourd'hui, grâces à Dieu, ils ne conservent dans l'intérieur des murs que quelques chapelles bien mesquines, et ils ont relégué le siège de leur religion dans cet oratoire d'*extra-muros*, où les crédules vont adorer la poussière de saint Sernin. Erimus se tut un instant, il pinça ses lèvres minces, fronça le sourcil, et regarda fixement Clodoïr, après quoi il poursuivit :.... — Malheureusement le présent ne ressemble plus au passé, et notre roi Alaric se relâche toujours davantage de cette sévérité prudente. Les églises se rebâtissent, les évêques sont nommés à des postes où Euric avait défendu toute intronisation nouvelle (4). Seigneur Clodoïr, *aspice quam eclesiam supra muros*, comme dit Ciceron. Voyez cette chapelle de Saint-Sernin par-dessus les murs; un presbytère est tout auprès, s'arrogeant le droit d'asile; j'ai ouï dire que les moines s'y trouvaient à l'étroit, et on ajoute qu'une demande a été formée auprès de notre roi, pour doubler l'étendue de l'enclos et du cloître. Cette autorisation, il est vrai, a été refusée, mais quand la poule cherche si fort à agrandir son nid, c'est qu'elle espère nombreuse couvée. Ce monastère, quelque petit qu'il soit, ne me plaît nullement. Qui veut dormir en paix doit s'éloigner des fourmilières; il suffit que la lueur d'une étoile me fasse distinguer ce repaire d'abbés et de moines, pour que mes nerfs se mettent à frémir; et si le roi Alaric partageait mon aversion, le feu l'aurait bientôt consumé jusques dans ses fondemens.

— Cette antipathie, excusable dans un homme de votre âge, serait une faiblesse dans un roi, répondit le gardinge, surtout quand ce roi possède un palais formidable au milieu d'une vaste cité entourée de bonnes murailles.

— Ah! vous avez touché la corde qui me rend la sécurité, répartit vivement Erimus, et aussitôt sa figure s'illumina, ses petits yeux brillèrent d'une vivacité peu commune, et sa parole, ordinairement brève et saccadée, arrondit ses phrases avec plus de complaisance. Oui, seigneur Clodoïr, tant que ce noble Château-Narbonnais conservera ses meurtrières, la puissance visigothe sera inattaquable.... Et qui pourrait douter de sa durée, en voyant ces hautes tours de granit liées et cerclées pour ainsi dire par des crampons et des barres de fer; ces murailles de cailloux incrustés dans la chaux vive; ces remparts revêtus de poutres pour résister plus fortement au choc des béliers.... cher monument, le fils de mes entrailles, il n'est pas une meurtrière qui n'ait reçu la vie dans mon cerveau, pas une frise, pas une colonne qui ne soit l'enfant de ma pensée. En effet, ce que les Romains avaient bâti, j'ai dû l'approuver pour que la bêche ne le démolît pas, et tout ce que l'art visigoth y a changé, remplacé, ajouté, c'est Erimus qui en a élaboré le plan dans sa tête, et dirigé l'exécution de son œil vigilant.

A ces mots, le vieillard parcourut la plate-forme, conduisant successivement Clodoïr du nord au midi, du couchant au levant, pour guider ses regards dans l'exploration la plus minutieuse du Château endormi à leurs pieds. Il lui montra les cours carrées qui s'ouvraient à leurs yeux comme d'immenses citernes, dont les bâtimens formaient les parapets. A leur base s'étendaient encore des portiques, des galeries soutenues par des colonnades romaines; mais ce qu'il se plut surtout à faire remarquer, ce fut une énorme tour dont la flèche aiguë, surmontée d'un aigle de bronze, attestait dans toutes ses parties l'inexpérience des maçons visigoths.

— Comment trouvez-vous cette reine des girouettes, placée sur la reine des tours? poursuivit Erimus, n'est-ce pas une de mes belles pensées d'avoir fait planer cet aigle de bronze sur la Gaule méridionale, comme le souvenir du monde romain? Ce travail me coûta bien des soins; mais enfin, *labor omnia vincit*, comme dit Horace, et celui-ci me valut une riche armure dont le roi Thorismond me gratifia avant d'être étranglé, sans compter cinquante bonnes et belles acres de terre qu'Euric me donna sur les bords du l'Hers, après avoir dépouillé un évêque catholique qui s'avisait de labourer lui-même son champ. Malheureusement, malgré mon amour pour l'architecture que nous a légué Rome, j'ai dû quelquefois la maltraiter un peu. Les préfets romains s'occupaient des femmes et des esclaves beaucoup plus que des chevaux, et j'ai dû brutalement changer en écurie la petite cour du triclinium, encore toute parfumée d'essences au moment où j'y plaçais les rateliers. Aujourd'hui le cheval de bataille d'Alaric bat du pied sur le marbre où prenaient leurs bains les favorites des préfets; deux baignoires lui servent de crèche, et les conduits souterrains qui alimentaient une grande piscine commune, servent à abreuver les jeunes poulains que l'on n'ose pas mener à l'abreuvoir quand le fleuve est grossi.... Mais, que vois-je donc là-bas? seigneur Clodoïr, reprit l'architecte, en regardant avec la plus scrupuleuse attention du côté du nord, par delà les remparts de la ville; vos yeux seraient-ils assez perçans pour vous faire distinguer comme à moi un grand nombre de lumières, allant et venant autour de la chapelle Saint-Sernin? Prêtez-moi votre secours, s'il vous plaît, et tâchez de me dire si les ombres de la nuit fascinent mes regards : sur ma tête! voilà une étrange apparition de feux-follets.... Ce n'est pas tout, ajouta-t-il, après avoir tendu pendant un instant son oreille, ne vous semble-t-il pas entendre un bruit confus et étrange? on dirait des maçons remuant pierres et mortier?

— Voilà bien le soupçon d'un architecte, répondit Clodoïr, en souriant, il ne vous manque plus que d'entendre le marteau de vos maçons, et de voir grandir la muraille pour faire un rêve architectural armé de toutes pièces.

— Vous riez, monsieur le gardinge; mais, vrai Dieu! je n'ai guère fantaisie d'encourager votre gaîté.... Ecoutons un instant, et nous déciderons ensuite.

Nos deux interlocuteurs, pressés d'une curiosité plus étendue du côté de l'architecte, que de celui de l'officier, se penchèrent vers le parapet de la terrasse, et, appuyant les coudes sur la rampe, ils placèrent leurs mains en éventail derrière les oreilles, afin d'arrêter au passage une colonne d'air plus étendue. Ils demeurèrent ainsi un instant immobiles, silencieux, le cou tendu, l'œil animé et suspendant leur respiration pour laisser le bruit lointain maître souverain de l'espace.

Après un moment d'observation, Erimus se leva brusquement, et frappa du pied avec une impatience énergique.

Seigneur Clodoïr! s'écria-t-il, je garde ma première conviction.... L'abbé de Saint-Sernin a demandé l'autorisation d'ajouter une aile à son couvent, le roi Alaric a refusé.... Quand le jour paraîtra nos yeux pourront contempler une chose nouvelle et étrange. Ah! messieurs les catholiques, vous avez un principe de vie, de ténacité, qui doit bien effrayer toutes les puissances appelées à être ici-bas vos adversaires. N'était-ce pas de vous que parlait Lucrèce, quand il s'écriait : *Cerberus et furiæ jam verò et lucis egenus tartarus, horriferos eructans faucibus æstus.*

Que se passait-il donc en réalité dans le petit monde catholique, dont l'église extra-muros de Saint-Sernin était le noyau? peu de chose et beaucoup : peu de chose par l'action elle-même ; beaucoup si l'on considère la hardiesse de l'entreprise nocturne et l'activité des nombreux travailleurs.... Depuis que nous n'avons vu la chapelle chrétienne, autrefois couverte de chaume et formée d'étaies de bois, un changement s'est opéré en elle ; l'enfant timide a grandi ; il est tombé successivement entre les mains de deux illustres évêques, saint Hilaire et saint Exupère. Sous leurs heureuses mains le bois est devenu pierre, des voûtes ont remplacé les simples cloisons, un petit clocher a commencé de lever la tête, et le son de la cloche promène au loin dans les airs.

Ce n'est pas tout, le tombeau du martyr a réuni, dans le rayon de son asile protecteur, une foule de serviteurs fervens, tout entiers à Dieu, tout entiers à leurs frères, tout entiers surtout au triomphe de la foi. Ces premiers travailleurs, prêtres, diacres, moines et solitaires, tenant le calice d'une main et la bêche de l'autre, officiant le matin et labourant le soir ; ces fils de Dieu, veux-je dire, se sont bâti une modeste retraite tout à côté de la chapelle devenue église, et c'est là que, retirés la nuit, ils chantent les louanges de Dieu, et élaborent en conseil la grande mission d'achever la conquête du monde sous la bannière de la croix.... Or, ce noyau de monastère, destiné par Exupère à quelques religieux seulement, a vu affluer dans son asile des prêtres, des chrétiens et des persécutés. Le roi Euric, prédécessseur d'Alaric, avait la tête forte et la main ferme ; le même bras qui gagnait des batailles sur les bords de l'Ebre, de la Loire et du Rhône, s'appesantissait par fois sur la société catholique. Au moindre soupçon, les évêques étaient chassés, dépossédés, les églises fermées, détruites ; en fallait-il davantage pour multiplier les infortunes et faire accourir les malheureux autour des églises encore debout ?.... Celle de Saint-Sernin était du nombre ; l'affluence des hommes sans asile surpassait quelquefois les ressources d'un monastère étroit ; et quand la jeunesse d'Alaric vint donner quelque repos aux populations catholiques, l'évêque de Toulouse et l'abbé de Saint-Sernin songèrent à agrandir les bâtimens de l'abbaye. Nous venons d'apprendre succinctement dans la conversation d'Erimus et de Clodoïr quel avait été le mauvais succès de la demande des moines. L'évêque Héraclianus, bien loin de se tenir pour battu, n'avait trouvé dans cet échec qu'un encouragement pour élever sa persévérance à la hauteur de la difficulté. Un soir il réunit à la hâte tous les ecclésiastiques de l'église Saint-Sernin, et les exhorta, avec la plus grande chaleur, à s'armer de résolution, de prudence et d'audace, pour déjouer la défense d'Alaric, et nous allons voir comment il conduisit son entreprise.... Ce n'était point par simple irritation de caractère qu'Héraclianus avait tant à cœur d'agrandir et de fortifier Saint-Sernin. Cette abbaye, placée près de la ville comme une forteresse, un donjon catholique devenait le refuge de l'évêque, toutes les fois que le séjour de la cité lui offrait quelques dangers, et l'on ne pouvait guère attendre de sécurité tant que Toulouse serait au pouvoir d'un peuple arien. Aussi, dès le lendemain de cette réunion, chaque prêtre, chaque moine, chaque chrétien se présenta à la prière du soir, portant sous sa tunique ou sa saye gauloise, celui-ci une pierre, celui-là quelques cailloux; cet autre une pièce de bois. La prière achevée, et la nuit étant bien répandue, les membres de cette petite nation infatigable regagnèrent les champs, et chacun revint au monastère chargé d'une nouvelle provision de pierres, de cailloux, de ciment, travail nocturne qui, exécuté avec la plus grande précaution et répété pendant huit jours, eut bientôt réuni dans les coins de l'abbaye, sous les combles de la chapelle, dans les joncs du marais, des matériaux suffisans pour achever, dans un effort énergique l'édification d'un bâtiment tel qu'il avait été projeté par l'évêque Héraclianus.... Enfin il arriva le soir fixé pour la grande entreprise : tout se mit à l'œuvre, moines, abbés, femmes, enfans, évêque, tout prit la bêche et le marteau avec une ardeur pareille à celle de ces robustes Hollandais, qui se précipitent à l'envie sur une brèche que la mer a soudainement ouverte à une digue d'Amsterdam. Les hommes du peuple charriaient les pierres, les enfans portaient les cailloux, les femmes pétrissaient le mortier, les moines, comme les plus habiles, battaient les pisés, bâtissaient les murailles sous la conduite prodigieusement active de l'évêque Héraclianus. C'était le siècle des miracles; et quelle que fût l'incrédulité d'Erimus à l'endroit des événemens extraordinaires, opérés alors par les prêtres et les moines, le petit vieillard fut bien obligé de reconnaître la puissance surprenante de ces enfans du Christ, lorsqu'au lever de l'aurore, il aperçut, du haut de la tour du Château, l'ancien monastère agrandi d'un second bâtiment presque aussi vaste que le premier.

Ce nouveau corps de logis n'avait, il est vrai, rien de monumental, et les étages ne s'étaient pas superposés les uns sur les autres, comme dans un palais de fées; mais quatre murailles avaient atteint la hauteur d'un premier étage, un toit de planches, de gazon, de briques et de chaume avait recouvert tout cela; advint maintenant la neige, la glace et l'ouragan, l'homme était à l'abri des rigueurs du ciel, il pouvait à loisir bénir son Dieu, secourir, loger ses frères; et si quelque audacieux ennemi osait venir quereller les possesseurs, de bonnes meurtrières faisaient connaître d'avance quel était le genre d'accueil qu'on devait espérer. Tout cela s'était retracé instantanément, et dans toutes ses conséquences au vieil Erimus; aussi, au fur et mesure que l'aurore naissante venait dessiner les formes du nouvel édifice, l'architecte sentait augmenter sa fureur, mais nullement sa surprise, car il avait tout prévu, tout annoncé.

— Eh bien! seigneur Clodoïr, s'écria-t-il en croisant ses bras sur son manteau, et en fixant des regards ardens sur *le gardinge*, que dites-vous de la surprise agréable que l'abbé de Saint-Sernin nous préparait pour le point du jour?

— Je serais incapable d'en rien dire, répondit Clodoïr, immobile d'étonnement; car la surprise me rend muet, et c'est à peine si je puis réunir deux idées.

— Quand je vous disais que la vue de ce repaire d'abbés et de moines suffisait pour tendre mes nerfs comme des cordes d'arcs. Seigneur Clodoïr, je suis bien vieux, et je crains néanmoins que ma vie ne soit assez longue pour voir nos rois perdre, en fuyant, la capitale où ils sont entrés en vainqueurs. Aviez-vous idée d'une audace semblable? et après avoir amené à bien une entreprise si hardie, doutez-vous que ces catholiques osent quelques jours venir saper traîtreusement les murailles de ce palais, et y souffler des torrens de flammes?

— Pouvez-vous bien parler ainsi, quand vous connaissez quels sont les hommes qui ont voué leur courage à la défense d'Alaric et de son royaume! reprit vivement Clodoïr; que fait une masure de plus adossée à une mince chapelle? ne serait-il pas honteux au lion de faire attention au dard d'une guêpe qui ose bourdonner à ses oreilles. Qu'ils viennent montrer l'aiguillon autour du Château-Narbonnais, je me charge de châtier vigoureusement leur audace.

— Votre dévouement au roi et à l'Arianisme sont connus, Clodoïr, et nous nous rappelons avec plaisir cet évêque de Rhodez que vous avez été chasser de son siége (5), mais trop de confiance pourrait nous perdre, et je voudrais que vous donnassiez une preuve de votre dévouement en allant détruire, en une heure, cette forteresse insolente qu'ils ont laborieusement édifiée en une nuit.

— Que mon roi parle, et je vais à l'instant exécuter telle sentence qu'il lui plaira de m'ordonner. Vous connaissez quelle est ma soumission à Alaric : mon sang et ma vie lui appartiennent, et je suis toujours prêt à frapper dès qu'il dit : Clodoïr, marche.

— Eh bien! lui répondit Erimus, puisque vous n'êtes que le bras exécutif, c'est moi qui me charge d'aller éveiller les craintes du roi, en lui racontant la tentative audacieuse de ses ennemis.

A ces mots, Erimus jeta un regard menaçant vers l'église lointaine, et il descendit précipitamment l'escalier de pierre qui conduisait dans les appartemens du roi.

> Une torche noire enflammée,
> Que tient son bras ensanglanté,
> Joint la flamme avec la fumée,
> Qu'exhale son souffle empesté :
> Le feu qui l'éclaire l'étonne ;
> Elle pâlit, elle frissonne ;
> . . . .
> Et sa bouche maudit les dieux !
>
> CAPELLE.

II.

EXPÉDITION SANS RÉSULTAT.

L'ARCHITECTE s'aventura dans les bâtimens, occupés par la famille d'Alaric, frappant du pied sur les dalles de marbre, sans songer à sa femme, à ses enfans, encore étendus dans leurs lits. Tous ces appartemens du roi barbare, semblaient encore respirer l'atmosphère romaine qui leur avait donné la vie ; des fresques mythologiques décoraient le plafond et les lambris ; la délicatesse des pavés, des frises et des entablemens accusait, à ne point s'y méprendre, le travail d'artistes habiles ; mais quel que fût le respect des premiers Visigoths pour l'héritage de Rome, le temps inexorable venait ébrécher et salir ces enfans d'une civilisation avancée. Çà et là étaient encore les meubles des préfets, mais gâtés, déchirés, vermoulus. En vain la reine Théodegothe initiée aux merveilles romaines par son long séjour en Italie, à la cour de Théodoric, son père, essayait de combler les lacunes d'un mobilier tous les jours dépérissant ; les meilleurs ouvriers visigoths ne pouvaient lui procurer que des contrefaçons déplorables du meuble le plus simple ; et des bancs de chêne grossiers, des fauteuils incrustés de plomb, remplaçaient les élégantes chaises d'ivoire, d'ébène, ornées de cuivre et d'argent.

Erimus marcha directement vers la chambre à coucher d'Alaric, et il ne fallut rien moins que l'arrivée subite d'un homme d'armes, placé en surveillance dans une salle de pas perdus, pour empêcher le petit vieillard de réveiller bruyamment le roi et sa famille. La sentinelle, armée jusqu'aux dents, se montra dans cette circonstance aussi zélée pour protéger le sommeil de son maître, qu'Erimus pouvait l'être pour éveiller sa vigilance sur la tentative de la chapelle Saint-Sernin. La vivacité de ce double zèle amena une lutte entre les deux personnages sur le seuil même de la chambre royale, et certes le vieillard aurait remporté la victoire, si la palme avait été donnée à l'activité et à l'ardeur oratoire. Mais après avoir long-temps discuté sur le *j'entrerai*; — *non, vous n'entrerez pas*, Erimus se trouvait à bout de ses argumens, tandis que le soldat tenait le meilleur des siens en réserve. Impatienté de l'entêtement d'Erimus, il vous saisit le vieillard à bras le corps, et l'emporta, malgré ses cris, hors de la salle d'attente. Néanmoins ce conflit eut l'avantage de réveiller le roi et la reine, bourgeoisement étendus sur la même couche. Alaric sortit de son appartement, et vint demander quelle était la cause du bruit qui se faisait entendre.

— Ah, mon seigneur et maître ! reprit Erimus en s'accrochant à la colonnette d'une porte ; quel guet-à-pens ! quelle trahison ! Un événement des plus graves se passe sous mes yeux ; votre autorité est compromise, j'accours en toute hâte pour vous dévoiler le péril, et ce butor, ce maraud me saisit à l'épaule et m'emporte comme un voleur !

— Quel est donc ce péril qui menace mes jours, reprit Alaric en souriant, comme un homme habitué à tirer un parti peu sérieux des petites manies de son vieil architecte. Quelqu'arc-boutant aurait-il fléchi à sa base ? une corniche aurait-elle succombé sous la dent meurtrière d'un rat, ou bien une nouvelle gouttière aurait-elle dévoré la jambe au héros d'une de ces fresques qui font les délices ? Allons, explique-toi ; mais, sur toutes choses, ne me parle ni d'Horace, ni de Cicéron.

— Ah ! seigneur, répondit le vieillard tout attendri : l'avenir réserve peut-être à ce pauvre palais tous les accidens que vous énumérez avec un air dégagé qui sied mal à la circonstance ; mais, pour aujourd'hui, ce ne sont pas les pierres du château qui ont quitté leur poste, c'est vous que l'on ose attaquer, ô mon roi ! c'est le chapiteau de votre royauté, l'arc-boutant de votre sceptre, que des prêtres audacieux viennent saper dans leurs fondemens; vous savez que Virgile craignait les Grecs, même quand ils portaient des présens, *timeo Danaos et dona ferentes*, que sera-ce donc?....

— Oh! pas de citations latines, je te prie, repartit le roi.

— Soit, passons à la prose vulgaire; cependant je ne sais pourquoi vous voulez m'interdire la poésie des Romains, lorsque vous vous montrez si zélé vous-même pour rapporter leurs lois dans vos codes, et emprunter à leur administration tout ce qui paraît utile à la vôtre?.... Seigneur Alaric, le sourire est sur vos lèvres, et ma raison éprouve peut-être un terrible échec à vos yeux; mais ce que j'ai vu est effrayant, incroyable..... Ce pauvre Château-Narbonnais, que j'aime comme mon enfant, qui m'aime comme son père, en a ressenti un frisson d'horreur, et je l'ai vu tressaillir d'épouvante. Vous savez combien ces moines de Saint-Sernin avaient fantaisie d'agrandir leur monastère?

— Sans doute, reprit Alaric, avec le regard surpris d'un homme qui se perd dans les fils d'une conversation embrouillée; mais je sais aussi que j'ai signifié à ces messieurs en robe noire une défense qui ne sera pas transgressée.

— Elle l'est déjà, mon seigneur, s'écria Erimus, en joignant les mains avec une espèce d'épouvante. Le ciment de votre volonté a été dissout par l'astuce entreprenante de ces hommes, il ne reste plus pierre sur pierre de votre sentence de prohibition, et à l'heure qu'il est un second monastère, garni de portes basses et de meurtrières, montre fièrement sa tête orgueilleuse, entre l'église et l'ancienne abbaye. Une nuit a suffi à ces maçons nocturnes pour achever leur monument, et, sur ma tête! malgré mon horreur pour les miracles, je vais être obligé d'y croire avant de mourir.

— Par la mort de mon père! s'écria Alaric furieux, as-tu formé le projet de me faire perdre la raison, ou bien les hommes sont-ils assez aveugles pour courir à leur perte?

— Sire, reprit Erimus, plût à Dieu que je fusse la dupe de quelque fascination, mais malheureusement il me serait difficile de douter de la réalité, et Clodoïr le gardinge, témoin comme moi de cette miraculeuse prouesse catholique, pourra certifier la vérité de ce que j'avance.... Oh! cher Ovide, *tria Cerberus extulit ora, et tres latratus simul edidit*.....

— Malheur sur eux! s'écria le roi;.... eh! quoi donc, le retour à la clémence n'aura abouti qu'à enhardir l'audace de ces ennemis? et plus infortuné que le sévère Euric, je serai haï, détesté comme lui sans avoir l'avantage d'une rigidité qui muselerait la hardiesse de ces sectaires.... Erimus, il faut que la punition soit plus prompte que la tentative : je veux que, dès ce soir, il ne reste pas vestige de leur monastère improvisé, et que les matériaux te servent à bâtir une prison pour renfermer les évêques conspirateurs.

Erimus écouta ces paroles avec une indicible satisfaction. La joie revint sur son front soucieux, ses crispations nerveuses disparurent, et sa voix retrouva la plénitude et le calme que le dépit et le ressentiment lui avaient enlevés.

Sur ces entrefaites, la reine Théodegothe (6), arrachée au sommeil par la gravité de cet événement inattendu, émue d'indignation par l'outrage fait à la dignité de son époux, sauta hors de son lit, se couvrit au plus vite d'une robe de soie, riche de couleurs, et chargée de dessins bizarres, et elle vint joindre Erimus et son mari.

A la vue de la fille de Théodoric, que nul homme ne pouvait rencontrer sans être saisi de ce respect qui nous rabaisse involontairement devant les êtres éminemment supérieurs, Erimus s'inclina, et oublia le sujet de son émotion de la matinée, pour balbutier quelques mots d'excuse sur le sommeil de la reine qu'il avait interrompu.... Le pauvre homme était saisi, immobilisé, interdit.... C'est que Théodegothe était une femme faite pour imprimer à tout homme le sceau de la crainte. Ses traits n'avaient rien d'une beauté parfaite et délicate, et le ciseau d'un statuaire n'aurait pu y trouver que bien peu d'élémens à modeler; mais sa tête respirait la force, la grandeur, la fierté; et son front, son regard surtout, étincelaient de l'impétuosité barbare des femmes de cette époque. Elle se présenta grande, noble, imposante, embellie par le négligé de sa toilette, le désordre de ses cheveux, et cet emportement irrésistible que lui inspirait son amour pour Alaric, et son indignation pour ses ennemis.

—Alaric, lui dit-elle, jusqu'ici je vous avais profondément aimé, aujourd'hui je vous admire. Oui, il est temps de prendre une attitude sévère envers ces dissidens de la foi. Je suis aussi bonne chrétienne qu'ennemie des catholiques, et j'ai toujours vu avec regret la condescendance que vous montriez envers eux. Grâces leur soient rendues pour l'audace qu'ils ont montré en ce jour, puisqu'elle a soulevé votre ressentiment et armé votre juste sévérité. C'est en agrandissant ainsi votre caractère royal, et en imprimant à vos ennemis le frein de la terreur, que la fille de Théodoric sera fière de partager avec vous la royauté. Mais je ne veux pas m'en tenir à une simple approbation de votre conduite, et pour vous montrer combien je prends à cœur tout ce qui touche à votre dignité, c'est moi qui me réserve l'honneur d'aller venger cet outrage.... Garde, reprit-elle, en s'adressant au soldat qui avait soutenu la première lutte avec Erimus, que l'on prépare mon cheval noir, que mes esclaves et mes écuyers prennent les armes; je veux, de ma main, aller porter la flamme et le feu sur ce repaire des ennemis de mon roi.

Alaric voyait l'indignation de Théodegothe avec joie, et comme une preuve d'amour dont il s'enorgueillissait. Néanmoins, il voulut essayer de combattre le projet de la reine, en lui disant qu'il était inutile d'aller prodiguer ainsi son courage dans une punition pour laquelle un centenier à la tête de ses hommes serait plus que suffisant.

— Je ne dois laisser à personne l'honneur de punir vos offenses, et je veux que la main qui frappe soit aussi noble que la tête qui a été insultée, lui répondit Théodegothe. En disant ces mots, l'indignation de la reine avait quelque chose de singulièrement touchant et redoutable. Erimus en fut abasourdi, muet, et Alaric n'eut plus la force de s'opposer à ce témoignage de dévouement conjugal. Théodegothe rentra un instant dans sa chambre pour terminer sa toilette, elle mit sur sa tête une espèce de calotte d'étoffe rouge, elle ceignit un riche poignard suspendu à une ceinture de maroquin jaune, et elle descendit dans la cour du château. Un cheval noir, ardent et robuste, l'attendait sous le péristyle; deux jeunes pages, vêtus de tuniques blanches à la romaine, tenaient chacun un des côtés du mors ; la reine, appuyée d'une main à l'épaule d'Alaric, monta d'un bond sur le coursier impatient ; cent hommes d'armes qui formaient sa garde ordinaire la suivirent, et elle sortit du Château, portant à la main une torche allumée.

Ce fut à la tête de cette petite armée, qu'elle s'avança dans la rue du Forum; à peine eût-elle fait quelques pas au milieu d'une population étrangère à ses desseins, qu'une rumeur sourde fermenta dans les rangs, et bientôt tous les coins de la vaste cité retentirent de cette exclamation : « La reine va incendier le monastère Saint-Sernin! »

Ce cri, répété par autant de bouches qu'il y avait d'habitants, alla réveiller d'affreuses pensées de joie chez les uns, des pensées de résignation et de douleur chez le plus grand nombre.... Ces impressions opposées pouvaient servir à caractériser les diverses fractions de la population toulousaine. Cette belle et puissante capitale était arrivée à cet âge où les peuples et les races, mêlés et superposés par les invasions et les conquêtes successives, ont déposé sur le sol primitif diverses couches de nationalités, de croyances, de civilisation. En ce temps-là, Toulouse renfermait trois races distinctes : les Gaulois, les Romains, enfin les Visigoths. Les premiers, il est vrai, mêlés, fondus, amalgamés par une cohabitation de cinq ou six siècles sur la même terre, n'offraient entr'eux qu'une différence bien peu tranchée ; mais les derniers vainqueurs, tout opposés de mœurs et de croyances, repoussaient également de leur communion les catholiques et les idolâtres, et ils élevaient ainsi, au milieu de la ville conquise, une nationalité compacte et jalouse.

D'après cette distinction, il est aisé au lecteur de comprendre le double effet que la petite expédition de Théodegothe produisit dans la ville. Les Ariens chantèrent victoire, applaudirent à la punition rigoureuse qu'elle allait infliger à l'abbaye, et les nobles dames se pressaient en foule sur son passage pour baiser un pan de sa robe flottante, ou toucher son riche poignard. Les catholiques, au contraire, intimidés par cet appareil de force, et habitués à redouter les Ariens depuis les rigueurs d'Euric, se contentaient de murmurer à voix basse; on les voyait rentrer dans leurs logis, lever les mains au ciel, et prier le père commun de donner à l'Eglise une protection qu'ils ne se sentaient pas la force eux-mêmes de lui offrir.

Ce fut au milieu de ces émotions contraires que la reine franchit la porte du Forum, et atteignit bientôt l'enceinte de claire-voie qui fermait l'enclos de l'abbaye. La femme d'Alaric était agitée de dépit, animée de sévérité, ardente de vengeance. La hardiesse des moines lui faisait craindre une résistance énergique, et déjà elle croyait voir les meurtrières de l'abbaye hérissées de piques, d'arbalettes, et peuplées de défenseurs. Mais quel fut son étonnement, lorsqu'arrivée à la porte qui servait de herse à l'enceinte de l'enclos, elle vit l'abbaye plongée dans une solitude qui formait un contraste incompréhensible avec l'activité qui avait été déployée pendant la nuit. Théodegothe ne savait à quelle pensée arrêter son esprit, et elle se perdait en conjectures.... Un de ses pages porta la main sur la claire-voie, le loquet s'ouvrit sans effort, la reine poussa son cheval dans l'enceinte, personne ne parut, ni pour la repousser, ni pour la recevoir. Elle jeta un coup-d'œil étonné sur les deux parties du monastère : toutes les portes en étaient ouvertes, comme si la crainte eût été étrangère à ceux qui l'habitaient; cependant, au moment où elle poussait son cheval vers la petite église, un chant calme et solennel en ébranla la voûte, et les louanges du Seigneur retentirent au loin. La reine s'arrêta alors; et, sur son ordre, quatre soldats pénétrèrent dans le temple afin de lui amener l'abbé de Saint-Sernin.

Les hommes d'armes, grossiers et insolens, entrèrent avec bruit dans la chapelle; les chants n'en furent pas interrompus, les louanges et les prières semblèrent s'élever vers le ciel avec une ferveur nouvelle; mais au premier avis qui lui fut donné de l'arrivée de la reine, l'abbé quitta sa stalle de bois, et venant à la porte, il s'inclina respectueusement devant elle.

— Te voilà, audacieux catholique, s'écria Théodegothe, en sentant renaître son courroux à la vue du chef de l'abbaye; est-ce pour mieux relever superbement ta tête pendant la nuit que tu t'inclines avec tant d'humilité pendant le jour; je suis ta reine, réponds à mes questions.

— Si la reine est irritée, répondit Blaise, le chrétien est prêt à recevoir le poids de son courroux pourvu que le saint temple soit à l'abri de toute irrévérence; princesse, veuillez éloigner votre cheval d'un lieu où l'homme seul peut pénétrer avec respect.

Ces paroles bienveillantes et résignées furent un rayon de soleil jeté sur l'orageux emportement de Théodegothe, et tout en demeurant sévère, elle s'éloigna de la porte de la chapelle comme si elle eut obéi à un ascendant irrésistible.

— Quelle a été ta pensée en me voyant arriver ici à la tête de ces soldats? ajouta-t-elle, la conscience troublée par le remords; ne t'inspire-t-elle pas la crainte de quelque dur châtiment; et cette torche que je tiens à la main, ne te fait-elle pas redouter que cette abbaye, élevée si laborieusement en une nuit, ne soit réduite en cendres en une heure?

— Princesse, reprit Blaise, Jésus-Christ nous ordonne de pardonner à l'aveuglement et de prier pour ceux que la colère agite; ce soir même j'implorerai le ciel pour vous. Hélas! en quoi donc peut vous courroucer l'édification d'un modeste hangard destiné seulement à abriter nos têtes? Est-ce notre faute, si les rigueurs d'Euric ont fait tant d'orphelins, tant de malheureux sans asile? et lorsque des milliers de prêtres sont sans abri, des évêques et des moines sans monastère, sera-ce un si grand crime de les mettre à couvert au moment où l'hiver commence à faire sentir ses rigueurs.

— Ce n'est pas dans le fait même de la construction d'un monastère que gît ton crime, c'est dans la désobéissance aux ordres de ton seigneur, répondit la reine. Quel dévouement peut attendre Alaric de la part d'hommes qui ne craignent pas de mépriser ses défenses les plus expresses; vous prêchez partout un Dieu de paix, et toujours vous faites la guerre : quelle est donc cette religion élastique qui se prête ainsi à toutes les interprétations des mauvais desseins?

— Madame, reprit Blaise, en donnant plus de fermeté à ses paroles, je vous ai déjà fait observer que Dieu ne devait pas entrer dans nos débats; que son adorateur soit frappé, s'il le mérite; qu'il meure, s'il le faut, mais que le nom du Seigneur soit béni toujours et en tout lieu.

— Le Christ, ton rédempteur, est aussi le mien, reprit la reine, mais ta religion n'est pas la mienne, et le pape est loin d'être Arius.... Quoi qu'il en soit, je veux bien éloigner toute controverse de la question actuelle. Tu as élevé contre la volonté du roi un bâtiment dont l'existence seule est un outrage à son autorité; je viens te sommer de le renverser à l'instant, si tu ne veux que je l'incendie moi-même.

— Reine, lui répondit l'abbé sans s'émouvoir, la force est du côté de la puissance terrestre, et le chrétien de ce pays ne peut que se soumettre et gémir. Si le dernier asyle du pauvre, de l'infirme et de l'orphelin est pour vous un objet de haine, nous saurons abandonner cette dernière retraite, nous irons errer dans les bois, nous nous retirerons avec nos frères dans quelque profonde vallée des montagnes; là, ignorés du reste du monde, nous abriterons la croix et ses adorateurs dans le creux des rochers, sous des cabanes de gazon.

Chaque parole de Blaise semblait apaiser le ressentiment de Théodegothe. La colère qu'elle avait apportée à l'abbaye aurait eu besoin, pour éclater, de rencontrer l'opposition et l'orgueil; et, dans ce cas, sa vengeance eût été terrible; mais en présence de la douceur, de la résignation évangélique de Blaise, comment trouver l'énergie nécessaire pour frapper?

— Puisque ce nouveau logement paraît vous effrayer, ajouta Blaise, il est juste que nous vous montrions les soldats destinés à le rendre redoutable.... A ces mots, l'abbé rentra dans l'église, et un moment après il revint accompagné d'une foule de vieillards, de femmes et d'infirmes.... Regardez vos dangereux adversaires, dit-il, en présentant à la reine ces enfans de l'église; voilà les hommes formidables au milieu desquels nous allons choisir cette milice qui trouble votre sommeil.

— Il suffit, dit Théodegothe un peu désappointée, le sceptre de mon époux n'est pas si pesant aux catholiques, que tant de malheureux soient excusables de chercher un refuge autour de l'église. Les princes qui veulent régner en repos n'aiment pas à voir ces populations nombreuses se presser sous le patronage des monastères. Aussi, quelque charitables que puissent être vos intentions, ce grand nombre de cliens n'en est pas moins fait pour inspirer de l'ombrage.

— Reine, reprit l'abbé, que votre courroux s'apaise. Plutôt perdre la vie à l'instant que d'entretenir dans votre ame une cause de colère, qui serait désagréable à mon Dieu. La concorde est la nourriture des enfans de l'église; nous saurons renverser leur asile s'il doit être entre nous une cause de mésintelligence ; néanmoins, si la nouvelle partie de notre monastère est condamnée par vous à être démolie, j'ose espérer que vous voudrez bien donner aux ministres du Christ le temps de se réunir et de se concerter entr'eux sur cette décision douloureuse.

La colère de Théodegothe ne put résister à ces paroles de soumission ; parvenue au but de ses désirs, il lui eût paru barbare de frapper sans miséricorde, un ennemi qui ne se défendait pas. Elle renversa donc vers la terre sa torche devenue inutile, et fit signe à ses soldats de quitter l'enceinte de l'abbaye.

— Abbé, dit-elle, à Blaise, votre obéissance a mis un terme au juste ressentiment qui m'a conduite ici; je vais laisser en paix les prêtres catholiques, en désirant que l'avis de tous soit aussi sage que celui de leur chef; surtout n'oubliez pas que j'étais venue pour châtier votre témérité, et que je ne me retire que devant la promesse d'une prudence, à l'avenir plus grande.

A ces mots la reine tourna bride à son cheval, Blaise s'inclina avec respect, et le cortége royal traversa la petite langue de terre, qu'une haie de roseaux séparait des marais, pour rentrer dans la ville.

A son départ, ce fut dans l'abbaye un cri de joie immense; les moines, sortant précipitamment de la chapelle, louèrent Dieu de la protection qu'il leur avait accordée contre les mauvais desseins de la reine, et le peuple, cette foule de vieillards, de femmes, témoins de l'empire que Blaise avait excercé sur Théodegothe, avec des paroles soumises, fit honneur de la victoire à la sainteté du pieux abbé; les uns s'agenouillèrent à ses pieds, en l'appellant leur sauveur; les autres baisèrent le pan de sa robe blanche, et les petits enfans apprirent à bégayer le mot *Sanctus*, pour l'ajouter à son nom. Qu'était-ce donc que cet homme de paix que le lecteur s'attendait si peu à voir entrer en scène après l'audacieuse tentative de la nuit ? Un simple et modeste religieux, vêtu d'un froc de bure grossière dont la laine blanchâtre avait conservé la couleur naturelle dans toute sa rustique simplicité. Elevé à la dignité d'abbé de Saint-Sernin, par la ferveur de son zèle, la pureté angélique de ses mœurs, Blaise était demeuré abbé modeste, simple, charitable, comme il avait été autrefois berger confiant et crédule dans les gorges des Pyrénées. Ce caractère ne s'accorde guère, sans doute, avec la témérité que le lecteur s'est habitué à prêter aux moines de Saint-Sernin, d'après le récit qui précède ; mais je me hâte de faire remarquer que Blaise n'avait nullement encouragé l'entreprise nocturne et hardie qui a jeté le trouble dans l'ame du vieil Erimus. En ce temps là, vivait, auprès de notre saint abbé, un évêque remarquablement entreprenant et énergique; et quoique ministres du même Dieu, leur caractère et leur conduite formaient comme les deux antipodes du cœur humain : en effet, à côté de cette nature limpide et évangélique de Blaise, que l'on se représente un homme fier de son autorité épiscopale, voulant tout pour Dieu, mais tout par le prêtre; se proposant, pour but de tous ses efforts, le triomphe de la foi et la puissance de l'Église, non pas une puissance tempérée, partielle, mais jalouse, universelle, unique ; que l'on se représente, dis-je, un avant-coureur de Hildebrant, décidé à faire régner la Croix sur le monde par tous les moyens, et l'on aura une idée du contraste immense que formaient l'abbé Blaise et l'évêque Héraclianus. Mais quelque grande que soit cette opposition, elle ne doit pas rencontrer d'incrédules. Ces deux extrêmes ne sont pas étranges dans la religion chrétienne, ils se sont offerts, au contraire, dans tous les temps et dans tous les lieux. L'histoire nous montre partout des Blaises, héritiers modestes de toute la candeur évangélique des premiers apôtres ; et partout aussi apparaissent ces grandes figures de prêtres courageux, inébranlables, grandissant de force au milieu des dangers, tenant fièrement tête aux orages.... Les premiers courbent le front sous cette devise du Christ.... Rendez à César ce qui appartient à César..... Les seconds excommunient les empereurs, comme Hildebrant, et prêchent les Croisades comme Innocent III (7). En un mot, les uns sont d'admirables chrétiens, les autres, ce qui vaut peut-être mieux, de grands et courageux pontifes.

C'est donc à Héraclianus, ame du Catholicisme belligérant à Toulouse, qu'il faut rapporter tout l'honneur du monastère improvisé; c'est lui que l'on avait vu, durant toute la nuit, laborieusement diriger les travailleurs, remuer les pierres..... Blaise, au contraire, peu porté par un naturel paisible à donner son assentiment à de semblables tentatives, s'était tenu à l'écart, et, prosterné devant Dieu, il le priait d'éloigner de ses enfans les rigueurs qu'une semblable désobéissance pouvait leur attirer de la part des Visigoths irrités. Heureusement qu'Héraclianus était absent lorsque la reine vint faire sa visite peu gracieuse aux moines de Saint-Sernin; sans cette circonstance, on peut aisément se figurer combien la réception eût été différente, car l'évêque était homme à rallumer la colère de Théodegothe, et le choc de ces deux caractères bouillans n'aurait pu manquer de produire des étincelles.

Viens mon coursier, noble ami.....!
Vole au signal des trompettes du Nord.
Prompt au pillage, intrépide à l'attaque,
Prête, sous moi, des ailes à la mort.
....
Tout cet éclat dont l'Europe est si fière,
S'engloutira dans les flots de poussière,
Qu'autour de moi vont soulever tes pas.

BÉRANGER.

III.

L'AMBASSADEUR.

Cependant le bruit de l'expédition de la reine s'était rapidement ébruité dans la ville, et l'évêque Héraclianus ne tarda pas d'en être instruit dans sa cathédrale Saint-Etienne, où il était allé remplir les devoirs de l'épiscopat. A la première nouvelle que lui en donna son diacre de confiance, il endossa rapidement un riche vêtement fait d'une épaisse étoffe de soie, parsemée de lames d'argent et de galons d'or, il mit sur sa tête une mitre de cuivre doré, qui, au besoin, aurait pu passer pour un casque ; prenant son bâton pastoral qui n'était encore que de bois peint, il emmena avec lui tout ce qu'il put réunir de prêtres et de séculiers ; et en un instant le voilà rendu dans l'enceinte de l'abbaye ; mais Théodegothe était déjà repartie avec son escorte..... Le bon Blaise, qui connaissait les deux caractères, bénit le ciel d'avoir évité une rencontre qui aurait pu être funeste à son désir de paix; Héraclianus, au contraire, se mordit les lèvres, fort contrarié de n'avoir pu tenir tête à la reine, et que l'on juge de son ressentiment lorsqu'il eut connaissance des concessions, honteuses selon lui, que le modeste abbé avait faites à l'ennemie.

A l'instant même il convoqua les prêtres et les moines, et, grimpant sur un échaffaudage, il les harangua dans le bâtiment même qui faisait son orgueil et allumait la jalousie des Visigoths.

— Depuis quand les adorateurs du vrai Dieu ont-ils appris à trembler devant de misérables schismatiques? s'écria-t-il, en lançant des regards terribles sur le pauvre abbé; la crainte des méchans n'est-elle pas une lâcheté, et tout chrétien ne doit-il pas en rougir? pensez-vous donc que ce soit pour recevoir les Visigoths, prosterné jusqu'à terre, que j'ai fait entourer l'abbaye de palissades et de meurtrières? quelques-uns diront peut-être qu'il y aurait plus de folie que de courage à lutter contre des adversaires aussi formidables... Je repondrai que l'homme véritablement formidable est celui qui sait élever son ame au plus haut degré d'abnégation et de courage. Or, quel est le peuple qui pourra monter sa bravoure plus haut que celui qui combat pour les autels du vrai Dieu? Les persécutions, dira-t-on peut-être, ont éclairci les rangs des catholiques; mais il peut surgir à l'improviste tel événement inattendu qui viendrait multiplier les enfans de l'Eglise, comme il fut fait par Dieu pour la multiplication miraculeuse des pains! Et lorsque vous m'avez vu enfreindre ouvertement les défenses d'Alaric, vous auriez dû penser qu'Héraclianus avait de par le monde quelque puissant protecteur qui ne lui ferait pas défaut au moment du péril.

Ces paroles furent écoutées avec une vive attention, par les nombreux auditeurs. La voix incisive de l'évêque promenait sur une quadruple haie de figures monacales, ardentes de foi, décharnées d'abstinence, creusées par l'extase et la méditation, comme l'école espagnole a si énergiquement su les peindre. Ici des rayons d'amour et d'adoration illuminaient un front chauve, élevé vers le ciel; plus loin, deux prunelles lançaient du fond de leurs orbites des flammes d'indignation, et l'on comprenait que le sang qui animait ce chrétien était impatient de se répandre pour le triomphe de l'église. Tout à côté, un jeune moine, les yeux éteints par la contemplation, portait inscrit sur sa paleur mortelle toutes les larmes, tous les sanglots qu'il avait répandus pour les tortures volontaires de la pénitence, et toutes ces passions, retracées à chaque instant sur ces figures attentives, allaient se multiplier dans mille modifications du cœur humain.

Héraclianus subjugua long-temps cet auditoire ardent et passionné dans la foi, avec les armes irrésistibles de sa fougue religieuse; Blaise, seul, retiré à l'écart, ne pouvait entendre avec plaisir des paroles de menace, qui ne lui laissaient voir dans l'avenir que les troubles, la guerre et le

sang. Tout le reste, au contraire, n'avait que des applaudissemens à donner à l'évêque, et cette phrase de son discours : « *Vous auriez dû penser
» qu'Héraclianus avait de par le monde quelque protecteur puissant, qui ne
» lui ferait pas défaut au moment du péril*, » soulevait en eux des réflexions profondes.

Ce fut au milieu de ce travail de l'incertitude, que le gardien de la porte entra précipitamment dans la salle, et vint annoncer avec un certain effroi, qu'un homme étrangement vêtu, couvert de cheveux blonds, de longues moustaches rousses, et monté sur un cheval blanchi de poussière, demandait impérieusement à parler à l'évêque de Tolosa.

Cette esquisse sauvage de l'émissaire inconnu, donna quelque inquiétude à la plupart des chrétiens. Les moines, dont la dévotion extrême fortifiait l'ame contre toute pensée de crainte, demeurèrent dans les bornes de la surprise; mais Héraclianus laissa répandre sur son visage une expression de triomphe et de joie, et tous les assistans se rappelèrent instinctivement cette phrase encore inexpliquée : « *Vous auriez dû penser
» qu'Héraclianus avait de par le monde quelque protecteur puissant, qui
» ne lui ferait pas défaut au jour du péril.* »

L'étranger ne tarda pas de faire son entrée dans la salle. Son caractère impatient ne pouvait s'accommoder de la temporisation, et après avoir attaché son cheval au verrou de la porte, il vint chercher lui-même la réponse qui lui semblait se retarder. A son apparition, tous les regards se dirigèrent vers lui, et chacun chercha à étudier sa physionomie sauvage et méprisante.

— Vive le Christ, qui aime les Francs! s'écria-t-il en levant les mains au ciel; je suis un homme de la nation franke, envoyé vers l'évêque de Tolosa par le roi Clovis, lequel est sage dans les conseils, terrible dans le combat, inexorable dans la victoire; chrétien, il aime les chrétiens; brave, il aime les braves, et hait les lâches. Il me députe vers vous en ce jour, pour offrir aux catholiques de ce pays son amitié, sa protection, et leur demander en retour leur dévoûment et leur appui dans toute ses entreprises (8).

— Etranger, répondit Héraclianus, quelque peu préparés que fussent les fidèles de cette abbaye à recevoir un tel message, je crois pouvoir te répondre néanmoins que leur amitié et leur sympathie sont naturellement acquises à tous les hommes qui, comme le roi des Franks, marchent sous la bannière de la Croix.

— Le roi, mon maître, attend de vous un dévoûment jusqu'à la mort, répondit vivement l'envoyé, en interrompant l'évêque. Or, sachez donc qu'à quelques jours d'ici, il se propose d'envahir ce pays et d'en chasser les ariens. Le roi des Visigoths l'a vivement outragé, en refusant de lui remettre le général Siagrius, vaincu par lui sur les bords du Rhin ; plus tard, il est vrai, le général lui a été livré, mais l'offense d'un premier refus n'en existe pas moins tout entière (9); et d'ailleurs, qu'importe cette offense! la terre n'appartient-elle pas au plus vaillant. Le Christ est le plus fort des dieux; il protége mon maître..... Par le fer ou par le feu, il faut que le riche royaume des Visigoths soit à nous..... On dit qu'il produit en abondance des vins exquis, d'excellent gibier, des fruits délicieux; le trésor d'Alaric est immense!.... Vive le Christ, qui aime les Franks; ces vins, ces fruits, ces trésors, sont à nous!

Blaise, quelque désireux qu'il pût être de garder le silence, trouva néanmoins le courage de prendre la parole dans cette conjoncture difficile.

— Etranger, lui dit-il avec douceur, le César de ce pays est Alaric; Dieu nous ordonne de lui rendre fidélité, obéissance; de quel droit votre maître veut-il troubler la paix de ce royaume, et affliger l'église en répandant des torrens de sang?

— En venant ici, répliqua Holdowig, dont le regard terrible fit baisser ceux du moine candide, je ne m'attendais pas à trouver des chrétiens timorés..... Qui que tu sois, sous ce capuchon, le dieu que tu adores n'est pas ce Christ au nom duquel mon maître soumet les peuples de la terre, renverse les cités, détruit, transporte et vend aux enchères les populations vaincues; aussi, n'est-ce pas à toi que s'adressent mes paroles..... Héraclianus, c'est vers toi que je suis député; or, quelle est ta réponse à la sommation que je t'adresse. Promets-tu à mon maître amitié, aide et secours? Si tel est ton serment et celui des moines ici présens, cette capitale des Visigoths va tomber sous les coups de la nation franke; les Visigoths seront dispersés par le feu, leurs maisons seront détruites par la flamme, leurs trésors seront pillés, mon maître régnera là où ils règnent, et l'église catholique sera florissante. Si tu refuses ces conditions, les Visigoths n'en seront pas moins dispersés par le fer, leurs maisons détruites, leurs trésors pillés; mais les évêques catholiques au lieu d'être protégés seront opprimés, et leurs églises, au lieu d'être puissantes et comblées de présens, seront dévastées, renversées comme les maisons des ennemis.

A ces paroles, étrangement farouches, Héraclianus sentit l'indignation colorer son visage, son cœur battit de dépit, et il eut presque du regret d'avoir secrètement encouragé les projets d'un peuple aussi cruel.

— Emissaire de Clovis, répondit-il avec fermeté, tu devrais savoir que les fils de Dieu appuient leur courage sur un fondement que les menaces des hommes ne peuvent ébranler. Si j'acceptais l'amitié du roi des Franks, c'est à condition qu'il accepterait la mienne; et je prétendrais en cela traiter de puissance à puissance, sans soumission ni crainte de notre part.

— Evêque, repartit Holdowig, nous ne sommes pas habitués à de semblables réponses de la part de ceux que nous daignons ne pas confondre dans notre haine; tu ne connais pas la nation franke; quiconque repousse son amitié encourt son châtiment. Entre ces deux extrêmes, le terme moyen est difficile, ainsi donc choisis à l'instant même, tu connais nos conditions.

Au milieu de cette étrange discussion, les moines, peu accoutumés à supporter patiemment les outrages des hommes, sentaient la colère et l'indignation fermenter dans leurs ames; et s'ils avaient lâché bride aux tentations belligérantes, Holdowig aurait pu payer cher son langage audacieux; mais Héraclianus les engagea, du geste et du regard, à comprimer ces mouvemens imprudens. Les moines de cet âge, éloignés du théâtre où Clovis établissait sa domination, par les moyens les plus violens, ne connaissaient guère que le côté chrétien de son caractère, et ils s'étaient laissé prendre d'une secrète préférence pour ce puissant coréligionnaire. Le langage fier et menaçant de Holdowig venait de leur révéler le côté barbare et sanguinaire du nouveau peuple conquérant, et ils commençaient à craindre, pour le midi de la Gaule, les conséquences d'une invasion qui naguère leur eut souri.... Héraclianus lui-même, malgré toute sa passion catholique et le désir d'élever la puissance de l'Église sur les ruines des ariens, commençait à partager ce désenchantement.

— Messagers de Clovis, dit-il à ce dernier, après un moment de réflexion, tous ceux qui portent la croix sont nos frères, et nous ne saurions nous refuser à faire les vœux les plus ardens pour leurs succès. A ce titre Clovis peut compter sur nos sympathies; mais notre Dieu est un Dieu qui abhorre le sang, et nous ne saurions encourager les projets barbares que les Franks ont formé contre le peuple visigoth. Le massacre, la déportation et l'esclavage ne seront jamais vus par nous qu'avec horreur.

Cette réponse fit mordre les lèvres au fier sicambre.

— Evêque, répondit-il, mon langage n'a pas deux tranchans comme la frankisque qui pend à ma ceinture de cuir, et je ne saurais rien ajouter ni rien omettre aux conditions que je suis chargé de te proposer; mais songes-y bien, puisque tu repousses l'amitié de mon roi, c'est sa colère que tu acceptes. Quoi qu'il en soit, voici les lettres qu'il m'a chargé de te donner : prends-en connaissance; puis je vais remonter à cheval pour regagner ces forêts de la Seine où siége la grande nation.

Aussitôt l'émissaire ouvrit un sac de cuir, qu'il portait en bandoulière, et il en retira des tablettes qu'il remit à Héraclianus. Celui-ci s'en saisit; et ayant brisé le sceau royal, il se retira dans le coin de la salle, le moins occupé par la foule, et travailla silencieusement à déchiffrer le latin barbare qui formait le langage bâtard du peuple du Nord. Ce travail de traducteur ne laissa pas que d'offrir quelques difficultés à l'évêque; mais il en fut bien amplement dédommagé par les diamans qu'il sut découvrir au milieu de ce fatras d'éloquence informe. A chaque nouvelle page un sourire de joie venait illuminer ses traits.... Le roi Clovis, plus prudent que son bouillant messager, était loin de montrer cette soif de pillage, de destruction et de meurtre que Holdowig avait manifestée. Tout en poursuivant son idée conquérante, il savait habilement en déguiser les terribles conséquences, et cette espèce de lettre pastorale était remplie d'expressions bienveillantes à l'endroit des évêques catholiques. Elle offrait les espérances les plus séduisantes à tous ceux qui seconderaient le Mahomet chrétien, et promettait tous les genres de priviléges à l'Eglise et aux ministres de Dieu, exemptions d'impôts, prépondérance civile et politique, si bien que notre évêque pouvait se voir, dans un avenir peu éloigné, le dispensateur souverain des emplois et des grâces. Quant aux craintes de dévastation et de carnage qu'Holdowig avait pu faire naître, la promesse solennelle d'accorder en toutes circonstances pardon et merci, à la prière des évêques, diminuait singulièrement les frayeurs qu'Héraclianus avait pu d'abord concevoir (10).

Pendant que toutes ces pensées fermentaient, en se choquant dans sa tête, les moines puissamment intrigués par le langage d'Holdowig et la remise des lettres de Clovis, faisaient courir leurs yeux scrutateurs et ardens, de l'évêque à l'ambassadeur, et de l'ambassadeur à l'évêque. Chacun cherchait à étudier la décision d'Héraclianus, sur les mouvemens de sa figure, et à examiner les armes et le costume étrange du Frank. C'était chose assez curieuse, en effet, pour les habitans civilisés de l'ancienne Narbonnaise, que l'habillement sauvage de Holdowig. Il portait une tunique de lin gris, à manches courtes; un justaucorps de laine blanche, orné de fourrures, embrassait sa poitrine, et recouvrait à moitié un caleçon de laine noire. Tout cela était sans ornement et sans couleurs empruntées. Une ceinture de cuir jaune servait à retenir le caleçon et à serrer le justaucorps autour des hanches. Deux armes meurtrières étaient suspendues à cette ceinture; à droite, une épée courte à deux tranchans; à gauche, la terrible et nationale frankisque : enfin, sa tête était chargée du poids, un peu embarrassant, d'un casque de fer enlevé à quelque soldat romain de Siagrius. Ajoutons à ce costume fondamental des bottines de cuir velu, garnies de lames de fer et de cuivre, une énorme peau d'ours, jetée en forme de manteau sur les épaules, et agraffée devant la poitrine par les pattes encore armées de leurs griffes, et l'on aura une idée générale de l'uniforme d'Holdowig.

L'évêque, ayant achevé sa lecture, revint dans la foule, et il dit à l'ambassadeur :

— Envoyé des Franks, je remercie Clovis, ton roi, des lettres bienveillantes qu'il m'adresse; et comme je désire infiniment que ma réponse soit digne de sa gracieuseté, mon intention est de me concerter avec les prêtres et les moines, ici présens, accorde-moi donc quelques heures de surséance ; demain, dans la journée, je te transmettrai le dernier avis des catholiques de ce pays. En attendant, va dans le monastère prendre le repos et la nourriture que ta longue et pénible course rend nécessaire.

Holdowig, quoique désireux de connaître plus promptement sa décision, n'opposa que très-peu de résistance aux désirs d'Héraclianus. Peut être l'offre d'une copieuse ration de vin que le moine Coupechoux fit retentir à son oreille, ne fut-elle pas étrangère à sa complaisance. Quoi qu'il en soit, il se laissa conduire vers la partie ancienne du monastère. On plaça devant lui, dans un coin de la longue table du réfectoire, du pain de froment, deux cuisses de chevreau, deux pots de vin, et il dévora ces provisions avec une gloutonnerie digne de la chaleur d'un estomac du Nord.... Maintenant la nuit est survenue, laissons Holdowig s'étendre sur un lit de paille, après avoir approvisionné son fidèle cheval, de litière, d'avoine et de foin. Laissons les moines négliger un peu leur bréviaire, pour réfléchir dans leurs cellules, et pendant que Blaise est prosterné devant le tombeau de Saint-Sernin, priant le Dieu de miséricorde d'épargner aux chrétiens et aux infidèles les horreurs d'une invasion, promenons un instant avec l'évêque dans l'enclos de l'abbaye, entre le cimetière et l'enceinte de claire-voie. Devant lui s'élevait le portique de l'église, partie fort importante alors des temples chrétiens, et dont on ne retrouve aujourd'hui des traces que dans bien peu de basiliques; les rayons de la lune interrompus de distance en distance par les tiges noires des cyprès, projetaient leur blanc mat dans les voûtes basses du portique, sur le flanc de l'église, et prêtaient par le contraste de la nuit et de sa lumière, une vivacité de ton à ce monument, une énergie de clair-obscur bien propre à disposer l'ame aux méditations et aux rêveries excentriques. Ce n'est pas, à vrai dire, que nous puissions donner des documens particuliers et bien précis sur la chapelle de Saint-Sernin, commencée par saint Hilaire, et menée à bonne fin par saint Exupère, son successeur. Mais en reconstituant ce premier monument sur les modèles de l'architecture du cinquième et sixième siècles, nous pouvons dire que cette basilique, plus remarquable par la richesse de ses décorations que par la grandeur de ses proportions, renfermait des mosaïques, grossières peut-être, mais relevées du moins par l'éclat des lambris peints et dorés. Quant au portique, il devait avoir trois galeries ; l'une appliquée à la face antérieure du bâtiment, les deux autres arrondissant leurs ailes saillantes en fer à cheval. Nous pourrions bien parcourir les peintures à fresque qui les décoraient, et suivre des yeux les processions de saints patriarches, d'apôtres, de prophètes et de martyrs (11); mais Héraclianus attire nos regards, absorbe notre attention.... Prêtons l'oreille à son monologue.

— Le roi frank demande alliance et secours à l'Église catholique, promettant de détruire l'empire des Visigoths qui la persécutent et de lui rendre la puissance, les richesses, la prépondérance qui lui sont promises par les prophéties. Accepterons-nous, sans condition, des offres qui doivent agrandir la puissance chrétienne, ou bien reculerons-nous devant la perspective d'une invasion terrible, dans laquelle des vainqueurs barbares marcheront entourés de ruines, de massacres, de destructions? telles étaient les alternatives de crainte, d'espérance qui entretenaient l'incertitude dans l'esprit d'Héraclianus; et le front soucieux, le regard baissé vers la terre ou élevé vers les étoiles, il semblait demander alternativement à la pensée humaine et à l'inspiration divine une solution qui pût trancher la question immense qui était soulevée.

Comment, au sein de l'esclavage,
Pourrions-nous de Sion faire entendre les chants?
Souviens-toi de ce jour d'alarmes,
....Où, par leur joie impie et leurs cris triomphans,
Les cruels fils d'Edom, insultant à nos larmes,
S'applaudissaient des maux de tes tristes enfans.
Détruisez, détruisez leur race;
De leurs remparts brisés ne laissez point de traces,
Anéantissez-en jusques aux fondemens.

MALFILATRE.

IV.

L'APPARITION.

Tout a coup, l'évêque sentit un vent tiède et extraordinaire caresser son visage; il s'arrête, il regarde, et voit le gazon du cimetière s'arracher, la terre se fendre, s'entr'ouvrir, et laisser paraître à travers ses fissures béantes un cercueil de bois rongé, vermoulu, qu'une puissance opposée à l'attraction terrestre paraissait soulever à la surface. Bientôt tout se tait, un nuage voile la clarté des cieux, une détonation se fait entendre au milieu des ténèbres impénétrables, les planches du cercueil volent en éclats, emportant avec leurs débris les clous violemment arrachés, et la lune ne reparaît sur cette scène que pour éclairer un fantôme.... Sa hauteur ne s'élevait pas au-dessus de la taille ordinaire. Héraclianus le considéra sans terreur, mais ses yeux furent éblouis, car un suaire légèrement poudreux recouvrait un corps humain d'une blancheur éclatante, comme celle d'un bloc d'argent. Le fantôme s'approcha, il inclina devant Héraclianus son visage décoloré, ombragé de cheveux noirs, et il marcha vers la chapelle. L'évêque, stupéfait, attentif au moindre mouvement de cette apparition, la suivit des yeux et entendit bientôt ces paroles :

— Salut, sol tectosage, sur lequel j'ai nourri tant de passions profanes avant de me purifier aux sources du Christianisme! D'où vient, ô terre sainte, qu'après avoir conservé mon cadavre à demi-chaud dans ton sein, tu t'es montrée si avare envers les cendres du grand martyr! Après deux siècles et demi, faut-il que je retrouve la chapelle de Saint-Sernin encore si humble, tremblant à la moindre menace des ariens, et obligée de fermer ses portes pour se soustraire à leurs outrages. Hélas! ajouta la voix ténébreuse, avec un accent de contemplation ineffable, que je souffre cruellement en voyant le tombeau de l'apôtre et le temple de Dieu dans cet état de fragilité; mais la souffrance va me donner du courage; mes efforts vont devenir prodigieux jusqu'à ce que le sanctuaire chrétien ait dépouillé cette frêle enveloppe pour revêtir les formes sublimes d'une basilique, et régner souveraine sur les débris du peuple visigoth. Déjà le Frank s'est ébranlé; déjà l'Arien tremble derrière ses murailles. Que le Dieu des armées donne à ses adorateurs le courage des milices célestes, et la victoire est à nous!

Ces mots étant prononcés, le fantôme revint lentement sur ses pas, et il se plaça vis-à-vis d'Héraclianus.

— Ah! voici un de ses ministres, ajouta-t-il en fixant ses regards pénétrans sur le front de l'évêque : celui-ci n'a pas l'humilité des premiers apôtres, son visage est fier et digne de la grandeur de son Dieu; sa bouche semble prête à lancer l'anathème, son bras est disposé à frapper l'ennemi..... Bien, bien, très bien, prêtre du Christ; c'est ainsi que doivent se montrer les chefs des milices catholiques dans les temps de labeur et de péril.

Héraclianus surpris, mais non effrayé, lui demanda à son tour avec fermeté :

— Quelle femme es-tu sous ce vêtement de la mort? et de quel droit viens-tu arrêter mes pas et interrompre les pensées qui m'agitent?

— Du droit que l'expérience a donné aux mortels des anciens âges sur ceux qui ont encore peu vécu. Je suis déjà vieille sur cette terre; mon nom fut mêlé à la chute du Druidisme, à la naissance de la religion véritable..... Insensée que j'étais, guidée par une précipitation imprudente, j'accueillis l'établissement des Visigoths avec acclamation, heureuse de voir un peuple qui connaissait le Christ, remplacer la domination romaine encore idolâtre. Je ne songeai pas que ce peuple, armé du Christianisme en haine des empereurs polythéistes, se rendrait bientôt hérétique en haine des empereurs devenus chrétiens. Depuis long-temps, hélas! l'audace et la tyrannie des ariens a cruellement détrompé mon attente; la douleur de ce mécompte vient de me réveiller au fond de mon tombeau, et me voici blanche et froide comme un spectre, mais vivace et furieuse comme une mère outragée, occupée à chercher une puissance forte, jeune, orthodoxe, qui veuille marcher contre le nouvel empire visigoth, pour établir la puissance du Christ sur ses débris. Clovis, le nouveau chrétien, vient d'offrir son bras à la Gaule, les vibrations de sa voix ont ébranlé la terre, elles se sont propagées jusques dans mon cercueil, et voici que je me relève pour accepter ses offres et l'aider à accomplir sa grande mission.

— Clovis! s'écria Héraclianus surpris; c'est aussi le héros qui m'a fait proposer son secours contre l'oppression des ariens, mais je suis plongé dans la plus cruelle incertitude : ne pourrais-tu pas éclairer mes sens de la lumière de ce monde inconnu d'où tu t'es échappée ?

— Quoi donc! reprit l'autre d'un air formidable, Clovis t'a offert son épée, et tu pourrais hésiter à frapper les Visigoths ?

— Et comment n'éprouverai-je pas un moment d'indécision, lorsqu'il s'agit d'appeler sur cette belle partie de la Gaule une invasion de ces Franks inexorables qui versent le sang par volupté ?

— De grands malheurs peuvent, il est vrai, suivre leur passage; mais voudrais-tu donc compromettre le triomphe du Christianisme et l'avenir de l'humanité, pour ne pas verser quelques gouttes de sang, surtout quand ce sang est impur.

— Femme, répondit Héraclianus, ta parole m'ébranle et m'effraie; tes passions, je le vois, ont dû être ardentes, et l'évangile n'en a pas éteint le foyer.

— Penses-tu donc que l'eau du baptême ait dissout mon ame, toute pétrie d'exaltation, et qu'en devenant chrétienne elle ait cessé d'être gauloise. La fille des Gaules, composée avec du sang de druide, animée par les inspirations romaines, a pu adopter la nouvelle loi pour lui consacrer ses passions, mais non pour les anéantir. Si je me suis faite chrétienne, c'est parce que le Christianisme est devenu à moitié gaulois, et que nous avons fait tous les deux une partie du chemin.

A ces mots, elle jeta sur Héraclianus un regard enflammé, tel qu'on ne pouvait guère s'attendre à le voir s'élancer de son visage sans couleur, sans vie, et la lune, frappant obliquement son front, prêta à sa physionomie un étrange reflet.

— Te voilà bien orgueilleuse et volontaire, répondit Héraclianus, et néanmoins ton Dieu est ce fils de Marie qui a prêché la miséricorde et pardonné à ses bourreaux!

— Si le Fils a pardonné à ses bourreaux, le Père ne sut-il pas noyer les méchans dans le déluge et foudroyer Balthazar au milieu de sa luxurieuse impiété?

— Sans doute, repartit Héraclianus, dont ces paroles étaient loin de contrarier les principes; mais le fils est venu après le père, et il n'a parlé que de pardon et de charité!

— Le Messie est venu pour mettre la dernière main à la révélation de l'Eternel, et non pour l'abroger; il est venu surtout pour compléter cette loi de fraternité qui doit unir les hommes; mais la grandeur redoutable du Dieu de Moïse demeure toujours entière; c'est du haut du Sinaï que j'ai mesuré la petitesse de la créature, c'est en contemplant les merveilles de l'univers que j'ai allumé en moi une dévotion sans mesure pour le créateur, et que j'ai compris toute l'énormité criminelle de celui qui l'outrage.

— Sans doute, sans doute, s'écria Héraclianus, transporté de sympathie pour cet éloquent interprète de ses sentimens; aussi quand ces timides ministres du Dieu des armées viendront me dire que le royaume des apôtres n'est pas de ce monde, que leur rôle ici-bas doit se borner à prêcher la parole du maître, à souffrir avec patience, à mourir avec résignation, je pourrai leur répondre hardiment......

— Que leur devoir est de combattre jusqu'à ce que le nom de l'Eternel ait été imposé aux hommes les plus téméraires, s'écria la femme blanche en achevant la phrase; jusqu'à ce que la terre soit couverte de temples majestueux, héritiers des merveilles de celui de Salomon.

— Oui, je saurai combattre tout ennemi de mon Dieu, qu'il soit hérétique ou idolâtre, poursuivit Héraclianus avec transports. Cependant, je l'avoue, lorsque les Franks sèment la terreur et la mort sur leurs passages, j'ai quelque répugnance à leur livrer une ville populeuse et florissante. Suis le peuple nouveau dans sa marche : ici ce sont des populations entières qui périssent sous le fer; ailleurs, des milliers de captifs emmenés en esclavage; souvent même les autels du Christ sont profanés, les prêtres outragés et mis à mort (12).

— Eh! bien, quoique de pareils malheurs menacent d'accompagner le triomphe du Christ dans les Gaules, oserais-tu bien tourner tes efforts contre l'instrument de la Providence. Héraclianus, le prêtre d'une religion naissante est institué pour de plus grandes choses que chanter des cantiques dans un monastère bien calfeutré; les devoirs des pontifes sont d'allier les intérêts de la religion avec ceux de l'humanité; les tiens sont de travailler simultanément à la victoire de Clovis et au salut des populations méridionales; au lieu d'irriter le torrent du Nord par une résistance inutile, ouvre-lui les portes de Toulouse, et alors le Frank passera sans presque laisser de trace de son invasion. Je suis trop attachée à tout ce que Rome à laissé de civilisation et de monumens, pour désirer qu'un peuple grossier en fasse sa proie ; mais n'aille pas croire que le Sicambre, une fois vainqueur des Visigoths, puisse supporter long-temps le soleil, trop chaud pour lui, de la Narbonnaise ; son séjour parmi nous pourrait durer au plus, tout autant que les glaçons couvriront nos forêts : le premier jour de dégel les emportera sur les bords de la Seine.

— Dieu puisse exaucer tes paroles ! répondit Héraclianus ; toutefois, s'il t'eût été donné d'entendre comme moi les menaces terribles de l'émissaire de Clovis, l'avenir te paraîtrait peut-être plus chanceux, et tu y regarderais à deux fois avant d'attirer sur nos provinces l'ouragan qui ravage le Nord.
— Si l'avenir est couvert de ténèbres, répondit le fantôme, si les périls sont accumulés sur nos têtes, n'est-ce pas un motif de plus pour

agrandir notre courage, multiplier nos efforts, et nous placer à la hauteur des dangers qui menacent ce pays? La barbarie du Nord veut déchirer l'Europe avec la dévastation et le ravage ; eh ! bien, que les chrétiens resserrent les nœuds de leur puissante fraternité ; ce n'est plus seulement un principe spirituel que les envahisseurs doivent rencontrer dans le Christianisme, c'est le réseau d'une congrégation puissante, d'une société constituée, compacte, qui ralliera les populations européennes, et dans lequel le Barbare lui-même, vainqueur par le fer, viendra s'incliner et se confondre... Oui, Héraclianus, entends la voix d'une femme qui te parle au nom des cieux ! Les temps sont extrêmement périlleux, mais l'Eternel ouvre un port de salut dans cette longue et terrible tempête. Dès aujourd'hui va s'élever et grandir une puissance immense, que peu d'hommes peuvent concevoir; une puissance, la plus grande qui jamais se soit posée sur la terre : je veux dire l'édifice majestueux de l'église chrétienne, l'édifice indestructible de la société catholique.

— Je t'ai comprise ! s'écria l'évêque transporté, je t'ai comprise..... la société catholique, dans laquelle le chef spirituel fera trembler les monarques à sa voix ; dans laquelle l'évêque ou le simple abbé se poseront les arbitres entre le tyran et son peuple, entre le vainqueur et le vaincu, pour prêcher la clémence, protéger le malheur, pour conserver dans ce grand naufrage les principes d'égalité méconnus, outragés par toutes les puissances de la terre, et sauver un germe de lumière au sein des ténèbres épaisses qui vont nous inonder de toutes parts.

— C'est cela même, répondit Médella ; car c'était elle que le bruit des révolutions venait de rappeler sur la terre. Sonde maintenant la beauté de cet édifice, et tu n'hésiteras plus à verser quelques gouttes de sang, à laisser entasser quelques ruines pour le triomphe d'une cause à laquelle est attaché le salut de l'univers.

Héraclianus aurait encore voulu poursuivre une conversation mystérieuse qui, loin de contrarier ses principes, ne faisait que les fortifier et leur donner une extension excessive ; mais le fantôme se tut ; il s'éloigna sans bruit, et sa masse blanche se cacha derrière un massif de lauriers verts, à travers lequel il parut encore quelques instants à l'état de lueur vaporeuse, comme des rayons lunaires interceptés par un feuillage touffu. Tout rentra dans le silence et la solitude, et je crois inutile de constater l'échec irréparable que l'hésitation d'Héraclianus venait d'essuyer par les argumens de l'ombre de Médella.

> Je t'ai dit, dès tantôt, que tu ne songeais pas
> Que la mort, chaque jour, s'avançait à grand pas.
> Au lieu d'y réfléchir, tu retournes au crime,
> Et t'ouvres à tout heure abime sur abime.
> Après avoir en vain si long-temps attendu,
> Le ciel se lasse......................
>
> Corneille.

V.

PRODIGES SUR PRODIGES.

Cependant la reine Théodegothe, pressée d'obtenir une réponse définitive, telle que la soumission de Blaise la lui avait fait espérer, monta à cheval comme le jour précédent, et se dirigea vers le monastère ; mais cette fois, tranquille sur le résultat de sa mission et croyant toujours avoir affaire au moine timide et respectueux de la veille, elle ne prit pour suite que quelques officiers, et ne s'arma ni de torches ni de poignard. Elle part, elle arrive à l'abbaye. La porte de l'enceinte est fermée. Un homme d'armes porte la main sur le loquet, il demeure immobile, et la présence de deux verroux lui indique assez qu'on n'entre pas sans le bon plaisir des habitans..... Cette fermeture des palissades parut être d'un présage funeste. Théodegothe s'en irrita ; un officier donna du cor pour annoncer la reine, mais rien ne bougea dans l'abbaye. Ce dernier acte d'irrévérence émut Théodegothe d'indignation; sa parole devint brève et menaçante, son cheval frappa du pied, se cabra, bondit sous le mors, et les officiers, partageant le ressentiment de leur souveraine, firent caracoler leurs chevaux hennissans contre la claire-voie immobile.

Enfin, le monastère parut répondre à cette sommation impérieuse: tous les moines arrivèrent deux à deux; mais, cette fois, Héraclianus était à leur tête, revêtu de ses habits pontificaux, et coiffé d'une mitre de cuivre doré, ornement nouvellement importé par les Visigoths, légué à l'Europe par la vieille Egypte, et que le peuple confondait quelquefois avec le casque des guerriers (13).

— Que veut la reine? s'écria Héraclianus d'une voix ferme, dès qu'il fut à portée de se faire entendre.

— Je veux que l'on ouvre cette porte! reprit Théodegothe, quelque peu irritée.

— De quel droit prétends-tu visiter une demeure qui n'est ouverte qu'aux adorateurs du vrai Dieu?

— Du droit absolu que j'ai comme reine; du droit exprès que m'en a donné l'abbé Blaise, en me promettant soumission aux volontés que je lui exprimais.

Héraclianus répondit: — Nous n'avons pas l'habitude d'ouvrir à qui parle avec un ton impératif; cette enceinte est destinée aux seuls enfans de Dieu, et les ariens n'ont pas le pouvoir de fouler la terre qui porte les reliques des saints!

— Que veut dire ce langage orgueilleux? reprit Théodegothe, en regardant ses officiers, comme pour leur ordonner de partager son indignation. Etait-ce là ce que Blaise m'avait promis?.... Evêque, vous avez élevé une abbaye contre la prohibition expresse du roi; la vue de ce monument offense Alaric, irrite son épouse; je viens voir si vous devez le démolir aujourd'hui, ou si je serai obligée moi-même d'en diriger la destruction?

— Reine, répondit Héraclianus, ce que les enfans de Dieu ont élevé ne doit pas périr sous les coups des hérétiques. L'abbaye a été faite pour les exilés, pour les religieux; elle continuera d'exister pour eux et par eux.

— Audacieux chrétien! s'écria Théodegothe, transportée de fureur; tu te prévaux de la confiance qui m'a fait venir ici sans soldats et sans armes pour braver ma volonté; oublies-tu donc qu'il suffit d'un cri d'alarme pour faire accourir des troupes et incendier la chapelle et l'abbaye?

— Le ministre du Christ est placé trop haut pour s'arrêter aux menaces d'une femme étrangère à sa loi; cette chapelle est le temple du vrai

Dieu, et le vrai Dieu a dit à ses disciples : Mon Eglise triomphera des méchans et survivra aux siècles.

— Je ferai mentir ta prophétie, prêtre arrogant, reprit Théodegothe furieuse ; et lançant avec vigueur un nerf de bœuf qui lui servait de cravache, elle alla atteindre le visage d'un moine, à travers la clairevoie. Ah ! chétif vermisseau, tu oses braver le lion ! eh bien ! à ce soir ! les soldats renverseront ces palissades ; ce couvent, repaire d'insolens, croulera sur le sol, et cette église elle-même, noyau d'une société ennemie, sera détruite par le fer et par le feu.

— Reine, répondit Héraclianus, la force est maintenant à toi ; mais la justice et l'avenir sont à nous : tu peux attaquer l'abbaye, tu y trouveras une population prête à se défendre contre tes profanations. Depuis long-temps l'Arianisme et le Catholicisme s'observent avec méfiance ; depuis long-temps le Château-Narbonnais et l'église Saint-Sernin se regardent d'un œil jaloux. Le moment du combat est peut être arrivé ; or, songes-y bien, si l'Eglise est faible aujourd'hui, elle sera forte demain, et alors elle rendra outrage pour outrage, assaut pour assaut, destruction pour destruction.

Ces paroles, prononcées par un homme sans puissance apparente, causèrent à la reine un étonnement plus difficile à exprimer qu'à comprendre ; sa bouche, à demi-ouverte, ne pouvait prononcer un mot ; ses yeux égarés erraient avec stupeur sur la foule, et elle ne savait à quelle pensée s'arrêter. Fallait-il rire de la démence d'un prêtre insensé, ou frémir de l'assurance prophétique d'un ministre entreprenant ? Son esprit s'accommodait mal de la seconde pensée ; elle aima mieux s'arrêter à la première, et sourire de l'audace d'un évêque orgueilleux.

— Eh quoi ? dit-elle, ne me suis-je point méprise, est-ce bien la menace qui est sortie de ta bouche ? Et qui de vous montera à l'assaut de mon palais ? Et qui de vous portera la bêche pour le détruire, hommes faibles, qui ne savez que prier ?

Héraclianus ne répondit pas à cette question ; mais, tout-à-coup, Holdowig, impatient de faire irruption dans la dispute, poussa son cheval vers la barrière, en s'écriant :

— Voici la main qui agitera la torche, voici le bras qui maniera la bêche de destruction.

— Que vois-je ? mon Dieu, que vois-je ? s'écria la reine, tout étourdie de cette apparition. Quel homme es-tu, sous ce vêtement étrange ?

— Ne reconnais-tu pas ma nation à l'arme que je porte à la ceinture, reprit Holdowig, en indiquant sa frankisque ?

— Ciel, reprit Théodegothe, serais-tu un homme du peuple frank ?

— Oui, reine, et je suis envoyé dans ce pays par le roi Clovis, qui porte en son cœur la haine du nom visigoth, et à son bras, le fer qui détruit les empires.

— Que signifient ces paroles altières? Clovis n'est-il pas en paix avec Alaric? retire-toi! tu n'as rien à faire dans cette querelle.

— Nos deux nations ont été en paix tout le temps qu'Alaric a semblé vouloir réparer les outrages qu'Euric avait fait supporter aux catholiques; mais aujourd'hui que l'Eglise est de nouveau tyrannisée, Clovis, son protecteur, reprend avec lui ses relations belliqueuses; la terre, qui appartient au Christ, ne saurait être possédée que par des hommes qui adorent son nom. Votre temps est passé, princes visigoths, qui ne connaissez qu'Arius; faites au plutôt vos bagages, et préparez-vous à reculer devant les rois des Franks. Mon maître, qui aime les braves et déteste la trahison, ne prétend pas vous attaquer à l'improviste. Ses guerriers sont prêts, allez préparer les vôtres. D'ici à huit jours les Sicambres auront traversé la Loire : c'est là que je vous donne rendez-vous pour le combat. Vive le Christ! qui aime la nation chevelue! Et toi, repose en paix, Eglise chrétienne, ajouta Holdowig en levant son épée, car la protection du Frank invincible veille sur toi!

La reine était interdite, les officiers de sa suite demeuraient plongés dans cet espèce d'abattement qui précède d'ordinaire le paroxysme de la colère. Ce moment de stupeur donna le temps à Holdowig de percer les flancs de son cheval, et de fuir vers le Nord avec la rapidité du lion lancé dans le désert. Aussitôt, Héraclianus ramena dans le cloître la procession de ses moines, et l'abbaye rentra dans ce calme extérieur qui formait son état habituel. Bientôt Théodegothe releva la tête, et jetant sur son escorte un regard inexprimable d'indignation, d'encouragement et d'audace :

— Braves Visigoths, s'écria-t-elle, est-ce bien la crainte que j'ai lu un instant sur vos traits? est-ce bien l'hésitation qui a suspendu les battemens de vos cœurs? Revenez-donc à vos vieux souvenirs, compagnons du conquérant Euric, le roi qui ose nous menacer est-il autre chose que le chef d'un peuple errant et sans patrie! Est-ce devant lui que vous trembleriez, vous, les soutiens de la grande nation qui règne depuis près d'un siècle dans la plus riche moitié des Gaules. Courons avertir Alaric, et puis, à vous de combattre!

L'attitude ferme avec laquelle tous les officiers accueillirent ces paroles, témoigna assez de l'impression éphémère qu'un moment de crainte avait fait sur eux. La reine lança son cheval au galop; tous les spectateurs la suivirent, et la troupe royale rentra dans la ville...... Mais cette noble assurance de Théodegothe ne devait pas être à l'épreuve de toutes les émotions. Lorsqu'elle eut dépassé le Forum, une femme, couverte d'un voile noir, et dont l'amaigrissement contrastait avec la fierté de la contenance, courut à sa rencontre, et se posa sur son passage :

— Reine, lui dit-elle d'un ton moqueur, voilà un siècle que des peuples barbares voulurent comme toi renverser la chapelle de Saint-Sernin, et saccager cette ville ; mais saint Exupère se montra sur les remparts, suivi d'une foule immense, et pria l'Eternel d'avoir pitié de ses enfans. A sa voix, les anges descendirent du ciel, et cent mille Vandales prirent la fuite. Et toi, pauvre reine, après un tel exemple tu prétendrais détruire ce que les anges ont miraculeusement protégé ; la folie de l'homme est impuissante contre la sagesse de Dieu ; aussi l'église de Saint-Sernin est demeurée calme sous tes menaces, et te voilà fuyant devant Héraclianus, comme les Vandales devant son prédécesseur.

La reine, transportée de fureur par le souvenir de l'échec qu'elle venait d'éprouver, voulut exercer une vengeance éclatante contre cette femme audacieuse : elle saisit l'épée d'un de ses officiers et s'élança à sa poursuite. Tous les spectateurs étaient dans la plus vive anxiété ; la hardiesse de l'inconnue, que le peuple désignait sous le nom de *Tête-Noire*, à cause du voile qui jamais ne l'abandonnait, empruntait un caractère terrible aux prestiges populaires qui entouraient son existence ; jamais aucun mortel n'avait vu son visage, caché à tous les yeux ; son histoire était ignorée comme le lieu de sa retraite, et le vulgaire faisait parfois des rapprochemens sinistres entre ses rares apparitions et de grands malheurs particuliers ou publics.

Malgré l'emportement de Théodegothe, ses menaces ne purent faire aucune impression sur la *Tête-Noire*, qui s'éloigna lentement sans trouble, sans effroi. Cependant, le cheval de la reine, lancé sur elle au galop, allait l'atteindre de ses narines hennissantes, quand tout-à-coup le sol s'affaissa, le coursier entra dans la boue jusqu'au jarret, et la reine eut besoin de l'appui d'un officier pour ne pas être désarçonnée. Le robuste animal, brusquement arrêté dans son élan, sentait la terre céder de plus en plus sous ses pieds, et ses jambes, collées au sol, ne pouvaient faire un effort pour sortir de cet espèce de piége. Tous les officiers se pressèrent autour de leur reine, ils saisirent le cheval par le harnais et le remirent sur le ferme. Toutefois, ce n'était là qu'une introduction à un événement plus miraculeux encore. A peine était-il délivré de ses entraves, que les quatre trous formés par ses pieds firent jaillir quatre sources de sang (14) ; à cette vue, la reine épouvantée voulut d'abord ne voir dans ce prodige qu'une nouvelle fascination ; mais les cris de frayeur, répétés au loin par la foule fuyant épouvantée, l'obligèrent de reconnaître la réalité de ce prodige sinistre.

Le sang coulait toujours, et bientôt la rue en fut inondée. Théodegothe ne pouvant en supporter la vue, s'éloigna vers le château ; ses officiers la suivirent, et comme ils passaient devant la femme aux paroles terribles, ils virent sa main se diriger vers la reine, et lui faire un geste menaçant.

— A bientôt, lui disait-elle, nous verrons qui doit être orgueilleuse et qui sera vengée !

— Quelle est cette femme ? quelle est cette femme ? demanda Théodegothe en balbutiant ; tous les officiers se turent, et il ne se trouva personne dans sa suite qui pût lui donner d'explication. Mais comme elle réitérait sa demande, un homme du peuple s'enhardit à lui répondre :

— Prenez garde à la *Tête-Noire* : depuis que vous êtes l'épouse d'Alaric, elle passe ses nuits à gémir, et ne se montre dans le jour que pour annoncer des malheurs.

Maintenant, c'est au lecteur qu'il appartient de seconder mon travail et de suppléer à ma paresse : qu'il ramène fougueusement dans le palais cette reine dont l'ame est partagée par la terreur et le ressentiment, qu'il lui fasse répéter le cri de guerre proclamé par Holdowig. Le timide et trop confiant Alaric, réveillé en sursaut du sommeil de la paix, tremblera peut-être à cette nouvelle inattendue, mais le regard puissant de Théodegothe ranimera sa valeur, l'amour de la gloire armera son bras, et Toulouse enfin, cette commune romaine, revenue de son premier étonnement, reprendra les armes et demandera la guerre à grands cris ; la guerre, pour repousser ces Franks barbares, ces hommes vêtus de peaux, amoureux de pillage, combattant par besoin, massacrant par volupté.

AMAIS cœur humain n'avait été plus cruellement frappé que celui de Blaise, lorsqu'il entendit la déclaration de guerre d'Héraclianus et d'Holdowig ; pour lui, catholiques, ariens, idolâtres, tous étaient enfans de Dieu et avaient même part à ses consolations et à ses aumônes. Dans cet état de choses, la couleur sombre que prenait l'avenir fortifia son courage, et dès que les moines furent rentrés dans l'abbaye, il s'empressa de protester contre la décision qui venait d'être prise malgré lui.

— Eh quoi ! leur dit-il, est-ce bien au nom de ce Dieu, qui a répété mille fois : Aimez-vous les uns les autres, que vous livrez vos concitoyens à leurs plus cruels ennemis ? Ah ! si votre abbé a perdu toute autorité sur vous, que vos ames ne soient pas sourdes du moins à la charité qu'est venu vous prêcher l'Evangile. Vous vous plaignez de l'intolérance que les ariens ont exercée sur vous, hélas ! c'est du haut de la Croix que le Christ pardonnait à ses bourreaux, et vous ne savez pas oublier le plus léger outrage. Si les Visigoths se sont montrés méchans, au nom du ciel ne travaillez pas à justifier leur tyrannie ombrageuse en conspirant contre eux et en leur rendant mal pour mal, persécution pour persécution !

— Héraclianus lui répondit : Celui qui a dit, allez prêcher ma parole par toute la terre, mon Eglise traversera les périls et sera éternelle, a voulu sans doute que ses adorateurs sussent prendre les armes quand il faudrait combattre ses ennemis.

— Ah ! seigneur ! répondit Blaise en levant les yeux au ciel, que va devenir votre loi d'amour et de miséricorde, si les hommes passionnés veulent la soumettre à leur interprétation ? Héraclianus, si des Visigoths ariens ne trouvent pas de pitié en vous, n'aurez-vous pas compassion de vos frères sur lesquels tombera aussi le bras pesant de Clovis ? ignorez-vous que son armée renferme encore un nombre considérable d'idolâtres, qui repoussent les croyances nouvelles de leur roi et sacrifient à leurs vieilles idoles ? N'avez-vous pas entendu parler de certains couvens des bords de la Loire, que ces barbares ont dépouillés, détruits, et dont les moines ont été massacrés ou vendus comme esclaves ?

— Qu'importe un malheur passager, dit un religieux avec exaltation ; est-il mort plus douce et plus belle que celle que l'on endure pour le triomphe de la foi ? Viennent les Franks, mon sang est à eux tout entier, pourvu qu'ils chassent de cette ville ces Visigoths insolens.

— Seigneur, reprit Blaise, ayez pitié de ceux qui sont sans miséricorde ; puis il continua en s'adressant à la foule : Puisque vos ames sont sourdes à mes conseils, puisque vous êtes également insensibles aux malheurs qui vont accabler les Visigoths et à ceux qui peuvent tomber sur les fidèles, il m'est aisé de reconnaître que ma présence va devenir importune, et mon devoir est de me retirer. Après avoir arrêté le courroux de la reine en lui faisant des promesses de paix, pourrais-je appeler aujourd'hui Clovis pour la combattre ? pourrais-je m'unir à lui pour porter le fer et le feu dans sa capitale ? Non, mes frères, puisque les enfans de Dieu s'égarent dans un sentier périlleux et qu'ils répudient la candeur de leur maître divin, ma voix serait incapable de les ramener à la miséricorde ; adieu : songez quelquefois au pauvre Blaise, dont l'amour pour vous ne se démentira jamais ; adieu, je me retire dans ma patrie ; et, là, au fond de quelque profonde solitude des Pyrénées, j'essaierai de faire vivre encore ces préceptes de l'Evangile qui menacent de se perdre ici bas !

Cette détermination à laquelle les moines étaient loin de s'attendre, émut plus d'un cœur ; et quelques amis du saint abbé l'entourèrent avec empressement, pour chercher à le faire revenir d'une pensée qui jetait l'alarme parmi les chrétiens. Nous devons ajouter, néanmoins, que la majorité agissante, passionnée, apprit cet éloignement avec assez d'indifférence. Héraclianus lui-même, depuis long-temps désireux de tenter les hasards, ne voyait qu'avec déplaisir la présence de cet homme timide, et le chef du Catholicisme était impatient de demeurer seul pour former autour de sa personne le noyau de l'église belligérante. Cependant la nouvelle du départ de Blaise se répandit rapidement dans le monastère, elle vint saisir au cœur les chrétiens séculiers, femmes, malades et infirmes, et l'héritier des vertus évangéliques recueillit dans les larmes de ces enfans du malheur d'amples compensations à l'indifférence qu'il avait trouvé chez certains cœurs. Ce mot déchirant : — Nous allons perdre notre soutien, notre père, éclata dans la foule des hommes simples et aimans, avec le bruit d'un grand désastre. Eh! quelle vertu humaine pourrait avoir de l'écho auprès de ceux qui souffrent, si ce n'est pas la charité? Déjà, depuis plusieurs années, on attachait aux prières de Blaise des effets miraculeux ; aucune grâce demandée par lui au Très-Haut n'avait été refusée! les malades étaient guéris, les orages éloignés ; aussi le modeste

abbé exerçait-il un empire immense dans le monastère ; et si Héraclianus trouvait chez des religieux exaltés une haute sympathie pour son courage, il demeurait entièrement séparé du peuple, qui ne le regardait que pour le craindre, tandis qu'il recherchait Blaise pour l'aimer.

Il fallut que le pauvre abbé soutînt, contre la foule qui l'entourait, un assaut long et douloureux avant de pouvoir s'arracher à ses supplications et à ses larmes. A chaque pas qu'il faisait pour s'éloigner de l'abbaye, sa robe, retenue par des mains amies, le rappelait en arrière. Des femmes éplorées élevaient vers lui leurs enfans, les malades lui montraient leurs plaies, et tous s'écriaient : — Si nous perdons celui qui soulageait nos maux, il ne nous reste plus qu'à mourir !

Le combat était affreux pour le cœur tendre de Blaise, et il ne fallait rien moins que la gravité des circonstances pour rendre inutile tant de pleurs. Il eut mieux fait, sans doute, de rester à Saint-Sernin pour continuer sa mission de consolation et de paix, et mitiger ainsi le caractère violent et extrême de l'évêque. Mais c'est une malheureuse conséquence de la nature des ames angéliques de se renfermer dans l'inertie et l'abnégation, et de laisser les caractères altiers maîtres absolus dans leurs ébats.

Cependant, avant de quitter ses enfans, Blaise voulut leur laisser un dernier gage de son amour, capable, après son départ, de soulager encore leur misère. Sa garde-robe, ses épargnes étaient depuis long-temps épuisés; alors, exaltant cet amour immense du prochain qui égalait presque chez lui son amour pour Dieu, il fut prendre dans sa cellule les vases sacrés qui lui servaient chaque jour à accomplir l'auguste sacrifice; il les mit dans un pot de fer, et les exposa à un foyer ardent pour les mettre en fusion et les transformer en lingots. Les moines, témoins de cet excès audacieux de charité, frémirent dans leur cœur et crièrent au sacrilége; mais Blaise acheva sans regret une œuvre qui devait soulager les malheureux. Le métal étant fondu, il le coupa en autant de fragmens qu'il y avait de chrétiens, et il leur distribua cette dernière aumône auguste et solennelle. Dès ce moment, tout désir charitable devenait stérile, car le saint abbé ne possédait plus que l'habit qui le couvrait. Il prit un bâton de sureau, il plaça dans un panier de joncs quelques hosties consacrées, renfermées dans une boîte d'écorce (15), et il s'éloigna vers les montagnes, pleurant son abbaye, pleurant ses pauvres et emportant leurs bénédictions.

> Souvent gaîté se perd en vieillissant.
> Qui la possède à l'égal de l'enfance?
> Jouez en paix, riez, tendres enfans,
> Jouissez bien de votre gaîté pure :
> Gâtés déjà par toutes vos mamans,
> Vous l'êtes plus encor par la nature...
>
> *Traduction de* TASSONI.

VI.

LA TOILETTE.

A l'heure où nous recommençons le récit, après une légère lacune de six journées, la reine Théodegothe, assise sur un petit banc à dossier, recouvert d'une peau d'ours, s'amusait à boucler les cheveux d'une jeune fille blonde et fraîche, placée debout devant elle, et emprisonnée entre ses genoux. Théodegothe était mère, et par conséquent ces gracieuses fantaisies que l'on nomme enfantillages, ne lui étaient pas inconnues. Celui qui l'aurait vue dans ce moment, occupée à passer ses doigts dans les boucles ondoyantes de cette petite tête blonde, souriant d'aise aux espiègleries de l'enfant, encourageant même ses questions importunes; celui qui aurait entendu sa conversation, mêlée de contes de la reine Pédaouque, d'apparitions de revenans, de promesses de bonbons, n'aurait guère reconnu l'orgueilleuse et inexorable femme des jours précédens, qui s'armait d'un poignard pour aller menacer le temple des catholiques.... La reine, colère et emportée, avait fait place à la mère rieuse, jouant avec sa fille pour lui plaire, et ramenant sa conversation à la naissance de la raison humaine, pour la mettre au niveau de celle de l'enfant. C'était, comme nous l'avons dit, une douce et gracieuse petite fille, vive, folâtre, atteignant à peine, lorsqu'elle était debout, la ceinture de sa mère assise. Depuis déjà un quart d'heure, sa tête s'agitait impatiente, entre les mains habiles de son zélé perruquier; encore avait-il fallu, pour obtenir ce siècle d'immobilité, la promesse de trois gâteaux, et le paiement anticipé d'une pomme, que la petite disséquait sous ses blanches dents.

— Qu'est-ce qu'ils appellent la guerre, ma mère? voilà six jours que j'entends retentir ce mot de toutes parts, disait-elle à la reine.

— La guerre, répondit Théodegothe, c'est le choc de nombreux combattans qui se heurtent, se jettent les uns sur les autres pour se blesser, se tuer à coups d'épées et de javelots, jusqu'à ce que la terre soit couverte de morts.

— Ah! mon Dieu! ma mère, il faut que les hommes soient bien sots pour se tuer ainsi; ne vaudrait-il pas mieux vivre toujours.

— Ne maudis pas la guerre, ma fille, c'est elle qui fait les grandes nations, elle alimente le feu sacré de l'ambition, de l'amour des conquêtes; d'ailleurs, la haine des hommes ne fait que hâter une mort qui viendrait les saisir misérablement dans leur lit; et c'est une si douce volupté que de punir un affront, et de devancer la vengeance tardive des dieux.

— Est-ce que les dieux font mourir aussi? reprit la petite fille, qui portait le joli nom d'Amalgise.

— Sans doute, ma fille, ajouta la reine; la mort est la loi inexorable, universelle, qu'ils ont infligée aux pauvres humains.

— Ah! mon Dieu! est-ce qu'Alaric, mon père, mourra? est-ce que son beau cheval mourra aussi?

— Sans doute, reprit la reine, qui ne put s'empêcher de sourire à cette confusion d'un cheval et d'un roi, dans la tendresse de sa fille.

— Et moi, ma mère, est-ce que je mourrai aussi?

— Chacun à son tour, mon enfant, mais le tien viendra si tard, si tard, pourvu que tu sois sage surtout, et que tu ne tournes pas si souvent la tête quand je travaille à t'embellir.

— Il faut que les dieux soient bien méchans, pour faire mourir ainsi, reprit Amalgise, rendue sage et immobile par le désir d'éviter la mort. Elle resta un moment muette et pensive, puis elle continua : Est-ce que les hommes, qui sont si nombreux, ne savent pas attaquer ces méchans dieux et les détruire, pour rester les maîtres et ne jamais mourir?....

— Ce n'est pas qu'ils n'aient essayé bien souvent, reprit la reine; mais les dieux sont placés si haut, si haut au-dessus de nos têtes, que nous ne pouvons les atteindre que de nos blasphèmes impuissans....

— Mais enfin, ma mère, dit Amalgise, poursuivant toujours le cours de ses petites investigations, quels sont les gens qui vont aller se faire tuer par cette vilaine guerre ?

— Tout le monde, comtes et soldats, riches et pauvres, nobles et esclaves, nul ne peut échapper à cette loi de l'honneur et à l'appel de son roi. Moi-même, Amalgise, toute femme que je suis, je saurais prendre la cuirasse et manier l'épée, si les périls exigeaient ce dernier effort. N'as-tu pas vu accourir, depuis quelques jours, dans cette ville, ces fantassins, ces cavaliers, toujours attentifs à la voix impérative des ducs et des gardinges qui les commandent.

— Pardon, ma mère, et je voudrais que la guerre durât toujours, si elle ne devait que faire parader ces beaux escadrons aux longues crinières. Et ces hommes, d'où viennent-ils donc ?

— Ils accourent de tous les coins de la Septimanie, ma fille ; déjà nous avons vu arriver les peuples du Tarn, de l'Ariége et de l'Aude..... Les Ausci, les Convenæ, les Gaballi ont amené leur contingent. Aujourd'hui, des peuplades plus éloignées sont attendues avec impatience. Tu distingueras parmi elles les Lutevani, les Bebrices, les Sardones, ces riches habitans des bords de la Méditerranée, vêtus d'étoffes de laine fine, de toile blanche, de riches armures de cuivre ; les Consoranni, les Taraconenses, qui nous apportent, des gorges des Pyrénées, leurs mœurs rudes, leur physionomie altière ; enfin, les Suèves d'Espagne eux-mêmes, viendront, au premier jour, joindre leurs recrues tributaires, à nos braves Visigoths (16).

— Mais comment se fait-il, ma mère, que tous ces gens si éloignés aient également connaissance de la guerre, et pourquoi arrivent-ils tous au jour indiqué ?

— Parce que le roi leur a dit : Prenez vos armes, levez-vous, et accourez vous ranger sous ma bannière... Dès qu'il a dit : je veux partir, une nuée de serfs fiscalins, toujours attentifs à sa volonté, vont porter ses ordres aux comtes et aux ducs qui gouvernent les provinces. Ceux-ci font transmettre l'ordre royal aux gardinges, aux vigiers qui dépendent de leur juridiction ; ils convoquent les tymphades, les autorités des villes municipales ; et à l'instant, tous les Visigoths, valides et capables de porter les armes, font leurs préparatifs. Ils réunissent le dixième des esclaves qu'ils possèdent, ils leur distribuent des frondes, des cuirasses, des épées, des arcs, des javelots, et les voilà en marche pour venir grossir l'armée royale (17).

— Comment, reprit la petite Amalgise, ces gens-là mettent tant de précipitation pour aller se faire tuer à la guerre, et le tout, parce que le roi le leur a dit ?.... Si j'étais comte, gardinge, ou vigier, je ferais bien la sourde oreille, quand on viendrait m'ordonner de courir à la mort ; je demeurerais chez moi, je me cacherais, et je me moquerais bien de ceux qui iraient se battre, surtout si j'avais Amalaric avec moi, mon joli grand frère qui me fait tant amuser....

— Oui-da, notre petite rebelle ; voyez les dispositions à la révolte qui germent sous cette jolie chevelure, s'écria la reine en nouant la dernière boucle. Savez-vous comment on s'y prend, envers ceux qui refusent d'obéir au roi ?..... Si vous n'étiez qu'Amalgise, vous recevriez le fouet seulement ; mais si vous étiez comte, duc ou gardinge, vos biens seraient confisqués, et votre personne ignominieusement exilée du royaume ; si vous n'étiez que tymphade, vigier, milenier, quingentenier, ou moins que cela, vous recevriez sur les épaules deux cents bons coups de fouets ; vos cheveux seraient arrachés par le bourreau, fussent-ils blonds et bouclés comme ceux dont vous êtes si peu fière aujourd'hui, et qui peut-être un jour feront tourner bien des têtes ; vous paieriez un sou d'or d'amende, et si vous faisiez la revêche, on vous réduirait en servitude (18). Voilà, petite révoltée, continua Théodegothe en prenant sa tête blonde dans les mains, et en la contemplant avec amour, on vous ferait travailler la terre, puiser de l'eau, garder les vaches.... ; petite espiègle, va.... ; pour commencer ta dure servitude, reçois ce joli baiser sur ton front, et à ces mots la reine embrassa l'enfant.

— Et nous, ma mère, que ferons-nous pendant la guerre ? nous allons bien nous ennuyer dans le palais, si mon père s'en va, si tout le monde le suit.

— L'ennui est indigne d'un roi, répondit Théodegothe, je saurai être heureuse, même en l'absence d'Alaric, mon époux ; car pendant ce temps je serai la reine ; la reine, entends-tu bien ! Ah ! si tu pouvais comprendre tout ce que ce mot renferme de beau.

— La reine! reprit Amalgise, en jouant devant un miroir, héritage des anciens possesseurs du palais, ne l'étiez-vous pas autrefois aussi, et ne vous donnait-on pas toujours ce nom ?

— Oui, j'étais la reine qui obéissait au roi ; mais en l'absence d'Alaric, je serai la reine qui commande à tous, et devant laquelle tout tremble, tout s'incline.

— Mais à qui pourrez-vous commander, ma mère, si tout le monde suit Alaric pour aller se battre sous ses ordres ?

— Je t'ai parlé des Visigoths de race noble, ma fille, qui doivent marcher sous les ordres du roi, mais les Gallo-Romains ne quitteront leurs foyers qu'en très-petit nombre.... D'ailleurs, ne t'ai-je pas dit que les neuf dixièmes des esclaves devaient demeurer dans le pays ; et n'aurons-nous pas encore les municipalités, les fonctionnaires qui lèvent les impôts et rendent la justice, les soldats préposés à la garde des villes. Ah ! ma fille, mon rôle de reine s'exercera encore sur de nombreux sujets, et mon gouvernement pourra répandre un éclat qui rendra ma petite Amalgise toute glorieuse de sa mère.

Théodegothe allait continuer ce cours élémentaire d'administration, lorsqu'un cri d'appel se fit entendre à travers la porte mal fermée.

— Amalgise ! Amalgise ! s'écriait une voix enfantine et amie, viens, je t'apporte un grand cheval de bois qui marche et qui grogne tout seul.

— C'est Amalaric ! s'écria la petite fille, et elle voulut s'élancer vers la porte, mais Théodegothe la retint par le bras avec vigueur.... Amalgise, étonnée, regarda la reine ; ses traits avaient changé : elle paraissait inquiète, troublée. — Oh ! murmurait-elle entre ses dents, toujours cet Amalaric qu'elle aime comme une folle ! toujours cet Amalaric qui vient déranger nos entretiens !.... je suis jalouse de cet enfant !....

Cependant, malgré ce levain de dépit, elle laissa aller le bras de sa fille qui, revenue bientôt de sa première surprise, courut dans la salle voisine embrasser le jeune frère, le camarade de tous ses jeux, auprès duquel son ame pouvait respirer à l'aise dans la joie et la liberté.

HÉODEGOTHE ne demeura pas long-temps livrée à ce germe de jalousie, que la présence d'Amalaric, fils d'une première femme d'Alaric, nommée Audoflède, entretenait dans son cœur. De bruyantes fanfares annoncèrent la rentrée du roi, qui revenait de parcourir la ville et de visiter les fortifications, et elle courut à la fenêtre pour voir Alaric et son cortége. Une foule de comtes, de ducs, d'ambassadeurs et d'officiers, descendaient de cheval et livraient leurs coursiers, richement harnachés, aux écuyers et aux esclaves; le roi était au milieu d'eux.

— Le voilà, s'écria Théodegothe en son cœur ; qu'il était jeune, noble et bien fait lorsqu'il vint me choisir dans le palais de Théodoric, mon père! Six ans se sont écoulés, et l'admiration entretenue en moi par une mutuelle tendresse dit encore comme alors : qu'il est noble, généreux, beau de figure et de corps;.... mais il va partir, la guerre l'appelle. Séparée de la moitié de moi-même, je connaîtrai enfin l'inquiétude, les angoisses.... Eh! bien, qu'importe, ne saurais-je pas avoir la force de les supporter? Aimerais-je mieux voir mon époux infidèle à ses devoirs de roi, demeurer dans son palais, et confier la défense des frontières à ses capitaines. Je préfèrerais monter à cheval comme lui, dans la mêlée comme lui, partager tous ses périls.... Mais un autre devoir m'appelle, l'autorité, l'administration me retiennent ici.... Amour du devoir, sois plus fort que l'amour du cœur.... Oui, je saurai laisser partir celui que j'aime, celui que j'adore;

cependant, avant de le quitter, que ma passion exhale ses transports ; je suis seule, nul ne m'entend, si ce n'est Dieu. Aucune considération humaine ne vient influencer mes paroles. Qu'elles sortent donc de ma bouche comme le cœur les inspire dans sa liberté ; recueillez-les, murailles de ce palais, et conservez-les sur vos pierres comme des devises impérissables. Mon époux, je t'aime ; heureuse, quand je te consacre ma vie, plus heureuse si je pouvais te la sacrifier, pour te prouver plus vivement mon amour !

Pendant ce temps, un bruit de pas ébranlait l'escalier de pierre qui conduisait à la salle du conseil, peu éloignée de l'appartement de la reine. Le moment était solennel. Alaric, près de quitter sa capitale pour aller arrêter cette invasion des hommes du Nord, que les habitans du Midi redoutaient comme un cataclysme, apparaissait dans tout le prestige de sa puissance. Il était entouré de seigneurs riches et puissans, Visigoths et Gallo-Romains, et recevait les félicitations plus ou moins sincères des nombreux ambassadeurs que tous les peuples d'Europe entretenaient à sa cour. On y remarquait le Hérule, aux joues verdâtres comme l'Océan, dont il habitait les derniers golfes ; le Saxon, aux yeux bleus, aussi gauche sur la terre qu'il était hardi sur les vagues de la mer ; le Suève, aux courses vagabondes, qui venait à deux genoux des rives de l'Ebre, pour demander des rois au Château-Narbonnais ; l'Armoricain lui-même, ce dernier fils de la liberté du monde ancien, étalait, au milieu de cette foule de riches seigneurs, le sagum et la braye des Gaulois. Parmi ces ambassadeurs, également éloignés de mœurs et de langage, le pacifique et industrieux Burgonde élevait sa tête graissée ; l'Ostrogoth, humble d'un côté, fier de l'autre, mais habile de tous les deux, venait réclamer un patronage qui pût lui donner la force de repousser de nouvelles invasions. Il n'était pas jusqu'au Romain lui-même qui, après avoir joué avec les destins de l'univers, ne vint s'incliner devant Alaric ; car, d'après l'expression d'Apollinaire, le tour était venu à la puissante Garonne, de protéger le Tibre affaibli (19). Les nobles Visigoths qui accompagnaient le roi, gouverneurs, généraux, financiers et jurisconsultes, étaient, pour la plupart, bien faits, robustes, et d'une taille avantageuse ; leur costume, assez simple, ressemblait, à peu de chose près, à celui des Romains ; cependant ils y avaient ajouté des fourrures qui, distribuées avec assez de goût, formaient la partie la plus riche de leurs manteaux et de leurs justaucorps. Le casque, la cuirasse de fer et de cuivre, l'épée, d'une longueur moyenne, composaient l'armure des officiers ; et leurs cheveux, livrés à toute la vigueur de la nature, tombaient sur leurs épaules en longues tresses bouclées.

Alaric et sa suite traversèrent la salle du consistoire ; salle vaste, voûtée, sonore, ornée d'aigles romaines, et d'enseignes conquises sur les

Vandales et les Suèves, plus d'une fois vaincus par les rois de Toulouse. Cette pièce de réception se trouvait divisée en deux parties par une épaisse tapisserie, clouée à la voûte, et retombant sur une balustrade de bois. L'écuyer du roi éloigna les deux parties de cette barrière mobile, et Alaric, les ambassadeurs, les comtes, les officiers passèrent derrière le rideau, tandis que les soldats de l'escorte se tinrent sur ce qu'on pourrait appeler l'avant-scène. Aussitôt, le roi se hâta de donner plusieurs ordres à différentes personnes. Il paraissait désireux de prévoir tous les besoins, de parer à toutes les éventualités, et de simplifier les rouages compliqués de l'administration, afin que la machine pût fonctionner aisément pendant son absence ; mais la gravité des circonstances semblait dépasser ses forces, et il semblait fléchir sous leur poids.

> Quando co' raggi uscì del novo giorno
> Sotto l'insegne ogni guerriero armato,
> Et si mostrò, quando potè, più adorno
> Al pio Buglion, girando in largo prato.
> S' era ègli fermo, e si vedea davanti
> Passar distinti i cavalieri e i fanti.
>
> TASSO (*Jérusaleme*, c. I.)

VII.

LE DÉPART.

KABIR, à quel nombre s'élève l'effectif de notre armée, demanda le roi à son grand écuyer, espèce de secrétaire des commandemens, qui se tenait constamment auprès de lui attentif à ses ordres.

— Sire, répondit ce dernier, vos drapeaux comptent déjà soixante mille hommes prêts à entrer en campagne, et j'ai lieu de croire qu'avant la fin du jour le nombre de quatre-vingt mille sera complété. Car les cavaliers fiscalins sont venus annoncer, il n'y a qu'un instant, l'arrivée prochaine des montagnards Consoranni et Taraconenses. Les auxiliaires d'Espagne, Suèves et Vandales, seront également ici ce soir; joignons à ce nombre les vingt mille combattans Albigenses, Caturci et Rhuteni, qui doivent se joindre à nous sur les bords du Lot, et nous pourrons opposer cent mille hommes à cet audacieux roi des Franks.

— N'est-ce pas plus qu'il n'en faut pour détruire cette horde sauvage, s'écria dans la foule une voix qui ne s'était pas encore fait entendre. A ces mots, les ambassadeurs et les nobles visigoths se retournèrent, et ils s'inclinèrent devant la reine qui avança d'un pas majestueux.

— Madame, reprit l'ambassadeur burgonde, je ne mets pas en doute la valeur des Visigoths, mais les Franks sont fougueux, terribles, et si vous connaissiez l'impétuosité de leur attaque, leur fureur dans le combat, leur inflexible férocité dans la victoire, vous ne dédaigneriez pas de réunir toutes vos forces pour les leur opposer. C'était par les chaudes journées de juillet, ils sortaient des plaines de Tolbiac, lorsque les Burgondes les virent apparaître pour la première fois dans les gorges du Jura. Rien ne saurait vous donner une idée du houra rauque et effrayant qui s'élevait de cette foule indisciplinée, mal équipée, sans ordre. Ils s'étaient dépouillés de leur caleçons afin de mieux braver l'ardeur du soleil, et n'avaient, pour attaquer les troupes de Gondebaut, que des bâtons ferrés, des haches et des javelots crochus; mais à défaut de cuirasses, c'était dans le cœur que ces hommes portaient le fer, et au milieu du combat, on les voyait criblés de blessures, défier encore leurs adversaires et surmonter la douleur avec cette emphase frénétique digne des féroces enfans d'Odin (20). Théodegothe! continua le burgonde avec un douloureux soupir; si vous les aviez vu saccager et violer tout ce qui tombait sous leurs mains sanglantes, femmes et prêtres, temples et vieillards, vous comprendriez combien il serait beau d'arracher la belle Gothie à la dévastation de ces barbares.

— Je conçois ta frayeur, répondit la reine, en souriant; vous autres, Burgondes, vous aimez avant tout à pouvoir tisser vos étoffes; et travailler vos armoires en sécurité; mais tu comprendrais mon peu d'inquiétude sur l'issue de la guerre, si tu savais que Théodoric, mon père, ce roi puissant de l'Italie, successeur de l'empereur de Rome, doit amener une armée nombreuse, expérimentée, vaillante, au secours de celle d'Alaric........ deux grands monarques contre un chef d'aventuriers; deux grandes nations contre une peuplade, en vérité, nous n'aurons pas de gloire à être les vainqueurs.

— Très-bien, reine! très-bien! répondit Alaric en applaudissant à Théodegothe; quel ne serait pas notre courage en effet, quand il s'agit de défendre les conquêtes d'Euric et de Vallia. Quelques audacieux catholiques ont beau prier et faire des vœux pour le succès des ennemis, je ne rentrerai dans Toulouse qu'après avoir refoulé les Franks dans leurs dernières retraites. Sachons ne pas avoir de crainte; c'est en vain que l'humide Sicambre, les cheveux imbibés des brouillards du Rhin, voudrait s'établir dans la Narbonnaise au ciel pur; à nous seuls, peuvent appartenir les riches climats, les grandes cités; à nous seuls, il était permis de choisir Toulouse pour notre dernière patrie, et d'y cultiver la civilisation que nous avons étudiée en traversant la Grèce et l'Italie. Mais l'homme du Nord, bien loin de venir réchauffer sous nos heureux climats son ame durcie par les glaces de sa patrie, ne pourrait que se fondre sous notre soleil. Comte de Luteva, poursuivit Alaric, en s'adressant à un des seigneurs qui l'entouraient, comment vont nos finances? si l'argent est lent à rentrer, il ne faut pas oublier que les besoins de la guerre justifient des rigueurs inusitées en temps de paix.

— Sire, répondit le comte, les tributs sont payés avec assez de facilité, les ducs chargés de les percevoir n'ont point fait parvenir leurs plaintes, ce qui donne à croire que les contribuables ne sont pas récalcitrans. Le duc des Convenæ seul a fait la sourde oreille à l'appel de votre majesté; il est demeuré dans sa province et les renseignemens que j'ai pris sur son compte me feraient craindre que les impôts de son territoire n'eussent été détournés.

— Serait-il possible! s'écria le roi, en s'abandonnant à son caractère irascible; quoi! le duc des Convenæ que j'ai comblé de bienfaits! Si le soupçon venait à se confirmer, je charge le comte Goiric de punir ce chien comme il le mérite........ Dites-moi, seigneur Goiric, ajouta-t-il en s'adressant à un vieillard à cheveux gris, les lois portées contre les faux-monnayeurs ne pourraient-elles pas être appliquées à un duc qui retient et dissipe les trésors de l'état? Par le sang de mon père! continua le roi en suivant son penchant à la cruauté, je serais ravi de pouvoir couper la main droite à cet homme infidèle (21).

— Seigneur, répondit le comte Goiric, les lois ne permettent de couper la main qu'aux serfs qui font la fausse-monnaie; les personnes libres ou ingénues, convaincues du même crime, ne sont passibles que de la confiscation de leur fortune.

— Eh bien, morbleu! reprit le roi impatienté de cette opposition de la loi, nous l'accuserons de trahison; et, dans ce cas, je serai seul arbitre de la peine qu'il mérite. Ce n'est pas la première fois que des plaintes sont portées contre lui; l'année dernière encore il a usurpé des terrains qui étaient demeurés en propriété à des gallo-romains, lors du partage des terres entre les Visigoths et les anciens possesseurs.

— Il fut obligé d'en rendre quatre cents acres, répondit le jurisconsulte Goiric. Il est vrai qu'il opposait la prescription de cinquante ans; par laquelle toute propriété peut être acquise; mais ne pouvant en justifier, il fut condamné par l'évêque diocésain avec approbation de votre majesté.

— Revenons au sort de l'armée, qui m'intéresse plus vivement que la félonie du duc des Convenæ, reprit le roi en se tournant vers le comés Armiger; avez-vous pourvu au paiement des troupes?

— Vos ordres ont été fidèlement suivis, répondit celui-ci, chaque soldat a déjà reçu un demi-boisseau de blé, une tête de volaille et une ration de vin ; quand tous les contingens seront arrivés, nous donnerons encore à chaque homme un boisseau de blé ; et, au retour de l'expédition, tout soldat recevra le double, si la guerre ne dure que dix jours, et trois fois plus, si elle se prolonge pendant un mois : vos serfs fiscalins ont réuni dans vos greniers tous les grains nécessaires à ces distributions (22).

— Très-bien, repartit le roi, mon intention est de récompenser largement nos fidèles serviteurs. Outre cette solde ordinaire, il faudra répartir, entre les officiers, les confiscations opérées sur nos esclaves fiscalins de Vernosolen et de Badera, qui avaient eu la hardiesse de donner leurs biens à des églises catholiques.

— Seigneur, répondit Goiric avec la sévérité d'un jurisconsulte intègre, le code Théodosien promulgué par Théodoric, permet aux fiscalins de disposer de leur propriété envers les temples.

— Si la loi autorise ce genre de donation, reprit le roi irrité, ma puissance souveraine peut défendre aux églises d'en profiter, et les catholiques, peu bienveillans envers nous, doivent s'estimer heureux que mon ressentiment se contente de cette punition légère.... Mais, voilà mon vieil et savant architecte, continua Alaric en découvrant Erimus à demi-caché dans la foule ; sais-tu bien, mon grand remueur de pierres, que les fortifications sont un peu ébréchées, la porte du Capitole, surtout, me paraît menacer ruine, il faut qu'avant trois jours elle soit la plus formidable de la ville, entends-tu ? et n'oublie pas la herse doublée de fer ?

— Hélas ! seigneur, s'écria ce dernier, je gémis plus que vous des lézardes de cette pauvre porte ; la tour de droite surtout ouvre sa poitrine comme un soldat percé d'un large poignard ; mais où trouver de la brique et du mortier ? vous savez mieux que moi combien l'argent est rétif pour descendre dans les mains d'Erimus !

— L'argent, reprit le roi, à quoi peut-il servir en architecture ? les pierres ne sont-elles pas suffisantes ?

— Et comment faire mouvoir les pierres, si l'argent refuse de nous prêter ces roues brillantes pour le transport ?

— Voilà justement la solution que j'abandonne à ton esprit inventif ; allons vite en besogne, architecte zélé ; va, marche, et ne réplique pas.

Le pauvre vieillard, ainsi débusqué de son dernier retranchement, ne put qu'obéir et se taire ; il mit son petit berret jaune sur sa tête chauve, et se disposa à trouver le moyen de suppléer au défaut de numéraire. Je ne sais s'il y réussit ; toujours est-il, qu'au sortir de la grande salle, il alla tomber en étourdi au milieu d'un bataillon de montagnards armés de faux qui débouchait en ce moment dans la cour ; il eut quelque peine à sortir du cercle de leurs évolutions, et ce ne fut pas sans recevoir plusieurs gourmades.

L'arrivée de ce nouveau renfort rappela au roi Alaric la détermination qu'il avait prise de partir ce jour-là même à la tête de son armée. Après avoir donné quelques nouvelles instructions, il se fit un grand mouvement parmi les seigneurs et les gardinges réunis autour de lui, et de toutes parts les différens corps se disposèrent à se mettre en marche.

— Gardinge Clodoïr, dit enfin Alaric à ce dernier, c'est à vous un des plus zélés, des plus dévoués de mes officiers que je confie les dix mille hommes de l'arrière-garde; ce poste de confiance dit assez toute l'estime que j'ai pour votre capacité et votre bravoure; et si je connaissais moins votre honneur et votre dévouement, je ne saurais par quel prix acheter vos services!

— Un prix, seigneur! répondit le gardinge, ah! ce serait méconnaître mon attachement que de vouloir l'acheter; n'est-on pas trop payé par votre confiance?

— C'est ce que j'allais dire moi-même, tant je connais votre noble désintéressement. A vous donc l'arrière-garde, et souvenez-vous que si la tête d'une armée est le poste de la bravoure, la protection des derrières, dans un pays conquis, est le poste de la fidélité et de la vigilance; car c'est là surtout que la révolte cherche à porter ses coups.... A ces mots, Clodoïr, fier du commandement qu'il venait d'obtenir, salua le roi, et quitta l'assemblée pour aller reconnaître les troupes qui lui étaient confiées.

Au milieu de cet ébranlement général, la reine se faisait remarquer par son attitude singulière. La douleur de voir partir son mari, se disputait son cœur avec l'impatience de prendre les rênes du gouvernement en son absence. Sa tendresse était en butte à la souffrance; on voyait néanmoins que l'orgueil du commandement dominait ses passions, et elle savait admirablement faire taire tous ses regrets pour ne songer qu'au bonheur de régner bientôt en souveraine. Jusqu'à ce jour, la présence de son époux, homme complaisant et bon, avait privé Théodegothe de ses allures libres et franches, dont son esprit ambitieux éprouvait le besoin. Elle trouvait, sans doute, quelque compensation dans son amour et ses soins assidus: cependant le désir de jouer un nouveau rôle travaillait son ame; elle soupirait après le bonheur inconnu de tenir seule le sceptre dans sa main, et l'approche de ce moment la remplissait d'une brûlante impatience. Tout semblait donc préparé pour l'inauguration de cette royauté séduisante et passagère, lorsque une scène inattendue vint soulever dans le cœur de Théodegothe une de ces révolutions soudaines, qui transforment les caractères les mieux dessinés et les rendent méconnaissables. Le roi approcha du comte Goiric, homme d'un âge assez avancé et dont la physionomie exprimait tout ce que la longue pratique des affaires lui avait donné de connaissance et de sagesse. Alaric prit sa main, à demi-couverte par la longue manche d'un pallium ou manteau romain, et le présentant à l'élite de la nation, il dit :

— Comtes, gardinges, et vous, reine, au moment de quitter la capitale du royaume, obligé de confier la conduite du gouvernement à un vice-roi dévoué, prudent et habile, je n'ai pas cru pouvoir mieux faire que de fixer mon choix sur le vertueux Goiric, le chef de nos jurisconsultes. J'ose espérer que tout le monde respectera l'autorité suprême que je dépose entre ses mains, et qu'on aura pour le sage rédacteur de notre nouveau code, l'amour qu'on était habitué à me donner à moi-même.

Cette délégation royale, à laquelle plusieurs des personnages présens se trouvaient préparés, fut reçue avec une approbation générale. Goiric en était bien digne ; il marchait à la tête de ces visigoths depuis long-temps épris d'admiration pour l'administration et la jurisprudence romaine, et qui travaillaient ardemment à faire plier la barbarie et l'ignorance de leur nation sous les souvenirs du peuple-roi. Aussi la satisfaction était-elle sur tous les visages, et le respect dans tous les cœurs. Théodegothe seule retirée à l'écart, demeurait frappée de stupeur, ébranlée par une commotion indéfinissable.

— Ciel ! disait-elle, à voix basse, en passant la main sur son front, serait-ce une fascination ? Est-ce bien la couronne royale que je vois sur la tête de Goiric ? Non, je suis folle, reprenait-elle aussitôt, en essayant de sourire, ma vue est troublée ! J'aperçois des fantômes ! mon Dieu ! mon Dieu ! dissipez ce délire. Ce fut au milieu de ces incertitudes que la réunion se dispersa. Théodegothe, les yeux fixés sur la porte vers laquelle la foule s'écoulait, considérait machinalement le départ de tous ces hommes ; elle demeurait immobile ; son visage, extrêmement pâle, semblait privé d'animation. Tout-à-coup, au moment où Alaric lui-même allait sortir sur les pas des seigneurs visigoths, elle courut vers lui avec précipitation, et le forçant à se retourner, en le saisissant par le bras, elle lui dit :

— Alaric, regardez un peu Théodegothe, vous venez de lui faire un outrage bien grave. Depuis quand auriez-vous lu, sur son front, ce cachet de l'impuissance, qui, seul, pourrait justifier votre mépris.

— Du mépris ! Théodegothe, répondit Alaric, étrangement surpris. D'où vous vient une telle pensée, et pourquoi regarder avec cet emportement celui qui ne songe qu'à votre bonheur. Si je vous enlève toutes les sollicitudes d'un commandement difficile, n'est-ce pas pour vous laisser jouir plus librement de la splendeur qui doit embellir la vie d'une reine.

— Quoi donc ! reprit-elle, vous êtes roi et vous vous plaignez des sollicitudes que donne le commandement? La puissance souveraine n'est-elle pas chose assez belle, pour qu'elle ait droit d'exiger quelques veilles, quelques travaux ?.... Ici, les paroles de la reine furent entrecoupées par le tumulte des passions qu'elle s'efforçait de contenir. — C'est mauvaise querélle, Alaric, et quand un homme se plaint du poids qu'il porte, on est en droit de lui demander si ce n'est pas de sa faiblesse que vient toute la pesanteur du fardeau.... Puisque c'était là le prix que vous estimiez une femme, pourquoi êtes-vous venu chercher la vôtre dans la famille de Théodoric ?

— Pourquoi? répondit Alaric, en cherchant à réparer par un tendre regard le mal que le choix d'un vice-roi avait fait à l'amour de la reine; je t'ai cherché sur les degrés d'un trône pour trouver une compagne qui répandit sur ma royauté le reflet d'une seconde couronne, pour embellir, enfin, par les grâces d'une femme noble et pure, cette vie de roi si souvent obscurcie par les chagrins.

— Ah! reprit Théodegothe, c'est pour embellir votre vie de roi que vous vous êtes donné une compagne.... En effet, poursuivit la reine, en trouvant au milieu du choc de ses passions le pouvoir de sourire, même avec grâce, j'oubliais que la femme n'est qu'une fleur éphémère que l'homme sème dans le jardin aride de la vie, pour égayer ses yeux.... J'étais folle, en vérité, de méconnaître ainsi l'essence de notre faible nature. Je vous remercie, Alaric, je vous remercie infiniment de m'avoir ramenée à la raison. En disant ces paroles, empreintes de dépit, la reine savait emprunter un air si naturellement aimable et rieur, qu'elle déroba au roi le véritable fond de sa pensée.

— Est-ce donc une si triste prérogative que celle d'embellir l'existence de l'homme, continua Alaric, enchanté de voir Théodegothe revenir à des idées plus saines; n'est-ce pas un beau rôle dans ce monde de douleurs, que de jeter sur la vie laborieuse d'un prince quelques rayons de félicité? De grâce ne cherchez pas à usurper nos tristes priviléges, ou craignez de perdre dans cette transformation tout ce que la femme a de beau, sans pouvoir acquérir rien de ce que l'homme a de fort. La gazelle aurait beau faire, elle n'acquerrait jamais le courage du lion, aussi je me croirais coupable si je t'exposais seule aux insurrections qui pourraient se soulever en mon absence.

— O mon roi! que vos preuves d'amour sont grandes et multipliées! s'écria Théodegothe, en jouant la plus profonde reconnaissance; en effet, une simple femme ne saurait gouverner et combattre les factions; le sexe, ce type fragile de l'impuissance, est trop heureux que l'homme veuille le souffrir près de lui pour s'en divertir.

A ces paroles, le roi ayant tourné la tête, Théodegothe dirigea sur lui un sourire poignant, un regard terrible; Alaric ne s'en aperçut pas. Assez mauvais appréciateur des passions humaines, il était toujours porté à s'en tenir à l'apparence des choses; aussi crut-il sincèrement que Théodegothe s'était laissée convaincre par ses bonnes raisons. Il s'en applaudit et prit un dernier congé en l'embrassant. Théodegothe se tut, et à ces protestations d'amitié succéda un silence morne et menaçant; elle regarda machinalement autour d'elle, ses lèvres étaient fortement pressées l'une contre l'autre, ses sourcils étaient baissés, son regard et le mouvement de sa tête avaient quelque chose d'effrayant. Long-temps elle demeura complètement immobile, sourde, insensible à tout ce qui se faisait autour d'elle. Des soldats, pesamment armés de leurs cuirasses luisantes, des corps de cavalerie passaient dans la cour même du château, au bruit des trompettes et des timballes, et Théodegothe n'entendait rien de ce bruit, ne comprenait rien de tous ces préparatifs. Alaric, enfin, monta à cheval, à la tête d'un bataillon d'élite; il avança au milieu de la foule, agglomérée entre la ville et le château. Un immense cri de : Vive le roi! vive la reine! retentit sur son passage, et Théodegothe alors se réveilla de son assoupissement.

— J'ai entendu crier : Vive la reine! dit-elle, en courant à une fenêtre étroite qui donnait sur la place du château; serait-ce le peuple qui me rendrait le titre qu'on a voulu me ravir? Voilà donc le grand roi qui me méconnaît et m'outrage, ajouta-t-elle en regardant Alaric qui s'éloignait; voici donc le jour néfaste où je devais apprendre combien l'offense d'un objet aimé pouvait exciter dans le cœur d'affreuses tempêtes.... Adieu, grand monarque, qui n'as pas su pénétrer la fureur de mon ame, à travers le calme de mon front. La femme est une fleur fragile, dis-tu; mais n'as-tu pas remarqué, à côté des plantes qui se laissent impunément fouler, d'autres qui savent se faire craindre, parce qu'elles portent dans leur calice le terrible poison.... Quel tumulte déchirant s'élève en moi? Je souffre horriblement et le sourire est sur mes lèvres, l'insulte retentit à mes oreilles, et le plus douloureux dépit inonde mon cœur. Ah! grand prince, tu me crois faible et tu m'outrages, tu crains la révolte et tu jettes en moi le poison d'un orgueil offensé; s'il est ici quelqu'un indigne de porter le sceptre, ne serait-ce pas celui qui a jugé la fille de Théodoric indigne de régner? et pourtant, ajouta-t-elle, en secouant la tête avec douleur, c'est toujours lui que j'ai aimé, c'est lui dont j'ai contemplé le regard avec toute l'ardeur dont le mien était susceptible. C'est lui que mon amour avait adopté avec tout le délire d'une passion bénie dans ses transports. Hélas! s'interrompit-elle aussitôt, quand tous ces souvenirs d'ardeur assiègent mon ame ulcérée, suis-je donc condamnée à ne parler qu'au passé, à n'employer que des termes qui expriment ce qui n'est plus, ce qui ne doit plus revenir peut-être! Mon Dieu! mon Dieu! je suis horriblement outragée, et c'est en ce moment que je voudrais réveiller ma tendresse et mon respect!

> Quels attentats affreux ! quels crimes ! quelle horreur !
> L'orgueil humilié devient bientôt fureur.
> Ce n'est plus un serpent qui rampe sur la terre,
> C'est un géant armé qui brave le tonnerre.
>
> BERNIS.

VIII.

L'OUTRAGE.

Ce fut au milieu de ce grand combat des passions, qu'un homme entra précipitamment, l'œil hagard, le front empreint de colère et frappant du pied les dalles sonores; cet homme était Clodoïr.

— Reine, reine, s'écria-t-il avec un accent mêlé de colère et de supplication, justice et vengeance! justice, pour une pauvre femme que l'on vient de réduire brutalement à la dernière misère; vengeance, contre un des hommes de votre palais, vieillard capricieux et irascible, qui, au milieu de l'hiver, a jeté une femme loin de son logis, la laissant dans la rue sans asile.

— Que m'importe, répondit la reine, fatiguée d'être ainsi dérangée dans ses méditations. Une femme sans asile; voilà-t-il pas une belle affaire d'état!... Eh bien! qu'elle quête l'hospitalité.

— Ah! reine! voilà une bien dure parole, mais ne pensez pas que je cède à votre injuste mépris! J'aime trop cette femme pour abandonner si facilement l'entreprise que j'ai formée de lui faire rendre justice, et quelque ennui que vous ayiez de m'entendre, vous ne refuserez pas, j'en suis persuadé, de vous associer à un grand acte de clémence. Une malheureuse, que l'on a brutalement arrachée de son modeste logis, met sa dernière confiance en vous; Dieu vous a placée aujourd'hui sur le trône en l'absence de votre époux pour arrêter le mal et sécher les larmes, et si la puissance absolue est noble et respectable, c'est surtout quand un mot de celui qui l'exerce peut être un bienfait pour les infortunés. — Chaque parole de Clodoïr venait inconsidérément soulever le dépit et la fureur de la reine...... S'il eût été témoin de l'acte royal qui avait remis le gouvernement à Goiric, son langage aurait pu passer pour une dérision amère; mais son absence en ce moment solennel pouvait le justifier.

— Tu penses que la puissance absolue est une noble chose, lui dit Théodegothe en secouant la tête avec une profonde douleur : eh! bien, la race humaine est un composé d'hommes si disparates, il se trouve dans la foule des ames si dégénérées, qu'on a osé faire retentir à mes oreilles que la royauté n'était qu'un fardeau auquel on était trop heureux de pouvoir se soustraire.

— Vous prouverez à tous la fausseté de ces paroles, en entourant votre couronne de gloire, de justice, d'amour, et les hommes les plus méchans seront forcés de reconnaître que, si la royauté n'est qu'un fardeau pour les tyrans et pour leurs peuples, elle devient un noble sacerdoce pour les esprits magnanimes qui, comme vous, Madame, savent en comprendre la grandeur. Ah! pardonnez à mon obstination, mais j'ai le cœur saignant, il faut que je vous raconte son malheur et le mien, et je vous montrerai cette catastrophe si grande, que vous prendrez à honneur de combler ce gouffre de la fatalité.... Il y a dix ans que j'avais quitté Narbonne, ma patrie, et je venais occuper un poste de gardinge dans les armées d'Alaric, lorsque arrivé dans la forêt de *Badéra* je rencontrai quatre soldats qui conduisaient une pauvre femme éplorée; j'eus bientôt compris, à la brutalité de ses gardiens, non moins qu'aux pleurs que répandait la malheureuse, qu'elle était exposée à quelque violence. Je marchai vers les soldats, je voulus les questionner, ils gardèrent le silence et me tournèrent le dos avec mépris. Alors l'indignation se joignit à la pitié, je mis le sabre à la main, je fondis sur eux, et comme un gardinge l'a toujours emporté sur quelques hommes d'armes insolens et lâches, je les eus bientôt mis en fuite, et la femme resta en mon pouvoir.... La captive, inquiète pendant le combat, retrouva le calme et la joie après la victoire, pour me bénir de l'avoir délivrée.... Je lui demandai quel était son nom, son état, son pays; il me fut impossible d'obtenir une réponse satisfaisante, et elle se borna à me dire : que sa vie dépendait de son silence, et que c'était vouloir la perdre que de pousser plus avant ma curiosité. Ce mot m'eut bientôt désarmé; toutefois, le mystère augmenta mon désir de tout connaître. Je proposai à l'inconnue de revenir avec moi vers Toulouse. Cette proposition lui causa un effroi qu'elle ne put maîtriser. Cependant je la fis consentir à ce projet, en lui déclarant qu'un devoir impérieux m'appelait dans cette ville, et qu'elle devait me suivre si elle voulait vivre sous ma protection. L'isolement qui l'entourait dans la forêt, la crainte de retrouver les soldats que j'avais mis en fuite, la décidèrent enfin à se confier à moi; mais elle y mit pour condition que son existence serait cachée dans le lieu le plus sombre, le plus retiré de la cité, et qu'enfin, morte au monde, elle ne vivrait plus que pour moi et pour un autre objet qu'elle a constamment refusé de me faire connaître. Eh ! bien, reine, cette femme vivait depuis dix ans, tranquille et ignorée, dans une maison obscure que je lui avais procurée, tout à côté de la porte du Capitole; ce matin j'ai voulu aller lui faire mes adieux, avant de partir à la suite de l'armée d'Alaric, dont je commande l'arrière-garde. Oh ! destin inexorable ! jugez quelle a été ma douleur en voyant l'asile de celle que j'aime, bouleversé, démoli de fond en comble. Madame, il faut avoir étudié longuement toutes les douleurs de cette femme infortunée pour comprendre le désespoir et la fureur qui m'ont saisi à la vue de ce nouvel outrage. Son lit, ses hardes, ses meubles avaient été jetés dans la boue, et maintenant l'infortunée Exégilde, couverte d'un voile noir, qui jamais n'abandonna son visage, cherche à se soustraire au froid et à la pluie, sous un lambeau de muraille resté encore debout.... Ah ! reine, tout le monde connaît votre grand cœur; vous saurez, j'en suis sûr, plaindre tant de misères et venger cette insulte. Le coupable habite votre palais : c'est Erimus, le vieillard irascible et audacieux qu'aucune pitié ne peut émouvoir, qu'aucune considération n'arrête. Le roi lui a commandé de réparer la porte du Capitole, et l'ardent architecte, pressé d'entasser pierres sur pierres, n'a rien trouvé de plus simple que d'abattre cinq ou six misérables échoppes pour se procurer quelques charretées de matériaux.... Ah ! Madame, depuis que le roi s'est éloigné, votre puissance s'étend partout sans émule, les obstacles vous sont inconnus, vous n'avez qu'à parler, vos désirs sont des ordres pour tous ; dites un mot, pour qu'Erimus soit arrêté dans sa cruelle entreprise; dites un mot, Madame, pour qu'une pauvre femme retrouve le seul asile qui puisse abriter sa misère et son malheur.

Le lecteur comprendra sans peine quelle était la rage et le dépit que la prière de Clodoïr soulevait dans l'ame de Théodegothe. Cet appel à une puissance qu'elle n'avait pas, cette confiance dans une justice qu'elle ne pouvait exercer, augmentait à chaque mot sa haine implacable ; elle considéra Clodoïr dans un morne silence ; ses sourcils étaient baissés, ses lèvres légèrement soulevées par un sourire sardonique.

— Tu prétends que mes désirs sont des ordres pour tous, dit-elle d'une voix brève, lente et saccadée : que tu es dans une profonde erreur, pauvre gardinge !.... si je dis un mot à Érimus, pour arrêter ses caprices, le vieillard peut rire insolemment à ma face avec impunité ; si je dis un mot pour qu'une pauvre femme retrouve l'asile qu'on lui enlève, une autre voix peut ordonner de redoubler de cruauté envers elle, et ma protection mériterait, à celle qui en serait l'objet, le cachot et la mort..... D'où viens-tu donc, Clodoïr, pour ignorer que la femme ne saurait être qu'une fleur éphémère, digne tout au plus d'embellir l'existence de l'homme. Eh ! quoi, tu viens me retracer les inquiétudes d'une femme vulgaire, lorsque moi-même je suis victime du mépris, de l'injustice ; lorsque je suis misérablement foulée aux pieds de celui que j'avais éperdûment aimé. Oh ! tu avais bien jugé de mon cœur en t'adressant à moi pour consoler les malheureux et réparer les outrages. J'eusse été fière de soulager toutes les infortunes ; mais tes prières en ce moment ne font que redoubler ma fureur et ma haine, car elles me révèlent mon impuissance. Clodoïr, depuis qu'Alaric est parti, c'est à peine si je porte encore le vain titre de reine ; mais dans la réalité, je suis la sujette d'un vice-roi. Et quel homme encore ; si tu le connaissais !....

Cette révélation inattendue rendit Clodoïr interdit.... Etait-il bien possible que Théodegothe, si aimée d'Alaric, eût été soudainement expulsée de l'administration ? Elle, si courageuse, si active, si digne en tout de continuer le gouvernement de son mari. Le gardinge ne savait que penser et que dire..... Dans une affaire aussi grave, il n'osait se prononcer ni pour la reine qu'il plaignait, ni pour le roi auquel il était dévoué : il demeura muet, baissa la tête et sembla chercher dans ses souvenirs quelque précédent qui pût lui expliquer l'origine d'une aussi grave mésintelligence. Théodegothe, à qui pas un mouvement de l'ame ne pouvait échapper, comprit toute la pensée de Clodoïr.

— Te voilà plongé dans la stupeur, lui dit-elle, et tu essaies de t'expliquer une insulte qui ne saurait trouver sa justification ? Que serait-ce encore si tu connaissais quelle est la tête forte que l'on m'a préférée, quelle est la haute capacité que l'on met à la tête des affaires ? Ah ! ne cherche pas dans les rangs de nos braves officiers ; ne cherche pas parmi les anciennes familles visigothes..... Celui que l'on m'a préféré, ajouta la reine avec le plus profond mépris, est un vieillard parleur et pusillanime, un trafiquant de lois et de décrets, un guerroyeur de cabinet, un explorateur de manuscrits et de pandectes, c'est Goiric, en un mot, le promulgateur illustre de notre code Théodosien.

— Goiric, repartit le gardinge avec colère, Goiric, le législateur inexorable, qui a opposé un mur infranchissable de peines et de dégradations à l'homme visigoth qui voudrait épouser une femme romaine.

— Lui-même, répéta Théodegothe.

— Ah ! Madame, poursuivit Clodoïr transporté de fureur, l'élévation de cet homme réveille en moi de nouvelles douleurs, et il faut que vous connaissiez toute la profondeur de mon désespoir.... Je ne vous ai parlé jusqu'ici que des rigueurs dont une femme que j'aime a été la victime, maintenant je veux vous apprendre quels sont les obstacles funestes qui empêchent mon amour de pouvoir atteindre jamais à la félicité. Quelques jours à peine m'avaient initié à la grandeur des vertus d'Exégilde, que je formai le projet d'en faire ma compagne ; la tristesse de sa position, mon rang dans l'armée, mon crédit auprès du roi, enfin, mon amour ardent pour elle, tout concourait à me faire penser qu'elle me donnerait aisément sa main ; je la lui demandai.... Aussitôt, elle me regarda avec tristesse, joignit ses mains, et des torrens de larmes furent sa seule réponse. Surpris de cet accueil que je ne pouvais m'expliquer, je la pressai de questions ; elle garda le silence ; je tombai à ses genoux, j'épuisai toutes les ressources du langage passionné ; alors elle me regarda avec un sourire de désespoir, que j'eus la cruauté de prendre d'abord pour du mépris. — Je suis Romaine, me répondit-elle, vous voyez qu'entre vous et moi les lois ont élevé les barrières infranchissables de leur plus grande rigueur (23). Je me tus à ce mot ; mais ma passion refoulée dans mon cœur, obligée de se comprimer dans la souffrance, n'osa plus attendre son soulagement que d'une révolution dans nos lois absurdes et cruelles ; jusqu'à ce jour j'ai vécu dans l'espérance qu'un changement à nos codes, devenu nécessaire, pourrait me rendre le bonheur, et voilà qu'aujourd'hui je trouve, à la tête du gouvernement, l'ennemi le plus acharné des mariages mixtes. Ah ! reine, je partage tout votre ressentiment : Alaric a fait un mauvais choix, et si je ne craignais d'en trop dire.... mais il suffit. Adieu ! reine, adieu ! il est temps que j'aille chercher un autre asile pour Exégilde, puis j'irai rejoindre mes troupes pour les conduire à la guerre..... Ces derniers mots de Clodoïr parurent faire une révolution dans les pensées de Théodegothe.

Tes troupes ! s'écria-t-elle, en surmontant son abattement pour ne conserver que l'indignation et l'audace ; quelle inspiration soudaine a ranimé en moi une pensée de vengeance ! aussitôt elle réfléchit, et courant vers le gardinge qui s'éloignait : elle lui dit, en le retenant par le bras :.... Clodoïr, quels sont ces soldats dont tu parles ?

— Les miens, Madame, ceux qui forment l'arrière-garde que je dois commander.

— Les tiens, dis-tu ! les tiens ! reprit la reine, en laissant percer dans son regard un éclair d'ambition ; sont-ils vaillans ? sont-ils nombreux ? sont-ils obéissans à tes ordres ?

— Une aveugle soumission au moindre signe de leur chef, n'est-elle pas le premier devoir des hommes de guerre ? Quant à leur bravoure les Suèves récemment vaincus pourraient en témoigner !

— Quoi! repartit la reine, tu détestes le vice-roi, tu commandes une armée nombreuse, obéissante; et tu parles de t'éloigner! Clodoïr, tu resteras, c'est ta reine qui te l'ordonne.

— Rester! reprit le gardinge étonné ; mais je commande l'arrière-garde, le roi me l'a confiée; les soldats m'attendent pour marcher à la défense des frontières !

— Tes soldats resteront aussi, répondit Théodegothe ?

— Mépriser les ordres du roi, s'écria le gardinge, effrayé de cette proposition audacieuse ! suspendre le départ de ses troupes !

— Pourquoi pas? si je te l'ordonne !.... et Clodoïr reconnut dans le regard de Théodegothe quelque chose de tellement royal et impératif, qu'il sentit toute résolution ébranlée.

— Vous, ordonner? balbutia-t-il ; si vous n'avez pas le pouvoir de rendre une chaumière à une pauvre femme inhumainement expulsée, comment pourriez-vous suspendre le départ d'une partie de l'armée?

— Parce que ainsi est ma volonté, répondit Théodegothe; la voix qui te dit de rester est celle d'une reine méconnue qui veut montrer à l'univers quelle est la puissance d'un orgueil royal qu'on outrage.... Ah! Clodoïr, tu ne soupçonnes pas tout ce qui se passe dans mon cœur, et l'homme qui a osé m'insulter ne prévoyait pas que la tempête qu'il allait soulever saurait se rendre irrésistible en s'appuyant au bras invincible de Clodoïr; toi, qui sais apprécier le courage et la capacité de Théodegothe, que penseras-tu de cet homme insensé qui a osé lui dire qu'une reine n'était faite que pour charmer les loisirs d'un époux? Que penseras-tu de cet homme habile qui, soulevant le dépit et la haine dans mon ame, n'a pas su se mettre en garde contre la révolte ? Celui qui n'a pas su reconnaître en moi la femme capable de régner, ne serait-il pas lui-même indigne du trône? Qu'en dis-tu, Clodoïr? qu'en diront tes soldats?

— Ces étranges paroles rendirent Clodoïr stupéfait ; et quoiqu'elles fussent trop énergiquement exprimées pour pouvoir se méprendre sur leur but, néanmoins il n'osa pas en adopter le sens criminel, et il essaya de donner quelques vagues conseils de clémence.

— O Théodegothe, lui dit-il, ne laissez pas les passions exaltées se précipiter dans votre ame, elles finiraient peut-être par y dominer seules, y enfanter des crimes, et le calme et la raison n'y trouveraient plus d'accès.

— Si mes passions sont exaltées, est-ce bien toi qui peux te révolter contr'elles? Ah, Clodoïr! tu ne comprends pas tout ce que ma tête avait élaboré de réformes pour en faire l'application pendant l'absence d'Alaric.

Que tu serais heureux, si je pouvais régner quelques jours en souveraine! l'amour d'une romaine ne serait plus pour toi une cause de tourmens. Les lois qui prohibent ton union avec Exégilde, soulèvent aussi mon indignation ; je veux régner pour te donner ton amante, et tu t'irrites contre ma volonté! reviens à toi, Clodoïr, et ne pense qu'à ton amour, quand je t'ordonne de demeurer ici avec tes troupes.

— Juste ciel! que viens-je d'entendre, s'écria le gardinge, saisi à l'improviste par cette espérance inattendue! Quoi je pourrais être l'époux d'Exégilde? La femme Romaine ne serait plus séparée de l'homme Visigoth par des prohibitions infranchissables? O reine! à vous mon obéissance jusqu'à la dernière goutte de mon sang; et là dessus l'amant enthousiaste s'abandonna à cette profusion de sermens qui découlent de la bouche d'un amoureux, flatté dans ses désirs les plus ardens.

Quelque confiance que méritent les paroles d'une reine, il est loisible au lecteur de soupçonner celles de Théodegothe, d'astuce et de duplicité ; je doute fort, pour ma part, que son ambition la plus grande, en aspirant au trône, fût de rapporter les lois qui défendaient le mariage entre personnes de nations différentes; toutefois il serait difficile de ne pas admirer le grand parti qu'elle sut tirer de la circonstance, et ce petit mensonge, fort à propos mis en avant, lui ouvrit à deux battans le cœur de Clodoïr, un peu difficile à ébranler. Jusqu'alors Théodegothe n'avait laissé pénétrer ses desseins qu'avec une certaine réserve ; mais dès l'instant qu'elle se fut assurée de la possession absolue du gardinge par une promesse qui flattait son amour, elle déchira le voile qui couvrait ses terribles desseins, et ne garda plus de mesure dans l'expression de sa vengeance.

— Clodoïr, lui dit-elle, en se baissant à son oreille, avec inquiétude, comme si elle eut craint d'essuyer un refus. Que répondrais-tu à Théodegothe, si elle te disait de la suivre?....

— Vous suivre, répliqua le gardinge en se réveillant de ses pensées profondes, et où me conduirez-vous? La reine se tut un instant, mais forte de l'empire qu'elle pouvait exercer à volonté sur Clodoïr, elle reprit bientôt :

— Où conduit un ennemi jaloux de son roi, sur le trône!

— Sur le trône! reprit Clodoïr épouvanté; mais il n'en put dire davantage, et l'égarement de son regard fut la seule expression muette qui continua de protester contre cet audacieux projet.

— Comment pourrais-je abolir la loi qui te défend d'épouser Exégilde, si je ne suis pas souveraine absolue, répondit l'habile Théodegothe.

— O reine! est-ce bien vous qui me parlez de révolte!

— Moi-même! répondit la reine, en cherchant à dominer par son assurance impérative l'hésitation de Clodoïr, et ce que ma bouche prononce est toujours l'écho fidèle de mon cœur. Oui, je te parle de la révolte, qui fait du caprice d'un seul une loi que chacun se dispute à genoux l'honneur de faire exécuter; d'une révolte que la défaite peut rendre criminelle, mais que le succès rend toujours légitime et respectée.

Quelque flatté que pût être le gardinge, par l'espérance dont Théodegothe berçait son amour, son ame n'était pas assez viciée pour adopter aveuglément ces projets; mais il faut reconnaître aussi qu'il était privé de l'énergie nécessaire pour repousser les tentations puissantes, et le timide sujet d'Alaric, attaqué de toutes parts, cédait pied à pied le terrain, et tombait de plus en plus dans les filets de la reine ambitieuse.

— La trahison ! la révolte ! s'écriait-il parfois, voilà donc ce que l'on ose proposer à celui qui n'aspirait qu'à l'amour dans la solitude. Oh ! pardonnez-moi ! si je ne sais pas comprendre la portée de ce langage tumultueux; mais les pensées d'ambition me semblent incapables de pénétrer dans un cœur qui vit d'amour, et le mien ne bat que pour Exégilde.

— Si ton cœur ne bat que pour l'amour, pense donc à l'objet de ton culte, que le froid fait grelotter sous une masure détruite; et n'oublie pas que je dois régner souveraine si tu veux pouvoir l'épouser.

— Que votre regard est séduisant ! que votre voix est irrésistible quand vous me parlez de mon bonheur !.... Mais hélas ! le roi m'appelle, la patrie me réclame : pensez-vous bien qu'Exégilde consente à aimer celui qui oublie la gloire et trahit son pays ?

— Ne t'avais-je pas dit que j'avais l'ame d'une reine, et qu'Alaric m'avait indignement outragée !.... et ne sais-tu pas que la vengeance ne saurait admettre des scrupules, quand elle veut être digne de l'injure. Clodoïr, tu me suivras, ou bien je t'abandonne à ton malheur, et je livre Exégilde à la misère.

— Oh ! ne parlez pas ainsi, mon Dieu !... Où voulez-vous que je vous suive ? Dites, quels sont vos projets ?

— Je veux profiter de l'absence d'Alaric pour me venger de son insulte, en chassant le vice-roi et en restant seule sur le trône.

— Et par quelle route arriver à ce trône, dont les approches sont si souvent embarrassées de crimes et d'abominations.

— Par celle que suivent les hommes forts, par la plus courte.

— La plus courte, hélas ! n'est-ce pas celle-là surtout qui se trouve pavée de sang et de carnage ?

— Voilà pourquoi celui qui est guidé par une volonté forte, ne doit jamais regarder en arrière; mais le fer toujours levé, il marche tête haute, et frappe en aveugle, pour déblayer la route devant lui.

— Mais Alaric a un fils, Théodegothe; et si Goiric est renversé, c'est à lui que la couronne appartient par héritage.

— Un fils, repartit la reine, avec un mépris mêlé de fureur; tu me parles d'un fils d'une première femme, que pour cela seul je méprise et je déteste : serait-ce donc là le grand obstacle qui arrêterait Clodoïr? un enfant que l'on fouette quand il crie, que l'on fait disparaître quand il gêne.... et puis le trône n'est-il pas électif, et ne puis-je pas provoquer, en ma faveur, les acclamations populaires.

— Eh quoi ? madame, si le père est coupable, l'innocence de cet enfant ne devrait-elle pas faire avorter, sur vos lèvres, ce mot de proscription.

— Qu'est-ce donc que ce guerrier tremblant qui tombe à genoux devant un berceau? s'écria la reine en donnant à ses sourcils ce froncement impérieux, que nul homme ne pouvait voir sans frémir? Quel est cet amant d'Exégilde, qui a besoin de toutes les flammes d'un regard de reine pour reprendre ses sens, et faire quelques pas?... Si tu aimes la gloire, ne trouveras-tu pas plus digne de tes efforts de replacer une princesse injustement méconnue, sur le trône qui lui appartient, que d'aller faire la chasse à quelques misérables franks?

— Et quels sont les droits au nom desquels vous voulez renverser Goiric et occuper le trône?

La reine considéra un moment Clodoïr en souriant. — Tu commandes dix mille hommes et tu me demandes de quel droit je veux régner?... Si les intrigans vulgaires ont besoin de s'accrocher à des titres pour obtenir le concours des populations, n'est-il pas digne des ames fortes de s'élever par elles-mêmes? L'aigle regarde en pitié le faible écureuil qui ne peut quitter la terre qu'autant que l'arbre lui prête l'appui de ses branches. Le roi des airs s'élance dans les espaces, à travers la foudre et les vents, sans autre soutien que ses ailes fortes. Je n'ai que toi pour être reine, tu n'as que moi pour devenir époux d'Exégilde; eh bien! sachons être l'un à l'autre pour acquérir la gloire et le bonheur.

— Exégilde! le bonheur! ah! votre voix est si puissante quand elle prononce ces mots chéris, que je sens en moi se former un orage immense, qu'aucun obstacle ici bas ne pourrait arrêter!

— Ainsi donc, tu es à moi?

— Ordonnez, je suis à vous, pour être à Exégilde.... Une conquête difficile était achevée; Théodegothe se tut, Clodoïr garda le silence, et tous les deux, retirés dans les replis de leur cœur, réfléchirent diversement à l'avenir qu'ils s'étaient préparé. Clodoïr, revenu au calme et à l'action libre de ses facultés, commençait à éprouver la honte de sa condescendance, et il aurait voulu retourner sur ses pas; mais sa malheureuse timidité lui enlevait le courage de retirer sa parole, et il se laissait emporter par le torrent sans oser faire un effort pour regagner le rivage. La position de Théodegothe participait un peu de celle de son complice; elle était heureuse et fière, il est vrai, de méditer la vengeance; elle se complaisait à préparer la chute, l'abaissement de Goiric; mais au milieu de ce triomphe en perspective, son cœur ne pouvait se dérober à l'aiguillon du remords. Après un instant de silence, ou pour mieux dire, de recueillement et de solitude, elle tomba dans l'accablement; on aurait dit un arc tendu depuis long-temps, qui lâchait sa corde et la rendait à sa mollesse naturelle. Elle s'assit sur un banc de pierre placé dans l'embrasure d'une fenêtre, et jetant sur le gardinge un regard souffrant et mélancolique, que peu d'hommes avaient jusque-là découvert, elle lui dit :

— Clodoïr, les mots royauté, ambition, vengeance, se retrouvent souvent dans mes paroles, n'est-ce pas? et je dois te paraître bien exaltée; tranchons le mot, bien coupable.... cependant, ne crois pas que toutes ces pensées ne me soient inspirées que par l'ambition d'usurper un trône, et de voir les peuples trembler à ma voix; ne crois pas cela, Clodoïr, car la femme qui ne voudrait détrôner le représentant de son roi que pour voler une couronne, aurait un cœur de fer, et le mien cependant est agité de l'amour le plus tendre.... Tu sais que j'ai une fille, une fille que j'appelle Amalgise, et que j'aime mille fois au-dessus de toutes les expressions que le langage pourrait me prêter. Eh bien! c'est cet amour de mère que Dieu a placé dans notre cœur pour notre félicité ou notre désespoir, qui m'inspire cette pensée de vengeance, et me donne la force d'étouffer la voix du remords, pour te parler de révolte et de trahison.

Ces paroles inespérées produisirent un effet consolateur sur l'esprit agité du gardinge; ce fut avec bonheur qu'il vit la reine revenir à des idées plus calmes, capables peut-être de le retirer lui-même de l'abîme où il s'enfonçait de plus en plus. Théodegothe poursuivit :

— Surtout, ne te figure pas que je sois heureuse avec toutes ces pensées tumultueuses! ne pense pas qu'une femme puisse se faire épouse criminelle, reine conspiratrice, sans que son existence soit en butte à de terribles orages.... Clodoïr! poursuivit-elle, après un moment de suspension, je souffre tout ce que peut souffrir un cœur de mère; tu peux voir un reflet éclatant de cette souffrance dans l'orage de mes projets, car ce cachet de la perversité que tu as peut-être reconnu sur mon front n'était que l'affreux cachet du malheur.... Cette fille que j'adore, cette fille pour laquelle j'oublie tous les devoirs, j'outrepasse toutes les bornes, eh bien! Clodoïr, elle ne m'aime pas!

Le gardinge, surpris de cet aveu, sentit augmenter encore son étonnement en voyant de grosses larmes rouler dans les paupières de Théodegothe. Après la conversation inexorable qu'il venait d'écouter, il était loin de s'attendre à cette expansion douloureuse.

— Si tu savais apprécier tout le malheur d'une pauvre mère, qui n'est pas aimée de son unique enfant, tu comprendrais comment cet ancien amour que j'avais pour Alaric vient de se changer tout-à-coup en haine, et tu saurais peut-être excuser ma fureur.... aussitôt que j'appris l'invasion des Franks, les plus douces espérances vinrent calmer les angoises de mon cœur, je sus faire taire ma tendresse véritable pour mon époux ; je soupirais après son absence, espérant qu'il me confierait la puissance suprême ; bientôt, me disais-je, avec la nouvelle splendeur qui resplendira sur moi, je vais subjuguer l'imagination de ma fille, et le prestige qui s'attache au manteau royal va me conquérir son amour ; et puis, ai-je besoin de t'expliquer encore une plus noble et plus secrète ambition. Placer la mère à la tête du gouvernement n'était-ce pas rapprocher la fille du trône ? n'était-ce pas accoutumer les peuples à porter leur respect sur l'enfant auquel leur reine avait donné le jour ? O Clodoïr ! comme Théodegothe eût été grande et vertueuse ! comme elle aurait entouré son gouvernement de splendeur et de gloire pour faire rejaillir tout cet éclat sur sa fille chérie. Eh bien ! je touchais à cet instant désiré, j'allais réaliser le rêve de ma vie, quand, d'un mot, Alaric est venu tout bouleverser ; il m'a préféré un sot, un orgueilleux, un pâle fantôme ; affreuse déception ! ce mot seul doit t'avoir tout révélé ; tu concevras mes projets, maintenant, tu excuseras ma révolte, tu ne reculeras plus d'épouvante, si je viens à méditer des crimes et à t'en parler sans pâlir.

— Vous me faites frémir, Madame, s'écria Clodoïr, fatigué de marcher sur ce sable mouvant qui cachait peut-être un précipice. N'appelons pas sur nous de nouveaux malheurs, en nous enfonçant en aveugles dans cette voie ténébreuse.

— Eh ! quels nouveaux malheurs peut éprouver une femme que son mari vient de méconnaître et que son enfant n'aime pas !

— La douleur vous égare ; comment une enfant si pure n'aimerait-elle pas une mère si tendre ? Ne l'ai-je pas vue maintes fois vous sourire et vous embrasser ?....

— Froidement, répondit la reine, froidement et comme une femme étrangère, dont les caresses nous fatiguent, et à laquelle on se hâte de payer un baiser pour l'éloigner au plus tôt.

— Et pouvez-vous exiger d'elle une passion filiale, encore inconnue à l'âge où elle est ?

— De la passion, reprit la reine en jetant un regard courroucé à travers les sourcils abaissés sur ses paupières ; oui, je pourrais exiger de la passion, car il y en a dans cet ame encore si tendre ; mais cette passion est consacrée à un autre objet, et voilà ce qui augmente mon désespoir. Ah, Clodoïr ! malgré tous les aveux que je viens de te faire, tu n'as pas encore parcouru tous les détours du labyrinthe de mon cœur ! n'as-tu jamais vu ma fille promener avec cet Amalaric qu'elle ne peut quitter un instant? Ne l'as-tu jamais vue le prendre dans ses bras, lui prodiguer des caresses dont elle est si avare pour sa mère? Oh! quand je la vois ainsi consacrer toute sa tendresse à l'exécrable enfant qui lui ferme le chemin du trône, j'éprouve une jalousie que tu ne saurais concevoir.

— Mais, Madame, reprit Clodoïr, la ressemblance de leurs goûts, leur âge, leur fraternité, n'explique-t-elle pas....

— Mon désespoir n'admet aucune explication, répondit impérieusement Théodegothe. Je suis profondément jalouse, Clodoïr, et dans cette exaltation dont je te parlais, je vais jusqu'à me dire.... Dieu! comme je serais heureuse si cet Amalaric venait à mourir!

L'expression que la reine prêta à ses dernières paroles leur donna une effrayante énergie. Le lecteur a pu s'apercevoir, par les récits qui précèdent, combien ce siècle de barbarie ouvrait une large carrière à toutes les passions violentes, et l'on comprendra aisément que celle du meurtre ne devait pas être la dernière à secouer le joug. Les oreilles de tout homme qui approchait les palais à cette époque, étaient donc familiarisées de bonne heure avec ces pensées d'assassinat. Cependant la nature bonne, encore assez puissante dans le cœur du gardinge, fit une certaine opposition au désir de la reine, et il demanda si elle oserait vouloir faire entrer le grand arbitre de la vie humaine dans ses projets criminels.

— Dieu ne s'est pas exclusivement réservé toutes les destinées humaines, lui répondit froidement la reine, et les hommes puissans et audacieux peuvent forcer cette femme, que les Latins nommaient *Atropos*, à faire jouer ses ciseaux.... La pensée était assez clairement exprimée, et Théodegothe allait passer peut-être à une série de propositions plus ténébreuses, lorsque la conversation fut un moment interrompue par le bruit léger et harmonieux de deux voix enfantines qui venaient se mêler aux paroles sinistres de cette conspiration.

— Qui vient ici, s'écria Théodegothe, jetant autour d'elle un regard égaré. Elle s'enfonça dans l'embrasure de la fenêtre, tira une peau de daim, taillée à jour, qui servait de rideau; et, là, cachée avec Clodoïr, aux yeux des enfans, elle les regarda à travers les dentelures de la draperie pour chercher à lire en eux si sa pensée avait été surprise. Au même instant les deux enfans entrèrent dans la salle; Amalgise, que le lecteur connaît déjà, avait pris le bras de son frère Amalaric, jeune garçon de 13 ans, à la chevelure blonde et au regard doux. Il portait, à la manière des Romains, une tunique de laine à manches; le haut de ses jambes étaient nu comme chez les Ecossais de nos jours, et des courroies retenaient ses sandales de cuir rouge.

— As-tu vu, Amalgise, si le petit moineau a fait des façons pour venir tomber à mes pieds, dit l'enfant, en décochant une dernière flèche vers un vieux nid d'hirondelle, huché sur une corniche.

— Pauvre petite bête! repartit Amalgise en caressant le moineau dont elle s'était tout d'abord emparée; c'était quelque jeune maman qui allait faire son nid, je gage, et c'est toi qui l'as tué, méchant! J'ai beau t'embrasser, te caresser, tu ne deviens jamais meilleur.... Puis la petite fille continua en souriant : Pour les oiseaux s'entend; et elle l'embrassa de nouveau.

— Je connais le moyen d'obtenir mon pardon, reprit Amalaric, en se baissant un peu pour donner à sa petite sœur plus de facilité à le caresser; on a beau être méchant, quand on partage le produit de sa méchanceté avec ses amis, ils sont aisément portés à excuser le crime dont ils profitent. Viens avec moi, nous le ferons cuire dans ce trou de la muraille qui nous sert de four, et personne n'y touchera que nous deux.

— Et surtout que maman ne nous fasse pas appeler auprès d'elle, répondit Amalgise, avec un petit froncement de sourcils, car je ne veux rester qu'avec toi. Allons au pas, comme les soldats de mon père : ram plan, ram plan; et les enfans se mirent à marcher en mesure, en imitant le son du tambour et celui de la trompette.

— Entends-tu comme elle l'aime, disait Théodegothe cachée derrière le rideau; tout pour ce maudit et rien pour sa mère. Oui, je suis profondément jalouse, Clodoïr! mon cœur est un enfer!.. Que je serais heureuse si un accident, une maladie venait à briser cette existence!

— Ah! madame! s'il vous est permis de braver les hommes et le ciel, ne craindrez-vous pas du moins d'attirer leur vengeance sur cette fille chérie, que vous osez mêler à vos sanglans projets?

Cette réflexion parut agir puissamment sur l'esprit de la reine; elle se troubla, pâlit, et jeta un regard indéfinissable sur sa fille, occupée avec son frère à plumer le petit moineau.

— Ma fille! s'écria-t-elle, sur toi la vengeance du ciel et de la terre!... Oh! Clodoïr, que je suis folle et malheureuse! Aussitôt la reine retomba sur son siège. Elle cacha sa tête dans ses mains, poussa quelques sanglots, et Clodoïr qui ne demandait qu'à se délivrer de tous ces projets criminels, crut avoir triomphé.... Théodegothe demeura long-temps dans cette apparence de remords et de découragement, mais l'innocente conversation des enfans vint bientôt ranimer sa fureur.

— Tu ne sais pas, Amalgise, dit Amalaric en embrochant le moineau à une longue aiguille de fer qui lui servait d'épée, mon papa m'a dit que lorsqu'il reviendrait de la guerre, il m'amènerait un joli cheval pour galoper quand je voudrais et tant que je voudrais. Il faut que je m'accoutume à être robuste et bon guerrier, m'a-t-il dit, pour savoir défendre mon royaume quand sera venu mon tour d'être roi.

A ces mots, Théodegothe se releva avec une effrayante promptitude, et elle montra à Clodoïr son visage sillonné par les larmes, bouleversé par la fureur. Les deux enfans venaient de s'éloigner.

— L'as-tu bien entendu! dit-elle en sortant de sa cachette, le roi a osé lui enseigner à prononcer ces mots..... Tes soldats sont-ils prêts? Il faut que ce soir même Goiric soit enlevé; et quant à cet enfant....

— Oh! madame! interrompit Clodoïr, vous ne craignez donc plus que tant de crimes retombent sur votre fille?

— Je garderai les crimes pour moi, répondit Théodegothe avec la volonté d'étouffer tous les scrupules, je mettrai sur Amalgise mon manteau de reine, pour que rien ne puisse la souiller.

— Mais si votre cœur est fermé au remords, sera-t-il aussi insensible à la terreur, et pourrez-vous regarder sans frémir le ciel qui souvent lance la foudre sur le coupable.

— Si le ciel devait m'effrayer, je me ferais impie, pour ne plus croire en Dieu et ne plus hésiter. Y penses-tu de venir continuellement ébranler mon courage, lorsque j'aurais besoin moi-même d'excitation........ Que deviendrais-tu, malheureux! que deviendrait Exégilde, si je venais à reculer dans la voie où je me suis engagée. As-tu oublié que celle que tu aimes grelotte de froid sous les débris d'une masure. Allons, faible conspirateur! sachons faire comme tant de grands princes qui ont acheté, par un moment de férocité, le droit d'être forts et magnanimes pendant un long règne; plus d'observations, plus de timidité! Va réunir tes soldats, fais part de nos projets aux dizainiers et aux centeniers, les mieux portés à les bien accueillir; prends bien tes mesures pour faire cacher une partie des troupes auprès du Château-Narbonnais.... Dès ce soir, il faut que tout soit prêt pour enlever le vice-roi.

— Et s'il résiste?

— Qu'il disparaisse dans le fleuve, car son règne éphémère a cessé; il faut que son autorité passe en des mains plus dignes que les siennes.

— Et que la loi contre les mariages mixtes soit abrogée, n'est-ce pas?

— Elle le sera!.... s'écria la reine avec une assurance manifestement destinée à river la chaîne qui retenait Clodoïr, esclave de ses volontés... Et aussitôt tous deux se séparèrent considérablement agités, et comme on l'est à la veille de l'exécution de projets terribles.

> Seulette suis, et seulette veux estre;
> Seulette suis, sans compagnon ni maître;
> Seulette suis, dolente et courroucée;
> Seulette suis en langour, mais aisée;
> Seulette suis, plus que nulle esgarée.
>
> Christine de PISAN.

IX.

LA SOIRÉE MYSTÉRIEUSE.

Un horrible tourment déchirait l'ame de Clodoïr; égaré par les longs développemens de cette conspiration ténébreuse, il éprouvait le besoin de changer d'atmosphère, de rompre le cours de ses pensées, et de revenir enfin rejoindre Exégilde pour retrouver un peu de calme. Il se dirigea donc vers la porte du Capitole, près de laquelle Erimus commettait ses violences inexorables; chassant les pauvres artisans de leurs maisons, démolissant cloisons, murailles, et faisant table rase, pour se procurer quelques briques qui se pulvérisaient en tombant. Le turbulent vieillard présidait lui-même les travaux; de nombreux maçons étaient occupés à tailler la pierre, à faire du mortier; des charpentiers, venus de la Bourgogne, fertile en bons ouvriers de ce genre, équarrissaient des poutrelles de chêne, pour remettre à neuf la herse, le portail et le pont-levis; enfin quelques forgerons, aux bras nerveux, aux traits noircis et rudes, assujettissaient ces divers ouvrages avec de fortes bandes de fer. Clodoïr, apercevant Erimus qui voltigeait au milieu de ces matériaux, en boitant sur ses jambes décharnées, comme un faucheux sur ses perches, aurait eu bonne fantaisie d'aller lui chercher querelle à l'occasion de sa brutalité, mais impatient de revoir et de consoler la femme qu'il aimait, il se contenta de lui dire d'un ton brusque :

— La reine blâme sévèrement votre conduite, Erimus; elle vous défend de tracasser dorénavant ses fidèles sujets dans leur demeure.

— La reine n'est que ma maîtresse, répondit l'architecte avec un sourire qui tenait du mépris, tandis que le roi est mon maître. Or, mon cher gardinge, vous pouvez reconnaître à mes cheveux blancs, que je ne suis plus à l'âge où le féminin a sur le cœur plus d'empire que le masculin; ayez donc pour agréable que je démolisse encore et que je continue ma besogne.

Clodoïr fut indigné de cette réponse, mais plus pressé d'aller retirer la dame de ses pensées du milieu des décombres, que de battre inutilement cette ame durcie par les années, il marcha vers le but de ses désirs, et il alla trouver Exégilde dans une espèce de guérite, entièrement cachée sous les quadruples replis d'un voile noir.

Malgré les élémens d'une constitution robuste, ses membres et son corps, accroupis au fond de sa retraite, paraissaient amaigris par la douleur; et si l'on avait pu voir son visage et les orbites de ses yeux, rougis par les larmes, on aurait bien vite deviné que là battait un cœur en proie à de déchirantes angoisses.

— Ah! madame! lui dit Clodoïr, vous me voyez arrivé à l'instant le plus heureux de la vie; j'ai vu la reine (à ces mots elle frissonna), et elle a comblé mon cœur d'une espérance enivrante, qui me transporte d'amour pour vous, et presque d'admiration pour elle. (Exégilde tourna la tête comme blessée d'avoir entendu cette dernière phrase.) Ce langage vous fatigue, reprit le gardinge, mais vous comprendrez mon bonheur quand je vous dirai que cette femme puissante partage toute ma colère pour les lois qui prohibent notre union. Exégilde, nous allons enfin être heureux, car j'ai la promesse de la reine que bientôt les Visigoths pourront épouser les femmes romaines..... Après cette communication, Clodoïr s'attendait à voir éclater des transports égaux aux siens, mais il lui fut aisé de s'apercevoir que la paleur et l'embarras étaient les seules émotions qui avaient agité le visage d'Exégilde. Malgré cela, le gardinge voulut lui proposer de venir chercher un asile et un appui auprès de Théodegothe; mais au seul nom de la femme d'Alaric, ses yeux semblèrent lancer des flammes à travers le voile qui les couvrait; son cœur révolté poussa quelques soupirs; cependant les paroles expirèrent sur ses lèvres, et le gardinge ne put entendre qu'un murmure douloureux.

— Clodoïr, dit-elle enfin, d'une voix que les battemens de son cœur rendaient entrecoupée, vous venez du palais; n'avez-vous pas rencontré sur vos pas ce fils d'Alaric que l'on dit grandir en force, en esprit, et en gentillesse?

— Il donne toujours à son père les plus belles espérances, répondit le gardinge, et chaque jour voit éclore en lui quelque nouvelle qualité royale.

— C'est le bruit qui est parvenu jusqu'au fond de ma retraite! s'écria Exégilde avec joie; mais vous-même, qu'en dites-vous? l'avez-vous aperçu?

— Encore ce matin, mais un instant seulement, et d'une manière passagère. D'où vient donc l'intérêt que vous portez à cet enfant, madame; vous, à qui l'humanité entière paraît être indifférente!

— Moi!.... cet intérêt... balbutia Exégilde, c'est la simple curiosité qui me l'inspire; le hasard a quelques fois conduit cet enfant en vue de ma fenêtre, j'ai contemplé sa figure fraîche et candide...... L'innocence a tant de charmes et de prix pour le malheureux, victime de la perversité humaine...... Aussi c'est avec bonheur que j'ai attaché mes regards sur son front vierge de rides, et ils sont si rares ceux où le crime n'a pas creusé quelques replis. Depuis long-temps mes yeux ne l'ont plus rencontré, et je voulais savoir......

— Eh! bien! continua Clodoïr, le désir de voir le fils d'Alaric devrait servir d'attraction pour vous attirer à ce palais où je vous offre un asile. L'aversion qui vous éloigne de la demeure des rois ne peut se concevoir, ouvrez-moi donc votre cœur sur une antipathie inexplicable?

— Laissez-moi, lui répondit-elle avec moins de résignation qu'à l'ordinaire; quelle que soit ma misère, je n'en suis pas encore réduite à mendier à la porte du palais, occupé par l'orgueilleuse fille de Théodoric. Il est une retraite que Dieu a ouverte à l'infortune, c'est là que je trouverai un refuge assuré où nul ne viendra me poursuivre; mais éloignez-vous, Clodoïr, et ne me parlez plus du palais d'Alaric.

— Vous m'avez habitué depuis long-temps à respecter tous vos caprices, mais, au nom du ciel, apprenez-moi quel est le lieu où vous êtes assurée de trouver l'hospitalité!

— Demain je vous le ferai connaître, afin que vous puissiez venir m'y visiter.

— S'il en est ainsi, répondit le gardinge, je ne saurais qu'adhérer à vos désirs; quel que soit l'asile qui vous recèle, il sera toujours pour moi un objet de culte et de respect, pourvu qu'il me soit permis de vous voir, de vous protéger comme par le passé, et de m'entendre appeler votre ami.

— Vous le serez toujours, répondit Exégilde, comment pourrais-je oublier la protection si noble, si désintéressée, que vous m'avez accordée pendant dix ans de retraite. Mais au nom du ciel, laissez-moi, votre présence ici pourrait exciter la curiosité, et je vous ai dit maintes fois que j'avais besoin de l'oubli des hommes !

— Adieu, madame, et surtout souvenez-vous que bientôt les Visigoths pourront épouser des femmes romaines, et alors.....

Clodoïr allait continuer, mais il rencontra un regard qui implorait son départ d'une manière si suppliante, qu'il se tut et s'éloigna, impatient d'arriver au lendemain pour apprendre la nouvelle retraite de cette femme adorée, dont l'existence mystérieuse avait le don d'enchaîner son cœur et d'étouffer ses mouvemens les plus emportés. Il s'éloigna donc pour aller rejoindre ses troupes, fort étonnées, je pense, de ne plus voir leur chef à leur tête, au moment où il fallait partir pour combattre les Franks. Pendant qu'il se dirigeait vers leur campement, il aperçut Exégilde qui franchissait incognito la porte Ariétis, et se dirigeait vers le nord dans la campagne. A son approche, les ouvriers employés par Erimus, s'étaient reculés avec un effroi mêlé de respect ; quelques hommes du peuple l'avaient considérée avec recueillement, et ils s'étaient dit à voix basse : Laissons passer la *Tête-Noire* ; il arrive toujours malheur à ceux qui se rencontrent sur son chemin. Ne vîtes-vous pas, il y a quelques jours, comme le cheval de Théodegothe s'enfonça dans le sang au milieu de la rue la mieux pavée de la ville ?

Toutefois, ces paroles étaient prononcées trop loin du gardinge pour qu'elles parvinssent à ses oreilles ; quand Exégilde eut entièrement disparu à ses regards, il continua sa marche vers ses troupes, et dès ce moment il appartint tout entier à la reine et à la conspiration. Parfois, cependant, il se sentait chanceler au moment d'oublier ainsi tous ses devoirs ; mais alors, il se disait pour fortifier son courage : — Malgré toi-même, Exégilde, mon amour sera plus grand que ta candeur, malgré toi je saurai te rendre heureuse !

ENDANT ce temps, que s'était-il passé au palais depuis le départ de Clodoïr ? Théodegothe avait tressé les blonds et longs cheveux de sa fille avec une hâte inquiète et inusitée ; puis l'ayant fait éloigner, elle avait donné ordre à une de ses femmes de service, de lui mener Amalaric sur le champ..... Le jeune enfant ne se fit pas attendre ; d'un naturel doux et aimant, il portait gravé sur sa physionomie gracieuse, le plaisir qu'il éprouvait de se rendre au désir de la reine. Par un caprice de la nature qu'il serait peu facile de bien expliquer, tandis qu'Amalgise

recevait avec la plus complète indifférence les caresses de la mère qui l'adorait, Amalaric, continuellement rudoyé par Théodegothe, avait pour sa rude marâtre le respect et l'attachement le plus étendu ; on eût dit que, dans son besoin d'aimer et d'être aimé, le pauvre enfant cherchait à vaincre la dureté de la reine à force de bonté, d'obéissance et d'amour ; aussi dès qu'il arriva, parût-il tout absorbé dans la joie d'avoir été mandé par Théodegothe. Il n'eut pas tout d'abord à se repentir de cette gracieuseté, car, pour la première fois de sa vie, il fut accueilli avec un sourire. Un homme expert dans l'étude du cœur humain, aurait peut-être trouvé quelque chose de forcé et de gauche dans cet accueil royal, mais à treize ans on s'en tient aux apparences, et Amalaric se trouva heureux, bien heureux de recevoir un regard qui semblait lui présager pour l'avenir une abondante moisson de caresses et de bontés.

— On m'a dit que vous me demandiez, ma mère, dit Amalaric en hésitant sur ce dernier titre, se rappelant que la reine lui avait défendu de la nommer ainsi. Pour cette fois, cependant, le regard de Théodegothe l'encouragea à enfreindre la défense.

— Oui, *mon fils*, répondit-elle, avec un pénible embarras, j'avais à vous dire....

Ici elle fut interrompue par les cris de joie d'Amalaric qui, se sentant transporté par le titre de *mon fils*, fit trois sauts sur le plancher, et voulut embrasser celle qui le rendait si joyeux ; mais Théodegothe, violemment combattue par un sentiment que le pauvre enfant ne pouvait comprendre, repoussa cette marque de tendresse, et elle eut toutes les peines du monde à cacher une larme qui roulait dans ses yeux.

— Mon Dieu ! pourquoi inspirer à cet enfant une joie qui me trouble et me déchire, dit-elle en détournant la tête. Puis elle fit un violent effort pour reprendre tout son courage. — Amalaric, voilà bien long-temps que vous n'êtes allé à la chasse ?....

— Oui.... maman, reprit l'enfant tout attristé du baiser qu'on lui avait refusé.

— Est-ce ainsi que vous perdez l'activité et les penchans de la jeunesse, en devenant grand garçon ?

— Non, maman, mais je craignais de vous contrarier, et je....

— Au contraire, mon fils, interrompit la reine, joyeuse en secret que les goûts d'Amalaric fussent d'accord avec ses projets ; je n'ai d'autre désir que de vous voir amuser, et la chasse est un plaisir si naturel à votre âge ! Ah ! si vous vouliez suivre mon conseil, je vous indiquerais un endroit où vous ne pourriez manquer de faire bonne prise. On m'a rapporté que les moineaux et les ramiers s'y abattaient en grand nombre vers le soleil couchant....

— Mon Dieu, maman ! je serais enchanté de pouvoir lancer quelques flèches bien meurtrières ; d'ailleurs, il me serait si doux de pouvoir faire quelque chose qui vous fût agréable.... Quel est cet endroit, maman, où la chasse est si productive ?....

La reine allait répondre, mais tout-à-coup elle s'arrêta ; une pâleur jaunâtre couvrit son visage, et elle se détourna pour s'écrier au fond de l'ame :

— Que vais-je faire, malheureuse ! c'est le fils du roi, le fils de mon époux, de mon époux que j'ai tant aimé, et maintenant j'irais jeter dans son cœur la plus déchirante des douleurs. Mon Dieu ! n'est-ce pas pour me faire concevoir ces tortures que tu m'as donné une fille aussi.... Mais, que dis-je, le fils de mon époux ! et n'est-ce pas justement ce titre qui lui a mérité ma haine, le fils de celui qui m'a méconnue, bannie du gouvernement? Juste Dieu ! quand on est outragée, le remords, l'hésitation ne sont-ils pas des faiblesses ?... Il y eut dans ce cri le triomphe entier des mauvaises passions sur les bonnes. Amalaric, poursuivit-elle avec un sourire composé, il faut prendre votre arc, il faut prendre vos flèches ; vous savez bien le côteau de la Vacherie, là-bas au levant de la ville, vous y trouverez des oiseaux, beaucoup d'oiseaux, Amalaric ; mais partez au plus vite, le soleil descend à grands pas, voici l'heure où les ramiers s'abattent sur les arbres, vous connaissez bien le chemin ?.... On sort par la porte Saint-Etienne, on suit la route des Rhuteni ; puis, à trois cents pas, on prend le sentier de gauche, et l'on arrive au haut du côteau.... Adieu, Amalaric, partez, partez vite....

Cette dernière partie de la conversation avait été si désordonnée, si étrangement entrecoupée de repos, de respirations pénibles, que le pauvre enfant en fut tout étonné ; mais comment concevoir des soupçons à treize ans ? Il se contenta d'être surpris du langage extraordinaire de la reine, il s'avoua en secret qu'il ne pouvait en comprendre le motif ; et pour ne pas augmenter le trouble de Théodegothe, par sa désobéissance, il se hâta d'aller prendre son arc, son carquois, appela son chien Arol, et il se dirigea vers la colline, très impatient de rapporter quelqu'oiseau qui fit plaisir à sa bonne sœur Amalgise.

Or, le soir même de cette journée, Erimus quitta précipitamment le chantier de la porte du Capitole, sur l'avis que lui avait donné un des huissiers du palais, qu'une gouttière survenue à la plate-forme d'une tour endommageait un lambris. C'était l'heure où le soleil allait disparaître derrière les forêts du couchant ; Erimus avançait le pied sur un échaffaudage pour mieux reconnaître le mal et lui apporter un remède plus approprié ; tout-à-coup il vit une petite porte secrète, qui conduisait de l'appartement de la reine dans la cour, s'ouvrir rapidement, laisser échapper deux hommes couverts de manteaux à capuchon, et se refermer aussitôt.

L'architecte ne reconnut pas ces personnages mystérieux, grâce à la précaution qu'ils avaient eue de faire retomber le capuchon sur leurs visages. Ce vêtement, originaire des Gaules, formé de plusieurs bandes d'étoffe, cousues ensemble, était appelé caracalla, réunissait une foule d'avantages, soit pour se couvrir, soit pour se déguiser, et il n'était pas étonnant que l'empereur romain, qui reçut le nom de ce manteau, prit tant de moyens pour en faire répandre l'usage dans l'empire (24). Revenant à Erimus, la curiosité le porta à oublier un instant sa gouttière; il fit luire ses petits yeux ardens et furets, et il n'eut pas lieu de s'en repentir, car ces inconnus lui parurent avoir une physionomie ombrageuse et sauvage, toute propre à servir de base à des hypothèses peu innocentes; tandis que la caracalla cachait le haut de leur front, une longue barbe dérobait la bouche, le menton, enfin toute la partie inférieure du visage. Ces deux hommes se dirigèrent avec prudence vers la porte qui donnait du côté de la ville. Bientôt ils s'arrêtèrent; et l'un d'eux ayant tiré un long poignard de dessous son manteau, voulut l'essayer sur la peau de sa main calleuse; il ne dût pas lui paraître bien effilé, car, s'étant assuré que les portes et les fenêtres ne jetaient pas des regards indiscrets, il choisit dans un tas de matériaux un tronçon de pierre à aiguiser, et le cacha sous sa caracalla. A la vue de ce vol audacieux, exécuté sur les objets de son domaine, Érimus ne put se renfermer dans une observation muette.

— Holà, hé! voleur infâme! s'écria-t-il de toute la puissance de sa voix, veux-tu bien respecter les pierres du palais? et aussitôt voulant donner à son ordre une autorité que les voleurs semblaient peu disposés à reconnaître, il saisit une brique et la leur adressa avec force; mais le projectile n'atteignit personne; les hommes disparurent rapidement, et l'architecte eut la douleur de voir la brique se briser sur le pavé, sans pouvoir faire lâcher la pierre qu'on lui ravissait. — Par saint Arius, s'écria-t-il, en montrant le poing aux talons du voleur, si je connaissais ta demeure, je te la ferais payer au centuple. Mais, qui diable sont ces gens-là? Par mon crâne chauve! je n'avais jamais vu de visage de cette espèce depuis le jour où Théodoric fut assassiné.

Au même instant une petite fenêtre s'ouvrit non loin de l'appartement de la reine, une femme montra la tête derrière le contrevent entr'ouvert, et sembla regarder avec inquiétude si les hommes mystérieux n'avaient pas encore disparu. Un coup-d'œil rapide et perçant ayant constaté leur départ, le contrevent se referma.... Pour le coup Erimus reconnut bien distinctement la reine. Son apparition, dans cette circonstance était assez significative; le petit vieillard en fit son profit, et certes il était assez méchant pour que les probabilités qu'il ajusta dans sa cervelle, valussent pour le moins un chapitre de Suétone ou de Juvenal.

> Il ne faut pas juger des gens sur l'apparence,
> Son menton nourrissait une barbe touffue;
> Toute sa personne velue
> Représentait un ours, mais un ours mal léché;
> Sous un sourcil épais il avait l'œil caché,
> Le regard de travers, nez tordu, grosse lèvre,
> Portait sayon de poil de chèvre;
> Et ceinture de joncs..................
>
> LAFONTAINE. *(Paysan du Danube).*

X.

LE FISCALIN.

Le chemin que devait suivre Amalaric pour se rendre au sommet du côteau, était cette ancienne voie des Rhuteni provinciales, que nous appellerions aujourd'hui route de Castres. Rechercher avec l'exactitude d'un archéologue, si elle ne s'écartait pas de quelques mètres vers le midi ou vers le nord, c'est ce qu'il importe très peu de discuter ici : l'important est de constater qu'elle sortait de la ville par la porte Saint-Etienne, à côté de cette église que saint Martial venait de bâtir sous la forme d'un simple oratoire, et qu'après avoir traversé un petit ruisseau, non loin du lieu où coule aujourd'hui le Canal des Deux-Mers, elle gravissait une colline et descendait enfin dans la vallée du Lhers, à travers les saules et les peupliers. Cette dernière colline, située à quelques centaines de pas seulement des remparts de la ville, se prolonge sans interruption au midi, où elle va se confondre avec celles du Lauraguais ; mais vers le nord son étendue est peu considérable, et après avoir fait un dernier effort pour s'élever en haut mamelon, elle s'affaisse tout à coup, perd son nom glorieux et funeste de *Plateau des Redoutes*, et disparaît dans la plaine. Ces lieux, que la sanglante bataille de 1814 a rendu célèbres à jamais, étaient alors encadrés par trois cours d'eau qui leur servaient de limites. Au couchant, le ruisseau déjà nommé, qui donnait naissance à ces marais que nous avons vu s'étendre autour de l'église Saint-Sernin ; au levant le cours paisible et gracieux du Lhers, charmante petite rivière ombragée d'aulnes et de peupliers, et à laquelle la fertilité de ses eaux fait aisément pardonner sa couleur ordinairement bourbeuse ; au nord-ouest enfin, l'impétueuse Garonne étendait et creusait chaque jour plus profond son large lit de gravier. Maintenant joignez les deux ruisseaux au midi par la voie romaine des Rhuteni, et vous aurez un immense enclos de plus de trois lieux de circonférence, dont nous allons former un domaine pour les rois visigoths.

A l'arrivée de ce peuple dans les Gaules, les terres avaient été assez équitablement partagées entre les nouveaux possesseurs et les anciens ; et soit que les conquérans fussent guidés par un esprit de justice naturelle, soit qu'ils s'y trouvassent engagés par les cessions successives que les empereurs leur firent des provinces Pyrénéennes, ils se contentèrent de retenir pour eux les deux tiers de leurs nouvelles possessions, laissant le reste des terres aux Gallo-Romains (25) ; et ce qui valait encore plus, leur religion, leurs lois et leurs usages. A l'époque de la conquête de Tolosa par Vallia, ce roi ne négligea pas de retenir pour la part de la couronne de vastes et fertiles domaines voisins de la ville, et les plus rapprochés durent conséquemment obtenir l'affection des monarques qui occupèrent le trône de Toulouse.

Cette préférence n'avait mérité, il est vrai, au manoir dont nous venons de donner les limites, aucune de ces marques de faveur qui accompagnent aujourd'hui la prédilection d'un prince : on n'y rencontrait ni parc réservé, ni pavillon, ni château ; toutes les faveurs du roi se résumaient dans les parties de chasse qu'il venait y faire durant ses heures de loisir, et dans les visites plus fréquentes encore de la reine Théodegothe. Ces sortes de promenades, dans un bien rural, ne doivent pas nous surprendre, car on ne va pas se figurer, je pense, que les reines de ce temps-là fussent de grandes dames de salon, méprisant les champs et abandonnant les soins du ménage à des intendans menteurs et fripons ; Théodegothe se plaisait à s'assurer par elle-même si ses vaches étaient bien entretenues, si l'on égorgeait avec soin les génisses qui devaient approvisionner les tables du palais ; elle veillait même à la coupe des toisons des brebis, et faisait subir à la laine toutes les préparations nécessaires, jusqu'à celle du tissage.

Pour travailler leurs domaines, les rois visigoths avaient établi une espèce de famille de serfs, que certains droits et priviléges élevaient au dessus du commun des esclaves. La distinction, il faut l'avouer, n'était pas très-maladroite, et l'élévation du valet servait en quelque sorte à rehausser le maître : aussi tous les deux se trouvaient-ils également bien de cette seconde suprématie. En effet, tandis que les esclaves particuliers demeuraient soumis à la condition dure que leur avait faite la loi romaine, tandis qu'il leur était interdit de posséder, d'acquérir, de léguer, de se marier, même de porter témoignage en justice, pendant ce temps, dis-je, les fiscalins ou serfs du roi, jouissaient d'une foule de droits qui les plaçaient presque au rang d'hommes libres. Petits aristocrates de l'esclavage, ils pouvaient exercer certaines charges du palais, témoigner en justice; et, chose digne de remarque, posséder des terres et jusqu'à des esclaves.... Il est vrai que là s'arrêtaient leurs franchises; et s'ils voulaient tester et donner leur bien, le roi leur faisait sentir alors le joug de son pouvoir, et son intervention devenait nécessaire pour autoriser le fiscalin à choisir un successeur (26).

Or, à l'heure où Amalaric se dirigeait seul avec son arc et son chien, vers le domaine de Hautes-Terres, car tel est le nom que sa position nous engage à lui donner, un de ces fiscalins plus pauvre, plus opprimé que ses confrères, ne possédant qu'un bâton et un chien pour garder son troupeau de vaches, était nonchalamment assis au sommet du côteau, et s'occupait à rapiécer une vieille caracalla de drap gris. Un tronc d'arbre, renversé sur la bruyère par un coup de vent, lui servait de siège, et, du haut de cet observatoire, il pouvait embrasser d'un regard, non seulement la bruyère et les forêts qui couronnaient le sommet et les flancs de la coline, mais encore toute la contrée à trois lieues à la ronde. Le point de vue était imposant, et quoique la campagne n'offrît à cette époque rigoureuse rien de sa fraîcheur, de sa gracieuseté du printemps, tout homme qui eut possédé un cœur un peu poète, aurait promené ses regards avec ravissement sur ces forêts lointaines, couvertes de glaçons scintillans, sur ce long ruban vert de la Garonne, qui tantôt se cachait derrière les forêts, tantôt s'étendait libre et bruyante sur un vaste lit de sable. Au milieu de cette nature sauvage, triste, glacée, balayée par un vent froid, la ville élevait sa haute enceinte de murailles noirâtres, hérissée de tours. Vue avec les yeux de l'auteur des *Mille et une Nuits*, cet entassement de briques aurait pu passer pour une immense tortue échouée dans la plaine, à laquelle le Château-Narbonnais, au midi, aurait servi de tête, tandis que les faubourgs naissans, sur les routes principales, auraient tenu lieu de pattes et de queue.

Le domaine, lui-même, offrait un aspect assez varié pour la saison. Ici, c'était la petite rivière jaunâtre du Lhers qui serpentait au milieu de longues et vastes prairies, comme une jarretière échappée à la jambe d'une bergère; au nord, des champs fertiles, où le blé, l'orge, l'avoine commençaient à verdir, à côté de champs plus touffus de chanvre et de lin. Là bas, de robustes fiscalins labouraient profondément un champ en friches, et pressaient à coups d'aiguillon de grands bœufs au poil hérissé, qui semblaient se ressentir de leur parenté avec le buffle sauvage. Plus loin, des jeunes filles chassaient, vers un petit hameau, leur troupeau de brebis, que des agneaux nés récemment suivaient d'un pas fatigué, en poussant leur bêlement plaintif; près du ruisseau qui séparait le domaine de la ville, quelques soldats ramenaient une centaine de robustes chevaux qu'ils venaient de faire pacager. Enfin, dans un coin de la forêt, plusieurs bûcherons abattaient des chênes, et l'on voyait un convoi de trois chariots s'acheminer déjà vers la ville.... A l'heure où nous parlons, le soleil couchant, à demi voilé par les nuages, jetait ses dernières clartés sur ce tableau agreste et en augmentait encore la sévère beauté. C'eût été pour notre fiscalin un sujet fertile en contemplation, s'il avait eu le cœur aussi chaud que la plupart des hommes; mais Mazair était trop absorbé par la pièce noire qu'il cousait à sa cape grise, pour arrêter les yeux autre part que sur son habit, et cette absorption de toute une intelligence d'homme vers un travail de ravaudage, nous porterait presque à partager la triste opinion que les gens du voisinage s'étaient fait de la capacité de Mazair. En effet, il ne fallait chercher dans sa conversation, dans sa tournure, dans tout son extérieur enfin, rien qui participât de l'activité de l'ambition ni de tout autre grand sentiment humain; sa vie semblait se résumer dans la satisfaction de l'instinct animal, dormir, manger, se mouvoir, chanter quelquefois, voilà les actions par lesquelles son existence se révélait aux autres hommes; éloigné d'ailleurs de toute émotion forte, par le vaste calme des champs qui paraissait répondre au calme de son esprit, il demeurait attaché à l'esclavage sans exprimer de regret, sans faire entendre de murmure; sa démarche était gauche, son regard peu assuré, et sa conversation ne savait guère avoir de suite, même dans la sphère étroite que lui traçait le soin de son troupeau.... Néanmoins, chose étrange! au milieu de cette apathie, que les gens du hameau prenaient pour de la stupidité, Mazair jetait par fois de ces paroles pleines de sens, de ces sentences judicieuses dont il ne se rendait peut-être pas raison lui-même, et qu'on aurait cru être les filles d'une nature comprimée, endormie qui se réveillait et s'épanchait par une bouche, étonnée d'avoir à leur servir d'interprète. Mais cet éclair passager disparaissait aussitôt, et un mot plein de sens et de portée, venait se perdre dans une phrase indéchiffrable, grossière, sans commencement

et sans but. En résumé, c'était une nature fort étrange que celle du fiscalin Mazair; un mélange d'ombre et de clarté, où la nuit cependant occupait une étendue immense; un feu souterrain, recouvert par un lac profond, et qui jetait quelquefois, à travers les ondes, des flammes passagères, mais souvent assez vives pour constater l'existence d'un foyer invisible. — Allons! disait-il, en raccommodant son manteau grossier, encore un trou à cette pauvre caracalla! et dire que cela m'arrive toujours en hiver.... Au moins si c'était pendant l'été, on pourrait se découvrir, attacher sa pièce tout à son aise, et le soleil réchaufferait les épaules découvertes. Mais dans ce temps-ci, dès que mes habits éprouvent une déchirure, me voilà obligé de les ôter pendant le raccommodage, et alors gare le froid! je gèle des épaules.... Les anciens du pays disent qu'il n'en était pas ainsi autrefois; chaque homme avait deux caracallas; mais depuis l'arrivée de ces Visigoths, qui se sont fait nos maîtres, nous voilà condamnés, nous qui avons du sang romain dans les veines, à rapiécer nos vêtemens de nos propres mains. Eh bien! que disais-je là, ajouta-t-il en passant la main sur son front, comme s'il avait éprouvé de la peine à poursuivre le fil d'une pensée assez profonde.... Je suis esclave fiscalin..... C'est cela.... possédé par le roi Alaric, et je m'avise de me plaindre; j'ai soixante vaches à garder, du lait à discrétion; le pain de seigle ne me manque jamais; ma femme serait parfaite si elle ne me grondait pas, ma petite-fille est charmante.... J'ai du bois pour me chauffer, une caracalla pour me couvrir.... Au reste, interrompit-il à cet endroit, j'ai ouï dire que là-bas, du côté où le soleil se couche, on voyait, il y a quelques années, une villa magnifique. Il y avait aussi beaucoup de cabanes aux environs; mon père habitait dans ces contrées et il ne couchait pas dans les cabanes.... Pourquoi cela?.... Maudits Visigoths! maudits Visigoths! On voyait errer dans les bois d'innombrables troupeaux de vaches et de porcs; mon père les faisait conduire aux marchés pour les vendre, mais l'argent n'entrait pas dans le coffre des rois visigoths.... Mazair voulut réfléchir, mais la chose lui devint encore impossible; des entraves semblaient enchaîner son esprit impatient de se rendre libre.... Eh bien! que disais-je là? N'est-il pas tout simple que des rois barbares soient les maîtres des Gallo-Romains, que la terre appartienne à ceux qui ne l'ont jamais possédée? n'est-il pas naturel que nous obéissions et qu'on nous commande, qu'on nous batte et que nous nous courbions?...

N ce moment, Mazair se trouva interrompu dans ses réflexions, par l'arrivée d'une petite fille, sautillante et joyeuse, qui vint, toute déguenillée et rouge de froid, raconter à son père une petite prouesse dont elle était fort glorieuse.

— Ah! mon papa, mon papa! s'écria-t-elle, comme je suis contente! comme je suis heureuse! je viens de grimper tout au haut du pommier sauvage, j'y ai pris deux fruits que j'ai trouvés excellens.

— J'étais bien assuré, répondit Mazair, qu'ils y resteraient jusqu'à ce qu'une gourmandise humaine vînt les enlever, car l'orage et les animaux sont mille fois plus sobres que ce bipède goulu qu'on appelle l'homme, et je vois que ma petie Barne ne dérogera pas à sa réputation.

— Oh! mon papa, ils étaient si bons! si bons! reprit Barne avec un sourire doucereux; et puis, vous ne savez pas ce que j'ai vu du haut de l'arbre.

— Qu'as-tu vu, ma chère Barne?

— Le fils du roi, mon père; ce joli petit Amalaric, qui se dirige de ce côté avec son arc et son chien, pour venir faire la chasse aux oiseaux.

— Comment! ce gentil Amalaric, reprit Mazair, joyeux à son tour de revoir l'enfant qui venait parfois visiter sa vacherie. Voyez-moi, le coquin! de s'en venir ainsi tuer les petites bêtes!.... Allons, le monde roule à merveille! Ma fille fait la chasse aux fruits, le roi la fait probablement aux hommes à l'heure où je parle, et le fils du roi la fait aux oiseaux. Et moi, à qui donc la ferai-je, si la fantaisie m'en prend? Eh! parbleu, aux trous de mon habit!....

A ce mot, Mazair fit jouer l'aiguille; mais il y mit tant d'ardeur, que le faible outil cassa entre ses doigts.... Ah, mon Dieu! s'écria-il, Barne! ma pauvre Barne! voilà mon aiguille cassée! que je suis malheureux!

— De quoi donc! reprit l'enfant, d'avoir cassé votre aiguille?

— Non, répondit l'autre, en jetant d'étranges regards; mais d'être obligé de rapetasser un vieux manteau....

— Allons, encore vos discours singuliers! Laissez là votre cape, et retirez-vous bien vite dans la cabane pour aller mettre votre habit neuf, car le fils du roi va arriver, et vous n'êtes pas assez propre pour paraître devant lui.

— Et comment veux-tu que soit un pauvre berger qui couche sur la même litière que ses vaches, qui se promène le matin dans la rosée et le soir dans la boue. Amalaric ne me fera pas battre parce que je suis malpropre.... Si j'oubliais d'ôter ma calotte en sa présence, et de le saluer bien bas, cela serait différent; mais tu sais que je suis honnête pour tout le monde.

— Quant à moi, je n'aime pas à vous voir si mal habillé, répondit Barne ; et lorsque je descends à la ville, je suis honteuse de ne rencontrer personne d'aussi pauvrement vêtu que mon papa ; au lieu d'avoir de beaux habits et de grandes maisons.... ne croyez-vous pas que vous fussiez plus joli avec des bottes de cuir jaune et un beau manteau couvert de poil de renard ?

— Et avec ce bel équipage, je ne saurais peut-être pas t'aimer autant, repartit le berger.... Comme je serais drôle avec ces beaux habits! comme je serais maladroit pour courir après mes génisses ; je suis sûr qu'elles auraient peur de moi, les pauvres bêtes, et se mettraient à fuir comme si elles voyaient le loup.

— Et pourquoi les vaches auraient-elles peur ? et pourquoi de beaux habits et de grandes maisons vous rendraient-ils plus drôle et moins joli que monseigneur le roi que j'aime tant à voir ?

— Et parce que je ne suis qu'un pauvre diable, repartit Mazair en secouant la tête ; tandis que le roi est maître de tout vouloir et de tout faire..... Il peut dire à ses sujets : Je veux une maison grande comme une ville, et aussitôt mille bras se mettent à la bâtir.... Il peut dire à tous les hommes : Prenez vos armes, je veux conquérir de grands pays et d'immenses richesses, et aussitôt tous les hommes prennent les armes et vont se faire tuer à plaisir pour tâcher de le satisfaire. Bref, le roi peut tout vouloir et tout exécuter, même nous battre et nous faire mourir. Rien d'étonnant, après cela, qu'il porte de si beaux habits, et loge dans de si grands palais.

— Comment, reprit Barne, surprise et piquée de ce grand pouvoir royal, le roi est maître de faire battre les hommes et de les faire tuer ; et pourquoi le maître, s'il vous plaît ?

— Parce que les hommes l'ont voulu aussi, et qu'ils lui ont dit : Soyez notre maître, nous vous obéirons.

— Quoi ! les hommes lui ont dit : Soyez notre maître ; et quand il vous plaira de nous battre, vous nous battrez ; et quand vous nous donnerez des coups, nous vous laisserons faire. Il faut que tous les hommes soient bien bêtes, mon père.

— Je ne dis pas qu'ils soient fort sages, reprit Mazair, mais il faut considérer aussi que le roi fait emprisonner les voleurs, punir les assassins, et fustiger les ménagères qui trompent leurs maris (27). Ne sais-tu pas que, sans lui, on viendrait m'enlever ma femme, faire du mal à ma jolie petite fille, ou détruire notre cabane, pour nous réduire à coucher dans les bois, quand il pleut, et qu'il fait bien froid.

— Comment ! reprit Barne, vous pensez qu'il y a des gens capables de tout cela ! les hommes sont donc bien méchans, mon père ?....

— Oui, ma fille, reprit Mazair, ils sont fort méchans, et voilà pourquoi ils se donnent des maîtres plus méchans qu'eux. Quand on est obligé d'octroyer à quelqu'un le droit de frapper les coupables, il est bien à craindre que le bout du bâton n'atteigne quelquefois l'épaule d'un brave homme; et alors, gare! gare! quand les vaches broutent les bruyères, elles happent quelquefois les chardons.... Quoi qu'il en soit, laisse faire ces grands seigneurs; quelques coups de gaules n'empêchent pas d'avoir bon appétit, d'aimer sa femme et d'embrasser sa charmante petite fille.... Il y a des gens qui me disent malheureux, parce qu'ils me trouvent triste quelquefois.... Allons donc, je suis le plus fortuné des hommes. Je ne changerai pas ma cabane pour un château, et mes vaches pour une armée.... D'autres prétendent que je suis imbécille, parce qu'on ne m'entend pas parler beaucoup, que souvent je suis rêveur, regardant les étoiles pour savoir s'il doit pleuvoir le lendemain répondant bon jour à ceux qui me disent bonne nuit.... Imbécilles eux-mêmes, qui ne savent pas comprendre que je n'ai aucun rapport avec un sot.... Mais je ne sais pourquoi ces réflexions me font mal. Allons, chantons un peu, ma fille; et aussitôt Mazair se mit à psalmodier une vieille légende sur les aventures de saint Serge, premier évêque de Narbonne; légende très populaire à cette époque, et qui fut traduite en français dans les siècles suivans.

> Comment l'empereur exalta
> Saint Paul Serge en très grand honneur,
> Car de tout Cypre l'ordonna
> Proconsul et grand gouverneur.

> Dieu éternel, par la prière
> De saint Paul, un aveugle-né,
> Petit enfant, obtint lumière,
> Puis baptesme lui a donné.

> Saprice après a ordonné
> De mettre saint Paul en prison,
> Auquel lieu l'enfant a mené
> Plusieurs qui ont eu guérison.

> Saint Paul avec ses deux disciples
> Saprice a, pour abréger
> Fait enserger avec maniples
> Pour en la mer les submerger.

> Jésu Christ d'iceluy danger
> Les a saulvez, comme lisons,
> Mais, par suite, de pied léger,
> Les a retournés en prison.

> Saprice, mangeant d'ung poisson,
> Estranglé fut subitement,
> Et l'ame portée en prison
> Des dyables, en cruel tourment (28).

— Allons, allons, lui cria Barne avec un petit ton de brusquerie et d'autorité, laissez là votre chanson, et songez au fils du roi qui va paraître. Je vous assure que, si vous n'allez pas vous vêtir comme il faut, je vais le dire à ma mère qui vous grondera.

Mazair qui avait coutume d'obéir sans répondre à ceux qui lui donnaient des ordres, eut la force cette fois de ne pas tenir compte du ton grondeur que Barne avait pris. La petite fille de dix ans eut le déplaisir de voir son père secouer la tête en signe de refus, et Mazair se mit à rire, et voulut l'embrasser pour se faire pardonner plus aisément sa désobéissance. Mais, au même instant, les aboiemens d'un chien se firent entendre derrière un buisson; Mazair et Barne tournèrent la tête, et Amalaric passa devant eux, marchant sur la pointe du pied, le cou tendu vers les arbres, respirant à peine, et trop absorbé par la recherche des oiseaux pour apercevoir le berger.

Cependant le chasseur ne tarda pas à être fatigué de fouiller impunément des yeux, les arbres inhabités; il tourna ses regards vers la bruyère, et il aperçut Mazair et la petite Barne.

— Ah! vous voilà braves gens! dit-il en venant à eux; pendant que son chien enfonçait son museau dans les buissons; sauriez-vous m'indiquer les arbres fréquentés par les moineaux et les colombes?... La reine m'a dit que j'en trouverais immensément à l'entrée de la nuit, lorsque ces petites bêtes cherchent un abri contre le froid.

— Et..... comment, monseigneur, lui répondit Mazair en balbutiant, vous avez osé venir seul dans cette bruyère, à l'heure où la nuit va tomber, lorsque je vais faire rentrer mes vaches?

— Est-ce qu'un homme est jamais seul quand il a son arc et ses flèches! s'écria Amalaric en lui montrant ses armes, avec un certain air de bravoure, qui relevait un peu sa physionomie naturellement douce et timide. Ne suis-je pas assez fort pour combattre les oiseaux et me tirer des broussailles? La reine m'a dit qu'à mon âge on était assez grand pour courir dans les bois, sans autre suite que son chien, et je vais vous montrer si les colombes m'estiment assez redoutable pour avoir peur. Je serais si heureux de pouvoir en rapporter une paire à la reine, et une autre à ma sœur Amalgise..... Connaissez-vous Amalgise, mes amis?...

— Si je la connais, répondit Barne en faisant la révérence; certainement je la connais! voilà un mouchoir qu'elle m'a donné il n'y a pas huit jours, dit-elle en montrant un fichu encore neuf qui couvrait son cou.

— Tu la connais! s'écria Amalaric avec bonheur. Pauvre petite, je veux t'embrasser tiens, puisque tu connais ma bonne Amalgise. A ces mots, il donna un baiser à Barne, qui tendit la joue avec une innocence non exempte de coquetterie. Adieu, petite fille, ajouta Amalaric en lui donnant une tape sur la joue; tu es presque aussi jolie que ma jolie sœur..... Ah! voilà les colombes.

Aussitôt le chien quitta les buissons, se mit en arrêt, dressa vivement les oreilles, un bruissement rapide se fit entendre au faîte des arbres, et Amalaric disparut en trois sauts avec l'impatience d'un jeune chasseur qui va saisir sa proie.

— Ah! mon Dieu, mon père! s'écria Barne toute rouge de plaisir et d'amour-propre; le fils du roi qui m'a embrassée! comme il est gentil, comme il est bon! je l'aime déjà plus que ma petite génisse blanche; voyez, il va tuer un oiseau.

— Qu'as-tu à t'occuper de lui, répondit Mazair; la belle affaire quand il t'aura donné un baiser. Si j'appelle mes vaches, il n'en est pas une dans le troupeau qui ne me baise sur les deux joues autant de fois que je le lui demanderai. Mais rentrons à la cabane, la nuit approche et il fait froid.

Pendant toutes ces conversations, le troupeau avait erré à l'aventure, et lorsque Mazair voulut le rassembler, il ne vit auprès de lui que deux ou trois vieilles laitières. Aussitôt il monta sur un arbre pour dominer au loin dans la forêt, et prenant une corne de bœuf, attachée à son cou avec une corde de chanvre, il y souffla de ses larges poumons, et fit entendre ce son monotone qui donne à la solitude des champs quelque chose de plaintif et de mélancolique. Les vaches, attentives à cet appel du berger, y répondirent presque instantanément, les unes en agitant un grelot de cuivre suspendu à leur poitrail, les autres en mugissant par trois fois, ainsi que Mazair les y avait habituées. Le berger jugea, à la force de ces bruits divers, que ses sujets à quatre pattes n'étaient pas très éloignés; il poussa deux nouveaux sons de corne plus brefs que le premier, et toutes ses vaches dociles s'acheminèrent vers leur maître.

Pendant qu'elles arrivaient successivement, et que Mazair donnait à chacune sa caresse, son mot de reproche ou de louange, la petite Barne s'était éloignée de quelques pas, afin de voir si le fils du roi serait aussi heureux qu'adroit dans sa chasse. Tout à coup, Mazair entendit un grand cri, il reconnut la voix de sa fille, et aussitôt Barne reparut toute effrayée.

— Mon papa, mon papa! balbutia-t-elle, il y a là deux hommes que je n'avais jamais vus..... ils sont si laids..... et si méchans que je tremble de tous mes membres. Voyez, voyez, les voilà derrière ces buissons.

Es deux hommes qui avaient épouvanté Barne, approchèrent à travers les broussailles en parlant entr'eux. Leur physionomie paraissait sombre, inquiète; ils étaient couverts de grands manteaux bruns dont Mazair aurait pu envier le bon état de conservation; leur coiffure, surtout, avait quelque chose de fort étrange; et si le vieil Erimus eut fait le guet derrière quelqu'arbre de la forêt, il n'aurait pas hésité à reconnaître les deux hommes mystérieux du jour précédent, qui l'avaient mis si fort en fureur en lui volant une pierre..... Le premier de ces hommes disait au second en comptant sur ses doigts :

— Primo; elle nous a promis de l'envoyer vers ce lieu à l'entrée de la nuit, sous prétexte de faire la chasse aux colombes..... Secondo ; si les yeux ne me trompent pas, celui que nous avons vu monter à travers les broussailles était notre homme, et le chien que nous avons entendu aboyer était son chien..... Ici l'interlocuteur s'arrêta brusquement, pour jeter sur Mazair un regard impératif et courroucé..... Que fais-tu là, imbécile? dit-il au berger d'un ton sec, et pourquoi ne t'éloignes-tu pas lorsque des gens d'importance approchent.

— Je ne suis pas un imbécile, répondit Mazair sans paraître trop piqué du titre qu'on lui donnait; je suis un fiscalin du roi, honnête homme et bon berger.

— Si tu es berger, va conduire tes vaches au bercail. A l'heure qu'il est ce lieu sombre n'appartient qu'à nous.

— Cependant, messeigneurs, leur répondit Mazair, je suis ici dans mon pâturage, et je puis vous prier au nom du roi, mon maître, de me laisser garder mon troupeau.

— Si tu nous parles au nom du roi, répondit le premier interlocuteur, je te répondrai au nom d'un gaillard qui sait se faire obéir encore mieux que rois et monarques. Et aussitôt, il retira de dessous son manteau un long poignard qu'il fit briller aux yeux éblouis du berger.

— Un poignard! s'écria ce dernier; que voulez-vous faire de cette arme? ne savez-vous pas que le roi punit les assassins?

— S'il est des sots qui se laissent emprisonner et punir, répondit un des inconnus en ricanant, il en est d'autres qui se font payer, et qui n'ont rien à craindre..... Comprends-tu, brave homme?....

— Je ne comprends pas.... répondit Mazair en feignant son imbécilité ordinaire.... Mais il lança à la dérobée un regard pénétrant et subtil, comme il lui était rarement arrivé d'en jeter sur ses semblables. Hum, hum, dit-il en lui-même : poignard en main, parole insolente; ceci devient sombre, ma foi.... Si j'allais chercher ma hache, pensa-t-il aussitôt, dominé par une secrète inspiration du bien..... Courons à ma cabane, et si quelque crime se prépare, montrons à Dieu que nous savons faire un noble usage des forces qu'il nous a données.

A ces mots, il s'éloigna, et l'on vit briller dans sa prunelle ordinairement épaisse et voilée, un de ces éclairs extraordinaires, que lançait parfois ce foyer souterrain de son ame, ordinairement caché à tous les yeux.

Cependant les hommes mystérieux, peu soucieux de la grande émotion qui venait d'agiter le berger, ne songeaient qu'à profiter du silence et de la solitude, pour épancher leurs regrets et compter leurs profits, en attendant que l'occasion se présentât de hâter le dénouement....

— Sais-tu, mon cher Coutel, dit l'un d'eux à son camarade, en prenant une pose qui n'eût pas été déplacée dans une haute tragédie, sais-tu bien que, depuis long-temps, le pauvre poignard ne trouvait plus à boire ? Je commençais vraiment à m'ennuyer d'être payé pour ne rien faire, et vivre dans l'oisiveté, comme ces dévots que l'on appelle des moines, et qui, dit-on, passent leur vie à boire, manger, prier et dormir. Grâce au ciel et à saint Arius ! voilà le travail qui promet de recommencer comme au règne de Vallia ou d'Ataulphe, alors qu'il y avait tous les mois quelque tête royale ou puissante à faire pirouetter de haut en bas. Sais-tu que Jean Truc, mon père, qui s'honorait d'être assassin du palais, comme je le suis maintenant, avait eu pour sa part trois rois et cinq enfans de roi, sans compter les ducs et les comtes.

— Je connais cela, répondit Coutel, en poussant un profond soupir, et je sais aussi que chaque tête royale était payée dans ce temps-là quarante-quatre marcs d'argent. Maintenant, à peine pouvons-nous atteindre à vingt-quatre..... Quarante-quatre marcs d'argent ! continua Coutel, plongé dans une profonde réflexion, c'est-il beau cela ! seulement pour un dzaguedzague.... et ici nouveau soupir, accompagné d'un mouvement de tête plein de regret.

C'est que Coutel était un homme fort réglé dans ses affaires, et le *combien cela doit-il me procurer ?* devenait toujours le mobile de ses expéditions. La tête dévouée à ses coups n'était pour lui qu'une cassette d'argent dont il fallait faire sauter la serrure, et la cupidité poussait le bras qui, chez les autres, est dirigé par la scélératesse. Son compagnon Truc ne voyait pas les choses de la même manière. Sa férocité naturelle, une soif de sang peu commune, même dans ce siècle d'assassinats, lui avait fait embrasser un métier horrible que les rois et les grands seigneurs prenaient soin d'encourager. Pour lui, le prix d'une tête était chose indifférente : frapper un homme, remplissait son but ; remporter une victoire nouvelle, formait sa récompense. Il faut le dire aussi, Truc voyait dans un assassinat plus qu'un homme à tuer : il y voyait du despotisme à exercer sur ses semblables, et son mépris profond pour la race visigothe changeait, à ses yeux, une tête tranchée en trophée glorieux.

Pourquoi donc cette inexorable cruauté ? C'est que Truc appartenait à la race gallo-romaine, et quelque peu violente qu'eût été l'invasion des Visigoths, comparée à celle des autres barbares, les anciens habitans n'en étaient pas moins des vaincus sur lesquels tombait çà et là tout ce qu'il y avait de mépris, de brutalité et d'orgueil dans les vainqueurs. Truc était né avec une aversion profonde pour les conquérans; de là, ce besoin indomptable de se venger, de leur nuire et de verser leur sang. Or, ce n'était guère contre les Gallo-Romains que les rois visigoths employaient le poignard et ourdissaient les vengeances mystérieuses. S'il y avait une dîme de sang à prélever, c'était toujours sur les hommes puissans de leur nation que l'impôt tombait de préférence; ce fut donc avec autant de prudence que d'habileté que Truc mit sa scélératesse aux gages du roi Alaric, bien assuré d'avance que ses fonctions ne seraient qu'une longue vengeance exercée à tort et à travers sur les hautes têtes des envahisseurs. En définitive, mieux valait pour une ame sanguinaire et prudente, se mettre aux gages d'un protecteur puissant, que d'aller grossir quelque compagnie de ces bandits nommés *bagaudes* (29), qui défendaient encore l'indépendance gallo-romaine dans les gorges des Cévennes et des Pyrénées. Pour en revenir à la conversation que nos observations ont interrompue, Truc, poursuivant son calcul en homme conséquent dans ses principes, dit à son compagnon, avec une grimace qui augmentait sa laideur :

— Sais-tu qu'il y a six ans que je n'avais rien tué, mon cher Coutel, je crois en vérité que le métier se gâte, et si la miséricorde envahit ainsi les palais, nous serons obligés d'aller joindre quelque bande de braves bagaudes, et de travailler pour notre compte.

— Oh ! pour cela, reprit Coutel, qui trouvait fort bien son avantage à verser peu de sang et à recevoir ses gages, n'y pensons pas, mon cher Truc; je crois en Dieu, camarade, et je ne veux pas m'exposer à avoir d'aussi mauvais comptes à régler avec lui. Aujourd'hui, la chose va d'elle-même : celui qui commande le dzague-dzague se charge du péché, et mon poignard n'est qu'une flèche royale que je me charge de porter à son adresse, sans qu'il y ait pour moi de responsabilité.... Je n'ai pas oublié de faire cette convention avec le maître, lorsque je suis entré dans la partie. Tu veux avoir le profit, lui ai-je dit, eh bien ! tu en porteras la responsabilité dans ce monde et dans l'autre. Moyennant cela, quand il y a quelque compte à régler, le diable sait à qui s'en prendre, et je poursuis tranquillement mon chemin.... avec un peu d'adresse il n'est pas de mauvais passage sur lequel on ne parvienne à jeter un pont de salut. Et d'ailleurs n'est-il pas bon qu'il se rencontre parfois quelque homme fort pour rappeler à l'ordre ces rois qui voudraient mettre le crime sur le dos de l'assassin, et garder pour eux le bénéfice et l'innocence.

— Que parles-tu de crime et d'innocence, répondit l'autre ? Penses-tu donc que j'éprouve quelque remords en enfonçant un empan de fer dans la poitrine d'un visigoth. Ces étrangers ne sont-ils pas nos vainqueurs, et n'éprouves-tu pas une satisfaction bien grande à jeter sur la tête d'un ennemi une partie de la vengeance qui altère ton cœur.... Coutel, il me faut par mois une victime à immoler ! Si la reine ou le roi ne me procurent pas cette besogne, tu me verras fuir Toulouse avant que le printemps ait fondu les glaçons; et puis, malheur aux Visigoths qui habiteront le voisinage de ma retraite.

— Comme il te plaira, camarade, reprit l'autre, quant à moi, la ville sera mon séjour tant que la reine ou son mari voudront bien me payer mes gages. En attendant, courons au devoir, car il fait froid sur ce coteau ; la nuit donne déjà à la ville la couleur noire d'une charbonnière fumeuse, et pour qui attend son salaire, le plutôt fait n'est que le mieux. Au même instant, les aboiemens d'un chien se firent entendre à peu de distance. Les assassins prêtèrent l'oreille, et une horrible joie se peignit sur leurs visages.

— Camarade, dit Coutel, as-tu porté la pioche ?

— La voici, répondit l'autre à voix basse, en montrant une houe cachée sous son manteau.

— Cette fois il ne suffit pas de tuer, il faut encore cacher toute trace du crime. Si le roi Alaric venait à se douter de quelque chose..... Théodegothe pourrait invoquer les saints !....

— Où creuserons-nous la fosse quand il sera mort ?

— Sous ce buisson, reprit Coutel. Le gazon cachera le mort, les branches cacheront le gazon.

Pendant ce dialogue, le chien approchait toujours, et la conversation de ces brigands donnait aux aboiemens d'Harold quelque chose d'affreusement lugubre. On eût dit deux horribles serpens épiant une timide gazelle, que leur attraction venimeuse appelait malgré elle à la mort.... Tout-à-coup, le chien traversa rapidement la bruyère, la voix du jeune chasseur se fit entendre, et les assassins s'élancèrent comme deux chacals rugissans.

> Le passage est bien court de la joie aux douleurs;
> La mort aime à poser sa main lourde et glacée
>   Sur des fronts couronnés de fleurs.
> ....
> Nos jeux seront suivis des pompes sépulcrales;
> Car chez nous, malheureux! l'hymne des Saturnales
>   Sert de prélude aux chants de mort.
>
> Victor Hugo.

XI.

LE CRIME.

A la vue de ces deux hommes sinistres, le jeune Amalaric s'arrêta saisi de frayeur. Ceux-ci dégaînèrent aussitôt leurs larges poignards; et le pauvre enfant avait à peine compris combien sa position était horrible, quand les brigands se précipitèrent vers lui.

— Au secours! au secours! on m'assassine! s'écria-t-il; et ce cri perçant se prolongea dans la forêt.

Truc et Coutel croyaient déjà tenir leur victime, persuadés que le crime serait consommé avant que les laboureurs ou les bergers pussent accourir à son appel; mais Amalaric rappelant toutes ses forces vitales pour échapper au fer qui brillait à ses yeux, fit un de ces efforts rapides et énergiques, particuliers à la souplesse de cet âge, et il parvint à échapper des mains du premier assaillant; le pauvre enfant, aiguillonné par la frayeur, prit la course à travers la bruyère, espérant son salut de la légèreté de sa fuite; mais Coutel, prenant le devant, lui ferma le passage en lançant après lui la bêche qu'il portait sous son manteau. Amalaric fut atteint à la jambe, avec une violence qui lui arracha un cri et le fit tomber dans un buisson. Il mit bien toute la célérité possible à se relever et à courir, mais déjà

Coutel était derrière lui; il le saisit d'une main vigoureuse, et lui criait en ricanant :

— Eh! quoi, petit coquin! tu serais assez téméraire pour te regimber contre une ordonnance royale!.... Oh! oh! de plus grands que toi ont été obligés de faire la cabriole.

— Que vous ai-je donc fait pour vouloir me tuer! s'écriait le pauvre enfant, rendu immobile par la main vigoureuse de Coutel; je suis le fils du roi, le frère d'Amalgise! laissez-moi vivre, au nom du ciel..... mais aussitôt, sa voix disparut dans un cri déchirant..... un profond coup de poignard venait de lui ouvrir la poitrine, et le sang inondait ses vêtemens.

Encore un moment, et c'en était fait du fils d'Alaric; mais tout-à-coup, on entendit les bruyères et les feuilles sèches se casser et crier sous les pas précipités d'un homme. Les buissons s'ouvrirent avec bruit, et Mazair apparut aux assassins armés d'une hache, et dans une attitude d'indignation et de courage si formidable qu'ils en furent tout interdits.

— Infâmes scélérats! s'écria-t-il, vous avez pu croire que la Providence vous laisserait accomplir votre épouvantable forfait!

— Quel est cet insolent qui ose ainsi nous interrompre? repartit le féroce Truc.

— Le plus fort des trois, misérables brigands! reprit avec un enthousiasme presque sublime le berger naguère si indolent, car je me sens le courage qu'inspire l'amour du bien, en présence de l'innocence menacée.

— Tu veux donc mourir aussi, continua Coutel, en se plaçant devant l'enfant qui déjà chancelait; ne vois-tu pas que nous sommes deux contre un?

— Il n'y a ici que deux adversaires, reprit Mazair, transporté hors de sa sphère habituelle par la grandeur du rôle qu'il venait d'embrasser; d'un côté la froide scélératesse, de l'autre, l'intrépide vertu : voyons à qui sera la victoire.... A ces mots, Mazair, autrefois si gauche dans ses mouvemens, si lourd dans le moindre exercice du corps, agita sa hache avec une agilité surprenante; les deux assassins lâchèrent prise, reculèrent, et malgré leur promptitude à prendre le large, Coutel fut atteint à l'épaule d'un coup de l'arme terrible qui le renversa dans la boue..... En un clin-d'œil la lutte eut changé de face. Truc, épouvanté de la blessure de son camarade, prit la fuite sans songer à le secourir, et Mazair, vainqueur, demeura entre Coutel renversé et l'enfant, qui bénissait de son regard éteint le libérateur auquel il devait la vie.

Mazair ne perdit pas de temps; délivré désormais des deux brigands, il ne songea plus qu'à secourir Amalaric qui nageait dans son sang, et pâlissait à chaque instant davantage. Il le prit dans ses bras, et chercha à arrêter l'hémorragie en fermant les lèvres béantes de la blessure ; puis il l'emporta vers sa cabane.

— Misérable! dit-il, en passant auprès de Coutel étendu sur la bruyère, quel est le démon qui a pu te pousser à égorger un enfant si jeune et si doux?

— Ce n'est pas un démon, mon doux seigneur, répondit Coutel, c'est un maître à qui je dois obéissance.

— Un maître! quel est ce monstre?

— Je n'ai pas reçu l'ordre de vous dire son nom, répondit l'assassin, je ne suis pas payé pour remuer la langue.

— Si tu n'as pas reçu cet ordre, je te le donne, moi.... Va, — parle ; sinon je te brise la tête.

— Si vous parlez sur ce ton-là, me voilà bien embarrassé pour garder mes premières instructions.

— Eh bien ! parleras-tu ?.... quel est ce maître indigne ? dis son nom, ou bien tu as cessé de vivre.

— C'est.... c'est la reine.

— La reine ! reprit Mazair interdit !...

— Oui, la reine, qui complote pour cette nuit une révolte contre le vice-roi. Nous étions chargés de préparer les événemens ;.... mais voilà que votre arrivée malencontreuse va me faire perdre les douze marcs d'argent que cette tête devait m'être payée.... Coutel dit bien encore quelques mots de regrets sur la perte de son salaire, mais Mazair ne l'écoutait plus, le nom royal que l'assassin venait de traîner dans le crime, l'avait frappé de stupeur, et la haute position du coupable saisissait son ame d'étonnement et d'horreur !

L'habile Coutel voyant l'espèce d'abattement dans lequel la surprise venait de le plonger, en profita pour se relever tout doucement, se glisser à travers les broussailles sans faire le moindre bruit, et il disparut le plus rapidement qu'il lui fut possible, pour aller rejoindre son camarade, et mettre de l'eau fraîche à son épaule fort endommagée....

Mazair était tellement absorbé par les pensées étranges, les réflexions tumultueuses que l'aveu de Coutel avaient soulevées en lui, qu'il demeura long-temps dans un profond accablement méditatif, et il fallut une plainte douloureuse d'Amalaric pour le rendre à la réalité.

— Berger, lui dit l'enfant, j'ai grand froid, ramenez-moi à ma sœur.

— Venez un moment dans ma cabane ; je suis bien pauvre, on m'appelle Mazair ; mais ne craignez rien, ô mon roi ! le bonheur de vous avoir sauvé me rend fier, entreprenant, et le berger ne se reconnaît plus lui-même.... En parlant ainsi, Mazair descendait vers sa cabane, située à l'entrée de la forêt, sous les branches des premiers arbres, dans une bruyère où pacageaient maintenant une partie de ses vaches.

HARGÉ de son précieux fardeau, il traversa son troupeau sans faire attention aux mugissemens qui réclamaient la rentrée dans l'étable ; il ouvrit le loquet de bois de sa porte mal jointe, et déposa Amalaric sur un lit de paille, qu'il eut soin de recouvrir de son épaisse cape de laine. Cette cabane n'était autre qu'une étable assez longue pour contenir un troupeau de soixante têtes. La chambre de la famille, placée à une des extrémités, pouvait être confondue avec l'écurie, car elle n'était séparée des animaux

que par une simple cloison en planches, à travers lesquelles arrivaient, dans toute leur force, et les cris des jeunes veaux, et les exhalaisons peu agréables du fumier; néanmoins, ce bâtiment, formé de pisés entremêlés de bruyère, était couvert de chaume avec assez de soin, pour empêcher la pluie de changer l'habitation en marais...... Tel était le palais où l'hospitalité venait de recueillir Amalaric, sur un lit de paille; mais certes, quelle que fût la singularité de cette position, elle n'était rien à côté des transformations extraordinaires que subissait l'ame de Mazair. Au milieu de l'éblouissement que sa belle action venait de lui causer, il ne comprenait pas encore la position grande, formidable, que son titre de libérateur du fils du roi pouvait lui donner un jour; mais déjà il dépouillait son indolence passée; son esprit quittait la sphère étroite de la bergerie, et, en contemplant Amalaric couché dans sa cabane, il lui semblait voir la figure de la reine passer devant ses yeux. Alors l'indignation fortifiait son courage, et il osait maudire et mépriser comme une simple mortelle, celle qu'il n'avait jusqu'à ce jour considérée qu'avec crainte et respect.

Sur ces entrefaites, la petite Barne, qui était demeurée étrangère aux derniers événemens, arriva à la porte de la cabane, chassée de la forêt par la nuit et la pluie. Sa surprise fut bien grande en voyant les vaches mugir inutilement devant l'étable; alors elle appela son père pour lui en faire des reproches, avec cette petite voix d'autorité qu'elle avait pris depuis long-temps sur lui, et Mazair sortit précipitamment...... Mais ce n'était point pour obéir aux ordres de sa fille qu'il quittait un instant Amalaric; il accourait pour servir de sentinelle à l'enfant royal, et repousser les importuns; aussi referma-t-il la porte avec précaution, et malgré la pluie qui tombait avec abondance, il défendit à Barne d'oser passer le seuil.... Cette défense, prononcée d'une voix altérée, accompagnée d'un regard jusqu'alors inconnu, frappa Barne d'étonnement; dans sa surprise, elle courut chercher sa mère, et les deux femmes entreprirent le siége de leur chaumière, avec un assaut d'interpellations et de menaces, auxquelles la curiosité avait peut-être autant de part que le désir de trouver un abri.... mais Mazair était inébranlable : Vous n'entrerez pas, vous dis-je ! leur criait-il avec une détermination que les deux femmes n'avaient jamais trouvée en lui.

— Nous n'entrerons pas ! reprenait Barne. Voyez un peu ce méchant père qui veut faire transir de froid et sa femme et sa fille.

— Il s'agit bien du froid que vous pouvez éprouver, poursuivait Mazair, le front ruisselant de sueur. Ne voyez-vous pas qu'il se passe des choses que vous ne pouvez connaître ?.... Je vous demande un peu, aller confier cela à des femmes bavardes.... Puis s'animant par degrés, il lâchait peu à peu des demi-mots, propres à mettre sa femme sur la trace qu'il aurait voulu lui dérober.... Vous m'appeliez imbécile, n'est-ce pas ! vous croyiez que je perdais l'esprit, parce que je marchais lentement, et que je faisais des baisers à mes vaches ?.... Eh bien ! avec toute ma sottise, je viens de faire en un instant ce que nul n'a fait dans toute sa vie d'homme. Et ici, le souvenir de sa belle action l'exaltait à tel point, que les deux femmes demeuraient tout interdites, à regarder, bouche béante, les éclairs qui sortaient de ses yeux.... Un fils de roi, voyez-vous : il allait faire la chasse aux oiseaux ; mais le vautour était là qui le guettait, et quand le jeune épervier a voulu prendre la colombe, le vautour est survenu et a saisi le jeune épervier. Il allait périr, pauvre Barne ; il allait périr sous le fer, mais ton père s'est trouvé là. Que crois-tu que la plaie était profonde : juge, un large poignard qui s'enfonce dans la poitrine délicate d'un enfant.... mon Dieu, que vais-je vous dire ! n'allez pas l'ébruiter au moins, la reine me ferait mourir, et c'est elle, au contraire, qui devrait perdre la tête. Un crime atroce, pauvre Barne, un crime qui te ferait frémir si tu pouvais le concevoir ; mais laissez-moi donc seul avec lui, vous autres ; il ne faut pas qu'on se méfie de rien ; allez-vous-en coucher au bourg des Fiscalins, là bas, dans la plaine ; il fait nuit, mais en deux pas vous y serez rendus ; allez, allez, j'ai besoin d'être seul pour achever mon œuvre en sécurité !

— Que dites-vous donc là, mon père, reprit Barne tout inquiète, avez-vous perdu la tête pour vouloir nous chasser loin du logis ? je crois qu'il se passe ici quelque chose de travers. Voyons, parlez, vous savez que je veux tout connaître.

Mazair, aux prises avec sa fille, négligeait un peu d'avoir l'œil sur sa femme. Celle-ci, piquée d'une curiosité peu commune, se glissa adroitement dans l'étable des vaches, et pénétra jusqu'à la chambre par une petite claire-voie de communication. A la vue de l'enfant étendu sur le lit, pâle, immobile et couvert de sang, elle poussa un cri, et courut ouvrir la porte que Mazair gardait inutilement en dehors. Ce dernier, irrité de cette trahison, poussa quelques juremens, et se mit en colère. Barne, toute contente de pouvoir enfin connaître ce mystère, se précipita vers le lit d'Amalaric, et tomba à genoux, en pleurant à chaudes larmes... Le pauvre Amalaric était si leste et si joli naguère, et maintenant si pâle, si ensanglanté.

Pour le coup, le berger, vaincu dans son dernier retranchement, fut obligé de capituler. Il voulut alors raconter la terrible aventure de la forêt, mais sa voix était si tremblante, sa raison si troublée, que bien des détails échappèrent à ses auditrices, et c'est à peine si elles comprirent les principales phases de ce triste événement. Pendant ce récit, Barne et sa mère poussèrent bien des sanglots et versèrent bien des larmes. Bientôt cependant elles mirent un terme à l'expression violente de leur douleur, pour joindre leurs soins à ceux de Mazair. Elles préparèrent de la charpie, de l'eau fraîche, et composèrent certains juleps pour panser la plaie encore saignante.

Tout-à-coup, elles furent dérangées dans ces occupations par un bruit confus et lointain, qui s'élevait avec intensité de l'enceinte de la ville. Mazair courut à la fenêtre qui donnait du côté de la cité, les deux femmes l'imitèrent ; et, malgré la pluie que le vent d'Ouest jetait sur leurs visages, ils étudièrent long-temps les événemens qui agitaient la capitale des Visigoths.

Quoique la nuit et la pluie répandissent sur la plaine un voile noir qui dérobait tous les objets, néanmoins Mazair possédait si parfaitement la topographie des monumens et des principaux quartiers de la ville, qu'il savait préciser de quel point s'élevait la moindre rumeur. D'abord il entendit un grand tumulte, accompagné du bruit de portes battues et enfoncées, et il déclara que le Château-Narbonnais en était le théâtre. Ce bruit s'étendit bientôt de proche en proche, et on entendit les pas d'hommes nombreux qui couraient dans tous les sens. Mazair, après avoir étudié un moment la question, pensa que la révolte avait éclaté dans le Château-Narbonnais, que les insurgés l'avaient assiégé, pris peut-être, et que la nouvelle de cet événement, progagée dans la ville, y avait produit le tumulte qui s'élevait jusqu'à lui. Cette scène, invisible et bruyante, dura long-temps, ensevelie dans une nuit impénétrable ; mais ensuite une lueur légère apparut du côté du Château ; peu à peu elle grossit, un incendie considérable vint éclairer cette scène d'horreur, et des torches nombreuses illuminèrent toutes les rues ; on eût dit des feux follets, courant à l'envie dans des directions opposées, tantôt disparaissant dans les rues étroites, tantôt brillant comme des étoiles sur les places spacieuses. Leur lueur vacillante dessinait les ombres des soldats furieux, des fuyards épouvantés, et la famille du berger assista du haut de sa fenêtre à mille combats meurtriers. Jusque-là, Mazair et les deux femmes étaient demeurés silencieux, absorbés par l'horreur de ces sinistres événemens. Tout-à-coup, le berger, de plus en plus exalté, parla ainsi à Barne et à sa femme :

— Entendez-vous ces massacres, voyez-vous ces incendies, c'est la reine qui fait tout cela. Oh ! la méchante femme que cette Théodegothe, et que j'aurais de plaisir à la dénoncer au roi, pour la faire punir comme meurtrière.

— Y pensez-vous ! accuser ainsi la reine, votre maîtresse ? s'écria Barne tout indignée, une si bonne reine qui vient nous visiter tous les huit jours, et nous fait donner du pain lorsque nous en manquons.

— Mon accusation vous étonne, reprit Mazair. Eh bien ! moi aussi je suis demeuré frappé de stupeur, quand j'ai entendu lui imputer un crime plus épouvantable encore que tous ceux que vous entendez commettre dans la cité. Maintenant encore je me sens pétrifié d'étonnement, d'horreur, au point que je ne sais pas reconnaître si je veille, si je dors, et si l'enfant qui repose sur ce grabat est bien le fils du roi que je viens de sauver..... Voyons si vous saurez m'apprendre, vous autres, quelle est la machination infernale qui a pu lever ainsi le fer sur une tête si jeune ? Vous vous taisez, n'est-ce pas ? et c'est moi, celui que vous appeliez imbécille, qui serai obligé de vous l'apprendre.... Quand les méchans, qui se font la guerre, tombent victimes les uns des autres, c'est là votre justice, ô mon Dieu ! mais que le scélérat veuille envelopper dans ses projets infernaux ces ames candides qui ne soupçonnent pas même le mal, que la soif du meurtre ne s'arrête pas, saisie de respect, devant les traits et le regard de l'enfance, oh ! Seigneur ! c'est là ce qui dépasse les limites que vous avez tracées à la perversité. Aussi vous vous êtes révolté contre cette audace du mal, et vous avez envoyé Mazair, le simple berger, pour arrêter l'assassinat et sauver le fils du roi.

— Père, reprit Barne, en regardant Amalaric, on dit qu'on devient pâle quand on veut mourir ; n'avez-vous pas peur de le voir expirer ?

— Lui, mourir ! reprit Mazair ; quoi, je ne l'aurais arraché aux assassins que pour le voir périr dans ma cabane ! Non, Barne, c'est un blasphème que de parler ainsi : le fer aura glissé sur l'os, et la pâleur qui couvre son visage n'est que la suite de l'hémorragie ; cette immobilité est celle du sommeil. Vois, on dirait le sommeil d'un ange ! Pauvre enfant, qui ne songeait qu'à chanter et à rire. Ce matin encore, il se voyait héritier d'un empire ; eh bien ! un crime a été conçu, et une horrible marâtre allait détruire tout cet avenir, si Mazair ne s'était trouvé là, le simple berger, le fiscalin timide que Dieu semble avoir envoyé pour arrêter les méchans. Voyez la faiblesse réelle de cette reine ambitieuse ! elle a voulu faire disparaître un enfant qui gênait la soif désordonnée de son ambition, et elle n'a pas réfléchi qu'il existait des chaumières où l'innocence trouverait un abri.... Ah ! vous comprendrez tout maintenant, et vous ne serez plus surpris si un pauvre gallo-romain ose secouer un peu le joug de ces Visigoths endurcis qui nous oppriment. Il est si grand le courage que m'a inspiré le malheur de cet enfant !.. Mais quel bruit entends-je encore du côté de la ville ? continua Mazair en se rapprochant de la fenêtre ; quelles lamentations, grand Dieu ! quelle révolution effrayante a éclaté tout-à-coup au milieu de cette cité. Oh ! quelle que soit la cause qui les soulève, elles peuvent gronder les dissensions humaines ! On ne sait pas ce que j'éprouve de joie à les contempler du haut de cette colline, maintenant que je leur ai arraché le fils du roi ! on ne sait pas tout ce qu'il y a de ressources puissantes dans la tête d'un homme, quand sa première inspiration lui vient de l'amour d'un enfant, de l'amour de la vertu. Oui, jeune prince, tu peux dormir en paix, car je veille sur toi, et je viens de trouver dans mon cœur la force de te dérober à mille ennemis.

Ce langage, fier et ambitieux, était si nouveau dans la bouche de Mazair, que sa femme et sa fille en étaient interdites, et elles commençaient à craindre que le berger ne fût passé de la sottise à la folie. Depuis longtemps, l'une et l'autre le considéraient, l'écoutaient sans mot dire, avec cette attention qui cherche à deviner, sur la physionomie, des témoignages d'extravagance. De temps à autre, la petite fille regardait sa mère avec un certain effroi ; la mère, de son côté, examinait sa fille avec un sourire d'intelligence, et elle semblait dire : *N'avais-je pas raison de prédire qu'un jour mon pauvre mari deviendrait fou ?*

u même instant, Mazair rendu méfiant et ombrageux par la présence chez lui du précieux trésor, crut entendre du bruit à travers la bruyère ; il saisit sa hache, et se mettant à la fenêtre, il s'écria : — *Qui va là ! que voulez-vous ?*

— Nous sommes de pauvres et malheureux fugitifs, qui abandonnons une ville où tout le monde s'entr'égorge, lui répondit-on, sans qu'il eut encore distingué personne ; tant la nuit était sombre.

— Que se passe-t-il donc ? reprit Mazair, et quelle est la cause de tout ce bruit ?

— Ce qui se passe, bon Dieu ! répondit une voix que Mazair reconnut pour être celle d'une femme, nous avons été témoins des choses les plus horribles : les uns prétendent que la reine a voulu s'emparer du trône en l'absence de son mari ; les autres, que le gardinge Clodoïr s'est insurgé contre le vice-roi avec sa troupe ; mais ce qu'il y a de plus certain, c'est que, de tous côtés, on s'est mis à se battre, et, dans un moment, tout a été à feu et à sang.

— Jusqu'à notre pauvre maison, dans laquelle ils ont tout pillé, tout saccagé, reprit une autre femme, au bras de laquelle un enfant morfondu pleurait de toutes ses forces. Oh ! mon Dieu, ajouta-t-elle, si on se battait dans les chambres des rois comme on se bat dans celles des pauvres gens, et si les princes devaient se prendre aux cheveux dans la mêlée, il y aurait bien moins de batailles, et les combattans ne se feraient pas autant de mal.

A ces mots, les fuyards se turent et ils continuèrent leur marche, croyant entendre le bruit de soldats qui les poursuivaient.

— Ah ! femme criminelle, qu'ils appellent reine ! s'écria Mazair animé d'une violente indignation, tu as beau être puissante et redoutable, quel que soit le nombre de tes soldats et de tes assassins, je saurai te dérober l'enfant royal, car je le placerai dans une cabane où la douleur et la faim habitent tour-à-tour, mais où la trahison et la lâcheté n'ont jamais pénétré.

— Tu es fou, mon pauvre Mazair! lui dit sa femme, est-ce bien toi qui peux ainsi braver une reine si puissante, entourée de soldats armés jusqu'aux dents, qui tuent un homme comme si c'était une génisse.

— Vous êtes fou, mon père, reprit à son tour la petite Barne, tout heureuse de pouvoir faire cause commune avec sa mère pour gronder le berger; oser parler ainsi de la reine, qui n'a qu'à dire un mot pour vous faire battre; ne me disiez-vous pas ce soir même, que les rois pouvaient tout vouloir et tout faire, et que les esclaves n'étaient créés que pour leur obéir ?

— J'avais oublié, ma fille, qu'il s'agissait ici de rois barbares qui ne savent seulement pas parler notre langue latine, et ne connaissent qu'un jargon indéchiffrable et dur.

Mais sa femme continua sur le même ton : — Est-ce bien à un pauvre berger comme toi, habitué à ne commander qu'à des vaches, qu'il appartient de lutter contre Théodegothe, une reine qui a osé attaquer le vice-roi ! Vois un peu le bruit et le ravage qu'elle a occasionnés dans Toulouse; vois que de morts, que de maisons brûlées, que d'hommes fugitifs; penses-tu donc qu'une reine soit de chair et d'os comme les simples mortelles. Je suis sûre que la femme d'Alaric doit avoir un cœur de fer, une tête de bronze; le tonnerre tomberait sur son crâne qu'elle n'en serait pas ébranlée.

Ces réflexions rendirent Mazair fort soucieux; il commença à reconnaître que sa hardiesse avait été fort loin, et que vouloir braver les hommes et les rois était un fanfaronnage qui pourrait lui devenir funeste.

— Vous pourriez avoir raison, dit-il avec une sorte d'abattement, la reine est si puissante! ses soldats sont si terribles! c'est bien assez, je crois, d'avoir mis en fuite deux assassins, je dois à l'avenir ne songer qu'à cacher l'enfant de cabane en cabane, de buisson en buisson. Si j'osais m'attaquer à des soldats, je ne pourrais que succomber et périr : un pauvre fiscalin, tu sais comme on le traite : si on n'a pas de corde pour le pendre, on l'attache à deux taureaux, par les pieds et par la tête, jusqu'à ce que le chef soit séparé du tronc. Allons, du calme, pauvre Mazair! exaltation n'est pas puissance; volonté n'est pas pouvoir. Redevenons timide et paisible, redevenons simple berger; que la prudence achève de sauver l'enfant, et soyons satisfaits de réussir avec la ruse.....

Grâce aux bons conseils de sa femme, le reste de la nuit se passa dans un état d'esprit un peu plus calme pour Mazair : il comprit enfin que sa belle action ne lui donnait pas le droit, et surtout le pouvoir, de défier la reine, et qu'il y aurait grande témérité à se vanter de ce qu'il avait fait; car si quelques soldats venaient à faire une descente dans sa demeure, on pouvait prévoir les plus grands malheurs pour la famille du berger. Il ne songea donc plus qu'à étudier quelles seraient les retraites les plus sûres pour y cacher l'enfant malade, jusqu'au retour de son père. Après mûre réflexion il choisit, de concert avec sa femme, quelques cabanes habitées par ses meilleurs amis, et il fut décidé que, chaque nuit, Amalaric serait transporté de l'une à l'autre, afin que des espions ne pussent découvrir sa retraite. Puis, quand Alaric serait revenu de son expédition, on le ramènerait au palais, chose qui devait combler la famille de gratifications royales, au dire de la femme de Mazair, laquelle, en tout cela, n'oubliait pas ses intérêts.

> Animé d'une noble audace,
> Je cède à mes transports brûlans;
> D'où naît l'ardeur qui me transporte?
> Vais-je donc braver les éclairs?
> Un tourbillon de feu m'emporte
> Dans les vastes plaines des airs.
>
> SABATIER.

XII.

LA REINE ET LE BERGER.

Tout-a-coup, au moment où la petite Barne donnait à Amalaric quelques consolations naïves et touchantes, son père entendit le galop d'un cheval qui paraissait gravir le côteau et suivre le sentier menant à la bergerie. Il ouvrit la fenêtre, et vit un coursier noir qui faisait jaillir l'eau et la boue sous ses pieds. Le cheval passa rapidement devant ses yeux, et il crut distinguer un cavalier qui portait un manteau ou une robe flottante. Bientôt le bruit cessa; le cavalier ne sachant plus reconnaître le sentier, au milieu de la nuit et de la bruyère, avait arrêté son cheval, et tous les deux jetaient sur la ville, encore tumultueuse et éclairée par l'incendie, des regards d'épouvante et de fureur...... Le cheval poussait de bruyantes respirations; le cavalier, haletant d'émotion, baissait ses épais sourcils; et il disait, en dirigeant vers la cité un geste de menace et de mépris :

— Enfin je leur ai échappé! et me voici assez loin de leurs atteintes pour oser m'arrêter et contempler les lueurs de l'incendie que j'ai soulevé impunément. Hommes infâmes! qui m'aviez tout promis en recevant mon or! vous avez tous plié quand il a fallu se battre. Les ouvriers gallo-romains pour aller se vendre à l'autre, les juifs pour aller serrer l'or et boire le vin que je leur avais donné; et celle qui se préparait à reprendre le trône, a vu le tranchant du fer froisser ses cheveux. Enfer!.... colère des cieux, colère des hommes, je souffre tout, maintenant, sans appui, mais sans peur; et j'en suis réduite, après tous mes efforts, à blasphémer le ciel qui semble avoir conspiré contre moi, en éteignant sous ses torrens de pluie, l'incendie que j'avais allumé.

Ainsi parlait la reine en regardant Toulouse; car c'était bien elle qui, seule, abandonnée, fuyait les horreurs et les dangers de la guerre civile.... Pour bien comprendre nos récits, il est bon de savoir que, dès l'entrée de cette nuit, elle avait fait introduire furtivement quelques dizaineries de Clodoïr dans le palais, pour tâcher de surprendre le vice-roi, et le rendre prisonnier. Le guet-à-pens avait été monté d'abord avec assez de mystère, et Goiric était tombé entre leurs mains au moment où il sortait de la salle du conseil; mais ses cris de détresse avaient fait accourir sur le champ tous les soldats de garde; et comme ils étaient beaucoup plus nombreux qu'on ne s'y attendait, les troupes de Clodoïr avaient été battues, chassées avec perte, et le vice-roi était demeuré maître du palais. Ce fut alors que Clodoïr et Théodegothe, désespérés de cet échec, se jetèrent à travers la ville, appelant aux armes tous les soldats de l'arrière-garde. Ceux-ci, dévoués à leur chef, se rangèrent en bataille. Goiric, de son côté, fit sonner le tocsin; la municipalité attachée au vice-roi par dévouement pour Alaric, se réunit au Capitole, les citoyens prirent les armes, et, en un instant, toute la ville ne fut qu'un vaste champ de bataille. La victoire, vaillamment disputée, demeura quelque temps indécise. Le massacre, l'incendie, allèrent toujours grandissant; enfin, après une longue alternative de succès et de revers, les troupes de Clodoïr, privées de tout centre d'opération, tandis que les citoyens et le vice-roi s'appuyaient au Château-Narbonnais et au Capitole, les deux principales forteresses de la ville, les troupes de Clodoïr, dis-je, se trouvèrent acculées dans la place Saint-Étienne, autour d'un temple romain à moitié ruiné. La reine alors, prévoyant la défaite et probablement le massacre de ses partisans, se décida à prendre la fuite. Profitant des ombres de la nuit, elle suivit la première route qu'elle rencontra, et son cheval l'emporta sur le petit sentier de la bergerie, qu'il avait parcouru mainte fois en allant au pâturage..... En ce moment, la pluie tombait avec abondance, mais la reine ne s'en inquiétait nullement, et elle poursuivait le cours de ses déclamations :

— Hommes infâmes, que j'avais achetés et qui m'avez trahie, disait-elle, assouvissez vos fureurs en regardant une reine fuyant seule dans les bois, traînant son manteau royal dans la boue, exposant sa tête à la pluie glacée. Regardez-la marcher sur une terre glissante, à travers les loups qui vont la poursuivre en hurlant ; quelle que soit sa misère, il lui reste la force de jeter sur vous un regard menaçant.... Encore si j'avais ma fille pour prendre un de ses baisers, je trouverais quelques consolations dans l'amour maternel ; mais elle est loin de moi, et qui sait, grand Dieu ! quelle sera sa destinée.... O Seigneur ! Seigneur ! pardonne à ma fureur, que ta miséricorde soit plus grande que mes crimes ! Rends-moi ma fille, ô mon Dieu ! protège-la contre les méchans, et cache-lui surtout la mort de son frère, ou du moins le nom de son meurtrier.... A ces mots, Théodegothe regarda autour d'elle avec effroi ; grand Dieu ! s'écria-t-elle, quel souvenir horrible vient de soulever un nuage de sang devant mes yeux ? n'est-ce pas vers ce lieu que j'ai dirigé l'enfant et les assassins ?.... Si c'était son cri de mort que le vent répète dans la fougère, si l'herbe que je foule aux pieds recouvrait son cadavre !.... Oh ! je tremble ! je frissonne ! j'ai peur ! j'ai horriblement peur ! mon Dieu, délivre-moi de ce supplice ! il dépasse la grandeur de mon forfait.

Au même instant, Mazair, qui était sorti armé de sa hache, pour reconnaître le cavalier qui paraissait s'être arrêté auprès de sa bergerie, fit entendre le bruit de ses pas en marchant sur les feuilles sèches.

— Quel est ce bruit ? pensa la reine avec inquiétude, serait-ce les gens que j'avais dépêchés vers ce lieu.... Truc, Coutel, dit-elle à voix basse, êtes-vous là ?

— Qui donc parle ainsi ! dit Mazair en lui-même, fort étonné d'entendre prononcer ces mots : Truc, Coutel. Puis il ajouta, en avançant d'un pas ferme : Grâces à Dieu, personnage inconnu, je ne suis pas l'homme auquel peuvent s'adresser ces noms sinistres (30).

— Oh ! qui que vous soyez, reprit la reine, ayez pitié d'une femme malheureuse, errant seule dans la nuit, poursuivie par les méchans qui ont mis sa tête à prix.... Si vous voulez la protéger dans cette conjoncture, indiquez-lui la route des Rutheni qu'elle a perdue ; elle est encore assez opulente pour pouvoir largement vous récompenser.

— Qui donc êtes-vous, femme opulente et fugitive, qui cachez si bien votre nom ? reprit Mazair en approchant de plus près ; et il allait saisir le cheval par la bride, lorsqu'il reconnut Théodegothe.... Ciel ! la reine ! la reine ! s'écria-t-il avec saisissement ; et, aussitôt, obéissant à la force de l'habitude, il redevint fiscalin, et s'inclina profondément avec crainte et respect.

— Oui, dit Théodegothe, je suis la reine. Malheureuse, opprimée, je cherche dans la fuite un abri contre les périls. La nuit est épaisse, j'ai perdu mon chemin dans cette bruyère; indique-moi la voie des Rutheni, je te devrai la vie..... Déjà Mazair n'était plus incliné dans la position d'un esclave, il s'était relevé, et la vue de cette nouvelle catastrophe, appesantie sur une autre tête royale, avait réveillé son exaltation; la reine seule! s'écriait-il; la reine fugitive! ô Seigneur! quel est le rêve qui me fascine aujourd'hui, et par quel mystère incompréhensible faites-vous ainsi passer devant mes yeux tous ces fronts couronnés pour venir implorer mon secours?

— Quel homme es-tu donc, s'écria Théodegothe, qui, même dans la fuite, n'avait pas perdu son orgueil, tu murmures des paroles étranges....

— Vous me demandez qui je suis! répondit fièrement le berger, car il venait de se rappeler le crime de la reine, et ce souvenir grandissait sa fierté à légal de son indignation. Ah! grâces à Dieu, je ne suis pas encore du nombre de ces grands coupables qui tremblent et cachent leurs noms. Je suis Mazair, Madame, le berger du roi Alaric; mais j'ai du sang romain dans les veines, je puis mépriser les barbares Visigoths, et proclamer mon nom avec orgueil, même devant une reine.

— Ah! le Ciel soit béni! reprit Théodegothe, puisque tu es notre esclave, je puis te commander en maître, et tu dois obéir.... A ces mots, elle mit pied à terre, et continua de tenir à la main la bride de son cheval.... Allons, conduis-moi dans ta cabane, j'ai besoin d'un instant de repos, puis tu me serviras de guide pour aller joindre ma route.

— C'est, je crois, celui qui accorde la protection qui a coutume de dicter des ordres, et jamais celui qui la reçoit. Vous avez été bien méchante, Madame; vous avez été bien méchante, et votre cruauté a compromis la crainte et le respect que j'avais pour vous.

— Berger, reprit la reine en rappelant toute l'énergie du commandement, les malheurs d'une noble femme ne doivent te rendre ni orgueilleux ni insolent.

Mazair répondit : — J'aurais peut-être le droit d'être l'un et l'autre; car, si la reine est au-dessus du berger, le berger est bien au-dessus d'un assassin; et vous avez été bien méchante, Madame!....

Ces paroles jetèrent l'effroi dans l'ame de Théodegothe. — Je ne te comprends pas, berger, je ne te comprends pas! dit-elle, et ton langage devient si étonnant, que je suis près d'avoir peur de toi.

— Peur! reprit Mazair, peur de moi!.... qui peut placer ce mot dans la bouche d'une reine, lorsqu'elle n'a pas craint de se révolter contre une ville tout entière, et de la mettre à feu et à sang?.... Serais-je donc le plus fort ici?.... En vérité ceci est une chose surprenante; d'un côté la capitale d'un grand empire qui brûle, de l'autre la reine d'un grand peuple qui fuit dans les bois et; entre les deux.... Mazair, ce matin, si sot et si timide, maintenant plus fort que la ville qui brûle, plus puissant que la reine qui a peur.... Un vacher qui, hier encore, était le jouet du premier venu, et qui, aujourd'hui ose tenir tête à une princesse. Ah! vous reconnaîtrez, je pense, qu'un crime met bien bas le courage d'une reine, tandis qu'une belle action élève puissamment les forces du plus faible des sujets. Allons, messieurs les Visigoths, nos maîtres et nos vainqueurs! je vois que vous êtes pétris du même limon que vos esclaves; ne pourrait-il pas venir un jour où il nous serait permis de prendre notre revanche?....

— Ne saurais-je donc jamais pénétrer le sens de vos paroles? dit la reine, que le langage mystérieux de Mazair commençait à inquiéter.

— Mes paroles vous paraissent étranges, dites-vous; n'allez pas croire pourtant qu'il y ait folie dans ma tête : un peu d'orgueil et d'exaltation, et voilà tout? mais l'orgueil ne sera-t-il pas permis à un gaulois qui se croyait à peine digne de conduire des vaches, et qui maintenant vient d'être placé entre les méchans et leurs victimes, pour déjouer les uns et sauver les autres. A mesure que je vois votre terreur, je sens grandir en moi une puissance nouvelle, et je suis sur le point d'oser tout entreprendre pour vous faire repentir de votre méchanceté.

— Que voulez-vous dire, grand Dieu! repartit la reine, effrayée à la vue de tant de hardiesse.

— L'avenir vous l'apprendra, Madame; j'avais eu déjà vaguement une certaine pensée téméraire; mais je m'étais découragé d'abord, et savez-vous le motif de mon hésitation : il me semblait que votre cœur était de fer, votre regard accablant, et que toute crainte était étrangère à votre ame. Or, c'est dans cet instant d'indécision et de crainte que je vous trouve fugitive, effrayée, tremblant devant la nuit et devant moi! Oh! je puis donc prendre courage à mon tour, maintenant que j'ai la mesure de votre énergie, maintenant que je vous ai vue avoir peur d'un simple berger. Rois visigoths, qui vous dites tout-puissans! le dévouement des gens qui vous entourent fait donc toute votre valeur, et si l'on vous abandonne un moment, vous tombez dans le découragement et la pusillanimité. Nous, au contraire, habitués à ne compter que sur nous-mêmes, nous tirons notre force de cet isolement qui vous accable, et alors on vous voit implorer la pitié des esclaves.

— Berger, reprit Théodegothe, irritée et honteuse de l'ascendant qu'un vil fiscalin prenait sur elle, s'il est vrai que mon malheur te rende le maître en ces lieux, ne sauras-tu pas comprendre combien il est lâche à un homme de profiter de la nuit et de la solitude pour insulter à une princesse sans appui!

— Et pensez-vous qu'il soit plus lâche à un berger de faire trembler une reine, qu'il n'est lâche à une reine d'armer deux assassins pour poignarder un jeune enfant ?

— Grand Dieu ! s'écria Théodegothe épouvantée, quel mot affreux viens-je d'entendre. Pitié ! pitié ! n'abuse pas de mon malheur et de ma faiblesse !

— Ah ! votre orgueil s'abaisse, et vous commencez à comprendre quel est le pouvoir qu'un homme de bien peut exercer sur un criminel.

— Que ce secret te vienne d'une révélation, ou d'un cri parti du fond d'un tombeau, grâce ! grâce ! je me courbe devant toi ! mon sort est en tes mains ! mais, sois plus magnanime que la reine, n'aille pas la trahir, et que son crime et sa misère excitent ta pitié et non ton ressentiment. A ces mots, Théodegothe, domptée par la frayeur et l'amour instinctif de la conservation, mit un genou à terre, et inclina sa tête royale et altière aux pieds du berger.

A la vue de l'abaissement de cette femme puissante, Mazair ne put contenir son exaltation : il grandit instantanément de tout ce qui rapetissait la reine, et il finit d'éprouver une transformation immense, qui dépouilla toute son existence passée, et releva à la lumière ce foyer invisible, cette nature comprimée, qui devait former la seconde phase de sa vie.

— A mes pieds ! s'écriait-il ébloui, la reine, à mes pieds et tremblante ! Pauvre crédule, qui m'étais laissé dire qu'au dessus des rois il n'y avait que Dieu seul, et que même devant lui les monarques reconnaissaient rarement leur faiblesse. Oh ! puissance de l'amour du bien ! quand l'innocence m'a appelé à son secours, j'ai senti une flamme subite allumer en moi le courage de la vertu. Depuis ce moment, mon ame grandit, mon imagination s'exalte ; tout mon être est maintenant embrasé ; une volonté divine a ouvert devant moi une carrière sans limites, je ne recule devant aucun obstacle, je brave les puissances de la terre, je descends dans le combat des rois ; car, dès ce jour, qui pourrait m'intimider sur la terre, depuis que j'ai vu la puissante Théodegothe demander grâce et trembler à mes pieds ?

Mazair se tut, son ame était un volcan, elle fermentait, et forgeait mille projets ; il demeura long-temps immobile, muet, ne songeant plus à la reine, qui le considérait attentivement. De son côté, Théodegothe, effrayée de ce langage téméraire, demeurait plongée dans un mélange d'indignation et de crainte, qui ballotait son ame entre le désir de se venger d'un fiscalin insolent, et le besoin de le ménager pour acheter un précieux silence. Au milieu de ces pensées diverses, elle demeurait les pieds dans la boue, ne songeant plus au cheval qu'elle tenait par la bride, et n'osant pas encore entamer conversation avec le berger, tant elle redoutait l'exaltation qui dominait ses sens. Durant cette indécision, le galop d'un cheval se fit entendre derrière la cabane ; Mazair, absorbé dans ses réflexions profondes, n'y fit d'abord aucune attention ; mais la reine, redoutant la poursuite des soldats du vice-roi, remonta promptement en selle, et piqua des deux vers la forêt, résolue de courir à l'aventure pour échapper à ce nouveau danger.

N ce moment, le cavalier, dont on avait entendu les pas, s'arrêta devant la bergerie, et frappa deux coups assez violens avec la garde de son épée.

A ce bruit, Mazair se précipita vers la porte, la hache à la main : — Qui va là ! s'écria-t-il d'une voix tonnante.

— Je cherche un cavalier monté sur un beau cheval noir, répondit le messager, que Mazair reconnut être un soldat, à sa cuirasse et à sa lance ; ne l'aurais-tu point vu passer de ce côté ?

— Le cavalier que vous cherchez n'est autre que la reine, dit Mazair d'un ton d'assurance à déconcerter l'émissaire, elle est passée par ici, et ne peut encore être éloignée ; mais que voulez-vous à la femme d'Alaric ?

— La faire monter sur le trône, que Clodoïr, notre chef, vient de lui conquérir, répondit le soldat avec un accent qui indiquait toute la part qu'il s'attribuait dans le gain de la victoire ; indique-moi le sentier qu'elle a pris, tu auras une récompense.

Cette dernière recherche était inutile, car Théodegothe avait entendu la conversation, et elle revenait à toute bride, faisant bondir son cheval par-dessus les bourbiers et les buissons. — Est-ce bien un cri de victoire que je viens d'entendre ?

— C'est un cri de victoire ! répéta le soldat, nous sommes vainqueurs, vive Clodoïr ! vive la reine !

— Vainqueurs ! reprit Théodegothe, étourdie par ce bonheur imprévu, ah ! soldat, à qui dois-je un triomphe si inespéré ?

— A notre bravoure, Madame, et au courage de Clodoïr. Depuis un moment nous nous battions avec acharnement autour de l'oratoire St-Etienne, nous soutenions le choc formidable de la garde du vice-roi et des citoyens. Tous les efforts de nos adversaires se concentraient sur ce point, lorsque Clodoïr a songé à opérer une diversion d'où dépendait notre salut. Il a envoyé un centenier vers les bateliers suèves qui habitent les bords de la Garonne ; ce centenier a réveillé leur haine naturelle contre Alaric, leur oppresseur ; il leur a promis en votre nom, Madame, l'exemption du tribut qu'ils paient chaque année, en sable et en poisson, s'ils voulaient combattre Goiric.

Les bateliers n'ont pas hésité long-temps; l'espoir d'un avantage immédiat, le bonheur de pouvoir se venger sur le représentant du roi qui les opprime dans les Gaules, et qui les a vaincus en Espagne, leur a fait prendre les armes. Trois cents d'entr'eux se sont portés au Capitole, et ont cherché, par leurs clameurs et leurs menaces, à attirer, de ce côté, une partie des efforts de nos ennemis; cette diversion a eu le plus grand succès. A la nouvelle de l'attaque du Capitole, les citoyens et leurs consuls ont quitté le lieu du combat, et sont accourus à l'endroit menacé. Dans peu d'instans Goïric s'est trouvé seul avec ses troupes et quelques juifs achetés fort cher. Alors Clodoïr, profitant du premier moment de confusion, nous a conduits contre le vice-roi, aux cris de: Vive la reine! Nous nous sommes élancés, et renversant tout sur notre passage, nous l'avons forcé de fuir vers le Château-Narbonnais. Là, le combat est devenu plus opiniâtre; mais à la fin, après avoir détruit tout ce qui nous faisait obstacle, nous sommes entrés dans la place en vainqueurs, traînant Goiric enchaîné.

— Enfin, je pourrai donc me venger! s'écria Théodegothe; et sans plus s'arrêter à demander des explications et des détails, oubliant même le berger et son secret, la reine lança son cheval dans le sentier qui ramenait à Toulouse, et en un instant elle eut atteint la porte Saint-Etienne.

Pendant ce temps, qu'était devenu Mazair ? Effrayé d'abord des résultats désastreux que pouvait avoir pour l'enfant d'Alaric le triomphe de sa cruelle marâtre, il était rentré précipitamment dans sa cabane, et mettant sa femme et sa fille aux écoutes, pour savoir ce qui allait se passer dans la ville, il s'était saisi d'Amalaric et l'avait huché dans la partie de l'étable qui servait de grenier à foin. Après cela, il revint sur la porte, et s'étant assuré que la reine était partie, il s'écria :

— Soyez béni, mon Dieu ! et maintenant allons préparer l'avenir.

Mazair revint à l'enfant. Barne était auprès, fort occupée et très-désireuse de le distraire. A cet effet, la jeune fille lui avait apporté un oiseau, enfermé dans une cage d'osier, et un petit chien nouvellement né. La mère du chien, grosse femelle blanche, à longs poils, de la race des Pyrénées, l'avait suivi avec sollicitude, pour veiller à ce qu'il ne lui arrivât pas d'accident, consentant bien à ce que son fruit servît de jouet à Barne, sa maîtresse, mais à la condition qu'il ne recevrait que des caresses et des miettes de pain. Au moment où Mazair arriva, tout cela était pêlemêle, et la pauvre Barne faisait de son mieux pour ramener le sourire sur les lèvres du fils d'Alaric: mais, efforts inutiles ! Amalaric était encore trop faible pour pouvoir prendre part à un divertissement quelconque, et s'il essayait parfois de lâcher quelques mots, c'était pour réclamer sa sœur, sa bonne et douce Amalgise, près de laquelle il pouvait seulement retrouver la gaîté.

Mazair, qui ne s'arrêtait guère à ses prières, le considérait attentivement, appuyé contre un soliveau, et il se disait, en prenant son menton barbu dans sa main :

— Pauvre enfant ! tes ennemis triomphent, et tu n'as plus à choisir qu'entre la mort et l'exil ; la mort, si ta marâtre vient à découvrir ta retraite ; l'exil, si je puis réussir à te dérober à ses infâmes perquisitions. Oh ! cruauté inexorable du destin ! Ainsi, tu vas passer d'un palais dans une chaumière, de roi tu vas devenir berger ; mais pourras-tu bien te plier à cet abaissement, ne feras-tu pas comme ces rois des airs qui ne peuvent vivre que dans les espaces, et qui dépérissent et meurent quand on veut les retenir sous les barreaux. L'aigle que je pris l'an passé était vigoureux, terrible ; je voulus l'attacher au fond de l'écurie, huit jours après il expirait. Si le trône est un poste agité, périlleux, n'est-ce pas pour cela aussi qu'il imprime à l'âme une activité immense ? jugeons-en par moi-même : ne m'a-t-il pas suffi de sauver un fils de roi, de voir une reine trembler à mes pieds, pour être aussitôt saisi d'une exaltation inouïe. Oh ! fils de roi ! je te condamne à vivre dans une étable, lorsque je ne devrais peut-être songer qu'à punir tes ennemis, et à te replacer sur le trône de ton père. Hélas ! quand de si belles pensées sont prêtes à m'agiter, pourquoi, Seigneur, ne suis-je qu'un simple berger de la race vaincue, sans force, sans amis, sans puissance ; puisque Dieu me choisissait pour sauver une noble victime, pourquoi ne m'a-t-il point donné des esclaves, des armes, du pouvoir enfin ; alors j'aurai pu me lancer dans la mêlée aussi, j'aurai pu prendre part à cette grande révolte qui bouleverse la capitale.

Ici Mazair s'arrêta ; il demeura un instant plus pensif que de coutume, puis il s'écria :

— Je n'ai point d'esclaves, je n'ai pas de puissance ; mais ne suis-je pas originaire de ce noble pays ? Le sang qui coule dans mes veines n'est-il pas plus pur que celui du plus fier des Visigoths ? Tous les Gallo-Romains ne sont-ils pas mes frères, ne sont-ils pas comme moi animés de haine contre leurs oppresseurs ? Pourquoi donc alors ne serais-je point aussi fort que le plus arrogant de ces étrangers ? Faire un roi ! sauver un empire ! jeter dans les fers une marâtre criminelle ! oh ! projets sublimes, vous soulevez en moi une force immense, et je me sens capable de lutter avec les rois....

A ces mots, Mazair sortit précipitamment de l'étable, il se sentait étouffer dans ce taudis, il éprouvait le besoin du grand air, du mouvement, de la liberté dans l'espace ; il se dirigea vers le pâtus attenant à sa cabane, et là, malgré la pluie, qui tombait par intervalle avec assez de force, il disait, en se promenant à grands pas :

— Faire un roi ! sauver un empire ! Oh ! mon Dieu, si je nourris en ce jour des pensées empreintes d'extravagance, ne m'en as-tu pas donné le droit, en m'envoyant ici pour délivrer le fils d'un monarque, et voir une reine demander grâce à mes pieds, et pour cela que me faudrait-il ? des hommes, rien que des hommes de courage et de résolution qui voulussent obéir à ma voix ; car je me sens la tête assez forte pour diriger l'insurrection et enfanter de grandes choses. Oh ! révolte, toi qui te soulèves à l'appel du premier intrigant, refuserais-tu de marcher à la voix d'un berger, dont toute l'ambition consiste à vouloir punir et terrasser de grands coupables. Ici Mazair s'interrompit de nouveau, puis il reprit avec courage : Mais quelle pensée soudaine vient de ranimer mon espoir ; est-il donc si difficile de soulever les opprimés au nom de la vengeance, les esclaves au nom de la liberté ? N'a-t-il pas suffi à un chef visigoth de prononcer un mot pour voir accourir à son secours une armée de trois cents Vandales ? Ne puis-je pas promettre l'affranchissement à tous les fiscalins de ce domaine ? Ma voix est bien faible, me dira-t-on, et ils ont tous coutume de m'appeler imbécille ; mais ils changeront de ton, quand ils auront vu mon front nouveau, et entendu ma voix nouvelle. D'ailleurs, qui pourra repousser mon appel, quand je parlerai au nom d'un pauvre enfant qu'on veut faire périr. N'y a-t-il pas dans les rochers des Pyrénées des Gallo-Romains, qui ont conservé leur indépendance, et qui sont ennemis jurés des Visigoths ! Allons, ayons bon courage ! le Dieu qui m'a fait sauver le fils du roi ne peut pas vouloir que cet enfant périsse d'ennui et de regret dans la hutte d'un berger.

En ce moment, Mazair fut interrompu par l'arrivée de sa femme, laquelle, fort ennuyée de voir son mari négliger ses vaches, venait, comme à son ordinaire, le gronder sur sa bêtise et sa paresse.

— Ma femme, lui dit Mazair, il ne s'agit plus de me commander avec cet air d'arrogance : il est passé le temps où tu étais la maîtresse ; songe bien à ce que je vais te dire : que mes vaches aient faim et s'ennuient à l'étable, c'est ce dont je me mets peu en peine ; veille aux soins du troupeau, c'est ton affaire dorénavant. Quand on a le fils d'un roi malade dans sa demeure, on a bien autre chose à faire qu'à mener paître son troupeau.

— Je te conseille de te vanter de la compagnie de cet enfant ! reprit la femme ; depuis qu'il est ici tu ne fais qu'extravaguer, et j'ai grand peur que je ne lui sois redevable du complément de ta folie. N'est-ce donc pas assez que nous ayions passé la nuit sans dormir, occupés à le soigner, et à te voir sortir et rentrer à tout heure, nous disant, tantôt que tu as vu la reine, tantôt, un soldat, et cent autres lubies dignes de ta sottise. Allons, c'est déjà trop perdre la tête après cet Amalaric. Maintenant que tu l'as arraché à la mort, et que le jour paraît, songe un peu à faire manger tes vaches ; car si elles maigrissent, et qu'elles tombent malades, c'est sur ton dos que le bâton frappera. Puisque le soleil se lève, prends cet enfant, ramène-le au palais, et qu'il n'en soit plus question.

— Que je le ramène au palais! répondit Mazair avec transport, oui, je l'y ramènerai, mais ce sera après en avoir chassé sa cruelle marâtre, et à la tête de mille voix qui s'écrieront : Vive Amalaric!

La pauvre femme, fort irritée du peu de succès de ses conseils, allait ouvrir la porte à sa mauvaise humeur, lorsque Mazair, entendant un grand bruit du côté de la ville, se déroba aux querelles de sa femme, pour aller considérer cette nouvelle fermentation....

Le soleil était près de paraître; l'aube avait déjà annoncé son retour. Les torches et l'incendie n'étaient donc plus chargés d'éclairer vaguement des scènes de massacre; le soleil allait inonder de lumière le théâtre de nouveaux combats. Le berger était aux aguets, les sourcils baissés, l'œil ardent et curieux, plongeant dans les entrailles béantes de la ville. Il remarqua d'abord que le tumulte paraissait se concentrer sur deux points, au Château-Narbonnais, et au Capitole; la place du Forum, notamment, était couverte de gens qu'il jugea devoir être armés et prêts à se battre. Aussitôt le berger, portant les regards sur le Château-Narbonnais, vit un grand nombre de soldats en sortir précipitamment; ils se divisèrent en trois corps; et bientôt ils disparurent dans les rues, devenues plus étroites. Pendant ce temps, le mouvement avait redoublé dans la foule qui encombrait les avenues du Capitole; elle s'était portée à l'entrée des rues aboutissantes pour en fermer l'accès; mais en un instant le Forum fut assailli par les trois issues, et tout disparut dans un horrible cahos, au milieu duquel le bruit des armes, les clameurs des blessés, les imprécations des combattans, le trépignement des chevaux, formaient ce concert atroce qui caractérise les mêlées.

Maintenant quel tableau s'offrirait à nos yeux, si, laissant le berger sur son observatoire, nous descendions de la colline pour étudier de plus près cette guerre civile dans ses détails!....

> Quels traits me présentent vos fastes,
> Impitoyables conquérans?
> Des vœux outrés, des projets vastes,
> Des rois vaincus par des tyrans,
> Des murs que la flamme ravage,
> Des vainqueurs fumans de carnage,
> Un peuple aux fers abandonné.
>
> J.-B. Rousseau.

XIII.

LA GUERRE.

Quand Théodegothe rentra dans la ville, elle trouva le gardinge établi au Château-Narbonnais, avec toutes ses troupes victorieuses. Quelques officiers du palais, ayant voulu faire résistance par dévouement au vice-roi, avaient été impitoyablement massacrés, et leurs cadavres gisaient encore dans la cour. D'autres, plus prudens, et ils se trouvaient en plus grand nombre, ne songèrent qu'à conserver la vie au milieu de ce danger; ils jetèrent leurs armes, et ce n'était pas sans quelque honte qu'on les voyait maintenant s'incliner devant le traître Clodoïr, et implorer peut-être ses faveurs. Au milieu de ces faiblesses honteuses, la figure calme et vénérable du vice-roi commandait le respect, et sa contenance dans le malheur était propre à faire naître la compassion dans les cœurs qui auraient été les moins accessibles à toute noble vertu......, Vieillard d'une soixantaine d'années, Goiric appartenait à cette classe d'élite de la nation visigothe, qui avait dépouillé, dès les premiers momens de l'invasion, tout ce que la nature et la naissance donnaient de barbarie à ce peuple, pour adopter avec transports les mœurs, les sciences, la civilisation des Romains. C'était une belle victoire pour ces hommes, accourus des bords de la mer Noire, que celle qu'ils remportaient ainsi sur leur grossièreté originelle. Epris d'une grande admiration pour les débris encore imposans de l'empire romain, on avait vu ces aventuriers d'invasion et de pillage se renfermer dans la solitude, et faire dans les domaines des lois et de l'administration des améliorations glorieuses qui devaient régulariser et ennoblir les fondemens du royaume nouveau. Depuis long-temps, Goiric brillait à la tête de ceux-ci : historien et jurisconsulte, il avait approfondi les nombreuses collections de la jurisprudence romaine, et dirigé la rédaction du code qu'Alaric venait de faire promulguer (31). Les titres de Goiric au respect des Visigoths étaient, comme on le voit, sacrés et glorieux; mais, malheureusement, la nation tout entière ne se trouvait pas encore assez façonnée à la civilisation romaine, pour partager universellement la considération que ces législateurs studieux recevaient des personnes éclairées. A côté des hommes sages qui voulaient, selon l'expression d'un de leurs rois, *continuer* l'empire romain, on en voyait d'autres qui, n'écoutant que les traditions belliqueuses et indomptées de la barbarie, repoussaient avec mépris tout ce qui leur rappelait le peuple vaincu, et s'obstinaient à vivre et à mourir dans la brutalité de leurs pères. Ces derniers, comme il est aisé de le comprendre, formaient la partie active du peuple, et plus particulièrement celle des gens de guerre ; les officiers, se voyant primés par les savans, nourrissaient une jalousie haineuse contre tout ce qui parlait jurisprudence, et c'était là le secret de cette facilité avec laquelle Théodegothe et Clodoïr avaient entraîné une partie de l'armée d'Alaric dans leur révolte contre le vice-roi (32); peut-être aussi serait-il juste de dire, que le comte Goiric n'était pas bien propre à étouffer ce germe de jalousie, et à conserver à la couronne la force et l'autorité que lui donnait la main d'Alaric. Goiric était homme de cabinet et d'étude, mais nullement homme d'action; il avait plus étudié les lois que les passions humaines, aussi les moyens de les diriger, de les maîtriser, lui étaient-ils inconnus. Que devait-il donc advenir dans les conjonctures où l'avaient placé le ressentiment et l'ambition de Théodegothe; c'est que, jeté malgré lui dans le hasard d'un combat, étranger à toute tactique nécessaire dans cette circonstance, il lui devenait impossible de prévoir aucun événement, et son parti, privé de la direction d'un chef, devait succomber sous les coups de ses ennemis mieux conduits : ce fut aussi ce qui arriva; et Théodegothe, l'impérieuse Théodegothe, rentrant au Château-Narbonnais, trouva le comte enchaîné sur un banc, dans le coin d'une salle obscure, et entouré de soldats et d'officiers subalternes qui déversaient sur sa tête ce mépris jaloux qu'ils nourrissaient généralement pour tout ce qui préférait la sagesse et la science au courage et à l'épée.

Le caractère violent et impétueux de Théodegothe, partageait dans toute sa force cette haine du soldat pour les gens de savoir. Aussi, bien loin de commander quelque considération pour le représentant de son mari, elle écarta vivement la foule qui se pressait autour du vice-roi vaincu, et portant son poing fermé à sa barbe blanche, elle lui dit d'un ton menaçant :

— Eh bien! homme de promulgation et d'ordonnance, ne nous donneras-tu pas un échantillon nouveau de la force de tes lois, en brisant tes fers. Le temps presse, et jamais circonstance ne fut plus favorable pour exercer utilement toute la puissance de ton savoir : le danger est incessant, comte Goiric; et si tu perds trop d'instans à ruminer, avant d'agir, tu pourrais bien attendre, pour ouvrir la bouche, d'avoir perdu la langue.

Si le comte Goiric n'avait pas le courage des camps, il avait au moins ce courage civique, cette force d'ame qui supporte le malheur et impose à ses plus cruels ennemis.

— Madame, répondit-il, le triomphe des insensés ne change rien au respect que les hommes doivent à la sagesse. Si la force des lois réside dans l'obéissance des sujets, songez que la faiblesse des sujets est inséparable du mépris qu'ils font des lois.

— Tu voudrais dire, je crois, que mon audace est inexcusable !.... De quel droit prétendrais-tu donc en imposer à une reine que tu ne devrais regarder qu'à deux genoux. Homme téméraire! n'est-ce pas à moi seule que doit appartenir ce trône provisoire que tu osais occuper. Et si mon mari a oublié un moment mes droits et ses devoirs, n'est-ce pas justice que je rétablisse l'un et l'autre.

— Madame, répondit Goiric, avec ce courage passif qui se fortifie dans le malheur, sans jamais s'irriter ni s'abattre, j'honore la femme de mon roi Alaric, mais l'audacieuse Théodegothe, celle qui méprise tous ses devoirs pour obéir aux emportemens de l'ambition, n'excite ni mon respect, ni mon amitié, ni ma haine ; je ne fais que la plaindre, et je ne me soumets qu'à la force.

Cette conversation irritait cruellement Théodegothe; les derniers mots surtout allumèrent son ressentiment, et la vie du vice-roi n'aurait peut-être pas été long-temps en sûreté, au milieu d'une soldatesque sanguinaire, si un bruit parti du dehors n'était venu détourner l'attention de la reine.

— Au Capitole ! au Capitole ! s'écriaient des dizainiers et des centeniers en accourant. La municipalité, entourée de tous les citoyens gallo-romains, concentre ses forces sur ce point ; le Forum est occupé par une foule immense, bien décidée à nous disputer la victoire. Il faut frapper un grand coup, et arrêter les progrès de la résistance par une attaque précipitée.

Telles étaient les paroles qu'échangeaient les officiers, en les appuyant de raisons et de développemens, où chacun faisait briller alternativement son expérience stratégique. De fait, la question était grave, et la concentration de la municipalité, autour de la forteresse du Capitole, devait éveiller la sollicitude de Théodegothe et de Clodoïr.

Le lecteur n'a pas oublié qu'en apprenant l'attaque du Capitole par les bateliers suèves, les consuls, qui combattaient autour du vice-roi, à la tête de leurs cives, avaient instantanément abandonné la place Saint-Etienne pour se porter sur le point menacé. Dans ce moment critique, l'amour de la cité municipale égara peut-être ces zélés défenseurs, et au lieu d'opposer seulement une partie des citoyens à l'échauffourée peu sérieuse des suèves, le peuple en foule était accouru vers le Forum, laissant le vice-roi aux prises avec un ennemi formidable. De là était résulté le désastre que nous venons de raconter, et tandis que les citoyens remportaient sur les Suèves une victoire trop facile, Clodoïr avait repris l'offensive, battu le vice-roi et pris le Château-Narbonnais.

Cette partie de la population de Toulouse, composée de Romains, de Gaulois, de Juifs, même de Grecs, presque tous ouvriers ou marchands, demeurait généralement attachée par intérêt à ses rois visigoths. Le motif de cet attachement était facile à comprendre. Dans les villes, les Gallo-Romains se trouvaient depuis long-temps à ce point de décadence morale, où l'amour du bien-être, de la sécurité, remplace celui de la patrie et de l'indépendance. Or, la chute de l'empire romain, au milieu des invasions de Barbares qui se succédaient sans relâche, était une époque d'angoisse, de calamité, de misère, que chacun à l'envie s'efforçait de détourner par toutes sortes de moyens. Les Visigoths étaient arrivés dans ces conjonctures difficiles, et non-seulement leur caractère, plus doux que celui des autres barbares, avait offert aux anciens habitans une certaine sécurité, mais leur conquête avait encore cela de particulier, qu'elle s'était opérée peu à peu, sans secousse, presque sans violence, moitié par cession impériale, et moitié par envahissement. Nous avons déjà fait remarquer que le nouveau peuple avait été conduit en cela par les rois, les grands et la partie éclairée de la nation, tandis que la partie belliqueuse, ardente, ne s'était accommodée de cette longanimité qu'avec peine. Alaric, et par conséquent le vice-roi, représentaient cette fraction intelligente, sous la protection de laquelle le peuple gallo-romain vivait en paix. Théodegothe et les soldats révoltés appartenaient, au contraire, à la fraction barbare. En faut-il davantage pour comprendre le désespoir dont furent frappés les citoyens, en apprenant le triomphe de la reine et la chute du vice-roi.

Quel que fut le péril du moment, les consuls ayant consulté le peuple sur ce qu'il convenait de faire, on répondit, d'une voix unanime, qu'il fallait combattre pour Alaric et pour les franchises de la cité. Cette détermination fut apprise à Théodegothe par les officiers que nous avons entendus discuter en se rendant auprès d'elle; et tout aussitôt, la reine, inquiète et désireuse de prévenir une plus forte opposition, commanda à Clodoïr d'aller fondre sur le peuple, et d'emporter d'assaut le Capitole.

Cet ordre fut accueilli avec d'autant plus d'enthousiasme, que les soldats trouvaient, dans son exécution, l'occasion d'humilier la population vaincue. Clodoïr se mit à leur tête, et ils se précipitèrent vers le Forum, par les trois grandes rues qui y aboutissaient.

Le mouvement, le bruit, la confusion dont Mazair avait été témoin, du haut de son observatoire, était le résultat du choc terrible produit par l'attaque de ces trois corps de troupe. Pendant long-temps, ce fut un tumulte épouvantable, d'où s'élevaient confusément les cris des mourans et les imprécations des soldats. La fureur de l'attaque était en tout point aussi forte que l'opiniâtreté de la défense, et Mazair, admirablement placé pour embrasser cette grande lutte dans son ensemble, voyait de temps à autre le Château-Narbonnais envoyer des renforts à ses partisans, et le Capitole faire descendre de nouveaux défenseurs dans l'arène, pour proportionner la défense à l'attaque. On eût dit un duel à mort entre le peuple vaincu et le peuple vainqueur.

Pendant ce grand combat, il était un spectateur qui, étranger à l'action, en suivait cependant les diverses péripéties avec une anxiété facile à comprendre. L'abbaye de Saint-Sernin, également ennemie des partisans de Goiric et de ceux de Théodegothe, retirée au milieu de ses marais, paraissait assister à leur déchirement, avec le bonheur d'un adversaire timide, qui voit ses ennemis s'affaiblir. Mazair portait quelquefois les regards de ce côté, et il lui semblait voir l'enceinte catholique rire et applaudir au tumulte de la cité. La petite cloche de l'église s'agitait en ce moment dans les airs; c'était comme un chant de fête et de triomphe; et un vieux peuplier, qui ombrageait de ses branches dépouillées le clocher modeste de la chapelle, balançait son faîte et semblait saluer avec joie cette confusion de la guerre civile. Si Mazair était descendu vers ce lieu, il aurait vu toutes les fenêtres garnies de figures de moines, animées d'inquiétude et d'espérance, appelant de leurs vœux l'affaiblissement des Ariens, leurs ennemis. Héraclianus, placé à un abat-jour, étudiait dans sa tête les chances nombreuses du sort, et cherchait à préparer à l'abbaye un rôle actif dans un avenir prochain.

E combat entre les gens du Château et les citoyens du Capitole fut long et acharné. Les épées des soldats burent à longs traits le sang des Gallo-Romains, et ces derniers, en revanche, plongèrent leurs poignards, leurs piques et leurs bâtons ferrés, dans mainte cuirasse de peau de bufle. Jamais peut-être le sol du Forum n'avait été rougi de tant de sang ; mais malgré tous ces efforts, aucun des deux partis ne put prendre un avantage décisif sur l'autre, et lorsque la nuit arriva, la victoire n'avait encore penché d'aucun côté..... En cet instant, fatigués de tant de carnage, de tant de blessures inutiles, les combattans se laissèrent aller, des deux côtés, à cette lassitude qui précède les armistices. Peu à peu l'attaque et la défense diminuèrent d'intensité ; les ennemis ne cherchèrent plus à s'atteindre, les deux camps s'éloignèrent ; les soldats de Clodoïr rentrèrent au Château-Narbonnais, et les citoyens se fortifièrent dans le Forum et dans le Capitole.

A la nouvelle de cette tentative avortée, Théodegothe, qui se représentait comme une défaite tout ce qui ne comblait pas son ambition, entra dans un accès de fureur : peu s'en fallut que le malheureux Goiric ne payât de sa tête la résistance courageuse de la municipalité ; heureusement pour lui, que l'architecte Erimus, s'étant glissé dans la foule, vint détourner ce coup funeste, en prêtant au prisonnier le bouclier de ses singulières réflexions.

— Y pensez-vous bien de vouloir tuer cet homme ? dit-il, en jetant sur la reine ses petits yeux ardens et dépouillés de sourcils ; est-ce que la tête du seigneur Goiric a assez de poids pour que sa chute puisse alléger le fardeau que vous avez mis sur votre échine ? Ma foi, je suis d'avis que chaque épaule doit porter la tête que Dieu lui a donnée, surtout quand cette tête est blanche, et a eu le temps de prendre racine. La blancheur des cheveux est un vernis de vétusté qui doit imprimer du respect, comme la noirceur et la mousse en donnent aux monumens qu'ils recouvrent ; et je suis trop intéressé moi-même à donner un certificat d'indestructibilité aux chefs blanchis, pour ne pas empêcher, autant qu'il est en moi, la démolition de celui du vice-roi. Passe encore, si le seigneur prisonnier portait sur son cou le clocher Saint-Sernin ; mais une pauvre tête de comte-législateur, eh ! laissez-le mourir en paix, pour qu'il me donne occasion de lui bâtir un tombeau de tuf, avec une inscription de mon crû : *Ad majorem Goirici gloriam* ; car vous savez, ajouta-t-il, pour donner une nouvelle preuve de son savoir, que Virgile recommande à tous les citoyens de se faire enterrer avec le plus de pompe possible, afin qu'on ne puisse pas dire comme un grand capitaine : *Ingrata patria, non habebis ossa quidem*, et là-dessus, Erimus allait ajouter deux ou trois autres citations d'un aussi bel à propos, lorsqu'il fut interrompu par la reine, qui lui ordonna brusquement de se taire, et d'aller passer du sable et mesurer des matériaux. Le pauvre architecte, arrêté dans le cours de son éloquence, crut que le comte allait être décapité. Il n'en fut rien cependant, Théodegothe avait fait de sages réflexions, et, suspendant une colère intempestive, elle songeait à tirer tout le parti possible de la possession du viceroi. En conséquence, ayant fait sortir les assistans, elle demeura seule avec Clodoïr, et Goiric enchaîné, et referma la porte sur la foule qui s'éloignait. Cette scène se passait dans une vaste salle-basse, au fond de laquelle s'élevait un taureau d'airain colossal, instrument de torture qu'Alaric affectionnait particulièrement, et dont il était peut-être le cruel inventeur. Théodegothe attendait de sa présence, et des souvenirs de supplices qui s'y rattachaient, une influence salutaire pour impressionner Goiric et ramollir son caractère.

— Comte Goiric, dit-elle avec sa fermeté habituelle, ta vie est en mes mains; mille morts ont grondé sur ta tête, et si j'avais cédé aux ressentimens de ceux qui ont combattu pour moi, ton cadavre serait déjà mis en lambeaux et jeté dans les fossés de la ville. Les uns désiraient te tirer à quatre chevaux, d'autres me proposaient de te faire brûler dans ce taureau d'airain que mon époux a fait confectionner pour la torture des traîtres; il en est même qui voulaient te livrer vivant aux insectes, aux vautours et aux renards.... Toutes ces menaces étaient visiblement prononcées avec l'intention cruelle d'imprimer plus de terreur à l'esprit du vice-roi; mais celui-ci resta impassible.... — Malgré toutes les sollicitations des soldats justement irrités, continua Théodegothe, j'ai eu la bonté et la force de résister à leurs désirs; c'est à moi que tu dois la vie; maintenant j'attends de toi la récompense d'un si grand bienfait.

— Si je puis faire quelque chose pour vous, sans blesser ma dignité, sans méconnaître le pouvoir qui m'a été confié par Alaric, je suis prêt à pardonner à vos erreurs coupables, Madame.

— Il serait assez difficile, reprit la reine, d'obéir à ma volonté, et de conserver le pouvoir que tu as usurpé en captant la faiblesse de mon mari; car, ce que je te demande, c'est de déposer l'autorité dont tu es injustement revêtu, de me rendre, par un acte authentique, la couronne, le sceau que tu possèdes, et de me transmettre enfin, aux yeux du peuple entier, cette vice royauté dont la défaite t'a rendu indigne.

— Celui qui m'a donné la vice-royauté ne m'a pas donné le pouvoir de m'en dessaisir, repartit le comte; au roi seul appartient le droit de remettre et d'enlever les pouvoirs qu'il confère.

— C'est employer la ruse pour détourner une question franchement posée, dit alors la reine, et tu mets sur le compte de ton dévouement, ce qui n'est que le produit d'une ambition effrénée. Penses-tu bien que j'aille demander à Alaric, qui m'a si cruellement offensé, une autorité que la victoire me donne ; je ne veux rien devoir qu'à moi-même. Une dernière fois, veux-tu remettre à ta reine les pouvoirs que tu retiens injustement ?

— La seconde réponse d'un homme d'honneur ne saurait être que l'écho de la première. Alaric m'a confié un poste éminent et périlleux, je saurai y mourir si je n'ai pu m'y défendre.

A ces mots, la reine furieuse eut un mouvement d'impatience qui fit craindre quelque emportement funeste; et comme le gardinge avait encore besoin du comte vaincu, il se hâta d'entrer dans la conversation, afin de modérer le dépit de Théodegothe, en détournant son attention de la proposition qui venait d'échouer.

— Goiric, dit-il au comte, le vainqueur a eu de tous les temps quelques droits sur le vaincu; j'essaierai de ce titre pour réclamer de toi un acte de justice. La loi qui prohibe les mariages entre les Romains et les Visigoths est injuste, et mon amour ne saurait s'en accommoder. La reine a résolu d'effacer cette page tyrannique de nos codes, l'ordonnance en sera bientôt rendue; consentiras-tu à la contre-signer ?

Le comte répondit :

— Le roi m'a remis son sceptre pour faire exécuter les lois et non pour les insulter. Qui pourrait excuser ma lâcheté, si j'allais abolir, dans un moment de terreur et d'aveuglement, ce que nos pères ont respecté pendant un siècle de sagesse ?

— Vieillard opiniâtre ! s'écria Clodoïr en partageant toute la fureur de Théodegothe, tu as donc résolu d'étouffer en nos cœurs tout germe de clémence pour n'y laisser que la haine !

— Représentant du roi, ce serait avilir son autorité que de la soumettre à vos caprices. Le seul ordre que je consens à donner, sous les fers dont vous m'avez chargé, c'est de vous commander de me rendre la liberté, de m'obéir, et de demander grâce à mon maître.

Théodegothe et Clodoïr ne purent entendre cette fière réponse qu'en frémissant de rage; et, dès ce moment, ils n'écoutèrent que leur fureur insensée.... C'avait été une idée prudente et habile à Théodegothe que celle de vouloir associer le vice-roi prisonnier aux actes de son gouvernement illégitime. Elle avait espéré par là ramener à elle la municipalité toulousaine, apaiser les citoyens, en leur parlant au nom du comte Goiric, s'emparer ensuite du Capitole et des châteaux de la ville, sauf à s'abandonner ensuite à toute sa tyrannie envers une population désarmée. Mais en voyant que tout espoir de dompter le courage de Goiric était évanoui, elle fit au gardinge un horrible signe d'intelligence, et annonça au comte qu'il allait expier, dans les tortures, son audace et sa ténacité. Au même instant, Clodoïr s'élança derrière lui, il le saisit aisément par les épaules, et le pressa fortement contre sa poitrine, de manière à ne lui permettre aucun mouvement. Pendant ce temps, Théodegothe saisit l'épée de Clodoïr, enfonça à deux reprises sa pointe effilée dans les yeux du vice-roi, en lui disant avec ironie : — Maintenant, compulse de nouveaux digestes, rédige de nouvelles lois, et couronne dignement ta carrière *clairvoyante*.

Ayant proféré ses paroles, elle jeta un dernier regard de vengeance sur sa noble victime, et elle sortit avec Clodoïr, laissant le vice-roi seul, en proie aux douleurs atroces de ses blessures saignantes.

Un renard plein d'esprit, d'adresse, de prudence,
A la cour d'un lion servait depuis long-temps;
Les succès les plus éclatans
Avaient prouvé son zèle et son intelligence.
Pour peu qu'on l'employât, toute affaire allait bien;
On le louait beaucoup, mais sans lui donner rien.

FLORIAN.

XIV.

UN BON CONSEIL.

Ne perdons pas de vue, que la veille de l'insurrection, Clodoïr avait laissé Exégilde disposée à chercher un asile, où la curiosité ni la haine des hommes ne pourraient la poursuivre. Ce projet s'était accompli pendant les événemens que nous venons de raconter, et maintenant elle vivait plus calme, plus tranquille, loin du tumulte des discordes.

Au moment où Clodoïr venait de seconder la vengeance sanglante de Théodegothe sur le vice-roi, il rencontra dans la cour du Château un homme à longue barbe, paraissant déjà avancé en âge, et couvert d'un manteau noir, sous lequel on apercevait sa poitrine nue. Ce vieillard salua légèrement le gardinge, et lui ayant demandé s'il se nommait Clodoïr, il ajouta, après avoir reçu une réponse affirmative :

— Une femme que vous connaissez, m'a donné mission de vous emmener auprès d'elle. Après les événemens qui viennent d'ensanglanter la ville, vous comprendrez aisément pour quel motif elle a retardé jusqu'à ce moment de vous faire connaître le lieu de sa retraite ; mais suivez-moi ; la nuit va bientôt paraître ; c'est à la lueur des étoiles qu'elle désire avoir un entretien avec vous.

— Quoique le mot d'Exégilde n'eut pas été prononcé, il n'était pas possible à Clodoïr de se méprendre sur l'identité de la femme qui le mandait.

— Béni sois-tu ! messager qui me rends la vie, s'écria-t-il ; où est-elle? parle ! en quel lieu trouverai-je Exégilde ; j'y cours à l'instant.

— Suivez-moi, je vais vous indiquer le chemin, dit le vieillard, et il se mit en marche pour servir de guide à Clodoïr. La ligne la plus courte pour se rendre au lieu qu'habitait Exégilde, eût été de traverser la ville jusqu'au Forum ; mais dans l'état de guerre civile où se trouvait la cité, le messager jugea plus prudent de faire un détour pour marcher en sécurité dans la campagne déserte. Il sortit par la porte de Narbonne, tourna à gauche, longea les murs de la ville, et après avoir traversé la voie des Rutheni, il atteignit les marais du nord. Pendant cette promenade, l'esprit de Clodoïr était dans la plus grande perplexité, et il ne pouvait concevoir en quel lieu Exégilde avait trouvé sa retraite; mais bientôt il éprouva une émotion plus vive que celle de l'étonnement, quand il vit son guide prendre le chemin qui conduisait à l'abbaye de Saint-Sernin, et marcher droit à la claire-voie.

— Juste ciel ! s'écria le gardinge, est-ce bien dans un monastère catholique qu'Exégilde a pu se réfugier ? Là dessus, il allait ouvrir un libre champ à sa haine contre les ennemis d'Arius, lorsque le moine lui montra la porte, en disant : — Nous y voici..... Ayant avancé son bras à travers les barreaux, il prit une corne suspendue à une cheville, poussa trois sons prolongés, et laissa retomber le monotone instrument à la corde de son gibet.

Une petite porte ne tarda pas à s'ouvrir dans l'église. Un homme, que l'on ne reconnaissait dans l'obscurité qu'à la petite lumière qu'il portait à la main, vint à la claire-voie, ouvrit le loquet, et Clodoïr et son guide entrèrent dans l'enceinte...... Aucun des deux hommes qui se trouvaient maintenant avec lui n'ouvrit la bouche ; ils se contentèrent de dire à Clodoïr d'attendre un instant, et ils disparurent aussitôt par la porte qui avait donné passage au dernier arrivé.

Clodoïr était seul dans un lieu inconnu, car il n'était jamais venu à l'abbaye. Des pensées étranges, des doutes bizarres se pressaient dans son esprit. Au milieu de ce choc d'idées, il entendit une voix qui disait près de lui : — Clodoïr, où êtes-vous? Il reconnut bien vite la voix d'Exégilde, et il répondit, en courant vers la direction d'où partait le son : — C'est

Exigilde ! Oh ! venez, venez ! j'ai tant besoin de vous voir, de parler avec vous, et de retrouver ici la paix qui m'a fui depuis plusieurs jours. Vous avez appris les événemens terribles qui viennent d'ensanglanter la capitale : j'ai été malheureusement mêlé à toutes ces horreurs, Exégilde; aussi, j'éprouve l'impatience de me reposer un instant dans votre consolante amitié. Quoi de plus doux, après le tumulte, que de retrouver les traits suaves, le regard consolateur d'une amie. Je dis une amie, peut-être pourrais-je vous donner déjà un nom plus doux, car les malheurs dont je viens de vous parler n'ont pas été entièrement stériles, et la reine, maîtresse absolue du pouvoir, va rapporter au premier jour cette loi tyrannique qui nous défendait de nous unir.

Ces derniers mots, prononcés avec une chaleur passionnée, n'éveillèrent dans Exégilde qu'un frémissement pénible, et elle profita de la nuit qui cachait ses traits pour pousser en secret un soupir douloureux; car il faut le dire, Exégilde n'avait jamais partagé l'aversion de Clodoïr pour la loi qui rendait leur mariage impossible..... la reconnaissance qu'elle devait au gardinge avait fait naître en son cœur une vive amitié, il est vrai, mais son attachement ne s'était jamais élevé jusqu'à l'amour, et la disposition législative, qui faisait le malheur du gardinge, était bénie par elle comme un bouclier protecteur destiné à arrêter les désirs de Clodoïr, sans qu'il y eut nécessité de faire intervenir les refus. Ce fut avec douleur qu'elle apprit la chute prochaine de cet obstacle, gardien de sa liberté; aussi garda-t-elle le silence, et Clodoïr n'entendit dans le calme de la nuit que les battemens précipités de son cœur. L'indifférence de cet accueil à une nouvelle qui mettait le comble à sa joie, étonna profondément le gardinge, et il en fit un reproche léger, en provoquant une explication.

— J'ai toujours eu la plus vive reconnaissance pour vos bontés, répondit Exégilde, et mon amitié pour vous est et sera constamment des plus vives; mais les malheurs qui m'ont accablée ne me permettent guère de penser à la joie, et le voile que je porte constamment sur ma tête est encore trop noir pour que je puisse songer au voile blanc des fiancées.

Ces paroles, accompagnées d'une voix douce et tremblante, firent refouler le sang dans le cœur de Clodoïr.

— Que dites-vous ? s'écria-t-il, en fronçant les sourcils; si vos malheurs ont été grands, n'est-ce pas un motif de plus pour leur chercher un soulagement. Ah ! ce serait insulter à mon amour, que de me refuser le pouvoir de vous faire oublier toutes les misères, et de vous rendre la plus heureuse des femmes.

— Je n'ai jamais mis en doute votre bonté, la noblesse de vos sentimens, tout ce qui peut rendre une femme fière de partager le sort de celui qui l'a choisie. Un jour viendra peut-être où je pourrai songer au bonheur; mais le mystère terrible qui entoure ma faible existence est encore trop menaçant pour qu'il me soit permis....

Clodoïr l'interrompit vivement : — Que veulent dire ces mystères, ces coups du sort et ces malheurs ! Si quelque homme puissant menace votre existence, ne suis-je pas là pour déjouer ses prétentions et punir sa tyrannie? Exègilde, je suis le vainqueur du vice-roi, le soutien de la reine Théodegothe ; la victoire est à moi, je puis tout vouloir, je puis tout faire: nommez-moi vos ennemis, je serai heureux de vous en délivrer.

— Mes ennemis sont trop haut placés pour que votre bras puisse les atteindre, et l'idée de vengeance est trop basse, pour que mon cœur puisse jamais descendre jusqu'à elle.

— Eh quoi ! encore de nouveaux stratagèmes ; vous ne savez donc pas tout ce que j'ai fait pour vous ? puisque vous m'éloignez sans pitié. Séparés par une loi barbare, j'en ai rêvé l'abolition ; j'ai développé à Théodegothe la cause de mon malheur, elle s'est associée à mon aversion, m'a donné sa parole de reine que cette loi serait bientôt abolie. Mais hélas ! si vous saviez tout ce que m'a coûté cette promesse ! Vous avez entendu parler d'une révolte à main armée contre le vice-roi, vous avez entendu parler de combats livrés durant une nuit entière, d'un Château-Narbonnais pris d'assaut, de massacres et d'incendies ? eh bien ! l'auteur de tous ces maux, le fauteur de ces trahisons, c'était moi, Exégilde ; ah ! je vous vois reculer d'horreur ! et savez-vous quelle est la puissance irrésistible qui a armé mon bras rebelle ? c'est vous, Exégilde, c'est l'amour que vous avez allumé dans mon cœur. A cette promesse de la reine, que la loi contre les mariages mixtes serait rapportée, je me suis abandonné à elle corps et ame, j'ai étouffé tout souvenir de vertu ; le croira-t-on ! j'ai fait insurger les soldats de l'arrière-garde qui m'étaient confiés par Alaric ; je les ai lancés contre le vice-roi ; bien plus ! j'ai presque trempé dans un crime abominable, que je n'ose pas seulement nommer. En un instant j'ai répudié toute ma vie passée, tout mon honneur, tout mon dévouement, pour me mettre aux ordres d'une reine égarée, furieuse ; le roi, pour lequel j'aurais donné ma tête, je l'ai trahi et combattu en la personne de son représentant. Et ne pensez pas qu'au milieu de ma révolte je me sois un instant fait illusion sur l'horreur de ma conduite ; non, j'en ai eu constamment la noirceur présente à mes yeux ; mais il s'agissait de vous, de mon amour couronné, et l'amant a foulé aux pieds tous les devoirs du gardinge ; il a allumé la guerre civile dans sa patrie, et tout cela pour pouvoir se reposer des crimes d'une journée ténébreuse, dans la félicité d'un mariage désiré. Voilà ce que j'ai fait, et maintenant vous viendriez encore opposer des obstacles à mon amour ; vous me parleriez de tristesse, d'empêchement mystérieux ! Exégilde, vous me voyez le plus malheureux des hommes ! traître à mon roi, bourreau de mes concitoyens, et vous ne voudriez pas rendre à mon cœur le bonheur et la paix que j'ai compromis pour vous posséder. Ah! c'est mettre la nature humaine à de trop fortes épreuves. Vous venez me parler d'obstacles insurmontables qui s'opposent à notre union ; eh ! quelle barrière pourrait résister au bras de celui qui vient de vaincre le vice-roi, et d'emporter d'assaut une forteresse !

—Il en est une que le fer et le carnage ne sauraient atteindre, seigneur Clodoïr, répondit Exégilde, avec une noble assurance, qui paraissait bien rarement sur sa physionomie modeste et résignée ; cette barrière, c'est ma noblesse, c'est la dignité de ma personne, et quelque accablée que je sois par le malheur, il ne vous est pas encore donné de pouvoir vous élever jusque-là.

— Ah ! c'en est trop, Madame ! et ma fureur bientôt grandirait à l'égal de ma passion ; je ne vous dis plus qu'un mot, et c'est pour vous sommer d'avoir à expliquer votre étrange conduite, me dire enfin quel est votre titre, et qui je devrais être pour pouvoir obtenir votre main.

Le bruit que faisait cette discussion assez violente avait ramené sur les lieux le guide de Clodoïr. Après avoir écouté un instant la conversation, il vit qu'elle devenait de plus en plus délicate pour Exégilde ; alors il approcha, et se plaçant entre elle et Clodoïr, il dit à ce dernier :

—Vous demandez quel est l'obstacle insurmontable qui s'oppose à votre mariage : vous en portez le secret dans votre culte pour le schismatique Arius. Exégilde est catholique, et si elle osait oublier sa religion pour vous accorder sa main, c'est moi, Héraclianus, qui me chargerais d'opposer à cette union une barrière invincible.

L'apparition inattendue de l'évêque, son langage fier et presque menaçant, frappèrent tout d'abord Clodoïr de stupeur ; mais l'indignation fit place à la surprise, et il s'écria en mesurant d'un regard la taille avantageuse d'Héraclianus :

— Catholique ! Exégilde ! c'est donc pour tout briser entre nous que vous vous êtes réfugiée dans cet asile de l'orgueil ! Ah ! malheureux que je suis ! j'aurais bien dû prévoir quelque catastrophe en vous retrouvant dans la compagnie de ces moines arrogans. Mais ne pensez pas que tout soit dit avec mon juste ressentiment. Vous voulez à tout prix vous soustraire à celui qui vous aime, eh bien ! je jure par mon épée que vous n'y réussirez qu'à demi ; et toi, évêque catholique, poursuivit-il, en s'adressant à Héraclianus, tremble en voyant un visigoth sortir d'ici animé de fureur ! Il y a assez long-temps que tu soulèves sourdement les sujets de Théodegothe ; il y a assez long-temps que tu attires dans cette abbaye privilégiée les conspirateurs, les proscrits et tous les ennemis du peuple visigoth. La reine connaît ton audace ; déjà elle t'a menacé de toute sa colère, eh bien ! je vais la réveiller, et je reviens à l'instant, à la

26

tête de mes soldats, pour raser cette insolente abbaye, emmener les moines en esclavage, et prendre enfin par la violence la main d'une femme malheureuse, que tes prédications criminelles ont rendu insensée !

A ces mots, le gardinge se dirigea vers la porte de l'enceinte, dont il n'était qu'à quelques pas, pour courir à la prompte exécution de ses menaces. Exégilde, effrayée, s'élança après lui. Sa voix amie voulait le rappeler à des sentimens plus doux, et lui prêcher une résignation que sa passion était incapable de comprendre; mais l'inébranlable Héraclianus lui saisit la main et l'arrêta.

— Que faites-vous, Madame, lui dit-il, d'un air calme et sévère, avez-vous oublié qu'il est arien, et que tout sentiment d'affection pour un infidèle souillerait votre ame et irriterait votre Dieu ? Dédaignez son amour comme je sais mépriser ses menaces, et venez prier l'Eternel avec les chrétiens.

Exégilde, dominée par la voix de l'évêque, se soumit à ses ordres sans murmurer, elle laissa Clodoïr s'éloigner en fureur; cependant on ajoute, qu'en secret, elle versa des larmes, en songeant à l'amant dévoué qu'elle venait de blesser si cruellement.

 ANS son impatience de revenir auprès de Théodegothe, Clodoïr n'essaya pas de prendre un chemin détourné, pour éviter les dangers qu'il pourrait rencontrer en traversant une partie de la ville, occupée par les citoyens. Il se présenta au château Badaclei, sur les bords de la rivière, se fit reconnaître aux soldats de la reine qui occupaient ce fort, et il se dirigea rapidement vers le palais narbonnais. Grâce à la nuit profonde, le gardinge arriva sans accident. Il demande au premier soldat de garde: Où est la reine Théodegothe; on la lui indique, il vole près d'elle; et l'ayant jointe, il lui raconte avec l'énergie de l'indignation le nouveau trait d'audace de l'évêque Héraclianus.

On comprendra sans peine combien il était aisé de réveiller l'irritation de Théodegothe contre l'abbaye de Saint-Sernin; je dois même dire qu'elle accueillit cette accusation avec un plaisir d'autant plus grand, que les circonstances semblaient lui avoir fait momentanément oublier sa haine contre le monastère, et que les paroles de Clodoïr venaient rappeler un projet de vengeance médité depuis plusieurs jours. Il ne fut donc pas nécessaire de discuter long-temps, pour arrêter en principe l'abaissement et la destruction de ce *repaire de moines*, et l'on ne s'occupa que des moyens de transporter des troupes de l'autre côté de la cité, sans trop affaiblir la garnison du Château.

Une partie de la nuit fut employée par Théodegothe et Clodoïr, à la solution de cette affaire délicate ; je dis délicate, car il ne pouvait être question de traverser la ville ouvertement, à la tête de quelques hommes d'armes, et de longer le Forum, à la barbe des citoyens toujours armés.

Au milieu de ces difficultés, la reine voulut prendre conseil du vieil Erimus, qui, tout peu estimé qu'il fût dans les temps ordinaires, n'en était pas moins consulté quelquefois, avec juste raison, dans les questions difficiles sur lesquelles son caractère brusque et moqueur jetait parfois des éclairs de sagacité fertiles en heureuses conséquences. Erimus fut mandé ; il se rendit, jeta sur Clodoïr et la reine un petit regard acéré, qui tenait le milieu entre le soupçon et la déférence ; puis, quand il eut appris le motif qui lui avait procuré l'honneur d'être appelé, il jeta une si bruyante exclamation de joie, que toute conversation fut un moment interrompue.

A cette pensée, que l'église et l'abbaye de Saint-Sernin, cauchemar de tous les instans de sa vie, allaient rentrer dans la poussière, l'architecte crut retrouver l'ardeur et l'agilité de la jeunesse. Il se mit à danser une espèce de valse tournoyante, particulière à sa nation, et il répéta le refrain d'un chant de guerre, qui ne tendait pas à épargner les catholiques. La chanson pouvait être à sa place ; cependant, la reine, impatientée d'un excès de joie qui retardait les bons conseils d'Erimus, le retint brusquement par la manche, et aussitôt l'architecte s'écria sans réflexions, sans préparatifs, et comme obéissant à une inspiration naturelle :

— Vous voulez transporter une centaine de gaillards armés de piques et de torches dans l'enceinte de Saturninus ? *Capite carrum rotatum*, comme le dit Cicéron dans une *Catilinaire*, je ne sais plus laquelle, c'est-à-dire, prenez un char garni de ses roues, placez-y provision de blé et de fromage, et confiez-moi le transport de ces *frumentaria*, jusqu'à ce qu'ils soient rendus dans les cabanes des pêcheurs suèves. Théodegothe et Clodoïr se regardèrent tous surpris, ne pouvant comprendre où pouvait tendre une proposition qu'ils étaient tentés de prendre pour une plaisanterie ; mais Erimus poursuivit : Avez-vous donc oublié le service signalé que ces coquins de Suèves vous ont rendu, il y a deux jours à peine ; vous n'avez guère songé à leur en montrer votre gratitude, et voilà pourquoi je vous conseille de leur faire apporter au plutôt des présens de fromage et de blé ; cette petite récompense est d'autant plus utile dans la circonstance, que vous avez encore quelque bon office à réclamer de ces hardis pêcheurs ; la rivière qu'ils habitent, et avec laquelle ils sont familiers, comme le feuillage et les oiseaux, est un chemin toujours ouvert à leurs nacelles ; faites conduire leur bateau le long des murs du palais, embarquez-y les exécuteurs de votre juste vengeance, marchez vous-même à leur tête, et ramez vers les marais de l'abbaye.

Cette idée parut si lumineuse à Clodoïr et à Théodegothe qu'ils ne se donnèrent pas le temps d'attendre la fin des explications d'Erimus, pour lui en témoigner leur satisfaction par un cri de victoire.

— Mon projet vous sourit, poursuivit l'architecte, vous voyez que je ne suis pas comme ces corneilles qui annoncent toujours des malheurs. *Sæpè sinistra cava predixit ab ilice cornix....* Eh bien! je ne vous demande pour toute récompense, que la grâce de me glisser parmi les combattans, pour essayer un peu mes forces contre ces moines insolens, qui ont osé bâtir une nouvelle abbaye sans l'autorisation du roi ni la mienne. Je suis jaloux que ces diables de gens aient pu trouver des matériaux, de la chaux et du sable en assez grande abondance pour édifier une si grande maison en quelques heures, tandis que moi, qui me suis nourri d'Archimède et de Vitruve, j'ai besoin de suer sang et eau quand il faut réunir en plusieurs mois les élémens nécessaires pour bâtir une cave ou un grenier; et quand les remparts se détériorent, je suis obligé d'abattre les maisons voisines si je veux les réparer.

Enfin, les moyens de transporter la petite expédition furent arrêtés, et les trois interlocuteurs se séparèrent; Clodoïr pour aller préparer deux centenneries à l'attaque du monastère, Théodegothe pour parcourir le palais, visiter les postes, s'assurer de la vigilance des sentinelles, du bon état des ponts-levis, des herses et des machines de guerre.... Le jour avait paru à peine, et la reine était suivie dans ses explorations par le chant des Nocturnes ou Matines, que les chapelains du château récitaient avant le jour, selon un très-ancien usage. Quelques rois avaient eu l'habitude d'assister à cette prière matinale, Théodoric-le-Grand surtout (33); mais Théodegothe n'avait garde de songer à ce devoir pieux.... Enfin, l'architecte lui-même prit son essor; il alla faire charger un char de provisions, et prépara sa petite mission diplomatique.

Grâce à son activité infatigable, les dispositions du départ furent bientôt terminées. Un esclave fiscalin prit deux chevaux de trait à l'écurie royale, il les attela au char, Erimus se plaça dessus, et voilà le petit convoi s'acheminant vers les bords presque inhabités de la Garonne. Il leur suffit de quelques minutes pour atteindre les premières cabanes de pêcheurs, bâties sur les rives du fleuve, que les fréquentes visites des inondations avaient fait surnommer les viviers, *vivaria*. Erimus, qui connaissait, grâce à son âge, presque tous les habitans de la ville par leurs noms et prénoms, courut droit au chef des bateliers, espèce de petit potentat qui commandait depuis longues années son peuple aquatique, et lui fit la proposition dont nous avons déjà parlé; elle fut claire, précise, et grâce aux présens qui l'accompagnaient, il fut très aisé de se mettre d'accord. Le blé et les autres provisions furent à peine déchargées dans la cabane du chef, que ce dernier poussa trois coups de sifflets. A ce signal, tous les pêcheurs, répandus au loin sur la rivière, tournèrent rapidement la tête vers le chef, et celui-ci leur fit un signe de retour, en dirigeant la main vers eux et la ramenant brusquement en arrière. A l'instant même, tous les travaux de la pêche s'interrompirent, chaque barque quitta ses filets, les rames s'agitèrent, et bientôt une flotille de soixante barques vint s'amarrer autour des piquets de la cabane.

Erimus ne put pas bien comprendre les paroles qui s'échangèrent entre le maître et ses subordonnés; car ces suèves, trop misérables pour avoir de grandes relations avec les populations gallo-romaines, avaient conservé, dans toute sa nudité, leur idiome paternel; mais ce qui fut beaucoup plus significatif que les harangues les plus pompeuses, c'est que les bateliers reprirent leurs avirons, le chef dit à Erimus de monter sur un des bateaux, et l'on fit force de rames pour remonter le courant vers le Château-Narbonnais.

Théodegothe, désireuse de connaître le succès du message d'Erimus, s'était placée dans une petite tour qui s'avançait sur une haute muraille, dont les briques noires étaient lavées par les eaux; à la vue des barques suèves qui venaient s'attacher aux piquets et aux crampons de fer, placés près de la porte de l'abreuvoir, son cœur tressaillit de bonheur; et pendant qu'Erimus sautait à terre, en criant: victoire! elle appela Clodoïr, et lui dit de faire hâte pour profiter au plutôt de la bonne volonté des pêcheurs.... Clodoïr eut bientôt terminé ses préparatifs; il conduisit ses soldats aux canots; la reine, qui venait de descendre de son observatoire, monta sans crainte sur le premier qui s'offrit à elle; les soldats se distribuèrent par groupes de dix à douze sur les différentes embarcations, et l'escadre mit à la voile.

Déjà les bateliers suèves, les jambes nues et couverts seulement de peaux de bêtes ou d'étoffes grossières, frappaient l'eau de leurs avirons rapides, et les nacelles, formées d'énormes troncs de chênes, grossièrement creusés, faisaient siffler les eaux transparentes. Les soldats se tenaient debout sur la proue afin de laisser plus de liberté aux rameurs. Théodegothe seule sur son bateau plus léger, volait à leur tête de toute la vivacité de ses trois rames. Arrivée près du pont romain qui joignait les deux rives, la flotille se rangea sur trois files, chacune prit une des arches, et les franchit comme une flèche fend le vent. L'armée salua l'église arienne de Sancta-Maria-Fabricata, récemment bâtie sur les ruines du temple d'Apollon; puis les trois corps se mêlèrent peu à peu, et ils ne formaient plus qu'une masse compacte, lorsqu'ils réveillèrent la petite garnison royale qui occupait le château Badaclei. C'était à quelques pas de là que les marais se jetaient dans les eaux du fleuve; peut-être serait-il plus juste de dire que le fleuve et les marais se mêlaient ensemble, pénétrant les uns chez les autres, selon la plus ou moins grande quantité d'eau qui montait de la rivière ou qui venait des marais. Cet état de choses était très favorable au débarquement. Les bateliers, familiers avec tous les recoins de ces lieux couverts de fange et de roseaux, avancèrent bravement dans plusieurs petits canaux, où Clodoïr et Théodegothe n'auraient jamais soupçonné une voie navigable, et ils furent tout étonnés de se trouver ainsi transportés à deux portées de trait de Saint-Sernin.

Théodegothe ne perdit pas de temps, et pour mieux exciter par son exemple la fougue des soldats, elle s'élança sur la terre fangeuse, à travers la boue et les marais. Tout le monde étant descendu, y compris même Erimus, qui faillit être englouti dans la vase, la reine et Clodoïr excitèrent leurs soldats au carnage, et ils marchèrent vers l'abbaye....

Ils la trouvèrent prête à résister vigoureusement. Dès le départ de Clodoïr, Héraclianus se méfiant des menaces du gardinge, avait fait part aux chrétiens du péril qui les menaçait; ils avaient tous reçu cette communication sans étonnement, sans crainte, et chacun n'avait songé qu'à bien remplir son devoir. Sans perdre du temps, Héraclianus, se transformant en capitaine, ordonna aux moines de s'armer de tous les épieux, flèches, javelots, massues, épées qu'ils pourraient trouver dans les recoins du monastère. Puis, il plaça cette troupe d'élite dans les parties de l'enceinte qui offraient le plus d'accès à l'ennemi, soit par la vétusté des barrières, soit par le comblement des fossés. Cela fait, il s'occupa de donner un rôle aux séculiers, qui n'étaient pour la plupart que des femmes abandonnées, des pauvres estropiés, des enfans, des malheureux ; et pour déguiser autant que possible leur faiblesse, il les plaça aux fenêtres et aux meurtrières. Toutes ces dispositions bien arrêtées, Héraclianus, accompagné de quatre moines courageux et robustes, se plaça derrière la porte de l'enceinte, revêtu de ses habits sacerdotaux, et il se chargea de défendre vaillamment l'entrée.

Tel était l'aspect stratégique de l'abbaye, lorsque Théodegothe avança par le sentier principal à la tête de cent soldats armés de longues piques. En même-temps, Clodoïr se présenta près d'un éboulement qui venait de combler le fossé de l'enceinte; et Erimus enfin, caché derrière les roseaux avec quelques hommes vieux, petits et très-peu redoutables en apparence, alluma des torches, afin de se tenir prêt à entrer à la suite du premier qui franchirait la palissade pour tout incendier.... Mais bientôt la scène changea; Clodoïr venait de se lancer sur la brèche, les moines avaient répondu aux flèches des soldats par une décharge de frondes, lorsqu'une femme, apparaissant tout-à-coup, montra au gardinge le vêtement noir d'Exégilde. Celui-ci, frappé d'une émotion aisée à concevoir, s'arrêta, revint d'un pas en arrière, et l'attaque et la défense se suspendirent instinctivement.

HERMIONE.

Barbare, qu'as-tu fait? avec quelle furie
As-tu tranché le cours d'une si belle vie?
....

ORESTE.

Dieux! quels affreux regards elle jette sur moi!
Quels démons, quels serpens traîne-t-elle après soi!
Hé bien, filles d'enfer, vos mains sont-elles prêtes?
Pour qui sont ces serpens qui sifflent sur vos têtes?

RACINE (*Andromaque*).

XV.

LES DEUX REINES.

Vous n'avez pas honte, Clodoïr, d'employer votre courage et vos armes à outrager des hommes de paix? lui dit Exégilde d'une voix assurée.... Ah! lorsque, dans nos heures de retraite, je vous parlais de clémence et de vertu, je ne me doutais guère que mes conseils aboutiraient ainsi à vous faire oublier tous vos devoirs, et à vous armer de fureur contre de pauvres moines, qui ne commettent d'autre crime que celui d'ouvrir dans leur monastère un asile à tous les malheureux!

Clodoïr, étant revenu de sa première émotion, lui répondit avec la douleur d'une passion malheureuse:

— Ce ne sont pas vos bons conseils, femme inexorable, qui m'ont mis en ce jour les armes à la main; ce sont vos coupables refus, votre trahison, votre parjure!.... Oui, Exégilde, votre parjure; car la tendresse de votre regard, le charme de votre voix, avaient encouragé ouvertement ma passion ; permis à vous de m'acccuser de violence ; la fureur qui m'anime aujourd'hui, c'est votre cruauté qui l'a allumée ; et pensez-vous bien que la raison humaine ne doive éprouver aucune atteinte, lorsqu'on la soumet à des épreuves si dures ? Pensez-vous qu'il soit possible à un homme, longuement habitué à vous aimer, de ne pas devenir fou, en voyant un prêtre élever devant son amour un obstacle insurmontable ? Exégilde, poursuivit-il, en s'éloignant des soldats qui l'entouraient pour attirer son antagoniste à l'écart, vous n'avez pas compris tout ce qu'il y avait de violent et d'ineffable à la fois dans mon amour ! A ces mots, Clodoïr lui prit la main avec émotion, et la conduisit plus à l'écart encore : — Exégilde, ajouta-t-il avec une ténébreuse solennité, devoir, fidélité, vertu, j'ai tout oublié pour obtenir le droit d'épouser une romaine ;..... bien plus encore : à toutes les violences que je vous ai racontées, j'ai joint un crime horrible, crime dans lequel je n'ai pas prêté mon bras, mais auquel j'ai eu la scélératesse de consentir, pour m'élever jusqu'à vous ; Clodoïr, parjure à tous les élémens de la vertu, s'est abaissé jusqu'à l'assassinat !... Un enfant, une fleur d'innocence, l'espoir d'un grand peuple, l'héritier d'une couronne, le fils d'Alaric, en un mot, par amour pour vous, j'ai permis qu'il fût assassiné !!!

A cet épouvantable aveu, Clodoïr vit à travers le voile qui couvrait Exégilde, une pâleur mortelle se répandre sur son visage. — Amalaric assassiné ! s'écria-t-elle d'une voix étouffée ; mon Dieu ! mon Dieu ! Aussitôt elle chancela et tomba sur la terre de toute la pesanteur d'un corps sans vie.

— Qu'ai-je fait, balbutia Clodoïr, en se précipitant vers Exégilde. Et voyant qu'elle restait sans mouvement, et que son visage était glacé, il appela ses soldats à son secours ; ils accoururent à ses cris ; on entoura Exégilde, et chacun s'empressa de lui prodiguer des soins ; mais la pâleur de son visage était toujours effrayante, et le gardinge répétait avec désespoir : Elle se meurt ! elle se meurt !

— Non ! reprit-elle tout-à-coup d'une voix sépulcrale, en se relevant menaçante de fierté, Exégilde n'est point morte, ou du moins elle revient à la vie pour écraser les assassins d'Amalaric. Homme infâme ! poursuivit-elle, en jetant sur Clodoïr un regard terrible, tu avais le cœur d'un assassin et tu osais aimer Exégilde ! homme lâche, sanguinaire et traître tout à la fois, tu me demandais qui j'étais ; et si je t'avais fait la même demande, tu aurais été obligé de me répondre : un révolté, un assassin ; et quel assassin encore ! celui d'un enfant, d'un ange miraculeusement conservé sur la terre pour soutenir, par un reste de joie, ma vie flétrie et chancelante. Jusqu'à ce jour j'avais refusé de dire mon nom, espérant trouver des temps meilleurs pour cet aveu ; mais puisque la mort d'Amalaric met le comble à mon désespoir, je découvrirai mon visage à la face de la terre, et je dirai mon nom assez haut pour qu'il soit entendu dans le palais. A ces mots, Exégilde arracha son voile noir et montra sa belle tête, pâle et amaigrie : — Clodoïr, ajouta-t-elle, tu osais aspirer à ma main, tu te flattais de renverser les obstacles qui s'opposaient à ton union avec moi ; il en était un plus indestructible que le roc : je ne suis pas Exégilde, je suis Audoflède, la mère de l'enfant que tu as fait assassiner, la première épouse d'Alaric, ton roi (34).

Ces mots foudroyans frappèrent Clodoïr d'une stupeur si grande, qu'il sentit ses membres se paralyser : — Audoflède, la femme d'Alaric ! balbutiait-il en reculant d'horreur et de remords ; infâme et malheureux que je suis ! que la terre s'entr'ouvre, que je disparaisse à jamais, fût-ce dans les profondeurs de l'enfer, mais qu'il ne me soit plus permis de voir l'infortunée et noble reine, dont j'ai laissé assassiner l'enfant !

En prononçant ces mots, Clodoïr reculait peu à peu vers l'entrée principale de l'enceinte où Théodegothe commençait à diriger son attaque. Lorsque la reine le vit venir ainsi à elle, suivi de près par une femme vêtue de noir, elle regarda avec inquiétude cette retraite incompréhensible.

— Clodoïr, que faites-vous, et pourquoi fuir devant cette femme ?

— Prenez pitié de moi ! je suis le plus misérable des hommes ! mon Dieu ! que la terre s'entr'ouvre, pour cacher à jamais mon désespoir et mes tortures !

Théodegothe ne savait rien comprendre à cet événement extraordinaire ; bientôt Audoflède lui apparut, et elle reconnut alors cette femme au voile noir qu'elle avait rencontrée dans les rues de la ville, et dont les paroles menaçantes avaient fait jaillir deux sources de sang sous ses pieds.

— Toi aussi, peut-être, tu désires savoir qui je suis, lui dit Audoflède, d'une voix fortifiée par la jalousie, tu vas être satisfaite, Théodegothe ; car, quelque terrible et sanguinaire que je te connaisse, je n'ai plus rien à redouter depuis que le seul objet qui me retenait sur la terre a été impitoyablement assassiné..... Il y douze ans, le roi Alaric avait une femme nommée Audoflède, qui l'avait éperdument aimé ; un jour Alaric rentra dans sa chambre ; il venait de donner audience à un ambassadeur de Théodoric. — Audoflède, dit-il à son épouse, dès ce jour tout lien doit être rompu entre nous ; vous devez partir pour l'Espagne, afin de céder votre place de reine à une fille de Théodoric, nommée Théodegothe. Audoflède supporta ce coup de foudre avec courage ; elle versa des larmes, embrassa mille fois son fils Amalaric, puis elle monta à cheval, et prit la route de Narbonne, accompagnée de deux soldats ; je dis deux soldats, je devrais dire plutôt deux assassins ! Le soir nous arrivâmes dans un bois ; mes deux guides me dirent que l'exil annoncé par Alaric, mon mari, n'était autre que l'exil de cette vie, et le passage dans un monde plus tranquille. Ils commençaient déjà à m'attacher les mains et à aiguiser leurs épées, lorsqu'un cavalier parut au détour du chemin ; les assassins épouvantés suspendirent les apprêts de mon supplice ; mais le cavalier, qui devina leurs projets, fondit sur eux, les mit en fuite, et je fus délivrée. Ce cavalier était Clodoïr, celui qui maintenant prie le ciel de l'engloutir dans les entrailles de la terre. Ramenée à Toulouse, la reine des Visigoths, l'épouse d'Alaric, sut s'abaisser jusqu'à vivre seule, cachée à tous les yeux, dans une maison presque en ruine. Elle assista, de sa fenêtre, aux fêtes du mariage de Théodegothe et d'Alaric, et, depuis ce jour, elle a su boire ses larmes, étouffer ses sanglots dans l'isolement et la misère ; et pourquoi ? parce qu'elle avait un fils, idole de son cœur ; un fils que, parfois, elle apercevait dans la rue ; un fils dont elle apprenait des nouvelles ; un fils enfin qu'elle voyait grandir et prospérer près du trône qui lui était un jour destiné ; ce fils vient d'être impitoyablement massacré par d'infâmes assassins, et Audoflède, informée de cet attentat par un lâche complice, a senti la dernière flamme de la vie l'abandonner. Eh bien ! Théodegothe ! vit-on jamais sur la terre destinée plus douloureuse, plus misérable que celle d'Audoflède ?... Mais j'ai beau être accablée, je suis toujours la femme d'Alaric, la reine des Visigoths ; toi, tu n'es, et ne seras devant Dieu, qu'une usurpatrice de mes droits, la concubine d'Alaric, aujourd'hui enfin une ennemie révoltée contre la couronne ; c'est en vain qu'Alaric, à ton instigation, m'a répudiée et chassée de son palais ; notre union n'en est pas moins indissoluble, placée sous la sauvegarde des lois humaines et divines. Et sais-tu comment ces lois, promulguées par Alaric lui-même, envisagent l'adultère, et traitent la femme coupable ? Elle devient l'esclave de l'épouse outragée, qui peut exercer contre elle telle vengeance qu'elle juge convenable (35). Voilà donc la fille de Théodoric, l'altière Théodegothe, déclarée par les lois visigothes, esclave d'Audoflède. Oh ! que voilà bien nos rôles respectifs rétablis comme ils auraient dû toujours demeurer. Cependant ne crains pas cette trop juste représaille : la mort d'un fils m'a trop accablée pour qu'il me soit permis de songer à la vengeance, ou, du moins, les larmes me donneront la patience d'attendre qu'elle tombe de plus haut. Il y a quelques jours, je t'ai annoncé la fin de ton insolente puissance, aujourd'hui je viens répéter ma prophétie ; oui, tu tomberas bientôt, orgueilleuse rivale, et tes malheurs seront si grands, qu'ils effaceront peut-être les miens. Quelle que soit mon horreur pour toi, qui m'as ravi tant de biens, elle n'égalera jamais celle que j'éprouve envers Clodoïr, l'assassin d'Amalaric ; car je l'aimais, et il a payé ma tendresse en me ravissant la seule joie que mon cœur eut sauvé de tous ses naufrages.

A ces mots, le malheureux Clodoïr, épouvanté de cet arrêt fatal, cacha son visage dans ses mains, et s'enfuit à travers les marais et les roseaux. Théodegothe, ébranlée dans son courage par la voix prophétique de celle qu'elle avait rendu si malheureuse, demeura un moment indécise entre le désir de la punir et celui de rentrer au plus vite dans son palais, pour fortifier une autorité dont on lui annonçait la ruine prochaine. Ce dernier sentiment l'emporta : elle donna le signal de la retraite, et s'enfuit vers les barques suèves qui l'attendaient. Les soldats suivirent son exemple, et en un instant les bateaux furent remplis de fuyards.

Ce départ précipité des principaux combattans, ne délivra pas le monastère de tous ses ennemis. Nous avons vu qu'Erimus, toujours désireux de faire le mal à cette pauvre abbaye, qu'il détestait de toute la haine de son âme, s'était caché dans les roseaux avec quelques hommes de sa trempe, pour se tenir à l'affût du premier moment favorable, et pouvoir faire sa part de dommage ; l'occasion ne tarda pas à lui être procurée. C'était le moment où la reine venait de battre en retraite ; les moines, se croyant délivrés de tout ennemi, se risquèrent à ouvrir la claire-voie, pour faire rentrer la malheureuse mère d'Amalaric ; Héraclianus fit même quelques pas sur le sentier, afin de mieux voir la fuite et l'embarcation des troupes de la reine. Or, pendant qu'il était le plus occupé à regarder les fuyards, Erimus et ses gens s'élancèrent de leur cachette, se jetèrent sur l'évêque, le saisirent à l'improviste, le chargèrent sur leurs épaules, et voilà cinq petits hommes, vieux, boiteux et estropiés, courant à toute jambe vers les bateaux, chargés du corps du pauvre évêque. C'était pitié que d'entendre le noble prisonnier se débattre entre les grappins de ses ravisseurs, et crier au secours, de sa voix tonnante ; mais il eut beau s'époumoner, avant que les moines ne comprissent cet étrange accident, Erimus avait atteint la dernière barque suève restée sur le rivage ; Héraclianus était lié, baillonné, garrotté, et ce petit scorpion, qui avait nom Erimus, faisait voler la nacelle à force de rames, et contemplait en ricanant les efforts impuissans que le robuste évêque faisait en se débattant à ses pieds.

> Si mes traits sont changés, mon ame ne l'est pas;
> Il connaîtra ce cœur, il connaîtra ce bras,
> Qui, lassé d'une vile et lâche obéissance,
> Disputa l'empyrée à sa toute-puissance,
> L'attaqua dans sa gloire.....
>
> MILTON. (*Paradis perdu.*)

XVI.

LES DÉFIS.

LA reine Théodegothe, rentrée au château, s'était retirée dans le réduit le plus sombre, non pour gémir de sa défaite, mais pour braver le destin et préparer de plus sûres représailles. Tout à coup elle vit un homme se glisser dans l'ombre; elle le regarda et reconnut Clodoïr.

— Vous voilà, malheureux! lui dit-elle, vous voilà, homme faible, à qui un sot amour a fait mettre bas les armes quand j'allais triompher!

Clodoïr la considéra froidement. — Qu'entends-je, s'écria-t-il; vous des reproches, et adressés à Clodoïr! Est-ce bien ainsi que je devais m'attendre à voir les rôles se distribuer entre nous. Puisque je suis attaqué, tâchons de trouver moyen de me défendre. Vous avez, je crois, dans ce palais, une salle-basse où l'on conserve les bustes de nos rois.... La reine fit un signe affirmatif.... Indiquez-la moi, madame, j'éprouve tant de déception de la part des vivans que j'ai besoin de m'entretenir avec les morts.

— Et moi aussi, répondit vivement Théodegothe ; les vivans ne m'offrent que trahison, pusillanimité, et je veux retremper mon courage auprès de ceux qui surent être forts malgré les événemens et malgré les hommes. A ces mots, la reine saisit le bras de Clodoïr, elle le conduisit à travers de sombres corridors, et le fit descendre dans une salle voûtée autour de laquelle trônaient les bustes en marbre des monarques visigoths.

Ces objets d'art se ressentaient beaucoup de l'époque où ils avaient été faits; quoique sculptés par des artistes romains, l'exécution en était très défectueuse, surtout sous le rapport de l'exagération des traits. Néanmoins il faut le reconnaître, cette exagération même rentrait assez dans la nature du caractère de ces rois barbares, et la grossièreté du marbre retraçait avec un certain bonheur la grossièreté du modèle. On voyait que, sur l'un et sur l'autre, la civilisation avait laissé peu de traces de son poli.

— Quel est celui-ci? demanda Clodoïr, en plaçant la main sur l'épaule d'un guerrier revêtu de la pourpre romaine !

— C'est Ataulphe, répondit Théodegothe, ce monarque indigne, qui, après avoir voulu, comme il le disait lui-même, effacer entièrement l'empire et jusqu'au nom romain, finit par épouser Placidie, sœur d'Honorius, revêtir la pourpre, et se faire gloire d'être le continuateur de la puissance romaine.

— Qu'il demeure en repos, reprit froidement Clodoïr, celui-là n'eût guère de rapport avec le crime que par l'assassinat dont un valet d'écurie le rendit victime. Bernulfe le poignarda pour déranger ses projets de paix et relancer la nation dans la guerre. Salut donc, Ataulphe, nous n'avons rien à faire avec toi.... Et cet autre, dont la main brandit un poignard en guise de sceptre, quel est-il ? Je ne sais pourquoi sa physionomie hideuse me transporte de fureur. Faites-moi son histoire, Théodegothe !

— C'est Sigérik, répondit celle-ci.

— Sigérik ! continua Clodoïr, avec une joie féroce; cet homme de basse extraction qui ne s'éleva jusqu'au trône qu'en se formant des degrés avec les cadavres entassés de ses concurrens : considérez-le donc avec admiration, Théodegothe, il s'est chargé d'enseigner la puissance du crime en se proclamant roi par le droit du poignard. Celui-là sacra sa royauté dans le sang de six enfans d'Ataulphe; six enfans massacrés de sa propre main! Savez-vous que c'est à faire rougir ceux qui n'en sont encore qu'au premier ?

— Et cependant, reprit Théodegothe, en secouant la tête, je trouve que ce trône où je suis me coûte déjà bien cher !

— Serait-il vrai ?.... Vous voyez bien que j'ai eu quelque raison de vous mener ici pour former votre cœur à la férocité, par l'exemple de ces grands personnages! il est malheureux que les forfaits n'aient servi à faire régner Sigérik qu'une semaine ; mais Vallia, frère d'Ataulphe, fut plus heureux. Sigérik s'était élevé en exterminant ses ennemis ; Vallia lui ravit la place en mettant à mort tous ses partisans ; il se couvrit

d'horribles crimes, et cependant, Théodegothe, il sut vivre sans remords sur un trône sanglant. Sans remords ! bon exemple à suivre ! Conquérant redoutable, il régna long-temps et plein de gloire dans Toulouse qu'il avait choisie pour sa capitale ; encore meilleur exemple à suivre. Enfin il mourut tranquillement dans son lit ; excellente tradition à conserver, mais un peu difficile dans une monarchie où les héritiers présomptifs ont tant de hâte à obliger la mort de presser l'ouverture de la succession..... Et celui-ci, poursuivit Clodoïr en passant à un autre buste ?

Ah ! je reconnais le grand Théodoric ! un héros au génie puissant, à la main ferme, qui remplit parfaitement tout ce que son nom grec (présent des dieux) semblait promettre. Sa couronne est un casque, son sceptre est une épée ; passons vite, Théodegothe, trop de victoires forment sa vie pour que nous puissions en supporter l'éclat. Les suèves d'Espagne vaincus et rendus tributaires, une armée romaine détruite sous les murs de Toulouse, le général Littorius enchaîné derrière son char ; enfin Attila, le roi des Huns, le *fléau de Dieu* chassé des Gaules après une bataille de géant, certes voilà bien du sang aussi, mais ce n'est plus de la lame glorieuse d'une épée que j'aime à le voir découler ; qu'avons-nous à faire avec un guerrier fondateur de la puissance visigothe, nous qui avons ensanglanté notre patrie, trahi notre roi ; passons vite, Théodegothe, ce visage est aussi terrible pour vous que pour moi, hâtons-nous d'arriver aux assassins ; ce sont des poignards qu'il nous faut et non pas des couronnes de laurier !

— Que voulez-vous dire ? reprit la reine en hésitant : pourquoi cette extravagance dans la parole, cet égarement dans le regard ?

— Vous appelez cela extravagance !.... et vous-même, Madame, ne sentez-vous pas la nécessité d'appuyer vos crimes par des crimes ? de justifier vos forfaits par les forfaits d'autrui ?.... Quel est ce roi qui jette sur nous des regards assurés ?

— Thorismond, le fils du roi qui précède.

— Encore rien à faire avec lui. Un fils aîné qui succède naturellement à son père, mort avec gloire dans une bataille, n'est-ce pas d'une trivialité désespérante ?

— Mais nous ne sommes pas loin de Théodoric second, poursuivit la reine, en montrant un autre buste !

— Nous y voilà donc enfin ! s'écria Clodoïr avec une sorte de délire ; Théodoric qui poignarda son frère Thorismond après un an de règne, l'entreprise était bien calculée, son autre frère Euric tenait la victime renversée sur le carreau, les genoux sur la poitrine, pendant que Théodoric enfonçait le poignard dans sa gorge ; et puis, quelle patience pour bien attendre la bonne occasion ? ils saisirent celle d'une maladie, d'une saignée qui avait affaibli le monarque. Oh ! c'était là des gens qui savaient prendre habilement leurs mesures ; aussi comme tout leur réussit à souhait !....

— Ces mesures-là touchent de bien près à la lâcheté ! reprit la reine.

— Une lâcheté, interrompit Clodoïr, en jetant sur Théodegothe un regard terrible, accompagné d'un sourire moqueur ; une lâcheté, quand on se met deux pour assassiner un homme : et que sera-ce donc, quand on en réunit plusieurs pour massacrer un jeune et frêle enfant ?

— Clodoïr ! Clodoïr ! balbutia la reine, à qui cette accusation préméditée, mais inattendue, arracha un cri d'indignation; ce n'est pas de la part d'un complice que j'aurais attendu des reproches.

— En effet...... passons à Euric, Madame! répondit froidement le gardinge; à Euric, le frère de Théodoric, et son assassin, comme Théodoric l'avait été lui-même de Thorismond. Ah! ce devait être un corps dur et une lame terrible que cet Euric, meurtrier des deux frères, tuant l'aîné pour faire place au cadet, empoisonnant le cadet pour faire régner le troisième; voilà qui s'appelle respecter le droit successif et suivre la ligne héréditaire; un même amour de mère les avait mis au monde, une même haine fratricide leur ouvrit le tombeau. Pauvres femmes, qui prenez tant de soins à donner le jour à des victimes; regardez à quelques pas devant vous; que deviennent ces enfans gâtés de vos affections? ils servent de jouet au fer des assassins!

— Clodoïr! Clodoïr! reprit la reine, irritée de l'allusion que ces paroles faisaient à une circonstance récente....... Elle allait continuer, mais celui-ci poursuivit, en élevant la voix pour couvrir la sienne :

— Pauvres femmes, qui passez vos plus belles années à allaiter, à former un corps animé, une organisation complète d'homme, bâtissant sur le fruit de vos efforts les plus beaux rêves d'avenir; l'amour de ces êtres chéris vous accompagne jusques dans le plus pénible exil, pour embellir d'un juste orgueil, d'une douce espérance toutes les douleurs d'une existence flétrie; puis, tout-à-coup, vient un poignard qui brise, pulvérise brutalement tout cela, comme un aveugle casse sous ses pas un vase précieux, un diamant inestimable.... Avouez, Madame, que lorsque vous avez médité votre crime, vous avez dû vous prosterner devant cette image d'Euric, pour le prier de vous corrompre le cœur, comme d'autres prient les saints de purifier leur ame; avouez que vous avez dû lui demander une férocité implacable, et envier la froideur exempte de remords avec laquelle il assassina deux frères pour régner.

— Clodoïr! Clodoïr!

— Et vos offrandes, quelles étaient-elles? Ah! du fer fraîchement aiguisé sans doute? un sang nouvellement répandu? Considérez donc cette image d'Euric! est-ce que ce regard, ce front, ces rides ne semblent pas inspirés par le démon du fratricide? Ce regard louche ne semble-t-il pas encore épier sa victime? Ah! si cette bouche de marbre pouvait s'ouvrir, qu'en sortirait-il, grand Dieu?

— Est-ce du sang que vous voulez dire?

— Non, mais du feu, car il doit y avoir un soupirail de l'enfer sous ce piédestal!

— Clodoïr, s'écria la reine en détournant la tête, c'en est trop! ces bustes me font horreur; leurs regards semblent tous se tenir attachés sur moi, ils m'emprisonnent dans un cercle accusateur et lugubre.

— Ces assassins vous font horreur, s'écria le gardinge en s'élevant comme pour mieux dominer et écraser la reine ; et quelle sera donc l'impression que vous me produirez, ô vous dont le forfait a dépassé toutes leurs œuvres sanglantes ; vous, de l'horreur pour ces bustes inanimés ! qu'éprouverai-je donc en voyant le regard de l'épouse révoltée, en touchant la main convulsive qui a versé le sang de l'innocence ?

— Gardinge, reprit Théodegothe, l'audace de ton langage devient inexplicable !

— Je me charge de vous le faire comprendre bientôt, poursuivit Clodoïr. Oui, c'est à vous, en effet, de détourner la tête de cette longue monarchie d'assassins, non pas d'horreur pour eux, mais de honte pour vous. L'enfer, en élevant sur des piédestaux tous ces grands coupables, avait oublié d'y placer des reines ennemies de leurs époux, meurtrières de leurs neveux. Le ciel, épouvanté de cette race visigothe, avait du moins voulu se réserver le cœur des femmes pour y ouvrir un asile à la pitié. Vous seule, vous avez repoussé cette mission de miséricorde ; vous avez élevé votre bras sanglant à côté de celui d'Euric, et mille fois plus horrible que lui, vous pourrez trôner au dessus de toutes ces têtes, car vous résumerez à vous seule la perversité, les grands crimes de votre sexe.

Malgré la violence de ces reproches, Théodegothe demeurait presque impassible, accablée sous le poids du remords.

— Clodoïr, disait-elle, vous êtes bien injuste envers celle qui voulait vous associer à sa fortune !

— A ses crimes, vous voulez dire ! mais n'espérez pas ramener l'aveuglement dans mon cœur, en y allumant une folle ambition ; il est éteint ce cœur, depuis que vous l'avez rendu indigne d'Audoflède ; il est éteint depuis que vous m'avez donné à ses yeux le titre d'assassin, depuis qu'elle m'a repoussé comme le plus infâme des hommes !

— Eh bien, si je ne puis te faire écouter le langage de l'ambition, reprit Théodegothe, je connais du moins le moyen de te faire entendre celui du commandement.... Voilà trop long-temps que tu me parles avec une hardiesse que je ne saurais tolérer ; ne sais-tu pas qui je suis et ce que l'on me doit ?

— Oh ! ne vous attendez plus à me voir trembler devant vous ! Quelle que soit votre tyrannie, vos satellites seront impuissans à intimider un homme plein de mépris pour sa propre existence. On dit que la vie et la force sont une conséquence l'une de l'autre ; c'est la mort, Théodegothe ! c'est la mort qui porte le courage humain à son dernier degré : l'homme n'ose-t-il pas tout, du moment qu'il envisage sa fin avec joie ? Je suis venu ici non pour trembler, mais pour vous braver, vous rappeler vos crimes, vos turpitudes, et vous nommer en face de ces rois Visigoths la plus vile, la plus sanguinaire des femmes ; pour vous rappeler les malheurs d'Audoflède, que vous avez réduite à la plus affreuse extrémité, et vous apprendre enfin que le temps est venu de lui donner vengeance.

— Vengeance! balbutia Théodegothe; et faisant à elle-même l'application de cette menace, elle recula en pâlissant.

— Oh! ne crains rien de mon bras, répondit Clodoïr, j'abhorre trop le crime pour vouloir le commettre; surtout, je te hais trop pour vouloir te soustraire aux supplices que te prépare l'avenir; Audoflède demande deux victimes, elle les aura. Voici un homme d'abord qui, fatigué de supporter la vue de la reine, qui l'a rendu à la fois traître et assassin, va s'immoler lui-même; il ne restera que toi, et la fin tragique de ces rois, presque tous massacrés par leurs successeurs, me fait comprendre assez quel est le sort qui t'attend au bout de ta carrière. Adieu! Théodegothe, nous avons été tous les deux bien cruels pour Audoflède; mais son tour de triompher arrivera, car le malheur de ses ennemis est près de compléter sa victoire!

A ces mots, Clodoïr égaré, hors de lui, ne voyant rien au milieu de son délire, disparut en toute hâte, laissant la reine courbée dans la prostration. Le gardinge continua sa fuite, courant en étourdi, ne songeant pas à ce qu'il faisait, et tenant toujours à sa main un poignard prêt à l'enfoncer dans sa poitrine. L'instinct l'attira à travers la ville, du côté où il avait laissé Audoflède; il voulait, en mourant, ne pas tomber loin d'elle, afin que le hasard pût la conduire auprès de son cadavre, et lui faire voir comment il avait su punir le complice des meurtriers de son fils. Parvenu près des marais, il recueillit toutes ses forces, et jetant un regard d'adieu du côté de l'abbaye, il se perça le sein et tomba à travers les joncs. Cependant le coup ne devait pas occasionner une fin instantanée, et malgré ses cris d'appel, la mort inexorable n'arrivait pas assez tôt.

— Eh quoi! s'écria-t-il, en arrachant le fer pour s'en porter un second coup, serais-je donc condamné à traîner encore une vie infâme, entre le souvenir d'un assassinat et celui d'une amante qui m'abhorre! puisque le poignard semble incapable de rompre ma vie, la terre ne se lassera-t-elle pas de porter le poids de mon malheur et de mon crime! entr'ouvre-toi donc, dernier asile des hommes, et mets une couche impénétrable entre Clodoïr et les regards terribles d'Audoflède. A ces mots, il se fit une seconde et profonde blessure, mais celle-ci encore n'atteignit pas le cœur, et il supplia de nouveau la terre de s'entr'ouvrir, dût-il disparaître vivant dans ses entrailles. Cependant le sang coulait avec abondance, bientôt la force l'abandonna, et il se trouva à cet horrible instant où les horreurs de l'agonie font errer l'imagination au milieu de vagues ténèbres, peuplées de fantômes menaçans. — Enfer! balbutiait-il, quoi! j'aurais tout-à la fois les angoisses mystérieuses de la mort et les douleurs de la vie? Oh! la mort dans les flammes éternelles, s'il le faut; mais la mort hors de ce monde de désespoir ! Satan, toi aussi, seras-tu donc inexorable ? le crime ne m'a-t-il pas rendu ton sujet ? viens donc chercher qui t'appartient !

Et déjà ses yeux vitriolés n'apercevaient les objets environnans qu'à travers ce prisme de l'agonie qui change toutes les couleurs et les formes. Le rouge et le noir étaient les seuls vêtemens de la nature; le ciel offrait la dureté opaque de la terre; la terre s'ouvrait béante comme des gouffres sans fonds. Le système de la vie changeait toutes ses règles, le froid était partout, la chaleur nulle part; un soleil sans couleur promenait dans une atmosphère étincelante, et des globes noirs gravitaient comme des étoiles dans ces espaces de feu. Pendant cette dernière lutte de la mort et de la vie, Clodoïr croyait voir ses blasphèmes, ses imprécations, ses cris de désespoir sans foi, s'élever en nuage au fur et à mesure qu'ils s'échappaient de sa bouche, et s'amonceler au-dessus de sa tête comme un bouclier noir qui lui cachait jusqu'au dernier reflet de la lumière du ciel; ces dernières exhalaisons du sectateur d'Arius, se condensèrent comme les vapeurs superposées de la terre dans un jour d'orage; le mélange, le choc de cet endurcissement, de cette impiété, de ces crimes, produisirent une fermentation grondante, mystérieuse, et ces éclairs étaient ceux de deux prunelles embrasées : un coup de foudre la fit éclater, et ce coup de foudre fut un sifflement souterrain et lugubre.... Aussitôt un visage hideux entonna un affreux chant de triomphe; le mourant éprouva un dernier frisson, et il sentit deux mains crochues et brûlantes le saisir au crâne et au cœur. Clodoïr ne tenait plus à la vie que par d'inexprimables supplices. Cependant, il eut la force de faire une invocation aux puissances bienfaisantes, et aussitôt il vit un second fantôme, mais celui-ci blanc et lumineux, s'approcher et lui tendre la main.

— Qui vient ici, s'écria le premier, en saisissant Clodoïr dans ses griffes.

— Un de tes ennemis accouru au cri de ce malheureux pour lui donner secours et le sauver !

— Tu arrives tout juste à point pour assister à mon triomphe et à ta défaite, reprit le premier avec un rire affreux, car il est mort dans mon domaine, et rien désormais ne peut me l'arracher !

Alors les deux esprits fixèrent leurs visages l'un sur l'autre; visage noir et hideux d'un côté, blanc et limpide de l'autre; et pendant un instant ils se considérèrent avec menace.

— Que vois-je ! s'écria Malasit en plongeant des regards brûlans sous le linceul blanc et poudreux qui recouvrait son adversaire, il me semble retrouver un ennemi sous ce vêtement de la mort ?

— Ciel ! repartit l'autre, à la vue de cet être que je n'ose appeler un homme; quel frémissement d'horreur a tout-à-coup agité mon cœur chaud dans sa prison glacée ?.... Ah ! dit-il, en puisant dans sa haine toute sa vieille énergie, je le reconnais à l'horreur qu'il m'inspire; et, à ces mots, il marcha vers Malasit.... Tu ne sais peut être pas me nommer ; consulte la terreur involontaire que ma vue t'a imprimée, évoque tes souvenirs, et mon nom reviendra dans ta mémoire.

— Médella ! Médella ! s'écria Malasit furieux ! te retrouverai-je partout et toujours ennemi incessant, qui te mêlas à la catastrophe de l'impie et du druide.... Mais qui donc t'a évoquée à cette moitié d'existence ? Je croyais avoir seul le droit de réveiller les morts ?

— Ce qui m'a évoquée, répondit la chrétienne, le désir de secourir l'Evangile opprimé, et de pousser Clovis, le nouveau conquérant, contre cette capitale des visigoths hérétiques.

— Pauvre sotte ! lui répondit Malasit en souriant d'un manière séduisante mais embarrassée, voilà donc à quoi tu es réduite après tes hauts faits et ton enthousiasme, à revenir errer sur la terre, livide comme un cadavre épargné par les vers ? que t'a servi d'adopter si chaudement les folies de Jérusalem, qui devaient te donner la félicité ? à te refroidir dans une fosse pour te fatiguer ensuite d'un mauvais rêve, et te faire courir sur la terre avec des pieds décharnés par le tombeau..... au lieu de suivre nos amis qui passent dans les bras du squelette, pour recommencer les orgies sacerdotales autour des fourneaux de l'enfer. Allons ! allons ! ancienne courtisanne, ne te rappelles-tu pas avec quelque regret les délicieuses insomnies que tu goûtas dans le palais d'Agaton ? Avec ma protection et un peu de bonne volonté, il te resterait encore assez de vie pour venir sacrifier quelques actions à nos belles saturnales. Laisse-moi t'embrasser, je te donnerai le courage de fuir cette fausse route qui conduit à l'ennuyeux séjour, sur un arc-en-ciel de baillemens, et tu te jetteras dans la voie large des voluptés sataniques.

— Effrayantes paroles ! s'écria Médella en reculant d'horreur, voudrais-tu bien séduire celle-là même qui se trouve sur la route de la Rédemption, et séparée de toi par la barrière infranchissable du tombeau ?.... Arrière, misérable ! ton ennemie marche sur toi....

— Arrière, toi-même ! répondit le fantôme noir, et puisque les douces paroles ne peuvent rien sur toi, c'est par le fer et le feu que nous allons combattre.

— J'accepte le défi, répondit Médella, bientôt tu me reverras à la tête des Franks, à côté de l'époux de Clotilde....

— Et moi je reste à la tête des Visigoths, à côté du successeur d'Euric, le terrible héros des enfans d'Arius.

— Cette menace serait presque de taille à me faire trembler, répondit Médella, si Dieu ne m'avait envoyée ici pour grandir en force, à mesure que tu grandirais en fureur, et te combattre incessamment avec des armes égales aux tiennes. Tu croyais peut-être que je n'avancerais que d'un pas lent et craintif, tandis que tu continuerais à marcher tête haute, comme tu l'as fait jusqu'ici. Les temps ne sont plus où les timides Apôtres, entourés seulement de quelques néophytes, étaient obligés de se cacher dans les forêts et les catacombes, pour se dérober à tes satellites, en tous lieux triomphans. L'Evangile étend ses deux ailes sur la Gaule entière, et Rome elle-même, avant de succomber, a pressé la croix sur sa poitrine, et a légué la vérité à ses vastes possessions.

— Oui, s'écria Malasit, la vieille édentée osa arborer le labarum ; mais cette folie de sa décrépitude fut punie par moi d'une mort presqu'instantanée : de toutes parts je lançai sur elle une nuée de barbares, et je fis disparaître sous leurs pas sanglans toute trace de civilisation....

— Sans doute, reprit Médella, sur un ton plus triomphant encore, la civilisation corrompue périt sous leurs coups ; mais le Christianisme nouveau est demeuré debout.... Partout, aujourd'hui, les temples du Seigneur élèvent majestueusement leurs têtes, au milieu des Gallo-Romains et des Barbares.... Ai-je besoin de te citer ces fameuses églises de Rome, d'Alexandrie, de Constantinople, de Paris, de Marseille, de Clermont, de Bordeaux, de Beziers, de Narbonne, de Toulouse enfin!.... les Barbares sont passés près d'elles cependant, affamés de pillage, altérés de carnage. Tout autour ils ont fait de grands ravages, mais ils ont respecté les lieux sacrés, et on a vu les Vandales, les Suèves et les Burgondes, renverser jusqu'à la dernière pierre les palais, les forums, les arènes, les temples, tous les monumens de l'orgueil et de l'idolâtrie enfin, et venir ensuite incliner leur tête devant les modestes chapelles du Tout-Puissant. Considère un instant la Gaule.... Qui vois-tu ? partout les ruines du passé, partout les germes de l'avenir.... Les monastères vont peupler les forêts où se faisaient autrefois les sacrifices sanglans de Teutatès et de Hésus. Les évêques occupent, dans les cités, la place des proconsuls et des préfets. Les peuples ne connaissent plus qu'une loi, qu'une vérité, et cette loi c'est celle du Christ, ton ennemi, descendu sur la terre pour t'écraser.

— Eh quoi ! tu oses t'enorgueillir de ces triomphes ! s'écria Malasit, en mêlant la dérision amère à la fureur et à la jalousie. Tu viens me citer quelques églises clair-semées, quand mes temples s'élèvent encore jusqu'aux nues aux quatre coins de l'univers ! tu viens énumérer quelques évêques orthodoxes, lorsque je compte mes hérétiques par centaines de mille ! tu nommes enfin Alexandrie comme le flambeau qui répand sa lumière sur le monde, et cette lumière n'est le plus souvent qu'un reflet des volcans de l'enfer. Ah ! vous avez beau chanter victoire, messieurs les chrétiens, je vous forcerai à admirer la vigilance de Malasit ! Comptez vos apôtres ! pour un qui promène sa voix parmi les peuples, cent schismatiques embouchent leurs trompettes et couvrent ses discours ; passez la revue des dogmes, des opinions apostoliques, partout où l'Eglise élève une vérité, je creuse vingt précipices d'erreurs, je l'assiège par des milliers d'hérésies, et la fureur de l'attaque est toujours plus forte que l'enthousiasme de la défense. Ai-je donc besoin de te nommer mes satellites, toujours immortels, toujours renaissans sous des formes nouvelles ? ne connais-tu pas les *abstinens*, les *abélonites*, espèce de fous que j'ai chargés de montrer l'absurdité de votre chasteté chrétienne, en la portant aux dernières limites du ridicule ; les *acenètes*, les *acéphales* qui ont commencé à saper la force du Christ, en séparant sa nature divine de sa nature humaine ; les *alogis* ou ennemis du Verbe, les *adroniciens*, les *angéliques*, les *anthiasistes*, les *antitactes*, les *apocarites*, les *apollinaristes*, les *apotactiques*, les *aquatiques*, les *archontiques*, les *ariens* enfin. Ah ! dois-je te dire combien ces derniers sont chers à mon cœur, et utiles au soutien de ma puissance ; par eux, cette ville, cette Gaule méridionale que le Christ m'avait ravie, est retombée à demi sous mon joug ; encore un effort, et je rentrerai souverain dans mes domaines ; déjà la plupart des barbares Huns, Vandales, Ostrogoths, ont repoussé la divinité du roi de Bethléem ; et quel triomphe plus beau pouvais-je convoiter ! Il n'est point Dieu, il n'est qu'un grand homme ! Tremble donc, malheureux, car voici Malasit, à qui nul ne conteste le titre de roi des enfers. Mais je ne m'endors pas sur les lauriers d'Arius, et je poursuivrai encore avec complaisance la revue de mes fidèles adorateurs..... Te citerai-je les *artotyrites*, qui offrent à Dieu des gâteaux, et nomment leurs femmes grands-prêtres ; les *asthatiens*, les *basilidiens*, qui vous disent que le Christ n'eut jamais de corps, et qu'il ne pût être crucifié ; les *caïnites* qui n'adorent que Caïn, Coré, les sodomites et le traître Judas ; les *celicoles*, qui oublient le Créateur pour adorer les astres ; les *cerdoniens*, rejetant la résurrection et les prophètes ; les *cerinthiens*, s'efforçant de rétablir toutes les cérémonies et superstitions anciennes dans l'église ; les *cléobiens*, qui veulent que Marie ne soit point vierge, que Jésus n'ait pas été crucifié, et que les apôtres soient des imposteurs. Si ces bons serviteurs ne te paraissent pas suffisans pour détruire le Christ sous le ridicule, j'appellerai encore à mon aide les *collyridiens*, les *cyrénaïques* qui refusent de prier, les *cyrthiens*, les *dimérites*, les *donatistes* qui depuis cent ans pillent les églises, et donnent aux chiens l'Eucharistie ; les *ébionites*, qui repoussent saint Paul pour honorer saint Pierre ; les *eucratites*, ennemis ardens du mariage ; les *eutichytes*, disciples de Simon-le-Magicien, lesquels, contrairement aux précédens, disent que les ames n'ont été unies aux corps qu'afin de goûter toutes sortes de voluptés ; les *eudoxiens*, qui refusent au Christ son homogénéité avec le père ; les *euphémistes*, les *eusébiens*, les *eustatiens*, les *eutychéens*, qui confondent la nature divine avec la nature humaine, les *exucontiens*, les *firmiens*, les *gaianites* ; enfin les *gnostiques*..... A ce mot, toutes les sensualités de ma vie démoniaque se réveillent comme aux jours des saturnales romaines; les femmes, les filles impudiques dansent autour de moi, au milieu des éclats de rire et des audacieuses entreprises des hommes; et, pour mieux implanter la débauche dans la société nouvelle, j'enseigne avec eux que l'impureté est la seule route qui puisse élever l'homme jusqu'à Dieu. Eh bien ! Médella, poursuivit Malasit avec son rire orgueilleux et triomphal, mes hérétiques ont-ils oublié de sanctifier aucun vice, d'élever aucun mensonge, d'abattre aucune vérité ?.... Va, va, la nuit est encore profonde dans le monde chrétien, la débauche est encore brûlante dans ta Gaule, et l'impiété est tout aussi audacieuse qu'aux beaux jours de Caligula et de Néron..... Mais je ne suis pas encore au bout de mes cohortes : que diras-tu des *hadrianistes*, des *helvidiens* qui nient la virginité de Marie, et prétendent qu'elle avait eu plusieurs enfans avec Joseph; que diras-tu des *hémérobaptistes*, des *homouncionistes* qui ne voient en Jésus-Christ qu'un pur homme; des *hypsistaires*, qui mélangent le Judaïsme et le Paganisme; des *illiricains* repoussant l'utilité des bonnes œuvres; des *infralapsaires*, des *jovinianistes*, qui nient l'importance des mortifications; des *lampétiens*, des *lucifériens*, qui veulent que l'ame soit engendrée comme le corps; des *manichéens*, qui proclament le principe subversif d'un Dieu du mal et d'un Dieu du bien, ayant chacun une puissance égale ; des *marcionites*, qui nient la résurrection; des *marcosiens*, qui repoussent les sacremens; des *massaliens* qui résument la religion dans la seule prière; des *metangismonistes*, qui confondent le Fils avec le Père; des *millenaires*, des *minéens*, grands enthousiastes des plaisirs du corps; des *monothélites*, des *nicolaïtes*, qui dépassent, au nom du Christ, les orgies de Samotrace; que diras-tu des *noétiens*, des *novatiens*, des *nyctages*, des *omphalopsyques*, lesquels portent leur ame dans le ventre ; des *ophites*, des *origénistes* (36); mais je m'arrête ! réservant pour des temps plus néfastes de terminer la revue de mes satellites..... Et ne penses-tu pas toi-même que ce nombre soit suffisant pour arrêter les progrès de la vérité, et étouffer la religion sous les coups de ses propres enfans révoltés. D'ailleurs si, contre mes prévisions, vous osiez encore marcher tête haute et augmenter vos conquêtes, je briserais les chaînes de mes démons les plus audacieux, et mille sophistes nouveaux, plus formidables que tous ceux que j'ai soulevés jusqu'à ce jour, iraient déchirer cette église chrétienne que tu oses appeler une puissance destinée à vaincre l'enfer.

Pour la première fois, Médella restait muette..... Et comment ne pas se sentir frappée de stupeur après la longue et terrible nomenclature que Malasit venait de faire. Cependant elle reprit courage, et rattachant sa confiance à cette promesse du Christ : « Mon Eglise vivra dans les siècles, et triomphera des méchans », elle répondit :

— Tu es parvenu à jeter le trouble parmi les enfans de Dieu, je le sais;

mais tes efforts pour soulever la discorde ne font que prouver ton impuissance ; car ils viennent tous se briser contre l'ancre du salut. L'Eglise existe, grandit, prospère malgré la guerre continue que tu lui fais livrer, et chaque jour elle signale un nouveau triomphe contre les superstitions païennes. Et n'est-ce pas déjà une magnifique victoire, que celle d'avoir détruit l'idolâtrie romaine et l'idolâtrie gauloise !...

— Ah ! je t'arrête à ce mot, pauvre femme aveuglée ! repartit Malasit ; tu croyais peut-être que le principe romain et idolâtre avait disparu de la terre avec Marric et Agaton ? oublies-tu donc que le Château-Narbonnais, noble fils de Rome luxurieuse, idolâtre et sceptique, a survécu à la chute du peuple-roi ?.... Admire avec moi quelle est la force de ce monument des temps anciens : tu te flattais que les Visigoths renverseraient tout ce que Rome avait légué à la Gaule; Ataulphe, Thorismond et Alaric n'ont fait, au contraire, qu'agrandir et fortifier celui-ci ; ne compte donc pas même sur la victoire que tu prétends avoir remportée contre l'idolâtrie; car, tant que les monumens des idées sont debout, les idées se tiennent toujours en sentinelle, et les Ariens qui règnent dans le palais d'Agaton sont proches cousins des polythéistes.

— N'aie pas tant de confiance en mes préjugés, répondit Médella ; je connais toute la puissance d'un monument antique et superbe, qui sert de cuirasse et de matérialisation à la pensée dont il est fils ; voilà pourquoi ma haine contre le Palais-Narbonnais est incessante ; voilà pourquoi je travaillerai à sa ruine, jusqu'à ce que sa dernière pierre ait été renversée dans les broussailles.

— Bien ! très-bien ! orgueilleuse druidesse, répondit Malasit en souriant avec mépris, et c'est sans doute avec cette grande forteresse de terre glaise que tu viendras assiéger le palais d'Alaric, et lutter corps à corps ;.... et en parlant ainsi, Malasit montrait du doigt l'église encore modeste de Saint-Sernin.

— Ne ris pas ainsi de la chapelle chrétienne. Je sais qu'un principe, quelque puissant qu'il soit en lui-même, a besoin d'un sanctuaire pour combattre et se formuler. Je sais que le germe chrétien, jeté dans les Gaules, est comme un vaisseau que l'océan des vicissitudes transporte et agite au gré des événemens ; mais, quelle que soit la fragilité de cette chapelle, ta forteresse romaine et visigothe peut commencer à trembler, jusques dans ses fondemens ; car le jour n'est pas loin où le sanctuaire prendra son vol, et revêtira les formes imposantes et sublimes d'une basilique. Bientôt, sous ma main fertile, une église, à la fois temple, forteresse et palais, élèvera ses voûtes de pierre, ses flèches majestueuses jusqu'aux hautes régions des éclairs.

— Je devinais ton dessein ! s'écria Malasit ; aussi ai-je apporté de l'enfer des flammes pour incendier, dès sa naissance, ce donjon catholique.... A ces mots, le Mauvais agita une torche qu'il avait tenue cachée aux regards de Médella, et dirigea sur la chapelle son souffle brûlant.

A cette vue, Médella effrayée se plaça devant Malasit pour l'arrêter.

— Du feu! du feu! s'écria-t-elle : tu as beau allumer ton regard et tes torches, celle qui apparaît devant toi a dépouillé la timidité des premiers néophytes, et c'est à toi de trembler quand elle lance ses regards de courroux.... Malasit, tu ne cesses de déchaîner sur la Gaule des nuées de barbares et de schismatiques, pour faire étouffer sous leurs pas toute trace de religion et de vertu; mais les efforts des chrétiens savent grandir avec les dangers qui les menacent. Tu viens d'attaquer l'église du martyr, tu n'y as plus trouvé le modeste Blaise, apôtre timoré de la primitive église; c'est Héraclianus, le pontife audacieux et inébranlable, qui, partout, a repoussé tes assauts. Tu as voulu lever le fer sur sa tête, sa mitre d'or est devenue un casque d'airain. Tu as lancé les Visigoths contre le monastère; il s'est hérissé de meurtrières, et chaque chrétien s'est transformé en guerrier.... Malasit, tu peux trembler jusque dans les profondeurs de ton abîme; car, dès aujourd'hui, s'élève une puissance immense, que tu ne peux concevoir, la plus grande qui se soit jamais posée sur la terre.... Dès aujourd'hui s'élève l'édifice majestueux, indestructible de la société catholique.

— Enfer! enfer! s'écria Malasit rendu furieux par cette menace, toujours de nouveaux cris de guerre!

— Je veux le triomphe par la guerre ou par la paix, répondit le fantôme : choisis entre les deux.

— Je vais trouver les Visigoths et rallumer les persécutions. Voilà mon dernier mot.

— Et moi je vais joindre Clovis, pour faire rentrer les ariens dans la poussière....

A ces mots, Malasit prit son vol vers les murailles de la ville, et Médella, jetant son linceul et la livrée de la mort, comme une chrysalide qui dépouille son enveloppe, prit la légèreté des esprits aériens, et elle vola vers le royaume des Franks, rapide comme une colombe, portée sur les ailes azurées des Séraphins.

Tels furent les principaux événemens de cette journée tumultueuse, événemens tristes par eux-mêmes, mais qui devaient encore laisser après eux des fruits bien amers.... Quand le soir fut venu, deux moines s'étant avancés dans les sentiers humides pour chercher les traces de l'enlèvement de leur courageux évêque, aperçurent le cadavre d'un homme étendu dans les roseaux; sa poitrine était traversée par deux profondes blessures; ils le relevèrent, et ne sachant point le reconnaître, ils le portèrent à l'abbaye pour recueillir des renseignemens. En entrant dans la cour, chargés de leur fardeau, ils rencontrèrent Audoflède; elle regarda machinalement le cadavre, poussa un cri perçant, et y ajouta une imprécation, arrachée au souvenir d'une autre douleur. Cependant elle ne put s'empêcher de répandre des larmes, car elle venait de reconnaître Clodoïr.

Le lendemain, deux autres moines, faisant la ronde autour de l'abbaye pour éviter d'être attaqués à l'improviste, trouvèrent un autre cadavre à moitié caché dans la boue, il portait encore à son cou la corde qui

avait servi à l'étrangler et à le traîner jusqu'en cet endroit. Mais cette fois les moines n'éprouvèrent pas de difficulté pour le reconnaître. A peine l'eurent-ils relevé, que tous les deux jetèrent un cri de désespoir et d'horreur; ils essuyèrent ses habits pontificaux et ils apportèrent au monastère les restes mutilés d'Héraclianus.

Conduit au Château-Narbonnais, après la capture que nous avons racontée, l'évêque avait eu à supporter long-temps les outrages d'une vile soldatesque; bien plus un prêtre arien essaya d'ébranler sa foi par des argumens appuyés sur les appareils du supplice. Ce n'était pas la première fois que de semblables tentatives avaient été essayées par les ariens sur les catholiques ; mais le mépris se chargeait ordinairement de repousser les raisons de ces prédicateurs schismatiques. Cette fois ils n'eurent pas plus de succès, et le missionnaire de l'erreur vint briser ses efforts contre le rocher de la foi. Cette défaite ne fit qu'augmenter l'irritation de ses adversaires, et de toutes parts on demanda la mort de l'évêque prisonnier. Toutefois Théodegothe n'accueillit pas cet arrêt ouvertement ; elle se contenta de condamner Héraclianus au bannissement et confia sa conduite à Truc et à Coutel, deux hommes que le lecteur connaît déjà. Il suffit de prononcer leur nom pour faire présager quelles étaient les instructions secrètes que renfermait leur mission. Quoi qu'il en soit, Héraclianus partit monté sur un baudet comme étaient déjà partis bien des évêques catholiques du temps de la persécution d'Euric. Les deux émissaires l'accompagnèrent, montés sur leurs chevaux robustes ; après quoi le fil de l'histoire nous échappe. Mais le lecteur remplacera facilement cette lacune, maintenant qu'il vient d'apprendre quel fut le résultat de cet exil d'Héraclianus, résultat que l'on pouvait prévoir d'après le sort de Volusien, évêque de Tours, et de maint autre évêque catholique, dont la fermeté faisait ombrage aux desseins des rois Visigoths (37).

.....Je veux du vrai seul embrasser la défense.....
Rois, par Dieu même élus, beaux piliers de son temple,
Quand vous le profanez, vous restez esbahis;
Que, desobéissans, vous n'estes obéis;
Car Dieu rendant exprès les peuples infidelles,
Par leur rebellion punit les rois rebelles.
Vous secouez le joug du puissant roi des rois !
Vous méprisez son joug, on méprise vos lois.....
                                    D'AUBIGNÉ.

XVII.

L'ÉCOLE DES RUSES.

QUELQUES jours après le dénouement de ce drame terrible, Théodegothe se trouvait assise devant un placard scellé dans un gros mur du Château. C'était là sous la garde de grosses portes de fer, masquées par une boiserie, qu'Alaric avait réuni les plus riches dépouilles des nombreux peuples vaincus par ses prédécesseurs. Le regard avide de Théodegothe promenait et retournait avec complaisance sur ces pyramides de médailles, de pierres précieuses, sur ces trophées de vases d'or et d'argent, tantôt entassés pêle-mêle avec négligence, tantôt supportés avec symétrie sur de magnifiques étoffes qui leur servaient de coussins.

Théodegothe avait recherché ce spectacle pour comparer le présent avec le passé, et puiser dans la contemplation de sa fortune un courage capable de combattre l'hésitation qui parfois venait la saisir. Sa figure exprimait d'un moment à l'autre les mouvemens les plus contraires; tantôt l'orgueil de la victoire, et alors elle croyait pouvoir tout oser! tantôt la crainte de l'avenir, et alors elle semblait reculer devant l'audace de son ambition!

Ce fut au milieu de ce combat intérieur qu'elle vit entrer Amalgise; la pauvre enfant s'était un peu étiolée depuis que nous ne l'avions vue. Elle arrivait triste, tête baissée, et faisait entendre ces petits sanglots que l'enfance emploie également pour déplorer une légère contrariété ou un grand malheur, car à huit ans l'habitude ne nous a pas encore appris à établir des progressions entre les divers degrés de l'infortune.

— Ma fille! s'écria Théodegothe en se levant pour courir au devant d'elle, que viens-tu faire ici quand ta mère roule dans sa tête des pensées que ne doivent jamais connaître les enfans; mais que vois-je, tes paupières sont ardentes? pourquoi ces yeux prêts à verser des larmes? est-ce qu'à ton âge on devrait être initiée au malheur?

— Vous me demandez pourquoi je pleure? répondit l'enfant, avec sa douce voix; ne savez-vous pas qu'il y a long-temps que je ne l'ai vu! Ne savez-vous pas que je suis seule, constamment seule, depuis le jour où vous me dites de rester ici et de laisser mon frère aller faire la chasse aux oiseaux. O mon Dieu! voilà que la nuit devint tout à coup noire, froide, il me sembla que quelque mal allait arriver, et après cela vous me demandez encore pourquoi je pleure!

— Eh quoi! reprit l'insensible Théodegothe, cet Amalaric t'est-il donc si nécessaire que tu ne puisses l'oublier? ne suis-je pas ici pour le remplacer près de toi, et les baisers de ta mère ne pourront-ils pas sécher tes larmes?

— L'oublier! s'écria Amalgise avec force, vous voulez donc me rendre incapable d'aimer! vous voulez que je n'aie jamais d'amour pour vous, puisque vous désirez que je n'en aie plus pour lui; et, d'ailleurs, comment remplaceriez-vous mon frère, vous n'êtes pas assez jeune! vous ne courez pas assez vite après les oiseaux!... O mon Dieu! voilà huit jours que j'appelle Amalaric de tout le retentissement de ma voix, et personne n'est assez compatissant pour le ramener vers moi ou me conduire à lui.

— Hélas! s'écria Théodegothe, tu te plains de l'insensibilité des hommes, sans comprendre combien tu es toi-même cruelle..... Ta mère ne trouvera-t-elle pas grâce lorsqu'elle réclame un peu de ton amour? Elle serait si heureuse si tu lui réservais seulement une moitié de celui que tu avais pour Amalaric..... Amalgise refusait de rien entendre.

— Qu'on n'aille pas croire, disait-elle, que je veuille être sage et contente tant que je n'aurais pas mon frère; je veux pleurer, je veux gronder, je veux haïr tout le monde..... On croit peut-être que je ne saurai rien faire parce que je ne suis qu'une petite fille? On ne sait pas ce que c'est qu'une pauvre sœur qui a perdu son ami, son camarade; je finirai par devenir si méchante, je donnerai de si grands coups, que ceux qui n'auront pas voulu me le rendre par pitié, seront obligés de me le ramener par peur.

— Oh! oh! reprit Théodegothe, que cette détermination belliqueuse fit sourire, et quel succès attends-tu de cette méchanceté redoutable?

— Je sais que je suis bien petite pour haïr, répondit Amalgise, mais en revanche je me sens si grande pour aimer; si grande, ma mère, que pour revoir Amalaric, il me semble que j'atteindrais au ciel.

— Et parmi ces transports de tendresse, il ne s'en trouvera jamais pour ta mère?

— Eh! mon Dieu! je ne demande pas mieux que de vous aimer, mais vous savez que mon amour n'est acquis qu'à celui qui me rendra mon frère. Eh bien! forcez-moi à vous bénir! cela vous serait si aisé, vous qui êtes la reine, qui pouvez commander tout ce que vous voulez!

— Pauvre enfant, reprit Théodegothe, qui ne put étouffer un secret remords; tu crois donc que la royauté est bien puissante, puisque tu l'estimes capable de te rendre ton frère!... Puis elle dit à voix basse: Hélas! il est tombé dans un empire d'où les rois les plus redoutables ne pourraient l'arracher!

— Vous demandez si je prends la royauté pour une grande chose? continua Amalgise, qui n'avait pas entendu la dernière réflexion de sa mère; ne vois-je pas comme tous ceux qui vous entourent sont attentifs à vos ordres et empressés à les exécuter? Ne vois-je pas comme le moindre de vos caprices est satisfait aussitôt qu'exprimé?

— Tu serais donc bien aise d'être reine? reprit vivement Théodegothe; tu éprouverais donc quelque ardeur à porter sur la tête une couronne, sur les épaules un manteau royal?

— Si je serais contente de pouvoir commander à qui je voudrais et ce que je voudrais! Peut-on demander cela à une sœur qui a perdu son frère et qui brûle de le retrouver?

— Eh bien! tu seras reine, reprit vivement Théodegothe, à qui ce désir de la royauté, tout enfantin qu'il fût, fit éprouver une satisfaction indicible. Tu pourras te dire: tout ce que je vois, hommes et choses, n'existent et ne se meuvent que par ma volonté; aussitôt que tu auras exprimé un désir, tu verras les mortels prosternés à tes pieds, se rapetisser et s'aplatir pour aller te chercher une pierre luisante dans les entrailles de la terre, ou un grain de sable doré dans les gouffres profonds.

— Si je désire être reine, ce n'est pas pour envoyer chercher une pierre luisante, reprit Amalgise, avec un petit air rusé; et aussitôt elle sautait de joie, et se disait à voix basse: Si je veux être reine, c'est pour faire courir après Amalaric, c'est pour ordonner à tout le monde de fouiller la terre et le ciel jusqu'à ce qu'on me l'ait ramené.

— Je triomphe, disait Théodegothe, en s'applaudissant dans son affreuse joie du meurtre d'Amalaric, le germe de l'orgueil royal est dans l'ame de ma fille, il n'en faut pas davantage pour étouffer la tendresse que son frère y avait allumée; sa douleur peut durer encore quelques jours; mais enfin l'oubli et l'indifférence finiront par l'emporter, et alors je règnerai seule dans son cœur; et d'ailleurs le regret de son frère fût-il inguérissable, son isolement ne serait-il pas un motif puissant pour m'ouvrir une large place dans son amour? on a tant besoin de consolation quand le malheur a flétri notre existence. Maintenant, amour des richesses, entrez encore dans l'esprit de ma fille, et mes desseins sont remplis!.... — Amalgise, poursuivit-elle, en la conduisant devant la porte ouverte du trésor, considère ces dépouilles éblouissantes de vingt peuples vaincus, de vingt capitales dévastées; regarde ces immenses vases d'or du temple de Salomon; enfonce ta main dans ces boisseaux de perles et de diamans, qu'Ataulphe fit présenter à Placidie au festin de ses noces; regarde encore ces coffres où sont entassées, à plein bord, ces milliers de médailles grecques et romaines; attache enfin toute ton admiration sur ce vase colossal, le plus beau joyau du trésor d'Alaric, vase d'or où pourraient nager deux cygnes au cou long et flexible, et qui s'élève au milieu de toutes ces richesses, comme un monarque au milieu des plus puissans et des plus fastueux seigneurs.

— Si l'amitié était d'or, répondit Amalgise, je pourrais envier ces richesses pour augmenter la provision de tendresse que je consacre à mon frère; mais tous ces vases ne sauraient me rendre l'ami que je cherche, et je n'ai besoin que de serviteurs nombreux et obéissans pour faire explorer le monde entier.

— Eh bien! tu seras reine, ma fille, répondit Théodegothe; mais à ton tour quelle récompense donneras-tu à celle qui te placera sur le trône?

— Oh! ma mère! c'est le moyen de me faire envier les bijoux que vous venez d'étaler sous mes yeux; car je voudrais posséder tout ce que renferme la terre pour le donner à celle qui me rendra si puissante.

— Hélas! reprit Théodegothe, cette reconnaissance naïve est bien douce à mon cœur, je n'ai plus à te demander que ton affection, mais ton affection tout entière : chaque matin d'aimables caresses, chaque soir de tendres baisers!

— Oh! faites-le moi retrouver; à vous alors la moitié de mon cœur, à lui l'autre, et pour moi le comble du bonheur.... En disant ces mots, elle sortit folle de joie, et alla tout disposer pour faire chercher son frère dans tous *les recoins de l'univers.*

Après le départ de l'enfant, Théodegothe demeura profondément absorbée.

— Hélas ! disait-elle, en suivant des yeux Amalgise qui s'échappait, elle ne sait pas tout ce que ce diadème m'a coûté. Ah ! couronne sanglante, laisse tout ce sang sur ma tête, et n'en conserve pas une goutte quand tu te poseras sur le front si pur de mon enfant ! Mais n'est-ce pas souiller cet ange que de vouloir le faire participer aux bénéfices de mon crime ! Hélas ! que de projets insensés !.... Théodegothe continua de réfléchir à cette puissance qu'elle s'était forgée à grands frais de trahisons et de crimes pour élever sa fille aux honneurs suprêmes et conquérir son amour. Maintenant elle triomphait, mais la lie amère demeurait au fond du vase, et le remords soulevait devant ses yeux de sanglantes apparitions.

Elle venait, en accompagnant Amalgise, de passer dans la salle du trône et s'y était arrêtée. Cette pièce, décorée avec la simplicité de l'architecture romaine, était imposante par sa seule grandeur ; à chaque coin, d'énormes trophées d'armes pris sur les ennemis par Euric, Théodoric et Vallia ; çà et là, des guirlandes de chêne et de laurier annonçaient le soin qu'on mettait à la tenir ornée ; au fond, une chaise curule, héritage des empereurs, et recouverte d'un riche tapis de soie, servait de trône ; une énorme couronne, en boiserie dorée, formait son dôme, et des draperies d'étoffe brochée retombaient à larges plis sur les marches de marbre. A peine la reine se fut-elle accoudée à une fenêtre, qu'un homme entra par la porte laissée négligemment ouverte : c'était Mazair ; il approchait à pas lents, prenant toutes précautions pour ne pas faire crier les dalles ; il regardait attentivement les voûtes, les lambris, et paraissait considérablement ému.

— Voilà ce qu'ils appellent le palais, disait-il à demi-voix, sans apercevoir Théodegothe ; un sanctuaire où se développe la volonté d'un roi barbare pour se répandre dans toutes les parties du royaume, et devenir la volonté obligatoire de tous ses sujets. A l'aspect de ces galeries superbes, je ne sais quelle émotion précipite mon sang, mes jambes semblent fléchir, je n'avance qu'avec hésitation.... D'où vient cela, reprit-il après un moment de repos, un gallo-romain serait-il donc indigne de respirer dans un palais où se pavanent d'insolens étrangers ? Des visigoths privilégiés sont-ils donc seuls faits pour habiter sous ces voûtes ! Oh non ! ajouta-t-il en se rassurant, cette émotion que j'éprouve, c'est l'enfantement de pensées nouvelles que la vue de cette enceinte superbe fait éclore en moi. Oui, je sens que ma nature s'exalte, il me semble que je prends des ailes et que ces ailes grandissent, je vole, je m'élance vers des régions inconnues..... Oh ! Amalaric, que ma chaumière doit te paraître froide et retrécie, toi qui étais habitué à vivre sous ces plafonds splendides. Oh ! je ne m'étais pas trompé dans mes prévisions ; ce n'est qu'ici véritablement que ton ame peut s'élever comme doit le faire celle d'un fils de roi ! Plus j'avance dans cette salle, plus mon désir de te faire monter sur le trône devient pressant. Mais ce n'est plus le seul besoin de venger un crime qui me domine, ou du moins une noble impatience vient se mêler à l'ardeur de réparer une cruelle injustice; c'est celle de prendre place dans ce palais et d'y jouer un rôle aussi. A ces mots, Mazair s'arrêta; ses sourcils se froncèrent, son front se sillonna de rides. Eh bien ! reprit-il aussitôt, comme étonné lui-même de ce temps d'arrêt, serait-ce une ambition déplacée que d'aspirer à prendre place dans un palais foulé par un tas d'aventuriers venus je ne sais d'où. Allons, initions notre esprit à ce mystère, et tâchons de lutter avec quelqu'avantage contre la reine et ses conseillers; cherchons à respirer cette atmosphère de prudence, de ruse qui fait l'avantage des princes, comme nous avons su trouver le secret de leur force près d'un roi assassiné, près d'une reine fugitive; joignons enfin l'habileté au courage, afin d'être en toutes choses aussi fort que ceux qui nous avaient jusqu'ici fait trembler. Les hommes prétendent que la vue du trône ne sait inspirer, au commun des ambitieux, que la force d'être scélérat; je les ferai mentir, car je viens lui demander de nouveaux encouragemens pour persévérer dans le bien, et trouver ma récompense dans le triomphe de l'innocence. Mais d'où vient l'ardeur dont je suis ému; comme elle est nouvelle et profonde l'impression que ce palais fait sur moi; la reine a été bien coupable pour en déblayer le chemin; mais si je ne l'excuse pas, je sais du moins comprendre son audace; que ne ferait-on pas pour s'élever jusqu'à ce siége de pourpre et de marbre qui tend les bras à ceux qui ont l'ame hardie ? En prononçant ces mots, on eût dit que Mazair luttait contre un mauvais ange ; il demeura silencieux, et ses regards promenèrent autour de lui avec anxiété, comme s'il eut craint d'avoir été entendu ; ce fut dans ce moment qu'il aperçut la reine.

— Qu'ai-je vu ? grand Dieu ! s'écria-t-il avec saisissement, la reine ! la reine ! et la vivacité de cette exclamation éveilla Théodegothe de ses méditations profondes.

— Ciel ! s'écria-t-elle à son tour, un paysan près de moi quand je conspire dans la solitude !.. Aussitôt il se fit un moment de mutisme spectatif: la reine regarda le berger avec étonnement, le berger la considéra avec pénétration, et il y eut des deux côtés réciprocité d'observation défensive. Théodegothe rompit enfin le silence :

— D'où t'est venue l'audace d'oser pénétrer ainsi dans ce lieu, jusqu'aux pieds d'une reine que les comtes eux-mêmes n'approchent qu'avec crainte et le front baissé ?

— Je vois qu'on ne nous reconnaît pas, dit Mazair en lui-même, sans paraître intimidé le moins du monde par cette altercation; profitons de nos avantages, et ne lâchons la corde que nœud à nœud..... Vous me demandez ce qui m'amène, Madame, mais rien, je suis fiscalin du domaine royal, et j'étais venu comme à l'ordinaire apporter à la ville ma provision de fromage et de lait ; en passant, j'ai vu cette porte ouverte, je croyais être seul, et j'ai voulu regarder de plus près. Je ne sais pourquoi, il me semble toujours que je vais rencontrer quelque chose d'extraordinaire ; comme un de ces derniers soirs, par exemple, j'étais là haut sur la colline, lorsque j'aperçus deux hommes de grande taille et à mine rébarbative ; ils marchaient d'une façon inquiète, comme des loups à l'affût d'un agneau, et tout en marchant ils se disaient à voix basse : « Voici » la nuit qui approche, elle nous a dit qu'elle le ferait venir dans cette » bruyère, sous prétexte de lui faire chasser les oiseaux. »

Ces paroles, comme on le présume, frappèrent Théodegothe d'effroi :
— Que veut dire cela ? s'écria-t-elle avec impatience, quels étaient ces hommes ? achève promptement !

— Je l'ignore, reprit Mazair de l'air le plus dégagé du monde. Mais qu'est-ce que je vois, dit-il en riant, d'un air bonhomme, voilà que vous ne me regardez plus avec ces yeux impératifs de tout à l'heure ? vous êtes curieuse, peut-être ? tant mieux, je le suis aussi, et nous pourrons nous satisfaire mutuellement..... Comment donc le seigneur Clodoïr a-t-il attaqué ce château pour s'en rendre maître aussi vite ? il me paraît assez fort cependant pour qu'on eût pu s'y défendre et résister.

Théodegothe, ardemment pressée d'arracher quelques révélations à Mazair, répondit vivement à sa demande, sans avoir d'autre but que de le mettre en demeure de la satisfaire à son tour.

— Il l'a attaqué par le côté le plus vulnérable, à l'angle sud-est, voisin de la tour d'Aigle ; d'ailleurs rien n'est difficile quand on sait se ménager des intelligences dans une place...... Revenons à ces hommes dont le langage vous a paru suspect.

— Ils disaient donc qu'elle le ferait venir à l'entrée de la nuit, et pour mieux laisser deviner l'objet de cette rencontre, ils ont tiré leurs poignards et se sont mis à les aiguiser..... Il paraît que c'est une chose importante que de se ménager des intelligences dans un château où l'on veut pénétrer ?

— Et ces hommes, demanda la reine, n'ont-ils plus rien dit ?

— Je crois bien que si, reprit Mazair, mais ils parlaient si bas, que je n'ai pu rien entendre.

— Je suis sauvée, reprit Théodegothe en prenant une grande respiration ; mais n'est-il pas cruel de songer qu'un vil esclave a pu jeter ainsi le trouble dans l'âme d'une reine...... Allons, hors d'ici, reviens à ton ouvrage, lui cria-t-elle d'un air altier.

— Je me retire, répondit Mazair, mais voilà un ton fort rude, et le petit Amalaric était bien plus gracieux quand il est passé dans la bruyère à la poursuite des oiseaux ; malheureusement le pauvre enfant s'est dirigé du même côté que les deux hommes, et alors j'ai entendu de bien grands cris.

— Des cris ! grand Dieu ! balbutia Théodegothe, pâle de crainte.

— Oui, Madame, des cris à l'assassin ! au secours ! comme cela arrive en pareille occurrence..... Mais vous voilà tout émue de curiosité. Dites-moi donc, Madame, on assure que ce palais est bien grand, et qu'il faudrait beaucoup de troupes pour s'en rendre maître ; combien en avait le seigneur Clodoïr quand il s'en est emparé ?

— Tes questions sont étranges, et ce seigneur Clodoïr te tient bien au cœur !

— C'est un pari que nous avons fait au hameau : on prétendait qu'il avait vingt mille hommes, je soutenais qu'il n'en n'avait que dix !

— C'est là la vérité ; mais ils combattaient pour une reine outragée !

— On peut donc croire que dix mille hommes réussiraient, s'ils combattaient pour un roi trahi, par exemple ?

— N'as-tu rien à me dire de ces cris : à l'assassin ! qui se sont fait entendre, demanda Théodegothe, d'un air doucereux ?

— Mais, rien, reprit Mazaïr, en simulant une espèce de niaiserie ; cependant je ne sais pourquoi je pensais à quelque grand malheur en entendant ces cris, un grand malheur public comme si un roi était mort, et qu'il s'agit d'en faire un autre. On dit que la chose est difficile et qu'il ne suffit pas d'être fils du défunt pour prendre sa place ! est-il vrai, Madame, qu'il faille encore être élu par la nation ?

— Très-vrai, répondit la reine, car le nouveau monarque n'est véritablement élu que du moment où ses sujets lui ont juré foi et hommage.... mais nous tombons dans des discussions singulières !

— Oh ! si cela vous fatigue, dites un mot et je me retire ; mais j'aurais le regret de ne pas vous raconter comment ce pauvre Amalaric est tombé près de moi frappé d'un coup de poignard !

— Amalaric ! s'écria la reine haletante, et vous l'avez vu frapper ?

— Il est tombé en criant : je me meurs ; puis les assassins ont prononcé le nom d'une certaine grande dame, et je ne sais pourquoi je me suis mis dans la tête que c'était elle qui avait ordonné d'assassiner cet enfant.

— Quoi ! vous avez pu croire qu'une femme ?....

— Pourquoi ne l'aurais-je pas cru ? reprit Mazaïr, la cervelle est, je présume, la seule chose humaine près de laquelle la tyrannie n'ait pas encore placé des espions, et j'en profite, morbleu ; vive la liberté !.... A propos de liberté, n'y aurait-il pas quelque passage secret et détourné qui pût me faire entrer plus aisément au château quand j'apporte mes fromages ? Pour être fiscalin, je n'en suis pas moins fier, et je souffre cruellement d'avoir à supporter l'insolence des soldats que je rencontre dans la cour et sur le pont-levis.

— Le Château recèle une secrète issue, tout-à-fait commode pour cela, mais elle restera inconnue à tous ceux qui ne sont pas les affidés de la reine ; quand à toi il ne te reste qu'à sortir d'ici, et il est inutile de te mettre en peine des moyens plus ou moins faciles d'y rentrer.

— Moi sortir, reprit Mazair avec calme, je n'ai seulement pas achevé mon histoire !

— Que m'importe, ajouta la reine, puisque l'enfant est tombé sous le fer, le malheur est accompli et on ne saurait y apporter de remède.

— Vous parlez de cet enfant avec un étrange accent de tendresse, Madame, je vous ai dit qu'il était tombé mais non pas qu'il fût mort ; et tout blessé qu'il est, il pourrait bien se relever encore !

— Se relever ! répéta Théodegothe, en devenant d'une pâleur livide.

— Je savais bien que vous étiez curieuse et que vous voudriez entendre mon récit jusqu'à la fin ; mais je suis fort pressé, mes vaches m'attendent pour manger leur fourrage : si je me retire par la cour, ces soldats sont encore capables de m'arrêter ; indiquez-moi ce passage secret, Madame, je pourrais ainsi en abrégeant mon chemin, avoir le temps de tout vous raconter.

La reine était en proie à une agitation extrême, on voyait son sein palpiter avec violence, et les battemens de son cœur interrompre et briser chaque mot.

— Le passage secret se trouve au fond de cette salle, balbutia-t-elle, il est caché dans le mur et conduit à l'abreuvoir, derrière un buisson de sureau ; parlez, je vous l'indiquerai moi-même.... Qu'est devenu l'enfant ?

— Il allait expirer sous un second coup de poignard, lorsqu'un quidam, un rustre, un de ces misérables gallo-romains que vous méprisez tant, vous autres Visigoths, est accouru armé d'une hache, il a mis les brigands en fuite et j'ai idée que l'enfant a été sauvé.

Ce mot sembla atterer Théodegothe, elle devint d'abord écarlate, puis le sang reflua vers le cœur et sa pâleur offrit quelque chose de verdâtre ; cependant elle n'osa pas exprimer sa douleur par des mots, elle essaya même d'applaudir et de sourire à la délivrance d'Amalaric... mais son embarras, sa voix altérée ne permettaient de douter, ni de son désappointement, ni de son dépit.

— Voilà une belle action, poursuivit Mazair en jouissant de son trouble, une sublime action, n'est-ce pas ? et quand on songe que l'auteur est un pauvre hère qui n'a pas seulement de quoi faire vivre sa famille.... mais je lui ai promis de raconter le fait au roi et de lui rapporter une récompense de trente ou quarante livres d'or pour le moins.

— Cela est inutile, complètement inutile, s'écria vivement Théodegothe, l'action est très-belle, comme vous dites, et je me charge de la récompenser !

— Dans ce cas, je ne porterai pas plus loin ma demande ; donnez-moi les quarante livres d'or, et je vais les remettre à ce brave homme.

Théodegothe passa aussitôt dans la pièce voisine où se trouvait le placard du trésor et y prit au hasard deux poignées de médailles qu'elle remit au berger. — Ah! Truc, ah! Coutel, disait-elle en se mordant les lèvres, c'est donc ainsi que vous vous laissez enlever vos victimes, maladroits assassins!

Mazair, comme on le pense bien, prit les pièces d'or au plus vite et les enfouit dans la poche de sa caracalla ; puis retiré à l'écart, et cherchant la porte secrète qu'on lui avait indiquée, il disait en lui-même avec l'accent du triomphe : — L'affaire est assurée, je réunis douze mille hommes, bagaudes, catholiques et mécontens ; vengeance, butin, argent, fortune, je peux tout leur offrir; ils attaquent la muraille à l'endroit le plus faible, à côté de la tour d'Aigle ; pendant le siége j'essaie de pénétrer dans le Château par la petite issue ; la nuit venue, j'ouvre les portes, j'introduis mes hommes, alors malheur aux ambitieux coupables. Amalaric monte sur le trône, je suis son protecteur, et les Gallo-Romains retrouvent un sort un peu plus doux.

Pendant ce monologue, Mazair avait été scrupuleusement épié par Théodegothe, elle ne put entendre ses paroles, mais il lui suffit d'étudier le ton mystérieux avec lequel cet aparté était prononcé pour pénétrer jusqu'au fond du cœur de Mazair.

— Vil intrigant ! s'écria-t-elle tout-à-coup, ce n'est ni l'esprit, ni le corps d'un berger que revêtent ces grossiers habits de laine. Tu as voulu cacher ton espionage sous ce déguisement, tu as oublié sans doute que j'étais reine et que la tête des traîtres était à ma disposition.

— Madame, répondit Mazair sans s'émouvoir, les rois ont usé trop souvent de cette prérogative envers les pauvres diables pour qu'il me soit permis de l'ignorer ; mais s'il y a des circonstances où la tête des bergers appartient au roi, peut-être en est-il aussi de particulières où la tête des rois est un peu à la disposition des bergers.

— Lâche espion ! lui dit la reine emportée par la fureur, je te reconnaîtrai seulement à ton insolence ; oublie-tu que je n'ai qu'un mot à dire pour faire entrer le bourreau et te voir décapiter à mes yeux ?

— Et quel serait votre sort, à vous, si j'allais crier, dans ce palais même, au milieu des courtisans qui vous entourent : Mes seigneurs, ce fils d'Alaric, que l'on vous dit avoir été rejoindre son père, a été assassiné par cette reine à qui vous avez juré fidélité et obéissance !... pensez-vous qu'à cette seule révélation tous les fronts ne pâliraient pas d'horreur ? ne reconnaissez-vous donc pas le berger de la nuit précédente ? Oh ! vous avez beau baisser la voix et hausser les sourcils, je vous défie de me faire mourir, car j'ai besoin d'achever mon histoire, et ce n'est que dans quelques jours que je viendrai vous raconter son dernier chapitre.

— Etranges paroles! s'écria Théodegothe stupéfaite; quoi! tu serais l'homme audacieux que j'ai rencontré l'autre soir sur le côteau? Sais-tu bien qu'il est affreux d'avoir voulu te jouer ainsi d'une femme puissante et respectable?

— Ah! n'allons pas, s'il vous plaît, mesurer notre mérite respectif, ce sont de ces comparaisons délicates dans lesquelles les personnages les plus apparens ont souvent plus à perdre qu'à gagner. Si nous nous montrions à nu, tel que le ciel et l'enfer nous ont faits, un berger, quelque boueux qu'il fût, n'aurait-il pas certaine prééminence sur de hauts personnages couverts de pourpre et quelquefois de sang?

Ces dures réflexions rendaient extrêmes les angoisses de Théodegothe, encore fallût-il pour la faire descendre au dernier degré de terreur et d'abattement, que le hasard ramenât sa fille dans ce moment suprême.

— Ciel! Amalgise, s'écria-t-elle avec l'accent de la détresse.... Ah! berger, ajouta-t-elle à voix basse en saisissant la main de Mazair, silence! au nom du ciel, silence! d'un mot tu pourrais m'écraser, mais tu ne seras pas assez barbare pour apprendre à cet ange de candeur que je suis le bourreau du frère qu'elle pleure!.... Puis, revenant à sa fille: Eh bien! lui dit-elle, pourquoi rester dans le palais lorsque le soleil est si beau; qu'est devenue cette ardeur de course qui te poussait constamment dans le jardin?

— Oui, quand je l'avais pour me suivre, reprit Amalgise avec mélancolie; mais aujourd'hui que je suis seule, puis-je penser à autre chose qu'à le retrouver.... Je viens de la salle des gardes, j'ai voulu commander à des soldats de courir à la recherche de mon frère; savez-vous ce qu'ils m'ont répondu? que ce n'était pas à un enfant qu'il appartenait de leur donner des ordres! aussi je viens réclamer ce que vous m'avez promis, et je ne sors pas d'ici que vous ne m'ayiez rendue reine, afin d'être obéie quand je commanderai.

Théodegothe, effrayée de voir ainsi divulguer le but secret de ses trames, courut à sa fille pour lui imposer silence. — Imprudente, lui dit-elle, y penses-tu de dévoiler de pareils projets à haute voix?

— Ah! l'on m'appelle imprudente, quand je viens demander ce que l'on m'a promis, repartit Amalgise, sans s'arrêter aux réprimandes de sa mère; me croit-on donc assez forte pour pleurer encore pendant quelques jours sans en mourir? mais on a beau dire, je veux être reine sur le champ; sinon, je vais crier si fort pour appeler Amalaric, que ma voix ébranlera la terre et parviendra jusqu'à lui, l'eût-on mis au fond d'un trou pour me le ravir!.... Oh! bon berger, demanda-t-elle à Mazair, vous qui habitez les forêts, n'auriez-vous pas vu mon frère courant à la poursuite des oiseaux?

A ces mots, la reine épouvantée saisit la main de Mazaïr, et lui dit avec une expression déchirante : — Ma vie est en tes mains, silence, berger! silence! au nom du Dieu éternel qui nous voit et nous entend.

— Oh! oh! reprit Mazaïr en lui-même, je ne me serais pas douté qu'après s'être révoltée contre son mari, et avoir fait assassiner son neveu, on eut grande foi en la Providence; mais j'oublie que l'athée devient toujours dévot dès qu'il croit avoir besoin du Dieu dont il s'est raillé. Puis, prenant Amalgise à l'écart, il lui dit, à l'insu de sa mère : De la patience, mon enfant, ton frère est en sûreté, et dans quelques jours il te sera rendu; mais, il faut pour cela, que tu lui ouvres la porte que je te ferai connaître au moment opportun, et surtout, n'en dis mot à personne, car une seule parole suffirait pour te l'enlever à jamais.

— Mon frère! mon frère, s'écria Amalgise folle de joie; ah! berger, que vous êtes bon, et pourquoi ma petite bouche ne peut-elle pas vous donner le plus grand baiser pour vous payer le bonheur que vous allez me rendre? A ces mots, elle embrassa Mazaïr, et elle dit à sa mère : — Ah! maman, que je suis heureuse; mais d'où vient donc que je trouve toujours des gens plus compatissans que vous!.. et vous voulez encore que je vous aime plus que personne? Et là-dessus elle s'éloigna en sautant comme une gazelle.

— Ah! je respire, dit Théodegothe; que je t'ai de reconnaissance, berger; voilà ma fille contente, tu m'as sauvé la vie; ainsi, on a beau vous mépriser, esclaves, il y a toujours en vous un germe de magnanimité qui vous maintient au rang des hommes.

— Esclave! répondit Mazaïr avec fierté, ah! Madame, je ne le suis plus : ne savez-vous pas que c'est du sang romain qui coule dans mes veines? Il y a long-temps, il est vrai, je tombai entre les mains des Visigoths, mais ce fut par trahison qu'ils me prirent et me rendirent fiscalin; cet état misérable a duré bien des années, mais enfin j'ai retrouvé mon indépendance, et depuis que j'ai sauvé Amalaric, je puis régner sur vous, comme vous avez régné sur moi.

— Ah! berger, tu me fais frémir d'inquiétude; si tu ne veux pas me tout dévoiler aujourd'hui, juré-moi du moins devant le ciel que ces terribles secrets resteront toujours enfermés dans ton sein!

— Vous le jurer! n'est-ce donc pas assez de la promesse d'un gallo-romain dans un palais visigoth, où les sermens des rois se métamorphosent si souvent en parjures!

— Que d'audace, grand Dieu! quel langage! oublies-tu que tu es en mon pouvoir, et que d'un mot....

— Ah! de grâce, ne m'enlevez pas les moyens de revenir vous visiter, car vous savez qu'il me reste quelque chose à dire encore sur la sinistre aventure, et c'est au dénouement surtout que vient se réunir le plus grand intérêt.

A ces mots, Mazair fit un signe; la reine, qui le comprit, y répondit par un geste en lui indiquant la porte secrète de l'issue dérobée; il disparut, et Théodegothe se trouva long-temps ballotée entre la satisfaction d'être délivrée de ce tyran moral, et la vive contrariété de n'avoir pu connaître toute la vérité sur le sort mystérieux d'Amalaric.

> ....L'hiver règne, et la neige,
> Suspendue aux rochers, dans les airs qu'elle assiége,
> Oppose aux feux du jour sa grisâtre épaisseur.
> La nuit vient, l'Aquilon d'un vol bruyant s'élance....
> ROUCHER. *(Les mois.)*

XVIII.

LES VOYAGEURS.

Mazaïr se dirigea vers la bergerie, fort satisfait des résultats qu'avait obtenu sa première campagne; il connaissait la disposition intérieure du Château, son côté faible, ses issues secrètes, les formalités à remplir pour rendre parfaite la nomination d'un nouveau roi.

— Pauvre reine! disait-il au milieu de sa joie; quelques mots ont suffi pour te prouver que j'étais aussi fort que toi par la ruse; que sera-ce donc quand toutes les ressources de mon esprit seront dirigées contre toi, femme perfide?

Arrivé à sa demeure, il trouva Amalaric assis sur le seuil de la porte, cherchant à recevoir à travers les arbres quelques pâles rayons de soleil.

— Victoire, s'écria Mazair en l'apercevant, nous sommes en bonne voie pour réussir..... Mais aussitôt il s'arrêta, son visage se rembrunit; il avait vu de grosses larmes rouler sur les joues de l'enfant. Eh bien ! lui dit-il avec un ton de reproches, celui qui vous a sauvé la vie ne verra donc jamais que de la tristesse?

— Mon Dieu, répondit Amalaric, je vous aime avec ardeur, je vous assure; mais puis-je faire autre chose que pleurer, lorsque depuis trois jours je n'ai pas vu ma pauvre Amalgise !

— Sans doute, reprit Mazair, vous pouvez et devez faire tout autre chose : il s'agit pour vous de reconquérir un trône, et les pleurs sont hors de saison dans toute affaire où le sang et la mort viennent souvent jouer le premier rôle. Ne voyez-vous pas comme j'ai l'œil sec et le cœur sans regret depuis que les grands projets assiègent ma pensée ? Cependant je n'ai pas embrassé ma petite Barne aujourd'hui ; je sais bien que mes vaches crient de faim dans leur étable; moi qui ne pouvais autrefois passer une heure sans donner des caresses à ma fille, sans veiller aux soins de mon troupeau...... Amalaric, il faut s'accoutumer au travail, aux périls, à la souffrance, je vais vous faire roi.

— Me faire roi, grand Dieu !

— Oui, sans doute, roi comme votre père. Alaric est absent; on dit que les nouvelles de l'armée sont mauvaises, que les Franks ont passé le fleuve qui servait de barrière à ce royaume. Il faut songer à remplacer votre père, sauf à lui rendre le trône, s'il revient un jour..... Ecoutez, je viens de visiter le palais ; je n'avais eu d'abord d'autre projet que de punir une reine criminelle ; mais la pensée de l'homme s'agrandit constamment ; ce qui hier me paraissait sublime, me semble mesquin aujourd'hui; je recule indéfiniment les bornes de mon ambition, et ce qui ne devait servir qu'à flétrir une méchante femme, je le destine maintenant à réparer l'injustice des siècles. Les peuples vaincus souffrent depuis assez longtemps, je veux que, sous votre main, le trône devienne un soleil vivifiant, qui sèche les larmes des proscrits, et fasse éclore pour tous les fleurs de la félicité.

— Y pensez-vous, Mazair, de vouloir me faire roi ; je suis si jeune, et maintenant si malade, si triste.

— Oh ! n'allez pas me parler de votre jeunesse, reprit vivement le berger; ne suffit-il pas de toucher le sceptre pour que ce contact donne à la main qui le saisit, la force de le manier avec vigueur ? D'ailleurs, nous aurons soin de placer près de vous des hommes de détermination, qui sauront vous inspirer de bonnes pensées, et veiller à ce qu'on les exécute; mais avant toute chose, écoutez-moi........ Les rois, ordinairement retirés dans leurs palais, n'entendent guère les plaintes de l'oppression, d'habiles courtisans les éloignent de leurs oreilles, comme des cris insolens qui viendraient troubler leurs tyranniques prodigalités..... Les rois prétendent trouver dans cette ignorance des misères publiques, sinon une justification, du moins une excuse à leur despotisme. Amalaric, je veux que le règne du mensonge et de la violence disparaisse, et pour ouvrir devant vous le miroir de la justice, je vais vous faire assister aux douleurs, aux dures privations de ces malheureux Gallo-Romains, envers lesquels vos guerriers se croient exempts de toute miséricorde, en leur jetant la dénomination abjecte de captifs et de vaincus. Nous allons quitter ce pays pour quelques jours; c'est au milieu des populations malheureuses que je vais recruter des partisans dévoués, courageux, disposés à sacrifier leur vie pour vous placer sur le trône.

— Y pensez-vous, Mazair! abandonner Toulouse, ma patrie, mon pays natal, la demeure d'Amalgise; n'est-ce donc pas assez que je consente à vivre dans cette cabane, séparé de ma sœur? Ah! berger, voilà trois jours que je ne l'aie vue; m'éloigner encore d'elle c'est vouloir me faire mourir..... Ici, du moins, je puis apercevoir encore le château qu'elle habite, et quand les pigeons volent sur les créneaux, il me semble que son visage si doux paraît à travers leurs ailes blanches; si je m'éloigne, adieu tout espoir de la voir, et je puis dire aussi: adieu tout espoir de vivre.

— Allons, allons, voilà bien assez de regrets, reprit Mazair; ne vous ai-je pas dit que celui qui voulait être roi devait boire ses sanglots et dessécher son cœur; et sans plus écouter les pleurs d'Amalaric, Mazair alla chercher une ânesse qui lui servait à apporter les provisions à la ville, il lui mit un licol de corde, l'affubla, en guise de selle, d'une grosse peau de mouton, et il dit à l'enfant de monter sur ce coursier, assez peu digne d'un roi.

Celui-ci fit d'abord quelque difficulté; alors Mazair voulant employer la ruse et la douceur, lui fit croire adroitement que sa sœur Amalgise avait quitté Toulouse, et qu'on l'avait emportée dans une grande ferme qu'Alaric possédait au centre des Pyrénées; la douceur de cette espérance ne permit pas à l'enfant de soupçonner la supercherie : son aversion se changea tout-à-coup en empressement, et il hâta lui-même les préparatifs d'un départ que naguère il voyait avec contrariété. Cependant avant de quitter la cabane où il avait tant souffert et reçu tant de soins, Amalaric éprouva le besoin de chercher la petite Barne des yeux pour lui envoyer un sourire; le berger, au contraire, absorbé dans ses vastes projets, prit l'enfant, le hucha sur l'ânesse, couvrit ses épaules d'une peau de brebis garnie de sa laine, et il s'éloigna de ce séjour de la misère sans songer à sa femme, sans regretter sa fille, le cœur durci par l'ambition, et s'en rapportant à je ne sais quelle providence pour nourrir ses vaches, autrefois objet de toutes ses attentions.

On était au commencement de la journée, une bise aiguë flagellait la figure des voyageurs, et le soleil, à demi-noyé dans les brouillards, était trop faible pour diminuer la froidure de l'atmosphère. La campagne n'offrait de tous côtés que cette solitude monotone de l'hiver ; des arbres dépouillés, des feuilles sèches balayant la terre au souffle du vent, des sentiers pavés de glaçons et de neige, des ruisseaux grossis, courant en cascades ; et à l'horizon, les Pyrénées couvertes de neige depuis la base jusqu'au sommet. Mazair et Amalaric descendirent la colline lentement, avec précaution, afin d'éviter de glisser sur le verglas qui recouvrait les ornières et se brisait avec bruit sous leurs pas. Ils se dirigèrent vers les côteaux de Pech-David, traversèrent la Garonne sur une barque de pêcheur et vinrent joindre la voie romaine qui, de Toulouse, conduisait vers les Pyrénées, en longeant la rive gauche du fleuve. Arrivés là, toutes les tribulations de bourbiers, de torrens et de fondrières étaient passées, car la route, quoique peu large, était parfaitement ferrée; on reconnaissait bien l'absence de cet entretien journalier que les Romains donnaient à tous leurs ouvrages, néanmoins elle s'était conservée en assez bon état pour fournir encore un excellent moyen de communication. Nos voyageurs arrivèrent bientôt sans accident au petit bourg d'Aquæ-Siccæ (Seisses), et vers le milieu du jour ils atteignirent Vernosolem (aujourd'hui La Vernose) : le soir, enfin, un bûcheron auquel ils demandaient un lieu pour pouvoir passer la nuit, leur indiqua la petite ville romaine de Callagoris dans laquelle, leur dit-il, il était aisé au voyageur de trouver l'hospitalité. Sur ce renseignement ils se mirent en marche ; et au moment où la nuit opposait ses voiles sombres à la blancheur de la terre neigeuse, ils arrivèrent à la ville des Convenæ ; mais, hélas ! en approchant de ses murs, ils reconnurent que le nom de ruines était le seul qui pût convenir à ce lieu dépeuplé. Des deux côtés de la voie, des pans de murs, des débris de piédestaux et de statues donnaient à peine une idée de l'ancienne beauté des édifices de cette petite et jolie ville. Précieux et lamentables matériaux renversés les uns sur les autres par les Barbares, seuls restes de l'opulence fastueuse des patriciens des siècles précédens, des ronces arides et entrelacées les couvraient en tous sens et semblaient les accrocher à la terre pour empêcher la main des hommes de les rendre à leur première forme. Des statues sans tête, les jambes brisées, s'étaient affaissées sur leur piédestal comme des sentinelles mortes courageusement à leur poste. De tous côtés le vent sifflait dans les fissures des murailles fendues, de grandes herbes s'élevaient à travers les matériaux, et les hiboux commençaient de présenter leurs têtes hideuses à la porte de leurs innombrables tannières, pour voir si la nuit était encore assez sombre et s'ils pouvaient se percher sur les chapitaux des colonnes sans craindre les huées des moineaux bruyans et moqueurs (38).

Les deux voyageurs traversèrent cette longue rue de masures sans apercevoir un seul habitant; tout semblait se réunir pour témoigner que cette solitude était déjà ancienne, et Mazair commençait à craindre d'être obligé de disputer un asile à quelques couvées de corbeaux. Bientôt, cependant, il aperçut une maison dont le bon état de conservation lui donna l'espoir de la trouver habitée. Cette demeure, qui n'avait rien de grandiose, était précédée d'un portique orné de statues dont on avait rajusté les cassures à l'aide de crampons de fer. Le corps de l'habitation formait un carré de grandeur médiocre, et l'on apercevait par derrière un de ces jardins où les Romains aimaient à réunir toutes les magnificences de la nature et de l'art. Mazair approchait toujours, et cependant il n'avait encore vu personne; mais au moment où il allait monter les degrés du portique, un homme revêtu d'un grand manteau blanc parut dans le passage étroit et couvert qui conduisait dans la cour intérieure par une pente peu sensible.

— Monsieur, lui demanda le berger, en donnant à son langage romain toute la pureté dont il était capable, ne pourriez-vous pas nous accorder asile pour la nuit?

— Asseyez-vous ici, répondit l'homme au manteau blanc; et pendant que j'irai prendre les ordres de Clarius, mon maître, saluez ces dieux lares avec le respect qui leur est dû.... En disant ces mots il montrait à Mazair des petites figurines nichées dans la muraille, comme une madone d'Espagne ou d'Italie. Mazair s'inclina devant elles; le serviteur s'éloigna et il revint bientôt accompagné du maître du logis.

LARIUS était un homme de cinquante ans et de petite taille, mais bien fait et vêtu avec moins de richesse que de simplicité; sa démarche, ses manières, étaient empreintes de cette urbanité, de cette politesse qui constituaient l'excessive douceur des mœurs romaines à l'époque de l'invasion des Barbares.

— Entrez, voyageurs, entrez, dit-il à Mazair avec empressement, laissez-là votre bête de somme dont mes esclaves vont prendre soin, et venez avec cet enfant vous remettre de vos fatigues.

En même-temps Clarius posa la main sur l'épaule de Mazair et le conduisit dans la première cour intérieure, appelée l'atrium, au centre de laquelle se trouvait l'impluvium ou réservoir des eaux de pluie. Les chambres à coucher étaient rangées à droite et à gauche, tandis que l'aile du fond renfermait la salle de réception vers laquelle Mazair et Amalaric furent conduits.

— Que je suis heureux, disait Clarius, pendant le trajet, de pouvoir exercer aujourd'hui les devoirs de l'hospitalité ! Maintenant que tous les dieux semblent avoir quitté la terre, de quel culte ne devons-nous pas entourer cette divinité, la seule qui soit demeurée parmi nous, la seule que le Christianisme n'ait pas cherché à détruire !

Fils d'un ancien préteur de la Narbonnaise, Clarius s'était vu privé de la succession immense de son père par les bouleversemens de cette époque, tandis que la domination des Visigoths avait arrêté sa carrière politique en le privant de toute participation aux affaires publiques. De tous les précepteurs philosophiques, le malheur est assurément le plus grand; privé d'honneurs et de puissance, Clarius avait appelé la sagesse à son secours et il s'était retiré, jeune encore, dans sa terre de Callagoris, déjà ravagée par les Barbares. Peu à peu il en fit réparer les dommages, et maintenant il y coulait cette vie douce, résignée, studieuse, généralement adoptée par les nobles Gallo-Romains, sous le règne des visigoths. Mais ce changement n'était pas le seul qui se fut opéré en lui; autrefois ennemi des superstitions païennes, il s'était insensiblement rapproché de la religion de ses pères et avait relevé le culte des anciennes mœurs, des anciennes divinités. D'où venait ce retour ? peut-être d'un certain besoin frondeur qui donne à l'esprit humain une singulière disposition à mépriser ce qui prospère, à honorer ce qui semble vouloir périr : l'homme d'étude et de réflexion se persuade aisément qu'il est de beaucoup élevé au dessus de son époque, et il nourrit d'ordinaire une grande opposition aux idées qui dominent autour de lui; cette tendance, qui se fait surtout remarquer dans le cours des révolutions, avait dirigé la conduite de Clarius; aussi, pendant que le Christianisme et la barbarie venaient battre en brèche et disperser jusqu'aux dernières traces de l'idolâtrie, il s'était épris d'une belle admiration pour le Polythéisme et avait relevé dans sa maison le culte de Minerve et de Jupiter.

Lorsque Mazair entra dans l'appartement avec ses sandales boueuses et son bonnet de peau de loup, il y trouva une douzaine de convives assis sur des petits tabourets. Cette salle, la plus vaste et la plus ornée de l'habitation, ne recevait le jour que par en haut. Durant l'été, ses ouvertures n'étaient fermées que par de simples rideaux de gaze; mais la saison froide avait fait abattre un treillis appelé clastrum, fait de barreaux de fonte disposés en croix et garnis de verre. Cette disposition du jour, venant d'en haut, était très favorable à la beauté des visages; mais Mazair ne put qu'entrevoir les hommes réunis en ce lieu à cause des approches de la nuit; néanmoins leur silence et leur gravité le frappèrent d'un respect indicible.

— Ma demeure ne ressemble guère à celle de ces visigoths bruyants et emportés, dit Clarius à Mazair, je m'en tiens aux vieux usages des Gallo-Romains, et j'aime à réunir autour de moi des hommes d'étude qui cherchent à mériter le titre si précieux de philosophes, par la régularité de leurs mœurs, la profondeur de leurs connaissances, et le calme de leur entretien. A ces mots, Clarius ayant présenté à ses hôtes les voyageurs qui arrivaient de Toulouse, ils se levèrent tous pour les saluer, et plusieurs d'entr'eux leur firent des questions sur les événemens dont cette ville venait d'être le théâtre.

Mazair essaya de les satisfaire par des généralités, mais quand on voulut lui demander quel était le jeune homme qu'il conduisait, il déguisa prudemment son nom et son origine ; car il connaissait l'aversion des seigneurs gallo-romains pour les rois visigoths. La crainte qu'on ne le poussât trop vivement sur ce point délicat, l'engagea à rompre le fil de la conversation ; il fit promener ses yeux au-dessus de sa tête, exprimant son admiration pour le plafond de la salle, formé de solives horizontales, ornées de compartimens carrés appelés Lacus, où brillait l'or distribué en filets et en rosaces. Il considéra également les paysages, les figures d'hommes, les animaux, les fruits peints avec art sur l'enduit qui couvrait la muraille, et se fit expliquer les arabesques, les carricatures et les bambochades de toutes sortes, que les Romains retraçaient avec une habileté et une fécondité que l'on n'a pas encore pu retrouver (39).

Cependant, Clarius n'oubliait pas les devoirs de l'hospitalité ; il fit apporter aux voyageurs de l'eau tiède pour laver leurs pieds, du linge blanc pour essuyer leurs corps ; on leur servit quelques mets bien chauds pour les restaurer, et on renouvela le charbon de bois qui brûlait dans le poêle. Mazair et Amalaric peu façonneux, grâce à leur appétit, se disposèrent à bien répondre à ces politesses ; ils se mirent à table, et Clarius revint auprès de ses amis pour continuer une discussion sur l'histoire grecque que l'arrivée de Mazair avait interrompue. Quand la question fut épuisée, la poésie eut son tour, et nos critiques ne se contentèrent pas d'analyser les anciens poètes ; plusieurs d'entr'eux lurent des vers de leur composition, et Clarius leur soumit plusieurs chansons, genre pour lequel il avait une facilité et une prédilection toutes particulières.

Telle était la vie que l'on menait pendant le gros hiver, dans la villa de Callagoris ; quelquefois on mêlait à ces occupations sérieuses le jeu des osselets (tassetas), et la promenade dans les allées bien balayées du jardin. Mais durant la belle saison, le cercle des distractions s'agrandissait, et le bain, les courses dans la forêt, quelquefois même la pêche et la chasse venaient ajouter de nouveaux délassemens à ces loisirs (40). Au reste Clarius et ses amis avaient pris pour principe de ne plus s'occuper des événemens du monde, la chute irréparable de l'empire romain les avait habitués à accepter toutes les misères de cette époque de décadence. Sans espoir pour l'avenir, ils ne songeaient qu'à vivre dans le souvenir d'une gloire, d'une religion qui n'étaient plus. Souvent même ils prenaient plaisir à formuler ces pensées stoïques dans leurs poésies, et ils ne manquaient jamais d'attribuer la fin de Rome et tous les malheurs qui avaient suivi l'invasion des Barbares, au mépris dans lequel étaient tombés les dieux de Rome et les anciennes mœurs.

Nous avons dit qu'un léger repas avait été servi d'abord aux deux voyageurs pour les remettre de leurs fatigues, mais un souper plus copieux, quoique frugal, attendait les amis de Clarius dans le triclinium; à la quatrième heure après le coucher du soleil, ils se rangèrent autour d'une table fort basse, et ils s'étendirent sur les petits divans dont elle était entourée..... Cette occupation, toute importante qu'elle était, ne put absorber entièrement leur esprit; les narrations, les sentences, les saillies, les calembourgs même se prolongèrent bien avant dans la soirée, et Mazair s'était depuis long-temps retiré dans sa chambre que la conversation se faisait encore entendre dans les intervalles de calme qui succédaient aux coups de vent du nord; mais Amalaric n'entendait aucun de ces bruits; déjà endormi depuis long-temps sur les genoux de Mazair, il avait été transporté dans sa chambre sans être éveillé, et il dormait du sommeil le plus calme.

Clarius s'attendait à voir les voyageurs le lendemain avant leur départ, mais Mazair très peu initié aux lois de la politesse, trouva beaucoup plus simple de ne pas perdre un temps précieux en échange de complimens inutiles; pressé d'arriver au terme de son voyage, il quitta le lit avant le jour, courut chercher son ânesse sans rien dire, et il partit incognito comme un larron, sans même dire un mot à aucun domestique.

> C'était d'ailleurs un vieux routier
> Qui, s'étant fait une habitude
> Des fonctions de son métier,
> Officiait sans trop d'étude;
> Et qui, dans sa décrépitude,
> Dégoisait psaumes et leçons
> Sans y mettre tant de façons.
>
> GRESSET. (*Le Carême.*)

XIX.

L'ÉVÊQUE INDÉPENDANT.

ETTE journée se présentait sous de plus heureux auspices que la précédente ; le vent était moins froid, la brume moins épaisse, et le soleil n'hésitait pas, comme la veille, à montrer son disque argenté. Aussi, nos voyageurs voyaient-ils fuir avec plus de rapidité ces hautes colonnes milliaires qui bordaient la voie avec leurs grandes niches, dans lesquelles un Mercure de marbre enchâssé comme une madone italienne, leur montrait la route du doigt.

— Mais enfin, bon berger, demanda Amalaric d'une voix affaiblie, quand donc rejoindrons-nous ma chère Amalgise ?.... Lorsque j'ai vu devant nous cette montagne, j'ai cru que le monde se terminait là et que nous allions nécessairement la retrouver. Cette joie a semblé calmer ma souffrance et chasser mes fatigues; mais voilà que la montagne s'éloigne, une gorge s'ouvre à nos yeux; ma blessure redevient douloureuse, et ma fatigue est plus accablante que jamais.

— De la patience, mon cher ami! lui répondit Mazair avec un peu d'humeur; ne vous ai-je pas dit que cette sensibilité ne pouvait convenir à un roi? Si vous n'avez pas le courage et la sécheresse que je réclame, mettez du moins de la modération dans vos désirs d'enfant, et comptez sur ma parole quand je vous dis que vous reverrez Amalgise...... Pour cette fois, la conversation n'alla pas plus loin; Mazair s'était proposé d'abord d'arriver avant la nuit au terme de son voyage, mais un petit accident dont ils faillirent tous les deux être victimes, vint retarder leur marche et les fit renoncer à arriver ce soir-là dans la vallée des Proscrits.

Ils venaient de traverser la Garonne et ils suivaient un sentier rocailleux, dominé au levant par un rocher abrupte, qui servit plus tard de fondement au château de Roquefort, lorsque passant sous les branches entrelacées de deux grands arbres, ils sentirent un énorme filet à mailles tordues, tomber sur leurs têtes, et ils se trouvèrent de toutes parts enveloppés dans le piége.

— Qu'est-ce donc que ceci! s'écria l'enfant, rendu immobile sous les mailles du lacet, comme un hanneton saisi dans celui d'une araignée, nous aurait-on pris pour des loups?.... L'enfant dit cela en souriant, ne pouvant deviner ce qu'il y avait de danger à être la victime de ce qu'il prenait pour une méprise; mais Mazair, qui connaissait mieux que lui les ruses de cette époque barbare, comprit tout le péril qui planait sur leurs têtes; son visage se rembrunit, et il s'occupa de méditer avec sang froid le moyen de déchirer les trames avec son couteau. A peine avait-il dégainé son instrument, que déjà il reconnaissait l'inutilité de cette tentative. Tout à coup, en effet, un chien instruit à cette chasse au filet, se mit à aboyer avec force, pour veiller sur eux et empêcher leur évasion, dût-il y faire avec les ongles et les dents. C'est que le filet était moins tendu pour les bêtes fauves que pour les hommes; ces piéges à voyageurs avaient été introduits en Gaule par les Barbares, et les Gallo-Romains s'en servaient eux-mêmes quelquefois, soit pour garantir les approches de leurs habitations, soit pour détrousser plus aisément les Visigoths isolés. A peine Mazair s'était-il fait toutes ces observations, qu'il vit sortir d'une cabane voisine une jeune fille qui accourut aux aboiemens du chien, pour venir avec une joie coupable reconnaître la bonne prise que le filet venait d'opérer.

— Eh bien! qu'est-ce que ceci? lui demanda Mazair avec assurance; quelle folie de tendre ainsi des piéges pendant le jour. Ne savez-vous pas que les loups et les sangliers ne marchent que dans les ténèbres?

— Les loups! répondit la jeune fille en riant; ah! par ma foi! il paraît qu'ils voyagent pendant le jour aussi, surtout lorsqu'ils n'ont que deux pattes, et il ne leur sert guère de porter la tête haute, puisqu'ils ne savent pas voir ce qu'il y a sur les arbres..... Oh! la bonne prise, la bonne prise ! poursuivit-elle en sautant de joie. Comme mon père serait content s'il pouvait vous détrousser lui-même.

— Qu'est-ce donc que votre père, reprit Mazair, quelques-uns de ces ogres visigoths, toujours affamés de dévorer les pauvres habitans de cette contrée.

— Par le tonnerre ! répondit la jeune fille, s'il vous entendait le traiter de visigoth, il vous briserait la tête sur le champ ; sachez que mon père est gallo-romain, qu'il est né et qu'il mourra sur cette terre !

— Ah ! délivrez-nous donc au plus vite, car je suis gallo-romain aussi, et je hais comme votre père les dominateurs de ce pays.

— Oh! oh! ne marchons pas si vite, dit la jeune fille ; si Truc arrête les Visigoths pour se venger sur eux, il saisit les autres pour se faire payer le passage.

— Quel est ce Truc ? reprit Mazair ; ce nom a retenti à mon oreille.

— C'est mon père ! reprit la jeune fille.

— Et il habite ce pays ?

— Depuis dix jours il est absent ; la reine Théodegothe l'a mandé à Toulouse.

— La reine ! s'écria Mazair, oh! quel éclair lugubre a soudain éclairé ma mémoire !... L'assassin d'Amalaric ! poursuivit-il à voix basse ; Dieu ! s'il arrivait nous serions peut-être perdus, l'enfant du moins... Jeune fille, continua-t-il avec supplication, je suis gallo-romain et surtout je suis pauvre. Que voulez-vous qu'un simple berger apporte avec lui ? et puis regardez cet enfant ; voyez que d'innocence! que de faiblesse. De cruels visigoths ont voulu l'assassiner, et si je vous faisais voir sa blessure elle vous arracherait des larmes !

— Sans cet homme je serais mort sous leurs coups, dit l'enfant en prêtant à son langage cette douceur ineffable de la souffrance, laissez-moi continuer mon voyage, cela retarde d'autant mon retour auprès de ma sœur.

— Donnez-moi votre argent, dit la jeune fille, et je vous rends la liberté

— Notre argent ! je n'ai pas une obole, reprit Mazair avec impatience.

— Moi, dit Amalaric, je ne puis vous donner qu'un baiser ; le voulez-vous ?

Il y eut dans cette proposition quelque chose de si inattendu, de si gracieux par sa simplicité, que la jeune fille partit d'un grand éclat de rire.

— Vraiment, dit-elle ; c'est là tout ce que vous avez ? au fait, je puis faire la généreuse ; mon père a dit qu'il allait à Toulouse pour une affaire sérieuse qui devait lui procurer beaucoup d'argent. Eh bien! chacun son bénéfice, moi j'amasserai des baisers.

A ces mots, la jeune fille que nous avons oubliée de représenter comme très fraîche et fort accorte, leva les filets au-dessus de la tête des patiens. Elle fit la moitié du chemin pour recevoir d'Amalaric le prix de sa rancon, et Mazair put enfin éloigner son précieux enfant du singulier péril dont ils avaient manqué d'être les victimes (41).... Tous les deux continuèrent leur voyage, avec cette ardeur nouvelle que donne un danger auquel on vient d'échapper. Cependant, après une heure de marche, Mazair fut obligé de faire halte pour laisser dormir Amalaric sur sa caracalla, qu'il étendit au bord du chemin. Ce retard fit arriver la nuit plutôt qu'il ne l'aurait attendue, et il commençait à avoir de l'inquiétude sur le gîte où ils pourraient passer la nuit, lorsqu'il entendit dans les airs le tintement d'une petite cloche. Nos voyageurs avaient quitté depuis long-temps la voie romaine, et ils suivaient un étroit sentier, entre la rivière du Salat et une petite chaîne de mamelons. Mazair fit courir au loin ses regards curieux, il leva la tête, et aperçut à travers des chêneteaux couverts de glaçons, une chapelle bâtie au sommet d'une colline. A la vue de ce phare de salut, son ame, quoique peu initiée aux beautés du Christianisme, éprouva une douce consolation; la cloche qui conviait les chrétiens à la prière du soir, continua de se faire entendre comme pour encourager les voyageurs à s'approcher. Mazair, alors, commença de suivre le sentier tortueux qui conduisait en spirales vers ce calvaire d'espérance, et en quelques instans il y fut rendu avec Amalaric, qu'une lassitude extrême faisait chanceler sur sa paisible monture.

La petite église, bâtie de simples pierres sèches, à travers lesquelles on pouvait apercevoir la lumière, avait la forme d'un carré long; la muraille plus exhaussée du côté de l'orient servait de clocher, et une très basse ouverture en montant de bois formait le portail de ce temple agreste. Après l'avoir rapidement examiné, Mazair jeta ses regards aux pieds de la petite montagne, et ils se reposèrent sur les toitures d'un bourg pittoresquement rencoigné entre le Salat et le côteau. Douze à quinze chaumières à peine se miraient alors dans la rivière, en s'appuyant au rocher qui les surplombait. Dans l'avenir, la population grossissante multiplia ses demeures, et peu à peu se forma la petite ville de Salies dont Mazair ne voyait alors que l'embryon.

Le berger ouvrit la porte vermoulue de la chapelle, et il aperçut un prêtre priant debout et à haute voix devant un autel de gazon. Quelques pâtres étaient près de lui, et répétaient sa prière à voix basse. Cette courte cérémonie fut bientôt terminée, les paysans sortirent; le prêtre descendit de l'autel couvert de sa dalmatique, il prit un gros bâton qu'il avait dû laisser près de la porte en entrant, et il se disposa à quitter

la chapelle avec son troupeau; tout à coup il distingua Mazair, il s'arrêta, jeta sur lui un regard curieux, et lui dit:

— Brave homme, vous arrivez d'un pays lointain, j'imagine; et vous devez chercher à vous abriter cette nuit; suivez-moi; je serai heureux de partager avec vous mon souper et ma chambre.

Mazair qui ne demandait pas mieux que de répondre à cette invitation, se mit à la suite du prêtre, et tous les trois se dirigèrent vers la maison cléricale. Ce nouveau personnage était un homme robuste, ayant environ cinquante ans, ses traits étaient grossiers, son regard ardent, sa barbe noire et épaisse. Sa dalmatique, qu'il gardait toujours sur les épaules, soit qu'il allât à l'église, soit qu'il rentrât chez lui, recouvrait en partie une robe de moine, serrée avec une corde, et à la manière agile et décidée avec laquelle il maniait son bâton, on l'aurait pris plutôt pour un braconnier que pour un évêque. Cependant, tel était le titre dont il jouissait dans le canton. Doué d'un caractère ardent et curieux, maître Guil ne pouvait manquer de demander aux voyageurs des détails sur leur nom, leur origine, leur dessein; Mazair y répondit de son mieux, s'efforçant de ne pas compromettre le secret qui entourait l'existence d'Amalaric, dans la crainte que l'évêque ne fût trop ennemi des ariens; et pour prendre sa revanche, il fit subir à son tour un long interrogatoire à l'évêque, lui demandant s'il était catholique ou arien? gaulois ou visigoth?

— Je suis catholique, mais non pas gaulois, lui répondit-il d'une voix tonnante. Et il accompagna cette profession de foi d'une ample provision d'exécrations contre les ariens; voire contre l'évêque Héraclianus qu'il confondait dans sa haine misanthropique à titre d'ennemi personnel : Mazair voulut arrêter sa diatribe en lui annonçant la mort malheureuse de ce dernier, mais au lieu de plaindre le défunt et de le pleurer, Guil ne songea qu'à se réjouir de sa mort, et il jura par le ciel qu'Héraclianus était le filleul du diable, et qu'il avait bien fait d'aller rejoindre son parrain.

Là-dessus, l'évêque entra dans sa maison, et certes c'est lui faire beaucoup d'honneur que de donner ce nom à sa tanière. Une chambre fort sale formait tout son palais épiscopal, et on y entrait par une porte si basse, qu'il fallait baisser la tête pour éviter de la briser contre le chapiteau. Le foyer était occupé en ce moment par une femme de quarante ans et trois enfans joufflus, dont Mazair ne sut pas d'abord s'expliquer la présence en ce lieu ; mais Guil se chargea bien vite de le mettre au fait de l'intérieur de son ménage.

— Holà ! ma femme, dit-il d'un air réjoui en approchant du feu, pour y jeter une grosse bûche, vite un petit cochon à rôtir. Voici des voyageurs qui arrivent d'un pays lointain, leur estomac est creusé par la faim et glacé par le froid ; et vous, mes petits drôles, dit-il aux enfans, dont le plus âgé avait neuf ans peut-être; allez chez le voisin Balarice lui demander une poule et quelques poissons. Je sais qu'il a toujours quelque chose à donner à son pasteur.

Ce peu de mots avait suffi pour faire connaître à Mazair toute la famille épiscopale ; et quoique la présence d'une femme chez monseigneur ne dût pas l'étonner, comme si la scène se fût passée trois cents ans plus tard, néanmoins la chose lui parut assez singulière pour mériter quelques explications.

— Est-ce bien là votre femme? lui demanda Mazair, je croyais qu'il n'était pas permis aux évêques de se marier, et j'ai entendu prononcer là-dessus de très-grandes prohibitions par les moines de Saint-Sernin.

— Ah ! parbleu ! je n'en doute nullement, mon cher frère, répondit l'évêque sans s'inquiéter beaucoup des prohibitions de l'Eglise, je connais les moines de Saint-Sernin, j'ai connu également monsieur Héraclianus, et il était alors un fort mauvais garnement. Il y a dix ans, à peu-près, je vivais fort paisiblement à deux lieues de Toulouse, desservant une petite chapelle, avec le titre de diacre. Un beau jour il me prit fantaisie de me marier, comme cela arrivait à bon nombre de prêtres, et j'épousai très légitimement ma bonne Joannie que voilà. Inutile d'ajouter qu'elle était alors fort gentille !.... Deux ans après, Héraclianus vint me faire une visite, accompagné de deux moines; il me querella fortement sur la hardiesse que j'avais eue de prendre femme, me lut une longue lettre du pape, dans laquelle ce dernier contestait aux prêtres le droit le plus légitime de tous, et il finit enfin sa belle diatribe par m'ordonner d'abandonner enfans et femme, si je ne voulais être privé de mon diaconat.... J'écumais de fureur pendant cette belle harangue ; cependant je sus me contraindre ; mais entre mon église et ma femme, j'eus bientôt fait un choix. Je pris mon paquet sans rien dire, je mis un enfant sur mon dos, ma femme en prit un sur le sien, et nous vînmes chercher dans ces montagnes lointaines un asile plus tranquille, où le pape et Héraclianus ne pussent venir troubler nos amours. Voilà sept ans que je me suis établi dans cette contrée, mon cher voyageur, et certes je n'ai pas eu à m'en repentir. A mon arrivée ici, je trouvai la chapelle que je sers toute bâtie, mais privée de prêtres depuis la persécution d'Euric, et qui plus est, obstruée de ronces et de chardons ; j'arrachai toutes ces herbes, je balayai l'église, je réunis les chrétiens, et trois mois après je me fis nommer évêque par l'assemblée des fidèles.... Vous voyez que je n'ai pas perdu à fuir le voisinage de l'abbaye de Saint-Sernin.... Il est vrai que quelques ennemis de ma personne s'élèvent parfois dans ce pays, mais je suis sur mes gardes, je ne sors jamais sans bâton et poignard ; et si quelqu'un me cherche noise, je sais le faire déguerpir de mon chemin ; témoin le bûcheron Patric, à qui j'ai fendu l'autre jour la tête. Quant aux bénéfices de mon évêché, ils suffisent amplement aux besoins de ma famille : je vais de temps à autre faire la tournée de mon petit diocèse, pour récolter du grain et de la volaille, ma femme fait venir dans le jardin une assez grande provision de légumes, et j'ai là-haut une vigne qui suffit à l'alimentation de mon caveau (42).

Cependant les trois enfans que Guil avait envoyés à la quête d'une poule et de poisson, revinrent bientôt tout glorieux du succès de leur ambassade. Pendant ce temps, dame Joannie s'était hâtée de mettre le cochon de lait en broche, de telle sorte qu'en peu d'heures, ces mets grossièrement préparés purent être mis sous la dent des convives. Chacun s'acquitta consciencieusement de ce devoir, et monsieur l'évêque donna un excellent échantillon de son culte ardent pour les lois de la nature. Après le repas, la conversation enjouée de Guil égaya pendant quelques temps encore le berger ; puis on répandit un faix de paille au milieu de la chambre, et les voyageurs s'étendirent sur cette couche agreste. La nuit s'écoula assez paisiblement entre les bras d'un sommeil que les sept habitans de la maison goûtaient avec charme ; mais, vers la pointe du jour, un bruit extraordinaire vint se mêler aux sifflemens du vent. Guil, toujours prêt à repousser le danger quel qu'il fût, s'éveilla tout-à-coup, saisit à deux mains son gros bâton ; et ayant ouvert vivement la porte que l'on essayait d'enfoncer du dehors, il se précipita avec vigueur sur trois mauvais coquins qui venaient entreprendre l'assaut de la demeure. Les assaillans, pris à l'improviste, opposèrent bien quelque résistance ; mais quels hommes auraient pu soutenir le choc impétueux de l'évêque ! En un instant ils furent dispersés, et l'un d'eux laissa sur la place un doigt de la main, que le bâton de Guil avait coupé comme aurait pu le faire un instrument tranchant.

Mazair, étonné d'une attaque aussi brusque, s'était précipité à la suite de l'évêque ; mais celui-ci avait déjà complété sa victoire.

— Rentrez, rentrez, mon cher voyageur, et ne vous dérangez pas pour une niaiserie semblable. Ce ne sont que trois faquins, ennemis de mon église, qui prétendaient m'assassiner pendant la nuit ; mais, morbleu, je ferai savoir à tout venant que je suis capable de renverser mes antagonistes, fussent-ils aussi nombreux que les Philistins de Samson ; en attendant en voici un qui m'a laissé pour souvenir un fragment charnel qui va lui rabattre les oreilles.... A ces mots, l'évêque releva le doigt que son adversaire avait perdu dans la bataille, et il ajouta d'un air moqueur : Je me doute qu'à l'avenir ce coquin-là ne pourra plus menacer les gens de leur graver les cinq doigts de la main sur le visage ; qu'en dites-vous, mon cher hôte ?

— Je dis que vous êtes un très-grand évêque, répondit Mazair, et je voudrais bien vous avoir à la tête d'une expédition que je médite ; mais voilà le jour qui va paraître, et je dois songer à continuer mon voyage.

Maître Guil, qui goûtait quelques charmes à la présence de cet étranger, dont les récits étaient venus renouveler un peu sa provision de nouvelles, voulut l'accompagner jusqu'aux limites de son diocèse ; il prit donc son gourdin fidèle, et s'achemina vers le haut de la vallée du Salat, en poussant devant lui l'ânesse d'Amalaric. Bientôt ils aperçurent une petite église toute semblable à celle de Guil ; elle était depuis long-temps abandonnée, les chardons et les ronces avaient grimpé dans tous les interstices de la muraille, et, chose remarquable, la porte était bouchée de grosses pierres et de pièces de bois à demi-pourries ; l'évêque expliqua à Mazair la cause de cette espèce de barricade : — Du temps du méchant Euric, lui dit-il, le comte de ce pays, persécuteur de la foi catholique, ayant appris que saint Epiphane venait dans les Gaules pour visiter les églises, prit tous les moyens imaginables pour l'empêcher de remplir sa mission, et dégoûter les fidèles de la fréquentation des lieux saints. L'obstacle qui lui parut le plus efficace fut d'obstruer les portes des églises avec toutes sortes de matériaux, et ce damné arien réussit à tel point, que presque toutes les chapelles de la contrée sont encore désertes et couvertes de ronces et de chardons (43). Au reste, ajouta Guil, je suis bien aise de vous dire que tout cela ne me contrarie guère, la rareté des églises dans ce pays donne beaucoup plus d'autorité à la mienne, et quant à celle-ci, je vous annoncerai qu'elle ne demeurera pas long-temps dans cet état ; je me propose, dans quelques années, de venir en déblayer la porte, pour la rendre au culte ; mon fils aîné aura alors dix-huit ans, et j'espère pouvoir employer mon crédit à le faire nommer prêtre par les chrétiens assemblés. Cet petit oratoire se trouvera parfaitement à sa convenance, et nous pourrons l'un et l'autre nous seconder mutuellement pour étendre notre prépondérance ecclésiastique dans la contrée.

L'évêque Guil ayant ainsi parlé, tourna la tête en arrière, pour mesurer la distance qui le séparait de sa maison ; il la trouva suffisante pour ne pas être allongée. — Ah ! ah! me voilà un peu loin de ma demeure, dit-il à Mazair, combien pensez-vous qu'il y ait d'ici au bourg de Salies ?

— A peu près une lieue gauloise, répondit le berger.

— Diantre ! vos lieues gauloises sont longues, repartit Guil, je crois avoir à faire plus de deux milles romains, ou une lieue et demie gauloise, deux mille cinq cents pas environ ; mais j'ai bonne jambe, et j'espère bien arriver à temps pour la prière du matin (44).

A ces mots, il prit cordialement la main de Mazair, lui désira bon voyage, et fit un baiser sur le front d'Amalaric.

— Au reste, si vous repassez un jour dans ce pays, dit-il au berger, rappelez-vous que l'évêque Guil a toujours à la disposition des voyageurs un cochon de lait, une couche et du bon vin ; sur ce, l'évêque retourna sur ses pas pour rejoindre sa femme.

> Assez les flammes civiles
> Ont couru dedans nos villes
> Sous le fer et la fureur;
> Assez la pasle famine
> Et la peste et la ruine
> Ont ébranlé ton bonheur.
> En pitié regarde-nous
> D'un œil doux.....
>
> REMI BELLEAU.

XX.

LES PÈLERINS.

Les voyageurs continuèrent leur marche; à mesure qu'ils remontaient le cours torrentueux du Salat, ils voyaient la vallée se rétrécir, et les montagnes plus hautes ombrager les bords de la rivière. Déjà les bancs de gravier se montraient parsemés de gros quartiers de roche, le lit de la rivière en était embarrassé, le courant devenait de plus en plus rapide, et présentait parfois des cascades naissantes. Jusques-là, les hauteurs qui dominaient la vallée n'étaient dignes que du nom de côteaux; maintenant on apercevait par de là ces premiers contreforts, de hautes cimes de rochers taillés dans les formes les plus bizarres. Là régnaient d'immenses forêts de sapins dont le feuillage noirâtre contrastait singulièrement avec le tapis de neige qui recouvrait les montagnes, comme des toisons de brebis jetées sur des croupes de chevaux.

L'aspect de cette nature sauvage éveillait d'autant plus l'attention d'Amalaric, qu'il n'était pas habitué à ce genre de spectacle, et il semblait se dire, en regardant la gorge triste, profonde qui s'ouvrait devant eux : — Est-il bien possible, grand Dieu! que l'on ait emporté là Amalgise.

Bientôt nos étrangers aperçurent devant eux, dans l'intérieur de la vallée, nombre de gens de tout âge, de tout sexe, munis de bâtons, et paraissant revenir d'un long voyage. Cette foule descendait la plaine, et il fut bientôt aisé à Mazair de reconnaître un moine, deux prêtres, des femmes, des enfans et plusieurs hommes du peuple. Au moment où Mazair était près de les joindre, le moine qui marchait à la tête hâta le pas, et vint adresser la parole au berger.

— Salut et bénédiction, lui dit-il, que Dieu protége votre voyage et accomplisse vos désirs! ne pourriez-vous pas nous indiquer la retraite d'un saint homme appelé Blaise, qui jadis a fait bien des heureux étant abbé de Saint-Sernin de Toulouse ?

— J'ai vu autrefois l'homme que vous cherchez, répondit Mazair, mais je n'ai plus entendu parler de lui depuis qu'il a quitté son troupeau...... quel est donc le but que vous vous proposez en cherchant ainsi l'ancien abbé de Saint-Sernin ?

— Je suis moine de cette abbaye, répondit le premier interlocuteur, et les hommes que vous voyez avec moi sont des chrétiens de Toulouse, qui ont voulu m'aider à chercher le saint abbé. Voilà déjà trois semaines que Blaise est sorti du monastère; un petit différend survenu entre l'évêque Héraclianus et lui, le décida à s'éloigner. Hélas! tous les moines furent coupables de ce départ désastreux, car nul ne songea à défendre Blaise contre l'évêque Héraclianus. Depuis ce jour malheureux, des calamités sans nombre ne cessent de tomber sur la ville de Toulouse et sa malheureuse abbaye. Après le départ d'Alaric, pour la guerre, la ville a été en proie à la discorde, à la guerre civile. La reine Théodegothe, Clodoïr le gardinge, et Goiric le vice-roi, se sont livrés bataille dans les rues de la cité; le sang a coulé à grands flots, et les citoyens se sont égorgés. Ce n'est pas tout : la reine, ajoutant l'impiété et le sacrilége à la révolte, a osé assiéger le temple du Seigneur ; elle a échoué dans cette funeste entreprise, mais un fils de l'enfer a réussi dans un horrible guet-à-pens, il a enlevé notre saint évêque Héraclianus, et le malheureux est mort assassiné !...... Enfin, pour que rien ne manquât à toutes nos misères, la famine est venue joindre ses horreurs à celle de la guerre, et les Toulousains sont au moment de voir mourir de faim leurs enfans et leurs femmes. Toutes ces calamités ont enfin dessillé nos yeux : nous avons reconnu clairement dans ces malheurs la main d'un Dieu, vengeur de l'innocence du bienheureux Blaise. Les chrétiens se trouvent maintenant sans évêque, et nous courons à la recherche du saint abbé pour l'élever au siége épiscopal..... Depuis dix jours que nous sommes partis, nous avons visité Castra et la Montagne-Noire ; nulle part nous n'avons pu recueillir le moindre indice sur sa demeure ; enfin nous sommes remontés dans la plaine de l'Auriger, et nous voici parcourant les vallées, consultant les chrétiens, sans avoir pu encore obtenir un seul mot qui puisse nous aider à trouver notre salut, notre père..... Le moine se tut, et il n'est pas inutile d'ajouter qu'indépendamment des calamités publiques qui faisaient désirer le retour de Blaise dans l'abbaye, chaque pèlerin y avait encore un intérêt personnel. L'abbé, comme nous l'avons déjà dit, passait pour avoir le don précieux des miracles, et dans ce siècle de malheur, il n'était pas d'homme qui n'eût une faveur considérable à lui demander, telle que la guérison d'une maladie réputée incurable, le pardon des péchés, l'éloignement d'un ennemi dangereux. Le moine montra même à Mazair une femme de grande noblesse, qui attendait de lui la résurrection d'un fils unique, que des bourreaux avaient assassiné. Cette infortunée, quoique d'une complexion maladive et délicate, avait suivi les pèlerins dans leur long et pénible voyage ; mais depuis deux jours, la crainte de ne pas rencontrer Blaise avait paralysé ses forces, et elle était obligée, parfois, de s'asseoir sur les bords des sentiers. Mazair avait en effet remarqué une femme entièrement vêtue de noir, qui s'était reposée à l'écart sur une pierre, et paraissait vouloir demeurer seule, isolée, pour mieux pleurer la mort de son enfant.

Amalaric aussi n'était pas demeuré étranger à la douleur de cette inconnue : ses regards s'étaient tout d'abord dirigés sur elle, et une vague et douce mélancolie les tenait attachés sur son voile noir ; mais celle-ci, absorbée dans la profondeur de sa douleur, tenait ses yeux baissés vers la terre, et ne prêtait aucune attention à ce qui se passait à l'entour.

Cette halte de la caravane, et la conversation des pèlerins avec le berger, avaient attiré sur les lieux une paysanne d'un grand âge ; elle vint se mêler au groupe, et lorsqu'elle connut le motif de cette réunion d'étrangers, elle se hâta de leur dire :

— J'ai entendu parler du saint homme que vous cherchez, mes braves gens, et je crois qu'il habite ce pays ; tenez, ajouta-t-elle, en montrant deux hommes qui travaillaient dans un champ peu éloigné, je pense que celui que vous cherchez est un de ceux qui labourent là-bas, derrière cette haie d'aubépine.

A ces paroles inattendues, les pèlerins, haletant d'espérance, tournèrent leurs regards vers la plaine, à la découverte des deux laboureurs, et ils se dirigèrent en toute hâte vers le lieu qui leur avait été indiqué. Amalaric et Mazair les accompagnèrent ; mais la femme vêtue de noir, sous les traits de laquelle le lecteur aura sans doute reconnu Audoflède, demeura sur son siège de pierre, car son extrême fatigue ne lui permettait pas de suivre la caravane dans toutes ses recherches, et elle voulut attendre sur le sentier le résultat de cette nouvelle exploration.

A mesure que les pèlerins avançaient, ils distinguaient plus aisément un homme d'un âge avancé, le dos courbé, les cheveux blanchis, qui s'occupait à creuser un petit fossé, et tout près de lui un laboureur plus jeune qui pressait les flancs de deux buffles pour tracer un sillon : sa taille était moyenne, il allait pieds nus, la pièce de toile qui lui servait de manteau était sale, presque déchirée, et il portait sur la tête le berret rouge des montagnes, vulgairement appelé *bayno*. Plus on approchait, et plus on découvrait sur son visage un caractère de douceur et de sérénité indicible. Au lieu d'attacher ses yeux vers la terre, il levait son front vers le ciel, et on comprenait aisément à la joie avec laquelle il traçait son sillon, qu'il en destinait la moisson à Dieu, aux pauvres et aux orphelins.

Tout-à-coup, un immense cri de joie se fit entendre : les chrétiens venaient de reconnaître Blaise, à l'auréole de lumière qui entourait son front radieux. Aussitôt, par un mouvement spontané, tout le monde hâta le pas, et le laboureur se trouva environné de son ancien troupeau, prosterné à ses pieds, et implorant sa miséricorde.

Blaise, étonné de cette grande réunion de gens, mais heureux de retrouver tant de visages connus, leur demanda quel était le motif qui pouvait les mener près de lui.

— Hélas ! s'écria un diacre, avec une exclamation que les courses de Colomb ou de Vasco de Gama auraient pu seules justifier, hélas ! que le monde est grand ! et que les forces de l'homme sont petites ! Depuis dix jours que nous avons quitté Toulouse, nous avons parcouru les pays connus, nos peines ont été infinies, nos forces sont épuisées, mais notre ame ne contient maintenant que bonheur, allégresse, puisque nous avons retrouvé notre père.

— Frère, expliquez-vous, répondit le saint homme, quel événement peut me procurer la joie de revoir des amis dans cette solitude où je me croyais ignoré de l'univers ?

— Nous venons vers vous, ajouta le moine, pour vous faire connaître notre détresse infinie, et chercher le salut dans le sein de votre miséricorde. Depuis votre départ, des malheurs de toutes sortes se sont appesantis sur la ville et sur le monastère, sur les catholiques et sur les ariens : le sang a coulé dans les rues de la cité, les citoyens se sont entr'égorgés, l'abbaye a été profanée par une reine audacieuse ; enfin, pour comble de disgrâce, notre évêque a été pris et indignement massacré.

— Ah ! certes, répondit Blaise, tous ces malheurs sont immenses, et la mort de notre respectable évêque excite toute ma compassion ; mais que puis-je faire à cela ? pleurer et prier le ciel !..... Frères, il faudra que vous joigniez vos prières aux miennes.

— Ce n'est pas tout, poursuivit le moine, à tous ces malheurs passés le ciel en courroux ajoute encore de nouvelles souffrances : la famine s'est répandue dans la ville, elle impose sa maigreur livide aux femmes, aux enfans, et bientôt peut-être des cadavres décharnés demeureront gisans dans les rues devenues désertes.... Au milieu de toutes ces calamités, les enfans du Seigneur ont naturellement tourné vers vous leurs regards d'espérance ; nous venons, au nom de tous, vous offrir l'évêché de Toulouse, vous suppliant de pardonner les offenses qui ont pu vous être faites, et de rentrer enfin dans la ville, pour y ramener la concorde et la bénédiction de Dieu.

— Les malheurs de mes frères touchent profondément mon cœur, répondit Blaise, mais je suis loin d'être digne de ramener sur eux le pardon du ciel et sa bénédiction !

A ces mots, les voyageurs poussèrent des cris de détresse, et comme ils se jetaient de nouveau aux pieds de Blaise pour le supplier de revenir au sein de son troupeau, il leur répondit, en levant les yeux au ciel :

— Frères, ne me pressez pas davantage, il est aussi impossible que je revienne à Toulouse, qu'il est impossible aux cornes de mes buffles de verdir et de pousser des bourgeons.

Ces mots étaient à peine prononcés, que le cri ineffable de : Miracle ! miracle ! retentit jusqu'aux cieux ; les cornes des buffles venaient de se couvrir d'une écorce de chêne, des petits rameaux verts grandissaient et s'entrelaçaient : bientôt le front et le joug des buffles furent ombragés d'un épais feuillage.

A la vue de ce prodige, Blaise ne put douter des volontés du Ciel : il tomba lui-même à genoux au milieu des pèlerins prosternés, en s'écriant plein d'obéissance et de foi : Mon Dieu ! puisque telle est votre volonté, je me rendrai aux désirs de ces chrétiens, je reviendrai à Toulouse, et je me consacrerai au bonheur de vos enfans et à la gloire de votre nom !

Ce que nos supplians ayant entendu, ils se relevèrent pleins de bonheur et de joie, et séchèrent leurs larmes amères. Blaise quitta ses bœufs incontinent, et les remettant à son vieux père, il versa quelques pleurs avant de quitter le vieillard ; mais ce dernier, plein de ferveur, et ne considérant que la volonté de Dieu, encouragea son fils à partir, disant que le Seigneur aurait soin de sa vieillesse (45).

 EPENDANT, les transports de joie des émissaires victorieux avaient retenti jusqu'au lieu où Audoflède était demeurée plongée dans la douleur. Alors, sortant de son accablement, elle leva la tête, et je ne saurais dire combien sa joie fut grande lorsqu'elle vit revenir la caravane en

poussant des acclamations et en agitant dans les airs des rameaux de houx et de buis....... La reine délaissée retrouva alors toutes ses forces, et, courant à la rencontre de Blaise, elle fut frappée soudain de cette auréole de lumière blanche qui se posait sur le front des saints apôtres.

Cependant Blaise n'était pas le seul homme de la troupe qui attirât les regards d'Audoflède; nous avons vu que Mazair et Amalaric avaient suivi les pèlerins; or cet enfant inconnu qu'Audoflède apercevait parmi ses compagnons de voyage, éveillait son attention presque aussi vivement que l'auréole blanche du prêtre. De son côté, Amalaric était vivement ému à l'aspect de cette femme : c'était entre elle et lui une espèce d'attraction qui enchaînait leur ame; une activité, un réveil d'amour inconnu chez Amalaric, et depuis long-temps assoupi chez la reine infortunée.

— Mon fils, s'écria-t-elle enfin, dans un ravissement ineffable, mon fils!.... c'est une erreur; mes yeux me trompent, ajouta-t-elle bientôt.... Mais cette pensée de doute ne pouvait prendre racine dans son cœur, et elle aimait mieux appeler un miracle à son aide que de repousser son espoir maternel.... Mon Dieu ! reprit-elle avec foi, serait-il bien possible...... Blaise! espoir des malheureux ! auriez-vous deviné la prière d'une mère? Et vous, mon Dieu! auriez-vous sitôt exaucé les vœux d'Audoflède, les prières d'un saint abbé ?

En prononçant ces mots, la reine hâtait le pas, et le bonheur multipliait tellement ses forces, que tous les assistans demeuraient émerveillés de sa légèreté. Enfin elle arriva en présence d'Amalaric; plus de doute, c'était bien le fils de son amour, le fruit de ses entrailles. Alors ne pouvant résister à tant d'émotion, elle se prosterna sur la terre glacée; et élevant les yeux au ciel, elle demeura dans un de ces accès d'adoration que l'on ne trouve que dans les siècles de foi naïve. La mère d'Amalaric n'était plus une simple femme; on comprenait à la suavité extatique de son regard, que son ame nageait entre le ciel et la terre et que son fils était le seul lien qui la retint encore ici-bas.

Pendant long-temps les témoins de cette scène touchante ne purent comprendre le bonheur d'Audofède. Peu de personnes connaissaient son origine royale, et nul ne savait qu'Amalaric était le fils qu'elle cherchait. Au milieu de cet étonnement général elle se jeta aux pieds de Blaise:
— Soyez béni, saint homme! qui m'avez rendu Amalaric mon fils, s'écria-elle avec un épanchement de reconnaissance et d'amour.

— Je suis indigne d'exciter ces transports, Madame, lui répondit Blaise, en lui tendant la main pour la relever; j'ignorais que vous eussiez perdu un fils, ainsi ce n'est pas moi que vous devez remercier de vous l'avoir rendu.

— Le saint abbé dit vrai, Madame, s'écria Mazair avec cet orgueil que lui inspirait toujours sa belle action. C'est à moi, à moi seul que doivent s'adresser vos témoignages de reconnaissance; voilà la main qui a arrêté le poignard assassin sur la tête de votre enfant!.... En disant ces mots, Mazair montrait son bras nerveux; puis il ajouta avec fierté : — C'était le soir, l'enfant errait seul au milieu d'un bois; deux brigands parurent, je devinai leurs desseins, je me tins à l'affût armé d'une hache; et quand ils s'élancèrent sur la victime innocente, je me précipitai sur eux, je leur arrachai Amalaric et je les mis en fuite.

— Est-il possible, ô mon Dieu! s'écria Audoflède en joignant les mains avec admiration; quoi! c'est vous!..... vous!..... Et la pauvre mère n'en put dire davantage, tant son cœur était inondé de reconnaissance et de joie.

— Ce n'est pas tout, poursuivit le berger. Après l'avoir arraché des mains des scélérats, il me restait à le dérober à de puissans criminels qui méditaient sa mort; je l'ai caché pendant dix jours dans ma cabane, maintenant je le conduis dans ce pays pour venir éveiller, en son nom, les sympathies des montagnards, pour soulever les esclaves et les fugitifs, pour former enfin le noyau d'une armée libératrice et lui rendre le trône qu'une marâtre indigne a voulu usurper.

— Homme courageux! homme magnanime! qui êtes-vous pour avoir pris ainsi la défense d'Amalaric?

— Qui je suis, Madame? Ah! certes, je ne suis ni duc, ni gardinge, ni comte; un esclave fiscalin, un berger, gardant des vaches, un pauvre diable enfin, qu'on appelait *imbécile*; mais avec tout cela, je suis un homme aimant la vertu, détestant le crime, haïssant de toute la force de mon ame l'oppression, la tyrannie; voilà pourquoi je me suis senti devenir un héros quand il a fallu protéger un pauvre enfant contre l'ambition dépravée d'une cruelle marâtre.

— A ces paroles, Audoflède sentit redoubler son admiration pour le sauveur généreux de son fils; et le berger vit de nouveau à ses pieds une seconde reine qui élevait vers lui d'ineffables actions de grâces.

— Que le ciel soit ouvert à vous et à tous les vôtres, ô berger magnanime, qui avez si hautement compris la vertu! que vos enfans, toujours auprès de vous, ne vous donnent que des caresses et des heures de joie! que Dieu éloigne de votre chaumière tous les ennemis qui pourraient jalouser votre bonheur; et si quelque puissance malfaisante méditait contre vous quelque vengeance, que mes malheurs servent d'expiation, et que mes affreuses et longues angoisses de mère servent à vous épargner quelques tourmens.

En disant ces mots, Audoflède prit son fils dans ses bras et elle le pressa avec une effusion si grande, qu'il fût aisé aux pèlerins de comprendre qu'elle ne quitterait plus ce mobile de toutes ses affections. On se disposa donc à se séparer, car on sait que Mazair était attiré par ses vastes projets vers les hautes vallées, tandis que Blaise et les chrétiens se sentaient rappelés vers Toulouse.

Le berger qui voyait la journée s'écouler, donna le signal de la séparation. Il aida Amalaric à remonter sur son ânesse; et Audoflède posa ses mains sur les genoux de l'enfant en continuant de le regarder avec une plénitude de bonheur à laquelle aucune crainte ne venait encore se mêler.

— Adieu, berger! adieu, reine! dit-on d'une part.
— Adieu, Saint Blaise! adieu, pèlerins! dit-on de l'autre; et les deux caravanes prirent des directions opposées.

> Des nouvelles de la nature
> Viennent rarement sur ces bords;
> On n'y sait que par aventure
> Ou par de très tardifs rapports,
> Ce qui se passe sur la terre,
> Qui fait la paix, qui fait la guerre,
> Qui sont les vivans et les morts.....
>
> GRESSET. (*Le Carême.*)

XXI.

LA VALLÉE DES PROSCRITS.

E paysage que parcouraient nos trois voyageurs était désert et sauvage; à mesure qu'ils avançaient, les montagnes se montraient plus élevées, la rivière plus rapide, la vallée plus étroite. De tous côtés une nature échevelée se livrait entièrement à tous ses caprices. Le sentier étroit, resserré entre les rochers et le Salat dont il dominait les eaux comme une corniche pittoresque, était rocailleux et difficile. La monture d'Amalaric n'osait avancer qu'en hésitant, et ne posait ses pieds sur les roches mouvantes, qu'après avoir sondé leur solidité. Mazair marchait le premier pour ouvrir la voie et détourner les branches de bouleau qui se croisaient sur leur passage; Audoflède suivait pas à pas Amalaric, et ses jambes, quoiqu'endolories par ses longs voyages, ne paraissaient plus se souvenir des douleurs de la marche. Oubliant le rétrécissement du sentier, qui parfois faisait frémir Mazair, elle marchait entre l'anesse et la rivière, plaçant ainsi son corps comme un parapet intelligent entre son fils et le courant rapide.

Le voisinage de cet ange tutélaire donnait plus de courage à l'enfant, et son visage avait repris quelque peu de cette gaîté qu'il exprimait auprès d'Amalgise.

Bientôt un bruit sourd et mugissant vint se mêler à la rumeur vague du vent et des ruisseaux qui donnait seule, à cette solitude, une espèce de vie sauvage ; ils approchèrent, c'était un torrent qui se précipitait en cascade et roulait de rocher en rocher jusqu'au lit du Salat.

— Voici la vallée des Proscrits, s'écria Mazair avec joie, maintenant que la reine et le roi aient bon courage, dans un instant nous serons arrivés !.... Puis ayant fait descendre Amalaric de sa monture, il dit à l'enfant et à la mère, en leur montrant un escalier taillé presque à pic dans le roc : — A vous maintenant de gravir cette échelle ; posez bien vos pieds, aidez-vous des genoux et des mains, et surtout gardez-vous de tourner la tête en arrière, car la vue du précipice pourrait vous donner le vertige. Moi, je marcherai le dernier afin de prévenir des chutes qui vous coûteraient la vie.

L'échelle, car, sans exagération, c'en était une dans toute la force du terme, présentait un accès très-difficile, et le torrent impétueux, qui se brisait à côté, ne faisait qu'augmenter le péril. Quelquefois il était si rapproché que l'écume de l'eau jaillissante inondait nos voyageurs d'une pluie glacée.... Cependant les instructions de Mazair furent ponctuellement exécutées ; et après avoir franchi le centième échelon de cet escalier inégal, la pente devint plus douce, le ruisseau n'offrit plus qu'un courant d'eau sans cascade et sans bruit.... Alors Mazair montra aux voyageurs deux énormes rochers, placés sur les deux bords du torrent en forme de pyramides ; c'était comme les portes de fer du canton des Proscrits, seule ouverture par laquelle ils pouvaient communiquer avec le reste de l'univers. Arrivés à cet endroit, les voyageurs virent le sentier disparaître entièrement ; il fallut que Mazair passât le premier pour franchir ce détroit difficile. A droite une muraille de roc, à gauche le torrent bleuâtre et profond ; sous les pieds quelques fragmens de rochers roulans, séparés par d'innombrables rameaux d'eau courante. C'était sur les pointes de ces jalons épars qu'il fallait poser les pieds et sauter de l'un à l'autre avec une agilité qui, seule, pouvait préserver d'une chute mortelle ; mais quels périls l'instinct maternel d'Audoflède n'aurait-il pas fait éviter à son fils adoré ?.... Heureusement le torrent n'était pas grossi, car, à l'époque de ses crues, les pierres qui formaient cette passerelle dangereuse se trouvaient submergées, et le passage, au lieu d'être simplement périlleux, devenait absolument impraticable, même pour une mère séparée de son enfant.

Cet effort fut le dernier que nos voyageurs eurent à faire pour se trouver en pleine vallée ; ils la virent s'élargir et s'allonger dans le flanc des montagnes, et ils purent contempler dans son ensemble un cirque immense, ayant environ huit cents pas de large sur trente mille de longueur (on sait que le pas représente à peu près notre mètre). De tous côtés s'élevaient de hautes murailles de granit, dominées à leur tour par des montagnes couvertes de glaciers. Les champs ensemencés étaient rares dans la petite plaine, mais à leur défaut de nombreux troupeaux de bœufs, de moutons et de vaches laitières assuraient l'existence de la population.

Cette contrée, murée de tous côtés par des montagnes, présentait la forme assez exacte d'arènes de géants. Cinq ou six mille montagnards, pauvres mais libres, se mouvaient dans l'enceinte, et ils avaient pour spectateurs d'innombrables troncs de sapins, assis sur les gradins de granit inaccessibles aux hommes.

La population de la vallée des Proscrits se composait de deux races bien distinctes : les anciens Gaulois et les Gallo-Romains.

Les premiers, habitans presque autocthones de ces montagnes, séparés du reste des Gaules par des barrières naturelles, étaient demeurés étrangers à toutes les révolutions que l'arrivée des Romains, d'abord, et des Barbares ensuite, avait fait éprouver à la terre des druides, et l'ancienne race gauloise avait perpétué dans cette espèce de nid d'aigle, ses mœurs, sa religion dans toute leur rude et sacerdotale homogénéité. Le village occupé par ce noyau de la société primitive était au fond de la vallée, adossée à la montagne, et tout près de la cascade blanche que le torrent formait en s'échappant des glaciers supérieurs. Là, vivait le druide entouré du respect de son petit peuple; là, les magiciennes agitaient encore leurs torches prophétiques autour de l'autel de Hésus; là, s'exécutaient quelquefois de ces horribles sacrifices où le sang humain coulait comme le sang des taureaux.

La population gallo-romaine comptait de plus faîche date. A l'époque de l'invasion des Barbares, bien des familles de Carcasso, de Tolosa, de Callagoris-Convenæ, effrayées des ravages des Suèves, des Vandales, des Visigoths, avaient fui en toute hâte vers les Pyrénées, refuge ouvert par la Providence à toutes les infortunes de cette époque. D'abord ils s'arrêtèrent dans les plaines inférieures; mais plus tard la domination des Visigoths prenant de l'extension, ils montèrent plus avant au fur et mesure que les Barbares étendaient vers eux leur établissement. Ceux dont nous parlons étaient venus occuper le bas de la gorge des Proscrits; ils apportaient avec eux leurs pénates, leur Jupiter de terre cuite ou de bronze, et un gros village gallo-romain se forma à l'entrée de la vallée.

Pour repousser toute attaque, les réfugiés possédaient deux puissans moyens de défense, gardiens assurés de leur liberté. Le lit du torrent, fermé par une forte digue de sapins, de chênes et des rochers, retenait les eaux et formait un lac artificiel qui, ouvert en temps opportun, pouvait produire une inondation momentanée et renverser sur son passage tout ennemi qui se serait aventuré sur les roches mouvantes de cet étroit espace.

En second lieu, si, malgré la difficulté du passage de leurs Thermopiles, les proscrits étaient destinés à voir un jour les maîtres de la Gaule pénétrer dans leur vallée, des sentiers escarpés, des escaliers de granit, des défilés introuvables à tout étranger, pouvaient les conduire, eux et leurs troupeaux, sur les pics de ce cirque gigantesque; et là, placés comme des vautours aériens, hors de l'atteinte des ennemis, il leur était aisé d'attendre le départ des envahisseurs, qui certes ne pourraient occuper long-temps une contrée déserte et presque inculte.

Tel était à peu près l'aspect physique de ce pays pittoresque. En apercevant les objets que nous venons de décrire, Mazair leva les mains au ciel, et une larme de tendresse roula dans ses yeux, car il revoyait le sol où s'était écoulée sa jeunesse. Il y avait vingt ans, Mazair était un des plus pauvres orphelins de la vallée; accablé par la misère et peut-être aussi poussé par un besoin secret de quitter une prison, où il se sentait étouffer, il partit pour la plaine, mettant sa confiance dans le destin. Arrivé près de Toulouse, il fut saisi par des soldats et mené vers un intendant du Château-Narbonnais. En ce moment on avait besoin d'un berger pour garder les vaches du roi; on le fit esclave et on l'envoya manier la houlette dans un domaine royal. Pendant qu'il avançait, Mazair fut péniblement surpris de la solitude immense qui semblait s'appesantir sur cette terre libre, mais malheureuse; il questionna quelques enfans qui gardaient des troupeaux sur la cause de cette solitude; il lui fut répondu que les druides célébraient la fête du Lac au haut de la gorge, et que tous les habitans s'étaient dirigés vers ce lieu pour assister à cette cérémonie religieuse.... Le berger accueillit cette nouvelle avec plaisir; la réunion de tous les proscrits dans le même endroit ne pouvait être que favorable à ses projets. Une heure de marche le séparait du lac sacré; il redoubla de vitesse, stimula le courage d'Amalaric et d'Audoflède, et bientôt ils purent voir distinctement la foule présente à la fête druidique.

C'était un bien antique souvenir des croyances gauloises que cette espèce de culte rendu aux eaux limpides; culte bien profondément enraciné dans la mythologie Tectosage, culte qui se retrouve peut-être dans cet or de Cépion, arraché à la fontaine sacrée de Toulouse et qui s'est perpétué dans les hautes vallées de nos montagnes jusques en ces derniers temps (46).

Au moment où Mazair joignit la foule, la cérémonie touchait à sa fin, le druide venait de jeter dans l'eau quelques feuilles de chêne avec des petites pièces d'argent; il avait consacré le mariage de trois jeunes couples en prenant le lac à témoin de la sincérité de leurs sermens. Enfin quelques ennemis s'étaient réconciliés en se lavant le front dans ses eaux. Les prodiges dont cette dernière scène était quelquefois accompagnée, rendaient souvent cette partie de la fête extrêmement dramatique, aussi les spectateurs en attendaient-ils le dénouement avec la plus vive anxiété. Si les promesses données de part et d'autre étaient sincères, le lac demeurait paisible et transparent; mais si la trahison se cachait sous un serment trompeur, les eaux devenaient bourbeuses, elles se soulevaient avec violence; quelquefois même le ciel se couvrait de nuages, la foudre grondait, des tourbillons de flammes sortaient du fond des eaux et une grêle de rochers frappait le parjure...... Cette fois tout était demeuré calme, et les spectateurs avaient été privés de tout accident imprévu.

Bientôt cependant tous les regards se dirigèrent vers les trois étrangers et notamment sur le berger ; d'abord quelques personnes crurent se rappeler ses traits, de vagues souvenirs gagnèrent de proche en proche, un cri général se fit entendre, tout le monde avait reconnu Mazair.

— Oui, mes amis! s'écria celui-ci avec cet orgueil qui le dominait depuis quelques jours, je suis Mazair,.... Mazair toujours pauvre, Mazair toujours vertueux ; mais ayant remplacé son ancienne timidité par l'audace, son indifférence par l'ambition.... Frères, ajouta-t-il avec force, j'ai sauvé le fils du roi, j'ai abattu l'orgueil d'une reine méchante, je l'ai vue tomber à mes pieds, demander pardon, et je viens vous apprendre à mesurer la force réelle de ces rois visigoths que nous avons la simplicité de redouter.

Mazair, s'abandonnant alors à cette faconde éloquente qu'inspire l'exaltation, raconta dans leurs détails toutes les machinations infâmes dont Amalaric avait été victime, et Théodegothe l'instigateur. Il s'appesantit surtout sur cette faiblesse réelle des rois qui faisait maintenant sa force. Il parla aux proscrits de leurs anciens établissemens dans la plaine, de leur fortune et de la liberté dont ils jouissaient avant l'arrivée des Visigoths. Il leur dépeignit l'affaiblissement de la puissance d'Alaric, sa guerre contre les Francs, la révolte de Théodegothe; enfin, les appelant aux armes, il leur promit le retour dans leur patrie, la restitution de leurs propriétés s'ils voulaient aider le jeune Amalaric à remonter sur le trône.

Quelqu'habitués que fussent les proscrits à leur vallée étroite et infertile, ils n'en regrettaient pas moins les grandes villes et les riches propriétés, comme un vague et délicieux souvenir. Ce germe de regret fut développé, excité puissamment par les paroles de Mazair ; Audoflède y joignit l'action touchante de son amour de mère ; la jeunesse, l'innocence d'Amalaric finirent de subjuger ces montagnards ardens. Quelques heures après l'arrivée de Mazair ils promettaient tous, en étendant la main vers le lac, de s'enrégimenter sous la bannière d'Amalaric et de marcher vers Toulouse pour le rétablir sur le trône. — Puisque vous le jurez tous devant ce témoin sacré, s'écria alors Mazair, à moi maintenant de m'engager à vaincre ou à mourir à votre tête.

A ces mots, il étendit sa main vers les eaux limpides ; sa taille majestueuse, son front inspiré se réfléchissaient dans le miroir profond, et il prononça le serment.... Mais sa voix, d'abord claire et assurée, fut tout-à-coup étouffée par un bruit prodigieux. Le lac s'agita, la terre trembla sous les pieds des spectateurs, et ces présages funestes imprimèrent à tous les cœurs un effroi involontaire. Mazair seul n'en fut pas étonné ; il prit ce langage des élémens pour une adhésion de la nature à sa noble entreprise, et il parvint à faire partager sa manière de voir au grand nombre des assistans. Mais le druide, attaché par l'expérience et la foi aux croyances des ancêtres, n'en demeura pas moins convaincu de la signification malheureuse de ce langage des élémens, et la pauvre Audoflède sentit des larmes involontaires couler de ses yeux en regardant son fils.... Nous aurions encore bien des détails à rapporter sur cette scène druidique, mais les événemens marchent à grands pas, ils se précipitent, il faut, bon gré mal gré, se précipiter avec eux.

Le lendemain, les proscrits s'occupèrent à réunir leurs armes, à préparer leur expédition, et le jour suivant on se mit en marche pour se transporter le plus rapidement possible sous les murs de Toulouse. Au moment du départ, quatre mille hommes formaient l'escorte du jeune roi ; dans ce nombre nous comprenons les femmes et quelques enfans, car on sait, qu'à cette époque, la guerre elle-même séparait rarement la famille de son chef. En passant dans le diocèse de l'évêque Guil, Mazair réussit aisément à entraîner le pasteur belliqueux et une partie de son troupeau. Peut-être le mari de Joannie n'était-il pas fâché de l'occasion qui s'offrait à lui, d'aller un peu montrer les dents à messieurs les moines de Saint-Sernin... En arrivant près de Callagoris, ils rencontrèrent une centenerie de visigoths, ennemie de Théodegothe ; et comme elle était commandée par un certain Quérullus, gallo-romain fort mécontent et non moins ambitieux, il fut aisé aux révoltés, vulgairement appelés Bagaudes, de l'entraîner dans leur parti.

Enfin, marchant toujours de succès en succès, l'armée insurrectionnelle compta bientôt huit mille hommes en état de porter les armes. Et comment les habitans de cette partie des Gaules auraient-ils pu demeurer insensibles à l'appel de Mazair, de Quérulus, de Guil, et surtout de la tendre et malheureuse Audoflède ?..... Plus on approchait de Toulouse, plus les populations se pressaient autour des insurgés. Ici, les esclaves brisaient leurs fers pour venir demander la liberté au jeune roi : ailleurs, les Visigoths, ennemis de Théodegothe, et ils étaient nombreux parmi la classe riche et éclairée, venaient se rallier autour du fils d'Alaric ; les Gallo-Romains, de tous les rangs et de toutes les classes, accouraient précipitamment à la voix de ceux qui annonçaient la destruction du règne des Barbares et le rétablissement des anciennes libertés de la province romaine. Bref, les progrès de l'insurrection furent si rapides que quatre jours après avoir quitté la vallée, Mazair se trouvait sous les murs du Château-Narbonnais à la tête de douze mille hommes, tout prêts à commencer l'attaque de la capitale.

>Dans nos hameaux, quelle image brillante
>Nous nous faisions d'un souverain !
>Quoi ! pour le sceptre une main défaillante,
>Pour la couronne un front chagrin !
>Heureux villageois, dansons :
>   Sautez fillettes
>   Et garçons ;
>   Unissez vos joyeux sons,
>   Musettes
>   Et chansons.
>
>   BÉRANGER.

XXII.

LES INSURGÉS.

Tous les insurgés campaient sous les meurtrières du château ; les paysans, les esclaves, distribués par groupes, s'agitaient, menaçaient la garnison ; quelques-uns prenaient leur repas et s'essayaient à manier les armes. La matinée était sombre, des nuées pâles et livides promenaient dans un ciel nébuleux ; les glaçons avaient fondu ; la neige s'était écoulée dans les ruisseaux, et quoiqu'on fût encore au cœur de l'hiver, quelques éclairs avaient sillonné les sombres nuages.... Le lecteur aura peut-être remarqué l'absence prolongée de cette puissance infernale que nous avons souvent montrée sur la route des hommes. Il s'en faut de beaucoup néanmoins que l'enfer soit demeuré étranger aux événemens qui se sont réfléchis dans le cristal un peu confus de cet épisode.

Malasit, ennemi constant de la civilisation chrétienne, avait mainte fois secoué sa torche sur l'arène des passions humaines. L'amour violent de Clodoïr, l'ambition effrénée de Théodegothe, avaient senti leur brasier s'allumer à un souffle inconnu. Les assassins gagés recevaient des poignards, fraîchement aiguisés, d'une main invisible; Toulouse enfin voyait parfois un esprit, brouillon insaisissable, soulever dans son sein le brandon de la discorde et de la guerre civile. La cause de ces événemens demeurait pour bien des gens inexplicable; et Malasit, caché sous mille déguisemens, jouissait en ricanant de son triomphe sanglant. L'activité de l'esprit infernal échappe bien souvent aux regards des humains; mais parfois, cependant, son action se révèle par des entreprises si hardies, qu'on est obligé, malgré soi, de reconnaître ce travail continu du génie ténébreux. C'est parmi nous, pauvres mortels, comme l'action cachée de la diplomatie damnée. Elle essaie bien de cacher ses ramifications et ses tentatives avec tous les secrets de la puissance occulte; mais parfois arrivent de ces explosions si éclatantes, que tous ses ressorts sont mis à découvert. Les anges déchus se déchaînent alors sur la terre, l'épée en main, le feu dans les regards, sans mystère et sans pudeur.

Une de ces époques de révolte au grand jour, allait reparaître. Malasit était fatigué d'intriguer sourdement; tous les efforts de sa rage rusée n'avaient abouti qu'à affaiblir la puissance des Visigoths par la désunion. Les temps du Polythéisme et du Druidisme étaient passés sans retour; il ne lui restait plus pour dernière ressource que l'hérésie d'Arius. Eh bien! par une fatalité irrésistible, Malasit, impatient de porter en tout lieu la discorde et la mort, avait fini par ébranler de ses propres mains toutes les pierres de l'édifice visigoth; maintenant il croulait en ruines. Clovis le catholique venait de passer la Loire, les deux armées étaient aux prises, et un courrier, arrivé le matin de l'armée d'Alaric, avait apporté la nouvelle d'une grande défaite.

Un autre malheur menaçait Malasit; le berger Mazair, armé par la vertu pour venger et relever l'innocence, était sur le point de s'emparer du Château-Narbonnais, et d'établir une jeune royauté de justice et d'amour sur les ruines de la tyrannie sanglante et criminelle de Théodegothe.

La coïncidence de ces deux catastrophes vint retirer le plénipotentiaire infernal de son rôle machiavélique et temporisateur; il abandonna ses déguisemens insaisissables. Il prit son pantalon colant et rayé à larges bordures noires et rouges; il mit sa toque noire armée du plumet bleu, sa ceinture d'airain, son épée courte, enfin le costume qu'il nous a montré sous les druides, et il reparut fièrement parmi les hommes.

C'était le moment où l'armée de Mazair se trouvait réunie devant le Château-Narbonnais, à deux portées de trait des remparts de la ville. A gauche, les paysans, les fiscalins, les esclaves; à droite, les soldats de l'officier Quèrulus qui s'étaient joints aux insurgés; de tous côtés enfin les vaillans gallo-romains de la vallée des Proscrits, troupes peu expérimentées, mais que leur haine pour les Visigoths rendaient troupes d'élite.

Le jeune roi et sa mère étaient au milieu de ces derniers, et les insurgés profitant de leur loisir, avaient placé Amalaric sur un bouclier, et le portaient au-dessus de leur tête avec acclamations en attendant que le signal de l'attaque fût donné.

Audoflède suivait l'enfant d'un regard fier, heureux, et néanmoins attiédi par cette sollicitude de mère qui n'ose jamais se reposer sur l'idée d'un bonheur parfait.

Pendant ce temps, Malasit, adossé à un de ces vieux tombeaux romains de férétra, regardait l'armée de Mazair, et disait d'une voix comprimée:

— Malédiction! il ne me restait plus que Théodegothe, et ce berger vertueux menace de détruire mon dernier rempart. Heureusement que l'ambition, avec tout son cortège de cynisme et d'audace, bouillonne aussi dans cette poitrine, et c'est assez de ce levier pour extirper la vertu de tout cœur mortel.

A ces mots il alluma le foyer de son regard comme deux brasiers, ses prunelles s'alongèrent et elles allèrent atteindre le fond du cœur de Mazair; — mais, que vois-je! ajouta le Mauvais, déjà il me semble entrevoir les premières fumées du forfait à travers les rides profondes de ce crâne! Courage! mort-Dieu, courage! le rôle de restaurateur de roi ne lui paraît plus aussi merveilleusement beau, et sa vertu transformée en ambition peut arriver à de belles conséquences.... Je sais que cette métamorphose ne donnera pas à ma puissance une grande stabilité; mais puis-je résister à l'ineffable désir de faire un nouveau scélérat! et pour moi, n'est-ce pas triompher que de réveiller le meurtre et de faire verser des larmes?

Pendant ce monologue, Malasit s'était rapproché lentement de Mazair, et ce dernier, sombre, agité, silencieux, avait marché vers lui comme entraîné par une attraction mystérieuse.

— Adieu, grand faiseur de rois, dit Malasit en passant près du berger.

Celui-ci se retourna et considéra avec inquiétude la physionomie ricaneuse de Malasit.

— Qu'a donc à rire celui-là, quand je fais des monarques? dit-il avec dépit.

— Bientôt je m'expliquerai plus clairement, reprit Malasit, et il disparut dans la foule des insurgés. Mais il avait enfoncé son dard et la pointe en était demeurée au fond de la piqûre. Déjà le front du berger ne portait plus le cachet de cette confiance noble et franche que donne la vertu désintéressée; son regard était inquiet, sa parole rude, ses lèvres sèches, et il pensait malgré lui à ce bruit allarmant qui s'était fait entendre dans les eaux du lac Druidique, lorsqu'il avait juré de mourir pour Amalaric.

De temps en temps les soldats et les proscrits faisaient retentir les cris de : vive Amalaric! vive notre jeune roi! en le promenant sur leurs épaules, debout sur un bouclier.

Mazair jeta de ce côté un regard furieux; — et ceux là, s'écria-t-il, ne semblent-ils pas ricaner aussi? toujours vive Amalaric! jamais rien pour celui qui le leur donne!

— Allons, mes amis, criait l'enfant, pendant que Mazair réfléchissait à part; courage, compagnons! vite en besogne; je viens d'apercevoir Amalgise sur les créneaux; ce soir le palais sera à nous et je pourrai jouer avec elle. Mais, en attendant, pour préluder au bonheur que j'envie, je veux que tout le monde danse et s'amuse. Allons, en place, qu'on se donne la main pour gambader autour de moi!

— Vive notre roi! notre joli petit roi! répondaient les paysans; voilà un bon maître qui saura régner sans jamais nous faire de mal, ni permettre qu'on nous en fasse. — N'est-ce pas? disait l'un, que vous me laisserez conduire mes vaches dans les bois de Pech David? — N'est-ce pas, disait l'autre, que vous me donnerez du pain quand je n'en aurai pas? — Et moi, reprenait un troisième, me permettrez-vous d'épouser Jeannette, ma voisine, que M. le comte Olfred m'avait défendu de regarder?

— Eh! que pourrais-je refuser à ceux qui vont me ramener près d'Amalgise, répondait Amalaric, en leur prenant la main! ah! si vous connaissiez cette bonne jolie petite sœur! figurez-vous quelque chose de frais comme une fleur, de joyeux comme un chardonneret, et d'alerte comme une hirondelle. Oh! mes bons amis! voilà la sœur que vous allez me rendre! que je suis heureux! que je suis content! Et, en disant ces mots, il se jetait au cou des proscrits et les embrassait avec tendresse.

Mais cette scène entre le peuple et son roi n'était que le fond d'un tableau plus sombre, le lointain d'un clair obscur, où l'orage grondait.

— Enfantillage, disait Mazair, en fronçant ses épais sourcils; enfantillage que le premier imposteur exploitera à son profit...... ô Amalaric! si tu allais compromettre par trop de légèreté cet avenir brillant que j'essaie d'enfanter par des travaux douloureux. Sais-tu qu'une responsabilité terrible planerait sur ta tête.......

Audoflède, inquiète depuis la veille, par suite d'un changement que son amour de mère avait deviné sur le front de Mazair, s'était approchée avec précaution, comme pour surprendre un mot qui put dévoiler le fond véritable de son âme.

— Mazair, lui dit-elle, d'où peut venir le trouble qui t'agite?... ne pense pas pouvoir rien dérober à ma pénétration, je suis mère, je sais lire au fond des cœurs...... les rides de ton front sont devenues bien tortueuses, le lac'fut bien agité quand tu prononças ton serment.

— Ah madame! répondit le berger, interdit par cette brusque interpellation, n'allez pas croire que ma pensée première ait éprouvé aucune atteinte, mais soyez vous-même juge de mon inquiétude, lorsque je songe à la grande jeunesse d'Amalaric! ne suis-je pas excusable de craindre qu'il ne sache pas défendre la royauté que j'ai mise en ses mains?

— Berger, repartit Audoflède, en levant les yeux au ciel, Dieu sait soutenir ceux qu'il élève, quelques faibles qu'ils nous paraissent. Aurais-tu donc regret maintenant du bien que tu as fait jusqu'à ce jour? Amalaric n'est-il pas toujours le fils d'Alaric? l'héritier du royaume de Toulouse?

— Reine, vous savez mal lire dans les secrètes pensées de mon cœur. Il est vrai qu'en songeant à la grande mission que j'ai entreprise, la timidité de cet enfant m'a paru, un moment, peu propre à repousser les ennemis redoutables qui conspirent incessamment contre l'existence et le bonheur des petits; mais vous me pardonnerez un instant de crainte. Votre parole vient de me révéler la vérité; toute incertitude a fui de mon ame..... Oui, madame, Dieu sait soutenir ceux qu'il élève. Cet enfant est le fils du roi, et son origine saura lui inspirer le courage qui rend digne de régner. Il est jeune, sans doute, mais il grandira; n'est-ce pas l'étincelle du génie qu'il me semble entrevoir à travers la candeur de son regard? Mais vous, madame, pourquoi me fixer avec cette inquiétude? douteriez-vous de lui? douteriez-vous de moi?

— Tu t'es engagé dans une voie rapide, répondit Audoflède; il y a dix jours, gardien de troupeaux, aujourd'hui, général d'armée, chef de révolte...... Ah! Mazair, Dieu veuille, pour toi, pour mon fils, que ta tête n'en soit pas égarée.

— Me croyez-vous donc incapable de soutenir une marche un peu longue? reprit Mazair avec fierté. La facilité avec laquelle j'ai fait les premiers pas ne me donne-t-elle pas le droit d'avoir toute confiance en l'avenir? mais qui peut vous inspirer ces paroles plaintives.

— Je suis mère, dit Audoflède en essuyant des larmes involontaires, et la sécurité ne peut cohabiter avec la tendresse. Hélas! comment veux-tu que ma voix ne soit pas plaintive; Amalaric n'est-il pas l'enfant du malheur? à peine entré dans la vie, ne porte-t-il pas sur sa poitrine une large cicatrice.

Ce mot produisit sur Mazair une émotion inexprimable, ses traits se contractèrent.

— Etrange folle! étrange folle! balbutia-t-il avec douleur. Pourquoi venir parler de cicatrice dans des jours comme ceux-ci...... Va-t'en ; et en disant ces mots, il s'éloigna.

— Vive la révolte, morbleu, vive la révolte, criait un paysan, dans le lointain, de toute la force de ses poumons. Hier, quand nous courbions la tête, nous n'étions bons qu'à recevoir des coups ; aujourd'hui que nous sommes armés, c'est notre tour d'obtenir honneurs et hommages. L'officier Quérulus nous appelle les sauveurs du royaume ; Mazair nous comble de promesses et nous fait espérer à tous que nous serons heureux comme des rois. Vive la révolte ! morbleu, vive la révolte ! si le rat montrait les dents, je crois que le chat baisserait les yeux et ferait patte de velours.

— J'ai vu la chose se passer ainsi dans certain grenier, reprit la voix railleuse du vieil Erimus, mais le rat a beau changer de rôle momentanément, il finit toujours par être le croqué et le chat le croqueur.

Cette brusque apparition de l'architecte parmi les bagaudes va peut-être offusquer plus d'un lecteur, mais on ne doit pas oublier que maître Erimus est capricieux et acariâtre. Or, la veille de ce jour, la mauvaise humeur habituelle de Théodegothe s'est appesantie sur lui, et comme notre vieillard n'est pas cheval à plier sous le bat, sans se cabrer contre le fouet qui claque à ses oreilles, il a juré ses grands dieux que madame la reine lui paierait ses injures, et il est allé chercher la vengeance dans les rangs des insurgés.

— Et monsieur l'officier qui nous appelle héros magnanimes et courageux, continua le paysan, c'est-il beau cela ! moi qui n'ai jamais fait que labourer, me trouver tout d'un coup transformé en héros magnanime, vive la révolte ! morbleu ; je me laisserai battre demain de bon cœur, rien que pour avoir l'honneur d'être appelé aujourd'hui un héros magnanime.

— Oh ! pour la bastonnade, sois bien tranquille, lui répondit Erimus, il y a de certains désirs qui ont le privilége d'être toujours exaucés.

— Le brave officier, l'excellent officier, poursuivait le paysan en prenant affectueusement la main de Quérulus ; nous l'avons rencontré du côté de Vernosolem, et à la première pierre que nous lui avons lancée, il est venu se ranger sous nos enseignes.

— Qui pourrait faire d'autre sorte ? répondit Erimus ; près d'un ancien gouvernement on est réduit à faire des vœux pour rester claquemuré à la même place ; près d'un nouveau, au contraire, les bonnes chances se multiplient, et pour peu que l'on coudoie, que l'on pousse, que l'on renverse, même, au besoin, que l'on invente, il n'est pas de petit personnage qui ne puisse accrocher une douzaine d'emplois.

Mais, malgré ces sages observations, le bon paysan demeurait toujours engoué de Quérulus.

— Quel brave homme ! m'appeler héros magnanime et courageux ! disait-il en joignant les mains avec admiration.

— Tu veux dire quel habile homme, repartit l'architecte, sachant t'endormir aujourd'hui, pour que tu ne te réveille pas lorsqu'il te trahira demain.

— Nous trahir ! nous trahir ! comme si c'est possible, quand on parle si superbement ; quand on nous dit que nous serons tous heureux comme des rois, assis à la table du palais ; c'est si beau à voir, qu'on n'en peut manger de plaisir.

— Le mensonge doit être d'autant plus beau que le fond de la pensée est plus mauvais, répondit Erimus ; on n'a besoin de recrépir le mur que lorsqu'il est lézardé et qu'on ne veut pas laisser voir sa décrépitude.

— Allons donc, vous êtes un fou, mon pauvre vieux !.... un brave homme, un excellent homme qui nous a promis de partager toutes les richesses, et de nous rendre opulens comme des mines d'or.

— C'est pour que vous ne regardiez pas de si près quand il fera sa part.

— Tais-toi donc, vieux braillard, lui cria le paysan en le menaçant de son bâton ; tu fais comme la corneille, tu ne sais que chanter le mal.... Que diable, lorsque je vais caresser mon bœuf en lui disant : Je suis bien content de toi, mon Rousset, ce n'est pas pour lui donner des coups après le compliment.

— Et quand tu cours après les poulets, en leur disant d'une voix bien basse : Petits, petits, vous êtes bien gentils ! venez manger dans ma main.

— Diantre, dit le paysan en se grattant l'oreille ; alors c'est pour les prendre et les croquer.... et de cette manière c'est nous qui serions croqués comme des coqs : ah ! ah ! ah ! coccoroccoc ! coccoroccoc ! comme ça serait drôle !

— Oui, oui, lui répondit Erimus, prends une leçon de chant, tu auras bientôt l'occasion de jouer ton rôle dans la grande cuisine.... Tel s'irrite quand un manant l'injurie, qui se baisse poliment sous la main d'un grand seigneur qui l'écorche ; aussi la reine Pédaouque (47), me disait-elle, que la seule différence qui existe entre un coq et un homme, c'est que le premier ne chante qu'avant d'être rôti, tandis que le second chante encore pendant qu'on le plume et qu'on l'embroche.

— Ah ! ah ! ah ! est-il drôle ce pauvre fou, s'écrièrent les paysans, en lui tournant le dos.

— Fou, tant qu'il vous plaira, leur répondit l'architecte ; que voulez-vous ? il y a deux manières de dire la vérité : si vous faites le sage, vous êtes insulté et roué de coups de bâtons ; si vous faites le fou, on vous écoute et on vous pardonne. Dans tous les cas, la vérité ne sert à rien ; mais, du moins, le fou a l'avantage de la dire sans courir la chance d'être écorché vif, ce qui vaut bien la peine d'être un peu considéré.

Sur ces entrefaites, le jeune roi et sa mère vinrent se joindre aux personnages précédens. L'enfant était entouré d'une multitude de paysannes et d'esclaves qui criaient à tue-tête : Vive notre joli petit maître!

— N'est-ce pas que je suis bien gentil, répondait-il, en leur montrant son visage rayonnant d'espoir et de plaisir ; vous verrez encore lorsque je serai tout à fait roi.... Mais ne pensez pas que je veuille demeurer dans le vieux palais de mon père ; il est trop sombre, trop humide, et Amalgise s'y ennuie.... Mes amis, nous choisirons une verte pelouse, nous aurons sur la tête des raisins et des pommiers, les petits oiseaux chanteront à nos oreilles, et un verger sera notre palais. Vive la gaîté et ma bonne Amalgise ! je veux que toute la vie soit employée à danser, à chanter, à cabrioler comme de vrais fous.... Laissez-moi monter sur le trône, je me charge de rendre tout le monde heureux comme des rois ; allons, amis, en danse, vive la joie et le plaisir !

— Qu'est-ce qui parle de trône? demanda un proscrit soupçonneux et un peu plus avancé que ses confrères en politique : est-ce que Mazair ne va pas le renverser?

— Celui qui est dessus, tu veux dire, lui répondit Erimus, toujours à l'affût d'une malice à décocher ; mais penses-tu qu'après cette belle prouesse, il ne veuille pas tenter un peu de la délicatesse d'un siége si moelleux ?

— Mais, reprit le paysan ombrageux, il disait que tous nos malheurs nous venaient du trône et qu'il fallait le supprimer.

— Il est des gens pour lesquels supprimer est synonyme de se rendre maître, reprit l'architecte, et quand tu les entends dire tant de mal de certaines bonnes choses, sache bien que c'est pour en dégoûter les autres afin qu'on ne crie pas au voleur quand ils se les approprieront.... D'ailleurs tu sais bien ce que dit Horace : *In medio consistit virtus*, et comme le trône est *in medio populorum*, c'est toujours là que le *vir bonus* est porté à vouloir s'asseoir.

Au milieu de ces observations d'Erimus, Amalaric continuait à développer son programme politique.

— Pour commencer, disait-il, je veux bannir de mon royaume le travail et le chagrin ; qu'en dites-vous, mes bons amis?.... On devine aisément par quelles acclamations étaient accueillies ces magiques promesses, ce qui faisait remarquer à l'enfant, avec beaucoup de justesse, qu'on l'avait bien trompé en lui parlant des difficultés que présentait l'exécution des volontés royales ; car, disait-il, chacune de ses paroles était couverte d'applaudissemens. En effet, ces bonnes gens, paysans, esclaves, fiscalins, ne pouvaient se lasser d'admirer ce petit roi, et certain philosophe de chaumière prétendait que, si les trônes devaient toujours être occupés par des monarques de cette espèce, loin de les détruire, il faudrait en établir un à la porte de chaque cabane, comme ces grands arbres à l'épais feuillage qui servent d'abri contre l'orage et d'ombrage pour le soleil.

Mais cette politique pastorale n'était pas du goût de tous les auditeurs; Mazair, qui se promenait silencieux et à pas lents pendant tous ces discours, jetait sur le prince et ses adorateurs un regard inquiet, je dirai presque jaloux.

— Ah! peuple enfant! roi plus enfant encore, disait-il en baissant la tête sous le poids de ses tourmens.... Damnation! est-ce donc là ce que j'avais combiné dans mon cerveau. Je ne sais quel sinistre pressentiment fermente dans ma tête. Aujourd'hui, ils exaltent cet enfant, demain ils viendront m'accuser peut-être de leur avoir donné une marotte sans valeur.

— Vive le royaume de cocagne! s'écria Erimus dans l'excès de sa joie sardonique, surtout hâtons-nous d'en jouir de crainte qu'il ne passe comme un rêve.... Dans toute révolution l'avantage le plus clair est celui de boire le vin que distribue le nouveau gouvernement pour fêter sa bienvenue, aussi est-il fort sage de changer de maître le plus souvent que faire se peut; quant à moi, je suis tellement satisfait de l'intronisation d'un enfant, que mes vieilles jambes reprennent leur élasticité primitive; en danse, morbleu, en danse! vive la joie et la paresse!

Cet appel du vieillard excita d'unanimes applaudissemens; le pauvre peuple qui croit toujours voir dans un présent fallacieux l'image de cet avenir doux et tranquille après lequel il soupire, se rangea autour d'Amalaric; hommes, femmes, soldats, paysans, se donnèrent la main, et ils formèrent un immense rondeau avec la folle gaîté d'enfans échappés des écoles.

— Enfer! s'écria Mazair transporté de fureur, dans quelle bacchanale me suis-je jeté? En croyant faire une révolution, n'aurai-je fait qu'une insignifiante bouffonnerie? Mort de ma vie! j'arrêterai la danse, dussé-je être foulé sous leurs pas.... et à ces mots, il se précipita au milieu des danseurs.

— Arrêtez, insipides sauteurs, leur cria-t-il d'une voix terrible, ne voyez-vous pas que l'heure du combat approche? est-ce ainsi que vous vous préparez à l'assaut? Où sont vos armes, malheureux? Eh quoi! pas un qui ait le fer à la main! il est donc vrai que le bonheur rend le peuple aveugle et insouciant.

La danse avait cessé, la foule interdite écoutait Mazair bouche béante, et se reprochait de lui avoir donné occasion de se fâcher.

— Allons, morbleu, l'orage gronde je crois, se disait l'officier Quérulus, vite nos filets à l'eau, il ne faut pas que le torrent s'écoule sans que je happe quelque poisson. Après ce petit encouragement, il se tourna vers les proscrits, et leur dit d'un air protecteur et capable :.... Oui, me héros magnanimes, voici l'heure d'attaquer le palais; mais avant tout il importe de nommer le ministre de la guerre, car lorsqu'on va tirer l'épée, il est de toute convenance de savoir qui doit la diriger. D'abord il ne faut pas oublier qu'il est indispensable de choisir un homme de tête et de courage qui sache commander aussi bien que se battre. Je gage que vous n'avez jamais vu faire la manœuvre à mes soldats, reprit-il d'un air beaucoup plus dégagé que ne l'était son intention. Il faut que je vous donne un petit spectacle.... A ces mots il appela ses hommes, leur fit former une espèce de carré sur la forme de la légion romaine, à la grande admiration des paysans ébahis.... Voyez, dit-il ensuite à ceux qui l'entouraient, comme je leur ai appris de belles choses ; c'est à la tête de cette troupe de braves que j'ai emporté d'assaut un château imprenable, gardé par trois mille suèves.

— Voilà, parbleu, qui est admirable, s'écrièrent quelques paysans, tous disposés à voter pour Quérulus.... Qu'en dites-vous, Mazair ? demanda-t-on au berger devenu jaloux et acariâtre.

— Je dis que dans tout cela, le plus admirable est de vous voir chercher un ministre de la guerre, sans que vous songiez le moins du monde à celui qui vous a rendu la liberté et donné un roi.

— Quoi, Mazair! repartit Quérulus, vous voudriez être ministre de la guerre! vous n'avez jusques ici manié que la houlette!

— La belle objection, reprit l'autre, la houlette n'est-elle pas un sceptre aussi, et y a-t-il tant de différence entre un peuple et un troupeau, que le sceptre ne puisse pas quelquefois se confondre avec la houlette? Quand on a donné à de simples paysans, à des proscrits, à des esclaves, la force de briser leurs liens, de former une armée, quand on a commencé enfin par où tant d'illustres généraux n'ont pas même fini, il me semble que le titre de ministre n'est pas si usurpé que vous voudriez le faire croire.

— C'est qu'il a raison notre berger, s'écrièrent quelques voix;.... et tout aussitôt le ministre de la guerre fut choisi aux cris de : vive Mazair! vive le berger courageux !

— Vive Mazair! répéta celui-ci avec emphase, enfin cela vous vient à la bouche! Ce matin, roi de fait, pas un cri de vivat; ce soir, ministre de nom, les acclamations étourdissent mes oreilles.

— Diable! pensait Quérulus en faisant la grimace, voilà l'aubaine qui m'est échappée;..... mais de la prudence, sachons dissimuler et voyons si la déesse Thémis ne me sera pas plus favorable que le dieu Mars....

— Holà, peuple vaillant et magnanime, dit-il en haussant la voix, maintenant que nous avons un ministre, il faudrait bien s'occuper de nommer le grand justicier : la justice n'est pas une chose moins belle que la force; et, quant à moi, je suis avant tout l'admirateur de la déesse qui porte la balance; que voulez-vous, ce n'est pas ma faute si le ciel a mis dans mon cœur une si forte dose de probité.

— Est-ce que vous connaîtriez aussi les lois, monsieur l'officier, lui demanda Erimus, qui sut deviner le but véritable de cette profession de foi !

— Eh ! quel est l'imbécile qui n'a pas toujours assez de connaissances pour accepter un emploi qui lui est profitable, reprit Quérulus! D'ailleurs, ne savez-vous pas que la justice est représentée avec une balance à la main gauche et une épée à la droite; eh bien ! dit-il, en tirant son arme du fourreau, vous voyez qu'il ne manque ici que les plateaux.

— Si vous cherchez des hommes pour faire respecter les lois et protéger les bons contre les méchans, ne vous souviendra-t-il pas de ce berger qui a sauvé le fils d'Alaric, arrêté les projets coupables et puni une reine criminelle, s'écria Mazair, avec une indignation toujours croissante?

— Mais vous êtes déjà directeur de la guerre, lui répondit Quérulus.

— Raison de plus, repartit Mazair, puisque tu prétends que l'épée doit soutenir la balance, n'est-ce pas à moi qu'elle doit être naturellement confiée?

— C'est singulier, dit en lui-même un paysan, le dernier qui parle est toujours celui qui me semble avoir raison.... Ma foi, vive Mazair, vive le grand justicier !

Et le berger reçut ce second titre d'honneur à l'unanimité des suffrages.

Ce nouvel échec donna à la figure de Quérulus un allongement extraordinaire.... Diable, dit-il à son *moi*, qui se trouvait de fort mauvaise humeur contre le *non moi* par suite des petits événemens que nous venons de faire connaître. Cela va étrangement mal ! j'ai beau tendre plusieurs hameçons à la fois, ce vilain berger est toujours à l'affût pour éloigner le poisson au moment où il serait tenté de mordre;.... mais n'oublions pas la prudence et sachons bien dissimuler.

— Hé bien ! dit-il à haute voix, puisque nous avons le grand justicier et le général, il ne nous manque plus que le régent du royaume.

— Cet emploi n'était pas connu, lui dit-on.

— Alors, empressez-vous de me le donner pour m'en payer l'invention.

— Que reste-t-il à placer autour du trône, quand la justice et la force sont déjà là pour le soutenir, demanda Mazair d'un air altier?

— Vous voulez donc former à vous seul le gouvernement tout entier? répondit Quérulus.

— Trouvez-moi un plus sûr moyen de maintenir constamment l'accord et l'unité dans le conseil du gouvernement.

— Ce diable d'homme me confond par son assurance, dit en lui-même le pauvre Quérulus, tout penaud, mais ma foi je ne veux pas en être pour mes frais; et puisque le peuple ne veut rien nous donner, tâchons de cajoler le ministre pour en tirer quelque chose...... Cette idée fit sourire Quérulus, et lui rendit son courage et sa gaîté. Eh bien! morbleu, vive Mazair! vive le grand justicier! vive le ministre! vive le régent-général! s'écria-t-il d'une voix tonnante, quel front plus digne de porter la couronne! quelle bouche plus capable de dicter les lois!

— Que dis-tu, que dis-tu? interrompit Mazair, transporté d'orgueil par ces paroles, mon front serait fait pour porter la couronne! tu crois cela, Quérulus, tu crois cela?

— Si je le crois, répondit l'habile courtisan, je vais donner la mesure de ma sincérité en faisant verser le sang de tous mes soldats pour votre puissance. Allons, amis, à notre poste, cria-t-il à sa troupe, attaquons le palais avec intrépidité, et sachons mourir pour notre illustre général en chef.

Aussitôt les cris : aux armes! retentirent de toutes parts; les proscrits, les soldats et les paysans se groupèrent en trois corps d'armée, tout le monde se disposa à donner un assaut au palais Narbonnais; et Mazair, chargé de ses nouvelles grandeurs, demeura seul aux prises avec les exigences de son ambition toujours croissante.

Etonnant abrégé de la nature entière,
Il unit la paresse avec l'ambition;
La douceur de l'agneau, la force du lion;
L'astuce du renard, le cœur du chien fidèle;
Tantôt hibou caché, tantôt vive hirondelle,
Par mille vents divers c'est un roseau battu,
Il cherche, il fuit, il prend, quitte encor la vertu.

Ducis.

XXIII.

L'ENFER DANS UN CŒUR.

Race ingrate qu'ils appellent peuple, disait Mazair, en cherchant dans une marche précipitée un soulagement au tourbillon qui l'emportait. Plongez au fond des mers pour la retirer du gouffre, elle ne vous offrira pas seulement un habit pour vous sécher.... Pauvres sots, qui vous lancez dans la carrière périlleuse des révoltes pour arrêter le char de la tyrannie, faites-vous casser la tête en enrayant la roue, chaque passant essaiera de fuir sans songer nullement à celui qui l'a sauvé aux dépens de la vie, et nul ne daignera lui dire merci....... Inexplicable comédie de l'existence humaine, pourquoi le hasard capricieux est-il venu m'arracher à ma solitude paisible? Pourquoi m'a-t-il fait porter la main sur le fer rougi des révolutions, pour donner à un enfant le plaisir de danser sous une couronne royale? pour délivrer de la misère et de l'esclavage un peuple qui demain aura oublié jusqu'à mon nom?.... Malédiction! quelle passion soudaine est venue soulever ce courage surhumain chez un pauvre berger qui ne connaissait que son troupeau? serait-ce l'ambition?...... Eh bien! quand cela serait! reprit-il après un moment de silence, l'ambition n'aurait-elle pas fait une chose louable en devinant ce qu'il y avait en moi de noble et de grand? n'aurait-elle pas accompli son devoir en venant défricher une ame inculte, mais pleine de sève, qui n'attendait qu'un signal pour faire fructifier tout ce qu'elle toucherait..... O fortune capricieuse! si je remercie la femme qui m'a donné la vie du corps, ne dois-je pas t'adorer, toi qui es venu me donner la vie de l'ame..... Reçois un autel dans mon cœur en attendant que je puisse t'en élever un de marbre et d'or. Assez long-temps je végétai dans l'esclavage; à mon tour de reprendre le rôle que jouèrent mes pères, qu'on me dit avoir été riches et puissans; à mon tour de me dédommager d'un passé misérable par un avenir éblouissant de splendeur.

Ici Mazair se tut, et toutes les phases de sa vie passèrent rapidement devant son esprit agité.

— Mais, qu'arrive-t-il avec toute cette régénération ébauchée? ajouta-t-il en rembrunissant son visage, c'est que les hommes médiocres et jaloux se ruent au milieu des événemens; ils me dépassent de vitesse, la route est obstruée et je ne puis atteindre le but vers lequel la déesse me pousse. Ici, c'est Quérulus qui veut la direction de la justice; là-bas, c'est une mère pleureuse qui prétend que je commence à séparer mes intérêts de ceux de son fils.... La porte est ouverte, l'enfant est toujours devant moi, je demeure accroché à une agrafe de pourpre; les ambitieux vulgaires passeront les premiers, et moi, pauvre homme, dévoué et scrupuleux, j'arriverai trop tard peut-être pour avoir un os à ronger après le grand repas.

C'est ainsi que l'imagination de Mazair se mouvait dans un cercle vicieux d'ambition et de vertu; plus il pénétrait dans ce labyrinthe périlleux, plus sa marche devenait embarrassée, et chaque pas le rapprochait du gouffre béant au fond duquel l'horrible Malasit attendait sa proie.... Son visage devenait de plus en plus altéré; il poursuivit:

— L'enfant n'a que treize ans, et il m'a paru digne du trône; pourquoi cela? parce que je l'avais enjolivé avec des couronnes et des manteaux de rois..... dérision!.... Une marotte qu'ils adorent aujourd'hui, parce qu'elle est neuve, qu'ils fouleront demain, parce que sa robe sera fanée... et voilà celui qui atteindra le but! voilà celui pour qui j'aurai ravi, au péril de ma vie, cette coupe enivrante des grandeurs et des hommages. Et quand je voudrai porter mes lèvres sur les bords du vase pour tâter du nectar, je n'y trouverai plus qu'une lie de honte et de disgrâce.... Enfer! enfer! s'écria-t-il avec un soupir oppressé, et il y avait dans cette exclamation un cri de détresse si expressif, que Malasit s'éleva du fond de l'abîme, s'assit sur le bord et sembla attendre, en riant, le berger qui venait à lui.

— C'est par moi cependant que toutes ces grandes choses ont été faites! c'est cette tête qui a été le foyer de ces événemens si tumultueux, si fer-

tiles en conséquence! c'est dans ce cerveau que s'élabore encore le secret de l'avenir; seul, j'ai été grand, seul, j'ai fait trembler les reines, seul, j'ai réveillé le courage des peuples accablés, seul, j'ai ébranlé la puissance de Théodegothe; encore un moment et le palais nous ouvrira ses portes.... Le palais ouvert devant moi! grand Dieu! s'écria-t-il avec un accent terrible, quelle implacable fatalité a donc jeté cet enfant sur mes pas, comme une barrière infranchissable, au moment où j'allais atteindre le trône de la pointe de mon épée!....

— Celui qui arrêta le poignard de Coutel, cria aussitôt à son oreille une voix étrange. Et Malasit parut devant lui.

Ces mots produisirent sur Mazair une commotion électrique; tout son corps en frémit, ses yeux se troublèrent, un brouillard confus, une chaleur suffocante le tinrent enlacé dans un inexplicable égarement.

— Le poignard de Coutel, reprit-il en balbutiant; qui t'a permis de rappeler cette circonstance de ma vie, comme le secret de ma souffrance actuelle?.... Hélas! ajouta-t-il, en revenant à ses premières pensées de tendresse : la voix de l'enfant était si douce, ces cris *au secours* si déchirans, pouvais-je donc le laisser massacrer à mes yeux?.... Le malheur, c'est de m'être trouvé là lorsque la chose allait se faire; ce fut cette vilaine Barne qui voulut monter sur le côteau pour manger des pommes; et moi, pauvre sot, je la suivis.... Si j'étais resté dans la cabane, je ne me serais pas trouvé sur le passage des assassins, et aujourd'hui je serai seul ici.... Allons, parle, n'est-ce pas là ce que tu veux dire? espèce d'homme aux paroles de flamme; je ne t'avais encore jamais vu.

— J'abandonne les premières années de l'homme à Dieu; je ne me présente que vers le milieu ou à la fin de sa carrière pour revendiquer mes droits, et lui enseigner à s'élever à sa plus grande hauteur.

— Tu veux dire peut-être que la couronne pourrait aussi briller sur ma tête? reprit Mazair, inspiré d'un affreux espoir.... Si l'enfant venait à mourir, par exemple,.... un hasard,.... un accident;.... s'il montait à cheval, et que l'animal indompté prit le mors aux dents;.... mais que vais-je dire, c'est insulter à Dieu que de parler ainsi!....

— Pauvre sot! quand on veut conquérir des trônes on n'a guère le loisir de songer à Dieu, lui répondit Malasit.

— Je te comprends, répliqua Mazair, agité d'une atroce inspiration, on se courbe plutôt vers les entrailles de la terre, en s'écriant dans la détresse : Satan! satan!....

— C'est cela, répondit Malasit avec un horrible cri de triomphe.... et alors *il* vient tirer le poignard du fourreau, et *il* le place entre vos mains en vous disant : Voilà le sceptre du monde.

Aussitôt Malasit prit le poignard qui pendait à la ceinture du berger, et il l'agita en l'air comme l'étendard de son infâme puissance.... Mazair s'en saisit avec empressement, et il répéta dans une espèce d'extase frénétique :

— Oui, voilà le sceptre du monde!!!

Malasit avait disparu, et l'ame de Mazair, mortellement blessée, disait en se débattant avec un dernier souvenir de miséricorde :

— La tentation est de feu et l'homme n'est pas de fer pour que ce soit toujours lui qui soutienne le choc et triomphe!.... D'ailleurs, quand deux hommes entrent dans la balance, le plus faible ne doit-il pas naturellement céder au plus fort ? Pourquoi donc irais-je me laisser écraser la tête sous les pieds d'un enfant ? S'il est mal que l'agneau soit sacrifié au lion, ne serait-il pas monstrueux que le lion fût immolé à l'agneau.... Allons, enfant, sache comprendre que tu n'es pas mur pour la royauté ; je t'ai arraché à la mort, la mort te redemande à grands cris : l'homme noir et rouge l'a dit. Songe à me remercier des quelques jours que j'ai ajouté à ta vie.... Ce poignard finira ce que l'autre avait commencé. Après cela je verrai le monde rouler à mes pieds, s'arrêter au moindre de mes caprices, et l'histoire retentira des grandes choses accomplies par le berger d'Alaric. Une longue vie de royauté ne vaut-elle pas un quart-d'heure de crime. Non, non, l'homme n'a pas été fait assez fort pour pouvoir lutter contre la tentation.

La nature féroce l'avait enfin emporté, elle s'était assise sur les bases solides d'une ambition effrénée, mais au moment où Mazair allait courir à la rencontre d'Amalaric, celui-ci vint à lui, et ces deux figures si différentes se trouvèrent en présence.

— Eh bien ! berger, lui dit l'enfant avec la candeur de sa jeune ambition naïve, ils vont attaquer le palais ; voici l'heure où vous m'avez promis de m'introduire auprès de ma sœur par un souterrain caché.

L'aspect d'Amalaric fit sur Mazair une impression profonde ; malgré lui il détourna les yeux, et peu s'en fallut que l'inspiration cruelle ne fût vaincue.

— Pourquoi faut-il qu'il soit si pur et si beau, disait-il, en agitant convulsivement son poignard dans le fourreau ? Mon Dieu ! s'il est monstrueux que le lion soit sacrifié à l'agneau, n'est-il pas bien mal aussi que l'agneau soit sacrifié au lion ?....

— Qu'avez-vous donc Mazair ? demanda Amalaric en le considérant avec inquiétude ; vous avez l'air souffrant aujourd'hui ?

— Oh ! oui, bien souffrant, reprit Mazair haletant de trouble.... Croirais-tu qu'ils sont venus me dire que la couronne t'allait mal, qu'il faudrait pour la porter une tête comme la mienne.... Dis-moi qu'ils ont menti, ô toi qui as la voix d'un ange ! au nom du ciel, dis-moi qu'ils ont menti.

A ces mots, il prit la petite couronne de fer doré qu'Amalaric portait sur son front, et il plaça le signe royal sur sa tête ; il serait impossible de peindre par la parole tout ce qui se grava sur les traits du berger au contact de ce diadème, chaque ride du visage était ardente d'ambition, de froide atrocité.

— N'es-ce pas qu'elle me va bien mal cette couronne ? disait-il à l'enfant ; mon crâne n'est point taillé à cette mesure, le diadème me blesse.... Ce doit être une chose grotesque et monstrueuse qu'une tête de berger sous une couronne de roi !

— Y pensez-vous, Mazair, reprit Amalaric avec sa gracieuse ingénuité ; vous vous trompez étrangement en parlant ainsi, et je ne saurais que répéter la clameur publique. Oui, votre noble figure relève l'éclat de la couronne, et vos regards jettent des éclairs comme deux étoiles brillantes. Un peu plus de sérénité sur le front, et vous seriez le plus grand des rois.

— Le plus grand des rois, s'écria Mazair, transporté d'orgueil jusqu'à la folie,.... et le ciel aussi qui vient allumer le feu que je voulais éteindre!! oh! il est donc décidé que j'atteindrai les dernières limites de la fureur.... Satan, tu dois affreusement rire en voyant cet enfant me pousser, lui aussi, dans le sanglant précipice.

— Amalaric, dit tout à coup Mazair, il y a un homme qui voudrait te tuer, n'est-ce pas que c'est atroce ?

— Me tuer! reprit l'autre avec épouvante, me tuer quand je vais revoir Amalgise! Oh! sauvez-moi, berger! sauvez-moi au nom du ciel... A ces mots, il se jeta dans les bras de Mazair et cacha son visage dans les plis de son manteau.

— Courage! s'écria celui-ci en saisissant le poignard, courage lion, l'agneau n'a que des pleurs à t'opposer pour se défendre.

A ces mots Mazair le prit dans ses bras et jeta le manteau sur sa tête. Non loin de là était un buisson d'épines et de sureau. Le besoin de se dérober à la vue des soldats et des paysans qui se mouvaient par masses dans la plaine, le poussa naturellement à chercher un refuge vers ce lieu écarté près duquel les eaux de la Garonne venaient promener leur cristal limpide.

Pendant ce temps Audoflède, agitée de vagues inquiétudes sur l'avenir de son fils, s'était mise à l'écart près d'un tertre de gazon pour élever dans le silence toute la ferveur de sa prière vers le ciel...... Bientôt son cœur palpitant éprouva une étreinte mortelle, sa prière fut interrompue, elle se leva précipitamment, et dominée par un douloureux pressentiment, elle courut à l'aventure, en criant toute en larmes : Mon fils! mon Dieu! mon fils! ne me sois pas ravi! Des groupes de partisans aperçurent la malheureuse mère qui courait dans la plaine en poussant des gémissemens, ils approchèrent; et comme ils n'étaient nullement préparés à ce spectacle, ils écoutaient avec surprise, et les regards de chacun semblaient consulter ceux de son voisin, sur la signification des prières éplorées d'Audoflède.... Le silence fut, pendant un instant, profond et solennel.... Tout à coup un cri plaintif vint l'interrompre, il partait du buisson d'épines et de sureau... La malheureuse Audoflède y répondit par un cri déchirant et tomba la face contre terre.

— Qu'a-t-elle donc, et que signifie cette voix lointaine et cette chute instantanée ? s'écrièrent tous les assistans.

Mazair se chargea de répondre à cette demande. On le vit sortir du buisson, la couronne d'Amalaric placée sur sa tête ; il était pâle, effaré, son regard était louche et ardent, sa démarche précipitée et chancelante ; tout le monde éprouva un mouvement d'horreur involontaire.

— Je suis le roi, le plus grand des rois, leur cria-t-il d'une voix égarée et arrogante ; d'où vient que les hommes ne sont pas courbés vers la terre ? d'où vient qu'à mon aspect ils n'ont pas crié : *vive le roi !*

— Que signifient ces paroles extravagantes ? se demanda-t-on de toutes parts.

— Elles signifient que je suis le plus grand des rois, votre souverain, votre seul maître, répondit Mazair, d'un ton plus impérieux encore ; criez donc : vive le roi, je vous l'ordonne.... n'ai-je pas acheté ce titre assez cher ?

Une voix de la foule lui répondit :

— Nous n'avons qu'un roi, c'est Amalaric ; mais qu'est devenu ce cher enfant ? naguère il était avec vous.

— Ne voyez-vous pas qu'il l'a assassiné ! s'écria la mère désolée, en faisant un dernier effort pour se relever sur la terre froide.

A peine ces mots étaient-ils prononcés, que l'on vit les soldats, les paysans, les proscrits s'enfuir de tous côtés en maudissant Mazair. Cette foule hétérogène, naguère ralliée autour d'une royauté jeune et pure, ne se sentait plus rattachée par aucun lien de cohésion, et l'horreur pour l'assassin d'Amalaric était la seule passion générale qui faisait encore battre les cœurs.

Audoflède seule, écrasée sous le poids du malheur, demeurait renversée près de Mazair, qui commençait lui-même à fléchir sous la pesanteur de son crime.

— Maudit et abandonné de tous, s'écriait-t-il dans son désespoir, maudit et abandonné quand je vais atteindre la plus haute marche du trône.... Oh ! vous avez beau fuir et me lancer les traits de votre impuissante colère, disait-il, en jetant un regard livide sur les groupes dispersés, je n'en ai pas moins la royauté, je n'en ai pas moins la puissance, car la couronne ne m'abandonnera pas.... et il enfonçait le diadème sur son front avec ses mains convulsives.

Mais déjà on ne voyait plus çà et là que des fugitifs courant dans toutes les directions pour échapper à la vengeance de Théodegothe et regagner au plutôt leur retraite. Bientôt il ne resta plus dans la plaine, naguère couverte de gens armés, que Mazair furieux, et Audoflède abimée dans la plus profonde affliction.... La malheureuse se releva peu à peu, ses joues entièrement pâles étaient sillonnées de quelques larmes que l'on aurait prises pour des gouttes de rosée sur un marbre blanc ; ses yeux noirs, encore beaux au milieu du désespoir, s'élevèrent vers le ciel avec une ardeur éthérée, comme s'ils eussent été prêts à se transformer en deux ailes d'anges pour emporter son cœur au séjour des bienheureux.

— Mon Dieu! disait la reine infortunée, avec la suprême éloquence des nobles et grandes douleurs ; chassée de mon palais par l'époux que j'adorais, j'ai pu vivre encore en versant des larmes; accablée de misère dans une chaumière délabrée, j'ai conservé la force de vivre encore en versant de larmes ; après avoir vu le seul homme que j'estimais et qui me respectait se transformer à mes yeux en complice d'assassin, j'ai pu vivre encore en versant des larmes.... Mais aujourd'hui, perdant sans retour mon fils assassiné, mes yeux ne trouvent plus de pleurs à répandre. Mon ame terrestre s'éteint, il ne me reste que ce cœur de mère qui s'épure et se transforme pour remonter à la source de l'éternelle vie : mon Dieu! mon existence n'aura-t-elle pas été assez malheureuse, pour que j'aie quelques droits à votre pitié?

Elle dit, et déchirant un lambeau de ses vêtemens, elle en fit un voile épais dont elle couvrit sa tête et son visage. Quelques mottes de terre écrasées par ses mains répandirent sur ses habits une épaisse couche de poussière, elle arracha ses cheveux, jeta au loin les sandales qui abritaient ses pieds.... et ainsi fut terminée l'austère toilette de la solitude.

Audoflède se dirigea ensuite vers le buisson où le dernier cri d'Amalaric s'était fait entendre ; l'enfant n'y était plus, le fleuve avait tout englouti dans ses eaux ; puis, à l'heure où la lune pâle vint promener sa lueur sur la terre couverte de neige et de glaçons, Audoflède planta une petite croix de sureau, fragile étendard d'une vie qui ne pouvait plus être le jouet des méchans ; elle s'agenouilla derrière les aubépines, et commença cette existence d'expiation, de prière et de souffrance préméditée qui, dans les idées chrétiennes, doit ouvrir les portes du ciel, et réunir là-haut aux objets qu'on a perdus ici-bas.

> Des grandeurs et des biens ne soyons pas avides:
> Nous serions, par le sort, confondus et trahis.
> Jamais l'ambition ne voit ses vœux remplis;
> C'est le tonneau des Danaïdes.
>
> LE BRUN.

XXIV.

DÉNOUEMENT.

EPENDANT la reine Théodegothe, inquiétée au milieu de son règne usurpé, par l'attaque imprévue des proscrits, s'était placée à une fenêtre du château donnant sur la campagne, et contemplait avec effroi l'approche de Mazair. De son côté, la jeune Amalgise, prévenue que son frère était parmi les assiégeans, considérait les progrès de la révolte, impatiente que le palais fût forcé, pour revoir son Amalaric, malgré sa mère qui le lui avait enlevé..... Tout à coup, à l'instant où l'une et l'autre venaient d'assister avec des émotions tout opposées à la fuite désordonnée des troupes de Mazair, Amalgise entendit la porte de la chambre s'ouvrir avec bruit; elle tourna précipitamment sa petite tête blonde, et elle reconnut le berger Mazair.

— Ciel! Mazair! s'écria-t-elle..... Et mon frère, où donc est mon frère? Vous m'aviez promis de me le ramener.....

— Est-ce que tu comptais là-dessus? lui répondit le berger en jetant autour de lui ses yeux égarés. Chaque promesse humaine n'est-elle pas une folie?... L'homme est-il quelque chose d'assez stable pour pouvoir assurer la veille ce qu'il sera le lendemain?

— Mais, enfin, qu'avez-vous fait de mon pauvre frère?

— Et eux aussi m'ont demandé ce que j'avais fait de ton frère, reprit Mazair d'une voix rauque et inarticulée, et lorsque je leur ai dit la chose, ils m'ont regardé avec un air étrange, et au lieu de crier : *vive le roi!* ils se sont mis à fuir de tous côtés en poussant des cris épouvantés, comme s'il était difficile de s'incliner devant moi et d'accoupler le mot *roi* au mot *Mazair*.

— O mon Dieu! repartit la pauvre Amalgise, vous aviez l'air d'un ange quand vous me promîtes mon frère..... Aujourd'hui pourquoi avez-vous l'air d'un méchant..... et la petite courut vers l'appartement voisin en appelant sa mère au milieu d'un torrent de larmes.

Théodegothe mise en éveil par la conversation de sa fille, s'était déjà approchée de la pièce où le bruit se faisait entendre.

— Dieu! que vois-je! s'écria-t-elle, terrifiée en reconnaissant Mazair. Mon ennemi dans le palais.... Au secours! au secours! que me veux-tu, homme terrible, pourquoi t'introduire ainsi dans ma retraite?

Mazair jeta sur la reine un regard éteint, et lui dit avec accablement:

— Ce que je veux, en me présentant à vous.... hélas! Quand on a perdu un membre, on prend un bâton; quand la foudre a ébranlé notre demeure, nous cherchons un asile.... Quoi d'étonnant, aujourd'hui, que le berger vienne emprunter le bras de la reine! ne suis-je pas sans abri? n'ai-je pas brisé tout ce qui faisait ma force? Il y a des gens qui confondent le lion et l'agneau dans la dénomination de quadrupèdes, mais cette confusion donne-t-elle à l'agneau la force du lion?.... Qu'importe donc que le berger et le roi soient tous les deux appelés des hommes; le berger n'en est pas moins un singe et le roi un lion;.... et moi qui croyais avoir un crâne à diadème parce que je sentais un os en frappant mon front, voilà que l'os s'est ramolli, la couronne s'est inclinée de travers, et cette tête de berger était chose si hideuse sous une couronne royale, qu'ils se sont tous mis à fuir, épouvantés, de côté et d'autre.... et puis, ils viendront dire encore que le berger et le roi sont pétris du même limon.

— Que veux-tu dire, enfin, avec ces paroles dont je ne peux saisir le sens? quels sont tes projets? que viens-tu faire?

— Berger, qu'avez-vous fait de mon frère? reprenait Amalgise, dont les larmes venaient suinter à ses paupières, ne sachant pas encore si elles devaient se répandre en torrent.... et la reine ajoutait, haletante d'impatience : — Qu'est-il donc arrivé? explique-toi!

— Est-il bien nécessaire de demander à un homme compte de sa conduite, lorsqu'il se présente avec la figure que voici?

— Qu'est-ce à dire, reprit Théodegothe, en jetant sur le berger un regard scrutateur! ton visage est horrible! tu trembles devant moi! à ton tour te serais-tu fait criminel?

— Ah! je ne sais pas tout ce que recouvrent vos paroles incompréhensibles, ajoutait Amalgise, mais ce que je ne peux méconnaître c'est que tout me pousse à pleurer!

— Et moi tout me pousse à sourire, reprenait en elle-même Théodegothe, profondément agitée, mais de quel affreux sourire, grand Dieu, n'entrevois-je pas le germe dans le regard scélérat de ce berger!.... Ma fille, sors d'ici; ma fille, laisse-nous! ajouta vivement Théodegothe, prévoyant de terribles aveux au trouble insaisissable de Mazair!

— Que je sorte! mon Dieu! que je m'éloigne, répondit Amalgise, avant d'avoir obtenu la réponse à ce que je demande à grands cris?

— Et que m'importe ta demande, petite curieuse fatigante, s'écria Mazair, brutalement, tu viens chercher ton Amalaric! va le réclamer parmi les morts où il est descendu! va l'arracher au tombeau qui te l'enlève!

— Amalaric.... mort! balbutia la pauvre enfant, en mettant entre ces deux mots un intervalle de silence qui retraçait énergiquement l'abîme qui sépare le bonheur et le désespoir; mon Dieu! mon Dieu! rouvrez donc sa prison, je veux m'y placer aussi.

— Misérable! cria Théodegothe au berger, est-ce ainsi que tu as la cruauté de frapper mon enfant au cœur?

— Ah! c'est par des reproches que vous récompensez l'exécuteur de vos projets? reprit Mazair; et n'écoutant plus que sa colère, il saisit Amalgise et lui dit de toute la force de sa voix : Oui, ton frère est mort.... Mort deux fois à l'âge où l'on est à peine entré dans la vie, et celle qui donna le signal de ce meurtre, c'est cette femme que tu appelles ta mère et qui voudrait être aimée par toi!

A ces mots Théodegothe fit éclater un cri inexprimable de désespoir et de colère; mais Amalgise lui jeta un regard d'indignation et de mépris si incroyable pour cet âge, que la parole expira sur les lèvres de la reine.

— Vous m'enlevez Amalaric, vous que j'appelais ma mère! lui dit-elle, en donnant à sa tête une pose de haine et de douleur que l'on ne saurait exprimer. Oh! c'était donc une profonde raison qui m'empêchait de vous aimer et me faisait vous regarder comme un mauvais ange!

— Quel blasphème, grand Dieu! quelle ingratitude pour celle qui t'adore !.... A ces mots la reine courut vers Amalgise pour la saisir dans ses bras, mais celle-ci lui opposa, comme une barrière, ses petites mains frémissantes d'horreur.

— Eloignez-vous, lui disait-elle, c'est du sang que je vois à vos doigts! c'est du feu qui sort de votre bouche! éloignez-vous, votre vue m'épouvante comme le conte de cet ogre qui dévorait des enfans!

— Ma fille, mon unique consolation! poursuivit Théodegothe, le cœur déchiré dans la dernière fibre qui fut restée intacte, n'assassine pas ta mère de tes propres mains; et si elle est condamnée à mourir, que ce ne soit pas du moins ton front courroucé, furieux, qui se présente à elle à l'heure des dernières et pâles terreurs de l'agonie.... Mais Amalgise reculait toujours épouvantée comme devant un fantôme.

— Ne me touchez pas, vos bras sont comme des serpens, ils ont tué mon Amalaric, leur contact me ferait mourir aussi.

Comme elle disait ces mots, en battant toujours en retraite, elle arriva dans une pièce voisine, où entraient d'un autre côté quelques femmes du palais que ces cris avait attirées; elles la prirent dans leurs bras, et Théodegothe anéantie par l'affreux supplice que sa fille venait d'imposer à son cœur de mère, s'arrêta enfin pour dire à ces femmes :

— La colère du Ciel tombe sur moi tout entière; consolez cet enfant, apaisez surtout sa haine criminelle et insensée; et quand vous lui parlerez de sa mère, ne lui montrez son image qu'entourée de tendresse propre à allumer son amour, entourée d'angoisses propres à exciter sa pitié. A ces mots, laissant Amalgise se tordre et crier entre les genoux des servantes, elle revint à Mazair furieuse, et je ne sais de quelle violence elle aurait été capable, si l'excès de sa douleur n'avait contrebalancé son ressentiment. Misérable! dit-elle au berger, ce n'était donc pas assez d'un crime sanglant, il te fallait une autre victime étouffée par la seule torture morale. Hélas! il n'est que trop vrai que mes forfaits me rendent indigne de miséricorde; mais ne pouvais-tu pas verser mon sang aussi, au lieu de me frapper avec une arme qui ne semble respecter la vie que pour laisser tous leurs alimens aux éternels supplices du cœur!

— Pitié, Théodegothe, reprit Mazair en s'inclinant, je ne suis plus assez fort pour mépriser vos reproches; c'est bien assez que mes amis m'aient repoussé avec horreur : au nom de Dieu, ne me faites pas tout perdre dans cette journée fatale; me voici à vos pieds, prenez-moi pour ministre, je viens d'acheter ce poste assez cher.

— Toi, mon ministre, après avoir fait l'insolent et le rebelle; toi, mon ministre, après m'avoir présentée à ma fille comme l'assassin d'Amalaric! songe plutôt à disparaître, misérable, et rends-moi grâces si je ne t'envoie pas combler un vide d'une toise dans le royaume des morts.

— Votre haine et votre mépris glisseront également sur mon ame bla-

sée ; malgré vous je reste à vos pieds ; si je me suis rendu coupable, je tâcherai de racheter ma faute, je serai le plat valet de vos désirs, le vil satellite de vos plus mauvaises pensées, mais je porterai le nom de ministre et je dépasserai de la tête les plus grands seigneurs de la cour....
Vous ne reconnaissez pas peut-être à ce langage celui qui tantôt parlait si haut de vertu ? Il y a des gens qui prétendent que l'empire du dieu de justice est infini ; ne voient-ils pas que les bons penchans ont partout des bornes ! c'est le gouffre de satan qui est sans fond ; une fois le premier pas fait dans cette pente où nous sommes engagés tous les deux, qui pourrait désigner le degré où s'arrêtera la marche du mal ?

— Ah ! grand prédicateur de morale, te voilà donc réduit à m'offrir tes bons offices de satellite !

— Oui, Théodegothe, répondit Mazair, je viens mendier les faveurs de la reine, et elle ne me repoussera pas ; plus on est haut placé, plus on a besoin de complices dévoués, aveugles ; eh bien ! si vous l'exigez, je serai le plus vil des hommes, je serai le plus infâme des criminels, mais du moins mes efforts n'auront pas été stériles, je porterai un grand nom et je verrai les grands seigneurs se courber devant moi. Chaque position a sa force particulière ; la mienne aujourd'hui gît tout entière dans une audace et un cynisme effrénés. Je viens de briser ma puissance, je le sais ; aussi dans la soif d'ambition qui me dévore, ma tête et mon bras s'égarent dans l'espace comme le vautour dont l'aile a été cassée et qui cependant veut voler encore.

Je ne saurai dire si la réponse de Théodegothe allait être une acceptation ou un refus ; mais tout à coup on entendit dans l'air une rumeur immense qui se propageait sans limites ; c'était comme un bruit d'ouragan précédant la tempête ; la ville retentissait de clameurs vives et prolongées, la reine et Mazair s'arrêtèrent subitement pour y prêter l'oreille ; ils se rendirent soudain dans un appartement plus commode pour écouter ce bruit ; ils avancèrent la tête à une fenêtre et ils furent témoins d'un spectacle propre à glacer d'effroi les cœurs les plus intrépides. De toutes parts on voyait les portes et les contrevens s'ouvrir et se refermer avec violence, les Toulousains montraient aux lucarnes leurs visages effrayés, et ils consultaient avec inquiétude ceux qui couraient éperdus de différens côtés. Les rues en étaient encombrées ; et dans leur précipitation aveugle, ils se heurtaient les uns les autres, et les plus forts renversaient les plus faibles. On aurait dit ces damnés de l'enfer du Dante, condamnés à une course tournoyante sans relâche et sans fin.... De temps en temps des soldats visigoths, montés sur des chevaux harrassés de fatigue, fendaient cette foule épouvantée, renversant tout ce qui se rencontrait sur leur passage ; et au milieu de ce pêle-mêle inextricable, on entendait ces cris terribles retentir comme des lamentations : — Alaric est vaincu, l'armée est en pleine déroute, les Franks ont franchi le Tarn.... — Puis, comme complément à cette affreuse nouvelle, un sauve-qui-peut général se répandait dans la foule et l'on fuyait étourdiment dans toutes les directions.

Théodegothe et Mazair en étaient pétrifiés. — Que veut dire ceci, se demandèrent-ils réciproquement ? quel est le sort qui s'appesantit sur nous? — Mazair, ajouta Théodegothe, j'ai besoin d'éclaircir cela. A ces mots elle posa son pied sur une trappe pratiquée dans le plancher, elle frappa trois coups du talon de son brodequin; puis, se penchant, elle s'écria par deux fois vers la terre : Vésindacokoma! Vésindacokoma!

— Que prétendez-vous faire? reprit Mazair effrayé, c'est ainsi que je me courbais quand j'appelais Satan dans les entrailles de la terre!

— Ne t'ai-je pas dit que j'avais besoin d'éclaircir mon avenir ténébreux!

Au même instant la trappe se souleva et l'on vit monter, par un escalier souterrain, trois femmes extraordinairement vêtues, et dont il était impossible de reconnaître l'âge à cause de l'étrangeté de leur accoutrement. Elles arrivèrent successivement comme si elles étaient sorties d'un monde inconnu; et se plaçant, immobiles et muettes, sur les bords de l'ouverture, elles attendirent les ordres de Théodegothe. Celle-ci cependant n'eut pas d'abord la force de parler, tant leur présence l'avait émue. Elles étaient couvertes avec ampleur de longues robes blanches, étoilées de pierreries; une grande poche de cuir remplie d'instrumens magiques était suspendue à un large baudrier; leur physionomie, tour à tour énergique et ridicule, empruntait un caractère inusité à une toison noire, roulée autour du front, à la manière d'un turban indien : enfin chacune portait à la main un long bâton de cuivre doré, surmonté d'une boule brillante, symbole d'un pouvoir cabalistique (48).

Vésindacokoma, leur dit enfin Théodegothe, car tel était le nom générique qu'on leur donnait, ô vous! qui sondez les profondeurs de l'avenir plus sûrement que le vulgaire ne reconnaît les pierres qui roulent sous ses pas, réunissez toutes les armes de votre sagacité pour répondre à mon affreuse impatience.... Quel est le sort que doit attendre l'empire des Visigoths jusqu'à ce jour si puissant ?

Les trois magiciennes restèrent muettes; l'une d'elles seulement tourna l'extrémité de sa baguette vers la terre et redescendit lentement dans le souterrain.

Théodegothe fut vivement frappée du présage que semblait indiquer ce mouvement inattendu; et moi, poursuivit-elle vivement, que dois-je attendre? parlez.... Le silence demeura le même; la seconde magicienne renversa son bâton, et disparut comme la première dans la cave obscure.... Miséricorde, mon Dieu ! s'écria Théodegothe épouvantée, quels pressentimens horribles! suis-je donc condamnée à disparaître bientôt dans les tombeaux glacés, ô Vésindacokoma! dit-elle à la troisième, ne seras-tu pas plus bienveillante que tes compagnes quand je te questionnerai sur l'avenir de mon enfant, oh! parle vite, que va devenir Amalgise?.... La magicienne cette fois resta immobile, et sembla même sourire.... Dieu clément, s'écria Théodegothe, seriez-vous assez favorable pour me faire oublier vos rigueurs en entourant ma fille de félicités? mon cœur pourrait-il connaître enfin un instant d'allégresse, ô Vesindacokoma! puisque tu as été sensible à ma prière, continue ta bonté et fais que ma fille me pardonne, et que l'amour immense de mon cœur trouve un écho dans le sien.

Mais, hélas! à peine ces mots étaient-ils prononcés, que la magicienne renversa son bâton, et elle disparut dans le souterrain plus rapidement encore que ses compagnes.

— Misérables femmes! s'écria la reine désespérée, annoncez-moi donc une mort soudaine puisque je ne dois plus retrouver l'amour d'Amalgise; mais votre pouvoir est chimérique et imposteur, je saurai le mépriser comme il le mérite. Mazair, que dis-tu de ces prophétesses qui osent annoncer à une mère qu'elle ne sera jamais aimée ni pardonnée par son enfant; Mazair, tout cela n'est que mensonges, tu comprends!

— Madame, craignons toujours ce qui nous arrive des entrailles de la terre, il n'en sort jamais que de noirs présages, même quand on vient vous annoncer que le poignard est le sceptre du monde!

— Ainsi la vérité est impossible à connaître, reprit Théodegothe. Hélas! non, car je ne me trompe pas quand je dis que je suis la plus infortunée des mortelles!

Ce fut en ce moment qu'un soldat visigoth entra dans le palais au plus grand galop de son cheval. Arrivé dans la cour, l'animal harrassé tomba mort sur les pavés. Le soldat monta les marches de l'escalier quatre à quatre, il joignit Théodegothe, et c'est à peine s'il pût arracher à sa douleur ces mots désastreux : — Tout est perdu, fuyez, ils sont là, ils arrivent, ce sont des hommes de sang, Alaric a été tué, retirez-vous à Carcassonne, c'est là seulement qu'on espère se rallier et arrêter les vainqueurs.

En entendant ces mots, Mazair était devenu plus livide qu'un cadavre. Théodegothe cependant conservait encore un reste de vigueur.

— Mort! dit-elle, mort de la main d'un féroce ennemi.... Jadis, au temps de ma vertu, ce coup terrible aurait brisé mon ame; aujourd'hui, blasée par mes crimes, j'apprends ce grand malheur sans tomber terrassée; et quelles larmes accorderai-je à mon époux, quand je n'en ai plus à donner à mon propre cœur brisé par la haine d'Amalgise! heureux Alaric, m'écrierai-je, au contraire, tu as trouvé la mort en repoussant l'ennemi! heureux Alaric, tu disparais avec gloire avant de voir ton empire tomber au pouvoir d'un barbare vainqueur ; mais, à moi Théodegothe, malheur, trois fois malheur ! pour un enfant assassiné qui demande vengeance, pour une fille qui me maudit ! Ayant dit ces mots lentement, avec profondeur, elle descendit dans la cour où se débattaient une foule d'officiers, de chapelains, de valets qui fuyaient de tous côtés, chargés de ce qu'ils possédaient de plus précieux. Théodegothe voulut flétrir leur lâcheté par des reproches ; quelques-uns ralentirent leur marche, mais la plupart ne firent pas attention à sa voix ; cependant elle put saisir au passage un de ses écuyers.

— Viens ici, lui dit-elle, cours à mon écurie, prends quatre des meilleurs chevaux, et conduis-les au château Badaclei ; c'est là que je vais attendre le dénouement de tout ceci. Si nos troupes arrivent les premières, je tâcherai de les rallier pour défendre la ville. Si les Franks arrivent avant elles, je prendrai la fuite comme tous les hommes pusillanimes qui courent autour de moi ; surtout va vite sans répliquer ; dans les grandes calamités on n'a pas le temps de supplier, on menace et l'on ordonne.

Aussitôt elle se dirigea vers la forteresse désignée, elle traversa une population plongée dans la démoralisation et le désordre ; les uns enlevaient de leurs maisons les meubles, les hardes, les objets précieux, et les entassaient sur des bêtes de somme, espérant ainsi pouvoir dérober leur fortune au pillage. D'autres creusaient la terre et y cachaient à la hâte leurs vases de métal et leur argent monnayé. Tantôt de pauvres enfans, séparés de leur mère dans ce grand tumulte, erraient et criaient dans les rues sans émouvoir de pitié ; tantôt des vieillards infirmes, abandonnés par leur famille, imploraient avec aussi peu de succès la compassion de ceux qui se disposaient au départ. Les rhéteurs, encore très nombreux à cette époque, fermaient leurs écoles pour chercher un refuge, les uns du côté de Carcassonne, les autres au monastère de Saint-Sernin, dans lequel ils portaient leurs précieux manuscrits pour confier les richesses de l'intelligence à la protection de la seule autorité que les Franks semblaient respecter. Enfin, Mazair et Théodegothe atteignirent le château Badaclei, ils se hâtèrent de monter à la plus haute tour pour mieux distinguer au loin les fuyards visigoths et les hordes frankes. La ville offrait toujours à leurs yeux le même aspect de désolation et d'effroi. De tous côtés la campagne était remplie de fugitifs à pied, à cheval, en litière ; le plus grand nombre se dirigeait instinctivement vers Carcassonne, espérant trouver un refuge assuré dans cette forteresse. De temps à autre on apercevait au nord des détachemens de visigoths qui arrivaient à toute bride, mais ils étaient trop peu nombreux pour que Théodegothe s'occupât de les rallier. Quelques-uns, accablés de lassitude se jetaient dans la ville pour prendre un instant de repos, mais le plus grand nombre tournait le rempart pour joindre au plus vite la voie de Carcassonne.

Au milieu de cet immense désastre, quelle était l'attitude de l'abbaye de Saint-Sernin et de Blaise, nouvel évêque de Toulouse? Placé sur la route des Franks comme un avant-garde, un lien de transition entre l'avenir et le passé, le monastère s'applaudissait en secret de la chute de la puissance arienne; mais Blaise se préparait à jouer dans l'époque difficile qui allait s'ouvrir, son rôle de protectorat et de charité en s'interposant entre les vainqueurs et les vaincus. Au premier bruit de l'arrivée des Franks, il réunit les moines, les prêtres, et sortit processionnellement de l'abbaye pour venir apporter des consolations à la cité menacée. Une foule immense vint aussitôt se joindre à lui, car si la population visigothe fuyait de toutes parts à l'approche des Sicambres, les Gallo-Romains, plus attachés au sol, étaient restés en nombre dans leurs foyers, se contentant d'enfouir leurs richesses sous terre. Tout ce que Toulouse possédait encore d'habitans accourut donc se ranger sous l'oriflamme. Blaise monta sur les remparts; toute la population l'y suivit, et l'évêque se disposa à prévenir les ravages de l'invasion, avec le secours du ciel ardemment imploré; imitant par là ces rogations établies pour la première fois par saint Exupère, à l'approche des Vandales, Blaise entonnait les psaumes, et trente mille voix répondaient : *Miserere nostri, Domine, miserere nostri* (49).

Toute la journée se passa dans l'état que nous venons de décrire; Mazair et Théodegothe, renfermés au château Badaclei, n'attendaient que l'arrivée des Visigoths pour se défendre, ou celle des Franks pour fuir. Jusqu'alors ils étaient demeurés perchés sur un banc, afin d'atteindre à la seule lucarne qui éclairât cet étage de la tour. Tout à coup le banc se brisa; Mazair en redressa la planche contre la muraille, mais il put seul arriver à la lucarne, et Théodegothe fut obligée de voir désormais par les yeux de Mazair.

— Berger, lui dit-elle, j'entends un bruit d'une nouvelle sorte; regarde au loin, ne vois-tu rien venir?

— Mon oreille, reprit Mazair, est frappée de quelque chose d'étrange; cependant je ne vois rien paraître, seulement le bruit et le tumulte augmentent dans la ville, et de toutes parts les fuyards deviennent plus nombreux.

— Mais au loin, du côté du nord, ne vois-tu rien encore?

— Rien encore, madame, je n'aperçois qu'un brouillard confus.

— Un brouillard, repartit Théodegothe dans un trouble toujours croissant. Regarde, regarde, et surtout pas d'erreur; c'est dans le livre de la vie et de la mort que tu jettes les yeux.

— C'est à peine si je distingue un mouvement vague, semblable à celui d'un troupeau innombrable ; un nuage de poussière vole au devant comme le tourbillon qui précède l'orage.

— Grand Dieu ! s'il allait éclater sur nos têtes !

— Reine, j'aperçois des chevaux.

— Malheur ! la cavalerie précède toujours les hordes frankes, ne peux-tu distinguer leurs vêtemens ou leurs bannières ?

— Non, mais je reconnais que les cavaliers sont en petit nombre ; et la foule qui marche après eux est immense.

— Les bannières, Mazair, quelles sont les bannières ?

— Je ne peux les distinguer encore.

— Si du moins c'était nos soldats ! je pourrais réunir leurs débris et attendre l'ennemi de pied ferme derrière ces murailles.

— Reine, les cavaliers avancent avec une impétuosité extrême, déjà quelques-uns ont dépassé Balnéa.

— Sitôt, grand Dieu ! et ignorer encore si c'est la couronne que je dois espérer, ou bien si c'est la mort que je dois craindre. Mais ne pourras-tu donc jamais reconnaître les bannières ?

— Maintenant je les aperçois ; c'est une grande image attachée au fer d'une lance.

— Sa couleur, sa couleur ? demanda vivement la reine.

— Azur, répondit Mazair.

— Nous sommes perdus ! dit Théodegothe atterrée ; c'est la bannière de Saint-Martin (50).

— Nous sommes perdus ! répéta Mazair en quittant la fenêtre ; les Franks atteignent déjà l'abbaye Saint-Sernin.

— Déjà ! déjà ! Et aussitôt Théodegothe s'élança à la lucarne, jeta un coup-d'œil désespéré sur les hordes ennemies, et elle redescendit précipitamment en s'écriant : Fuyons, fuyons, il n'y a plus un instant à perdre.

Mazair et Théodegothe, rapides comme des javelots, se précipitèrent dans la cour pour monter sur les chevaux que l'écuyer leur avait conduits. Les coursiers étaient toujours attachés au verroux du portail, mais Théodegothe reconnut bientôt avec effroi que le château avait été abandonné par les soldats commis à sa garde, l'écuyer lui-même saisi par la panique générale avait disparu. N'importe, Théodegothe et Mazair allaient monter à cheval, lorsqu'ils s'aperçurent que toutes les portes du château étaient barricadées, celle du nord avait son gros portail de chêne avec tous ses verroux, serrures et arc-boutans ; d'ailleurs de ce côté la fuite aurait été impossible, car les Franks hurlaient déjà leurs chants de victoire et de carnage. Du côté de la ville cependant la herse seule était baissée ; aussi Théodegothe et Mazair s'y portèrent-ils instinctivement, pour tâcher de la relever et de s'enfuir aussitôt. — Malédiction ! s'écrièrent-ils simultanément, les bras du levier n'y sont plus..... En effet, par je ne sais quelle fatalité, le tour dormant qui faisait mouvoir les chaînes avait perdu ses deux bras, et le soulèvement de la herse paraissait à peu près impossible.

Cependant les minutes devenaient à chaque instant d'un plus grand prix, car les houra sauvages des hommes du nord approchaient de plus en plus, et déjà on entendait les cris déchirans des premiers malheureux qu'ils massacraient aux portes de l'abbaye. Mazair et Théodegothe, égarés par la gravité du péril, parcoururent la cour en désespérés, et ayant trouvé une longue pièce de bois, ils voulurent s'en servir comme d'un levier, pour soulever directement cette terrible barrière, cause de tous leurs dangers; ils passèrent donc l'extrémité de la perche sous les premières pointes de fer, et, donnant la terre pour point d'appui à cette extrémité, ils essayèrent de la lever de l'autre à force de bras. La herse céda facilement; nos prisonniers se voyaient déjà libres; mais au même instant les cris des ennemis retentirent à la barbacane, et des coups de hâches commencèrent à l'ébranler. Pour surcroît de malheur, des tisons ardens lancés par les Franks étant retombés dans la cour, les chevaux s'épouvantèrent, ils brisèrent les rênes, et, s'agitant dans cet étroit espace, ils eurent bientôt renversé Théodegothe et Mazair. Le levier alors privé de ses soutiens, laissa retomber la herse, et la terre jaillit sous le poids énorme de ses pointes de fer.

Mazair et Théodegothe se relevèrent tous contusionnés, et retrempant leur énergie dans le bruit que les Franks faisaient à la porte en la frappant sans relâche, il saisirent de nouveau le levier, et tentèrent de relever la herse : cet effort eut encore du succès, et l'ouverture fut bientôt assez grande pour laisser passer une personne debout. Théodegothe, toute haletante d'espoir, abandonna brusquement le levier pour s'élancer par dessous la herse et franchir ce pas difficile; mais le berger, comprenant bien que la fuite lui devenait impossible du moment où il serait laissé seul, quitta aussi le levier pour dépasser la reine en vitesse; aussitôt la machine, comme on le devine sans peine, abandonnée à elle-même, retomba de toute sa pesanteur : un horrible cri de désespoir et de torture coïncida avec sa chute, et ce cri c'était la reine qui le poussait, car une pointe de la herse avait percé sa main d'outre en outre et la tenait clouée contre le sol.

— Je suis perdue! s'écria-t-elle; et s'en prenant à Mazair, elle ajouta : Homme infâme, est-ce ainsi qu'après m'avoir assassinée par le cœur, tu m'attaches aussi à mon dernier supplice?

Mais Mazair, assourdi par le bruit qui se faisait au dehors, égaré par l'imminence du danger, courait éperdûment sans pouvoir trouver un moyen de salut. Bientôt la porte criblée de coups de hache s'entr'ouvrit avec éclats, et l'on vit à travers ses fentes les visages sauvages des Franks. Ces visages étaient entièrement rasés, à l'exception de deux longues moustaches qui leur tombaient de chaque côté de la bouche; ils avaient relevé et rattaché sur le sommet du front leurs cheveux d'un blond roux, qui formaient ainsi une espèce d'aigrette, et retombaient par derrière en queue de cheval. A la vue de leur proie, ces barbares redoublèrent d'efforts, poussèrent des cris de triomphe, et firent pleuvoir dans la cour

une grêle de pierres et de bûches enflammées. Dès ce moment, le château Badaclei offrit un spectacle lamentable : les deux chevaux, épouvantés, couraient, ruaient et se cabraient dans cet étroit espace, foulant aux pieds la reine, clouée sous les dents de la herse, et renversant Mazair qui s'efforçait en vain de les contenir. Les fascines allumées atteignirent Théodegothe, ses vêtemens prirent feu, et la malheureuse disparut dans un tourbillon de flammes.

Au milieu de cet affreux supplice, la grande porte extérieure chancela sur ses gonds et tomba avec fracas; Mazair, atteint par un des panneaux, n'eut que le temps de pousser un cri horrible; Théodegothe tourna ses regards du côté de son complice, il était applati, broyé contre le sol. Au même instant, les Franks se précipitèrent dans la cour, le fougueux Holdowig, l'émissaire que le lecteur connaît déjà, était à leur tête; il chantait un bardit d'une voix tonnante, et faisait tourner son bouclier, peint de vives couleurs, comme la roue d'un char rapide.

— Vive le Christ! qui aime les Franks, s'écriait-il; rentrez dans le néant, peuples orgueilleux, voici venir la nation illustre dès son origine, remarquable par la blancheur de sa peau, aussi forte sous les armes que profonde dans les conseils : vive le Christ! il réserve à ses élus les grandes armées pour le carnage, les grandes cités pour la dévastation, les femmes vaincues pour les nuits d'orgies; compagnons, venez orner vos épaules de colliers et de métaux précieux : à nous le butin, à nous les massacres, à nous les crânes des Visigoths pour les libations.

— Pitié! pitié! disait la reine étouffée dans ses vêtemens en flamme; je suis la reine, au secours! miséricorde! pitié!

— La reine, s'écria Holdowig, soit donc béni le Christ, puisqu'il envoie sous ma main un crâne digne d'être présenté à Clovis pour boire le vin de la victoire. Alors Holdowig prit sa frankisque, dont le fer était épais et le manche très court, et visant de loin le cou de la reine, il la lança avec force, et atteignit l'endroit désigné, avec cette adresse dont les Germains se faisaient gloire. — A moi, Clovis, poursuivit Holdowig en élevant la tête de Théodegothe dégoûtante de sang, voici un crâne propre à devenir dans tes mains une coupe royale!

Après ce sanglant exploit, les assiégeans brisèrent à coups de hâche la herse qui fermait encore l'entrée de la ville, et ils se répandirent dans les divers quartiers, pillant et massacrant tout ce qui tombait sous leurs mains. Ils avaient été déjà précédés par d'autres bandes de pillards, sous les pas desquels tout disparaissait dans le sang, les prêtres comme les enfans, les vases sacrés comme les ornemens des femmes. Vainement Blaise et son clergé essayaient d'arrêter ces désastres, en parlant miséricorde au nom du Christ; le fils de Marie n'était guère pour la plupart de ces barbares qu'un nouvel Odin, protecteur du vol et du massacre. — Que faites-vous, malheureux? criait Blaise à ces hommes farouches; pensez-vous que ce soit pour de pareilles dévastations que Dieu a jusques ici protégé vos armes?...... On lui répondait que les Franks étaient venus pour conquérir des empires, et que les prêtres n'avaient à s'occuper de ceux qu'ils tuaient que pour les enterrer.

Cependant, derrière ces premières hordes sanguinaires, il y avait un roi qui tantôt marchait à la tête de son peuple pour le diriger, tantôt aussi se trouvait emporté par lui. Les évêques avaient auprès de celui-ci une influence moins négative; Clovis savait trop apprécier l'importance du clergé catholique, dans un pays gallo-romain, pour ne pas se montrer bienveillant envers lui. Dès que le fils de Mérovée eut paru, Blaise s'offrit à lui portant processionnellement les reliques des saints évêques.

— Sicambre, lui dit-il, arrête l'effusion du sang et courbe ta tête devant les restes sacrés des apôtres des Gaules. Le Christ ne te donne la victoire qu'à condition qu'elle lui sera consacrée et que les peuples trouveront grâce devant toi. Si les prêtres accourent sur ton passage, c'est pour te recevoir comme le vainqueur des sectaires d'Arius, et non comme le tyran des habitans de ces contrées.

Clovis, qui savait apprécier la haute influence des prêtres, se hâta de faire entendre sa voix pour arrêter à leur prière le pillage et le massacre; mais déjà les grands malheurs étaient irréparables, et ce n'était peut-être pas sans calcul que le roi frank avait laissé les pillards s'avancer en avant-garde, afin de n'arriver que long-temps après eux, lorsque la dévastation était à moitié consommée, et se faire néanmoins un mérite aux yeux des catholiques d'en arrêter un peu tardivement le cours à leurs instantes prières.

AINTENANT, un mot encore sur cette dynastie glorieuse des Visigoths. Au premier moment sérieux de panique, quelques officiers, quelques hauts dignitaires, s'étaient occupés de mettre le trésor d'Alaric à l'abri du pillage. Pendant qu'ils emballaient les objets les plus précieux, ils aperçurent des valets qui donnaient des soins à un jeune enfant, sur la tête duquel la mort avait glisé deux fois. C'était Amalaric, que les eaux de la Garonne avaient retenu à leur surface et rapporté au rivage au sortir des mains criminelles de Mazair. Des pêcheurs l'avaient ensuite recueilli dans leur bâteau, et ils venaient de le ramener au palais. A sa vue, tous les hommes fidèles à Alaric poussèrent un cri de joie que suivait de près un triste murmure d'horreur. Ils prodiguèrent mille soins à cette victime d'une double ambition, la placèrent à la hâte sur un charriot avec les plus riches parties du trésor royal, et ils l'emportèrent à Carcassonne.

Et le vieil Erimus que devint-il pendant le sac de Toulouse? cramponné à un des créneaux de son château favori, on va croire peut-être qu'il ne voulut pas survivre à l'empire dont il avait respiré si long-temps la gloire! Bien loin de là; son esprit seul de contradiction aurait suffi au besoin pour le pousser dans une voie contraire à toutes les prévisions humaines. Il assista avec désespoir, sans doute, au désastre de ses concitoyens; mais son ame, durcie comme son cœur, se complut dans les imprécations. Il s'accrocha à la vie avec une ardeur nouvelle, et il eut le soulagement de pouvoir tonner pendant quelques années encore, contre les évêques catholiques qui avaient sous-miné la puissance des Visigoths.

Peu de temps après, l'histoire nous montre les Visigoths de Carcassonne, élevant sur le trône Gésalic, fils naturel d'Alaric, jeune homme plein de vices, mais que la virilité de son âge fit préférer au fils d'Audoflède; mais ce dernier ne tarda pas à être proclamé en Espagne, et à se faire reconnaître même dans la Septimanie. L'histoire, en nous racontant l'intronisation d'Amalaric, omet de nous parler d'Amalgise; malgré ce silence, il est si doux de nous représenter cette jeune et tendre sœur, rapprochée enfin du frère qu'elle aime tant, que nous ne pouvons repousser l'illusion qui nous montre sa blonde chevelure, s'agitant près du trône d'Amalaric. Quant à Audoflède, nous l'avons laissée disposée à prendre la vie austère et très commune alors de la solitude; mais la nouvelle de son fils, arraché à la mort, vient la tirer de ses mortelles langueurs; l'histoire ne parlant pas, nous devons encore vivre ici d'illusions, et celle de voir enfin ses douleurs se changer en d'ineffables joies, auprès d'Amalaric placé sur le trône de ses pères, est trop consolante, pour que nous ne l'adoptions pas avec empressement. Peut-être le lecteur y trouvera-t-il un dédommagement aux crimes et aux désastres que la vérité nous a forcé d'entasser dans le récit de cette époque.

FIN DU BERGER D'ALARIC.

JUSTIFICATIONS.

ANS mes rêves de jeunesse (et qui n'a pas eu les siens toujours plus gigantesques que la réalisation ne le permet), j'avais échaffaudé une épopée dramatique aux vastes proportions ; épopée, où les nations remplissaient les rôles réservés aux simples héros dans la tragédie antique ; où les individus n'étaient que des personnifications d'idées sociales ; épopée enfin, où les siècles se traduisaient en actes, et les révolutions en tableaux..... Le rideau, levé à la naissance du Christianisme, tombait de temps en temps à chaque chute d'empire. Les entr'actes devenaient ainsi des époques de transitions ; la toile enfin s'abaissait définitivement à un de ces événemens sociaux qui marquent les grandes divisions de l'histoire. Et qu'on ne pense pas que je voulusse renfermer ces conceptions dans un drame destiné seulement à la lecture ; non, j'avais rêvé sa représentation sur un théâtre national, et pour que tout fût proportionné dans cet essai fantastique, j'avais arrêté d'avance le plan d'un théâtre colossal, véritable résurrection du colisée, approprié à notre civilisation. J'y voyais déjà les armées entières s'y mouvoir, les peuples se heurter ; non point à la manière rapetissée des batailles du cirque de Franconi, mais comme l'histoire nous les montre dans les guerres d'Attila et de Charlemagne.

Ce n'est pas tout, passant à la conception littéraire, j'avais donné au drame une tendance d'envahissement effrayante pour toutes les autres parties de la littérature et des arts. Le drame, selon moi, conquérant insatiable, né d'abord fort modeste sur les planches de Thespis, passant ensuite par Sophocle ou Corneille, arrivait enfin au Walleinstein, au Faust de Gœuthe, au Cromwell de V. Hugo. Chaque pas dans cette marche progressive, me semblait envahir, absorber quelque partie de l'art ; ainsi, chez les Grecs et les Romains c'était l'architecture ; car on sait que leurs théâtres étaient de vastes et admirables monumens de marbre et de granit, sur la scène desquels ils disposaient tout ce que le ciseau de leurs artistes savait produire de plus délicat en colonnes, chapiteaux, bas-reliefs, groupes et statues ; chez nous enfin, le paysage, la perspective, dans le prestige de nos décors modernes ; la danse dans les ballets, la musique dans l'opéra.

Ainsi donc, le théâtre, véritable sanctuaire littéraire et artistique, devait accaparer dans son sein tous les produits des beaux-arts, tandis que le drame absorbait tout ce que l'intelligence humaine adresse à l'esprit et au cœur sous des formes littéraires. Cette conception, au fond de laquelle perçait quelque chose de profondément vrai, renfermait, comme on le voit au premier coup-d'œil, une exagération qui devait en rendre l'application inabordable. Quoi qu'il en soit, mon colosse était sur le chantier, je m'étais lancé dans de conscienciuses études dramatiques, et peut-être un jour donnerais-je en entier les principes didactiques que j'avais arrêté avec mes illusions de dix-huit ans. Je donnai même à ce projet un commencement d'exécution, et je fis publier, il y a six ans, les deux premiers tableaux de mon épopée sous la forme dramatique, me berçant de l'espoir fallacieux que notre théâtre élargirait un jour ses proportions pour leur y donner asile. Ces deux tableaux étaient *Médella* et *le Berger d'Alaric*, commencement de ce drame séculaire; Médella y tenait la place de ces prologues de Faust qui se passent dans le ciel et sont joués par les anges. Je m'étais autorisé de cet exemple du poète germanique, et plus encore du temps reculé où la scène se passait, pour y semer le merveilleux à pleines mains; merveilleux qui, résumé sur des êtres immortels, devait me servir à lier entr'eux les actes, à enchaîner les siècles.... Mais la raison ayant montré la tête au milieu de cette exaltation juvénile, je revins à des idées plus saines, je descendis de ce douzième ciel, je m'assis modestement sur la terre, et me voilà brisant les formes dramatiques de mon œuvre pour lui donner simplement les proportions du roman historique; les descriptions alors ont dû remplacer la mise en scène, les prologues sont devenus des justifications et des préfaces, et j'ai la ferme conviction que l'ouvrage y aura beaucoup plus gagné que perdu.

Mais, me demandera-t-on, quel avait été le point de départ de cet échaffaudage? Les œuvres de deux grands maîtres, le Faust et le Walleinstein de Gœuthe, le Cromwell de Victor Hugo. Walleinstein m'avait fourni l'idée d'une succession de drames portant le même nom, développant la même pensée. Tout le monde sait avec quel art Gœuthe a conduit son héros dans trois drames, ayant chacun cinq actes, depuis sa jeunesse jusqu'à sa mort; moyen ingénieux de respecter l'unité classique, tout en embrassant à la manière romantique un laps de temps considérable. Faust m'avait fourni le merveilleux, les personnages infernaux et immortels; Cromwell, enfin, l'étendue des développemens, la grandeur des proportions. On voit que, pour arriver de ce point de départ à une série de drames, commençant aux empereurs romains et finissant à Saint Louis, il restait encore à monter quelques échelons; mais, enfin, ces maîtres m'avaient donné les prémices, je voulais pousser l'argument jusqu'à la conséquence.

Je n'aurais pas fait toutes ces observations si je n'avais voulu expliquer par là certaines coupures dramatiques, certaines dispositions de dialogues à effet qui se trouvent dans le Berger d'Alaric et Médella; sans cela peut-être aurait-on trouvé que le ton en était quelquefois trop exalté et peu conforme à la simplicité ordinaire du roman.... Maintenant, si nous passons à quelques caractères dont j'ai développé les transformation avec une prédilection toute particulière, n'y verra-t-on pas une violation manifeste des anciennes règles d'unité? A Dieu ne plaise que je veuille m'en défendre; au lieu de reculer devant les attaques, je vais tâcher de les prévenir en présentant quelques observations générales, qui mériteraient bien un examen plus approfondi.

Un homme apparaît sur la scène, il est abattu, écrasé par l'esclavage. Quelques paroles de regret indiquent à peine une ame sensible à la douleur. Son langage est lourd, son intelligence demeure absorbée dans les travaux les plus grossiers. Tout à coup un crime imprévu est commis sous ses yeux; la pitié ouvre son ame, son cœur se sensibilise, la vertu éclate, elle développe une intelligence qui étonne. Les événemens continuent à marcher; l'ambition, née d'abord d'un excès de vertu, enfante à son tour l'orgueil, l'égoïsme, la soif du pouvoir, enfin une scélératesse froidement combinée;.... en résumé, un esclave abruti sent naître l'ambition par excès de vertu, et finit par devenir criminel par excès d'ambition.... Que de révolutions, que de tempêtes dans une même ame! que d'oppositions! en un mot que d'hommes dans un seul, homme ! que de passions dans un même cœur, qui semblent tout d'abord inconciliables !.....

Un tel personnage est-il bien moralement possible, va-t-on me dire, et la nature procède-t-elle ainsi par antithèses et brusques transformations ?.... Certes, ce n'est pas l'art poétique d'Horace que nous irons citer en témoignage, car nous savons combien notre proposition est énergiquement combattue par ce poète didactique. « Que votre » personnage, dit-il, marche toujours semblable à lui-même, *qualis ab incepto proces-* » *serit et sibi constet* ». Je dois encore l'avouer, l'histoire ne manque pas de ces grands caractères qui marchent tout d'une pièce et qui paraissent suivre la même route depuis leur naissance jusqu'au tombeau ; ainsi, lorsqu'Alexandre, au dire de Plutarque, se plaignait des victoires de son père, prétendant qu'il ne lui laisserait rien à conquérir ; lorsqu'il se montrait aussi impétueux dans ses actions que dans ses discours ; lorsqu'il refusait de descendre dans l'arène des jeux olympiques, disant qu'il s'y présenterait s'il avait des rois pour rivaux, ne pouvait-on pas voir là les germes du premier conquérant du monde. César, tout jeune encore, étant tombé entre les mains des pirates, ne montrait-il pas déjà l'assurance, le mépris de ses adversaires et surtout sa confiance sans bornes en sa fortune ? ne pouvait-on pas sonder un peu ce que contenait cette nature extraordinaire, lorsqu'au lieu de trembler devant ceux qui l'avaient fait prisonnier, il les raillait, leur ordonnait impérieusement de faire silence pour le laisser dormir, les traitait de barbares et d'ignorans lorsqu'ils n'applaudissaient pas à ses poésies et à ses harangues, et les menaçait de les faire pendre dès qu'il aurait payé sa rançon. Marius ne faisait-il pas soupçonner sa vie de général dure, inflexible, cruelle, dès sa jeunesse passée à Cerretinum dans la grossièreté, la tempérance, le mépris de la mollesse et du luxe ; ne fut-il pas toujours comme Coriolan, comme Caton, un de ces types romains qui marchent constamment dans une même direction indéviable et meurent tels qu'ils sont nés ? Dans les siècles plus rapprochés, l'histoire nous offrirait en abondance les mêmes natures de caractères : ainsi la vie austère et entreprenante du moine Hildebrant fut constamment digne de ce Grégoire VII, pontife terrible, altier, d'autant plus audacieux que c'était au ciel qu'il allait chercher ses foudres. Mais quelque générale que soit cette loi d'unité, il ne s'en suit pas qu'elle reste à l'abri des exceptions ; et quoiqu'elle forme la base de la nature humaine, l'homme sait bien souvent s'arracher de ses fondemens, pour lancer ses rameaux dans des directions tout opposées. Qui ne sait, par exemple, que les grands malheurs, les joies subites ébranlent quelquefois l'organisme humain, au point de détruire la raison la plus fortement trempée. L'histoire n'est-elle pas remplie de ces grands exemples de malheurs publics ou domestiques qui ont plongé de nobles victimes dans la folie. Mais s'il est constant que des intelligences aient été détruites par de violentes catastrophes, n'est-il pas incontestable à plus forte raison, que d'autres se trouvent simplement dérangées, que l'ordre des idées soit renversé chez un individu, qu'il passe d'une opinion à une autre, et ces effets produits sur le cerveau, pourquoi n'agiraient-ils pas également sur le cœur, siège des passions ? Si la nécessité multiplie les forces physiques d'une simple femme, quand il s'agit de défendre un fils qu'on lui enlève, pourquoi ne verrait-on pas dans telle autre circonstance un homme, jusques-là pusillanime, devenir tout à coup un héros, et présenter ainsi dans un court intervalle les deux antipodes du cœur humain. Qui pourra nier, par exemple, que saint Paul ait renfermé deux hommes ; le premier, païen exalté, livrant les chrétiens aux bourreaux, le second combattant le paganisme et répandant sur le monde cette lumière éclatante qui dissipa tant de ténèbres. Et saint Augustin ! qui donc aurait deviné le grand évêque d'Hippone, le saint le plus éloquent, la plus belle colonne de l'église, dans cet effréné libertin qu'aucune turpitude n'effrayait..... Dans l'antiquité elle-même, que dira-t-on de cet Alcibiade que Plutarque nous montre « très-souvent inégal dans ses mœurs, lesquelles éprouvèrent de fréquentes variations, suites naturelles des grandes circonstances où il se trouva et des vicissitudes de sa fortune ».

Auguste, l'empereur clément, vertueux, magnanime, le père du peuple, se serait-il reconnu lui-même dans ce triumvir Octave, sanguinaire avec volupté, débauché, dissolu avec frénésie, despote et jaloux avec transport. Et dans notre temps, n'avons-nous pas vu de zélés carbonnari, sans foi religieuse et peut-être athées, trouver dans leurs prisons les plus sublimes pensées de résignation chrétienne, les plus admirables révélations apostoliques..... Et ce duc d'Orléans, libertin, frivole, occupé exclusivement d'aventures galantes et de parties de plaisir, poussant même la dépravation jusqu'à se déclarer ouvertement le chef d'une révolte contre son père ; cet ambitieux, qui porta l'audace jusqu'à soutenir contre les troupes du roi la bataille rangée de Saint-Aubin, était-il le même que ce Louis XII, nommé par la France entière *le père du peuple*, et qui commençait son règne par ces incroyables paroles de clémence : « Le roi » de France n'est pas chargé de venger les querelles du duc d'Orléans ». Ce fut là assurément une des transformations les plus éclatantes qu'ait éprouvé l'esprit humain. Peu à peu l'ancien prince du sang, ennemi de toute autorité, d'une insubordination native et invincible, acquit une si grande douceur de caractère, qu'il plia tous ses goûts aux caprices de sa jeune femme, Marie d'Angleterre, « si bien, dit un ancien chro-» niqueur, que là où il soulait dîner à huit heures, il convenait qu'il dînât à midi ; et » où il soulait se coucher à six heures du soir, il se couchait à minuit. »

Raymond Lulle, de Majorque, une des plus hautes capacités de son siècle, vient encore nous donner un éclatant témoignage. Elevé au sein de la cour de Jacques Ier d'Aragon, où l'on savait si bien allier la galanterie à la religion, il mena une vie plus que dissipée ; les fonctions de sénéchal du palais ne peuvent satisfaire son ambition ; une épouse, dont il eut des enfans, ne peut le fixer ; il court avec frénésie les aventures galantes, et c'est à la vue de la gorge de sa maîtresse rongée d'un cancer qu'il se dégoûte du monde, répudie sa vie passée et abandonne le palais pour se réfugier dans un hermitage. Depuis ce jour (il avait alors trente-deux ans), on ne retrouva rien en lui qui rappelât l'ancien courtisan, et jusqu'à l'âge de quatre-vingt-dix ans il vécut chaste, couvert d'un froc, pâlissant sur les livres, ne songeant qu'à convertir les mahométans, chez lesquels il fit plusieurs voyages, et vécut quelque temps prisonnier..... Luther lui-même, toujours exalté il est vrai, n'appliqua-t-il pas bien diversement son enthousiasme ? Lorsqu'il s'enferma dans sa jeunesse au couvent des Augustins d'Erfurt, eût-on pensé que ces excès d'abstinence qui le portaient à passer plusieurs jours sans boire ni manger, le conduiraient bientôt à se proclamer l'ennemi de toutes les observances. Son premier zèle pour l'autorité du pape, qui allait chez lui plus loin que chez les ultra-montains, aurait-il pu laisser deviner le destructeur de toute tradition ecclésiastique ? Enfin était-ce en faisant brûler le livre d'Erasme contre la messe, le célibat des prêtres et l'invocation des saints, qu'il se préparait à foudroyer lui-même, quelques années plus tard, tous les dogmes de l'Eglise.

Ah ! hâtons-nous de reconnaître que, si certains grands hommes paraissent toujours suivre une ligne indéviable parce qu'ils conduisent leur siècle et le font plier à leur gré, hâtons-nous de reconnaître que, bien souvent aussi, ce sont les siècles qui font les hommes, et les événemens qui les changent et les façonnent à leur caprice. La raison en est facile à dire. Tout homme vient au monde, et se développe dans un certain milieu dont il subit constamment les influences, à la suite desquelles sa capacité, son caractère prennent certaines formes arrêtées. La vie suit ainsi son cours naturel, sans déviation, tout le temps que les conditions dans lesquelles elle se meut restent les mêmes; mais supposez une barrière brusquement élevée sur la route de l'homme, un brusque changement (qu'on me passe l'expression) dans le moule qui le contient, alors il faut ou qu'il périsse en restant ce qu'il était, ou qu'à l'exemple du papillon il se transforme en chrysalide pour passer à une autre existence, appropriée à la température nouvelle qui l'entoure. De là, pour citer quelques exemples, les Vendéens et les émigrés de 93, qui ont la force de demeurer ce qu'ils étaient; de là aussi les nobles ralliés, les prêtres constitutionnels qui dépouillent leur ancienne forme pour en adopter une différente...... Eh! qui pourrait dire toutes les transformations de caractère que cette grande révolution a opérées. Tous ces héros de nos armées, généraux et soldats, se seraient-ils doutés, quand ils conduisaient tranquillement leurs bœufs paisibles, de tout le courage, de tout l'héroïsme dont le germe était caché au fond de leur cœur!. Oui, l'homme qui semble diriger les événemens, n'est le plus souvent que leur esclave; marchant à leur suite, il obéit presque toujours à toutes leurs variations, et quelquefois ses révolutions intérieures, sont aussi brusques que les tempêtes qui les déterminent.

Des marins, polis, dévoués, instruits, voguent sur l'Océan; un écueil brise leur navire, un radeau est leur dernier refuge au milieu de ces vastes solitudes. Quelques jours après ces officiers, ces matelots de la nation la plus policée de l'univers, deviennent des cannibales qui auraient effrayé les anthropophages de l'Océanique eux-mêmes, si l'excès du malheur et de la détresse n'était là pour tout expliquer, pour justifier. Eh bien! je le demande, ces hommes-là ne se présentent-ils pas sous deux phases diamétralement opposées, et les exemples que nous donnons ici, pris sans choix et au hasard, n'ont-ils pas leur pendant dans toutes les révolutions, dans tous les naufrages, dans toutes les calamités violentes. Que nous resterait-il donc à dire pour établir, d'une manière irréfragable, que si les hommes restent souvent ce qu'ils se sont montrés d'abord, il en est un nombre immense dans toutes les classes, à toutes les époques, qui suivent les événemens, changent comme eux et deviennent à tel point méconnaissables, qu'ils ne conservent rien de leurs premières allures. Ce résumé, c'est celui de l'histoire humaine. Si donc ce principe est si profondément vrai, pourquoi hésiter à l'exploiter dans les œuvres littéraires, nous surtout qui avons pris toutes les latitudes nécessaires pour embrasser des développemens étendus. Est-il aucun moyen dramatique plus fertile en oppositions, en études profondes, en surprises saisissantes. Je crois qu'on m'accordera sans peine toutes ces conséquences; seulement on m'objectera peut-être que les préparations et les ménagemens indispensables à ces sortes de conceptions, ne pourront entrer que dans des œuvres embrassant un espace de temps considérable. Pourquoi cela? quelque complet que soit un changement de caractère, quelque lents qu'aient été les événemens qui l'ont préparé, n'est-il pas un instant décisif, où le remaniement individuel s'accomplit? quelque longue que soit la course du soleil d'un tropique à l'autre, n'est-il pas un instant mathématique où il traverse l'équateur. Eh bien ne peut-on pas saisir cet instant, même dans un drame de quelques heures. D'ailleurs les récits précédens ne peuvent-ils pas remonter dans le passé et préparer à l'avenir.

Racine lui même a été une fois près de nous en donner l'exemple. Lorque Oreste, égaré par l'amour d'Hermione, vient de poignarder Pyrrhus, lorque au lieu des actions de grâces qu'il attend de cette princesse, il ne rencontre que sanglants reproches et qu'il éclate enfin par son appel aux Furies: eh bien! il y a là toute une révolution de caractère, et ce divorce avec le passé se prêtait à représenter un second Oreste tout différend du premier. Mais le poète s'est arrêté sur le seuil de cette seconde vie, et enchaîné par la règle du *qualis ab incepto processerit*, n'a indiqué que la première moitié d'Oreste, négligeant une seconde phase de sa vie qui aurait pu produire une source dramatique inépuisable. Il en est presque de même de Polyeucte; c'est là un changement de caractère asssez complet; passer de l'idolâtrie au Christianisme par amour; mais là encore la chrétienne ne fait que se laisser entrevoir, et Corneille s'arrête sur le seuil de la seconde existence de Pauline......

On se demandera peut-être comment les règles d'unité s'établirent si profondément chez les Grecs et les Romains, tandis que notre génie européen, semble né pour les combattre. Les causes en sont faciles à indiquer, et les conséquences également aisées à déduire.

Nous avons déjà dit dans une note précédente, que la dignité, la noblesse formaient l'essence de la société, de la littérature grecque et romaine; nous aurions dû ajouter la simplicité, l'homogénéité, car ce sont là véritablement les bases sur lesquelles se mouvait l'antiquité. En d'autres termes c'est le fini seul, comme le dit si judicieusement M. Cousin, qui domine Rome et la Grèce. Par conséquent l'homme constamment ramené sur l'étude de l'homme, n'ouvrait à son imagination qu'un *domaine restreint*; aussi la littérature et l'art appliqués à la peinture de l'homme moral et physique, se perfectionnaient-ils d'autant plus que rien ne venait se mêler à cette contemplation de la nature purement humaine. La sculpture ne voulant que la reproduction de la matière dans sa placidité parvenait, par une recherche constante du même type, à une perfection inouïe. La poésie pour la même cause, acquérait une pompe et une harmonie d'autant plus inimitables qu'elle considérait toujours la vie, le cœur humain dégagé de tout élément divin et éternel. De là donc cette prédilection constante, presque fatale de l'esprit antique à retourner, à pivoter sur lui-même; en effet, rien de moins varié, rien de plus uniforme que la poésie grecque, car elle se résume presque toute dans *l'Iliade* et *l'Odyssée*. Cet éloignement pour les œuvres multiples était si fort, que toute leur didactique travaillait à restreindre les conceptions, à les ramasser dans un cercle étroit, où le poète put parfaitement les considérer sous tous les aspects : ainsi dans l'épopée, les années entières se résument dans quelques récits, et les héros ne montrent presque jamais qu'une phase; Ulysse, la ruse, Achille, la colère. Un seul fait, une seule action de la vie servent de cadre à un poème : aussi on a voulu prétendre, et je crois avec raison, que le génie d'un seul homme n'avait pas embrassé *l'Iliade* et *l'Odyssée*. D'après Vico et Benjamin Constant, ces poëmes ne seraient qu'un assemblage d'épisodes ; une espèce de *magasine* où l'on aurait réuni sous un titre collectif, les poésies éparses composées par divers rapsodes, sur le sujet national de la guerre de Troie. Ainsi chaque poète aurait fait son chant; et par conséquent, n'aurait pas eu le loisir d'étudier ses personnages pendant un assez long intervalle, pour donner le temps aux révolutions extérieures de modifier leur caractère.

D'ailleurs ce ciel toujours calme et pur de la Grèce, cette atmosphère sans ouragan, ces petites mers sans marée, ces républiques presque imperceptibles sur la carte, tout cela ne pouvait manquer de se réfléchir sur les habitans. Ce n'est qu'à nos peuples d'Europe, toujours travaillés par les développemens successifs du fini et de l'infini, passant avec une violence égale de l'incrédulité aux transports religieux, de la liberté à l'absolutisme, ce n'est qu'aux peuples modernes, qu'il était donné de renouveler ces écarts des orientaux, déterminés par les grands chocs de peuples, les grandes révolutions, les cataclysmes physiques et sociaux. Constamment lancés dans les débats du principe humain et du principe éternel, nageant entre le fini et l'infini qui cherchent sans-cesse à se dominer l'un l'autre, au lieu de s'unir par leurs rapports naturels, les modernes marchent entre deux routes différentes à la clarté de deux grandes pensées opposées; l'une enfante nos cathédrales et les œuvres rêveuses et fortes de nos romantiques anglais, allemands, espagnols, œuvres où l'art est si hardi, si ennemi de la règle, où la théologie prend mille caractères pour percer et dominer la forme; l'autre, au contraire, ramène l'homme au fini lui même, il le fait se prendre d'amour pour la partie de l'intelligence et du cœur simplement humaine, et comme il ne connaît rien de plus parfait en cette étude que les traditions grecques, il revient à elles avec une prédilection presque acharnée; de là ces fluctuations continuelles dans l'ordre intellectuel et artistique, entre le classique et le romantique, fluctuations qui ont leur pendant en politique lorsque l'homme court de l'absolutisme à la liberté, de l'aristocratie à la démocratie.

Eh! bien, pense-t-on qu'au milieu de ces révolutions sociales, inhérentes à la nature européenne, l'homme, l'individu puisse se soustraire aux incertitudes morales? Certes je doute fort que Boileau lui-même, avec tout son esprit, eût pu défendre la thèse absolue des unités, d'une manière victorieuse, si on était descendu au fond des choses.

Maintenant que le lecteur juge; voilà mes principes, voilà les raisons, les exemples qui les appuient. Je suis persuadé que si Mazair, homme multiple et disparate, est condamné par la règle d'Horace, il se justifiera aisément devant ceux qui vont chercher leurs lois littéraires dans la nature humaine elle-même; non, il n'est pas de nuances de caractère qu'un homme ne puisse développer successivement en lui, et tout ce que ces anomalies semblent avoir de choquant, au premier abord, devient d'un naturel et d'une conséquence on ne peut plus rationnelle, quand l'art les prépare avec les précautions nécessaires; car il n'est pas de transformation qui ne puisse trouver sa justification dans la nature, pas même celles de ce personnage que Voltaire a le grand tort de ne faire qu'indiquer trop succintement :

> Vicié, pénitent, courtisan, solitaire,
> Il prit, quitta, reprit la cuirasse et la haire.

Qu'on n'aille pas croire cependant que nous ayions la prétention de vouloir attaquer l'autorité relative des traditions classiques, c'est seulement contre leur absolutisme que nous nous inscrivons aujourd'hui, prétendant qu'à côté de la règle donnée comme invariable par Horace, il en est une autre tout opposée que la nature humaine elle-même proclame chaque jour. Toutefois nous ne voulons pas donner à cette dernière la même généralité qu'à la précédente, nous reconnaissons que l'unité de caractère doit demeurer la base des œuvres littéraires, car si l'on jetait la plupart des personnages d'un drame dans des fluctuations, des changemens continuels, on tomberait dans une anarchie au milieu de laquelle le lecteur ou le spectateur, privés de centre d'action, s'égareraient et se fatigueraient bientôt; mais il y a loin de ce conseil à la prohibition absolue d'Horace et de Boileau; nous persistons à dire que des caractères exceptionnels tels que ceux que nous avons indiqués peuvent devenir le pivot d'une action fortement conçue et rattacher autour d'eux des événemens multiples, des scènes, des péripéties, des contrastes de la plus grande fertilité dramatique.

ous n'en dirons pas davantage sur cette discussion littéraire, qui aurait sans doute besoin de développemens bien plus considérables pour convaincre les incrédules obstinés. Nous allons parcourir une autre série d'objections que le Berger d'Alaric pourrait soulever, en le considérant sous le point de vue historique.

Nous voulons parler de la conduite du clergé, envers les Franks et les autres peuples des Gaules, que nous sommes loin d'avoir présentée comme la plupart des historiens postérieurs au dix-septième siècle...... Grâce aux attaques de Voltaire, on se représente, au seul mot de clergé, une classe d'hommes égoïstes, abrutissant les Gallo-Romains par l'ignorance et le fanatisme, empiétant sur les libertés municipales, et se coalisant avec Clovis et ses successeurs pour trahir la cause nationale, leur ouvrir les portes des villes, livrer traîtreusement leurs concitoyens, et vendre enfin la victoire au prix de priviléges, de donations et d'autorité; n'est-ce pas là le résumé des récits de l'ancienne école?

Eh bien! que dira-t-on, si nous venons, pièces en main, prouver le contraire d'une manière péremptoire? Que dira-t-on, si nous montrons le clergé appelé à la tête des municipalités, par le choix, la confiance des peuples, si nous le montrons prévenant les famines, alors si terribles, en formant de grandes provisions de denrées, en dirigeant le seul commerce de l'époque? Si nous prouvons que, bien loin de trahir les populations, en les livrant aux rois Franks, il les protégea constamment et se tint à leur tête, soit pour apaiser les vainqueurs et obtenir de bonnes conditions, soit en combattant jusqu'à la dernière extrémité et en payant ce dévouement de sa vie. Voilà le tableau général de la conquête franke présentée de deux façons assez opposées; maintenant passons aux preuves, racontons les faits et voyons de quel côté viendront se ranger le plus grand nombre de preuves justificatives.

« Les évêques, dit M. Fauriel, avaient été constitués les chefs de la curie de leurs
» villes; c'était non seulement une vraie magistrature temporelle, mais une magistra-
» ture éminemment populaire dont ils avaient été investis par la force des choses dans
» une société dont ils étaient la partie la plus instruite. Patrons politiques de ceux
» dont ils dirigeaient les croyances, et de la sorte, armés d'une double autorité, ils pou-
» vaient au besoin, et selon l'occasion, maintenir, faire valoir et même accroître l'une
» par l'autre. » Fauriel, *Histoire de la Gaule Méridionale*, t. I, p. 385. Voyez encore, pour compléter ce beau tableau du clergé au 5ᵐᵉ siècle, même tome, p. 376 à 384, 402, 403. « Ce que nous apprend Sidoine-Apollinaire de son contemporain
» Patiens, évêque de Lyon, peut servir à donner quelque idée du rôle que jouaient
» dans la Gaule et dans l'église chrétienne certains évêques opulents. Après avoir loué
» Patiens, comme fondateur ou décorateur de plusieurs basiliques, Sidoine nous le
» représente réparant, par ses largesses, le double désastre des guerres et des saisons.
» Il parle d'envois de blé, faits en son nom et à ses frais, à des pays entiers, à plu-
» sieurs villes populeuses, il en nomme sept que Patiens avait, à ce qu'il semble,
» sauvées toutes et en même-temps de la famine. »…. « Avec ce concours d'opulence
» de la part de certains évêques, de doctrine et de savoir de la part des autres, on
» conçoit sans peine la considération du clergé; on ne peut plus s'étonner de le voir
» à la tête de la société. Son pouvoir était la légitime conquête d'une science, d'une phi-
» losophie, d'une charité presqu'également nouvelles. »…. Fauriel, t. I, p. 405, 406.

Mais nous n'en dirons pas d'avantage sur cette première partie de notre sujet, l'espace nous manquant pour la développer comme elle l'exigerait. Nous allons passer au point le plus important et le plus vivement débattu : l'accueil fait par le clergé chrétien aux rois Mérovingiens.

Il est assurément incontestable qu'à l'apparition de Clovis, les évêques de Burgondie et d'Aquitaine encouragèrent ce conquérant à chasser de la Gaule les Bourguignons et les Visigoths; mais bien loin de trahir en cela les populations, ils ne faisaient au contraire que seconder leurs vœux; car on sait combien les catholiques, même le menu peuple, supportaient avec impatience l'oppression des Ariens, surtout depuis les persécutions d'Euric. D'ailleurs l'éloignement où se trouvaient les évêques méridionaux du théâtre de l'invasion mérovingienne, ne leur avait laissé connaître Clovis que sous le point de vue de prince orthodoxe, tandis que la violence, la barbarie de son peuple leur demeurait inconnues; aussi était-ce de très-bonne foi qu'ils désiraient la domination d'un co-religionnaire pour l'utilité des populations; mais dès que les Franks se furent fait juger par un contact immédiat, quand on eut vu de près ces princes germaniques insatiables des jouissances physiques et surtout de pillage, dévaster tout ce que la Gaule possédait de richesses et emmener les habitans en esclavage, dès-lors la conduite du clergé éprouva une réaction complète, et on le vit, dès la fin du règne de Clovis, se mettre à la tête de la résistance nationale. On a même donné beaucoup d'exagération à la première phase de la conduite des évêques. On n'a voulu y voir que de la courtisannerie, de l'intrigue, de l'ambition, et cependant leur langage fier et assuré est loin de justifier cette accusation. Lorsque saint Remi baptise Clovis, son allocution n'est-elle pas d'une fermeté qui n'a rien de commun avec une condescendance intéressée? « Baisse ta tête, fier Sicambre, lui dit-il, rejette ce que tu as adoré et adore, ce que tu » as méconnu jusqu'ici. » (Grégoire de Tours, *Histoire*, liv. II, chapitre 31.) Le pape Anasthase écrit dans le même temps à l'épouse de Clotilde pour l'encourager à protéger l'Eglise, à se montrer un nouveau Constantin; l'évêque de Vienne, Avitus lui envoie également un émissaire pour lui dire que chacune de ses victoires est une victoire pour l'Eglise;... mais toutes ces correspondances sont empreintes du désir de voir Clovis faire le bonheur des peuples, et je défie d'y rien voir qui puisse autoriser à croire que le pape ou les évêques sacrifiaient les populations à l'augmentation de la puissance ecclésiastique.... Après cela, je ne comprends pas trop sur quels principes on se fonderait pour reprocher si vivement au clergé les vœux qu'ils faisaient pour un prince orthodoxe, contre des princes ariens? Ne voudrait-on pas aussi leur faire un crime de ne pas chanter des *Te Deum* à la gloire d'un Euric, qui faisait fermer les églises avec des ronces pour empêcher les chrétiens de les fréquenter, qui déportait les évêques et interdisait au peuple de les remplacer? Voudrait-on qu'ils eussent ardemment prié pour la conservation d'Alaric, par ordre duquel Volusien, évêque de Tours, fut arrêté et lâchement assassiné? (Dom Vaissete, *Hist. du Lang.*, t. 1, p. 340, 341. — Grégoire de Tours, *Histoire*, liv. X, chap. 31.) et sous lequel Quintianus, évêque de Rodez, fut chassé de son siége (Grégoire de Tours, *Vitæ Patrum*, liv. V; *Hist.*, l. II, chap. 36). Quelques évêques, il est vrai, épousèrent ouvertement le parti de Clovis et Galactorius dans la Novempopulanie, alla même jusqu'à prendre les armes avec ses diocésains (Marca, *Histoire du Béarn*, rapporte longuement ces aventures), mais d'autres, en revanche, devinant peut-être les désastres que l'invasion Franke allait attirer sur la Gaule, surent résister même à un premier mouvement de séduction; de ce nombre fut saint Césaire d'Arles; sa position, comme évêque catholique, le fit bien soupçonner par les Visigoths de conspirer contr'eux; mais il s'en défendit et son biographe l'en justifia (*vita santi Cesarii*); et qu'on n'aille pas dire que cette justification ressemblait à une tactique, ce n'est pas au moment de la victoire de Clovis qu'un évêque ambitieux aurait publié un mensonge, quand la vérité aurait pu lui mériter les bonnes grâces et les faveurs du vainqueur.

Eh! bien, je le demande, n'y a-t-il pas bien loin de là à cette conspiration que certains historiens nous présentent comme généralement ourdie entre les évêques catholiques et les rois franks, pour livrer à ces derniers les populations, les richesses des Gaules, et se partager les bénéfices de cette trahison? Ce n'est pas tout, à peine avons-nous entrevu ce premier élan du clergé pour Clovis, que nous touchons déjà à une ère de réaction énergique. Du moment que les implacables Sicambres ont envahi le midi de la Gaule, toute cette conspiration épiscopale s'évanouit, et les événemens subséquens n'en portent plus les traces; ainsi, dans leur première invasion en Aquitaine, en Septimanie, en Provence, les Franks pillent et dévastent tout indifféremment, même les monastères et les églises, les moines ne sont pas épargnés dans les massacres; on emmène en esclavage une foule de prêtres et de clercs, c'est à peine si Clovis fait épargner çà et là certaines abbayes les plus fameuses (Fauriel, *Hist. de la Gaule Méridionale*, t. II, p. 74, 75). Eh! bien, je le demande, si les Franks n'avaient dû, comme on le dit, leurs succès qu'à la protection des prêtres, les auraient-ils si rudement traités? Si, par exemple, cette conspiration chrétienne eût été aussi universelle qu'on a voulu le prétendre, croit-on que Sigismond, successeur par intrigue de Gondebault, roi de Bourgogne, eût cherché un asile dans le monastère de Saint-Maurice en Velais, contre les fils de Clovis qui l'avaient vaincu (Grégoire, *Hist.*, livre III, chap. 6)? mais c'eût été se jeter entre les mains de ses propres ennemis. Croit-on encore que, dans les mêmes circonstances, Amalaric, roi des Visigoths, battu par Childebert, et ne pouvant lui échapper, eût cherché un refuge dans une église des chrétiens (*christianorum*)? tout cela prouve-t-il, en aucune façon, une guerre si ouverte entre les princes ariens et le clergé catholique (Grégoire, *Hist.*, liv. III, chap. 10).

En général, on ne saurait se figurer, sur quelles données légères, nos historiens ont bâti leur opinion dans un pareil sujet! Ils procèdent presque toujours par allégations vagues, et quand on veut remonter aux preuves, on ne trouve d'autres sources qu'une idée fixe, un parti pris de calomnier quand même; plus nous avançons dans l'histoire des Mérovingiens, plus nous voyons se propager de toutes parts une résistance continue, énergique entre les Gaulois et les Franks, et dans cette guerre les évêques sont presque toujours à la tête des populations. « Le clergé aquitain, dit Fauriel, *Histoire de la Gaule* » *Méridionale*, t. II, p. 113, qui avait attiré les Franks dans la contrée, s'était mis à la » tête des populations depuis qu'il les avait vus de près ».... Lors de la révolte de l'Arvernie contre Thierri, quel est l'homme qui prend la direction du mouvement national pour défendre Bourges? c'est l'évêque Quintianus; après quelques jours de siége, la ville est délivrée et c'est à lui que le peuple et l'histoire en font remonter l'honneur (Grégoire, *hist.*, l. III, chap. 12); et savez vous de quelle manière Thierri en se retirant, cherche à regagner les bonnes grâces du clergé? Il brûle les églises et les monastères où le peuple s'était refugié; il détruit de fond en comble celui d'Iciodore, un des plus anciens des Gaules, massacre ou emmène en esclavage les prêtres comme les paysans qui s'étaient renfermés dans l'église encore plus fameuse de Brioude. (Fauriel, t. II, p. 119-120). Enfin le château de Lauvolatre est pris par les troupes de Thierri, et quelle est la première personne massacrée? C'est le prêtre Proculus; cependant certains historiens ont voulu l'accuser d'avoir livré la ville; la manière dont les Franks le traitèrent me semble donner un assez bon démenti à cette opinion. Theudéric envahissant l'Auvergne dont Quintianus était évêque, ne se montre pas plus respectueux envers l'église St.-Julien, il la dévaste entièrement, et massacre tous ceux qui s'y étaient refugiés. (Grégoire, *hist.*, l. III, chap. 12).

Où sont donc les preuves de cette bonne intelligence des Franks et du clergé; voudra-t-on en voir une dans la lettre qu'Aurélien, évêque d'Arles, écrivait à Théodebert? mais c'est que Théodebert était justement le meilleur roi de la première race, le plus doux envers les Gaulois, le seul qui semble avoir connu la clémence; car il donna 700 pièces d'or aux habitans ruinés de Verdun, et sauva la vie à des hommes proscrits par son père.

(Grégoire, l. III., chap. 34, 35). et que fait Aurélien dans sa lettre? Il le remercie du bonheur, du repos qu'il procure à la Gaule, et l'engage à persévérer, en lui disant : « Courage, restaurateur de l'antiquité, inventeur de nouveautés, courage. » Est-ce là le langage d'un ambitieux qui tendrait des trames contre la liberté des peuples. Nous avons encore mieux que cela. C'est une conspiration diamétralement opposée à celle qu'on prête au clergé de ce temps ; ainsi dans l'intrigue de Gondoval, dénoncée par Goutram Bozom, Théodore, évêque de Marseille et Epiphane, évêque de Pavie, furent convaincus d'avoir voulu soumettre la monarchie Franke à la souveraineté de l'empereur de Constantinople (Grégoire de Tours, *hist.*, l. VI, chap. 24).

Lorsque les Francks envahirent l'Aquitaine, était-ce pour témoigner leur gratitude au clergé, qu'ils dépouillaient les églises, profanaient les lieux saints, violaient les religieuses, mettaient les prêtres à mort, détruisaient les monastères de fond en comble (Grégoire de Tours, *hist.*, l. IV, chap. 38)? était-ce condescendance du clergé envers les vainqueurs, que de comparer leur invasion à la persécution de Dioclétien, et de raconter les miracles opérés en divers endroits pour punir leurs excès ? et notez bien que ces déclamations étaient générales (Grégoire, *ibidem*); mais les Franks n'écoutaient aucune prière, ils attaquèrent même les monastères de Tours, et les moines eurent beau crier. » Gardez vous, » ô barbares, de descendre ici, car ce monastère appartient au bienheureux Martin. » Les soldats battirent les religieux, saccagèrent le couvent et enlevèrent tout ce qui s'y trouvait de précieux (Grégoire, *ibidem*)..... Les Franks austrasiens à la même époque ne se montrent guère plus doux envers le clergé ; ils pillèrent, en présence de leur roi Sigebert, la riche basilique de Saint-Denis, grimpèrent sur les tombeaux pour faire tomber avec leurs lances les lampes d'argent, et commirent toutes sortes de profanations incroyables. (*Adriani Valesii rerum Francorum*, l. IX, p. 55). Désidérius et Bladaste, dans leur invasion du Berri, n'épargnèrent pas davantage les lieux sacrés, et les catholiques ne purent pas de bien long-temps réparer tous leurs désastres. (Grégoire, *hist.*, l. VI, chap. 31).

Lorsque Brunehaut entra à Paris, les habitants se portèrent en foule au devant d'elle ; un seul se refusa à cette démarche de courtisan, et cet homme était l'évêque Germanus, aujourd'hui honoré comme saint. Savez-vous comment il comprenait la flatterie et la complaisance envers les Mérovingiens? Il se plaignait des ravages des Franks avec la dernière, et j'ajouterai la plus hardie amertume, dans une lettre qui nous est parvenue, et qui demeure un des plus curieux monumens du courage des évêques de cette époque (*Germani Parisii episcoporum epistolæ*, t. IV, p. 80-81). Mais toutes ces représentations glissèrent sur l'âme endurcie du roi barbare. Sigebert remit son armée en campagne, et le seul homme qui, à son départ, osa se présenter encore sur son passage, ce fut l'évêque Germanus, qui s'était arraché de son lit de souffrances pour faire une dernière tentative et rappeler Sigebert à des idées de civilisation et de paix (Grégoire, *Histoire*, l. IV). Mais c'est surtout dans la vie de Grégoire de Tours que se montrent et se résument avec plus d'énergie ces efforts du clergé luttant contre les Franks en faveur des vaincus et des faibles. Il faut parcourir dans tous leurs détails les moyens que cet évêque fut obligé de prendre, pour défendre dans sa propre église la cause des proscrits contre la mauvaise foi des hommes puissans ; il faut le voir tenir tête au roi Hilpéric pour sauver son fils Mérovig proscrit, malgré toutes les menaces de destruction et d'incendie qu'on faisait retentir autour de sa demeure. Et voulez-vous savoir avec quels ménagemens on traitait le plus puissant évêque des Gaules? Les soldats campaient à toutes les issues de l'abbaye comme dans un blocus, ils pillaient de tous côtés, ravageaient ses domaines, dévastaient les églises voisines (Grégoire, *Histoire*, l. V). Ce n'est pas tout ; après les violences viennent les accusations, les calomnies infamantes : ses ennemis lui reprochent d'avoir tenu des propos scandaleux contre Frédégonde ; un certain Leudaste en fait la déposition à Hilpéric, on essaie de s'emparer de Grégoire par la force, pour le traîner devant le synode de Soissons, et ne pouvant y parvenir, on le somme de comparaître devant ce tribunal d'évêques. Il s'y rend, et c'est là, qu'en présence des membres les plus illustres du clergé des Gaules, on le soumet aux interpellations les plus honteuses, le traînant de Soissons à Braime, et mettant cette grande réputation à deux doigts de sa perte (Grégoire, *Histoire*, l. V).

Ceci n'est pas un fait isolé, car un traitement plus indigne encore attendait Pretextatus, évêque de Rouen. Cet infortuné ayant eu l'imprudence, par excès de bonté, de protéger ce même Mérovig contre la colère de son père, il fut accusé de vol par Hilpéric et Frédégonde, et traduit à Paris devant un synode. On joignit même à ce premier crime celui de conspiration ; cependant malgré l'acharnement du roi et de Frédégonde, ses juges ecclésiastiques le renvoyèrent absous ; mais le guet-à-pens succède alors aux embûches légales, Frédégonde le suit à Rouen, et le fait assassiner sur les degrés même de l'autel (Grégoire, *Hist.* liv. V et VII ; *Adriani Valesii rerum Francorum*, liv. XIII, p. 303). Eh ! bien, pense-t-on que ces relations fussent celles de puissances liguées entre elles pour exploiter les peuples ? et lorsque Radegonde, épouse de Clotaire, abandonna son mari pour se dérober à ses violences, était-ce pour flatter son époux que l'évêque de Noyon la protégea jusqu'à compromettre sa propre existence au milieu d'une soldatesque qui mit la main sur lui, et l'entraîna avec brutalité loin des marches de l'autel (*Vita sanctæ Radegontis, apud scriptores rerum*, F., tome III, p. 455, 456) ?

Voulez-vous voir ce que dit Augustin Thierry de ces rois Franks que l'on a représentés comme étant en si bonne grâce avec les évêques ? « Le roi Hilpéric, sorte d'es- » prit fort, à demi sauvage, n'écoutait que sa propre fantaisie, même lorsqu'il s'agissait » de la foi catholique. L'autorité du clergé lui semblait insupportable, et l'un de ses » grands plaisirs était de casser les testaments faits au profit d'une église ou d'un mo- » nastère. Le caractère et la conduite des évêques était le principal texte de ses plai- » santeries et de ses propos de table. Il qualifiait l'un d'écervelé, l'autre d'insolent, » celui-ci de bavard, et l'autre de luxurieux. Les grands biens dont jouissait l'Eglise, » et qui allaient toujours croissant, l'influence des évêques dans les villes, où depuis » le règne des Barbares, ils exerçaient la plupart des prérogatives de l'ancienne magis- » trature municipale, toutes ces richesses et cette puissance qu'il enviait sans aper- » cevoir aucun moyen de les faire venir à lui, excitaient vivement sa jalousie (Aug. Thierry, *récit des temps Mérovingiens*, t. I, p. 327).

Eh ! bien, je le demande, tout ce que nous venons de rapporter, semble-t-il impliquer cette connivence des évêques et des rois Mérovingiens pour pressurer et exploiter le peuple ?

Cependant il faut remarquer qu'à côté des évêques d'origine gauloise, auxquels appartient le noble sacerdoce politique que nous venons d'esquisser, on vit s'élever, à la suite de l'invasion de ces hommes barbares de naissance, et par conséquent violens et emportés par caractère, auxquels tous les moyens semblaient bons pour arriver à l'épiscopat. Ceux-ci firent très souvent cause commune avec les rois Franks dans leurs entreprises injustes ; c'est surtout dans le synode réuni à Paris pour juger Prétextatus que nous voyons éclater cette scission caractéristique entre les prélats d'origine différente. Parmi les Gaulois, beaucoup plus nombreux que les autres, on remarque Grégoire de Tours, Félix de Nantes, Dommolus du Mans, Honoratus d'Amiens, Æthérius de Lisieux, Papolus de Chartres, tous attachés au parti de l'accusé ; les évêques Franks, au contraire, à la tête desquels marchait Berthramn de Bordeaux, tenaient les intérêts, épousaient les passions du roi, et Grégoire nous représente ce dernier comme un homme d'une dépravation et d'une saleté de mœurs inouïe (Grégoire, *Hist.*, liv. **VIII**).

Mais il ne saurait être question de ces évêques franks à l'époque de la conquête; ce n'était qu'après avoir conquis les provinces que les Mérovingiens remplaçaient les indigènes par des évêques barbares de leur choix; ainsi donc Clovis et ses successeurs, quand ils envahissaient une contrée, y trouvaient toujours des évêques gaulois, et c'est de ceux-ci que nous avons voulu justifier la conduite en la retraçant avec impartialité. S'il y eut entre les rois et les évêques des relations d'intelligence pour se partager entr'eux richesses et pouvoirs, ce ne fut que dans la suite, long-temps après que la conquête avait été consommée et lorsque les évêques barbares eurent remplacé les indigènes; encore faut-il bien remarquer que ces derniers furent toujours en assez grand nombre pour contrebalancer l'influence des premiers.... Ainsi donc, pour nous résumer, l'histoire ne montre nulle part les évêques comme conspirant contre les Gaulois pour les livrer aux Franks; ils font des vœux et des démarches, il est vrai, pour engager les Barbares à chasser les Ariens, mais ils sont d'accord en cela avec les populations catholiques qui souffrent impatiemment les vexations des Visigoths et des Burgondes schismatiques; cette opinion est pleinement justifiée par la conduite subséquente du clergé; car dès qu'il connut les cruautés et les violations des Franks, il se mit partout à la tête des résistances nationales, versa son sang pour elles, et supporta la plus grande part des massacres et des dégats.

NOTES

DU

BERGER D'ALARIC.

(1) Gardinge. C'est le nom que les Visigoths donnaient à certains officiers supérieurs de leurs armées (*Code des Visigoths*, liv. **IX**, tit. **II**). On y définit avec détail les fonctions des différens chefs, et généralement tout ce qui regarde les armées visigothes.

(2) La chronique attribue à saint Exupère l'honneur d'avoir préservé Toulouse d'être ravagée par les Vandales. Voyez, *Histoire de Languedoc*, Dom Vaissete, l. III, p. 226. *Histoire de saint Saturnin*, A. S., p. 37. Voyez encore l'épître de saint Jérôme, *Ad Ageruchiam*, dans laquelle il dit : *Non possum sine lacrymis Tolosæ facere mentionem quæ hujusque ut non rueret Exuperii merita præstiterunt.*

(3) La vie d'Euric fut, en grande partie, employée à opprimer les catholiques ; tous les historiens sont d'accord là-dessus. On trouvera des détails dans Fauriel, *Histoire de la Gaule méridionale*. t. I, p. 305. Meynard, *Histoire de Nîmes*, t. I, p. 71. Sidoine Apollinaire, l. VII, lettre 6. Sidoine lui-même avait été banni de l'Auvergne, sa patrie. Grégoire de Tours, *Histoire*, l. II, c. 25. *Annales de Toulouse*, par de Rozoi, t. I, p. 57, 58.

(4) Dans sa fureur à détruire le Catholicisme, Euric avait expulsé beaucoup d'évêques et défendait expressément aux populations de les remplacer. De Rozoi, *Annales de Toulouse*, t. I, p. 58. Voyez aussi Sidoine-Apollinaire, l. VII, lettre 6.

(5) Quintianus, évêque de Rodez, accusé d'être partisan de Clovis, fut chassé de son évêché par les Visigoths. Il devint plus tard évêque de Clermont. Grégoire de Tours, *Vitæ patrum*, l. V. *Histoire*, l. II, c. 36.

(6) Le nom de Théodegothe n'est pas à l'abri de controverses. Certains auteurs l'appellent Arévagni. Jornandès et Procope la nomment Théodigothe, Theudicode et Theudicheuse. Dans cette abondance de noms, nous nous sommes arrêtés au plus connu. Quoi qu'il en soit, cette femme d'Alaric était fille naturelle de Théodoric, roi d'Italie ; elle avait une sœur, comme elle fille naturelle, qui épousa Sigismond, fils de Gondebaut, roi des Bourguignons. Voyez *Jornandès*, ch. 58. *Procope*, Idem.

(7) Après de longs démêlés avec l'empereur Henri IV, Grégoire VII finit par l'excommunier. Le malheureux empereur, accablé sous le coup de la colère pontificale, vint demander à genoux son absolution. Grégoire, qui se trouvait alors dans le château de la comtesse Mathilde, fit attendre son pénitent durant trois jours et trois nuits dans la cour du château, pendant un hiver rigoureux, avant de lui donner audience....... Innocent III fut celui qui fit prêcher, par les moines de Citaux, la fameuse et sanglante croisade contre les Albigeois.

(8) L'espèce de chant que nous mettons ici dans la bouche de Holdowig, est pris presque textuellement dans l'introduction de la loi salique. C'est assurément un des monuments les plus curieux et les plus authentiques de la violence et de la barbarie du peuple frank. Si telle était la profession de foi du législateur, que devait-on attendre de soldats bien autrement grossiers que lui. *Legis salicæ prologus apud scriptores rerum Francorum*, t. IV, p. 122.

(9) Siagrius, général romain, ayant été défait par Clovis, chercha un asile à la cour d'Alaric. Clovis le fit réclamer comme lui appartenant. Alaric, prince faible, finit par le livrer; *Histoire de Languedoc*, Dom Vaissete, t. I, p. 337, 338. Cette preuve de faiblesse fut peut-être l'origine des différends de Clovis et des Visigoths.

(10) L'esprit de cette lettre de Clovis est conforme à une missive de ce roi aux évêques du royaume visigoth, rapportée par Duchesne, t. I, p. 836. Le président Hénaut dit aussi, t. I, p. 6 : Que les évêques ayant favorisé Clovis en haine de l'Arianisme, trouvèrent dans la reconnaissance de ce prince une des sources de l'autorité qu'ils conservèrent longtemps. On peut voir dans les justifications qui précèdent, que cette opinion est sujette à controverse et qu'elle n'a pas la portée qu'on veut bien lui donner.

(11) Cette description d'une basilique romane sous les Mérovingiens, est semblable à celle que nous donnent les historiens de la vieille église Saint-Pierre et Saint-Paul à Paris, du temps des Mérovingiens; Théo.... Ruinard, *Préface* de Grégoire de Tours, p. 95, 96. Grégoire de Tours, *Histoire des Franks*, l. II, ch. 14, 16 ; Dulaure, *Histoire de Paris*, t. I, p. 277.

(12) Il serait trop long de rapporter tous les actes de brutalité et de brigandage commis par les Franks, même contre les prêtres et les églises qu'ils ne respectaient guère; nous avons réuni un grand nombre de faits de ce genre dans les justifications précédentes. Ces récits, il est vrai, se rapportent aux règnes des fils de Clovis, mais la brutalité franke ne devait être que plus intense alors que Clovis venait de se faire récemment baptiser.

(13) La mitre était originairement une coiffure de femme, ainsi que le témoigne Servius, en reprochant aux Troyens ou Phrygiens qu'ils étaient habillés comme des femmes et qu'ils portaient des mitres; *Dictionnaire* de Trévoux, au mot *Mitre*. On avait cru long-temps que la mitre était d'un usage récent, au moins en Gaule, par la raison que Amalaire, Raban, Alcuin, et autres anciens auteurs ecclésiastiques n'en parlaient pas; mais il est constant que les prêtres d'Orient, et notamment ceux de Jérusalem, portaient cette coiffure. Le père Martène, voulant faire accorder ces opinions diverses, a prétendu que la mitre, quoique connue de tous les temps, n'était pas portée par tous les évêques et qu'il fallait pour la mettre une autorisation particulière du pape. Selon d'autres, cette marque de distinction aurait été accordée quelquefois à de simples prêtres. Voyez *Dictionnaire* de Moreri. Ducange dit, dans son dictionnaire latin au mot *Mitra* : *Mitra est pileum phrygium, caput protegens quale est ornamentum capitis devotarum..... Erat autem mitra tæniæ species quâ mulieres caput cingebant ; quod ornamentum ita ipsis proprium existimabatur ut viris probrosum esset.*

(14) Ce sang coulant dans les rues de Toulouse, n'est pas une simple invention

propre seulement à frapper l'esprit du lecteur. Les historiens rapportent cet événement merveilleux avec beaucoup d'autres non moins extraordinaires, et le font arriver sous le règne d'Euric. Ils parlent aussi de l'apparition de deux soleils. Voyez Idatius, t. II, partie I, p. 188. Isidore, *Chronique*, p. 720. Du Rozoi, *Annales de Toulouse*, t. I, p. 58.

(15) Les actes sublimes de charité que nous attribuons ici à Blaise, sont justifiés par ceux dont saint Exupère donna l'exemple et que l'on trouve rapportés dans Grégoire de Tours. Entr'autres actions, il vendit les vases sacrés pour les distribuer aux pauvres; Dom Vaissete, *Histoire de Languedoc*, t. I, p. 223. Saint Jérôme dit de lui dans son épître, *ad rusticum monachum*. « Il ne restait plus rien à cet homme qui portait le corps du Seigneur dans un panier, et son sang dans un verre. »

(16) Il n'était pas de peuple avec lesquels les Visigoths se fussent mesurés plus souvent que les suèves d'Espagne. Théodoric I, Théodoric II et Euric, les battirent et les contraignirent maintefois à la paix, même à recevoir des rois de leurs mains, notamment Archiulphe que Théodoric leur imposa. Rien d'étonnant par conséquent que les Suèves entrassent dans leurs armées comme auxiliaires. Voyez Dom Vaissete, *Histoire de Languedoc*, t. I, p. 274, 290, 291, 298, 311.

(17) Cette manière de lever les troupes et de les convoquer, se trouve rapportée dans le code visigoth, liv. IX, titre II. Ce titre est tout entier un code militaire. Les gardinges étaient des officiers supérieurs après lesquels venaient les tymphades, les milleniers, les quingenteniers, les centeniers, les dizeniers; dont le nom lui-même indique le nombre de soldats qui étaient sous leurs ordres.

(18) Voyez encore, pour toutes les peines rappelées ici par Théodegothe contre les Visigoths qui refusaient de se rendre à la convocation du roi, le code des Visigoths, t. IX, tit. II.

(19) Nous avons appliqué à la cour d'Alaric le tableau que Sidoine fait de celle de Théodoric, liv. I, lettre 8. La plupart des détails qui suivent dans ce chapitre sont également empruntés à cet auteur.

(20) On sait que le peuple frank était un membre de cette nombreuse famille germanique chez laquelle régnait la rude et guerrière religion d'Odin. Le tableau que trace ici le burgonde du caractère frank, est conforme à l'histoire; Augustin Thierry, *Lettres sur l'histoire de France*, p. 96, 97.

(21) Telle était la punition infligée aux faux monnayeurs visigoths. Voyez code visigoth, l. VII, tit. VI. Ce titre est consacré à cette matière.

(22) La solde des troupes se payait chez les Visigoths en denrées. Voyez leur code, liv. IX, tit. II, loi 6.

(23) Cet empêchement provenait d'abord des lois romaines qui défendaient aux Romains de s'unir à des Visigoths. Ceux-ci, en introduisant les dispositions romaines dans leur code, conservèrent celle-ci qui ne fut abolie que sous le roi Chindawinde, en 642. Voyez Dom Vaissete, *Histoire de Languedoc*, tom. II, p. 62. Aussi le code promulgué par ce roi arien commence-t-il dans son livre III, consacré au mariage, par rappeler l'ancienne défense et déclarer : *Ut tam gotho romanam quam romano gotham matrimonio liceat sociari*. Ainsi donc à l'époque d'Alaric, la prohibition était encore bien formelle.

(24) « Pendant le séjour du fils de Sévère en Gaule, il se prit de passion pour un vête-
» ment du pays, appelé *caracalle*, espèce de tunique à capuchon, fait de plusieurs bandes
» d'étoffe cousues ensembles; et non-seulement il l'adopta pour son usage et le plia à
» l'habillement des soldats romains, mais il se mit en tête d'en affubler le bas peuple de
» Rome..... Pendant un voyage qu'il fit à Rome pour y célébrer des jeux et y distribuer

» des vivres, il comprit dans ses libéralités une distribution de caracalles. » Amédée Thierry, *La Gaule sous les Romains*, t. II, p. 41, 42.

(25) Ce partage des terres en trois parts dont deux restèrent en propriété aux Visigoths, se trouve rapporté dans le code visigoth, l. X, tit. I, leg. 8 et 19; tit. II, leg. 1 et 5.

Jornandès prétend que l'empereur Honoré avait déjà cédé une partie des Gaules aux Visigoths à leur première invasion sous Ataulphe..... Plus tard, Vallia fit encore la paix avec les Romains, auxquels il remit l'impératrice Placidie. Consultez Jornandès, ch. 32. L'empereur Honoré leur céda une partie des Gaules après que ce peuple fut revenu d'Espagne; *Histoire de Languedoc*, Dom Vaissete, t. I, p. 264. Constance leur céda également l'Aquitaine en récompense des services qu'ils avaient rendus à l'empire romain; Catel, *Mémoires de Languedoc*, p. 457. Enfin l'empereur Népos, en 475, fit un traité avec Euric, lequel fut moyenné par saint Epiphane, évêque de Pavie, et dans lequel les visigoths demeurèrent maîtres de toute l'Aquitaine, de l'Auvergne, de la Narbonnaise Première. *Histoire de la ville de Nîmes*, par Ménard, t. I, p. 71.

(26) Voyez, pour les règlemens appliqués aux esclaves fiscalins, le code visigoth, l. V, tit. VII, loi 15 et suivantes. Dans le vallon de l'Hers est une ferme nommée par certaines anciennes reconnaissances, *lo palay del Rey*, que M. Du Mège croit avoir appartenu aux rois carlovingiens de Toulouse. Ceci pourrait bien nous servir à justifier ce que nous avons dit d'un grand domaine d'Alaric, au levant de Toulouse, car il est plus que probable que les rois Franks s'emparèrent de toutes les propriétés particulières des rois visigoths. Voyez dom Vaissete, *Histoire de Languedoc*, addit. et not. du liv. IX.

(27) Les lois des Visigoths traitaient avec beaucoup de détails la matière de l'adultère. Les peines changeaient suivant que les coupables étaient libres ou esclaves, selon qu'ils avaient ou n'avaient pas d'enfans. Voyez le livre III du code visigoth, exclusivement consacré à ce délit.

(28) Complainte de saint Serge. — Paulus-Sergius vint en Gaule avec saint Sernin; sa vie, du moins celle que l'histoire ou la chronique nous a conservée, est pleine d'aventures extraordinaires. Sa longue légende en vers est écrite sur les tapisseries du chœur de Narbonne, elle a été consignée par M. Lafont dans son histoire manuscrite de l'église de cette ville.

(29) C'était vers le temps de Dioclétien que les paysans gaulois se révoltèrent et formèrent ces bandes de bagades ou de bandits qui se cachaient dans les forêts, et vivaient de rapine. C'est ce qu'on appelait aller en bagaudie. Consultez Amédée Thierry, *La Gaule sous les Romains*, t. II, p. 474 et suivantes. Ducange prétend que *bagad* signifie en langage celtique, *troupe, bande*.

(30) *Truc* signifie en languedocien *coup*, et *Coutel* veut dire *couteau*.

(31) Goiric ou Goïaric d'après dom Vaissete, était à la tête des jurisconsultes qu'Alaric chargea de faire le bréviaire du code théodosien; Anian n'aurait été que le copiste ou expéditeur de ce même bréviaire. Voyez Dom Vaissete, *Histoire de Languedoc*, t. I, p. 349, 350.

(32) L'histoire tout entière de l'établissement des Visigoths dans le midi de la Gaule, vient à l'appui de notre opinion touchant les deux partis qui divisaient ce peuple. Ainsi Procope nous représente Théodoric, roi d'Italie, comme très adonné aux sciences et faisant instruire son fils par le plus instruit des Goths. *Eumdem ad tres viros applicuit é senibus gothis delectos*. Procope, *de bello Gothico*, t. I.

Ataulphe avait pour but, dans son mariage avec Placidie, de continuer l'empire romain; il se plaignait beaucoup des obstacles que la barbarie de son peuple mettait à ses projets de civilisation. Voyez Orose, l. VII, chap. 42. — Enfin Orose dit qu'Ataulphe fut tué au milieu des efforts qu'il faisait pour maintenir la paix, et donne à entendre que sa mort fut l'œuvre de ceux d'entre les siens qui voulaient continuer la guerre. Voyez Isidore, *Chronicæ Gothorum*, l. VII, chap. 43. Fauriel, *Histoire de la Gaule méridionale*, t. I, p. 136.

(33) Théodoric avait coutume d'assister aux nocturnes ou matines que ses chapelains chantaient avant le jour. Voyez sur les occupations et la vie bien réglée de ce prince, tout ce qu'en dit d'avantageux Sidoine-Apollinaire, l. I, lett. 8.

(34) Audoflède, femme d'Alaric. C'était, d'après Jornandès, une fille de Clovis ; quelques autres historiens disent encore qu'elle était sœur de ce roi, mais cette parenté n'étant pas fort certaine nous n'en avons pas parlé dans notre livre. Nous cherchons seulement à constater qu'Alaric eut une première femme, appelée Audoflède, laquelle était mère d'Amalaric, jeune enfant que les Visigoths éloignèrent du trône après la mort de son père à cause de sa jeunesse, toutes choses qui sont parfaitement conformes, comme on le voit, avec les événemens que nous rapportons dans le Berger d'Alaric. Consultez Catel, *Mémoires de Languedoc*, p. 484. D'un autre côté, les auteurs de l'*Histoire de Languedoc* disent qu'Audoflède était femme de Théodoric, roi d'Italie. Dans le conflit de ces opinions, un romancier n'est-il pas libre de choisir celle qui convient à son sujet ?

(35) Ce droit de la femme outragée sur la complice de son époux est rapporté dans le code visigoth, l. III, tit. IV, loi 9, *Si qua mulier ingenua marito alicujus adulterio se sociaverit, et ex hoc manifestis incidiis et probatione convincitur, addicatur uxori, cujus marito se miscuit, ut in ipsius potestate vindicta consistat.*

(36) Ce tableau rapide des schismes, antérieurs au VIe siècle, a été fait à l'aide de l'histoire ecclésiastique de Fleuri, dont nous avons été obligé de disséquer la substance pour l'approprier à la rapidité d'une allocution. La crainte de trop nous étendre, nous a même fait omettre le nom de plusieurs hérésies que nous allons rétablir ici..... Les *Osseniens*, les *Passalorynchites*, qui tenaient constamment un doigt sur la bouche et les narines fermées, pour suivre les principes chrétiens par un excès ridicule; les *Patropatiens*, ennemis de la Trinité; les *Pauliciens*, destructeurs de croix; les *Pélagiens*, les *Pepuziens*, les *Phantasiastiques*, qui repoussaient la passion de J.-C.; les *Photiniens*, qui refusaient au Christ toute divinité; les *Pneumatoniaques* ou ennemis du Saint-Esprit; les *Prédestinatiens*, les *Priscillianites*, à moitié impies et tout entiers dissolus ; les *Quadrisacramentaux*, qui repoussaient trois sacremens; les *Quartodécimans*, les *Rébaptisans*, les *Rhéthoriens*, protecteurs des dérèglemens de l'esprit, prétendant que toutes les opinions étaient également bonnes ; les *Sabelliens*, les *Samo-Sathéniens*, les *Arméniens*, les *Séleuciens*, prétendant que Dieu est corporel ; les *Semi-Pélagiens*, les *Sethiens*, qui voulaient élever le schisme, même entre les personnes de la Trinité ; les *Sévériens*, les *Stercoranistes*, voulant assujettir l'Eucharistie aux lois de la corruption des choses; les *Trithéistes*, admettant trois dieux; les *Valentiniens*, les *Valésiens*, les *Voétiens*.

(37) La mort violente d'Héraclianus est de notre part une simple fiction; l'histoire dit si peu de chose de cet évêque qu'elle ne parle pas de sa mort; j'étais donc libre de raconter sa fin à ma fantaisie. Voici le seul document que j'ai pu recueillir sur lui, et qui m'autorise à croire qu'il était évêque de Toulouse à l'époque de l'invasion de Clovis :
» Héraclien était évêque de Tolose en 500, car il fut présent au concile d'Agde. Bien que
» dans l'édition du concile d'Agde il ne soit pas dit de quelle ville était évêque Héraclianus
» qui a souscrit ledit concile, toutefois dans les conciles que le docte père Sirmond a fait
» imprimer, il est dit évêque de Tolose. » Voyez Catel, *Mémoires de Languedoc*, p. 855.
Nous aurions pu aussi placer saint Germier au siége épiscopal de Toulouse, car il était évêque en 507; mais il est probable qu'il ne fut élu qu'après l'invasion de Clovis. S'il s'était

trouvé à Toulouse à l'époque des Franks, sa vie étant plus connue que celle d'Héraclianus, on n'aurait pas manqué de rapporter cette circonstance importante.

Volusien, évêque de Tours, ayant été soupçonné par Alaric de vouloir seconder Clovis, fut arrêté et conduit à Toulouse, d'où on l'exila en Espagne; mais arrivé à quelques distances dans le pays de Foix, il fut arrêté par ses conducteurs, qui lui coupèrent la tête. Voyez Grégoire de Tours, *Histoire*, l. II, c. 26; l. X, c. 31. Catel, *Mémoires du Languedoc*, p. 476 et suivantes.

(38) Les découvertes nombreuses et importantes qu'ont produit les fouilles faites récemment à Martres, ont attiré l'attention des archéologues sur cette ancienne *Callagoris Convenarum*.

L'hérésiarque Vigilantius y avait, dit saint Hiéronime, reçu le jour, et tout porte à croire qu'elle était, sinon fort grande, du moins habitée par des familles patriciennes très riches, car les statues, les bas-reliefs romains qu'on en a extraits, et portés au Musée de Toulouse, accusent un lieu riche en monumens, en villas magnifiques. Quoiqu'on n'ait rien de précis sur l'époque de sa destruction, il est plus que probable qu'elle était déjà ruinée à l'époque d'Alaric, car en général toutes les ruines datent, en Gaule, des invasions des Barbares qui précédèrent les Visigoths.

(39) Cette description d'une villa romaine à l'intérieur est puisée dans les savantes recherches de Vinkelman, surtout dans ses *Remarques sur l'architecture des anciens*, p. 59, 63, 65, 68, 74, 75, 76.

(40) C'est principalement dans les lettres de Sidoine-Apollinaire que l'on trouve les détails, les plus étendus et les plus intéressans, sur les mœurs des nobles gallo-romains; les bains, les repas, les exercices littéraires, les jeux, tout y est raconté avec détail. Voyez ses lettres, livre II, lettre 9; livre VIII, lettres 4, 12; livre IX, lettre 13; livre IV, lettre 8.

(41) L'histoire rapporte une circonstance dans laquelle on fit envers un homme l'emploi d'un filet ainsi dressé : c'est celle où Sarrus, général visigoth, prétendant au trône, fut défait par Ataulphe. Quoique vaincu, Sarrus avait une force de corps si extraordinaire, qu'on ne pût s'en rendre maître qu'en le prenant au filet, comme une bête fauve. Ce fait, consigné dans Olympiodore, est rapporté par Fauriel, *Histoire de la Gaule méridionale*, t. I, p. 117. Idace et Gilbon parlent souvent des filets dont les Visigoths se servaient contre leurs ennemis.

(42) Les désordres que la présence des Visigoths dans le midi de la Gaule avaient amenés au milieu des populations et du clergé, le relâchement de la discipline et des mœurs ecclésiastiques, nous autorisent à présenter le personnage très peu édifiant de l'évêque Guil. Si l'on nous accusait d'exagération, qu'on lise attentivement l'*Histoire du Languedoc*, par dom Vaissete, que son titre de bénédictin ne rendra pas suspect en pareille matière, et l'on y trouvera des faits propres à nous justifier pleinement. Voyez dom Vaissete, *Histoire de Languedoc*, t. I, p. 444, 445. Le pape Célestin fait entendre qu'on élevait à l'épiscopat des personnes convaincues de crimes, des étrangers, des laïques qui, sans abandonner leur ancienne manière de vivre, portaient des manteaux, des ceintures contre l'usage des églises, p. 269.

(43) C'est Sidoine Apollinaire qui nous a laissé la peinture énergique de la persécution d'Euric; il dit, textuellement qu'il fit boucher les portes des églises avec des ronces, si bien qu'elles restèrent presque toutes à demi-ruinées et même servant de retraite aux animaux. Voyez dom Vaissete, *Histoire de Languedoc*, t. I, p. 318.

(44) Catel, dans son *Histoire de Languedoc*, liv. II, prétend que les lieues gauloises avaient quatre mille pas; cependant M. Chorier, dans son *Histoire du Dauphiné*, liv II,

ne leur donne que quinze cents pas, et il s'appuie sur Ammien-Marcellin. Nous laissons le lecteur libre de s'arrêter à l'opinion qu'il jugera la plus probable.

(45) Si la chronique est l'histoire des faits, disions-nous dans une de nos préfaces, le roman historique peut être défini l'histoire des mœurs. C'est sur ce principe que nous nous sommes appuyés pour attribuer à Blaise, personnage imaginaire, la plupart des actions dont l'histoire fait honneur à saint Exupère. La légende de cet ancien évêque de Toulouse est assurément une des plus naïves et des plus propres à caractériser la foi simple de ces époques reculées. Aussi avons-nous voulu en conserver le cachet si poétique dans sa simplicité, en la faisant revivre pour Blaise. Il n'est pas de miracle, pas de choses étranges de notre récit, qui ne soient justifiés par la biographie que Guillaume de la Perrière, traduite par Bertrand, nous a donnée de cet évêque.

(46) Les montagnes ont été à toutes les époques le dernier asile des nationalités, des religions proscrites, témoin les Asturies, où les Espagnols se défendirent si long-temps contre les Maures. Les montagnes de la Grèce, où les Cleftes vécurent libres pendant que les Hellènes étaient opprimés par les Turcs. Indépendamment de ce principe, universellement justifié par l'histoire, des faits innombrables viennent prouver que le Druidisme vécut dans les Pyrénées long-temps après qu'il eut disparu du reste des Gaules. Consultez notamment la *Statistique des Pyrénées*, par M. Du Mège. Enfin, pour ce qui regarde le culte du lac, M. Du Mège rapporte, dans ses notes sur l'*Histoire de Languedoc*, qu'il y a peu d'années encore que de semblables cérémonies se pratiquaient dans certains cantons du pays de Foix.

(47) La reine Pédaouque est un être fantastique qui joue un grand rôle dans les vieux contes populaires de Toulouse; certains ont cru y reconnaître la reine Athanagilde; elle vivait, dit-on, sur les bords de la Garonne, et passait une partie de sa vie dans l'eau. Cette habitude donna sans doute naissance à l'opinion qui lui fit donner des pieds d'oie, d'où lui vint le nom de *Régine Pédaouque*.

(48) Jornandès, Procope et Gibbon, t. VI, ch. 35, parlent de magiciennes qui suivaient les armées des Visigoths. Bartholin, liv. III, ch. 4, p. 688, les appelle Vesindacokoma, et leur donne le costume exact que nous avons décrit.

(49) Il serait trop long de rapporter toutes les occasions semblables dans lesquelles l'histoire nous représente des évêques faisant des processions sur les remparts des villes assiégées, pour conjurer l'ennemi : depuis l'arrivée des Barbares, jusqu'à la fin du moyen-âge, il n'est pas de siège où cette circonstance ne se soit représentée.

(50) Ce fut en 498 que la chape de saint Martin devint l'enseigne et le symbole de la nation Franke. Cette chape, qui suivait toujours le roi à la guerre, était la seule enseigne royale; elle était faite d'un voile de taffetas bleu de ciel, sur lequel on voyait peinte l'image de saint Martin. (Voyez tous les anciens historiens; voyez aussi le *Dictionnaire de la conversation*, au mot *Drapeau*.....)

FIN DES NOTES DU BERGER D'ALARIC.

TABLE DES MATIÈRES.

Préface.. page 1

MÉDELLA.

I. Le voyage..	27
II. Les espions découverts..................................	33
III. Héléna...	41
IV. Un repas de lions..	47
V. La délivrance...	53
VI. Une grande ruine..	65
VII. Le druide...	73
VIII. Médella..	79
IX. L'apparition..	85
X. L'entrevue...	91
XI. Séduction...	103
XII. Le désenchantement...................................	109
XIII. Amour et mépris.......................................	123
XIV. La grande orgie..	133
XV. La confession..	139
XVI. La chapelle des roseaux.............................	151
XVII. Les chrétiens découverts............................	161
XVIII. Le tombeau..	173
XIX. Le conseil des armes..................................	185
XX. Les combats du cœur..................................	191
XXI. Le combat...	201
XXII. Le délire...	213
XXIII. Le martyre...	223
XXIV. L'agonie..	229
Justifications..	241
Notes de la Préface..	253
Notes de Médella...	255

LE BERGER D'ALARIC.

I. Le prodige...	265
II. Expédition sans résultat..	275
III. L'ambassadeur...	285
IV. L'apparition..	293
V. Prodiges sur prodiges..	299
VI. La toilette...	309
VII. Le départ...	317
VIII. L'outrage..	325
IX. La soirée mystérieuse..	341
X. Le fiscalin..	349
XI. Le crime...	363
XII. La reine et le berger...	375
XIII. La guerre..	387
XIV. Un bon conseil...	397
XV. Les deux reines..	409
XVI. Les défis...	415
XVII. L'école des ruses..	431
XVIII. Les voyageurs...	445
XIX. L'évêque indépendant...	453
XX. Les pèlerins..	463
XXI. La vallée des Proscrits...	471
XXII. Les insurgés...	479
XXIII. L'enfer dans un cœur...	491
XXIV. Dénouement...	499
Justifications...	515
Notes du berger d'Alaric...	528

FIN DE LA TABLE ET DU PREMIER VOLUME.

EN VENTE A LA LIBRAIRIE,
RUE DE LA HARPE, N° 50.
JUIN 1848.

OUVRAGES.

TRAITÉ COMPLET DES MALADIES DE LA PEAU, par le baron Alibert, médecin en chef de l'hôpital Saint-Louis. 1 magnifique volume in-folio, de 98 feuilles, orné de 65 planches coloriées et retouchées au pinceau, demi-reliure. . . . . 60 f. »

VIE DE JÉSUS-CHRIST, illustrée, par M. de Genoude. 2 magnifiques vol. in-8 jésus, ornés de 25 gravures. . . . . 10 f. 50

VOYAGE AUTOUR DU MONDE, par Lesson. 2 vol. in-8, ornés d'un grand nombre de belles gravures. . . . . 9 f. 50

LA SAINTE BIBLE, ornée de gravures traduction nouvelle par l'abbé Jager, professeur à la Sorbonne. 3 vol. grand in-8. . . . . . . 11 f. 50

LE MÊME OUVRAGE. 3 vol. in-folio, avec grav. 18 f. 50

LA VIERGE, Histoire de la mère de Dieu et de son culte; 6e. édit. 2 magnifiques volumes grand in-8, ornés de 16 gravures sur acier, 6 gravures sur bois et 300 vignettes dans le texte; couvertures et frontispices dorés. 14 f.

VOCABULAIRE DES ENFANTS, Dictionnaire pittoresque orné d'un grand nombre de dessins. 1 vol. grand in-8. . . . . 4 f. »

VOYAGE DU JEUNE ANACHARSIS EN GRÈCE, par Barthélemy, 5 vol. in-8, accompagnés d'un atlas. . . . . 8 f. »

CONTES DU CHANOINE SCHMID. 2 volumes grand in-8, illustrés par Gavarni. 12 f. 50

DE LA CHINE, ou Description générale de cet Empire, édition revue et augmentée par M. l'abbé Grosier. 7 vol. in-8. . . . . 12 f. »

HISTOIRE DE LA PERSE, depuis les temps anciens jusqu'à l'époque actuelle, édition ornée d'une Carte générale de la Perse, et de 6 planches en taille-douce. 4 forts vol. in-8. . . 6 f. »

TRAITÉ DE PHYSIOLOGIE, par Broussais. 2 forts vol. in-8. . . . . 3 f. 50

HISTORIETTES ET IMAGES, texte par M. A. de Savigny, 1 vol. grand in-8, orné de 700 dessins. . . . . 4 f. »

OEUVRES DE MM. JOUY, A. JAY, ETC. Collection des Hermites. 60 vol. in-12 ornés de gravures. . . . . 40 f. »

ART DU CUISINIER, par Beauvilliers, 2 vol. in-8, accompagnés d'un grand nombre de planches. . . . . 4 f. 50

LEÇONS ET MODÈLES DE LITTÉRATURE SACRÉE, par de Genoude. 1 grand volume illustré de jolies vignettes. . . . . 4 f. 50

VOYAGE DANS LE LANGUEDOC, 1 volume in-8 orné de 20 gravures et cartes. . . 2 f. »

MÉMOIRES ET SOUVENIRS DE J. LAFITTE. 3 vol. in-8. . . . . 4 f. »

HISTOIRE DES ENVIRONS DE PARIS, par Dulaure, illustrée de gravures et d'une belle carte des environs de Paris. 6 vol. in-8, édition Furne. . . . . 13 f. 50

LEÇONS ET MODÈLES DE LITTÉRATURE FRANÇAISE ancienne et moderne, par Tissot, membre de l'Académie, professeur au Collège de France. 2 très-beaux vol. grand in-8, illustrés de Vignettes. . . . . 15 »

LES MILLE ET UNE NUITS, par Galland. 3 vol. grand in-8, magnifiquement illustrées de 1,200 gravures. . . . . 17 f. 50

L'ORLÉANAIS, Histoire de tout ce qui le compose. Beau vol. grand in-8, enrichi de magnifiques gravures. . . . . 6 f. 50

HISTOIRE DE NAPOLÉON par Bousquel, 1 v. in-8, papier vélin, illustré de jolies gravures, couverture dorée. . . . . 6 f. 50

HISTOIRE COMPLÈTE DE LA VIE DES SAINTS, DES PÈRES ET DES MARTYRS. 4 vol. grand in-8, ornés de gravures. . . 16 f. 50

HISTOIRE COMPLÈTE D'ANGLETERRE, par Lingard, jusqu'au règne de la reine Victoria. 5 vol. gand in-8. . . . . 25 f. 50

HISTOIRE COMPLÈTE D'ALLEMAGNE, par Luden. 5 vol. grand in-8. . . . . . 22 f. 50

HISTOIRE COMPLÈTE D'ESPAGNE, par Dochez. 2 vol. grand in-8. . . . . . . 9 f. 50

HISTOIRE COMPLÈTE D'ITALIE, par Botta. 3 vol. grand in-8. . . . . 13 f. 50

HISTOIRE COMPLÈTE DE L'EMPIRE OTTOMAN, par Hammer. 3 vol. grand in-8. 13 f. 50

HISTOIRE COMPLÈTE DE PORTUGAL, par Scheffer. 1 vol. grand in-8. . . . . . 4 f. 50

ARCHIVES CURIEUSES DE L'HISTOIRE DE FRANCE, depuis Louis XI jusqu'à Louis XV, par MM. L. Cimbert et P. Danjou. 27 vol. in-8 53 f.

HISTOIRE COMPLÈTE DE SUÈDE, par Geyer. 1 vol. grand in-8. . . . . 4 f. 50

OEUVRES DE LACÉPÈDE, édit. Pillot. 13 vol. in-8, plus un atlas représentant environ 400 sujets. . . . . 16 f.

OEUVRES COMPLÈTES DE PIGAULT LEBRUN. 20 vol. in-8. . . . . 32 f. »

OEUVRES COMPLÈTES D'EUGÈNE SCRIBE, nouvelle édition, illustrée de 170 jolies vignettes en taille-douce, d'après les dessins de Tony Johannot, Gavarni, etc. 10 beaux volumes grand in-8, édition Furne. . . . 27 f. 50

ATLAS UNIVERSEL, Historique et Géographique, composé de 101 Cartes grand in-4 sur Jésus, par A. Houzé, membre de la Société de Géographie. 1 vol. gr. in-4 cartonné. 14 f. 50

www.ingramcontent.com/pod-product-compliance
Lightning Source LLC
Chambersburg PA
CBHW070828230426
43667CB00011B/1724